中国社会科学院2000年度重大A类科研课题暨2001年度国家社科基金项目，得到中国社会科学院文库出版资助。

中国社会科学院文库
历史考古研究系列
The Selected Works of CASS
History and Archaeology

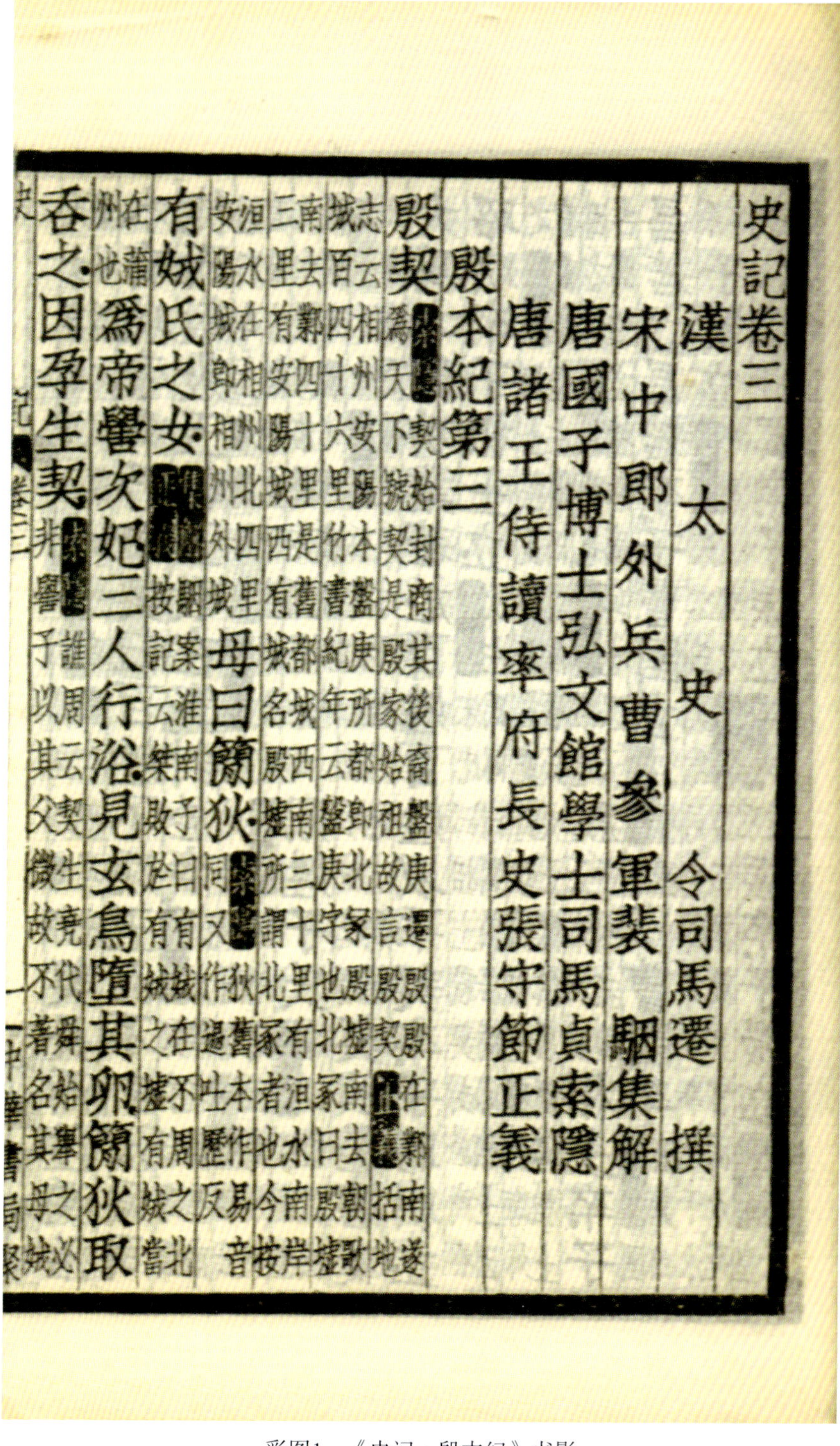

史記卷三

漢　太　史　令司馬遷　撰

宋中郎外兵曹參軍裴　駰集解

唐國子博士弘文館學士司馬貞索隱

唐諸王侍讀率府長史張守節正義

殷本紀第三

殷契【索隱】契始封商其後裔盤庚遷殷殷在鄴南遂為天下號契是殷家始祖故言殷契【正義】括地志云相州安陽本盤庚所都即北冢殷墟南去朝歌城百四十六里竹書紀年云盤庚字也北冢曰殷墟南去鄴四十里是舊都城西南三十里有洹水南岸三里有安陽城西有城名殷墟所謂北冢者也今按洹水在相州北四里安陽城即相州外城母曰簡狄【索隱】狄舊本作易音同又作逷吐歷反有娀氏之女【集解】駰案淮南子曰有娀在不周之北按記云桀敗於有娀之墟有娀當在蒲州也為帝嚳次妃三人行浴見玄鳥墮其卵簡狄取呑之因孕生契【索隱】譙周云契生堯代舜始舉之必非嚳子以其父微故不著名其母娀

彩图1　《史记·殷本纪》书影

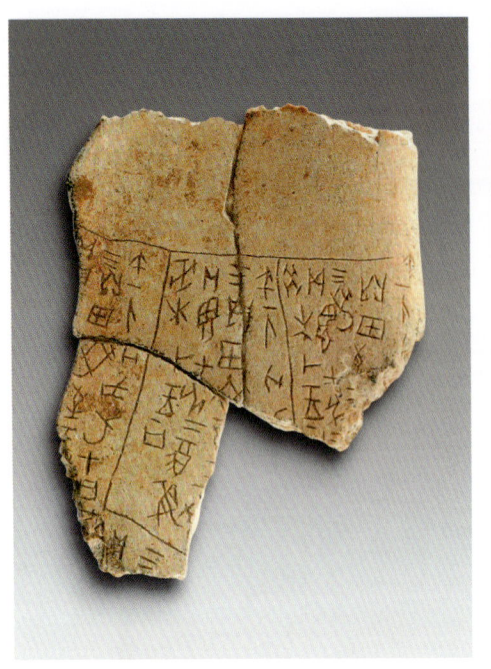

彩图2 甲骨文中自称"余一人"的商王祭祀上甲诸先公先王

彩图3 骨卜燎祭上甲、大乙、大丁、大甲

彩图4 龟卜羊牲侑祭先王成唐

彩图5　安阳小屯出土石神人面饰

彩图6　安阳西北冈大墓出土
　　　　残跪坐大理石人像

彩图7　台北故宫藏守妇簋

彩图8　安阳小屯238号墓出土妇竹爵

彩图9　安阳小屯66号墓出土后㚀母器盖

彩图10　台北故宫藏商代父乙爵鋬部

彩图11　台北故宫藏商代父癸爵

彩图12　安阳西北冈1443号大墓出土残骨筒

彩图13　安阳西北冈出土"亚雀"鹿角器

彩图14　安阳西北冈1003号大墓出土小臣系残石簋

彩图15　河南安阳西北冈1500号大墓大理石俎

彩图16　北京故宫藏亚醜方尊

彩图17　北京故宫藏亚醜方罍

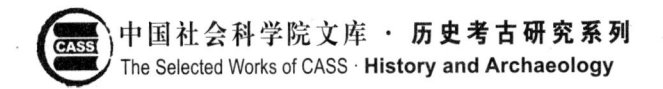

中国社会科学院创新工程学术出版资助项目

中国社会科学院文库·历史考古研究系列
The Selected Works of CASS · History and Archaeology

商代史·卷二

《殷本纪》订补与商史人物徵

RESEARCH ON *YIN BEN JI* AND THE HISTORICAL FIGURES IN SHANG DYNASTY

宋镇豪 主编　韩江苏 江林昌 著

中国社会科学出版社

图书在版编目(CIP)数据

《殷本纪》订补与商史人物徵 / 韩江苏、江林昌著. —北京：中国社会科学出版社，2010.12（2016.6 重印）

（商代史·卷二）

ISBN 978 – 7 – 5004 – 8547 – 6

Ⅰ.①殷… Ⅱ.①韩…②江… Ⅲ.①历史人物—人物研究—中国—商代 Ⅳ.①K820.23

中国版本图书馆 CIP 数据核字（2010）第 027215 号

出 版 人	赵剑英
责任编辑	黄燕生
特邀编辑	苏 辉 卓 凡
责任校对	周 昊
责任印制	戴 宽

出 版	中国社会科学出版社
社 址	北京鼓楼西大街甲 158 号
邮 编	100720
网 址	http://www.csspw.cn
发 行 部	010 – 84083685
门 市 部	010 – 84029450
经 销	新华书店及其他书店
印 刷	北京君升印刷有限公司
装 订	廊坊市广阳区广增装订厂
版 次	2010 年 12 月第 1 版
印 次	2016 年 6 月第 2 次印刷
开 本	710×1000 1/16
印 张	43
字 数	750 千字
定 价	89.00 元

凡购买中国社会科学出版社图书，如有质量问题请与本社营销中心联系调换
电话：010 – 84083683
版权所有　侵权必究

《中国社会科学院文库》出版说明

《中国社会科学院文库》（全称为《中国社会科学院重点研究课题成果文库》）是中国社会科学院组织出版的系列学术丛书。组织出版《中国社会科学院文库》，是我院进一步加强课题成果管理和学术成果出版的规范化、制度化建设的重要举措。

建院以来，我院广大科研人员坚持以马克思主义为指导，在中国特色社会主义理论和实践的双重探索中做出了重要贡献，在推进马克思主义理论创新、为建设中国特色社会主义提供智力支持和各学科基础建设方面，推出了大量的研究成果，其中每年完成的专著类成果就有三四百种之多。从现在起，我们经过一定的鉴定、结项、评审程序，逐年从中选出一批通过各类别课题研究工作而完成的具有较高学术水平和一定代表性的著作，编入《中国社会科学院文库》集中出版。我们希望这能够从一个侧面展示我院整体科研状况和学术成就，同时为优秀学术成果的面世创造更好的条件。

《中国社会科学院文库》分设马克思主义研究、文学语言研究、历史考古研究、哲学宗教研究、经济研究、法学社会学研究、国际问题研究七个系列，选收范围包括专著、研究报告集、学术资料、古籍整理、译著、工具书等。

中国社会科学院科研局
2006 年 11 月

目　录

绪论　关于《殷本纪》殷商世系及商族史迹的一般认识 ……… (1)
　第一节　《殷本纪》对商代史研究的价值 …………………… (1)
　　一　司马迁著述《殷本纪》的学术基础 ………………… (1)
　　二　《殷本纪》史料的原始可靠性 ………………………… (3)
　　三　《殷本纪》叙事的真实性 ……………………………… (8)
　第二节　《殷本纪》的时代局限 ………………………………… (10)
　　一　"焚书坑儒"与编纂《史记·殷本纪》资料的不全面 … (11)
　　二　"考信于六经"与《殷本纪》史料的片面性 ………… (16)
　第三节　《殷本纪》订补的历史契机 ………………………… (21)
　　一　甲骨文、青铜器铭文、简牍帛书等出土文献与
　　　　《殷本纪》订补 ………………………………………… (22)
　　　（一）神话传说中的历史真实 ………………………… (22)
　　　（二）历史记录中的误传 ……………………………… (23)
　　二　考古发现遗址遗物与《殷本纪》订补 ……………… (24)
　第四节　要旨 …………………………………………………… (26)

第一章　商族先公史略 ……………………………………… (33)
　第一节　从黄帝到帝喾概述 …………………………………… (33)
　　一　历史典籍黄炎世系概述 ……………………………… (34)
　　二　神话传说的黄炎世系概述 …………………………… (35)
　第二节　商族先公远祖 ………………………………………… (42)
　　一　帝喾 …………………………………………………… (43)
　　二　契 ……………………………………………………… (57)
　　　（一）契与"玄鸟生商" ……………………………… (57)

　　　　　（二）契与商族起源的时代与地点 ……………………………（59）
　　　三　昭明、相土、昌若、曹圉 …………………………………………（64）
　　　四　冥、亥（振）、恒 ……………………………………………………（65）
　　　　　（一）见于甲骨文中的王亥、王恒 ………………………………（67）
　　　　　（二）王恒史略 ………………………………………………………（69）
　　　　　（三）王亥、王恒、上甲微时的社会状况 …………………………（71）
　　　　　（四）商族与有娀（有易、有狄）族的关系 ………………………（76）
　　第三节　商族先公近祖——上甲至示癸 ………………………………（78）
　　第四节　甲骨文中高祖河、岳、炘、季、娥、昌等祖神性格 …………（89）
　　　一　河 ………………………………………………………………………（90）
　　　二　岳 ………………………………………………………………………（92）
　　　三　炘 ………………………………………………………………………（93）
　　　四　夒 ………………………………………………………………………（93）
　　　五　娥、昌、季、王吴等 ……………………………………………………（93）

第二章　商前期诸王及其配偶纪略 …………………………………（96）
　　一　成汤·妣丙 ……………………………………………………………（96）
　　　　（一）成汤之名 ………………………………………………………（96）
　　　　（二）成汤居亳 ………………………………………………………（99）
　　　　（三）灭夏前的成汤 …………………………………………………（100）
　　　　（四）成汤胜夏后夏人的下场 ………………………………………（109）
　　　　（五）建国之初，成汤采取的政策和措施 …………………………（112）
　　　　（六）成汤在位之年数 ………………………………………………（116）
　　　　（七）成汤葬处 ………………………………………………………（116）
　　　　（八）成汤受到后世子孙的尊重和敬仰 ……………………………（116）
　　　　（九）成汤建国乃历史之必然 ………………………………………（117）
　　二　太丁·妣戊　外丙·妣甲　仲壬 …………………………………（118）
　　　　（一）太丁·妣戊 ……………………………………………………（118）
　　　　（二）外丙·妣甲 ……………………………………………………（122）
　　　　（三）仲壬 ……………………………………………………………（123）
　　三　太甲·妣辛 ……………………………………………………………（123）
　　四　沃丁　太庚·妣壬 ……………………………………………………（128）

　　　　　（一）沃丁 …………………………………………………（128）
　　　　　（二）太庚·妣壬 ……………………………………………（129）
　　五　小甲 ………………………………………………………………（129）
　　六　太戊·妣壬 …………………………………………………………（131）
　　七　雍己 ………………………………………………………………（133）

第三章　商中期诸王及其配偶纪略 ……………………………………（135）
　　一　中丁·妣己、妣癸 …………………………………………………（135）
　　二　外壬、河亶甲 ………………………………………………………（137）
　　　　　（一）外壬 …………………………………………………（137）
　　　　　（二）河亶甲 ………………………………………………（138）
　　三　祖乙·妣己、妣庚 …………………………………………………（140）
　　四　祖辛·妣甲 …………………………………………………………（143）
　　五　沃甲·妣庚 …………………………………………………………（143）
　　六　祖丁·妣庚、妣己 …………………………………………………（144）
　　七　南庚 ………………………………………………………………（145）
　　八　阳甲 ………………………………………………………………（146）

第四章　商后期诸王及其配偶纪略 ……………………………………（149）
　　一　盘庚、小辛、小乙·妣庚 ………………………………………（149）
　　　　　（一）盘庚 …………………………………………………（149）
　　　　　（二）小辛 …………………………………………………（152）
　　　　　（三）小乙·妣庚 …………………………………………（153）
　　二　武丁·妣辛、妣戊、妣癸 …………………………………………（153）
　　三　祖(孝)己、祖庚、祖甲·妣戊 ……………………………………（159）
　　　　　（一）祖己 …………………………………………………（159）
　　　　　（二）祖庚 …………………………………………………（160）
　　　　　（三）祖甲·妣戊 …………………………………………（161）
　　四　(廪辛)、康丁·妣辛 ………………………………………………（163）
　　五　武乙·妣戊 …………………………………………………………（164）
　　六　文丁 ………………………………………………………………（166）
　　七　帝乙 ………………………………………………………………（168）

八　帝辛 …………………………………………………………… (169)
　　　　（一）诸侯叛商 ………………………………………………… (169)
　　　　（二）纣王奢侈腐化 ……………………………………………… (171)
　　　　（三）商周关系之转变 …………………………………………… (173)
　　　　（四）商周牧野之战 ……………………………………………… (175)
　　九　武庚禄父 ………………………………………………………… (177)

第五章　文献所见商王朝臣正纪略 …………………………………… (179)
第一节　商汤至祖乙时期臣正纪略 …………………………………… (179)
　　一　伊尹 ……………………………………………………………… (179)
　　　　（一）伊尹的出生及出生地 …………………………………… (179)
　　　　（二）有关其外貌特征及归汤之年龄 ………………………… (181)
　　　　（三）伊尹归汤之说 …………………………………………… (181)
　　　　（四）有关伊尹的身份 ………………………………………… (182)
　　　　（五）伊尹辅汤 ………………………………………………… (184)
　　　　（六）伊尹相汤伐桀 …………………………………………… (187)
　　　　（七）显赫的辅相地位——小臣 ……………………………… (187)
　　　　（八）甲骨文中的伊尹 ………………………………………… (188)
　　　　（九）关于伊尹墓地所在 ……………………………………… (202)
　　　　（十）伊尹著述及伊尹学派 …………………………………… (202)
　　二　仲虺 ……………………………………………………………… (203)
　　三　谊伯与仲伯 ……………………………………………………… (205)
　　四　女鸠与女房 ……………………………………………………… (205)
　　五　咎单 ……………………………………………………………… (206)
　　六　伊陟、巫咸、臣扈、巫贤 ……………………………………… (207)
第二节　武丁时臣正纪略 ……………………………………………… (209)
　　一　傅说 ……………………………………………………………… (209)
　　　　（一）武丁求贤得傅说 ………………………………………… (209)
　　　　（二）傅说的出身 ……………………………………………… (210)
　　　　（三）傅说在商王朝的活动 …………………………………… (211)
　　二　祖己 ……………………………………………………………… (211)
　　三　甘盘 ……………………………………………………………… (214)

第三节　帝辛时臣正纪略 ……………………………………………(215)
　　一　比干 …………………………………………………………(215)
　　二　三公(九侯、鄂侯、西伯昌) ………………………………(217)
　　三　商容、祖伊 …………………………………………………(224)
　　四　微子 …………………………………………………………(226)
　　　　(一) 微子的身份和地位 …………………………………(226)
　　　　(二) 微子出行的历史背景 ………………………………(227)
　　　　(三) 微子葬地 ……………………………………………(232)
　　　　(四) 微子之贤的评价 ……………………………………(232)
　　五　箕子 …………………………………………………………(233)
　　　　(一) 箕子的身世 …………………………………………(234)
　　　　(二) 箕子辅佐于纣 ………………………………………(234)
　　　　(三) 箕子对商王国之忠 …………………………………(235)
　　　　(四) 箕子走之朝鲜 ………………………………………(235)
　　六　太师、少师 …………………………………………………(236)
　　七　恶来、费仲、崇侯虎 ………………………………………(238)

第六章　甲骨文所见商王朝臣正纪略 ……………………………(242)
第一节　先臣纪略 …………………………………………………(242)
　　一　黄尹、黄奭 …………………………………………………(242)
　　二　学戊、䕭 ……………………………………………………(252)
　　三　咸戊 …………………………………………………………(256)
第二节　武丁王朝以降重臣诸将纪略 ……………………………(258)
　　一　望乘、师般、沚䕞、畬、甫 ………………………………(258)
　　　　(一) 望乘 …………………………………………………(258)
　　　　(二) 师般 …………………………………………………(270)
　　　　(三) 沚䕞 …………………………………………………(277)
　　　　(四) 畬 ……………………………………………………(299)
　　　　(五) 甫 ……………………………………………………(307)
　　二　妇好与妇井(妌) ……………………………………………(312)
　　三　子画、子商等 ………………………………………………(338)
　　　　(一) 子画 …………………………………………………(339)

(二) 子商 ……………………………………………………………… (347)
(三) 子辟 ……………………………………………………………… (353)
(四) 子昌 ……………………………………………………………… (358)
(五) 子目 ……………………………………………………………… (359)
(六) 子眉和妇媚 ……………………………………………………… (361)
(七) 子不 ……………………………………………………………… (363)
(八) 子兒 ……………………………………………………………… (364)
(九) 子狀 ……………………………………………………………… (365)
(十) 子㮷 ……………………………………………………………… (366)
(十一) 子邑 …………………………………………………………… (366)
(十二) 子酋 …………………………………………………………… (367)
(十三) 子㝬 …………………………………………………………… (368)
(十四) 子美 …………………………………………………………… (370)
(十五) 子杏 …………………………………………………………… (372)
(十六) 子汏 …………………………………………………………… (372)
(十七) 子妾与妇妾 …………………………………………………… (374)
(十八) 子卫 …………………………………………………………… (376)
(十九) 子衘 …………………………………………………………… (376)
(二十) 子效 …………………………………………………………… (378)
(二十一) 子央 ………………………………………………………… (379)
(二十二) 子雍 ………………………………………………………… (381)
(二十三) 子渔 ………………………………………………………… (382)
(二十四) 奠 …………………………………………………………… (385)
(二十五) 龟子 ………………………………………………………… (387)
(二十六) 唐子 ………………………………………………………… (389)
(二十七) 邑子 ………………………………………………………… (393)
(二十八) 中子 ………………………………………………………… (397)

四 雀等 ………………………………………………………………… (398)
(一) 雀 ………………………………………………………………… (398)
(二) 戍 ………………………………………………………………… (415)
(三) 禽 ………………………………………………………………… (419)
(四) 吴 ………………………………………………………………… (439)

五　井等 …………………………………………………………… (449)
　　　（一）井 ……………………………………………………… (449)
　　　（二）彡 ……………………………………………………… (452)
　　　（三）廪 ……………………………………………………… (458)
　　　（四）缶 ……………………………………………………… (460)
　　　（五）壴、鼓、喜 …………………………………………… (462)
　　　（六）犬、犬延 ……………………………………………… (468)
第三节　其他臣正 …………………………………………………… (475)
　　一　侯等 …………………………………………………………… (475)
　　　（一）周 ……………………………………………………… (475)
　　　（二）臿侯虎 ………………………………………………… (478)
　　　（三）侯告 …………………………………………………… (482)
　　　（四）暴侯 …………………………………………………… (483)
　　　（五）垂侯 …………………………………………………… (484)
　　　（六）侯匡 …………………………………………………… (485)
　　　（七）侯光 …………………………………………………… (486)
　　　（八）侯屯 …………………………………………………… (488)
　　　（九）湔 ……………………………………………………… (489)
　　　（十）雀侯 …………………………………………………… (491)
　　　（十一）杞侯 ………………………………………………… (492)
　　　（十二）永侯 ………………………………………………… (494)
　　　（十三）黍侯 ………………………………………………… (498)
　　　（十四）田侯、里侯 ………………………………………… (498)
　　　（十五）兮侯 ………………………………………………… (500)
　　　（十六）亚侯 ………………………………………………… (504)
　　　（十七）攸侯 ………………………………………………… (506)
　　二　伯等 …………………………………………………………… (507)
　　　（一）微 ……………………………………………………… (507)
　　　（二）禽 ……………………………………………………… (512)
　　　（三）伯次 …………………………………………………… (514)
　　　（四）伯䌛 …………………………………………………… (516)
　　　（五）伯弘 …………………………………………………… (518)

(六) 去伯 ……………………………………………………………… (519)

(七) 丹伯 ……………………………………………………………… (519)

(八) 絆伯 ……………………………………………………………… (520)

(九) 昜伯 ……………………………………………………………… (522)

(十) 兒伯 ……………………………………………………………… (524)

(十一) 羃伯 …………………………………………………………… (525)

(十二) 而伯 …………………………………………………………… (526)

(十三) 藝伯 …………………………………………………………… (528)

(十四) 薛伯 …………………………………………………………… (528)

(十五) 尋伯 …………………………………………………………… (530)

(十六) 雇伯 …………………………………………………………… (530)

(十七) 宋伯 …………………………………………………………… (531)

(十八) 归伯 …………………………………………………………… (532)

(十九) 伯由 …………………………………………………………… (533)

第七章　贞人与卜官 ……………………………………………… (538)

(一) 亘 ………………………………………………………………… (538)

(二) 㱿 ………………………………………………………………… (540)

(三) 韦 ………………………………………………………………… (542)

(四) 彀 ………………………………………………………………… (543)

(五) 永 ………………………………………………………………… (545)

(六) 宾 ………………………………………………………………… (548)

(七) 争、叡、㱿、㘱、㘱、㠯 ……………………………………… (549)

(八) 㱿 ………………………………………………………………… (549)

(九) 籰 ………………………………………………………………… (550)

(十) 逆 ………………………………………………………………… (551)

(十一) 卣 ……………………………………………………………… (553)

(十二) 耳 ……………………………………………………………… (554)

(十三) 延、彶、彶 …………………………………………………… (554)

(十四) 俑 ……………………………………………………………… (556)

(十五) 专 ……………………………………………………………… (561)

(十六) 䎦 ……………………………………………………………… (562)

(十七) 祝 ………………………………………………………… (564)
(十八) 出 ………………………………………………………… (564)
(十九) 逐 ………………………………………………………… (564)
(二十) 中 ………………………………………………………… (565)
(二十一) 行 ……………………………………………………… (566)
(二十二) 卬 ……………………………………………………… (568)
(二十三) 何 ……………………………………………………… (570)
(二十四) 口 ……………………………………………………… (572)
(二十五) 屮 ……………………………………………………… (573)
(二十六) 我 ……………………………………………………… (574)

第八章 商王朝史事徵 ……………………………………………… (581)

第一节 商朝前期史事 ……………………………………………… (581)
一 网收三面与汤黜夏命 ……………………………………… (581)
  (一) 夏桀荒淫腐化 ………………………………………… (581)
  (二) 网张四面与网收三面 ………………………………… (584)
二 关于"伊尹放太甲于桐宫" ………………………………… (586)

第二节 商朝中期的"比九世乱" …………………………………… (588)
一 九世之乱以前的历史发展状况 …………………………… (588)
  (一) 成汤建国及巩固发展阶段 …………………………… (588)
  (二) 商王朝的第一次中衰阶段 …………………………… (590)
二 九世之乱的经过 …………………………………………… (592)
  (一) 中丁至祖乙之间商王位的传承经过 ………………… (592)
  (二) 太戊之盛与祖乙之盛的区别 ………………………… (593)
  (三) 祖辛到阳甲时期的帝位传承经过 …………………… (594)
三 九世之乱的后果 …………………………………………… (595)
  (一) 屡次迁都 ……………………………………………… (595)
  (二) 商王朝的多次对外战争及诸侯莫朝 ………………… (595)
四 九世之乱影响 ……………………………………………… (596)
五 商朝王位继承制度的沿演与变革 ………………………… (597)
六 小结 ………………………………………………………… (598)

第三节 商朝后期史事 ……………………………………………… (598)

一　盘庚治亳殷 ………………………………………………… (599)
　　　　(一) "盘庚治亳殷"文字解释 …………………………………… (599)
　　　　(二) 盘庚治亳殷的目的 ……………………………………… (600)
　　　　(三) 盘庚迁殷 ………………………………………………… (601)
　　　　(四) 盘庚之政 ………………………………………………… (602)
　　二　"高宗雊雉"与甲骨文武丁时期史迹 ……………………… (604)
　　　　(一) 高宗雊雉的社会原因 …………………………………… (604)
　　　　(二) 雊雉登鼎而鸣与(高宗)武丁失政 ……………………… (607)
　　三　关于祖甲改制 ……………………………………………… (608)
　　　　(一) 商王朝嫡长子继承制的真正确立 ……………………… (608)
　　　　(二) 内政改革 ………………………………………………… (609)
　　　　(三) 王权的加强 ……………………………………………… (611)
　　　　(四) 重修"汤刑" ……………………………………………… (611)
　　四　武乙"射天"与猎于河渭 …………………………………… (611)

第九章　商朝的积年与诸王系年 ………………………………… (614)
　第一节　古文献中所见商朝积年与王年 ……………………… (614)
　　一　文献中所见商朝总积年 …………………………………… (614)
　　二　文献所见商诸王在位年 …………………………………… (615)
　第二节　甲骨文、金文中的商代王年 …………………………… (617)
　　一　甲骨文中可资推算王年的日月食资料 …………………… (617)
　　二　甲骨文中有关王年的"年祀"资料 ………………………… (630)
　第三节　商朝积年及王年的新考订 …………………………… (635)
　　一　武王克商年代研究 ………………………………………… (635)
　　二　商代后期年代学研究 ……………………………………… (639)
　　三　商代前期年代学研究 ……………………………………… (650)
　　四　商朝诸王系年拟合 ………………………………………… (654)

后　　记 ………………………………………………………… (661)

彩图目录

彩图 1 　《史记·殷本纪》书影（时还书屋藏本）
彩图 2 　甲骨文中自称"余一人"的商王祭祀上甲诸先公先王（采自《史语所购藏甲骨集》）
彩图 3 　骨卜燎祭上甲、大乙、大丁、大甲（采自《史语所购藏甲骨集》）
彩图 4 　龟卜羊牲侑祭先王成唐（采自《史语所购藏甲骨集》）
彩图 5 　安阳小屯出土石神人面饰（采自《殷墟出土器物选粹》）
彩图 6 　安阳西北冈大墓出土残跪坐大理石人像（采自《殷墟出土器物选粹》）
彩图 7 　台北故宫藏守妇簋（采自《故宫商代青铜礼器图录》）
彩图 8 　安阳小屯 238 号墓出土妇竹爵（采自《殷墟出土器物选粹》）
彩图 9 　安阳小屯 66 号墓出土后㚸母器盖（采自《殷墟出土器物选粹》）
彩图 10 　台北故宫藏商代父乙爵鋬部（采自《故宫商代青铜礼器图录》）
彩图 11 　台北故宫藏商代父癸爵（采自《故宫商代青铜礼器图录》）
彩图 12 　安阳西北冈 1443 号大墓出土残骨筒（采自《殷墟出土器物选粹》）
彩图 13 　安阳西北冈出土"亚雀"鹿角器（采自《殷墟出土器物选粹》）
彩图 14 　安阳西北冈 1003 号大墓出土小臣系残石簋（采自《殷墟出土器物选粹》）
彩图 15 　安阳西北冈 1500 号大墓出土石俎（采自《殷墟出土器物选粹》）
彩图 16 　北京故宫藏亚醜方尊（采自《故宫商代青铜礼器图录》）
彩图 17 　北京故宫藏亚醜方罍（采自《故宫商代青铜礼器图录》）

插图目录

图 1—1　《屯南》4528 ……………………………………（47）
图 1—2　《合集》33227 …………………………………（48）
图 1—3　《合集》28249 …………………………………（48）
图 1—4　《合集》34173 …………………………………（48）
图 1—5　《合集》33273（局部）…………………………（49）
图 1—6　《合集》34169 …………………………………（49）
图 1—7　《合集》28207 …………………………………（50）
图 1—8　《合集》30398 …………………………………（50）
图 1—9　妇好墓大型瓿肩部夔纹 …………………………（54）
图 1—10　小屯乙区北组 M40 出土铜器夔纹 ……………（54）
图 1—11　小屯乙区北组 M204 出土车马饰夔纹（上方左右）…（54）
图 1—12　散盘 ……………………………………………（55）
图 1—13　《怀特》1569 …………………………………（56）
图 1—14　先商文化分布图 ………………………………（62）
图 1—15　《合集》34275（局部）…………………………（63）
图 1—16　《合集》10098 …………………………………（63）
图 1—17　《合集》33273（局部）…………………………（63）
图 1—18　《合集》14399（局部）…………………………（65）
图 1—19　《合集》34185 …………………………………（65）
图 1—20　《屯南》608（局部）……………………………（68）
图 1—21　《合集》685（局部）……………………………（68）
图 1—22　《合集》1182（局部）……………………………（69）
图 1—23　《合集》14768 …………………………………（69）
图 1—24　《合集》34293（局部）…………………………（71）

图 1—25　《合集》32088（局部）……………………………………（71）
图 1—26　《合集》24975 …………………………………………（72）
图 1—27　《合集》30447（局部）……………………………………（73）
图 1—28　《合集》34294 …………………………………………（73）
图 1—29　《合集》22152 …………………………………………（74）
图 1—30　《合集》30448 …………………………………………（74）
图 1—31　《合集》32384 …………………………………………（81）
图 1—32　《合集》32349 …………………………………………（82）
图 1—33　《合集》33296 …………………………………………（82）
图 1—34　《合集》34111 …………………………………………（82）
图 1—35　《合集》23303 …………………………………………（84）
图 1—36　《合集》36190 …………………………………………（84）
图 1—37　《英藏》2674 ……………………………………………（87）
图 1—38　三句兵戈…………………………………………………（88）
图 1—39　《合集》30685 …………………………………………（89）
图 1—40　《屯南》4554（局部）……………………………………（89）
图 1—41　《屯南》1090（局部）……………………………………（89）
图 2—1　《合集》248 正（局部）……………………………………（97）
图 2—2　《合集》1403（局部）………………………………………（97）
图 2—3　《合集》1248 正（局部）……………………………………（97）
图 2—4　《合集》32429（局部）……………………………………（98）
图 2—5　《合集》300（局部）………………………………………（98）
图 2—6　《合集》34078 ……………………………………………（117）
图 2—7　《天理》319 ………………………………………………（129）
图 3—1　《合集》32385 ……………………………………………（135）
图 3—2　《合集》36232 ……………………………………………（137）
图 3—3　《合集》40983 ……………………………………………（142）
图 3—4　《合集》23332 ……………………………………………（142）
图 3—5　《合集》22911 ……………………………………………（144）
图 3—6　《合集》23326 ……………………………………………（144）
图 3—7　《合集》23330 ……………………………………………（145）
图 3—8　《合集》23076 ……………………………………………（147）

图 3—9　《合集》27207 …………………………………………… (147)
图 3—10　《合集》6647 正 ………………………………………… (148)
图 4—1　《屯南》4023 ……………………………………………… (159)
图 5—1　《合集》21573 …………………………………………… (189)
图 5—2　《合集》25091 …………………………………………… (189)
图 5—3　《合集》27057 …………………………………………… (189)
图 5—4　《合集》26955 …………………………………………… (190)
图 5—5　《合集》32103 …………………………………………… (190)
图 5—6　《合集》33273 …………………………………………… (192)
图 5—7　《屯南》93 ………………………………………………… (192)
图 5—8　《合集》27288 …………………………………………… (193)
图 5—9　《合集》32344 …………………………………………… (194)
图 5—10　《合集》32881 …………………………………………… (194)
图 5—11　《合集》27654 …………………………………………… (196)
图 5—12　《合集》32791 …………………………………………… (196)
图 5—13　《屯南》3033 …………………………………………… (197)
图 5—14　《合集》32847 …………………………………………… (197)
图 5—15　《合集》32722 …………………………………………… (197)
图 5—16　《合集》33318 …………………………………………… (198)
图 5—17　《合集》34123 …………………………………………… (198)
图 5—18　《合集》33329 …………………………………………… (199)
图 5—19　《合集》32786 …………………………………………… (199)
图 5—20　《合集》30451 …………………………………………… (200)
图 5—21　《合集》34192 …………………………………………… (201)
图 5—22　《合集》34214 …………………………………………… (201)
图 6—1　《合集》563 ……………………………………………… (243)
图 6—2　《合集》3489 ……………………………………………… (243)
图 6—3　《合集》4368 ……………………………………………… (244)
图 6—4　《合集》14746 …………………………………………… (246)
图 6—5　《合集》23565 …………………………………………… (247)
图 6—6　《合集》23566 …………………………………………… (247)
图 6—7　《合集》23567 …………………………………………… (247)

图 6—8　《合集》23568 ……………………………………………（247）
图 6—9　《合集》3255 正 ………………………………………（248）
图 6—10　《合集》7982 …………………………………………（248）
图 6—11　《合集》3506 …………………………………………（250）
图 6—12　《合集》3515 …………………………………………（253）
图 6—13　《合集》3521 正 ………………………………………（253）
图 6—14　《合集》4915 …………………………………………（254）
图 6—15　《合集》7311 …………………………………………（254）
图 6—16　《合集》14801 …………………………………………（255）
图 6—17　《合集》10902 …………………………………………（258）
图 6—18　《合集》6983 …………………………………………（259）
图 6—19　《合集》5907 …………………………………………（259）
图 6—20　《合集》4551 …………………………………………（260）
图 6—21　《合集》5535 …………………………………………（260）
图 6—22　《合集》13506 正 ……………………………………（262）
图 6—23　《合集》17070 …………………………………………（262）
图 6—24　《合集》22796（局部）…………………………………（262）
图 6—25　《合集》6527 …………………………………………（263）
图 6—26　《合集》6667 …………………………………………（264）
图 6—27　《合集》6148 …………………………………………（265）
图 6—28　《合集》7071 …………………………………………（266）
图 6—29　《英藏》665 ……………………………………………（266）
图 6—30　《合集》32899 …………………………………………（267）
图 6—31　《合集》32897 …………………………………………（267）
图 6—32　《合集》24395 …………………………………………（267）
图 6—33　《屯南》3001 …………………………………………（268）
图 6—34　《合集》27999 …………………………………………（268）
图 6—35　《屯南》135 ……………………………………………（269）
图 6—36　《合集》171 ……………………………………………（270）
图 6—37　《合集》5566 …………………………………………（271）
图 6—38　《怀特》956 ……………………………………………（271）
图 6—39　《合集》9478 …………………………………………（276）

图 6—40 《屯南》4090 ……………………………………………… (279)
图 6—41 《合集》6990 正甲 ………………………………………… (279)
图 6—42 《合集》5857 ……………………………………………… (279)
图 6—43 《合集》6034 正 …………………………………………… (280)
图 6—44 《合集》4283 ……………………………………………… (280)
图 6—45 《合集》1107 ……………………………………………… (283)
图 6—46 《合集》1040 ……………………………………………… (283)
图 6—47 《合集》8797 正 …………………………………………… (301)
图 6—48 《合集》6078 ……………………………………………… (301)
图 6—49 6131 正 …………………………………………………… (302)
图 6—50 《合集》846 ………………………………………………… (308)
图 6—51 《合集》9779 ……………………………………………… (308)
图 6—52 《合集》10022 丙 …………………………………………… (308)
图 6—53 《合集》13925 正 …………………………………………… (314)
图 6—54 《合集》13925 反 …………………………………………… (314)
图 6—55 《合集》2646 ……………………………………………… (315)
图 6—56 《合集》13927 ……………………………………………… (316)
图 6—57 《东京》979 ………………………………………………… (316)
图 6—58 《合集》2656 正 …………………………………………… (324)
图 6—59 《合集》5111 ……………………………………………… (325)
图 6—60 《合集》2658 正 …………………………………………… (325)
图 6—61 《英藏》150 正 ……………………………………………… (326)
图 6—62 《英藏》160 ………………………………………………… (332)
图 6—63 《合集》13931 ……………………………………………… (333)
图 6—64 《合集》9530 正 …………………………………………… (334)
图 6—65 《合集》6345 ……………………………………………… (337)
图 6—66 《合集》5532 正 …………………………………………… (339)
图 6—67 《合集》10302 正甲 ………………………………………… (339)
图 6—68 《英藏》634 ………………………………………………… (340)
图 6—69 《合集》4283 ……………………………………………… (342)
图 6—70 《合集》6053 ……………………………………………… (342)
图 6—71 《合集》3043 ……………………………………………… (342)

图 6—72	《合集》14019 反	(343)
图 6—73	《屯南》243	(346)
图 6—74	《屯南》1115	(347)
图 6—75	《合集》32900	(347)
图 6—76	《合集》6571 正	(351)
图 6—77	《合集》19990	(353)
图 6—78	《合集》13960	(354)
图 6—79	《合集》14020	(354)
图 6—80	《合集》14035 正丙	(361)
图 6—81	《花东》290	(362)
图 6—82	《合集》5544	(391)
图 6—83	《英藏》1105 正	(391)
图 6—84	《合集》14208 正	(391)
图 6—85	《英藏》608	(394)
图 6—86	《合集》3280	(396)
图 6—87	《合集》3279	(396)
图 6—88	《合集》13892	(398)
图 6—89	《合集》413	(399)
图 6—90	《合集》4116	(399)
图 6—91	《天理》41	(399)
图 6—92	《合集》22317	(402)
图 6—93	《合集》6983	(409)
图 6—94	《天理》156	(409)
图 6—95	《合集》6981	(410)
图 6—96	《英藏》594	(415)
图 6—97	《合集》7100	(415)
图 6—98	《合集》10914 正	(415)
图 6—99	《合集》17303 反	(420)
图 6—100	《合集》8975	(420)
图 6—101	《合集》4078	(421)
图 6—102	《合集》4079 正	(421)
图 6—103	《英藏》352	(429)

图 6—104	《合集》4083 正	(429)
图 6—105	《合集》13727	(430)
图 6—106	《合集》13880	(430)
图 6—107	《合集》9560	(431)
图 6—108	《合集》5603	(441)
图 6—109	《合集》5597	(441)
图 6—110	《合集》9638	(441)
图 6—111	《合集》564 正	(441)
图 6—112	《合集》21799	(464)
图 6—113	《合集》2797 反	(464)
图 6—114	《合集》595 正	(465)
图 6—115	《合集》6040 臼	(468)
图 6—116	《合集》390 臼	(468)
图 6—117	《合集》6979	(469)
图 6—118	《合集》5927	(469)
图 6—119	《合集》33215	(472)
图 6—120	《合集》4630	(472)
图 6—121	《合集》20074	(475)
图 6—122	《合集》20508	(476)
图 6—123	《合集》22294	(476)
图 6—124	《合集》3295	(480)
图 6—125	《合集》6554	(480)
图 6—126	《合集》6480	(482)
图 6—127	《合集》33039	(483)
图 6—128	《合集》185	(488)
图 6—129	《合集》2811	(488)
图 6—130	《合集》32187	(488)
图 6—131	《合集》7693	(490)
图 6—132	《合集》6568 正	(490)
图 6—133	《合集》10983	(492)
图 6—134	《合集》8720 正	(492)
图 6—135	《合集》13890	(493)

图 6—136	《合集》8995 白	(493)
图 6—137	《屯南》4049	(495)
图 6—138	《合集》5738	(501)
图 6—139	《合集》3310	(505)
图 6—140	《合集》32807	(505)
图 6—141	《合集》5448	(509)
图 6—142	《合集》4555	(509)
图 6—143	《屯南》751	(511)
图 6—144	《合集》5497	(520)
图 6—145	《合集》13648	(521)
图 6—146	《合集》32836	(521)
图 6—147	《合集》20373	(522)
图 6—148	《合集》1118	(522)
图 6—149	《合集》6827 正	(529)
图 6—150	《合集》248 正	(529)
图 9—1	《合集》11483 正	(618)
图 9—2	《合集》11483 反	(618)
图 9—3	《合集》11484 正	(619)
图 9—4	《英藏》886 正	(619)
图 9—5	《英藏》886 反	(619)
图 9—6	《英藏》885 正	(620)
图 9—7	《英藏》885 反	(620)
图 9—8	《合集》11482 正	(621)
图 9—9	《合集》11482 反	(621)
图 9—10	《合集》11485	(622)
图 9—11	《合集》11486	(622)
图 9—12	《合集》11506 正	(623)
图 9—13	《合集》11506 反	(623)
图 9—14	《合集》33694	(625)
图 9—15	《合集》33695	(625)
图 9—16	《合集》33698	(626)
图 9—17	《合集》33699	(627)

图 9—18 《合集》33710 ………………………………………………… (627)
图 9—19 《合集》33696 ………………………………………………… (627)
图 9—20 《合集》33704 ………………………………………………… (627)
图 9—21 《合集》33700 ………………………………………………… (628)
图 9—22 《合集》33697 ………………………………………………… (628)
图 9—23 《屯南》726 …………………………………………………… (629)
图 9—24 《合集》37398 ………………………………………………… (632)
图 9—25 《合集》37835 ………………………………………………… (632)
图 9—26 《怀特》1915 …………………………………………………… (632)
图 9—27 《合集》37849 ………………………………………………… (632)
图 9—28 《合集》37855 ………………………………………………… (633)
图 9—29 《合集》37852 ………………………………………………… (633)
图 9—30 《合集》36482 ………………………………………………… (634)
图 9—31 《佚》518 反 …………………………………………………… (634)
图 9—32 沣西 97SCMT1 西壁剖面图 ………………………………… (637)
图 9—33 利簋及铭文 ……………………………………………………… (637)
图 9—34 河南安阳殷墟遗址宫殿、宗庙、墓葬分布示意图 …………… (644)
图 9—35 河南偃师商城平面图 ………………………………………… (652)

绪 论

关于《殷本纪》殷商世系及商族史迹的一般认识

《史记·殷本纪》记载了殷商世系及商族史迹,甲骨文发现百年的研究成果,证实了司马迁所记载的有关殷商世系基本正确,仅某些时段的史实略有出入,因此,有必要把《殷本纪》对目前商史研究的价值及其时代局限梳理清楚,根据前人研究成果,重新订补司马迁的《史记·殷本纪》。

第一节 《殷本纪》对商代史研究的价值

从史料学角度看,我们今天研究商代史的材料已比较丰富,不仅有历代史学家补充积累起来的传世文献,更有 20 世纪考古发现的大量地下材料。在这众多材料中,最根本最重要的材料还是司马迁的《史记·殷本纪》。这不仅是因为《殷本纪》产生于公元前 100 年前后,体现了其时间的早期性;也不仅是因为《殷本纪》以世系为时间坐标,以历代殷王贵族大臣为叙述中心,钩稽商民族自先商时期至整个商代长达约一千年的历史,体现了其系统完整性;更为重要的是,司马迁作《殷本纪》时,所用材料的原始性和叙述史事的公正性,从而使其具有相当程度的客观可靠性。《殷本纪》的系统完整性为我们构建商代史提供了框架基础,而其客观可靠性又使我们复原一个真实的商代史成为可能。

《殷本纪》与《五帝本纪》、《夏本纪》、《周本纪》一样,之所以有如此重要的史料价值,与司马迁著述《史记》时的主客观方面因素有关。

一 司马迁著述《殷本纪》的学术基础

家学与师承为司马迁著述《殷本纪》积累了史学家的学术基础。据《史记·太史公自序》可知，司马迁的始祖是掌管天文地理的颛顼氏大臣重黎氏。重黎氏历经唐、虞、夏、商，世代为天官史官。到了周代，重黎氏中的一支做了司马，因而赐姓为司马氏。到周宣王时，司马氏担任史官，继守先祖之业而世代相传。司马迁之父司马谈为汉武帝朝廷的太史令，掌管天象文史等职。司马迁《报任安书》说："仆之先人……文史星历，近乎卜祝之间。"《后汉书·百官志》说太史令"掌天时星历……凡国祭祀丧娶之事，掌奏良日及时节禁忌"。上古时期，天官即史官。作为史学家，司马谈的学问很广博。《太史公自序》说，司马谈曾经"学天官于唐都，受易于杨何，习道论于黄子"。唐都是汉武帝时著名的天文学家；[1] 杨何是当时著名的《易》学家，山东淄川人；[2] 黄生则为道家学派。[3] 司马谈正是在向他们学习的基础上，形成了自己对先秦学术的系统认识，并在此基础上作《论六家要指》。司马迁之所以能在史学研究上做出杰出的贡献，与司马谈的史学家教分不开。

司马迁还博采各家所长，以下三事，可见司马迁学习钻研的大致情况：

其一：十岁左右诵习古文。《史记·太史公自序》说：

迁生龙门，耕牧河山之阳。年十岁则诵古文。

张鹏一《太史公年谱》解释说："古文二字，似指文字之古者，别于隶书而言。"徐复观《论〈史记〉》也认为："其实，'诵古文'是指诵读与隶书相对的古文字。"[4] 其说可从。当然，先秦六国古文字，都是用来书写文本的，所以，司马迁所"诵古文"，既是古文字，也是指以古文字书写的先秦典籍。《太史公自序》："周道废，秦拨去古文，焚灭《诗》、《书》，故明堂石室金匮玉版图籍散乱。"这里的"古文"显然是指用先秦六国古文字写定的典籍，非专指某一书，而《诗》、《书》仅是举例而已。考《五帝本纪赞》："孔子所传宰予问《五帝德》及《帝系姓》，儒者或不传，余尝西至空桐，北过涿鹿，东渐于海，南浮江淮矣。至，长老皆各往往称黄帝、尧、舜之处，风教固殊

---

[1] 《史记·历书》："至今上即位，报致天下方士唐都，分其天部。"
[2] 《史记·儒林传》。
[3] 《史记》集解引徐广曰："《儒林传》曰：黄生，好黄老之术。"
[4] 徐复观：《论史记》，《两汉思想史》卷三，华东师范大学出版社 2001 年版，第 187 页。

焉，总之不离古文者近是。"由此可知，《五帝德》、《帝系姓》两书为古文体所写定。《史记索隐》："古文即《帝德》、《帝系》二书也。近是圣人之说。"又《十二诸侯年表序》："于是谱十二诸侯，自共和讫孔子，表见《春秋》、《国语》学者所讥盛衰大指著于篇，为成学治古文者要删焉。"由此可知，《春秋》、《国语》有古文体本也。总之，司马迁十岁诵古文，既指识读古字，也兼指诵读古字体之典籍。至于司马迁所识读的古字体典籍为哪一种，《太史公自序》未明言，我们也无须强为考索。司马贞《史记索隐》则曰："按，迁及事伏生，是学诵古文《尚书》。刘氏以为《左传》、《国语》、《系本》等书，是亦名古文也。"可备一说。

其二，向古文经学大师孔安国学习《古文尚书》。[①] 其三，向今文经学大师董仲舒学习《公羊春秋》。[②] 董仲舒《公羊春秋》学主张大一统思想，对司马迁写作《史记》有深刻影响。

正是这种家学与师承，从小就培育了司马迁丰富的历史学思想与知识，从而为他日后编写《史记》奠定了学术基础。

二　《殷本纪》史料的原始可靠性

司马迁从小饱读先秦典籍，熔铸先秦古书文献，确保了《殷本纪》史料的原始可靠性。至元封三年（公元前108年），他继父之职，任太史令，这使他有更多的机会博览皇家图籍。经过西汉前期的努力，到司马迁时，皇家图书资料已很丰富。孝惠四年，除挟书之律，壁藏者纷纷出世。文帝之时，更开献书之路、立博士之官。及景帝、武帝之时，已是百家腾跃；河间献王、鲁恭王好书求士之风，更是闻名于天下。《史记·太史公自序》说：

汉兴，萧何次律令，韩信申军法，张苍为章程，叔孙通定礼仪，则

---

① 《汉书·儒林传》："孔氏有《古文尚书》，孔安国以今文读之，因以起其家逸书，得十余篇，盖尚书滋多于是矣。遭巫蛊，未立于学官。安国为谏大夫，授都尉朝，而司马迁亦从安国问故。迁书载《尧典》、《禹贡》、《洪范》、《微子》、《金滕》诸篇，多古文说。"

② 《史记·太史公自序》：太史公曰："余闻董生曰：'周道衰废，孔子为鲁司寇……'……夫《春秋》，上明三王之道，下辨人事之纪，别嫌疑，明是非，定犹豫，善善恶恶，贤贤贱不肖，存亡国，继绝世，补敝起废，王道之大者也。……《春秋》文成数万，其旨数千。万物之散聚皆在《春秋》。"

文学彬彬稍进，《诗》、《书》往往间出矣。自曹参荐盖公言黄老，而贾生、晁错明申、商，公孙弘以儒显，百年之间，天下遗文古事靡不毕集太史公。

《汉书·艺文志》也说：

> 汉兴，改秦之败，大收篇籍，广开献书之路。迄孝武世……于是建藏书之策，置写书之官。下及诸子传说，皆充秘府。

按照汉制，"天下计书，先上太史公，副上丞相"（《史记·太史公自序》裴骃《集解》引《汉仪注》）。司马迁自己也在《太史公自序》中说："迁为太史令，䌷史记石室金匮之书"。于是乎"天下遗文古事靡不毕集太史公。太史公仍父子相续纂其职"。这些独特的条件，使司马迁广读天下群书，对先秦传世古籍得以最全面把握。

正是在此基础上，司马迁在编写《史记》时，能采集先秦传世典籍，并将其熔铸贯通，条理分类，从而将五帝以来二千五百年左右的上古文明史作了全面的反映。有关这方面的情况，司马迁自己有明确交代：

关于"六经"典籍

《太史公自序》："凡百三十篇，五十二万六千五百字，为《太史公书》。序略，以拾遗补艺，成一家之言，厥协《六经》异传，整齐百家杂语。"

《伯夷列传》："夫学者载籍极博，犹考信于六艺。"

《孔子世家赞》："中国言六艺者折中于夫子，可谓至圣矣。"

《五帝本纪赞》："太史公曰：学者多称五帝，尚矣。然《尚书》独载尧以来；而百家言黄帝，其文不雅驯，荐绅先生难言之。孔子所传宰予问《五帝德》及《帝系姓》，儒者或不传。……予观《春秋》、《国语》，其发明《五帝德》、《帝系姓》章矣，顾弟弗深考，其所表见皆不虚。书缺有间矣，其轶乃时时见于他说。……余并论次，择其言尤雅者，故著为本纪书首。"

《夏本纪赞》："太史公曰：……孔子正夏时，学者多传《夏小正》云。"

《殷本纪赞》："太史公曰：余以《颂》次契之事，自成汤以来，采于《书》、《诗》。"

《三代世表序》:"余读《谍记》,黄帝以来皆有年数。稽其历谱谍,终始五德之传,古文咸不同,乖异。"

关于诸子百家书籍

《仲尼弟子列传赞》:"太史公曰:余以弟子名姓文字悉取《论语》弟子问,并次为篇,疑者阙焉。"

《管晏列传赞》:"太史公曰:吾读管氏《牧民》、《山高》、《乘马》、《轻重》、《九府》,及《晏子春秋》,详哉其言之也。既见其著书,欲观其行事,故次其传。"

《孙子吴起列传赞》:"太史公曰:世俗所称师旅,皆道《孙子》十三篇,吴起《兵法》,世多有,故弗论,论其行事所施设者。"

《司马穰苴列传赞》:"世既多《司马兵法》,以故不论,著穰苴之列传焉。"

《太史公自序》:"《司马法》所从来尚矣,太公、孙、吴、王子,能绍而明之。"

《商君列传赞》:"余尝读商君《开塞》、《耕战》书。"

《孟子荀卿列传》:"(孟子)退而与万章之徒,序《诗》《书》,述仲尼之意,作《孟子》七篇。……荀卿,赵人……于是推儒、墨、道德之行事兴坏,序列著数万言而卒。"

关于历史、地理等书

《十二诸侯年表序》:"太史公读《春秋历谱谍》。"

《大宛列传赞》:"《禹本纪》言河出昆仑。……至《禹本纪》、《山海经》所有怪物,余不敢言之也。"

《十二诸侯年表序》:"铎椒为楚威王傅,为王不能尽观《春秋》,采取成败,卒四十章,为《铎氏微》。赵孝成王时,其相虞卿上采《春秋》,下观近势,亦著八篇,为《虞氏春秋》。"

《六国年表序》:"太史公读《秦记》。"

《儒林列传序》:"太史公曰:余读《功令》。"

有关司马迁著《史记》,博采先秦典籍的事实,《汉书》、《后汉书》均有大致相同的说明:

《汉书·司马迁传赞》:"故司马迁据《左氏》、《国语》,采《世本》、《战国策》,述《楚汉春秋》……贯穿经传,驰骋古今,上下数千载间,斯以勤矣。"

《后汉书·班彪列传》:"孝武之世,太史令司马迁采《左氏》、《国语》,删《世本》、《战国策》,据楚汉列国时事,上自黄帝,下讫获麟,作《本纪》、《世家》、《列传》、《书》、《表》,凡百三十篇。"

历史学家的职责在于"实录"、"求信"。孔子编集《六经》,自称是"述而不作","信而有征"(《论语·述而》)。司马迁作《史记》亦自称是"实述"、"整齐"。①《史记》之所以成为中国历史上的杰作,根本原因之一就在于他以"实录"精神,博采先秦"六经""诸子"典籍。今考《史记》一书,所明引先秦古书,即达一百余种,其中《六经》及记传说解书二十余种,诸子百家书五十余种,历史地理书二十余种,文学艺术书近十种。

这些先秦典籍本是我们探讨先秦历史文化的第一手资料,司马迁经过谨慎考订后,将其作为编写《史记》的主要资料来源,而将其内容熔铸贯通于《史记》之中。这就是所谓"厥协"与"整齐"。白寿彝《史记新论》指出:"'协者,合也。'说明他(司马迁)认为经传是比较可靠的,就是要把六经异传综合起来,把它们都吸收到《史记》里去。"关于司马迁"厥协六经"的具体情况,张舜徽、张大可等学者都作过分析总结。概括起来,有几个方面:

A. 剪裁摘要

《左传》	《五帝本纪》
文公十八年:昔高阳氏有才子八人,苍舒、隤敳、梼戭、大临、尨降、庭坚、仲容、叔达。齐、圣、广、渊、明、允、笃、诚,天下之民,谓之"八恺"。高辛氏有才子八人,伯奋、仲堪、叔献、季仲、伯虎、仲熊、叔豹、季狸,忠、肃、共、懿、宣、慈、惠、和,天下之民,谓之"八元"。此十六族也,世济其美,不陨其名。	昔高阳氏有才子八人,世得其利,谓之"八恺"。高辛氏有才子八人,世谓之"八元"。此十六族者,世济其美,不陨其名。

---

① 《太史公自序》:"余所谓述故事,整齐其世传,非所谓作也。""厥协《六经》异传,整齐百家杂语。"

B. 增文补史

《舜典》	《五帝本纪》
正月上日,受终于文祖。在璇玑玉衡,以齐七政。	正月上日,舜受终于文祖。文祖者,尧大祖也。于是帝尧老,命舜摄行天子之政,以观天命。舜乃在璇玑玉衡,以齐七政。

C. 训释古文

《尧典》	《五帝本纪》
钦若昊天 克明俊德 宅朔方 试可乃已	敬顺昊天 能明驯德 居北方 试不可用而已 (钱大昕指出:"古人语急,以不可为可也。古经简质,得史公而义益明。")

D. 熔铸改写

《诗·大雅·生民》	《周本纪》
厥初生民,时维姜嫄。生民如何?克禋克祀,以弗无子。履帝武敏歆,攸介攸止。载震载夙,载生载育,时维后稷。 诞弥厥月,先生如达。不坼不副,无灾无害,以赫厥灵。上帝不宁,不康禋祀?居然生子。 诞置之隘巷,牛羊腓字之。诞置之平林,会伐平林。诞置之寒冰,鸟覆翼之。鸟乃去矣,后稷呱矣。实覃实讦,厥声载路。	周后稷,名弃。其母有邰氏女,曰姜原。姜原为帝喾元妃。姜原出野,见巨人迹,心忻然说,欲践之,践之而身动如孕者。居期而生子,以为不祥,弃之隘巷,马牛过者皆辟不践;徙置之林中,适会山林多人,迁之;而弃渠中冰上,飞鸟以其翼覆荐之。姜原以为神,遂收养长之。初欲弃之,因名曰弃。

司马迁在《报任安书》中自述其作《史记》的总目标是"究天人之际,通古今之变,成一家之言"。而这一目标是通过实录与创造两方面的努力来实现的。司马迁作《史记》以严谨实录著称,其之所以能达到"究天人之际,通古今之变",主要是依据了"六经"的材料与思想,所谓"考信于六艺","折中于夫子"。同时,司马迁又是一位具有创造天才的史学家,因此,对

"六经"运用能做到剪裁、补史、训释、熔铸综合贯通,所谓"厥协六经异传",最终达到"成一家之言"的史学境界。无论是实录还是创新,都不离"六经"这一根本。《太史公自序》说:

> 太史公曰:"先人有言:'自周公卒五百岁而有孔子。孔子卒后至于今五百岁,有能绍明世,正《易传》,继《春秋》,本《诗》《书》《礼》《乐》之际?'意在斯乎?意在斯乎?小子何敢让焉。"

以"六经"为根本的《史记》基础思想,是研究文明史的同仁们必须明确认识的。司马迁作《史记》时,取材主要是来自六艺经传,《五帝本纪》几乎完全采用了《尚书》之《尧典》、《舜典》,《大戴礼记》之《五帝德》、《帝系姓》。《夏本纪》完全采用了《尚书》之《禹贡》、《皋陶谟》、《益稷》、《甘誓》诸篇,及《大戴礼记》之《夏小正》。《殷本纪》、《宋世家》全载《尚书》之《汤誓》、《洪范》、《盘庚》、《高宗肜日》、《西伯戡黎》、《微子》及《诗经》之《商颂》。《周本纪》、《鲁世家》则全面采用《诗经》之《大雅》、《小雅》、《周颂》、《鲁颂》,以及《尚书》之《牧誓》、《金縢》全篇,《无逸》、《吕刑》、《费誓》、《多士》、《顾命》之部分内容或大意。此外,如《燕世家》采及《尚书》之《君奭》与《春秋》,《卫世家》采及《尚书》之《康诰》、《酒诰》、《梓材》,《秦本纪》采及《尚书》之《秦誓》,等等。总之,《史记》的取材主要是来自六艺经传。对此,郑樵《通志总序》有很好的概括:

> 司马氏世司典籍,工于制作,故能上稽仲尼之意,会《诗》、《书》、《左传》、《国语》、《世本》、《战国策》、《楚汉春秋》之言,通黄帝、尧、舜至于秦、汉之世,勒成一书,分为五体。"本纪"纪年,"世家"传代,"表"以正历,"书"以类事,"传"以著人。使百代而下,史官不能易其法,学者不能舍其书。"六经"之后,惟有此作。故谓周公五百岁而有孔子,孔子五百岁而在斯乎?

三 《殷本纪》叙事的真实性

司马迁为了编纂《史记》,不仅利用太史令职务之便利饱读天下群籍,"绌史记石室金匮之书",而且还游历天下,进行实地考察,以调查所得的活资料与传世文献相印证，从而增强了《史记》所叙史事的真实性。① 考察司马迁的游历，共有三种情况：

第一种是青年壮游。《太平御览》卷二百三十五引卫宏《汉旧仪》："司马迁父谈世为太史，迁年十三，使乘传行天下，求古诸侯之《史记》。"《西京杂记》卷六文略同。根据王国维《太史公行年考》、张大可《史记研究》等考证，此"年十三"当指年二十。因为《太史公自序》自述其"二十而南游江淮"。司马迁的这次江南游，"上会稽、探禹穴、窥九疑"，"浮于沅、湘"。

第二种是扈从之游。司马迁从入仕为郎中至太史令期间，曾多次随从汉武帝巡行天下。如：元鼎四年，汉武帝周游河、洛，观省民风。元鼎五年，汉武帝西登空桐，北出萧关，骑猎于新秦中。太初元年，汉武帝再次东巡泰山封禅。这些盛事，司马迁都参加了。②

第三种是奉使出游西南。元鼎六年，汉武帝发出征战西南夷的命令。司马迁奉命出使巴蜀以南地区，从而有了深入调查民族地区的机会，为他后来在《史记》中开列《西南夷列传》创造了条件。③

司马迁从小接受家训，立志要编写"究天人之际，通古今之变，成一家之言"的史书。据《太史公自序》可知，其父临终前即将编写《史记》的宏愿托付于他：

> 余先周室之太史也。自上世尝显功名于虞夏，典天官事。后世中衰，绝于予乎？汝复为太史，则续吾祖矣。……余死，汝必为太史；为太史，无忘吾所欲论著矣。

司马迁正是抱着"论著"《史记》宗旨，在周游天下时，用心调查研究，收集实地资料。对此，《史记》中有许多具体交待：

《五帝本纪》："余尝西至空桐，北过涿鹿，东渐于海，南浮江淮矣。至，长老皆各往往称黄帝、尧、舜之处，风教固殊焉。"

《周本纪》："学者皆称周伐纣，居洛邑，综其实不然。武王营之，成王

---

① 《报任安书》云："网罗天下放失旧闻，略考其行事……稽其成败兴坏之纪……凡百三十篇，亦欲以究天人之际，通古今之变，成一家之言。"

② 《五帝本纪赞》、《封禅书赞》、《齐太公世家赞》、《蒙恬列传赞》等。

③ 《太史公自序》。

使召公卜居,居九鼎焉,而周复都丰、镐。至犬戎败幽王,周乃东徙于洛邑。所谓'周公葬毕',毕在镐东南杜中。"

《孟尝君列传赞》:"吾尝过薛,其俗闾里率多暴桀子弟,与邹、鲁殊。问其故,曰:'孟尝君招致天下任侠,奸人入薛中盖六万余家矣。'世之传孟尝君好客自喜,名不虚矣。"

《魏世家赞》:"吾适故大梁之墟,墟中人曰:'秦之破梁,引河沟而灌大梁,三月城坏,王请降,遂灭魏。'说者皆曰魏以不用信陵君故,国削弱至于亡,余以为不然。"

《孔子世家赞》:"适鲁,观仲尼庙堂车服礼器,诸生以时习礼其家,余祇回留之,不能去云。"

《淮阴侯列传赞》:"吾如淮阴,淮阴人为余言,韩信虽为布衣时,其志与众异,其母死,贫无以葬,然乃行营高敞地,令其旁可置万家。余视其母冢,良然。"

就以上司马迁的自述可知,(司马迁)认为,经过实地考察,有些传世文献与口耳传闻可信,所以说:"世之传孟尝君好客自喜,名不虚传矣。""余视其母冢,良然。"而有些则不可信,所以说:"学者皆称周伐纣,居洛邑,综其实不然。""说者皆曰魏以不用信陵君故,国削弱至于亡,余以为不然。"

20世纪,王国维曾提出以地下材料印证传世文献的"二重证据法";20世纪末,饶宗颐等又提出加上民俗、民族调查资料的"三重证据法"。其实,这些方法早在司马迁著《史记》时已运用了。司马迁正是通过这些实地考察与调查,与传世文献、口耳传闻资料相"协调""整齐",最后著成《史记》。因此,《史记》一书的历史真实可靠性实非一般坐拥书城而成的史书所能比拟。

以上三方面的主客观条件,使得《史记》具备了很高的史料价值。《殷本纪》作为十二本纪中的第三纪,自然不能例外。《史记》为中国古代纪传体正史之首。其后的《汉书》,直至《清史稿》,无不以《史记》为基础。《殷本纪》作为记载商代史最完整、最客观的,也是最早的一篇本纪,其史料价值又非后世其他文献所可比拟,故一直为后代史家所依据。

第二节 《殷本纪》的时代局限

以上所论《殷本纪》及《史记》各篇的史料价值,是放在学术史的背景下来考察的。在司马迁所处的时代，他利用客观条件和主观努力，使其所编次的《殷本纪》能够达到尽可能的完整系统与客观公正。如果站在今天历史学家的角度看，《殷本纪》仍存在着不少局限。这种局限也有客观与主观两个方面原因。而这些主客观局限是司马迁所处的时代所造成的，司马迁本人很难超越。试分析如下：

一 "焚书坑儒"与编纂《史记·殷本纪》资料的不全面

秦始皇"焚书坑儒"，在客观上造成了司马迁编纂《史记·殷本纪》时所参用的资料不全面。先秦时期，各氏族、各诸侯国都有史书。其最初的史书为口耳相传的民族史诗，至夏商周三代之后，著于竹帛，镂于金石，是为"颂"。其后衍为散文，是为"春秋"。即《孟子·离娄下》所谓"王者之迹熄而《诗》亡，《诗》亡然后《春秋》作"。"春秋"成了各诸侯国史书的通名。《墨子·明鬼下》有某事"著在周之《春秋》"，某事"著在燕之《春秋》"，某事"著在宋之《春秋》"，某事"著在齐之《春秋》"等记录。《隋书·李德林传》引墨子之言称："吾见百国《春秋》。"《墨子·明鬼》所引周、燕、宋、齐诸国之"春秋"，很可能就是墨子所见"百国春秋"的一部分。"春秋"本是季节名。古人观察天体宇宙与物候，最先认识的是东方、春天和西方、秋天，然后才是南夏与北冬。春天是播种的季节，秋天是收获的季节，"春秋"连称，表示时间，代表一年。作为史书的"春秋"，均按编年体叙事。今存《春秋经》与三传，或叙事，或对话，无不纳入时间顺序而首尾完整，是其证。《春秋》作为史书名，可能渊源很早。唐刘知幾《史通·六家》篇云："春秋家者，其先出于三代。按《汲冢琐语》记太丁时事，目为《夏殷春秋》。"由此，刘知幾推定，"知《春秋》始作，与《尚书》同时。"其说可信。汉班固《汉书·艺文志·六艺略·春秋类》："古之王者，世有史官。君举必书，所以慎言行，昭法式也。左史记言，右史记事；事为《春秋》，言为《尚书》，帝王靡不同之。"有时，各国"春秋"又有别名。如《孟子·离娄下》："晋之《乘》，楚之《梼杌》，鲁之《春秋》，一也。其事则齐桓、晋文，其文则史。孔子曰：其义则丘窃取之矣。"这段话说明，《乘》、《梼杌》、《春秋》，名称虽异，而性质实同，都是编年体史书，孔子正是从中取义。

先秦时期，历代统治者都十分重视历史承传，而其中共同的特点是，学术典籍藏于官府，而管理学术的史官则为世代相传。《荀子·荣辱篇》："循法则、度量、刑辟、图籍，不知其义，谨守其数，慎不敢损益也。父子相传，以持王公。是故三代虽亡，治法犹存，是官人百吏之所以取禄秩也。"章学诚《校雠通义》也说："三代盛时，无不以吏为师，周官三百六十，天人之学备矣。""官守学业，皆出于一，而天下以同义为治，故私门无著述文字。"

随着三代史官系统的繁荣，则五帝时代所探究的天道与人事之神巫学术在三代得到更进一步的深化与细化。刘师培《补古学出于史官论》："盖古代之尊史官，非尊其官也，尊学术耳。古代学术，以天文术数为大宗。而天文术数，亦掌于史官。此史职所由尊也。"这是就史官掌天道而言。刘师培又在《古学出于史官论》指出："是则史也者，掌一代之学者也。一代之学，即一国政教之本，而一代王者之所开也。""学出于史，有明征矣。故一代之兴，即以史官司籍。试观夏之亡也，太史终古去国；殷之亡也，辛甲把器归周，周之衰也，老聃去周适秦。史为一代盛衰之所系，即为一代学术之总归。"[1] 这是就史官掌人事而言。

夏、商、西周是前后替兴的三个朝代，前后相沿达1200多年。在长达1200年的历史长河中，作为民族命运所系的史官学术，夏、商、周三族十分重视其发展，可以说，夏、商、周三代的文明发展史，也就是当时各民族的史官学术繁荣史。而"有官斯有法，故法具于官；有法斯有书，故官守其书。"凡"一代之兴，即以史官司典籍"。[2] 因此，到了春秋以后，史官学术典籍已极为繁荣。

《国语·楚语上》载，春秋中叶，楚庄王就如何培养太子一事征询史官申叔时的意见。申叔时就一下子列出了九种史官学术典籍："教之《春秋》，而为之耸善而抑恶焉，以戒劝其心；教之《世》，而为之昭明德而废幽昏焉，以休惧其动；教之《诗》，而为之导广显德，以耀明其志；教之《礼》，使知上下之则；教之《乐》，以疏其秽而镇其浮；教之《令》，使访物官；教之《语》，使明其德，而知先王之务用明德于民也；教之《故志》，使知废兴者而戒惧焉；教之《训典》，使知族类，行比义焉。"

楚国的史官学术著作不仅于此。据《左传》昭公十二年载，楚左史倚相

---

[1] 刘师培：《古学出于史官论》、《补古学出于史官论》，《刘师培辛亥前文选》，生活·读书·新知三联书店1998年版，第204—210页，第429—436页。

[2] 同上。

"能读《三坟》、《五典》、《八索》、《九丘》"，杜预注，这些"皆古书名"。

楚国偏居江汉，学术典籍尚且如此丰富，则当时作为学术文化中心的中原，其典籍之繁盛，更是可想而知。《国语·周语上》载："天子听政，使公卿至于列士献《诗》，瞽献《曲》，史献《书》，师《箴》，瞍《赋》，矇《诵》。"这些学术典籍，又非楚国所有。我们试在前辈学者研究的基础上，对先秦文献里所列三代学术典籍的书名略作收罗，竟达七八十种之多。今列于下，以备观览：

《三坟》	左史倚相趋过。王曰：是良史也，子善视之，是能读《三坟》《五典》《八索》《九丘》。	《左传》昭公十二年
《五典》	"太史掌建邦之《六典》，以逆邦国之志。"	《周礼·春官》
《八索》《九丘》	"封于殷虚，皆启以商政，疆以《周索》。……封于夏虚，启以夏政，疆以《戎索》。"	《左传》定公四年
《世》	"工（巫）史书《世》。"	《国语·鲁语》
《经世》	"《春秋》《经世》，先王之志。"	《庄子·齐物论》
《世传》	"《旧法》《世传》之史，尚多有之。"	《庄子·天下篇》
《纪》	"《纪》曰：'虞夏、商周，有师保，有疑丞，设四辅及三公。'"	《礼记·文王世子第八》
《上古记》	"尝试观《上古记》，三王之佐，其名无不荣者，其实无不安者，功大也。"	《吕氏春秋·务本篇》
《故记》	"臣之兄尝读《故记》曰：杀随兕者，不出三月。"	《吕氏春秋·至忠篇》
《春秋之记》	"臣有弑其君，子有弑其父者矣。"	《管子·法法篇》
《史记》	"子夏之晋，过卫，有读《史记》者曰：'晋师三豕涉河'。"	《吕氏春秋·察传篇》
《春秋》	"王者之迹熄而《诗》亡，《诗》亡然后《春秋》作。"	《孟子·离娄下篇》
《鲁春秋》	"二年春，晋侯使韩宣子来聘……观书于大史氏，见《易》，《象》与《鲁春秋》。"	《左传》昭公二年
《周春秋》	当是之时，周人从者莫不见，远者莫不闻。著在周之《春秋》。	《墨子·明鬼下篇》
《齐春秋》	当是时，齐人从者莫不见，远者莫不闻，著在齐之《春秋》。	《墨子·明鬼下篇》
《燕春秋》	当是时，燕人从者莫不见，远者莫不闻，著在燕之《春秋》。	《墨子·明鬼下篇》
《宋春秋》	当是时，宋人从者莫不见，远者莫不闻，著在宋之《春秋》。	《墨子·明鬼下篇》
《乘》《梼杌》	晋之《乘》，楚之《梼杌》，鲁之《春秋》，一也。其事则齐桓晋文，其文则史。	《孟子·离娄下篇》

续表

《志》	"《志》曰：圣人不烦卜筮。"	《左传》哀公十八年
《上志》	"尝试观于《上志》，有得天下者众矣。"	《吕氏春秋·贵公篇》
《前志》	"吾闻《前志》有之，曰：'敌惠敌怨，不在后嗣。忠之道也。'"	《左传》文公六年
《军志》	"《军志》曰：'先人有夺人之心。'"	《左传》宣公十二年
《周志》	"《周志》有之：勇则害上，不登于明堂。"	《左传》文公二年
《郑志》	"二三君子请皆赋，起亦以知《郑志》。"	《左传》昭公十六年
《书》	"《书》曰：'公矢鱼于棠'，非礼也，且言远地也。"	《左传》隐公五年
《丹书》	"初，斐豹，隶也，著于《丹书》。"	《左传》襄公二十三年
《刑书》	"三月，郑人铸《刑书》。"	《左传》昭公六年
《虞书》	"故《虞书》数舜之功曰：'慎徽五典，五典克从。'"	《左传》文公十八年
《夏书》	"《夏书》曰：'皋陶迈种德，德，乃降。'"	《左传》庄公八年
《商书》	"《商书》曰：'三人占，从二人。'"	《左传》成公六年
《周书》	"《周书》曰：'明德慎罚。'文王所以造周也。"	《左传》成公二年
《郑书》	"《郑书》有之曰：'安定国家，必大焉先。'"	《左传》襄公三十年
《楚书》	"《楚书》曰：楚国无以为宝，唯善以为宝。"	小戴《礼记·大学篇》
《儒书》	"唯其《儒书》，以为二国忧。"	《左传》哀公二十一年
《虞箴》	"《虞人之箴》曰：芒芒禹迹，画为九州。……《虞箴》如是，可不惩乎。"	《左传》襄公四年
《夏箴》	"《夏箴》曰：中不容利，民乃外次。"	《逸周书·文传篇》
《商箴》	"《商箴》云：天降灾布祥，竝有其职。"	《吕氏春秋·应同篇》
《周箴》	"《周箴》曰：夫自念斯，学德未暮。"	《吕氏春秋·谨听篇》
《诰》	"《诰》《誓》不及五帝。"	《春秋穀梁传》隐公八年
《康诰》	"命以《康诰》而封于殷虚。"	《左传》定公四年
《唐诰》	"命以《唐诰》而封于夏虚。"	《左传》定公四年

以上学术典籍名称见于春秋战国文献，但其内容流传应当是在夏、商、西周三代，由此可以考见三代史官学术文化之盛。前引《吕氏春秋》可知，夏、商、西周均有史官执掌图籍，《尚书·多士》也说："惟殷先人，有册有典。"到了西周，史官学术典籍已积累得相当丰富，《庄子·天道篇》说："周之征藏史有老聃者。"成玄英疏："征藏史，犹今之秘书官，职典故籍。"《史记·老子韩非列传》作"守藏史"大概是中央图书馆之类。不仅如此，各诸侯国

也有图书馆。如鲁国,《左传》昭公二年载,"晋侯使韩宣子来聘……观书于大史氏,见《易》、《象》与《鲁春秋》。"《左传》襄公二十九年:"吴公子札来聘……请观于周乐。"结果乐师为之演奏《诗经》中《周南》、《召南》、《邶》、《鄘》、《卫》等二十余种。则观书观乐都当有典籍收藏的场所。又如楚国,《国语·楚语》载申叔时建议王子读《春秋》、《世》、《诗》、《礼》、《乐》、《令》、《记》、《故志》。《左传》昭公十二年载左史倚相能读《三坟》、《五典》、《八索》、《九丘》。《左传》昭公二十六年又载:周朝的王子朝"奉周之典籍以奔楚"。这些材料足证楚国朝廷里必有珍藏学术史典籍之所,学术典籍非常丰富。总之,从史官的设置之细,史籍名称之多,典藏史籍的国家图书馆之出现等方面,可以推夏、商、西周三代史官学术文化繁荣发达的盛况。正是因为有了这三代史官学术积蓄,才迸发了春秋战国时期中国轴心文明时期的"轴心学术"。

如此丰富的先秦学术典籍,本可以为司马迁编著《史记》时全面采纳。然而,一个令人痛心的历史事实是,秦始皇焚书坑儒,几乎焚毁了各国史籍。当秦并六国,为了统一政令,首先要做的便是焚毁各诸侯国的史书典籍。《史记·秦始皇本纪》载李斯奏请秦始皇,力陈各国执掌史籍对于秦国之害:

> 丞相臣斯昧死言:古者天下散乱,莫之能一,是以诸侯并作,语皆道古以害今,饰虚言以乱实,人善其所私学,以非上之所建立。

于是要求下焚书令,其中第一条便是要求焚烧各国史籍:

> 臣请史官非《秦记》,皆烧之。

这是说,除了《秦记》之外,其他各诸侯国史官所藏的历史书,"皆烧之"。此事又见于《史记·六国年表序》:

> 秦既得意,烧天下《诗》、《书》,诸侯《史记》尤甚。

在秦始皇所焚烧的各国书籍中,"诸侯《史记》尤甚",这是因为,春秋以前,学在官府,各国史籍均由朝廷史官所藏,民间没有流传,所以焚烧起来特别彻底。《史记·六国年表序》对此有比较客观的分析：

  《诗》、《书》所以复见者，多藏人家。而《史记》独藏周室，以故灭，惜哉，惜哉。

  正是由于这次焚烧，原来极其丰富的先秦各国史籍几乎消灭殆尽。由于史书不在民间流传，因此一旦焚毁，就难以弥补。汉代刘向、刘歆父子校理皇家图书时，史书无法成部，只好附于"春秋家"之下。其事见于班固据刘歆《七略》所作的《汉书·艺文志》。而司马迁作《史记》，也只有依据不记日月的《秦记》。这不能不说是中国文化史上的一大损失。
  尽管司马迁在编纂《史记》前已博览皇室典籍，并遍游全国实地考察，收集资料。但实际上，先秦时期的许多历史资料已经丢失了。司马迁在《太史公自序》里明确表白，他作《史记》本是希望通古"述往事"，而"究天人之际，通古今之变"，最后达到"成一家之言"，以"思来者"的。然而我们考察《史记》之十二本纪，则是五帝至三代本纪比较简略，秦汉诸本纪比较详细。这不是司马迁的本意，而是由于三代以上资料不足所致。对此，司马迁本人也有交待，其《自序》说："略推三代，录秦汉，上记轩辕，下至于兹，著十二本纪"。三代只能"略推"，秦汉则可详"录"了。班固和班彪都曾指责司马迁作三代本纪太简略。班固说："其言秦汉详矣"，而在作五帝本纪和三代本纪时，"采经撷传，分散数家之事，甚多疏略，或多抵梧"（《汉书·司马迁传》）。班彪则说："迁之所记，从汉元至武以绝，则其功也。"而在作三代本纪时，"采经撷传，分散百家之事，甚多疏略"（《后汉书·班彪传》）。两班指出《史记》记载三代以上历史"甚多疏略"，符合事实。由此可知，作为三代本纪之一的《殷本纪》，在资料来源上是有局限的。

二 "考信于六经"与《殷本纪》史料的片面性

  司马迁"考信于六经"，主观上造成了《史记·殷本纪》在选取先秦史料时的片面性。秦始皇"焚书坑儒"，各诸侯国史籍几乎殆尽。而孔子整理的"六经"因孔子弟子传授而散在各国民间流传。因此，秦始皇焚书时，"六经"虽在被焚之列，却终没有灭绝。这就是《史记·六国年表序》所说的："秦既得意，烧天下《诗》、《书》"，而"《诗》、《书》所以复见"者，是由于"多藏人家"。"六经"在秦火之后的流传情况，大致可考得其下：

《易》之流传

《易》为卜筮之书，秦时未焚。《史记·秦始皇本纪》："史官非《秦记》皆烧之，非博士官所职，天下敢有藏《诗》、《书》百家语者，悉诣守、尉杂烧之。"而"所不去者，医、药、卜筮、种树之书"。《汉书·儒林传》："及秦禁学，《易》为筮卜之书，独不禁"。《汉书·艺文志》："及秦燔书，而《易》为筮卜之事，传者不绝"。由此可见，《易经》作为卜筮之书，秦火时仍得以保全。

《书》之流传

《书》在秦令中属被焚之列。《史记·儒林列传》："及至秦之季世，焚《诗》、《书》，坑术士，六艺从此缺焉。"由于其在民间或儒士中流传，得以被个别保留。

伏生藏《书》

《史记·儒林列传》："伏生者，济南人也，故为秦博士"，……治《尚书》。"秦时焚书，伏生壁藏之……汉定，伏生求其书，亡数十篇，独得二十九篇，即以教于齐鲁之间。"《汉书·艺文志·六艺略》"尚书"类："秦燔书禁学，济南伏生独壁藏之。汉兴亡失，求得二十九篇，以教齐鲁之间。讫孝宣世，有欧阳，大小夏侯氏，立于学官。"

孔壁藏《书》

《汉书·艺文志·六艺略》"尚书"类："《古文尚书》者，出孔子壁中。武帝末，鲁共王坏孔子宅，欲以广其宫，而得《古文尚书》及《礼记》、《论语》、《孝经》凡数十篇，皆古字也。"颜师古注："《家语》云孔腾字子襄，畏秦法峻急，藏《尚书》、《孝经》、《论语》于夫子旧堂壁中，而《汉记·尹敏传》云孔鲋所藏。"

河间献王所得《书》

《汉书·景十三王传》："河间献王德以孝景前二年立，修学好古，实事求是。从民得善书，必为好写与之，留其真，加金帛赐以招之。由是四方道术之人不远千里，或有先祖旧书，多奉以奏献王者，故得书多，与汉朝等。……献王所得书皆古文先秦旧书,《周官》、《尚书》、《礼》、《礼记》、《孟子》、《老子》之属,皆经传说记,七十子之徒所论。"

杜林本《书》

《后汉书·儒林列传》:"扶风杜林传古文《尚书》,林同郡贾逵为之作训,马融作传,郑玄注解,由是古文《尚书》遂显于世。"《后汉书·杜林传》:"林前于西州得漆书古文《尚书》一卷,常宝爱之。"

《诗》之流传

秦时被焚。《汉书·艺文志·六艺略》"诗"类:《诗》之所以"遭秦而全者,以其讽诵,不独在竹帛故也。汉兴,鲁申公为《诗》训故,而齐辕固、燕韩生皆为之传……三家皆列于学官。又有毛公之学,自谓子夏所传,而河间献王好之,未得立。"《史记·六国年表序》:"《诗》、《书》所以复见,多藏人家。"

《礼》之流传

秦时亦被焚。《史记·儒林列传》:"《礼》固自孔子时而其经不具。及至秦焚书,书散亡益多,于今独有《士礼》。"《史记·孔子世家》:孔子死后,"诸儒亦讲礼——乡饮、大射——于孔子冢。……故所居堂、弟子内,后世因庙,藏孔子衣冠琴车书,至于汉二百余年不绝。"《史记·儒林列传》:"及高皇帝诛项籍,举兵围鲁。鲁中诸儒尚讲诵习礼乐,弦歌之音不绝,岂非圣人之遗化,好礼乐之国哉?……故汉兴,然后诸儒始得修其经艺,讲习大射、乡饮之礼。"《汉书·艺文志》:《礼》"自孔子时而不具,至秦大坏。汉兴,鲁高堂生传《士礼》十七篇。讫孝宣世,后仓最明。戴德、戴圣、庆普皆其弟子,三家立于学官。"又有孔壁本《礼》,河间献王本《礼》,见以上《书》之流传。

《春秋》之流传

《汉书·艺文志·六艺略》:"《春秋》所贬损大人当世君臣,有威权势力,其事实皆形于传,是以隐其书而不宣,所以免时难也。及末世口说流行,故有公羊、穀梁、邹、夹之传。四家之中,公羊、穀梁立于学官,邹氏无师,夹氏未有书。"顾实《汉志》讲疏:"《左氏传》其书虽隐,不如

《诗》、《书》、《礼》、《乐》四术,可公宣于君卿大夫间,然其授受有人,则未尝不广布于学者之间也。"《隋书·经籍志》言《春秋》"遭秦灭学,口说尚存"。《经典释文·叙录》则言其"承秦焚书,口相传授"。

由上述情况可知,六经之中,《易经》未遭秦火,《诗》与《春秋》则以讽诵而传,《尚书》、《礼》则各有藏本。因此,到了汉代,六经古本大致得以保存,加之统治者的倡导,经之今古文师徒相传与讨论颇盛。《汉书·艺文志》将国家图书分为六艺略、诸子略、诗赋略、兵书略、数术略、方技略共六大类,而六经居首。说明经秦火之后,保存先秦历史文化的典籍,主要是靠六经。

司马迁著《史记》的五帝本纪与三代本纪,主要材料来源就是六经。这就是司马迁自己宣布的"夫学者载籍极博,犹考信于六艺"(《伯夷列传》)。关于六经:

《诗》、《书》、《礼》、《易》、《乐》、《春秋》,并非孔子创作,而是在孔子之前即已存在了(见上引《国语·楚语上》)。申叔时乃楚庄王时人,楚庄王在位于公元前613年—前591年,而孔子的生卒年为公元前551年—前479年,[①]可见,申叔时至少要比孔子早半个世纪。而其提到的古籍有九种:《春秋》、《世》、《诗》、《礼》、《乐》、《令》、《语》、《故志》、《训典》。孔子整理的六经已大多包括其中,而且这些书名还屡见于先秦其他文献。

六经都是渊源有自,承传多年的先王旧典,世代掌于王官。按照《周礼》的分类,其情形大致如此:

巫史官所执掌与流传的《诗》《书》《春秋》

卜筮官所执掌与流传的《易》

礼乐官所执掌与流传的《礼》《乐》

清代学者章学诚曾提出"六经皆史"的著名论断,其《文史通义·易教上》指出:"六经皆史也。古人不著书,古人未尝离事而言理。六经皆先王之政典也。"近代国学大师章太炎《经的大意》也指出:"六经都是古史。"

孔子整理六经时,本着"述而不作,信而好古"(《论语·述而》)的原则,基本保留了六经的原始资料,正如章学诚在《文史通义·易教上》所指出:"夫子之述六经,皆取先王典章,未尝离事而言理。"《史记》正是以孔

[①] 杨伯峻:《论语译注》,中华书局1980年版,第1页。

子整理的六经为主要资料来源,言成五帝与三代本纪,这是其可取的一面。

另外,孔子所处的时代在思想文化上出现了一个巨大变化,这就是宗教精神的淡化和人文精神的崛起。孔子是这场文化运动的积极参与者、有力推动者和系统总结者。孔子"不语怪力乱神","敬鬼神而远之",倡导以人为中心的"仁"学。这在思想文化发展史上是具有积极意义的。但是,上古历史文化本是通过宗教的形式承传下来的,而孔子往往以理性的眼光将这些总结的上古宗教神话进行人文化的处理,例如在古代有"黄帝四面"的传说,这是古人认识四方四季时空观念的形象反映,但据《尸子》记载,孔子竟然将"黄帝四面"改造成了"黄帝手下的四位属臣"。又如,古代有关于太阳图腾神"夔一足"的神话。据《韩非子·外储说左下》记载,孔子又将"夔一足"改造成了"夔一,足矣"。说不是夔一条腿,而是夔作为尧的音乐官水平很高,就他一个人就够了。对于这种现象,茅盾在其《神话研究》中有所总结:"孔子出,以修身齐家治国平天下等实用为教,不欲言鬼神,太古荒唐之说,俱为儒者所不道,故其后不特无所光大,而又有散亡。"

这种以人文精神改造原始宗教文化的倾向,在孔子整理六经时是必然会有所体现的,从而形成了儒家典籍的理性礼仪特点。而司马迁著《史记》时,以采纳儒家典籍为主(见上引《五帝本纪赞》和《三代世表》)。虽然司马迁态度十分谨慎,将《五帝德》、《帝系姓》等所载黄帝、尧、舜等传说资料与《春秋》、《国语》相对照,并以实地考察为印证。在材料的选择上,尽量做到"余并论次",但实际上还是有明显的倾向的,这就是"择其言尤雅者"。所以,对于那些"文不雅驯,荐绅先生难言之"的"百家言黄帝",对于那些与"古文咸不同"的《谍记》所记黄帝年数,均不予采纳。

司马迁作《史记》之五帝、三代本纪时所采取的"择其言尤雅者"之儒家标准,必然会造成《史记》叙述上古史时的局限性。因为五帝时代与夏、商两代的宗教文化仍十分浓厚,并影响当时的社会结构。若以西周礼制文化基础上提升发展的儒家理性文化为标准来削裁处理五帝与夏商时代,难免会造成一定程度上的历史失实。这一点在《殷本纪》中正有反映。例如,据六经之外的先秦文献《楚辞·天问》和《山海经》等书记载,殷族先公世系中,有王季的儿子王亥与王恒兄弟为王的世系。《天问》说:"该秉季德,厥父是臧;胡终弊于有扈,牧夫牛羊?"又说:"恒秉季德,焉得夫朴牛?"前云"该秉季德",后云"恒秉季德",可见"该"与"恒"为同辈关系,而季则为上辈。王亥、王恒"兄终弟及"世系已得到了甲骨卜辞的证明。王国维在《殷卜辞中所见先公先王考》中，首次全面作了论证。可见《楚辞》、《山海经》所载不误。然而，司马迁著《殷本纪》"以《颂》次契之事，自成汤以来，采于《书》、《诗》"（《史记·殷本纪赞》），遵守其"考信于六艺"的取材标准，而对于《天问》、《山海经》这些在"荐绅先生"看来属于"文不雅驯"的材料反而不予重视。其结果便是在《殷本纪》中出现了由王季到王亥再到上甲微祖父子三代直传的宗法世系，而将"王恒"一世删去。这是司马迁作《殷本纪》在主观思想上受儒家思想影响而造成《殷本纪》部分失实的一个显例。

第三节 《殷本纪》订补的历史契机

从总体看，《史记·殷本纪》所载商族先公、先王至时王各代世系，基本可信；但也有部分偏误失实。我们要充分肯定并十分敬重司马迁作《殷本纪》所取得的伟大成就，如果没有《殷本纪》，整个商民族从先商时期到整个商代的历史框架就无法建立起来。同时，我们又必须清醒地认识到《殷本纪》世系中的部分不足，并加以探索订补。只有这样，我们才能把一个尽可能完整真实的商代史揭示出来，并留给后人。司马迁《殷本纪》的成就与不足是时代造成的。对于他的不足，我们不能苛求，但要尽可能利用新时代所提供的有利条件，给予修正补充。

对于《史记》的修订补充工作，历代学者都作有努力。西汉一代，续补《史记》者即有十几人，其中褚少孙补《史记》十篇，直接附骥《史记》流传，是其中的代表。魏晋以后，补充研究《史记》者日众，逐步形成了"《史记》学"，其中有影响者有刘宋的裴骃《史记集解》，唐代司马贞的《史记索隐》，张守节的《史记正义》。至清代，《史记》考证学大兴，出现相关专著几十部，其中特别著名者有王鸣盛《史记商榷》、钱大昕《史记考证》、赵翼《史记札记》、梁玉绳《史记志疑》等。前人的研究，在《史记》的文字音义、史事考辨方面取得了很大成就。为后人读懂、读通《史记》，准确把握《史记》，奠定了良好基础。

对《史记》取得突破性进展，则从1899年河南安阳殷墟甲骨文发现开始。20世纪有关五帝至夏商周三代的考古不断发现和研究，对《史记》进行全面订补的条件已经具备，超越前人乃至超越司马迁《史记》不足已成为可能。今天订补《殷本纪》的有利条件至少有如下两点。

一　甲骨文、青铜器铭文、简牍帛书等出土文献与《殷本纪》订补

利用甲骨文、青铜器铭文、简牍帛书等地下出土文字资料，可以订补《殷本纪》。王国维在《古史新证》第一章总论中谓："研究中国古史为最纠纷之问题，上古之事，传说与史实混而不分，史实之中，固不免有所缘饰，与传说无异。而传说之中，亦往往有史实为之素地。二者不易区别，此世界各国之所同也。"《史记·殷本纪》比较全面地记载了商王世系及商族发展的历史。甲骨文的发现及研究成果，证明了司马迁客观地记述了商代历史发展的真实。因此，围绕《殷本纪》文献材料的取舍，关于先秦、秦汉以及后世文献中有关商族发展的历史文献，甲骨文发现百年来研究商史的重要论著及文章，略加梳理，一方面，有助于学术界从神话传说中，捕捉历史的真实；从某些历史的记录中，剥离掉有关商史的误传。另一方面，还可清楚了解商史研究的学术史发展脉络。对此，分述于下：

（一）神话传说中的历史真实

周秦时期有关的神话传说中，与地下发现的甲骨卜辞相互印证，可以看出商代历史的真实史影，以帝喾、契、王亥为例，对此说明：

帝喾乃商人可追溯的第一位男性始祖，王国维认为甲骨文中的高祖夒即帝喾。帝喾为《五帝本纪》中的第三帝，司马迁的五帝传略，取材见上引《五帝本纪赞》。司马迁将《五帝德》、《帝系姓》等所载黄帝、尧、舜等传说资料与《春秋》、《国语》相对照，并以实地考察为印证，终成《五帝本纪》。司马迁在选材上，对《楚辞·天问》和《山海经》等，均不予采纳，这必然会造成记述商代历史的失实。以《殷本纪》中的帝喾为线索，考察以下先秦文献：《楚辞》之《天问》、《离骚》、《九章·思美人》，《山海经》之《大荒东经》、《大荒南经》、《海内经》、《大荒西经》，《国语·鲁语》，《礼记·祭法》，《世本》等，从神话故事中，剥离出历史史实：即俊、喾、舜乃是与殷商族始祖有关的神话传说中的一神之三名。

契乃商人追溯有世系可考的第一位先祖。《殷本纪赞》："太史公曰：'余以《颂》次契之事。'"契与"玄鸟生商"的史迹见以下文献：《诗》之《商颂·玄鸟》、《商颂·长发》、《楚辞》之《天问》、《离骚》、《九章·思美人》及《史记·殷本纪》和褚少孙所补《三代世表》。商人与鸟、鸟星有密切关系，见《尚书·高宗肜日》及甲骨文中对鸟星的祭祀（《合集》11500正、

11497正、11498正、11499正），还见《左传》襄公九年中商人的后代——春秋时期的宋国。商人以鹑火（即甲骨文中的鸟星）为主星，以鸟为商族的图腾，以玄鸟做自己的始祖。于省吾在《略论图腾与宗教起源和夏商图腾》中，举出商代青铜器"玄鸟妇壶"，用地下史料印证文献的真实。胡厚宣《甲骨文商族鸟图腾的遗迹》中，对此作了更详尽阐释。甲骨卜辞及殷商后人——宋国（《左传》襄公三十年）对鸟鸣与灾祸联系在一起的实录，说明了关于商人的神话传说，也反映了某些真实的历史事实。

王亥，是商先公中第一个以干支命名的先祖，王国维在《戬寿堂所藏殷虚文字考释》云："高祖亥即王亥。"王国维在《殷卜辞中所见先公先王考》中，谓："《殷本纪》及《三代世表》商先祖中无王亥，惟云：'冥卒，子振立。振卒，子微立。'《索隐》：'振，《系本》作核。'《汉书·古今人表》作垓。然则《史记》之振，当为'核'或'垓'字之讹也。……《山海经》一书，其文不雅驯，其中人物，世亦以子虚乌有视之。《纪年》一书，……王亥之名竟于卜辞见之，其事虽未必尽然，而其人则确非虚构。可知古代传说存于周秦之间者，非绝无根据也。"王亥之名及其事迹，不仅见于《山海经》、《竹书纪年》，也见于《楚辞·天问》、《吕氏春秋·勿躬篇》、《世本·作篇》，对有关王亥记载的文献梳理，有助于从神话传说的故事中，提取出历史的真实内容。

（二）历史记录中的误传

《殷本纪赞》、《三代世表序》，详细记录了司马迁作《史记》时的选材情况，司马迁在著述成汤建国后的商王世系时，在选取材料上，造成了记录商王世系的误传，举例来说：（1）报乙、报丙和报丁的顺序。自上甲至汤，《殷本纪》、《三代世表》及《汉书·古今人表》，有报丁、报丙、报乙、主壬、主癸五世。甲骨文发现以来，罗振玉疑即报乙、报丙、报丁。王国维加以证之。[①]（2）太甲与外丙的即位顺序。《书序》："成汤既没，太甲元年。"而司马迁的《殷本纪》："汤崩，太子太丁未立而卒，于是乃立太丁之弟外丙，是为帝外丙，帝外丙即位三年，崩。立外丙之弟中壬。"《史记正义》云："太史公采《世本》，有外丙、中壬。"外丙、中（仲）壬相继为王的记录，也见于《孟子·万章》上。甲骨文中的周祭顺序，说明外丙在太甲之后

[①] 王国维：《殷卜辞中所见先公先王考》，《观堂集林》卷九，河北教育出版社2001年版，第269页。

即位为王的事实。据常玉芝考证，外丙为王与伊尹放太甲的特殊历史事件有关。外丙为成汤之子而在其侄太甲以后即位为王，与成汤—外丙—太甲的王位的顺承，有本质的区别。《殷本纪》有关商王世系的误传，造成了2000多年商史中有关商代宗法制度研究的误区。今由地下出土的甲骨文与文献材料的相互印证，可以订正和补充《殷本纪》之误。

研究商史，离不开《殷本纪》，那么，《殷本纪》所依据的先秦典籍，要加以重视，而《殷本纪》未采纳的诸如《山海经》、《楚辞》等"文不雅驯"的文献，也不容忽视。后世围绕《史记》所作的修订和补充、《史记集解》、《史记索隐》、《史记正义》，到清代时《史记商榷》、《史记考证》、《史记札记》、《史记志疑》等，也是研究商史所依据的重要材料。甲骨文发现后，王国维首次利用地下出土材料，与《史记》、《楚辞》、《山海经》等传世文献对照研究，而作成的《殷卜辞中所见先公先王考》及《续考》，开"二重证据法"研究古史之先河。继王国维之后，有吴其昌的《殷卜辞所见先公先王三续考》，郭沫若的《卜辞通纂》，丁山的《卜辞所见称帝高祖六宗考》，董作宾的《甲骨文断代研究例》，陈梦家的《殷虚卜辞综述》，周鸿祥的《商殷帝王本纪》，王晋祥的《殷本纪研究》，丁山的《新殷本纪》，屈万里的《史记殷本纪及其他记录中所记载殷商时代的史事》，丁山注、杨天宇、程有为、郑慧生校补《殷本纪汇注》，岛邦男的《殷墟卜辞研究》，严一萍的《殷商史记》，常玉芝《商代周祭制度》等，是我们向纵深程度研究商史人物的基石。

学者们在利用甲骨文研究商代世系的同时，又充分利用商代晚期的一些有铭青铜器和战国以来的简牍帛书资料，如河北保定所出殷代三句兵、故宫博物院所藏邲其卣，以及湖北荆门郭店楚简、上海博物馆所藏战国楚简等。这些资料对于我们进一步完善商代世系提供了直接的证明。总之，越来越多的地下文字资料的出土，为我们进一步订补商代世系提供了前所未有的契机。

二 考古发现遗址遗物与《殷本纪》订补

有关商民族从起源到建国发展的变动过程的遗址遗物的发现，为我们订补《殷本纪》提供了物质证据和框架定位。《殷本纪》叙述商民族的起源发展比较简略，虽也提供了契居"蕃"、昭明居"砥石"等地名，但这些地名的具体地望在哪里，并不明确。对于这些地名地望不同的说法，如果仅从传世文献的角度去讨论，也许永远无法得出统一结论，但从考古学角度去考察，便容易得出比较令人信服的意见。新中国成立以来，考古工作者经过不断努力，终于发现了有关商民族起源及其早期发展的先商文化遗址。其中比较典型的遗址，在河北境内有石家庄的内邱南三坡、市庄，邯郸涧沟、龟台寺，磁县下七垣、界段营、下潘汪。邹衡综合这些商文化遗址为先商文化漳河型。在河南境内先商文化遗址则有安阳梅园庄、濮阳马庄、新乡潞王坟、修武李固、辉县琉璃阁、杞县鹿台岗等等。邹衡称其为先商文化辉卫型。河北南部的先商文化漳河型与河南北部的先商文化辉卫型，基本上与历史学上的从商契起源到商汤克夏共经历的十三代商族先公时期相当。①

从考古学年代关系看，先商文化横向与二里头夏文化基本同时，纵向又与商汤建立商代以后的商代前期二里岗文化、商代后期殷墟文化前后连接。其间的关系如下：

夏代	商代	
二里头夏文化	商代前期	商代后期
先商文化漳河型、辉卫型	郑州二里岗商文化	安阳殷墟商文化
（商先公时代）	（商先王时代）	（商时王时代）

在地理位置上，就整个中原地区看，与先商文化差不多同时的周边文化有：北面的夏家店文化；东面的岳石文化；西边的光社文化；西南的二里头文化东下冯类型；南面的二里头文化二里头类型和洛达庙类型。学术界一般认为，二里头文化是夏族文化，岳石文化是东夷族文化，光社文化与姬周族有关，至于夏家店文化，邹衡认为与北方的肃慎、孤竹等民族有关。也就是说，在夏代四百七十余年的时间范围内，从空间上看，从河北南部石家庄、邢台、邯郸到河南北部安阳、新乡、濮阳、杞县一线的是先商文化；而其周围分别被东边的以岳石文化为代表的东夷文化，北边以夏家店文化为代表的肃慎、孤竹文化，西北边的以光社文化为代表的姬周文

---

① 邹衡：《夏商周考古学论文集》，科学出版社 2001 年版，第 171—202 页；李伯谦：《中国青铜文化结构体系研究》，科学出版社 1998 年版，第 78—100 页。

化，西南以二里头文化东下冯类型为代表和南边以二里头文化、洛达庙文化为代表的夏文化所占据。因此，从考古学角度看，这些地区都不可能是商民族的起源地。

商民族在很长一段时期内处于游牧流动阶段，因此，其政治中心不断迁移。《尚书》有多处记载。张衡《西京赋》概括为"殷人屡迁，前八后五"。前八次迁移是在先商时期，王国维曾作有《说自契至于成汤八迁》。后五次迁移在商汤至盘庚迁殷之间。前八次迁移的范围大致已如上述先商考古范围内，即在河北石家庄往南至邢台、邯郸到河南的安阳、新乡一带。后五次（不包括盘庚迁殷），据文献记载即汤至太戊共十王所居的亳都、中丁与外壬所居的隞都、河亶甲所居的相都、祖乙至祖丁所居的邢都、南庚迁奄、盘庚至商末的殷都。

过去，对这些都邑的具体地望也一直有争议。现在，考古学上已提供了相应的都城遗址，因此，分歧渐渐趋于统一，大致可得结论如下：

郑州商城、偃师商城与亳都；

郑州小双桥遗址与隞都；

安阳洹北商城与相都；

邢台东先贤遗址与邢都；

安阳殷墟遗址与殷都。

在这些城址内，考古工作者还发现许多具有鲜明商文化特征的遗物，如卜骨、青铜器、陶器等，有些遗物上还有文字与刻划符号，极有利于对《殷本纪》所载商代史的印证与补充。[①] 目前，有关商民族与商代的考古发现与研究，已远远超过上述几个城邑，实际范围已遍及黄河中下游，南跨长江，北越长城。这些范围广阔、内涵丰富的考古遗址与遗物，是我们全面订补《殷本纪》最可靠的资料。

第四节　要　　旨

《〈殷本纪〉与商史人物徵》一卷，共分九章，绪论部分讨论了《史记·殷本纪》殷商世系及商族史迹的一般认识。百年来的甲骨文及商史研究成果证明，司马迁的《殷本纪》基本上为信史，仅某些时段略有出入。撰写商代

---

① 《夏商周断代工程 1996—2000 年阶段成果报告》，世界图书出版公司 2000 年版，第 62—73 页。

历史，离不开《殷本纪》。因此，首先需要对《殷本纪》对商代史研究的价值、史料的原始可靠性、叙事的真实性、时代局限及订补《殷本纪》的历史契机分析说明，有助于了解《殷本纪》的历史价值。

第一章商族先公史略，分三部分对此讨论：（一）从黄帝到帝喾，在于追溯氏族发展的源流，寻求黄帝到帝喾时期氏族发展的脉络，其结论带有推测性；（二）商先公远祖，根据《殷本纪》载其世系为：帝喾（帝俊、帝舜）—商契—昭明—相土—昌若—曹圉—冥—亥（振）—恒—微，拘于商先公远祖的文献记录内容少的缘故，因此，在撰述各位先公远祖的传略时，也顺便就每一先公时期的发展史略及其他社会内容一并加以讨论，以避免所论内容的多次重复；（三）商先公近祖，甲骨文印证历史文献，可以看出商人自上甲微时期，已进入信史阶段，示壬、示癸的配偶，受到后世商王的周祭，表明自示壬、示癸时，商人已经进入到成文的历史阶段。

第二章、第三章、第四章分别论述商前期、中期、后期商王及其配偶纪略，根据文献及甲骨文材料，在详细撰述商王传略的同时，附加各商先王的配偶，旨在说明商代世系有直系和旁系先王的区别。直系与旁系先王区分的标准，若本商王曾即位为王，其子也曾即位为王，其配偶受到周祭，那么，这一商王为直系先王。若仅商王受到周祭，其配偶不被周祭，那么，这一商王为旁系先王。直系和旁系先王的区别，有助于学术界认识商代宗法制的特点。

第五章文献所见商王朝臣正，展现商代王臣活动的社会场面，有助于学术界多层次、多角度的观察商代社会历史的多样性。这部分，既是对商王纪略的补充，又是商代社会历史的重要内容。

第六章甲骨文所见商王朝臣正，共分三部分内容：（一）商先臣，受到后世商王隆重祭祀，其后世子孙为商王朝的臣属，这与《尚书·盘庚》篇"古我先王，暨乃祖乃父，胥及逸勤……世选尔劳，予不掩尔善。兹予大享于先王，尔祖其从与享之"记载一致。为商王朝做出过贡献的先臣与商先王的配享及"旧人共政"与甲骨文中所反映的史实相应，以此论证商王朝统治时期，有许多世家大族参与商王朝政治统治的史实。（二）武丁王朝以降重臣诸将，可分为异姓、妇某和同姓贵族三种：1. 异姓贵族有望乘、师般、沚䖵、禺、甫等，这些人物，活跃在武丁王朝的政治、军事、经济等社会生活的各个方面，商王有时甚至以婚姻关系，来加强与他们之间的关系。2. 妇好与妇妌，殷墟妇好墓的发现、王陵区的司母戊大鼎的出土，推动学术界对此两位女性的研究。经过研究后发现，妇好和妇妌分别是武丁的两个王后。甲骨文中妇好和妇妌的活动，表现为她们既参与祭祀和战争的国家大事，又在家庭生活中发挥着重要的作用，主要表现在：(1) 她们的生育是商王室家庭生活的大事，故商王多次占卜贞问；(2) 她们在加强各级贵族与商王之间感情的联络方面，发挥着王后的重要作用；(3) 负责贵族子弟的教育，也是王后的一项重要职责；(4) 管理占卜机关事务、农事等，说明她们参与商王朝政治统治的广度；(5) 经济上与商王的分离，是商代王后经济的一个重要特点。对妇好、妇妌的论述，旨在开启商代王后的研究思路，为探讨商代王后制度，奠定一定的基础。3. 同姓贵族，可分为不称"子某"与称"子某"两种：不称"子某"者，有雀、禽、戈、吴、并等，从祭祀对象上、尤其是对商王近祖的祭祀上判断，他们与商王的血缘关系有远有近。一方面，他们参与商王朝的政治活动；另一方面，他们分别被分封到商王朝边境的各战略要地，在维护边境的安宁及对外征伐活动中，发挥重要作用。由此判断，他们应当是商代统治的重要力量。称"子某"者，甲骨文中的"子某"，多为商王后裔，与时王有或近或远的血缘关系。对"子某"的探讨，旨在探讨商王室的家庭结构。通过对二十多个有典型意义的"子某"分析，商王室的家庭结构，若以商王为中心，可分为商王核心家族、亚核心家族、次亚核心家族及与商王有关的女性"子某"、与商王家族无关的"子某"爵称等多个层次。核心家族的"子某"包括时王及时王兄弟之子、孙，有的还未长大成人，受到商王的关心。有的已长大成人，但仍生活在商王身边；有的则被分封，但仍然参与武丁王朝的政治、经济、军事等活动。亚核心家族"子某"，包括旧先王之子孙，一方面，他们参与商王朝的各种活动；另一方面，他们被分封到各重要战略要地，这些地区，往往有良好的农业和畜牧业经济。他们既是商王的重要贡纳者，又是保护商王的重要屏障。次亚核心家族的"子某"，他们属于王族成员，仅参与王室助祭，由此判断他们与商王有较远的血缘关系。他们被商王分封到边境的各战略要地，为商王朝守边卫土，但有时也发动叛乱活动，成为边境的不安定因素。商王对他们的叛乱，以武力讨伐来加强边疆的经营。王室之女，也是商代社会的重要成员，对她们的分析，对探讨商代的社会结构、家族形态、婚姻形态，具有重要意义。与商王家族无关的"子某"，当属于受商王分封的爵称。(三) 侯、伯，他们是甲骨文中可以确认的商王朝外服官，对其中几位重要的侯、伯探讨，有助于了解商王经营边疆的策略。侯是商王朝边境上的重要臣服者，他们原本为商王朝边境上的方国，商王通过战争、婚姻或其他手段，使其臣服以求边境的安宁与稳定。对甲骨文中17个"侯某"或"某侯"的分析，旨在探讨侯爵的来源、侯与商王朝的关系及他们对商王朝边境的影响等。伯称"伯某"或"某伯"，他们或是边境的强宗望族，或是商王为加强对某地的统治而分封的商王同姓贵族，"伯某"和"某伯"是影响商王朝边境安宁的又一支重要力量。商王对边境的叛乱者武力镇压后，多采取"就地而封"的政策，封他们为商王朝的"伯爵"或"侯爵"，以"怀柔和羁縻"策略，谋求边境的安宁与稳定。如某些"伯某"，随着商王朝的发展而消失，有时仅作为地名出现于卜辞的事实，既是商王朝版图逐渐扩大的明证，也是华夏民族在商王朝统治时期民族融合的现象。华夏民族就像滚雪球一样，越来越大，它是中华民族形成前身的过程。第二、三、四、五、六章，分别撰述商王及其配偶传略、臣正纪略。此五章相互照应，而各有所侧重，是一个有联系的整体。

第七章贞人与卜官，分析和讨论了贞人的来源、在商王室的活动及商王朝历代贞人的变化情况。第八章文献所见商王朝史事徵，着重论述对商王朝历史发展有重大影响的事件，以显示人或特殊历史事件在商代历史发展进程中的作用。第九章商朝的积年与诸王系年，包括三个方面，（一）文献中所见商朝总积年，清以前的文献有458年、496年、497年、576年、645年以及500余年、600年、600余年等多种说法；文献所见商诸王在位年，见于《史记·殷本纪》集解、《汉书·律历志》、《帝王世纪》、《艺文类聚》、《太平御览》、《册府元龟》、《资治通鉴外纪》、《通志》和古今本《竹书纪年》等文献，因辗转相袭，已疑不能决。（二）今甲骨文、金文中，有可资利用的王年资料，对重新论证商代总积年和部分诸王之系年，提供了充分证据。（三）商朝积年及王年的新考订，1996年启动的"夏商周断代工程"，从考古学、天文学、文献学三个方面，对武王克商之年进行了论证，最后确定了武王克商年为公元前1046年；以此为定点，对盘庚迁殷至帝辛灭亡的商代后期的年代学，从殷墟文化分期与测年、殷墟甲骨分期与测年、殷墟甲骨文日月食研究、甲骨文周祭祀谱与商末年代四个方面，确定了盘庚迁殷之年为公元前1300年；商前期的年代框架的构建依靠两个定点：盘庚迁殷之年和夏商分界，"夏商周断代工程"以郑州商城和偃师商城的始建年代作为夏商分界的标志，从两条线索上来探讨商前期的总积年，以武王伐纣年为公元前1046年，得盘庚迁殷为公元前1300年。由武王克商年加上商代总积年（有600余年、500余年和496年三说），得商代始年约为公元前1600年。

王国维谓："今日幸于纸上之材料外，更得地下之新材料，由此种材料，我辈固得据以补正纸上之材料，亦得证明古书之某部分全为实录，即百家不雅训之言，亦不无表示一面之事实。此二重证据法，惟在今日始得为之。虽古书之未得证明者，不能加以否定，而其已得证明者，不能不加以肯定断言也。"[①] 百年来甲骨文的发现、研究成果及殷商考古遗迹的发掘，由地下出土的新材料，印证文献记载的商史，为订补《史记·殷本纪》，打下了坚实的基础。对《殷本纪》在研究商史的价值、其引用史料的可靠性及存在的局限性分析后，充分吸收百年来商史研究的新观点，订补《史记·殷本纪》已具备了条件。

　　按照王国维的观点，以成汤建国为界，商代历史可分为先公、先王两个阶段。先公时期，从文献记载看，商人可追溯最远的始祖为帝喾。以帝喾为坐标点，上可追溯氏族社会时期的民族发展的源流，下可考证商代神话传说时代的史影。自契至冥六世先公，无法与甲骨文中具有先公高祖神性的受祭者建立对应关系，又没有直接的世系相系联，对此，还有待深入研究。王亥是商先公时期的重要人物，卜辞与文献相印证，王亥是与后世先公有世系联的第一位远祖先公，证明了被认为是荒诞无稽的《山海经》，也应有中华民族各部族形成和发展的史影。见于卜辞中的王恒，可以印证《楚辞·天问》中的王恒。王亥、王恒、上甲微之间的世系修订，不仅在于订补了《殷本纪》的缺失，而且为探讨王亥、王恒之父——冥的存在，奠定了基础。具有远祖先公神性的高祖河、岳、季、兕等，他们究竟确指哪一位商先公高祖，还有待新材料的出现。目前对他们研究的成果，为更深入探究商先公远祖，奠定了一定的基础。王国维对自上甲至示癸六示先公世系顺序的修订，对认识按照天干顺序排列的先公，对正确认识商代成文历史的开始，具有重要意义。自成汤建国到帝辛亡国的先王时期，按照商王世系的主线，可以分为商代前、中、后三段历史时期。（一）前期订补，可分为两部分：(1) 成汤史实的订补，为正确认识成汤立国的必然性，具有重要意义。(2) 对太丁·妣戊、外丙·妣甲、中壬史实的订正和补充，（沃丁）、太庚·妣壬史实订补、小甲、大戊、雍己史实的订补，可以正确认识商王朝建国之初的宗法制度及对伊尹有正确的评价。太庚有三子相继为商王，与商初"父死子继"的王位继承制相悖，从大乙、大丁、大甲、大庚的称"大"的现象分析，小

----
① 王国维：《古史新证》，清华大学出版社1994年版，第2页。

甲、大戊、雍己三兄弟相继为王的情况出现，应当有特殊的历史背景。但正是这种特殊的历史背景，为商王朝中期的"九世乱"，提供了效仿的榜样，大戊时期的强盛，又为中丁争夺商王位创造了条件，这是历史发展中偶然与必然的关系。（二）中期的订补，包括两处：即大戊—雍己—中丁的王位传承订补和中丁、河亶甲、祖乙的王位传承订补。这两处订补后，可以清楚地看出（嫡）长子继承制破坏后、王位争夺的激烈程度及商王朝中期国势衰弱的社会历史。"比九世乱"不仅在商朝发展史上，具有重要影响，而且在夏、商、周三代漫长的历史长河中，都具有更深刻的社会意义。自武丁之父——小乙时期及武丁之子——祖甲时期"兄终弟及"和"变传兄之子为传弟之子"的王位交替传承方式、商代后期嫡长子继承制的真正确立，无不是商后人在痛定思痛后，做出了继承制度上的调整。西周王朝建立后，实行严密的宗法制度的确立，也应当是周人吸取商人国势衰亡的沉痛教训的结果。（三）后期的订补，有六处，分别是盘庚迁都地望的补充，武丁时期史实的补充，祖己、祖庚、祖甲史实的订补，（廪辛）、康丁世系的订补，武乙及其以后史实的订补。据《殷本纪》载："盘庚渡河南，复居成汤之故居，乃五迁，无定处。"（1）后世关于盘庚迁都地望，有西亳偃师说和今安阳小屯之殷墟两说，甲骨文的发现与七十多年的殷墟考古发掘，证实了盘庚迁都于殷（今安阳小屯）的正确。"乃五迁"当指自成汤至于盘庚时期的五次迁都，分别是：成汤建国后迁都于西亳、中丁迁嚣、河亶甲迁相、祖乙迁邢、南庚迁奄。（2）武丁史实的订补，武丁是商王朝历史有名的盛君，甲骨文及先秦文献，可以对武丁时期的社会发展史实进行订补。对武丁王朝众多人物的考证与分析，有助于了解武丁的用人策略、治国之策；对武丁时期重大历史事件的讨论，有助于分析商代社会的信仰、社会内涵及武丁的失政等深层次的社会问题。正是武丁的文治武功，使商王朝达到了商历史上的鼎盛时期。（3）祖己、祖庚、祖甲时期史实的订补，对认识商代的宗法制度、太子制度，具有重要意义。（4）廪辛一世，不见于甲骨文中，对此订补后可以看出，自祖甲改制后，商代后期已经建立起严密的宗法制度的史实。（5）武乙迁都，当史传有误；武乙"射天"与"慢鬼神"、"猎于河渭震死"事件，没有必然联系，对待历史，要以客观的态度去认识历史发展的偶然与必然。（6）帝辛时期，商统治集团内部，分裂成以"微子"为首和以"纣王"为首的两大政治派系。因商纣王为亡国之君，不仅背负着"千古罪人"的恶名，而且成就了其反对派"微子"的"圣贤"。微子与箕子、比干，被孔子赞誉为"三仁人"(《论语·微子》)。两千多年来,儒家在思想界占统治地位,故后世对微子的评价不够公允。据《尚书·微子》、《诗经·周颂·有客》、《吕氏春秋·诚廉》、《贵因》、《史记·殷本纪》、《史记·宋微子世家》、《国语·晋语》、《韩非子·喻老》、朱公叔鼎铭文等记载,微子在助周灭商的重大事件上,发挥了重要作用,牧野之战的"前徒倒戈",是微子策划的结果。微子有治国之才,既仁又贤。但国难当头,弃国家主权不顾而投奔敌方——周人,其行为与孔子和儒家所倡导的"杀身成仁"反差太大。评价微子这一历史人物,当客观公允。

由文献与甲骨文相互印证,周秦文献及后世诸多文献,也具有历史价值,因此,撰写商代历史,要使其发挥在商史研究中的作用。

本卷以商王世系为主线,辅以商王朝之臣正及重大历史事件,来钩稽商代社会历史发展的一个侧面,并从整体上、局部上了解社会历史发展阶段对人的制约作用,也能认识到特殊人物及特殊历史事件在历史发展中的影响,尽量客观、公正地反映商代社会历史发展的真实。

第一章

商族先公史略

按照王国维的意见，殷王世系以成汤立国为界，分为两个阶段：从商民族起源开始到商汤立国之前，称为先公世系；从商汤立国到商纣之亡，称为先王世系。商民族的世系以先公先王世系为主干，同时还有先妣、旧臣世系可为辅助。整个商民族的历史就是通过这些世系为纲目而前后贯穿起来的。商族先公可以分为神话远祖和商先公远祖、近祖两个阶段，本章以先公世系为纲来讨论：

第一节 从黄帝到帝喾概述

关于商族的先公，因为时代久远，还有许多难以确定的问题，例如，从黄帝到帝喾，那遥远漫长的时代，氏族间的发展状况是怎样的？传说中的帝喾、帝舜、帝俊三者之间的关系又到底是怎样的？除了文献记载中较明确的契、昭明、相土、昌若、曹圉、冥、亥、恒等先公外，见于卜辞的河、岳、娥、昌等等，又当如何去理解？如何给予适当的定位？等等。对于这些问题，本章中，我们要在前人研究的基础上做出进一步的探索。

由先秦秦汉文献中所见，黄炎氏族发展世系，可以推测商族远祖帝喾族活动时与地。《左传》、《国语》、《山海经》、古本《竹书纪年》、《世本》等先秦文献以及《吕氏春秋》、《大戴礼记》、《淮南子》、《史记》等秦汉文献，有较多关于黄帝、炎帝两族起源、发展、壮大的世系记载。如果将这些世系资料再加分析，不难发现大致可分为两个系统：一个系统偏重于历史方面，一个系统偏重于神话方面。偏重于历史方面的黄炎世系，地理范围较小，两族都在黄河流域由西往东发展。偏重于神话方面的黄炎世系，地理范围较大，其中黄帝一族有许多分支世系，大致分布在黄河流域，炎帝一族也分化成不同世系，地理范围则在长江流域。下面，我们就有关资料略作梳理与分析，然后在这样的背景下来探索商族远祖帝喾族活动的时与地。

一　历史典籍黄炎世系概述

《国语·晋语》中有一段最早最完整地叙述黄炎两帝起源的文字：

> 昔少典娶于有蟜氏，生黄帝、炎帝。黄帝以姬水成，炎帝以姜水成。成而异德，故黄帝为姬，炎帝为姜。

远古时代，部落首领的名字就是该部落的名字。说少典氏娶于有蟜氏，说明这两个氏族互为通婚关系。而少典氏生黄帝、炎帝，则是说黄炎两族由少典氏族分化而来。至于其具体地望，应由姜水和姬水推知。《水经注》"渭水"条下说："岐水又东，经姜氏城南为姜水。"岐水在岐山的南面。今天的陕西岐山县东面，就有一条西出岐山、东过武功、南入渭水的河。由此可见，炎帝族的发祥地大概就在陕西省西部的渭水上游。姬水无考。但黄帝的陵墓相传在桥山，而桥山就在现在泾水东北方的黄陵县。因此，徐旭生在《中国古史的传说时代》中"推断黄帝氏族的发祥地大约在今陕西的北部。它与发祥在陕西西部偏南的炎帝氏族的居住地相距并不很远。"[①]

黄炎两族在陕西的西北部起源后，便往东发展，大约到了五帝时代的中后期，便已到了河南一带。其中黄帝族偏于黄河之北，炎帝族偏于黄河之南。《国语·周语下》有一段黄、炎二族后裔的世系传说：

> 昔共工弃此道也，虞于湛乐，淫失其身，欲壅防百川，堕高堙庳，以害天下。皇天弗福，庶民弗助，祸乱并兴，共工用灭。
>
> 其在有虞，有崇伯鲧，播其淫心，称遂共工之过，尧用殛之于羽山。其后伯禹念前之非度，釐改制量，象物天地，比类百则，仪之于民，而度之于群生，共之从孙四岳佐之，高高下下，疏川导滞，钟水丰物。……
>
> 皇天嘉之，祚以天下，赐姓曰姒，氏曰有夏，谓其能以嘉祉殷富生物也。祚四岳国，命以侯伯，赐姓曰姜，氏曰有吕，谓其能为禹股肱心

[①] 徐旭生：《中国古史的传说时代》，广西师范大学出版社2003年版，第49页。

脣，以养物丰民人也。……

有夏虽衰，杞鄫犹在；申吕虽衰，齐许犹在。唯有嘉功，以命姓受祀，迄于天下。……皆黄、炎之后也。

《国语》韦昭注："鲧，黄帝之后也。共工，炎帝之后也。"这样，我们可得黄、炎的后期世系如下：

$$\text{少典氏}+\text{有蟜氏}\begin{cases}-\text{黄帝（姬）}\begin{cases}-\text{鲧}-\text{禹}-\text{杞、鄫}\\-\text{炎帝（姜）}\end{cases}-\text{共工}-\text{四岳}-\text{申、吕、齐、许}\end{cases}$$

这里，黄帝、鲧、禹的后代杞、鄫两国，在河南的中东部。其中的杞即今天的杞县一带。《史记·周本纪》武王封"大禹之后于杞"，《史记正义》引《括地志》："汴州雍丘县，古杞国。"鄫在杞县东向的睢县。《春秋经》襄公元年："曹人、邾人、杞人次于鄫。"杜预注："郑地，在陈留襄邑县东南。"总之，杞国与鄫国都在今开封市与商丘市之间。在五帝时代的中后期，直到大禹治水成功，也就是距今 4600 年至 4000 年之间，黄河曾由洛阳、郑州地区向东南方向流，经颍水、淮河由苏北入海。也就是说，杞、鄫两国的地望曾经是在黄河的北面。而事实上，两周以来，凡一些可以考见的姬姓诸侯国，大多在黄河之北的晋南、豫中北、冀中南一带。例如，《左传》襄公二十九年："虞、虢、焦、滑、霍、杨、韩、魏，皆姬姓也。"这些姬姓部族都在晋南。例如，霍在山西霍县，杨在山西洪洞，虞在山西永济，魏在山西芮城，韩在山西河津，等等。传说河南的新郑曾经是黄帝的活动中心所在，《史记·五帝本纪》集解引徐广曰：黄帝号"有熊"，又引皇甫谧曰："有熊，今河南新郑是也。"

而炎帝、共工的后代，四岳、申、吕、许，则偏向在河南的南面，也就是当时黄河的南面。四岳即太岳，也就是今嵩山。申国在今河南唐河县境内，吕在南阳县境内，许在许昌县境内，他们都在河南的西南或正南。正因为如此，所以传说河南东南部的淮阳曾经是炎帝族的中心。《史记·五帝本纪》正义引《帝王世纪》："炎帝，初都陈。"陈即今淮阳境内。

二 神话传说的黄炎世系概述

黄炎两帝起源后，氏族分支很多，因此世系比较复杂，我们先将有关资料列下，然后再作分析。《国语·晋语四》说：

> 黄帝之子二十五人，其同姓者二人而已：唯青阳与夷鼓皆为己姓。青阳，方雷氏之甥也。夷鼓，彤鱼氏之甥也。其同生而异姓者，四母之子别为十二姓。凡黄帝之子，二十五宗，其得姓者十四人为十二姓：姬、酉、祁、己、滕、箴、任、荀、僖、姞、儇、依是也。唯青阳与苍林氏同于黄帝，故皆为姬姓。

这段话涉及较多的有关氏族社会婚姻制度、继承制度、氏族命名制度等问题。限于篇幅，此不展开。我们只就黄帝之子二十五人成为二十五宗，后来又分为十二姓来考察即可明了，当时黄帝族的发展是分支多线条的。这些多线条的分支发展，又当各有世系。但时代久远，已不可全部考索。下面资料尚可提供一些线索。

《山海经·海内经》：

> 黄帝妻雷祖，生昌意。昌意降处若水，生韩流。韩流……取淖子曰阿女，生帝颛顼。

《山海经·大荒西经》：

> 颛顼生老童。老童生祝融。祝融生太子长琴，是处榣山，始作乐风。

《山海经·大荒北经》：

> 黄帝生苗龙，苗龙生融吾，融吾生弄明，弄明生白犬，白犬生牝牡，是为犬戎。

《山海经·大荒西经》：

> 黄帝之孙曰始均，始均生北狄。

《大戴礼记·帝系》：

黄帝产玄嚣。玄嚣产蟜极。蟜极产高辛，是为帝喾。帝喾产放勋，是为帝尧。

黄帝产昌意，昌意产高阳，是为帝颛顼。颛顼产穷蝉，穷蝉产敬康，敬康产句芒，句芒产蟜牛，蟜牛产瞽叟，瞽叟产重华，是为帝舜；及产象、敖。

颛顼产鲧，鲧产文命，是为禹。

黄帝居轩辕之丘，娶于西陵氏之子，谓之嫘祖氏，产青阳及昌意。青阳降居泜水，昌意降居若水。昌意娶于蜀山氏，蜀山氏之子谓之昌濮氏，产颛顼。颛顼娶于滕氏，滕氏奔之子谓之女禄氏，产老童。老童娶于竭水氏，竭水氏之子，谓之高纲氏，产重黎及吴回。吴回氏产陆终。陆终氏娶于鬼方氏，鬼方氏之妹谓之女嬇氏，产六子。孕而不粥，三年，启其左胁，六人出焉。其一曰樊，是为昆吾；其二曰惠连，是为参胡；其三曰籛，是为彭祖；其四曰莱言，是为云郐人；其五曰安，是为曹姓；其六曰季连，是为芈姓。……

昆吾者，卫氏也。参胡者，韩氏也。彭祖者，彭氏也。云郐人者，郑氏也。曹姓者，邾氏也。季连者，楚氏也。

《史记·五帝本纪》：

黄帝居轩辕之丘，而娶于西陵之女，是为嫘祖。嫘祖为黄帝正妃，生二子，其后皆有天下：其一曰玄嚣，是为青阳，青阳降居江水；其二曰昌意，降居若水。昌意娶蜀山氏女，曰昌仆，生高阳。……

帝颛顼生子曰穷蝉。颛顼崩，而玄嚣之孙高辛立，是为帝喾。

帝喾高辛者，黄帝之曾孙也。高辛父曰蟜极，蟜极父曰玄嚣。玄嚣父曰黄帝。自玄嚣与蟜极皆不得在位。至高辛即帝位。高辛于颛顼为族子。……

帝喾娶陈锋氏，生放勋。娶娵訾氏女，生挚。帝喾崩，而挚代立。帝挚立，不善（崩），而弟放勋立，是为帝尧。……

虞舜者，名曰重华。重华父曰瞽叟，瞽叟父曰桥牛，桥牛父曰句望，句望父曰敬康，敬康父曰穷蝉，穷蝉父曰帝颛顼，颛顼父曰昌意：以至舜七世矣。自从穷蝉以至帝舜，皆微为庶人。

《史记·殷本纪》：

> 殷契，母曰简狄，有娀氏之女，为帝喾次妃。三人行浴，见玄鸟堕其卵，简狄取吞之，因孕生契。契长而佐禹治水有功。帝舜乃命契曰："……"，封于商，赐姓子氏。契兴于唐、虞、大禹之际，功业著于百姓，百姓以平。

《史记·周本纪》：

> 周后稷，名弃。其母有邰氏女，曰姜原。

以上是有关黄帝系统的世系资料，以下我再看有关炎帝系统的世系资料。

前引《国语·周语》说，炎帝的后裔有共工、四岳以及申、吕、齐、许等等。那么，炎帝到共工之间的世系又是如何的呢？长沙子弹库楚帛书《宇宙》篇提供了资料：

> 炎帝乃命祝融，以四神降。
> 共攻（工）□步十日，四时。

说明炎帝与共攻（工）之间有祝融；而且共攻（工）与日月星辰等天象有关。以下《山海经》提供的资料进一步提供了共工之前与之后更多的世系情况。

《海内经》：

> 炎帝之妻，赤水之子听訞生炎居，炎居生节并。节并生戏器。戏器生祝融。祝融降处于江水，生共工。共工生术器。术器首方颠，是复土穰，以处江水。共工生后土，后土生噎鸣，噎鸣生岁十有二。

《大荒北经》：

> 后土生信，信生夸父。

据此，可知炎帝系统的世系也是源流悠长的，其间的关系为：

炎帝—炎居—节并—戏器—祝融—共工—{ 四岳 / 术器 / 后土—{ 噎鸣—岁十二 / 信—夸父 }}

不仅如此，据《国语·郑语》还有祝融八姓的传说：

> 祝融……其后八姓于周未有侯伯。佐制物于前代者，昆吾为夏伯矣，大彭、豕韦为商伯矣，当周未有。已姓昆吾、苏、顾、温、董。董姓鬷夷、豢龙，则夏灭之矣。彭姓彭祖、豕韦、诸稽，则商灭之矣。秃姓舟人，则周灭之矣。妘姓邬、郐、路、偪阳。曹姓邹、莒，皆为采卫，或在王室，或在夷狄，莫之数也。而又无令闻，必不兴矣。斟姓无后。融之兴者，其在芈姓乎？芈姓夔、越，不足命也。蛮芈蛮矣；唯荆实有昭德，若周衰，其必兴矣。

现据以上资料所提供的信息，将黄炎二族的各分支世系发展流变状况列表于下页。

这一世系虽然是东周以后的人根据传闻而构拟的，不可尽信，但中国古代各远古民族都有重世系、辨源流、讲历史的传统，因此，即使是传闻的世系，也当有一定的历史依据。

在黄帝世系中，玄嚣与昌意是重要的两支。而商契在玄嚣一系。从地理方位看，玄嚣一系偏北，昌意一系偏南。《大戴礼记·帝系》篇："青阳降居泜水。"泜水，古代有两处，一处为河北的槐河，一处在河南的沙河。李学勤认为，青阳所降的"泜水"应指河南的沙河。[①]《左传》僖公三十三年："晋阳处父侵蔡，楚子上救之，与晋师夹泜而军"。杨伯峻注："泜水即滍水，今名沙河。源出河南省鲁县西（南的）吴大岭，东流经县南，又东经宝丰、叶县、舞阳，合于北沙河。"

---

① 李学勤：《〈帝系〉传说与蜀文化》，《走出疑古时代》，辽宁大学出版社1994年版，第217页。

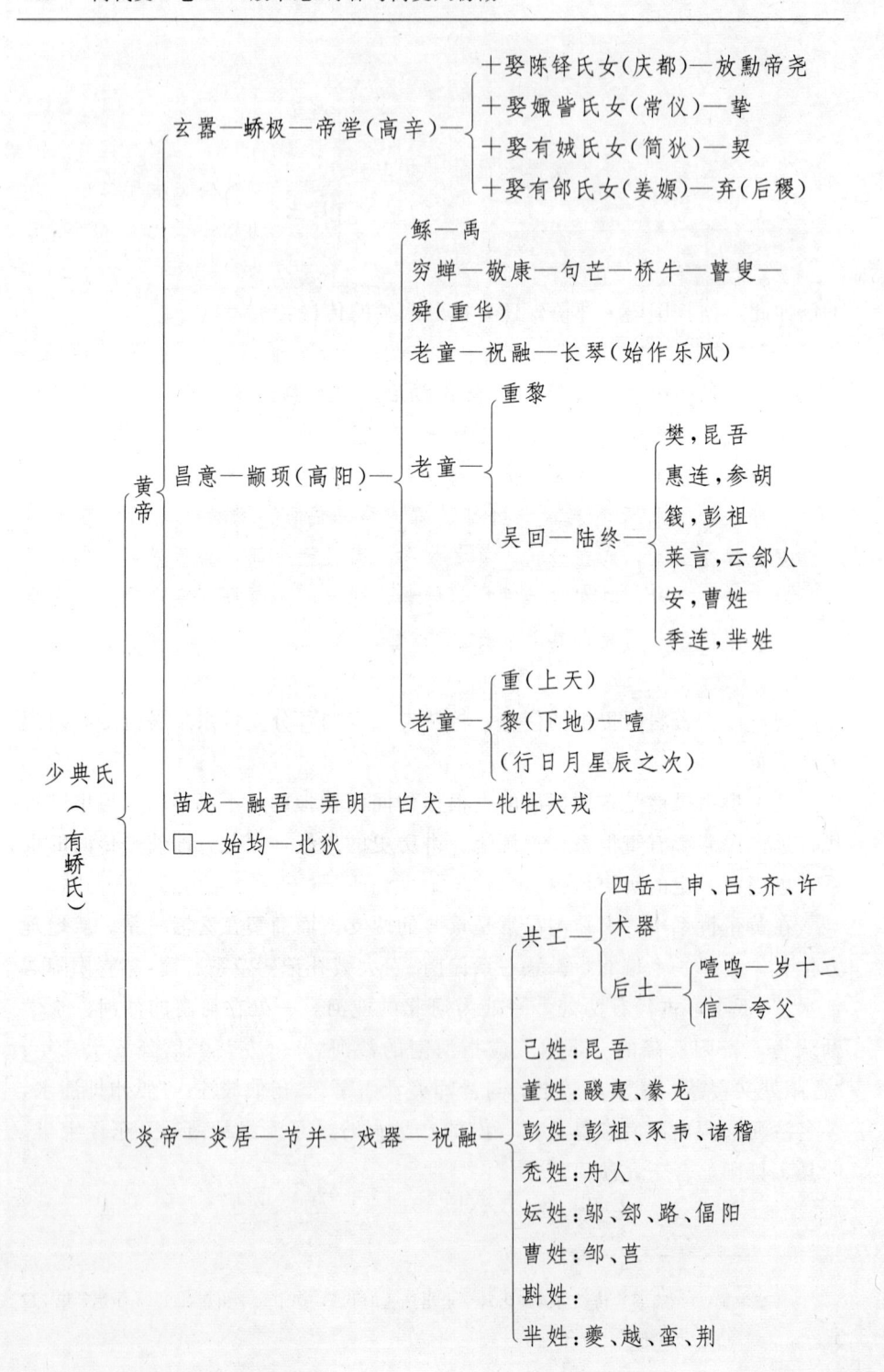

```
                                   ┌─娶陈锋氏女(庆都)─放勋帝尧
                                   │
          ┌玄嚣─蛲极─帝喾(高辛)─┤─娶娵訾氏女(常仪)─挚
          │                        │
          │                        │─娶有娀氏女(简狄)─契
          │                        │
          │                        └─娶有邰氏女(姜嫄)─弃(后稷)
          │
          │                        ┌鲧─禹
          │                        │
          │                        │穷蝉─敬康─句芒─桥牛─瞽叟─
          │                        │舜(重华)
          │                        │
          │                        │老童─祝融─长琴(始作乐风)
          │                        │
          │                        │          ┌重黎
          │                        │          │
    ┌黄帝─┤昌意─颛顼(高阳)──────┤老童─────┤          ┌樊,昆吾
    │    │                        │          │          │
    │    │                        │          │          │惠连,参胡
    │    │                        │          │          │
    │    │                        │          └吴回─陆终─┤篯,彭祖
    │    │                        │                      │
    │    │                        │                      │莱言,云郐人
    │    │                        │                      │
    │    │                        │                      │安,曹姓
    │    │                        │                      │
    │    │                        │                      └季连,芈姓
    │    │                        │
    │    │                        │          ┌重(上天)
    │    │                        │          │
    │    │                        └老童─────┤黎(下地)─噎
    │    │                                   │
    │    │                                   └(行日月星辰之次)
    │    │
    │    │苗龙─融吾─弄明─白犬──牝牡犬戎
少典氏┤    │
(有蛲氏)│   └□─始均─北狄
    │
    │                                   ┌四岳─申、吕、齐、许
    │                            ┌共工─┤
    │                            │      └术器
    │                            │
    │                            │      ┌噎鸣─岁十二
    │                            └后土─┤
    │                                   └信─夸父
    │
    │                            ┌己姓:昆吾
    │                            │
    │                            │董姓:鬷夷、豢龙
    │                            │
    │                            │彭姓:彭祖、豕韦、诸稽
    └炎帝─炎居─节并─戏器─祝融─┤
                                 │秃姓:舟人
                                 │
                                 │妘姓:邬、郐、路、偪阳
                                 │
                                 │曹姓:邹、莒
                                 │
                                 │斟姓:
                                 │
                                 └芈姓:夔、越、蛮、荆
```

前文曾讨论，黄帝族由陕西往东发展到河南后，曾在新郑留下有熊氏之墟。新郑与鲁山沶水相近，这之间不是偶然的巧合，暗示了某些历史的真实。黄帝、玄嚣之后裔大都在中原一带，根据黄帝族历史发展的轨迹暨其后裔所在而推测，黄帝、玄嚣一支当在河南中部。

在这样的背景下来看商契的起源，对旧说的分歧便可得出大致的判断。以邹衡、李伯谦为代表的考古学界，通过对漳河型先商文化的分析与有关文献的互证，最后认为商契起源于太行山东麓的河北南部的邢台、邯郸一带，是比较能够令人信服的。[1]

这里，我们再附带讨论一下黄帝的另一支族昌意一系的活动范围，作为商契族活动地望的背景参考。

《山海经·海内经》说"昌意降处若水，生韩流。韩流……娶淖子曰阿女，生帝颛顼"。《大戴礼记·帝系》也说"昌意降居若水，昌意娶于蜀山氏，蜀山氏之子谓之昌濮氏，产颛顼"。《史记·五帝本纪》也说"昌意降居若水。昌意娶蜀山氏女，曰昌僕，生高阳"。这里的"若水"，顾颉刚、姜亮夫、李学勤等已考证，均认为指的是四川的雅砻江至金沙江流域。《五帝本纪》索引"若水皆在蜀，即所封国也"。《水经》"若水出蜀郡旄牛徼外，东南至故关，为若水，又东北至犍为朱提县西为泸江水"。因为昌意降居若水，所以取蜀山女为妻。

如前所述，黄帝本族的发展主要是在中原，但黄帝族的一支昌意、韩流、颛顼则降处川西之若水，并与蜀山氏女缔结婚姻。这说明中原地区的黄帝文化很早就影响到西南地区，蜀文化与中原文化很早就有交往。而中原的虞舜、夏禹又都是昌意、颛顼的后代。这又说明从五帝时代早期直到五帝之末的舜，乃至夏朝，中原文化与西蜀文化一直保持着密切联系。李学勤指出："很多人以为蜀地僻远，交通封闭，长期不通中原，甚至怀疑随武王伐纣的蜀的地理方位。现代考古学的发现足以纠正这种误解。有充分的证据表明，在商代及其以前，蜀地已与中原有文化上的沟通。广汉三星堆的发掘，更以大量材料印证了这一点。""蜀国的陶盉、牙璋等确与二里头文化有明显的联系。蜀、夏同出于颛顼的传说绝不是偶然的"。[2]

---

[1] 邹衡：《论汤都郑亳及其前后的迁徙》，《夏商周考古学论文集》（第2版），科学出版社2001年版，第171—203页。李伯谦：《先商文化探索》，《中国青铜文化结构体系研究》，科学出版社1998年版，第78—91页。

[2] 见《〈帝系〉传说与蜀文化》。

一个值得注意的现象是，这些祝融之后的早期分布，大多数在中原地区，只有小部分在南方。如昆吾，曾在河南许昌，顾在河南范县，苏在河南济源，温在河南温县，舟在河南新郑，邹在河南密县，参胡在山西南部芮城，豷夷在山东定陶，偪阳在山东峄县等等。这些都属中原地区。其他在南方者有：彭姓，彭祖在江苏徐州境内，诸稽在浙江绍兴诸暨，夔、越、蛮、芈，均属楚文化范畴，地望在湖北、湖南一带，如夔在湖北秭归，芈在江汉流域，越亦当在两湖之间，而非后来的吴越之越。祝融之后，到了夏商周时代，便逐渐衰落，有的甚至消亡，只有芈姓不断地发展壮大。如董姓的豷夷、豢龙，"则夏灭之矣"；彭姓的彭祖、豕韦、诸稽，"则商灭之矣"；秃姓的舟人，"则周灭之矣"；斟姓，则自行绝灭无后；至于妘姓、曹姓，"或在王室，或在夷狄，莫之数也，而又无令闻，必不兴矣"。只有芈姓的楚国，在夏商周三代，一直发展顺畅，到了春秋战国时期成了南方的霸主，所以《国语·郑语》说："融之兴者，其在芈姓乎"。由于芈姓楚国成了祝融族的主要后代，所以人们习惯上容易产生祝融族在南方的想法，而事实上，正如李学勤所指出："祝融八姓的早期分布，北起黄河中游，南至湖北北部，可以说是环处中原"，也就是说，"推本溯源，八姓的原始分布都是中原及其周围。我们提出这个值得注意的问题，供探索楚文化问题的同志参考。"[1]

第二节　商族先公远祖

《史记·殷本纪》所载商族世系，从帝喾开始，直至帝辛，共四十五王。这是传世文献最完备的一份世系。其中，帝喾至主癸共十四世，为商先公世系。《殷本纪》曰：

> 殷契，母曰简狄，有娀氏之女，为帝喾次妃。……契长而佐禹治水有功……封于商，赐姓子氏。
> ……
> 契卒，子昭明立。昭明卒，子相土立。相土卒，子昌若立。昌若卒，子曹圉立。曹圉卒，子冥立。冥卒，子振立。振卒，子微立。微卒，子报丁立。报丁卒，子报乙立。报乙卒，子报丙立。报丙卒，子主

---

[1] 李学勤：《谈祝融八姓》，《李学勤文集》，上海辞书出版社 2005 年版。

壬立。主壬卒，子主癸立。主癸卒，子天乙立，是为成汤。

以上先公世系，学术界又分为二段。其中帝喾至振为第一阶段：

帝喾—契—昭明—相土—昌若—曹圉—冥—振

学术界又称这一段先公世系所组成的商族历史为神话传说时期。《殷本纪》所载的这一段神话传说时期的先公名号，与《楚辞》、《山海经》等其他先秦文献相校，还有一些出入。如最后一系"振"，据《楚辞》、《山海经》、《世本》、《竹书纪年》可知，即为王亥；而且，王亥的弟弟王恒也曾相继为王，是为兄终弟及。此一事实，已得到了甲骨卜辞的印证。

甲骨文中不见自帝喾至振八世商族远祖的系统世系，而历史文献中有他们的记载，本节以文献所见商族远祖为脉络，结合甲骨文及百年来甲骨文、商史研究成果而加以论述。

一 帝喾

帝喾是商人能够追溯最远的始祖，被认为是契之父，《殷本纪》曰："殷契，母曰简狄，有娀氏之女，为帝喾次妃"，又曰："契长而佐禹治水有功，帝舜乃命契曰。"喾与文献中的帝舜、帝俊乃一神之三名，喾与舜从俊分化而来，下文对此加以论证。

《大戴礼记》之《帝系》篇，《史记》之《五帝本纪》、《夏本纪》、《殷本纪》、《周本纪》等文献里，帝喾属于黄帝族的支系玄嚣系统，帝舜属于黄帝族的另一支系昌意系统。而且，在《五帝本纪》里，喾属于第三位帝，舜属于第五位帝，其在五帝中的关系为黄帝—帝颛顼—帝喾—帝尧—帝舜。总之，喾与舜虽同源于黄帝，但在支系与时代上是有明确区别的。而且，在《大戴礼记》与《史记》的五帝系统里，没有帝俊。在《山海经》等神话传说里，而喾与舜属于不同系统。但在先秦文献里，喾、舜、俊不分，实为神话传说中的一神三名之分化。《天问》：

简狄在台，喾何宜？
玄鸟致贻，女何喜？

帝喾子称高辛，王逸《楚辞章句》："高辛，帝喾有天下号也。"《帝系》曰："高辛氏为帝喾。"故《离骚》曰：

> 望瑶台之偃蹇兮，见有娀之佚女。
> ……
> 凤皇既受诒兮，恐高辛之先我。

《九章·思美人》亦有相同记载：

> 高辛之灵晟兮，遭玄鸟而致诒。

以上三者为帝喾与简狄玄鸟生商故事。《天问》又说：

> 帝降夷羿，革孽夏民。
> 胡射夫河伯，而妻彼雒嫔？

此《天问》之"帝"当指"帝俊"。闻一多《天问疏证》："帝俊，一曰帝喾，又曰帝舜，殷、东夷人之天帝也。"王国维《殷卜辞中所见先公先王考》、郭沫若《卜辞通纂》亦有详论。俊、喾、舜乃一神三名之分化，为图腾神话传说人物。对此论述于下：

（1）帝俊与帝喾的相通之处，《山海经·大荒南经》：

> 有襄山，又有重阴之山。有人食兽，曰季釐。帝俊生季釐，故曰季釐之国。

《大荒东经》：

> 有中容之国。帝俊生中容，中容人食兽、木实，使四鸟：豹、虎、熊、罴。（郭璞注："俊亦舜字，假借音也。"）

《海内经》：

帝俊有子八人，是始为歌舞。

《海内经》说帝俊有八个儿子，其中两个分别为《大荒南经》之"季釐"，《大荒东经》之"中容"。而在《左传》文公十八年则说帝喾有八个儿子，其中也有季貍与仲熊：

高辛氏有才子八人：伯奋、仲堪、叔献、季仲、伯虎、仲熊、叔豹、季貍。

"高辛"是帝喾之号，《五帝本纪》："帝喾高辛者，黄帝之曾孙也。"帝喾有八子，帝俊也有八子。帝喾八子中的仲熊、季貍，即《山海经》中帝俊之子中容，季釐。王国维《殷卜辞中所见先公先王考》："《大荒东经》曰帝俊生仲容，《南经》曰帝俊生季厘，是即《左氏传》之仲熊、季貍，所谓高辛氏之才子也。《海内经》曰帝俊有子八人，实始为歌舞，即《左氏传》所谓有才子八人也。"以上为帝俊即帝喾的证据一。

《大荒西经》："帝俊生后稷，稷降以百谷"，郭璞注："俊宜为喾，喾第二妃生后稷也。"而《世本》说："（帝喾）上妃有邰氏之女，曰姜嫄，而生后稷。"此为帝俊即帝喾之证二。

《大荒西经》："有女子方浴月，帝俊妻帝羲，生月十有二，此始浴之。"而《世本》则曰："（帝喾）下妃娵訾氏之女，曰常仪，生挚。"袁珂《山海经校注》："羲、仪声近，常羲即常仪也，帝俊亦即帝喾也。"此其证三。

《山海经·海内经》："帝俊赐羿彤弓素矰，以扶下国，羿是始去恤下地之百艰。"说羿是由帝俊所派遣到人间，其神弓也是由帝俊所赏赐。《说文》谓："䍃羿（羿），帝喾射官。"又《大荒西经》"帝俊生后稷"，郭璞注："俊宜为喾"。是俊、喾相通之证。此乃帝俊即帝喾之证四。

《初学记》卷九引《帝王世纪》："帝喾……生而神异，自言其名曰夋。""夋"即"俊"。此帝俊即帝喾之证五。

（2）帝俊即帝舜，《大荒东经》"帝俊生中容"条郭璞注："俊亦舜字，假借音也"。我们再看《大荒南经》中关于俊即舜的内证：

大荒之中，有不庭之山，荣水穷焉。有人三身，帝俊妻娥皇，生此三身之国，姚姓，黍食，使四鸟。有渊四方，四隅皆达，北属黑水，南属大荒，北旁名曰少和之渊，南旁名曰从渊，舜之所浴也。

这里说"帝俊妻娥皇"，而娥皇实为帝舜之妻。《尚书·尧典》："帝（尧）曰：'求其试哉'……釐降二女于妫汭，嫔于虞（舜）。"《列女传》："有虞二妃者，帝尧之二女也。长娥皇，次女英……四岳荐之（舜）于尧，尧乃妻以二女，以观厥内。"《大荒南经》又说俊为姚姓。而姚实为舜之姓，故郭璞注曰："姚，舜姓也。"《说文》："虞舜居姚虚，因以为姓。"在这段文字中讲的是一个神话故事，故事的主人公是帝俊。后来又变成了帝舜。所以袁珂《山海经校注》说："经于帝俊生三身下又云'舜之所浴'，帝俊之即舜益已明矣。"

俊、喾、舜的相通，因为俊即喾，俊即舜，因此喾与舜亦必相通。《礼记·祭法》：

殷人禘喾而郊冥。

《国语·鲁语》：

商人帝舜而祖契，郊冥而宗汤。

可见喾或舜只是殷商人心目中的最早祖先的不同称呼而已。总之，俊、喾、舜乃是与殷商族始祖有关的神话传说中的一神之三名。他既是殷商民族的宇宙天体神，又是其祖先图腾神。此事可在甲骨文里得到证明。

王国维作《殷卜辞中所见先公先王考》、《续考》即指出，在甲骨文里，常出现一位被称为"高祖"的神，其字形作侧面的半人半兽形，由侧目人首及侧身举手蹲足组成。王国维释为"夋"字，读为夔，《说文》："夔，贪兽也。一曰母猴，似人。从页、巳。止夂，其手足。"王国维认为，甲骨文里的这个夔字就是商人祖先"夋（俊）"，也就是喾："诸书作喾或诰者，与夔字声相近，其或作夋者，则又夔字之讹也。《史记·五帝本纪》，《索隐》引皇甫谧曰'帝喾名夋'，《初学记》九引《帝王世纪》曰'帝喾生而神灵，自言其名曰夋。'""卜辞称高祖夔，乃与王亥、大乙同称，疑非喾不足以当之矣。"其《续考》又说，卜辞之夔、称高祖"即夋之确证，亦为夋即帝喾之确证矣。"

(3) 俊、喾、舜与卜辞之夒

据罗琨统计,在甲骨文里,有关夒的卜辞有八十多条,其中一部分是作为祖先神来祭祀的。夒称高祖,如:

乙亥卜,高祖夒燎廿牛。(《屯南》4528,图1—1)

图1—1 《屯南》4528

夒称高祖,一次祭祀杀牲20头牛,礼典十分隆重。祭祀高祖夒的卜辞很多,如:

□戌,贞其告〔秋〕隻于高祖夒,六……(《合集》33227,图1—2)
其秦年于夒五五,王受佑。(《合集》28249,图1—3)
其酻燎夒,不……(《合集》34173,图1—4)
壬申,贞秦禾于夒。(《合集》33273,图1—5)

有时候,高祖夒还与其他商人祖先合祭。卜辞如:

夒眔上甲其即。(《合集》34169)

郭沫若说:"言'夒眔上甲'犹它辞言'贞上甲和眔唐'(《前》2.45),足证夒实殷之先,为其鼻祖。夒即猱字,与喾音同部。王国维说夒为帝喾,此其佳证矣。即,《说文》云'就食也。''其即'殆犹言其至,其格,谓夒及上

图 1—2　《合集》33227　　图 1—3　《合集》28249　　图 1—4　《合集》34173

甲其来就享祀也。"① 又如：

> 戊申……
> 其告秋上甲。
> 夔即宗。
> 河宗。（《合集》28207，图 1—7）

郭沫若谓"此片乃以'戊申'之日卜'告秋'，将告于上甲，告于夔，告于河等等。'即'者，就也，'宗'乃祭名。"②《合集》30398 特别值得注意：

> 叀册用。
> 叀高祖夔祝用，王受佑。
> 舌祖乙祝，叀祖丁用，王受佑。
> 叀□□用，王〔受〕佑。（《合集》30398）

---

① 郭沫若：《殷契粹编》，科学出版社 1965 年版，第 345—346 页。
② 同上书，第 346 页。

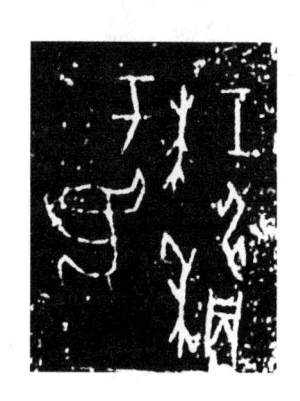

图 1—5　《合集》33273（局部）　　　　图 1—6　《合集》34169

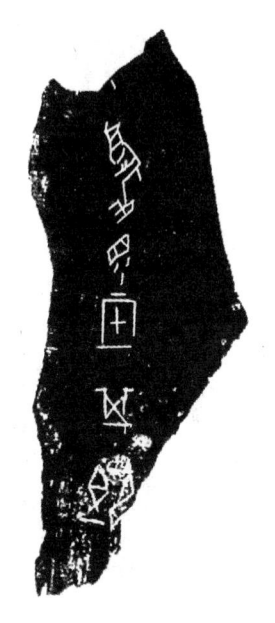

这片卜辞的重要不仅在于证明夒与祖乙、祖丁等均作为祖先受到合祭，而且更重要的是，夒作为商人祖先神，原是有典册记录的。所谓"叀册用""叀祝用"，册即用作记录殷人祖先的典册，即甲骨周祭制度中的"贡典祭"，《尚书·多士》所谓的"惟殷先人有册有典"。所谓"祝"即祭祀时巫祝以口念诵祭祀之辞。祭祀时，"册"与"祝"往往配合使用。于省吾《甲骨文字释林·释工》谓："其言贡典，是就祭祀时献其典册，以致其祝告之词也。"在这片卜辞里，"叀册用"与"叀祝用"同时并见，即其证。郭沫若认为，这里"册用""祝用"之"用"当读做"诵"或"颂"解，均与祭祀活动有关，其《殷契粹编考释》云："'叀册用'与'叀祝用'为对贞，祝与册之别，盖祝以辞告，册以策告也。《书·洛诰》：'作册逸祝册'，乃兼用二者，旧解失之。第二辞'祝'与'用'复分施于二祖，则'用'当读为诵若颂，言以歌乐侑神也。'王受又'者，王受祐，卜辞习见。"

这片卜辞，实际是殷人的宗庙祭祀之辞，祭祀的典册中记载着高祖夒及祖乙、祖丁等祖先名号与史事，巫祝的口中振振有词地诵念着这些祖先的名号与史事，殷人希望通过这种祭颂仪式，娱乐祖先，并得祖先对时王的保佑，真所谓"颂者，容也，以其成功告于神明者也。

图 1—7　《合集》28207　　　图 1—8　《合集》30398

以上是卜辞中所见作为俊、喾、舜的夒为殷商人祖称神的证据。凡远古民族的祖称神，往往也是天体宇宙神或山川草木神。在甲骨卜辞中，夒除了祖先神格外，还有天体宇宙神格。他可以控制风雨雷电，影响庄稼的丰歉。卜辞如：

  贞往于夒有从雨。(《合集》14375)
  丙午卜，隹岳壱雨。
  隹夒壱雨。(《屯南》2438 局部)

第一条卜辞是祭祀请求夒神多给一些雨水，第二条卜辞是祭祀请求夒神与河神、岳神不要久旱无雨。可见夒神是控制云雨的天体之神。又如：

  庚寅卜，隹河壱禾。
  庚寅卜，隹夒壱禾。(《合集》33337)
  戊午卜，宁，贞彰桼年于岳、河、夒。(《合集》10076)
  壬申，贞桼禾于河，燎三牛，沉三牛。
  壬申，贞桼禾于夒，燎三牛，卯三牛。(《合集》33277)

禾苗的生长靠阳光雨露。夒能影响"禾"的生死,"年"的丰歉,其天体宇宙神的性格十分明显。

作为天体宇宙神的俊、喾、舜,集中反映了殷商人的宇宙观和宗教观。这就是日月崇拜以及对日月循环运行规律的认识并将其动物图腾化。

帝俊是殷商人的祖先神,同时也是殷商人所崇拜的日月神。

> 羲和者,帝俊之妻,生十日。(《山海经·大荒南经》)
> 帝俊之妻常羲,生月十有二。(《山海经·大荒西经》)
> 有中容之国,帝俊生中容。
> 有山名曰壑明俊疾,日月所出,有中容之国。(《山海经·大荒东经》)

在神话传说中,羲和是太阳女神,常羲是月亮女神,她俩是帝俊之妻,则帝俊为日月神无疑。《大荒东经》则说帝俊生中容,而在中容之国有一座山名为"壑明俊疾",日月正是从其所出,则帝俊便是创生日月之神了。

帝喾、帝舜乃帝俊的转化,自然也具有日月神格。《大戴礼记·五帝德》说帝喾"历日月而迎送之",又说他"春夏乘龙,秋冬乘马……日月所照,风雨所至,莫不从顺"。帝舜又名重华。重华者何?林庚据《史记·项羽本纪》"舜目盖重瞳子"以及《尸子》、《淮南子》等类似记载指出:所谓重瞳子,乃双目具有异样光芒之意。而在神话思维里,目光正是日月之光的拟人说法。《易·离卦》象辞说:"重明以丽乎正,乃化成天下"。其象辞又说:"明两作离,大人以继明照于四方。"可见,舜之所谓"重瞳子",显然有兼指太阳光芒之意。舜名"重华"、"重瞳子",均源于太阳光之"华成天下"、"继照四方"之意。

甲骨文里的殷商祖先神兼宇宙神"夒"字,王国维又释为"夋"字。其实,"夒"字的下部即从夋。而吴其昌《卜辞中所见殷先公先王三续考》又据《前编》卷六第二片补充了一个甲骨文"夋"字,认为这就是文献典籍里的"喾"字,因为其字原本从夋,所以俊喾可通。可见,俊、喾(夋)、夒三字都从夋。这是其字源分析的一个基点。又"夒"字又从页,甲骨文的夒所从页均作侧目人首形,这又与舜印重瞳子相一致了。这是其字源分析的又一基点。而这两个基点都与日月光芒与日月运行有关。

我们先分析夒字的侧目人首形。兹将《甲骨文编》所收的"夒"字字形列下：

《甲》562	《甲》1147	《甲》1521	《甲》2043
《甲》2604	《甲》2989	《甲》2512	《甲》3555
《乙》4072反	《拾》13.3	《前》6.18.1	《前》6.18.4
《前》7.5.2	《前》7.20.2	《前》6.18.2	《后》1.22.4
《前》2.14.5	《后》2.33.5	《菁》10.12	《佚》376
《佚》519	《佚》645	《佚》857，562	《粹》1
《粹》3	《粹》5	《粹》4	《粹》8
《簠·帝》2	《簠·帝》80	《明藏》452	《明藏》483
《京津》3927 《编》5.25.0702		《铁》100.2；唐兰释夒；《编》5.25.0703	

几乎所有的"夒"字均作侧目人首状，有些直接以侧目代表人首。在神话思维里，眼睛与日月光芒是同样的。如，埃及神话里，太阳神何鲁斯的右眼为日，左眼为月，古印度的宇宙神瓦如那的眼睛就是太阳，古波斯的光明之神密特拉的眼睛也是太阳。中国古代也是这样。在甲骨文和金文里，"日"与"目"常常可以互换。如，"众"字，甲骨文作太阳底下三人并行状，表示众多。所以"众"字作从日从三人。如：

《铁》233.1 《前》7.32 《舀鼎》

《师旅鼎》 《师袁簋》

由此看出，在商周人的心目中，眼睛是可以代表太阳的。所以《易·说卦》

"离为目,离为火,为日。"王国维所释,并得到郭沫若支持的"夒"字,吴其昌认为就是"夔"字。在甲骨文、金文里,"夒"字与"夔"字构形相同,只不过在侧目人首上多出两根须角,所以王筠《说文句读》谓"此字较夒多两角"。

《说文》:"夔,神魖也。如龙,一足,从夂,象有象,手,人面之形。"夔如龙,而龙又是神话思维中太阳神的动物化。《山海经·大荒北经》:

> 有神,人面蛇身而赤,直目正乘,其瞑乃晦,其视乃明,不食不寝不息,风雨是谒,是烛九阴,是谓烛龙。

《楚辞·天问》说:

> 日安不到？烛龙何照？
> 羲和之未扬,若华何光？

因此,烛龙是太阳神。太阳东升,天下光明;太阳落,天下黑暗。所以,《大荒北经》说烛龙"直目正乘,其瞑乃晦,其视乃明",而《天问》说得更明白,太阳光芒身不到的地方,烛龙也就无法睁目而照。又《山海经·大荒东经》:

> 东海中有流波山,入海七千里。其上有兽,状如牛,苍身而无角,一足,出入水则必风雨,其光如日月,其声如雷,其名曰夔。

这里"其光如日月"在《庄子·秋水篇》陆德明《释文》引李颐谓夔"目光如月"。

不仅如此,据何崝考察,殷墟妇好墓中的扁圆壶、大型瓿、Ⅱ式簋等商代青铜器上的一足夔龙纹,其眼睛构形与甲骨文日字构形相一致[①]:

1. 两者均作方框内横画状
甲骨文:囗(《铁》185.1)　　囗(《铁》62.4)
夔龙纹(图1—9):

---

① 何崝:《商文化管窥》,四川大学出版社1994年版。

图 1—9　妇好墓大型瓿肩部夔纹

2. 两者均作方框内竖画状：
甲骨文：⊞（《前》2.8.6）　　⊞（《前》5.37.6）
夔龙纹（图 1—10、11）：

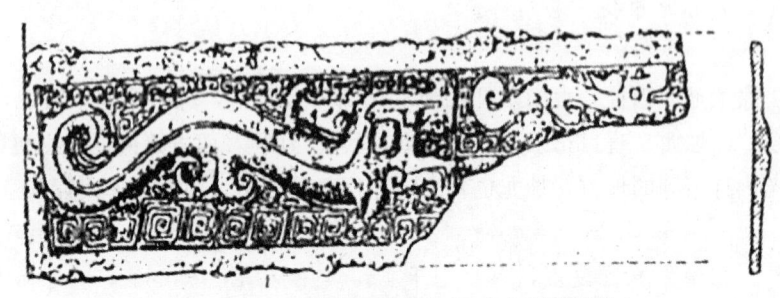

图 1—10　小屯乙区北组 M40 出土铜器夔纹

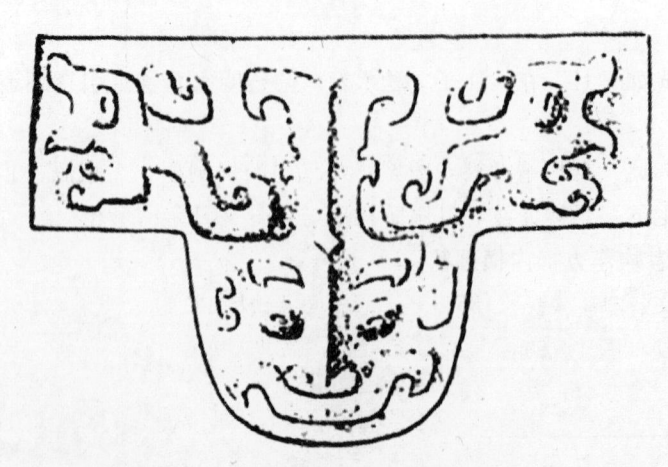

图 1—11　小屯乙区北组 M204 出土车马饰夔纹（上方左右）

甲骨文日字与夔龙的眼睛如此相像，这应该不是偶然巧合，而是有内在联系。可见，商代青铜器上夔龙的眼睛构形之所以与甲骨文日字构形相一致，是因为夔龙的眼睛是代表太阳的。

由以上讨论可知，"夔"字所从的侧目人首，取义于太阳神光芒四照之义，所以，作为"夔"字的别名舜，又称为重瞳子，取义于太阳光"化成天下""明照四方"之意。"俊"字从夋，夋的另体夋亦从夋。而夋字与夔字在甲骨文里同形，所以，王国维或称作夋，继释为夔。夋与夔在甲骨文里的字形除了从侧目人首之外，最显著之处便是蹲居的脚和手指朝上的手，所以，《说文·久部》释夔为"似人，从页巳"外，又说"止夂，其手足"。释夋则曰"夋，行夋夋也。一曰倨也。从夂，允声。"徐锴《说文系传》："夋夋，舒达也。"徐灝《说文笺》："夋，逡，古今字，夋夋，犹逡行也。"总之，夋夔之从足，表示行走之意。前文指出，夋、夔所从之侧目之首，实有代表太阳神及其光芒之意，则其所从之足，则可能表示太阳神之循环运走。正如我们在多处场合所讨论的"道"字，从首从足从行，表示太阳循环运行一样。

图1—12 散盘

因为日月循环运行，而有阴阳天地之分，而有人间万物之生长，因此，《庄子·大宗师》说："夫道……生天生地。"《周易·系辞》："一阴一阳之谓道。"《老子》四十章："道生一，一生二，二生三，三生万物。"同样道理，帝俊也有生天地化阴阳的功能。《大荒南经》："羲和者，帝俊之妻，生十日。"郭璞注：

> 羲和，盖天地始生，主日月者也。故《归藏·启筮》曰："空桑之苍苍，八极之既张，乃有夫羲和，是主日月，职出入，以为晦明。……瞻彼上天，一明一晦，有夫羲和之子，出于旸谷。"

这主日月、化阴阳的羲和是帝俊之妻，则帝俊的太阳神功能不太明显了。帝俊不仅是太阳神，同时也是月亮神。《大荒西经》："有女子方浴月，帝俊妻常羲，生月十有二，此始浴之。"

据宋镇豪《夏商社会生活史》研究，在殷墟甲骨文里有大量祭祀日神的卜辞，其中往往是祭出日与祭入日同举。卜辞如：

乙酉卜，又〔侑〕出日入日。(《怀特》1569，图1—13)

丁巳卜，又出日。

丁巳卜，又〔侑〕入日。(《合集》34163＋34274)

癸酉……入日……其燎……(《合集》34164)

癸未，贞甲申酚出入日？岁三牛。兹用。三

癸未，贞其卯出入日？岁三牛。兹用。三

出入日，岁卯〔多牛〕。不用。三 (《屯南》890)

出入日，岁三牛。(《合集》32119)

甲午卜，贞又〔侑〕出入日。

弜又出入日。(《屯南》1116)

图1—13 《怀特》1569

这些卜辞既祭出日，又祭入日，说明商人对太阳东升西落循环运行规律的认识与崇敬。这与前文考证的夋、夒的字源有太阳循环义是相一致的。与《尚书·尧典》所谓"寅宾出日""寅饯纳日"亦属于同一的宗教思维。可见先民们对太阳循环的认识与崇拜源远流长。

宋镇豪还特别指出，在甲骨文里祭出入日往往与祭祖先同见，证明商人的祖先神与天体宇宙神是统一叠合的。如：

□□□□，酚出入日。岁三牛。兹用。二

癸□□，其卯入日。岁上甲二牛。二

出入日，岁卯多牛。〔不用〕。二 (《屯南》2615)

这里，祭出入日与祭上甲同版同辞，表达了商人"尊始祖以配天神"(《孝经·圣治》邢昺疏)的观念。而这种观念的源头可直接追溯到商人的始祖神俊、喾、舜。

二 契

商契是商人可追溯的第一位男先祖,他与商民族的起源及活动空间,有着密切的关系,对此,结合历史文献、甲骨文及考古资料对此讨论。

(一) 契与"玄鸟生商"

"玄鸟生商"见于先秦、秦汉文献,如:

> 天命玄鸟,降而生商,宅殷土芒芒。(《诗·商颂·玄鸟》)(郑笺:"降,下也。天使鳦下而生商者,谓鳦遗卵,娀氏之女简狄吞之而生契。")
>
> 有娀方将,帝立子生商。(郑笺:"简狄吞鳦卵而生契。")(《诗·商颂·长发》)
>
> 简狄在台,喾何宜?玄鸟致贻,女何喜?(《楚辞·天问》)
>
> 望瑶台之偃蹇兮,见有娀之佚女。……
>
> 凤皇既受诒兮,恐高辛之先我。(《楚辞·离骚》)
>
> 高辛之灵晟兮,遭玄鸟而致诒。(《楚辞·九章·思美人》)

《史记·殷本纪》,据这些先秦材料,作了如下综合:

> 殷契,母曰简狄,有娀氏之女,为帝喾次妃。三人行浴,见玄鸟堕其卵,简狄取吞之,因孕生契。

褚少孙补《三代世表》引《诗》传也有大致相同的记载:

> 汤之先为契,无父而生。契母与姊妹浴于玄丘水,有燕衔卵堕之,契母得,故含之,误吞之,即生契。

这些材料以史诗的形式追溯商人起源,说简狄吞鸟卵而生契,实际上是说商民族是由高辛氏与有娀氏两族联姻通婚而来。在古代,任何民族在进入父系社会之后,追溯男性始祖的产生都认为与母系图腾感生有关。以上材料都说契的产生是由于简狄吞玄鸟之卵而生。玄鸟实际上就是商民族的图腾神。这与夏始祖禹因其母女嬉吞薏苡而感生,周始祖后稷因其母姜嫄履大人迹而感生是同样的道理。简狄吞玄鸟而孕契的故事，至少表明了这样两层含义：

其一，商民族以玄鸟为其图腾物。可斯文《原始文化》指出："一个氏族集团的一切成员都起源于某种动物或植物或其他物体，这种动物或植物或其他物体或现象就成为他们的图腾。"普列汉诺夫则指出："图腾崇拜的特点就是相信人们的某一血缘联合体和动物的某一种类之间存在着血缘关系。"（《普列汉诺夫哲学著作选集》，三联书店1962年版）

其二，在商契之前，商民族大概就以玄鸟为其图腾崇拜物，而玄鸟图腾生契的故事则在于说明商民族从商契开始即已进入父系社会，商契为商民族第一个男性始祖。商契因其母吞玄鸟卵受孕而生的故事，既在于血缘认同，又在于神化男性始祖的不同寻常，以增强民族自豪感。

在这样的基础上，我们再来讨论玄鸟图腾的深层含义。上已指出，俊（夒）、喾、舜作为神话传说中的商民族远祖，其得名均与太阳光芒以及太阳循环运行有关。而玄鸟图腾也正是源于太阳崇拜。斯宾登在《太阳崇拜》一文中指出："当太阳被接纳为神祇或上天被认为是神祇的居处时，高飞的鸟类如鹰、鹫等便成为使者了。在埃及，猫鹰成为埃及王的保护者，荷马又把鹰作为太阳神费伯的快速使者……在秘鲁，鹰亦与太阳有关。……因为雁、鹅、天鹅随季节而迁移，所以在铜器及铁器时代的欧陆及北美，它们被认作太阳鸟。"[1] 将太阳的空中运行比作鸟类的空中飞行，在中国古代也是常见的思维习惯。《左传》哀公六年："是岁也，有云如众赤鸟，夹日以飞三日"。《史记·楚世家》："赤云如鸟，夹日而蜚。"萧兵指出："鸟的早出晚归也容易跟太阳朝升暮落的节律现象在原始思维或意象里发生互渗。"[2]《山海经·大荒东经》说，东方"汤谷上有扶桑，十日所浴，在黑齿北。居水中，有大木，九日居下枝，一日居上枝。"而在《大荒南经》里，"十日"成了帝俊之子："有女子名曰羲和，方日浴于甘渊。羲和者，帝俊之妻，是生十日。"而在东方十日，有时就比作十只鸟。《大荒东经》："汤谷上有扶木，一日方至，一日方出，皆载于乌。"郭璞注："中有三足乌。"《淮南子·精神训》："日中有踆乌。"高诱注："踆，犹蹲也，谓三足乌；踆音逡。"特别值得注意的是，"踆，犹蹲也"，蹲即蹲居，这与甲骨文夒（夒）字的侧面人首蹲居形完全一

---

[1] 斯宾登：《太阳崇拜》，陈炳良译，台北《清华学报》第7卷第2期，1969年，第213页。
[2] 萧兵：《中国文化的精英》，上海文艺出版社1989年版，第58页。

致。可见，这侧面蹲居的太阳神与蹲居的太阳踆乌是同一回事。在《楚辞·天问》里，还有羿射阳鸟的故事："羿焉弹日，鸟焉解羽"，郭璞《海外东经》注引《淮南子》"尧乃令羿射十日，中其九日，日中乌尽死。"因为这样的原因，所以在甲骨文里，"東字"作从日在木中，这木自然是扶桑若木，而所从之日，即升居于扶桑树上的十日或十只阳鸟。而日落之"西"，在甲骨文里作鸟兽的形象，萧兵说"那可能是供太阳神鸟傍晚降落的时候歇息的。"①

帝俊（喾、舜、夒）都是太阳神，太阳神又图腾化为阳鸟，因此，说简狄吞玄鸟之卵怀孕而生契，与前文提到的帝俊（喾）妻简狄而生契实际是同一历史内核的两种不同神话表达方式罢了。

"玄鸟生商契"之玄鸟为商民族的太阳图腾这一事实的揭示，在商族先公世系研究中具有重要意义。往上，说明俊、喾、舜乃至甲骨文里的夒，其实是一神之异名异称，他们是商民族的远祖，这一推论是成立的。他与商契之间的内在联系即在于太阳崇拜与阳鸟图腾崇拜。往下，这可以进一步揭示商契之后的先公，如王亥之操鸟，昏与微之"繁鸟萃棘"，与商民族图腾信仰之间有内在联系。

（二）契与商族起源的时代与地点

1. 契又称玄王，见于先秦、秦汉文献：

  帝（舜）曰：契，百姓不亲，五品不逊，汝作司徒，敬敷五教，在宽。（《尚书·舜典》）
  汤不先契。（《左传》文公二年）
  契为司徒而民辑。
  商人禘舜而祖契，郊冥而宗汤。（《国语·鲁语上》）
  玄王勤商十有四世而兴。（《国语·周语下》）
  自玄王以及主癸莫若汤。（《国语·鲁语上》）
  商契能和合五教，以保于百姓者也。（《国语·郑语》）
  契玄王，生昭明，居于砥石迁于商。（《荀子·成相》）
  殷人禘喾而郊冥，祖契而宗汤。（《礼记·祭法》）
  契居蕃。（《世本》）

---

① 萧兵：《中国文化的精英》，上海文艺出版社1989年版，第58页。

《尚书》、《国语》、《史记》记载虽掺杂有一些后代人社会意识，如"司徒""五教"之类。但总体内容当有历史依据，均说契起于尧舜禹之际，当为不误。

2. 契与商族的起源地

《荀子》、《史记》、《世本》记载了契居"蕃"、"砥石"、"商"等地名线索。但学术界对这些地名的具体地望考证一直存在较大分歧。概括起来，关于商族起源地望有六说：

  商起源于鲁西豫东的东方说，以徐中舒、王玉哲、王国维、郭沫若等为代表。①

  商起源于辽西、内蒙（古）、天津等地的东北说，以傅斯年、金景芳、翦伯赞为代表。②

  商起源于太行山东麓河北南部说，以丁山、李亚农、邹衡、李伯谦等为代表。③

  商起源于山西南部说，以李民、陈昌远等为代表。④

  商起源于江浙说，以卫聚贤等为代表。⑤

  商起源于西方陕西说，以司马迁、许慎、顾颉刚等为代表。⑥

---

① 徐中舒：《殷人服象及象之南迁》，《历史语言研究所集刊》第2本第1分，1930年版。王玉哲：《商族的来源地望试探》，《历史研究》1984年第1期；王国维：《观堂集林》卷十二《说自契至于成汤八迁》、《说商》、《说亳》；郭沫若《中国史稿》第一册，上海人民出版社1976年版。

② 傅斯年：《夷夏东西说》，《庆祝蔡元培先生六十五岁论文集》，国立中央研究院1933年版；金景芳：《商文化起源于我国东北说》，《中华文史论丛》第7辑，上海古籍出版社1978年版；翦伯赞：《殷族与史前渤海湾诸氏族的关系》，《群众周刊》1942年第3期。

③ 丁山：《商周史料考证》，中华书局1988年版；李亚农：《殷代社会生活》，上海人民出版社1959年版；邹衡：《夏商周考古学论文集》，文物出版社1980年版；李伯谦：《先商文化探索》，《庆祝苏秉琦考古五十五年论文集》，文物出版社1989年版。

④ 李民：《关于商族的起源》，《郑州大学学报》1980年第1期；陈昌远：《商族起源地望发微》，《历史研究》1987年第1期。

⑤ 卫聚贤：《殷人自江海迁徙于河南》，《江苏研究》第3卷1937年版。

⑥ 司马迁：《史记·六国年表》，许慎《说文解字》亳字条；顾颉刚：《殷人自西徂东说》，《甲骨文与殷商史》第3辑，上海古籍出版社1991年版。

对于上述不同的意见，我们可从文献与考古相结合的角度去做出选择判断。目前，学术界比较有倾向性的看法是，商人起源于太行山以东的河北邢台、邯郸、磁县直至河南北部的安阳、鹤壁、新乡、濮阳一带。《世本》说："契居蕃。"《荀子·成相》则说："契玄王，生昭明，居于砥石迁于商。"学者们先就这些地望进行考证。

（1）关于"蕃"地望

丁山认为在河北省平山县附近。邹衡同意丁说，并举《史记·赵世家》正义引《括地志》及《读史方舆纪要》等古文献所载平山县有"番吾"城为证，说"平山县北临滹沱河，正是先商文化漳河型分布区域内。"①

（2）关于"砥石"地望

丁山认为"砥石即泜水与石济水的混名。"古代"石济水入泜水"，在今河北邢台与石家庄之间，"泜水，今于河北隆平县北入宁晋泊，宁晋泊于冀县北入滹沱河"。邹衡说："古泜水、石济水所流经之地，约当今河北省石家庄以南、邢台以北一带。这一地区与上述契居蕃的平山县地区相邻，正是先商文化漳河型的中心分布地区。契之子昭明迁居于此是可以得到解释的。"

（3）关于"商"地望

甲骨文里有"滴"，其特点有三。第一是一条大河，因为"王其寻舟于滴"（《合集》24608），既然可以行船，可见河水宽大。第二是东西流向，因为甲骨文里有"滴北"（《合集》33177）、"滴南"（《合集》33178）。第三是滴水距殷都不远。甲骨文里经常提到有商王到滴水周围畋猎的记载。如"王其田，涉滴"（《合集》28883）。杨树达《积微居甲文说·释滴》认为"滴水……以字音求之，盖今之漳水也。"今河北最南端邯郸市磁县境内有一条东西走向的漳河，其上游为源于太行山的两条支流清漳河与浊漳河。丁山认为，昭明从砥石所迁往的商应在此漳水流域。邹衡也认为："商人所以称商，大概是因为商人远祖居住在漳水，而最早的漳水或者就叫做商水。"②

---

① 丁山：《商周史料考证》，中华书局1988年版，第16—17页；邹衡：《夏商周考古学论文集》，文物出版社1980年版，第211—212页。

② 同上邹衡，第218页。

综上可知，商人的起源当在太行山以东，河北南部滹沱河与漳河之间，先在石家庄西部山区滹沱河上游的平山县境内兴起，是为"契居蕃"。再往南到宁晋县至邢台之间的砥石水流域，是为"昭明居砥石"。然后继续往南到了邯郸市磁县境内的漳河流域，是为"昭明迁于商"。再往后，商人继续往南到了河南安阳、鹤壁、濮阳境内。《左传》襄公九年有"相土居商丘"的记载。《今本竹书纪年》则有"商侯迁于殷"、"殷侯复归于商丘"之说。前文已考证，古代夏代共主"相居帝丘"，地在今河南濮阳境内，而《史记·夏本纪》正义引《帝王世纪》："帝丘"作"商丘"。可知相土所居殷侯复居之"商丘"即濮阳之"帝丘"，而商侯所迁之"殷"则在安阳。可见，商先公中从相土到商汤之前，大概活动在河南北部的安阳、濮阳、鹤壁之间。（图1—14）

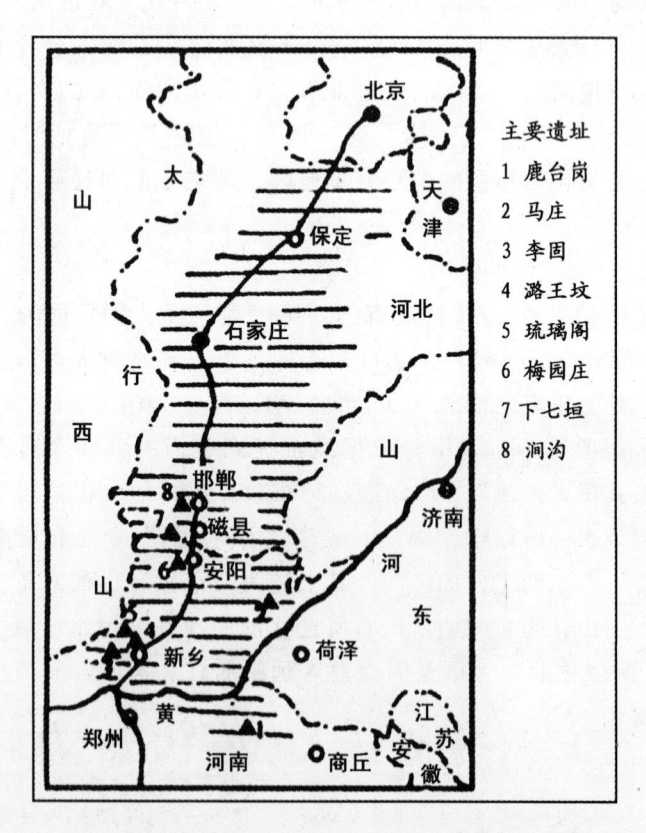

图1—14 先商文化分布图（采自李民、张国硕：《夏商周三族源流探索》）

甲骨文里有位常被祭祀的祖先，写作🦴形，字的下部为侧立或侧跪的人形，上部则为人头的特异之状。董作宾《甲骨文断代研究例》，李旦丘《甲骨文拾零》，岛邦男《殷墟卜辞研究》等均从罗振玉释为兕之说，认为此即是商契之契字。当然也有不同意此说者。

兕，这个被认作契者，既是祖先神，也是自然神，具有双重品格。作为自然神的兕（契），可以控制风雨，主宰庄稼收成，卜辞如：

宁雨于兕。（《屯南》744）
于兕父燎雨。（《合集》34275，图1—15）
贞兕壱我。（《合集》17362）
桒年于兕。五小宰。宜。二月。（《合集》10098，图1—16）
癸酉，贞其桒禾于兕。燎十小宰。卯十牛。（《屯南》2322）

作为祖先神的兕（契），常接受商王的祭祀：

丁未卜，王，燎于兕。（《合集》1140正）
侑于兕。（《合集》14651）
丁卯，贞于庚午酚、燎于兕。（《合集》33273，图1—17）

图1—15 《合集》34275（局部） 　　图1—16 《合集》10098 　　图1—17 《合集》33273（局部）

戊申卜，殼，贞方帝于土、兕……卯上甲。（《合集》1140）

有时候，兕还与其他先公一同被祭，如"燎兕，河"（《合集》34273），"丁巳卜，牽……兕、河"（《合集》34269）等等。兕与（高祖）河一同受祭，其神性当相同；他也属于高祖先公之一。无论从文献还是甲骨卜辞中，兕与契无法建立对应关系。兕是否为契，有待今后研究。

三 昭明、相土、昌若、曹圉

文献中所见昭明、相土、昌若、曹圉四先公资料为：

> 契卒，子昭明立。昭明卒，子相土立。相土卒，子昌若立。昌若卒，子曹圉立。曹圉卒，子冥立。（《史记·殷本纪》）
>
> 契生昭明，昭明生相土，相土生昌若，昌若生曹圉，曹圉生根国，根国生冥。（《世本》）
>
> 契居蕃，昭明居砥石，复迁商……相（土）徒商丘。（《世本》）
>
> 相土作乘马。（《世本》）
>
> 陶唐氏之火正阏伯居商丘……相土因之。（《左传》襄公九年）
>
> 取于相土之东都，以会王之东蒐。（《左传》定公四年）
>
> 相土烈烈，海外有截。（《诗·商颂·长发》）

《殷本纪》所记契、相土二位先公，大多能得到先秦文献的印证，而昭明、昌若、曹圉三位先公除《世本》外，没有其他文献可印证。且《世本》中在曹圉之后又多出"根国"一世。据陈梦家《殷虚卜辞综述》考证，这多出的"根国"一世，乃是由于注文误入正文。因为在《殷本纪》"曹圉卒"下《索隐》云："《世本》作糧圉也。"而《古今人表》和《鲁语上》韦昭注则作"根圉"。陈梦家说："有此诸异文，可推测'根国'一名致伪之由来：曹圉—（糟圉）—糧圉—（粮圉）—根圉—根国。"[1]

昭明

丁山在《卜辞所见先帝高祖六宗考》，释𤔔为囧，即昭明。实际是对卜辞的误读。囧为地名，称囧（《合集》8103）、南囧（《合集》9547），昭明这一

---

[1] 陈梦家：《殷虚卜辞综述》，中华书局1988年版，第337页。

先公，还未从甲骨文中释读出来。

相土

土作Ω形，在卜辞中有多种含义，当土与河、岳一起受祭时，王国维认为他应当是相土，卜辞如：

癸未卜，贞燎于土，萘于岳。(《合集》14399，图1—18)
癸巳巫宁土、河、岳。(《合集》21115)
己亥卜，田率燎土豕、兕豕、河豕、岳豕。(《合集》34185，图1—19)

图1—18　《合集》14399（局部）　　　图1—19　《合集》34185

兕（契）、河、岳是见于甲骨文中的商人先公远祖，土与他们合祭，则土亦为商先公远祖无疑。至于土是否为相土，还缺乏直接证据，王国维说法也有待证明。

昌若、曹圉不见于卜辞，有待今后研究。

四　冥、亥（振）、恒

冥、亥、恒、微四世先公远祖，见于先秦、秦汉文献者为：

曹圉卒，子冥立。冥卒，子振立。振卒，子微立。(《殷本纪》)
契为司徒而民辑，冥勤其官而水死，汤以宽治民而除其邪。……上

甲微，能帅契者也，商人报焉。……凡禘、郊、祖、宗、报，此五者国之典祀也。(《国语·鲁语上》)

　　王冰作服牛。(《吕氏春秋·勿躬篇》)

　　冥卒，子振立。(《世本·帝系篇》)

　　胲作服牛。(《世本·作篇》)

　　有人曰王亥，两手操鸟，方食其头。王亥托于有易河伯仆牛，有易杀王亥，取仆牛。(《山海经·大荒东经》)

《大荒东经》："有易杀王亥，取仆牛"，郭璞注："《竹书》曰：殷王子亥宾于有易而淫焉，有易之君绵臣杀而放之，是故殷王甲微假师于河伯以伐有易，灭之，遂杀其君绵臣也。"

《楚辞·天问》（左行为《天问》原文，右行为试译）：

该秉季德，	亥既然保持父亲的贤德，
厥父是臧；	以季作为自己的榜样，
胡终弊于有扈，	为什么最后死在有易，
牧夫牛羊？	当他在那里放牧牛羊？
干协时舞，	王亥在有易表演万舞，
何以怀之？	有易女怎么就对王亥思慕倾倒？
平胁曼肤，	她胸脯丰满，皮肤细腻，
何以肥之？	王亥又怎样与她通配？
有扈牧竖，	有易那个放牧的童仆，
云何而逢？	丑事怎么会被他看到？
击床先出，	就床上杀奸夫抢先跑掉，
其命何从？	是谁命令他下这一刀？
恒秉季德，	王恒也有先父的操守，
焉得夫朴牛？	可哪里能索回那些驯牛？
何往营班禄，	何必到有易去颁爵讨好？
不但还来？	弄得一去就不得回头？

昏微遵迹，	昏与微（上甲）兄弟把父业继承，
有狄不宁，	有易人就不得安宁，
何繁鸟萃棘，	为何众多的鸟（喻男性）集压在一株棘树（喻女性）上？
负子肆情？	原来是父辈背着子辈与儿媳们偷情。
眩弟并淫，	上甲微与其兄昏共淫有易女，
危害厥兄；	结果弟弟上甲微陷害自己的兄长；
何变化以作诈，	为什么经历这么多变乱，
而后嗣逢长？	商族仍能够世系绵长？

据《殷本纪》载，曹圉之后的世系为冥—振—微。而《楚辞·天问》则说："该秉季德，厥父是臧"，又说"恒秉季德，焉得夫朴牛"，再则说"昏、微遵迹，有狄不宁"。冥是振之父，《楚辞·天问》认为季是该、恒之父。而振、核、胲、该、亥，实系一名之异写，王国维《殷卜辞中所见先公先王考》云："余读《山海经》、《竹书纪年》，乃知王亥为殷之先公，并与《世本·作篇》之胲、《帝系篇》之核、《楚辞·天问》之该、《吕氏春秋》之王冰、《史记·殷本纪》及《三代世表》之振、《汉书·古今人表》之垓，实系一人。"王国维已指出《天问》中的"该"即王亥，恒即王亘，而季为他们的父亲，应该是正确的。王国维又说，(《楚辞·天问》中的)"季"即《殷本纪》之冥，而昏微即《殷本纪》之微，亦即卜辞之上甲微，恐有误。昏微亦非一人，而是昏与微两人，微才是上甲微。

据《楚辞·天问》载，(季)为王恒、王该之父，《殷本纪》载冥为振之父，振、该同指王亥，冥、季应当指一人。王国维认为即卜辞中的冥。因缺乏世系等直接证据，有待今后新材料的出现。

王亥、王恒、上甲微是商民族在先商时期的重要先公，其史事既见于先秦文献，其名又得到甲骨文证明，有关这一段先商历史的真实可靠当不容置疑。而分析这三先公的事迹，有助于讨论上甲微之前社会状况，对此分析于下：

（一）见于甲骨文中的王亥、王恒

1. 亥

甲骨文的王亥，字从隹亥声，是商民族鸟图腾的直接体现，称高祖，卜辞如：

> 高祖王亥。（《合集》32083）
> 高祖亥。（《屯南》608，图1—20）
> 高祖亥壱云。（《屯南》2105）

王国维《戬寿堂所藏殷虚文字考释》云："高祖亥即王亥……考卜辞中称高祖者惟'高祖夒'及'高祖乙'。夒即帝喾，乙则成汤，与王亥而三。《书·盘庚》曰：'肆上帝将复我高祖之德'，是殷人有高祖之名。"王亥被称为高祖，为商高祖，其配偶受到祭祀，卜辞如：

> 贞燎于王亥母。豕。
> 勿燎于王亥母。（《合集》685，图1—21）

图1—20 《屯南》608（局部）　　　　图1—21 《合集》685（局部）

于省吾在《释王亥的配偶》一文指出："甲骨文关于先公和先王的配偶，自示壬示癸才开始以天干为庙号，至于王亥配偶之称为王亥母，则为旧所不知。""甲骨文女母二字互用无别"，这两辞是说"燎豕以祭祀王亥的配偶"，"王亥母之为王亥的配偶，是可以断定的"。王亥不仅单独还与其他先公一起祭祀，卜辞如：

第一章　商族先公史略　69

> 甲辰卜，㱿，贞来辛亥燎王亥三十牛。二月。(《合集》14733)
> 翌辛亥，侑于王亥四十牛。(《合集》672)
> 燎于河，王亥、上甲十牛，卯十宰。五月。(《合集》1182，图 1—22)

一次用三十牛、四十牛祭祀王亥，规格非常隆重，说明王亥是重要的高祖。

图 1—22　《合集》1182（局部）

2. 王恒

王恒也见于甲骨文中，为受祭先公，甲骨文作 𠀐，隶定作亘。在甲骨卜辞里直称为"王亘"，这种称呼与称王亥同，王亘为商人之先公可以肯定。他受祭祀，或被求年，或与其他先公并祭。卜辞如：

> 癸丑卜，㱿，贞侑于王亘。
> 贞我不其受年。(《合集》14762)
> 贞于河𩛥年。
> 贞勿侑于王亘。(《合集》14768，图 1—23)
> 贞于王亘侑。(《合集》14766 反)

王恒见于甲骨文中，是受祭对象，由王国维考释出来，这是以地下出土资料印证文献的重要收获，具有重大意义。

（二）王恒史略

王恒其人其事，不见《殷本纪》，却见于《楚辞·天问》，又得到甲骨卜辞的印证，意义十分重大。此事由王国维《殷卜辞中所见先公先王

图 1—23　《合集》14768

考》全面揭示，谓《天问》中，王亥之后有王恒一世，为《山海经》、《世本》、《殷本纪》所不见。《天问》既云"该秉季德，厥父是臧"，又云"恒秉季德，焉得夫朴牛？"由此可得两点结论。其一，王亥与王恒当为兄弟

辈，其二，季为王亥、王恒的父亲。而在《殷本纪》中，王亥（振）的父亲为冥。那么季与冥是王亥与王恒的诸父呢？还是季即冥呢？王国维主张后说，其论证："季亦殷之先公，即冥是也。《楚辞·天问》曰'该秉季德，厥父是臧'，又曰'恒秉季德'，则该与恒皆季之子，该即王亥，恒即王恒，皆见于卜辞。则卜辞之季，亦当是王亥之父冥也。"王国维利用甲骨文材料研究商王世系，并增添王恒一世，为订补《殷本纪》打下了基础。

《天问》所记的王恒一世，是殷商世系研究中十分珍贵的资料。关于其深远的意义，王国维在《殷卜辞中所见先公先王考》评述到："恒之一人，并为诸书所未载。卜辞之王恒与王亥，同以王称，其时代自当相接。而《天问》之该与恒，适与之相当。前后所陈，又皆商家故事，则中间十二韵自系述王亥、王恒、上甲微三世之事。然则王亥与上甲微之间，又当有王恒一世。以《世本》、《史记》所不载，《山经》、《竹书》所未详，而今于卜辞得之。《天问》之辞，千古不能通其说者，而今由卜辞通之，此治史学与文学者所当同声称快者也。"

王亥、王恒见于《楚辞·天问》，又得到甲骨卜辞的证明，说明《殷本纪》少载了王恒先公一世。王国维根据《天问》所载，认为王亥与王恒为兄弟，按照《殷本纪》载，上甲微为王亥之子，今据甲骨卜辞与《天问》，多出了王恒一世，上甲微究竟为王亥之子还是王恒之子，前辈学者对此进行了考证。《殷本纪》在"振"之后有"微"一世。《索隐》引皇甫谧语"微字上甲"。《国语·鲁语上》作"上甲微"，《大荒东经》郭璞注作"甲微"。《天问》作"昏微"，"昏微"之"微"自然是指上甲微，而"昏"字可能另有其人。由于《天问》"王亥"之后记载了"王恒"一世，在"王恒"之后，紧记"昏微"世。因此，吴其昌于1933年作《卜辞所见殷先公先王三续考》（《燕京学报》第14期），以为上甲微乃王恒之子，此后，许多学者从之。直到1964年，胡厚宣在《历史论丛》第一辑发表《甲骨文商族鸟图腾的遗迹》，1977年又在《文物》第2期发表《甲骨文所见商族鸟图腾的新证据》，引用《殷墟卜辞》758号（即《合集》24975）的祖庚祖甲卜辞："□□卜，王，贞其尞于上甲父（王）亥"而断定上甲微乃王亥之子，非王恒之子。

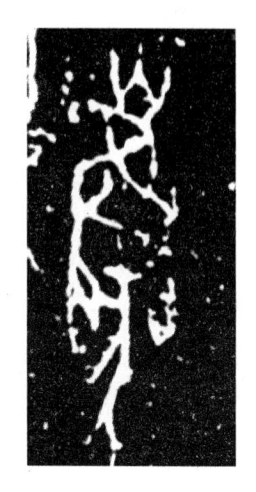

图 1—24　《合集》34293（局部）　　图 1—25　《合集》32088（局部）

至此，可从先秦文献中得冥至微世系并与《殷本纪》比较如下：

先秦文献	《殷本纪》
王季—王亥—上甲微 ｜ 王恒	冥（季）—振（亥）—微（上甲微）

（三）王亥、王恒、上甲微时的社会状况

从王亥、王恒、上甲微在文献中的记载，来看当时的社会状况，如《山海经》说王亥操鸟，这正是商民族发展到王亥时代，仍以鸟为其图腾神的反映。

《山海经·大荒东经》：

> 有人曰王亥，两手操鸟，方食其头。王亥托于有易、河伯（以）仆牛，有易杀王亥，取仆牛。

《周易》：

> 丧羊于易，无悔。（《大壮》六五爻辞）

> 旅焚其次，丧其童仆，贞厉。（《旅》九三爻辞）
> 鸟焚其巢，旅人先笑后号咷，丧牛于易，凶。（《旅》上九爻辞）

《山海经》谓，王亥到有易去从事牛羊贸易活动，结果被有易人所杀，牛羊也被有易人所取走。《周易》亦记录此事，既曰"丧羊于易"，又曰"丧牛于易"。《周易》所说的"旅人"也就是《山海经》中到有易族去做牛羊贸易的王亥。"旅焚其次"与"鸟焚其巢"句式相同，所指为同一事。只不过"旅焚其次"为直说，"旅"即旅人王亥，"次"即舍茨，客次。旅焚其次，意即王亥托于有易时的客舍被焚。"鸟焚其巢"则是比喻，"鸟"自然是指旅人王亥，"巢"即王亥所客居之舍茨。鸟巢被焚比喻王亥的客舍被焚。可见，在《周易》里，鸟与王亥同样有特殊的关系。

不仅如此，在甲骨卜辞里，王亥的亥字常常从鸟或从隹。1977年，胡厚宣在《文物》第2期发表《甲骨文所见商族鸟图腾的新证据》文，公布了八片甲骨，十条卜辞，其中的亥字均从鸟或从隹（图1—24），有些鸟形还有以手作捕捉状，可隶定为蔦；有些隹字还有装饰符，可隶定为崔（图1—25）、萑等。如祖庚祖甲时卜辞：

图1—26 《合集》24975

> □□卜，王，[贞]其燎于上甲父[王]亥。（《合集》24975，图1—26）

此卜辞的王亥之"亥"字，上冠以鸟，说明王亥与鸟的关系，而且说王亥是上甲之父，为王亥与上甲之间的世系关系提供了确凿的证明。又康丁时卜辞：

> 其告于高祖王亥。三牛。
> 其五牛。（《合集》30447，图1—27）

此版中王亥的"亥"字，不仅从鸟，而且鸟头上还有作捉捕状的一只手，胡厚宣认为可隶定为䳡。这正是《山海经·大荒东经》："有人曰王亥，两手操鸟，方食其头"形象写照。武乙时卜辞：

辛巳，贞王亥上甲即于河。（《合集》34294，图1—28）

图1—27　《合集》30447（局部）　　　图1—28　《合集》34294

在此版，王亥的亥字从隹，隹即鸟。这里王亥、上甲亦同贞。又康丁时卜辞：

又伐五羌〔于〕王䳡。（《合集》22152，图1—29）
王䳡四羊、四豕、五羌。（《合集》30448，图1—30）

此两辞都是关于祭祀王亥用牲之事。"亥"字所从之隹（鸟）头上有装饰，胡厚宣隶定为"崔"字，并指出，"崔即隹"，而"隹"即鸟。

上述大量文献与甲骨文所见的王亥与鸟图腾的关系，使得简狄吞玄鸟卵而生契的商族祖先图腾感生起源神话找到了其发展的线索。而且，在下文的讨论中，我们还可进一步认识到，王亥鸟图腾不仅上接简狄吞玄鸟卵故事，

图1—29 《合集》22152　　　　　图1—30 《合集》30448

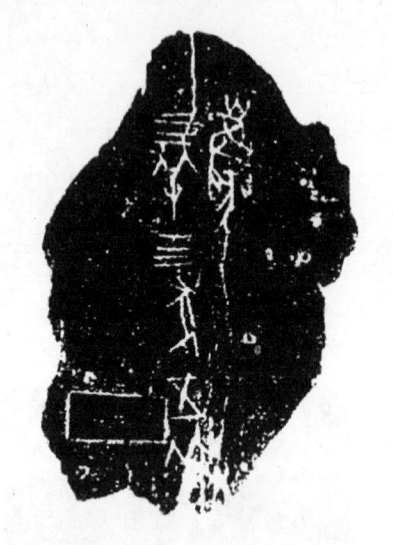

而且还下连昏与微之"繁鸟萃棘"故事。其事见于《楚辞·天问》。《天问》在叙述了王亥与王恒事迹，所谓"该秉季德，厥父是臧；胡终弊于有扈，牧夫牛羊"和"恒秉季德，焉得夫朴牛？何往营班禄，不但还来"之后，紧接着写"昏微"的史事：

> 昏微遵迹，有狄不宁。何繁鸟萃棘，负子肆情？
> 眩弟并淫，危害厥兄？何变化以作诈，而后嗣逢长？

对于《天问》的这两段文字，过去学术界有许多误解，我们不能在此全面展开讨论，只能就本论题几个有关问题略作分析。

第一个要分析的是，"昏微"不是一个人，而是两个人，即"昏"与"微"。关于这个问题，王国维也搞错了，其《先公先王考》曰："所云'昏微遵迹，有狄不宁'者，谓上甲微能循其先人之迹，有易与之有杀父之仇，故为之不宁也。'繁鸟萃棘'以下，当亦记上甲事，书阙有间，不敢妄为之说"。其实，"昏微"的"微"才是指"上甲微"，即《国语·鲁语》之"上甲微，能帅契者也，商人报焉"，卜辞祀典则称"上甲"。昏与微疑为商先公中的兄弟两人，后来，因为昏的事迹不够突出，因而逐渐被遗忘了。"昏"与"微"为商先公中兄弟两人这一事实一旦被揭示，则以下"繁鸟萃棘"与"眃弟并淫,危害厥兄"这两个千古疑案也就迎刃而解了。

"繁鸟萃棘",繁鸟,即众多的鸟,这里当暗指昏与微兄弟俩,鸟既指男性生殖器阳鸟,亦指昏与微之鸟图腾,即王亥与鸟同类。萃,集中。棘,荆棘,即灌木花丛之类,此喻女性。"繁鸟萃棘"以众鸟集中在荆棘上比喻昏与微兄弟并淫于有狄之女,所谓"负子肆情",结果是"有狄不宁"。

昏与微"繁鸟萃棘"的故事在上古时期大概是广为流传的,以至于后来演化成了男人调戏女子的民歌主题,《诗·陈风·墓门》:

墓门有棘,斧以斯之。
夫也不良,国人知之。
知而不已,谁昔然矣。

墓门有梅,有鸮萃止。
夫也不良,歌以讯之。
讯予不顾,颠倒思予。

墓门是陈国国都城门名。诗以女子的口吻指责某男子对她进行性行为。"墓门有棘"之"棘","墓门有梅"之"梅"喻女性。"斧以斯之""有鸮萃止"指男子所实行的性行为。古代"斧"从父从斤,父指男性,斤指性具,以斧析薪喻男子破女子阴门。陈炳良曾指出,《诗经》中凡"析薪""伐木"诸词,均与男女性爱有关。如《豳风·七月》"取彼斧斨,以伐远扬",《鄘风·定之方中》"爰伐琴瑟",《郑风·将仲子》"无折我树杞""无折我树桑",《齐风·南山》:"析薪如之何?匪斧不克",等等,都是作为婚配性爱之事的象征而出现的。① 《墓门》诗之"墓门有棘,斧以斯之"与"墓门有梅,有鸮萃止",句式结构相同,则"有鸮萃止"与"斧以斯之"为同一意思,均指男对女的性行为。所以《墓门》诗接着写"夫也不良"(这人行为实在坏),"国人知之"(人人知他心不正),"歌以讯之"

---

① 陈炳良:《说〈汝〉》,《神话、礼仪、文学》,台北,台湾联经出版公司1985年版,第74—76页。

（唱歌怒斥这兽行）。

《墓门》诗在战国秦汉间仍十分流行，《列女传·陈辩女传》有载："辩女者，陈国采桑之女也。晋大夫解君甫使于宋，道过陈，遇采桑之女，止而戏之曰：'女为我歌，我将舍女'。采桑女乃为之歌曰：'墓门有棘，斧以斯之。夫也不良，国人知之。知而不已，谁昔然矣。'大夫又曰：'为我歌其二。'女曰：'墓门有梅，有鸮萃止。夫也不良，歌以讯之。讯予不顾，颠倒思予。'……"

以上讨论旨在说明，《天问》"繁鸟萃棘"必指昏与微兄弟共淫有狄女之事。而且这以"棘"为象征的有狄女当为其子辈的媳妇，所以《天问》说他俩是"负子肆情"（诸父辈背着诸子辈与儿媳们偷情）。

《天问》紧着所写的"眩弟并淫，危害厥兄"所指仍然是昏与微之事。"眩弟"即昏乱之弟。眩，迷惑也。这里的"眩弟"显然是指上甲微。上甲微与其兄"昏"共淫有易女，做出了"繁鸟萃棘"、"负子肆情"的事。结果是上甲微危害了其兄"昏"。这大概就是后世文献不记"昏"之史事，甚至将"昏"与"微"误解为"昏微"乃一人的原因。

上甲微危害其兄昏后，商族自此兴旺发达，周祭制度轮番祭祀祖先均从上甲微开始，难怪屈原要提出疑问："何变化以作诈，而后嗣逢长？"

（四）商族与有娀（有易、有狄）族的关系

以上的讨论，旨在说明商民族以鸟为图腾，是从商契到王亥，再到昏与微诸先商先公时代都一直在盛行的事实。同时，商族鸟图腾的发展史，一直是与有娀（有易、有狄）族的婚姻史联系在一起的。这一事实，在上文的讨论中也已涉及。

契母简狄为有娀氏女，王亥与王恒"牧夫牛羊"在"有扈"，此"有扈"在《山海经》作"有易"。而且这王亥与王恒在有易也有一段浪漫的婚姻史，即《天问》所说的：

　　　　干协时舞，何以怀之？平胁曼肤，何以肥之？

干，舞蹈名，一名万舞。《公羊传》宣公八年："万者何，干舞也。"这是一种武舞，也是一种性舞。《左传》庄公二十八年："楚令尹子元、欲蛊文夫人，为馆于宫侧，而振万焉。"令尹子元即用万舞诱惑文夫人。《天问》此段则写王亥用干舞诱惑有易女。协，合。时，是。干协时舞，即指王亥

跳起万舞，出神入化，十分和谐，结果使得有易女"怀之"。怀即恋。"何以怀之"指有易女在王亥的万舞诱惑下竟然爱上了王亥。正如《诗·召南·野有死麕》所谓的"有女怀春，吉士诱之"。"平胁"指胸部丰满。"曼肤"指皮肤细腻。王逸《楚辞章句》释"平胁曼肤"为"形体曼泽"，此指有易女的形貌体态。"肥"通"妃"，指匹配，这是指王亥私通有易女。

总括以上四句的大意是说，王亥跳起了和谐的万舞，有易女怎么就恋上了他；有易女长得丰满又细腻，王亥又怎样勾搭上了她？《山海经·大荒东经》郭璞注引《竹书纪年》云："殷王子亥，宾于有易而淫焉。有易之君绵臣，杀而放之。"可见王亥与有易女确有淫荡婚俗之事。

再接着便是《天问》所说的昏、微与有狄族的交往，所谓"昏微遵迹，有狄不宁"，同时，昏与微也与有狄女有一段婚姻浪漫史，所谓"繁鸟萃棘""眩弟并淫"，其事已考证如上。

以上所涉及的有娀、有狄、有易所指同一，均指商族与北方的有易族之间的长期通婚贸易的关系。对此，徐中舒有考证："就其女统母系言之，简狄为有娀之女，狄或作逖，就字之偏旁言，或谓之戎或谓之狄，明非古汉族。逖又作遏，从易。《楚辞》之有狄，《山海经》作有易。易亦谓之狄。《易》：'丧牛于易''丧羊于易'，两易字皆当指狄人言。"[①] 至于有易、有狄、有娀的具体地望，在前文有考证，在今河北保定以北、北京以南的易水流域，古易水发源于今易县，流入拒马河，而在古代，拒马河皆称易水。

从以上分析看，当时的社会状况及活动范围有如下三点结论：

第一，当时的社会经济仍处于游牧流动阶段。东汉张衡《西京赋》说："殷人屡迁，前八后五。"前八次迁移是指商汤夺取夏政权前的先商先公时期，即《尚书序》所说："自契至于成汤八迁。"前述"蕃"、"砥石"、"商"、"帝丘"、"殷"等即是。而商人之所以屡迁，正与他们仍处于游牧流动生活有关。甲骨文里，王亥的"亥"字有时还以"鸟"为其装饰，表明商先公与游猎的深刻关系。

第二，王亥、王恒、上甲微时游牧流动的活动地点是在北部。有易即河

---

① 徐中舒：《殷代兄终弟及为贵族选举制说》，《徐中舒历史论文选辑》，中华书局1998年版。

北保定以北，北京以南的易水流域。在商代，黄河经天津入海，因此，黄河的最北端已在有易境内，而古易水则并入黄河共入大海。所以，王亥往北游牧可以将仆牛寄托给相邻部落有易与河伯。此河伯必指黄河入天津处的北方一段而言，我们可称之为北河伯。

第三，就考古学上看，有易、北河伯已处于夏家店文化范围，是肃慎、孤竹、有易等北方民族文化的所在地。因此，王亥、王恒、上甲微时代的先商民族所交往的主要是北方民族。可以推断，当时与南边的以夏民族为共主的部落联盟还没有什么联系。《尚书·尧典》、《史记·殷本纪》所说的契在舜集团与禹集团内谋事，是舜禹集团的成员，恐为后世所附会。

第三节　商族先公近祖——上甲至示癸

商族先公近祖指上甲至示癸六示先公，有学者称其为"上甲六示"。

据甲骨卜辞可知，"微"即上甲微。而"报丁"当列于"报丙"之后，王国维《殷卜辞中所见先公先王续考》谓：由甲骨卜辞"足证上甲以后诸先公之次，当为报乙、报丙、报丁、主壬、主癸，而《史记》以报丁、报乙、报丙为次，乃违事实。"上甲是后世商王周祭的第一位先公，报丁、报乙、报丙、主壬、主癸不仅受到周祭，也受到后世商王对他们进行的其他祭祀，由此说明商族自上甲六世时，则完全进入了信史时代。本节以甲骨文中所见的商族先祖，结合文献所载来加以讨论。

先秦文献里，已有较多而且较一致的有关季、亥、恒、微等先公的史事记载。这说明从季、亥等先公开始，商族的历史已开始逐渐为后人所流传。再往后发展，到了上甲至示癸六示，商族则完全进入了信史时代。因为在殷墟甲骨文里，"上甲六示"已完全进入了商人的祖先祀典里。有学者甚至认为，商人的先王宜从"上甲六示"算起。有关自上甲至示癸六示的文献：

振卒，子微立。微卒，子报丁立。报丁卒，子报乙立。报乙卒，子报丙立。报丙卒，子主壬立。主壬卒，子主癸立。主癸卒，子天乙立，是为成汤。（《殷本纪》）

微生报丁。报丁生报乙。报乙生报丙。报丙生主壬。主壬生主癸。

> 主癸生天乙，是为成汤。（《三代世表》）
>
> 上甲微，能帅契者也，商人报焉。（《国语·鲁语上》）

上甲微是商人周祭的第一位先公，从上甲微开始，商先公先王都被后人列入了按日干为序的祭祀行列。这种行列的先后次序，便是祀谱。这是《殷本纪》之外，我们研究商代世系的另一份重要资料。甲骨文中，他受到各种祭祀，其内容包括：

其一，上甲经常受到特祭：

> 燎上甲十牛。（《合集》1188）
>
> 上甲五十羌。（《合集》310）
>
> 御于上甲。三月。（《合集》1164）
>
> 癸亥卜，酌上甲。（《合集》1192）
>
> 侑于上甲十伐，卯十宰。（《合集》893 正）
>
> 贞其有报于上甲。（《英藏》2398）

对上甲的祭祀有燎祭、侑祭、御祭、酌祭、报祭等，祭礼种类的繁多，表明对上甲的重视。上甲是商人先公中第一个先祖，还常与其他祖先合祭：

> 贞告既侑于夒、于上甲。（《合集》1205）
>
> 燎于河、王亥、上甲十牛、卯十宰。五月。（《合集》1182）
>
> 甲戌翌上甲。乙亥翌报乙。丙子翌报丙……
>
> 翌大丁。甲午翌［大甲］……翌大庚。（《殷契粹编》113）
>
> 翌乙酉有伐于五示：上甲、成、大丁、大甲、祖乙。（《合集》248）

上甲既与其前的先公高祖同祭，又与其后的先公、先王受祭，由此说明，在后世商人对世系认识上，他具有承前启后的地位。

其二，上甲有各种神威与功能。在商人的心目中，上甲既可以赐福，也可以降灾，如：

> 贞养于上甲受我祐。（《合集》1171）

〿雨于上甲。(《屯南》4362)
上甲㞢王。(《合集》939反)
上甲㞢王。(《合集》6122)

其三，上甲有史臣，卜辞如：

叀上甲史遘酚。(《合集》27051)
其遘上甲史酚。(《合集》27052)
贞上甲史五牢。(《合集》27070)
上甲史其祝父丁必。(《合集》32390)
延……上甲史……受祐。(《屯南》2859)

赵诚《甲骨文与商代文化》指出"遘和酚都是祭名。上甲史，上甲的史臣。"

上甲是商人周祭的第一位先公，以甲日命名，开启后面先公报乙、报丙、报丁、示壬、示癸等为一系之先河，取义于甲、乙、丙、丁、戊、己、庚、辛、壬、癸十天干。《殷本纪》司马贞索隐："皇甫谧云：'微字上甲，其母以甲日生故也。'商家生子，以日为名，盖自微始。谯周以为死称庙主曰'甲'也。"有关商族先公的称名问题，实隐含着丰富的文化内涵。王国维根据甲骨卜辞，订正了文献记载的报乙、报丙、报丁的错误，为正确认识商代自上甲至示癸六示先王的这段历史，具有重大意义。

《史记·殷本纪》的自上甲至示癸的世系为：

微──→报丁──→报乙──→报丙──→主壬──→主癸

王国维在《殷卜辞中所见先公先王续考》中，将《后上》第8页中的一片与哈同拓本中的一片拼合（即《合集》32384），纠正了《殷本纪》所载的报丁、报乙、报丙的世系顺序。

乙未酚，㸓品上甲十，
报乙三，报丙三，

报丁三，示壬三，
示癸三，大乙十，
大丁十，大甲十，
大庚七，小甲三，
……祖乙。（《后编》8.14＋《戬寿》1.6＋《善斋》277，今见《合集》32384，图1—31）

王国维指出，"据此一文之中，先公之名具在，不独田即上甲，匚、匨、匠即报乙、报丙、报丁，示壬、示癸即主壬、主癸，胥得确证，且足证上甲以后诸先公之次，当为报乙、报丙、报丁、主壬、主癸，而《史记》以报丁、报乙、报丙为次，乃违事实。又据此次序，则首甲、次乙、次丙、次丁，而终于壬癸，与十日之次全同。"后世称上甲、报乙、报丙、报丁、示壬、示癸六先公为上甲三报二示，如：

图1—31 《合集》32384

辛亥卜，又［侑］上甲牛，三匚羊，二示牛。（《合集》32349，图1—32）

丁未，贞㚸禾自上甲六示牛。（《合集》33296，图1—33）

己卯，贞㚸自上甲六示。（《合集》34111，图1—34）

《国语·鲁语上》记春秋中期展禽的话说："上甲微，能帅契者也，商人报焉。"这"报"就是《殷本纪》"报乙、报丙、报丁"之"报"，卜辞作"匚"。《说文解字》："匚，受物之器。象形。……读若方。"古无轻唇音，读若方，即读为报。"匚"原是盛藏庙主之神龛。王国维谓："报乙、报丙、报丁称报者，殆亦取'报上甲微'之报以为义，自是后世追号，非殷人本称，上甲之甲在口中，报乙、报丙、报丁之乙、丙、丁三字在匚或コ中。"商人从上甲微开始，将各位祖先的牌位放入匚或コ中，然后以日干为序逐次祭祀，这就是所谓的"商人报焉"。

考察商末甲骨文黄组卜辞中的周祭，三个系统的祭祀典礼均从上甲开始。如：

图1—32　《合集》32349　　图1—33　《合集》33296　　图1—34　《合集》34111

癸未，王卜，贞酚彡日自上甲至于多后。(《前》3.26.7)

[癸]□，王卜，贞□巫九□，其酚彡日自上甲至于多后。衣……(《前》3.28.1)

癸丑卜，王，贞旬亡㛸？在四月，甲寅酚翌自上甲。(《佚》906)

甲戌翌上甲。乙亥翌报乙。丙子翌报丙。(《粹》113)

癸巳，王卜，贞旬亡㛸？王占曰：吉。在十月又二，甲午叠日上甲祭大甲。(《合集》35530)

癸丑卜，中，贞王旬亡㛸。在正月，甲寅壹上甲。(《续存》下965)

常玉芝在《商代周祭制度》中，根据商末甲骨文黄组、出组卜辞中的周祭制度，考证出了商人祖庙祭祀祖先次序：

第一旬：上甲、报乙、报丙、报丁、示壬、示癸
第二旬：大乙、大丁
第三旬：大甲、卜丙、大庚

第四旬：小甲、大戊、雍己

第五旬：中丁、外壬

第六旬：戋甲、祖乙、祖辛

第七旬：羌甲、祖丁、南庚

第八旬：阳甲、盘庚、小辛

第九旬：小乙、武丁、祖己、祖庚

第十旬：祖甲、康丁

由此表可知，在商人的周祭制度中，上甲六示被排在第一旬，而且与以后的各旬形成一个完整的商人列祖列宗世系族谱图。在古代社会，民族首领的世系就是这个民族历史的发展纲目线索。民族学、文化学知识告诉我们，远古民族的历史文化是通过宗庙祭祀中的巫祝集团流传的。上甲三报二示的庙号已完整地进入到甲骨文的祀典当中，说明商民族对自上甲以来的世系及相关历史已有了明确的记录并清楚地承传下来。郭沫若据此指出："殷之先世，大抵自上甲以下入于有史时代，自上甲以上则为神话传说时代，此在殷时已然，观其祀典之有差异，即可判知。"①

上甲六示的庙号以日干为名，其中上甲、报乙、报丙、报丁为十干之首，示壬、示癸则为十干之尾。关于这些庙号的由来，学术界有生日说、死日说、卜选说等不同说法。卜选说是由李学勤提出来的，② 意思是祖先死后，为了确定其庙号而经过占卜再选定的，就成汤以后的商王庙号看，这一说法是比较合理的。如成汤生前有名为履，但在卜辞中其庙号称大乙，其他如庙号卜丙，其生前名胜；庙号大庚，其生前名渐；庙号小甲，其生前名高；庙号雍己，其生前名伷，等等，均见于古本《竹书纪年》。卜选说可以合理地解释，上甲六示中为何缺少中间的"戊、己、庚、辛"四号的原因。上甲、报乙、报丙、报丁前后相连可能是卜选时的巧合，示壬、示癸相连也可能是卜选时的巧合，但不一定都能如此巧合。这从示壬、示癸的法定配偶的庙号并不相连属中可以得到证明，请看下列卜辞：

庚戌［卜，□］，贞王［宾］示壬奭妣庚。（《合集》23303，图1—35）

---

① 郭沫若：《卜辞通纂》，科学出版社1983年版，第362页。

② 李学勤：《论殷代的亲族制度》，《文史哲》1957年第11期。

甲辰卜，贞王宾示癸奭妣甲，肜日亡尤。（《合集》36190，图1—36）

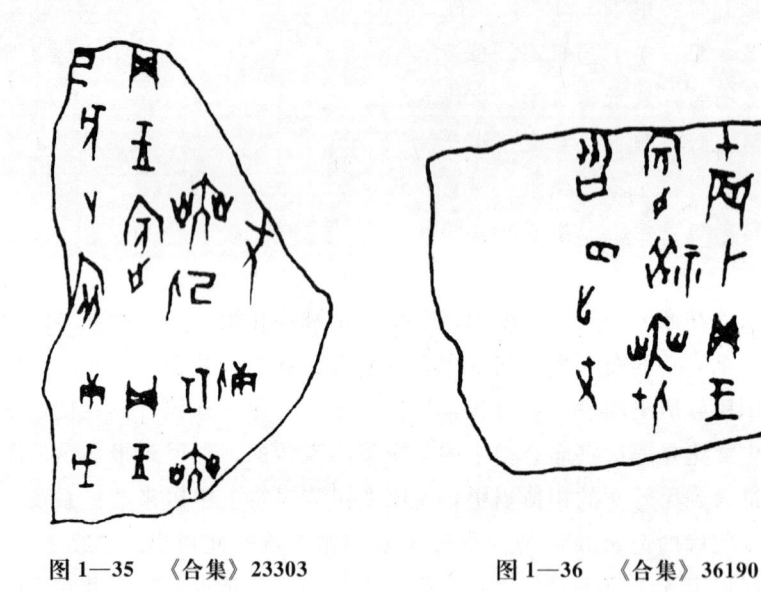

图1—35　《合集》23303　　　　图1—36　《合集》36190

庚申卜，贞王宾示壬奭妣庚壹，亡尤。
甲子卜，贞王宾示癸奭妣甲壹，亡尤。（《合集》36184）

以上卜辞一致表明，示壬配偶的庙号为妣庚，示癸配偶的庙号为妣甲，而庚与甲并不相属，显然不是按顺序选定，而最可能是据占卜选定。

从历史学角度看，甲骨周祭卜辞中出现示壬、示癸的配偶具有十分重要的意义。在上甲六示中，虽然上甲与三匚已进入周祭制度，列为商人周祭的第一旬，标志着商民族信而可证的历史的开始。但上甲的配偶之庙号还未见于卜辞，这并不是说上甲没有配偶，只说明上甲配偶的庙号在当时没有记载，因而到了商末举行周祭时已无法可考了。三匚之配偶之情况也是如此，当时的记录亦不清楚，所以甲骨文里只能笼统地说"三匚母"，如《粹》120版："其侑三匚母，豕。"郭沫若《卜辞通纂》："母殆谓三匚之配。"而到了示壬、示癸配偶在卜辞中的出现，说明当时的历史记录已很完备。于省吾指出："甲骨文祀典中的庙号……自二示和二示以后的先王和先妣的庙号则尚为完备，这是由于有典可稽的缘故。""甲骨文周祭中的直系先妣，自示壬的配偶妣庚和示癸的配偶妣甲开始。但是，妣庚和妣甲的日干并不相次，很明显，她们的庙号是根据典册的记载，决非后人所追拟。因此可知，示壬、示癸的庙号也有典可稽，是可以断定的。"①

于省吾的论断是正确的。在《尚书·周书》有一篇《多士》，记载周公平定武庚之乱后，将殷商遗民由朝歌迁往新建的洛邑时的训话，其中对殷商遗民说：

惟尔知，惟殷先人有册有典，殷革夏命。

这句话是面对殷商遗民说的，意思是，你们都知道，你们殷人的先王早就有记载史实的典籍，记载了你们殷人推翻夏朝的过程。周公讲这句话的本意是想说明，武王克商就如同商汤灭夏一样，具有合理性。但从历史文献学的角度看，这句话给我们提供了一个很重要的信息，这就是在商汤灭夏及其之前，商人就有了记录历史的传统与相应的典籍。

在甲骨文里，有"册"字，与金文写法相同。字形作竹简编连成册之形。《说文》："册，象其札，一长一短，中有二编之形。"甲骨文里还有"典"字，字形作双手捧册放于基上之状，是一个表状态的会意字。因为册书记载着民族祖先的世系庙号与历史，具有十分神圣的意义，所以，《说文》："典，五帝之书也。从册在丌上，尊阁之也。"甲骨文里有工典祭，工即贡，典则为简册。于省吾说："其言贡典，是就祭祀时献其典册，以致其祝告之词也。"② 周祭卜辞里，正有祭祀上甲之前举行"贡典礼"的记载：

癸卯，王卜，贞旬亡畎。在九月，甲辰工（贡）典其幼其翌。
癸丑，王卜，贞旬亡畎。在九月，甲寅翌上甲。（《续存》上2652）
癸未，王卜，贞旬亡畎。王占曰：吉。在八月，甲申工（贡）典其幼。
癸巳，王卜，贞旬亡畎。王占曰：吉。在八月，甲午翌上甲。（《珠》244）
癸未卜，贞［王旬］亡畎。在八月，〔甲申〕工（贡）典其［幼］。
癸巳卜，贞王旬亡畎。在八月，甲午翌上甲。（《合集》35398）

---

① 于省吾：《释上甲六示的庙号以及我国成文历史的开始》，《甲骨文字释林》，中华书局1979年版，第193—198页。

② 于省吾：《释工》，见《甲骨文字释林》，中华书局1979年版，第71—72页。

以上三版周祭卜辞，都是前一旬举行贡典祭，第二旬再翌祭上甲。如第一辞在甲辰时举行贡典祭，第二旬甲寅日翌祭上甲。第二辞贡典祭在甲申，翌上甲便在下旬之甲午。第三辞同第二辞。这里"贡典其幼"的"幼"字乃陈梦家《殷虚卜辞综述》所释，其义不明。因为此字只见于翌祀的贡典祭中，所以"贡典其幼"可视作专用于翌祀的贡典祭。

有的时候，"贡典"仪式与祭上甲同日举行。如：

[癸卯]，王卜，贞旬[亡]祸。在正月，甲辰壹上甲工（贡）典其㓨。（《虚》789）

癸未，[王卜]，贞旬[亡祸]。王占[曰，吉]。在十二月，[甲申壹]上甲工（贡）[典其㓨]。（《合集》35530）

以上周祭卜辞中，凡贡典祭必在祭某先祖之前或同时举行，则所供奉于神灵前的典册的内容必与祭某祖先之庙号、世系及其丰功伟绩相联系，其性质当与商周之用于祭祀的青铜器及其铭文同。董作宾《殷历谱》即指出：贡典祭所贡之典册的就是记载被祭先公先王（或先妣）的祭日，祀典等等内容的，并举《粹》113版为例：

甲戌翌上甲，乙亥翌匚乙，丙子翌匚丙，[丁丑]翌匚丁，壬午翌示壬，癸未翌示癸，[乙酉翌大乙]，[丁亥]翌大丁，甲午翌[大甲]，[丙申翌外丙]，[庚子]翌大庚。

这里说，甲戌日以翌祭的祀典来祭祀上甲，到了乙亥日再以翌祭的祀典来祭祀匚乙，如此有序地排列下去。这整版卜辞就是祭祀典礼上的一篇祭祀文本，或者说是一份完整的祀谱。因此，董作宾推测这版卜辞可能就是贡典祭中所贡奉之典册中的有关内容，也即祀谱的抄本。由此可见，《尚书·多士》中说的"惟殷先人，有册有典"的话，是有事实根据的。

这种用于祭祀的具有家族祀谱性质的典册，在商族历史上大概是颇为流行的。考古工作者曾多次发现商人祀谱残片，有的刻在甲骨上，有的刻在玉石上，有的铸在铜器上。其中最著名的有两件：一件是牛骨刻辞，藏于英国大不列颠图书馆，收录于李学勤、齐文心、艾兰编辑的《英国所藏甲骨集》第2674

号。(图1—37)

该片刻辞记载了一个贵族十一世祖先的私名，和商王室自示壬、示癸至武丁十三世大致相仿。另一件则为相传出于河北易县的商代晚期的三句兵戈（图1—38）。

该戈铸有祖父、父、兄三行日名，诸祖父共七个日名，诸父共七个日名，诸兄共六个日名。这些文物进一步证明商族盛行世系谱牒之传统。对于这两件谱牒文物，于省吾有很好的分析。他说："商代的世系谱牒是一种简单的文字记事。例如武丁时期的兽骨刻辞，记载了一个贵族十一世祖先的私名。这是一个从商代初年开始，以男子为世系的专记私名的谱牒。又商代晚期的三句兵的铭文，分别记载了七个或六个祖父兄的忌日。这当是录自以男子为世系而又有忌日的谱牒。再从甲骨文祀典的庙号来看，则商王室对于祖先的忌日，自然是男女并记，更为完备。从上面所引的传家十一世的谱牒来看，它和商王室的世系自示壬、示癸至武丁为十三世大致相仿，因为人的寿命有长短，世数不会完全相同。由此可知，商王室和其他贵族谱牒世系的上限，都应在夏末或商初之际。"[①]

图1—37 《英藏》2674

以上所说是周祭制度中典册与祖先的关系。实际上，就甲骨文所提供的资料看，典册与祭祀的关系还要广泛得多。在商人祭祀中，典册的运用已很普遍，卜辞中已常见有"用旧册"、"用新册""用兹册"等习语：

其又夕岁，叀旧册牢用，王受又。（《合集》30684）

其燎年于河，叀旧子册用。（《合集》30685，图1—39）

叀兹册用。（《屯南》4554，图1—40）

叀新册用。（《屯南》1090，图1—41）

---

① 于省吾：《释上甲六示的庙号以及我国成文历史的开始》，《甲骨文字释林》，中华书局1979年版，第193—198页。也有意见认为此骨刻辞为伪刻。

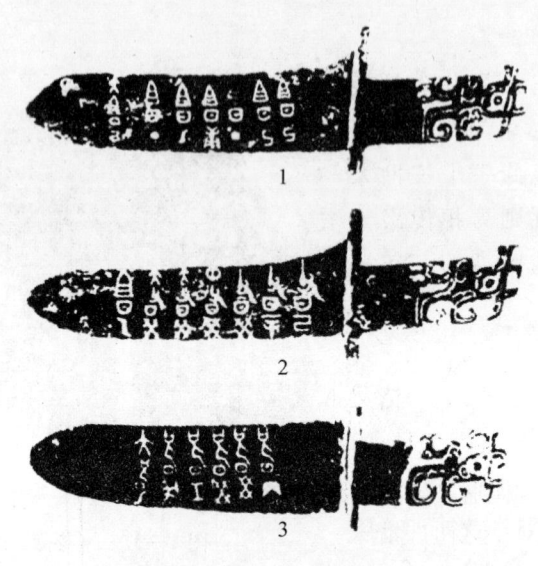

图 1—38 三句兵戈

此外，甲骨卜辞中还有"册祝"一词，与《尚书》"祝册"同。典册除用于祭祀祖先，求年祈福之外，还有用于战争。如"贞沚𢀛称册于大甲"（《合集》7379），"丁酉卜，㱿，贞沚𢀛称册，王从"（《合集》7381）。称册就是举册，出征也是国家大事，与祭祀同样重要，所谓"国之大事，惟祀与戎"。所以出征要册告，"称册于大甲"就是将征战之事记于典册，然后在大甲神庙前举行册告祭祀仪式。

因为典册最先用于宗庙祭祀，与巫术祷告活动有关，所以后来有"祝册"之官，又因为典册中记录了民族祖先的庙号、世次及其史事伟绩，与历史文化有关，所以后来又有了"史册"之官。其文在《尚书》、《左传》、《国语》及《周官》中屡有记载，此不赘述。

由以上关于"贡典"、"旧册"、"新册"、"祝册"、"史册"的讨论，再回头来看上甲六示的祀典，尤其是示壬、示癸及其配偶见于典册的事实，使我们有理由相信，商族人至少在上甲六示开始，已进入了成文历史记录的时代。[①] 这不仅在商族发展史上，而且在中华文明史上是具有十分重要意义的。

[①] 于省吾：《释上甲六示的庙号以及我国成文历史的开始》，《甲骨文字释林》，中华书局1979年版，第193—198页。

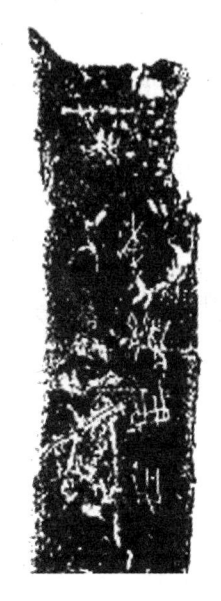

图1—39　《合集》30685　　　图1—40　《屯南》4554（局部）

图1—41　《屯南》1090（局部）

第四节　甲骨文中高祖河、岳、炘、季、娥、昌等祖神性格

甲骨文中，有受到商王祭祀的对象，他们有的还称高祖。有的先祖，其神性不明，究竟该怎样看待这些受祭对象，现分析于下：

一 河

河被称为高祖，有固定的祭日，与其他先公先王一起受到祭祀，其配偶受祭，说明他是商人的高祖先公之一，对此分析于下：

其一，河称高祖河，卜辞如：

辛未，贞娄禾于河。
辛未，贞娄禾于高祖河。于辛巳酚燎。(《合集》32028)

河不仅称"高祖河"。有时还例称为"河高祖"：

□卯，[贞] 河高祖壱禾。(《京人》2353)

这条卜辞的"河"与"高祖"之间，以及"高祖"与"壱禾"之间疑有缺字，因此有慎重者读为"河□高祖□它禾"。杨升南《殷墟甲骨文中的"河"》一文指出："'高祖壱禾'辞完整，应不缺，'壱'之上还有一段空白，可知是无辞。……'河'与'高祖'之间也可能没有缺而直称'河高祖'。"这种把尊称置于先祖名之后，本是卜辞中的常例。如"叀高祖夒祝用"(《合集》30398)，"于夒高祖"(《合集》30399)。或称"高祖夒"，或称"夒高祖"。同理，"高祖河"也可称为"河高祖"。在甲骨卜辞中，除河之外，只有夒、王亥、上甲、大乙等先公先王被称作高祖，由此可见，河在先公先王中的特殊地位。

其二，"河"常与其他先公先王并祭，卜辞如：

辛巳卜，贞来辛卯酚河十牛，卯十牢。王亥燎十牛。卯十牢。上甲燎十牛。卯十牢。(《屯南》1116)
燎于河。王亥、上甲十牛。卯十牢。五月。(《合集》1182)
燎于上甲于河十牛。(《合集》1186)
王祝上甲，示壬。酚河。(《合集》19806)
癸□卜，侑于河。
癸巳卜，侑于王亥。
乙未卜，[侑于大乙]。(《天理》454)

河与其他先祖王亥、上甲、示壬、大乙等同时被祭,进一步证明"河"为商人的重要祖先。

其三,河有配偶受祭。

在甲骨文周祭制度中,自上甲开始,凡直系先王的配偶均受特祭。上甲以前的情况,郭沫若、于省吾等学者已考证出王亥与三报有配偶,如《合集》685称"燎于王亥母豕",《殷契粹编》120称"侑三报母豕",郭沫若、于省吾均认为这里的"母"指配偶。卜辞是说用豕牲来燎祭王亥的配偶,用豕牲来侑祭三报的配偶。同样,河也有配偶被祭者,卜辞如:

　　　　丁酉卜,贞于河母。(《合集》683)
　　　　侑于河母。(《合集》1403)
　　　　癸卯卜,史,贞来辛燾于河母王。十月。(《合集》1251)

"河母"即"河之配偶"。

其四,河有固定的祭日,称河日,卜辞如:

　　　　丁丑卜,宕,贞叀河日祈。(《合集》1182)

河有固定的祭日,称"河日",与上甲日(《合集》1248反)、大乙日(《合集》32428)、大甲日(《合集》1397)等一样,说明河是商人的先祖。①

河与高祖夔、高祖王亥、高祖乙,是见于卜辞中的四位高祖,夔、王亥为先公远祖,高祖乙为大乙,由此判断,河应当为商人高祖。杨升南谓:"河即《国语·鲁语》'冥勤其官而水死'之冥,《礼记·祭法》郑玄注:'冥,契六世孙也。'冥治河,死于河,故被夏人尊为河神。"②《殷本纪》载冥为王亥之父,《屯南》1116、《合集》1182、《天理》454中,祭祀的顺序为河、王亥、上甲,从这种祭祀顺序中推测,河有可能是王亥之父——冥,此

---

① 杨升南:《殷契"河日"说》,《殷都学刊》1992年第2期。
② 杨升南:《殷墟甲骨文中的"河"》,《殷墟博物苑苑刊》,中国社会科学出版社1989年版,第53—63页。

观点仍需要更多材料证明。

二 岳

岳在甲骨卜辞中,有多种含义:一为人名,是王室人物,参与甲骨整治(《合集》268 臼);二为地名(使人于岳《合集》5518);三或指山名(勾雨于岳《合集》9067 反),四为受祭对象,卜辞如:

> 贞彭桒年于岳、河、夒。(《合集》10076)
> 乙亥卜,田率燎土豕、兕豕、河豕、岳豕。(《合集》34185)
> 燎兕、河。(《合集》34273)
> 丁巳卜,桒……兕、河。(《合集》34269)
> 兕、河、岳……(《合集》22419)

夒即商人远祖俊、喾、舜,甲骨文里的兕,有认为他是商人男性始祖契者,岳与夒(俊、喾、舜)与兕(契)同时受祭的岳,应是商族人的远祖神。岳作为祖先神,除上举与河、夒、兕等合祭外,还常常被独祭,卜辞如:

> 贞桒年于岳。燎三小牢。卯三牛。(《合集》385)
> 丁未卜,侑于岳桒禾。(《合集》33291)
> 贞舞岳有雨。(《合集》14207)

岳作为祖先神,能控制云雨,具有神威。卜辞如:

> 岳耑云。(《屯南》2105)
> 岳耑雨。(《屯南》644)
> 岳崇雨。(《合集》12864)
> 佳岳耑禾。(《合集》33338)

岳是自然神与祖先神的重合,具有商族先公远祖的共同特征。

三　炘

炘与岳有同版关系，受到燎祭，卜辞如：

燎岳。
燎炘。（《合集》30413）

岳与高祖河、兕（契）一起受祭，说明他们的神性一样，是商人的远祖先公，岳与炘在同版上受到相同的祭祀，其神性当相同。岳不仅是商人的先祖名，还有其他含义。因此，无法根据甲骨卜辞而推测炘一定是商人的先祖。

四　䖗

䖗与河同版出现，卜辞如：

酚莱禾于䖗。
贞侑祝于河，其雨。（《英藏》2428）

甲骨文中，河既为高祖先公，河还为地名（《合集》5522正），有河东一词（《合集》5566），在我国古代还专指黄河。[①] 因此，无法判定与河同受祭祀的䖗，是否就是商先祖这一事实。䖗在甲骨文中，作地名，卜辞如：

䖗受禾。（《合集》28230）

辞义指䖗地的农业是否获得丰收。䖗又与高祖河、岳同版受祭，因此无法判断䖗在甲骨文中是专指先祖、还是仅为地名这种情况。

五　娥、昌、季、王吴等

娥在甲骨文中，为商人先祖，卜辞如：

---

① 杨升南：《殷墟甲骨文中的"河"》，《殷墟博物苑苑刊》，中国社会科学出版社1989年版，第54页。

> 贞娥壱王。（《合集》738 正）
> 贞侑于娥。（《合集》1821）
> 于娥御犾。（《合集》903 反）
> 贞侑霬于娥。（《合集》14784）
> 辛巳卜，王，贞余丁酉彭娥御三匚。（《合集》19814）

从上引卜辞看，娥能降灾祸于商王，受到商王祭祀，与三匚（报即报乙、报丙、报丁）一起受祭，说明他是殷人先祖，具体为何先祖，受材料限制，不明。

甲骨文中，昌有子昌（《合集》3100 反、3120、14032），说明子昌是生者，昌还用为受祭对象，卜辞如：

> 耋年于昌。（《合集》10100）
> 于昌燎。（《合集》14691）
> 燎于昌。
> 燎于王亥。（《合集》14749 正）

昌与王亥远祖先公一起受祭，有可能指先公远祖。

季是受祭对象，卜辞如：

> 丁卯卜，贞侑于大甲。
> 癸巳卜，贞侑于季。（《合集》1424）
> 季弗壱王。（《合集》14719）

季与大甲一起受祭，又降灾祸于商王，说明他是商人已故先祖之一，具体指哪一位先祖，还有待进一步考证。

王吴受到祭祀，卜辞如：

> 侑于王吴，□二犬。（《合集》14709）

郭沫若以为王吴当为曹圉，见于《卜辞通纂》331 片考释，可备一说。

见于甲骨文的高祖河、岳、炘、季、娥、昌等，他们有的是商远世先公高祖，有的是受祭先祖，具体指文献中的哪一位先祖，还有待今后研究的深入。

第二章

商前期诸王及其配偶纪略

商王纪略，包括见于文献和甲骨文中的商王，指自成汤建国至商纣灭亡的商王及商王配偶，对此，笔者分前期、中期、后期商王三章分述。前期商王，指从商王朝的开国之君成汤到太戊。在此阶段，王位基本上按照（嫡）长子继承制传承。王权的平稳过渡，使商王朝在前期的发展达到了鼎盛时期，就文献及甲骨文中所见商王及先妣分述如下。

一 成汤·妣丙

成汤为示癸与妣甲之子，伐桀代夏，拥有天下，为商朝开国之君。历史文献及甲骨文中都有关于成汤的记载，就目前所见材料，对成汤的事迹综述如次。

（一）成汤之名

成汤名成，[①] 卜辞如：

> 翌乙酉侑伐于五示：上甲、成、大丁、大甲、祖乙。（《合集》248正，图2—1）
>
> 侑于成、大丁、大甲、大庚、大戊、中丁、祖乙。（《合集》1403，图2—2）

上甲为商第一位先公，成即成汤，成汤伐夏建国，有功于商，为第一位先王。成汤有固定的祭日，卜辞如：

[①] 蔡哲茂：《论殷卜辞中的"🀄（成）"字为成汤之"成"——兼论"🀄""🀄"为咸字说》，《第九届中国文字学全国学术研讨会论文》，1998年版。

图 2—1　《合集》248 正（局部）

甲午卜，争，贞王寮成日。（《合集》1248 正，图 2—3）
贞成、大甲日。（《合集》1397）

图 2—2　《合集》1403（局部）　　图 2—3　《合集》1248 正（局部）

成日即祭祀成汤固定的日子。成汤还称大乙、唐，卜辞如：

王其侑于大乙，重乙亥酚，王受有佑。（《合集》27136，图 2—4）
甲戌，贞大乙日无壱。（《合集》32429，图 2—5）
贞御自唐、大甲、大丁、祖乙百羌、百宰。（《合集》300）

图 2—4　《合集》32429（局部）　　　图 2—5　《合集》300（局部）

贞上甲、唐、大丁、大［甲］。（《合集》1241）

祭祀大乙的固定日子称"大乙日"，成汤还称武唐（《合集》26770），并被后世商王尊称为高祖乙（《合集》32445、32446、32447）。

以上是甲骨文中所见有关成汤之名。古文献中记载成汤的名字更多，《古本竹书纪年》谓："汤有七名而九征"，严一萍对成汤的七名一一作了说明：

> 一曰唐。《太平御览》八十二引《归藏》曰："昔者，桀筮伐唐。"卜辞称唐，以武丁时最多。二曰成。……《尚书·仲虺之诰》孔传曰："汤伐桀，武功成，故号成汤。一云成，谥也。"《逸周书·史记》曰："成商伐之，有洛以亡。"晋孔晁注："汤号曰成，故曰成商。"晋人犹知汤有"成"号。三曰大乙。自祖甲改革祀典，即有大乙之名，武丁、祖庚时未有其号。《荀子·成相篇》、《世本》、《殷本纪》皆有天乙。四曰成唐。《周原》H11、1 有"王其御祭成唐"，为文王、帝辛时周之卜辞。《博古图》载齐侯镈钟铭有："虩虩成唐"之语。王国维先生曰"……古文唐从口易，与汤形相近。"卜辞之唐，必汤之本字，后转作喝，遂通作汤。作汤者，见《诗·烈祖》、《那》、《长发》、

《纪年》、《世本》、《鲁语上》、《天问》等。五曰履。《墨子·兼爱下》："汤曰：唯予小子履。"《帝王世纪》、《纪年》同。六曰武王、武汤。《长发》曰："武王载旆。"传："武王，汤也。"《玄鸟》："古帝命武汤。"传："天帝命有威武之德者成汤。"七曰帝乙。《易纬·乾凿度》曰："易之帝乙为成汤。"①

这是汤名见于文献及甲骨文者。唐、成既见于甲骨文，又见于后世文献。成商、成汤、成唐之商、汤、唐的元音，同在阳部。《史记·五帝本纪》"汤汤洪水滔天。"《史记正义》谓："汤音商。"关于大乙名，为成汤死后选定，② 其庙号称乙、大乙或天乙；帝乙应是从其庙号中而来。武王、武汤之名，是后人对成汤武功显赫的颂扬，《史记·殷本纪》："于是汤曰：'吾甚武，号曰武王。'"《史记志疑》引《潏南集辨惑》："武者，诗人之所加也……圣人决无此语。"③《金楼子·兴王篇》谓："（成汤）凡有七号，一名姓生，二云履长，三云瘠肚，四云天成，五云天乙，六云地甲，七云成汤。"上引有关汤的名字，多数从成、唐和乙引申出来。履或是其名或是其字。

（二）成汤居亳

《书序》："自契至于汤八迁，汤始居亳，从先王居。"《今本竹书纪年》："帝癸（夏桀）十五年，商侯履迁于亳。"

文献所载汤居亳，从先王居。先王指帝喾，④ 汤所居亳地，有五家之言：其一谷熟说：《史记·殷本纪·集解》："皇甫谧曰：'梁国谷熟为南亳，即汤都也。'"《史记·殷本纪·正义》："《括地志》云：'宋州谷熟县西南三十五里南亳故城，即南亳，汤都也。宋州北五十里大蒙城为景亳，汤所盟地，因景山为名。'"其二西亳说：《正义》："《括地志》云：'河南偃师为西亳，帝喾及汤所都，盘庚亦徙都之。'"《正义》按："亳，偃师城也。商丘，宋州也。汤即位，都南亳，后徙西亳也。《括地志》云：'亳邑故城在洛州偃师县西十四里，本帝喾之墟，商汤之都也。'"《书序》郑康

---

① 严一萍：《殷商史记》，台北艺文印书馆1991年版，第49页。
② 李学勤：《殷代亲族制度》，《文史哲》1957年第11期。
③ 梁玉绳：《史记志疑》，中华书局1981年版，第50页。
④ 《史记·殷本纪·集解》引孔安国曰："契父帝喾，都亳，汤自商丘迁焉，故曰从先王居。"

成注:"亳,今河南偃师县有汤亭。"《汉书·地理志》"河南郡·偃师":"尸乡,成汤所都。"其三杜陵说:"亳者,薄假借字。《大传》云:'夏人歌曰:盍归于薄,薄已大矣。'《说文》云:'京兆杜陵亭也。'《史记·秦本纪》:'宁公三年,与亳王战,亳王奔戎。'《正义》引《括地志》云:'其地在三原、始平之界。'"① 另外还有北亳说②(王国维说在今山东曹县境)、郑亳说③。

汤始居亳之亳,当南亳,地在今商丘一带。《帝王世纪》、《水经·睢水注》、《括地志》等,皆以南亳为商汤所都,《孟子·滕文公下》:"汤居亳,与葛为邻。"关于葛地,《汉书·地理志》"陈留郡·宁陵"下注:"孟康曰:'故葛伯国,今葛乡是。'"阎若璩《尚书古文疏证》谓:"郑康成谓汤亳在偃师,皇甫谧即据《孟子》以正之曰:'汤居亳,与葛为邻',葛即今梁国宁陵之葛乡也,若汤居偃师,去宁陵八百余里,岂当使民为之耕乎?亳,今谷熟县是也。其说精矣。"亳为今谷熟县,与葛为邻,葛在今河南宁陵,与谷熟南亳相距甚近,南亳应为商汤时最早的都城。

(三)灭夏前的成汤

成汤曾为夏桀诸侯,代替夏桀讨伐有罪之国,随着成汤在夏诸侯中威信提高和势力强大,战争性质也发生了变化,以灭温为转折点,由讨伐夏之罪国转向讨伐夏的忠实诸侯国和夏桀方面,对此分述于下:

1. 汤为夏诸侯

汤为夏诸侯,称商侯,《今本竹书纪年》:"帝癸(夏桀)十五年,商侯履迁于亳。"又:"帝癸十七年,商使伊尹来朝。"④ 既为夏诸侯,故有封地,有百里说和七十里说,《墨子·非命》:"(汤)方地百里。"又见《孟子·梁惠王下》:"孟子对曰:'臣闻七十里为政于天下者,汤是也。'"又《公孙丑上》:"汤以七十里,文王以百里。"《荀子·王霸》:"汤以亳,武王以鄗,皆百里之地也。"为加强其统治,在其封国之内采取了两项主要措施:其一,

---

① 孙星衍:《尚书今古文注疏》,中华书局1986年版,第563页。
② 王国维:《观堂集林》卷十二,《说亳》,中华书局1959年版。
③ 邹衡:《夏商周考古学论文集》,科学出版社2001年第二版,第179页。
④ 关于诸侯朝见之礼,《尚书大传·虞传》谓:"古者,诸侯之于天子,五年一朝。朝,见其身,述其职。述其职者,述其所职也。""九共以诸侯来朝,各述其土地所生美恶,人民好恶,为之贡赋。"

规定等级秩序,《书序》:"施章乃服,明上下。"《困学纪闻》卷二:"《殷传》有《帝告篇》引《书》曰:'施章乃服,明上下。'"《通鉴外纪》卷二引《尚书大传》:"汤令未命之为士者,车不得朱轩,及有飞铃,不得乘饰车骈马,衣文绣。命,然后得以顺有德(《通志·三王纪》引同)。"① 即表现为成汤制定衣服、乘车制度,旨在建立各种等级礼仪,使社会各层之士按照礼仪规范而行事。其二,成汤招纳贤才,得庆辅,伊尹,湟里且,东门虚,南门蝡,西门疵,北门侧七大夫。② 六位贤士,由于亘古久远,材料亡逸,不见他们活动的记录;伊尹则见于文献及甲骨文中(下文中论述)。与伊尹同辅成汤者,还有女鸠、女房、仲虺、义伯、仲伯、咎单等,他们是成汤时期一代良臣,与成汤共商治国之策,③ 为成汤打败夏桀、建立商王朝奠定了人才基础。

成汤在行仁义、定礼制、招贤才的同时,也加强了刑治,《左传》昭公六年:"商有乱政,而作汤刑。"《国语·鲁语上》:"汤以宽治民而除其邪(韦昭注:汤,……为夏诸侯,以宽得民。除其邪,谓放桀捍大患也)。"《礼记·祭法》:"汤以宽治民而除其虐(邪、虐同音,义同,为祸患、灾祸之义)。"《墨子·非乐篇》云:"先王之书,汤之官刑有之曰:'其恒舞于宫,是谓巫风(伪孔传:事鬼神曰巫),其刑,君子出丝二卫(纬的借音字)。'"《吕氏春秋·孝行览》云:"《商书》曰:'刑三百,罪莫重于不孝。'"高诱注:"商汤所制法也。"《韩非子·内储说上·七术篇》亦云:"殷之法,刑弃灰于道者,断其手。"《史记·殷本纪》:"汝不能敬命,予大罚殛之,无有攸赦。"④ 正是这些刑法的约束作用,才使成汤早期有良好的政治氛围。

2. 成汤征伐夏桀臣属国

夏桀末年,桀不务德而武伤百姓,百姓弗堪。⑤ 成汤行仁义,得民心,

---

① 《尚书大传·殷传》:"古之帝王者必有命。人能敬长矜孤,取舍好让者,命于其君,得乘饰车骈马,衣文锦。未有命者,不得衣,不得乘,乘衣者有罚(见《后汉书·王符传注》)。"

② 《鬻子》。

③ 《史记·殷本纪》:"汤曰:'予有言:人视水见形,视民知治不。'伊尹曰:'明哉,言能听,道乃进,君国子民,为善者皆在王官。'"由此说明,伊尹诸人服侍在成汤身边,共同商量治国之策。

④ 乱政谓民有犯政令者。见《春秋左传注》第1275页。汤刑,当指商代的法典,据《商书》,其条例多到三百条,说明商时法律制度的完备。

⑤ 《史记·夏本纪》。

威胁到夏桀统治,故桀召汤囚于夏台。后汤被释,桀之与国弃夏归汤,《尚书大传》:"桀无道,囚汤后释之,诸侯八译来朝者六国。"《帝王世纪》谓:"诸侯由是咸叛桀附汤,同日供职者五百国。"《今本竹书纪年》:"二十三年释商侯履,诸侯遂宾于商。"成汤不仅被释,而且还被授予专征大权。① 成汤于是讨伐夏有罪之国,伐有洛、征荆伯,《逸周书·史记》曰:"昔者,有洛氏宫室无常,池囿广大,工功日进,以后更前,民不得休,农失其时,饥馑无食,成商伐之。有洛以亡。"《越绝书·吴内传》:"汤献牛荆之伯。之伯者,荆州之君也。汤行仁义,敬鬼神,天下皆一心归之,当是时,荆伯未从也。汤于是乃饰牺牛以事,荆伯乃愧然曰:'失事圣人礼。'乃委其诚心。此谓汤献牛荆之伯也。"《今本竹书纪年》:"帝癸二十一年,商师征有洛,克之。遂征荆,荆降。"荆,国名,在禹贡荆州之西,陆终六子季连之裔也。② 汤征伐的洛、荆,是夏臣属国。洛、荆被征的原因,是其君不敬鬼神、贪图安逸享乐而失却了民心,故遭到有专征权的成汤的讨伐。因成汤既修仁义又讨伐不义之君,与夏桀的残暴贪婪形成对比,故东征西怨、南征北怨,③《孟子·滕文公下》:"汤始征,自葛载,十一征而无敌于天下。"《孟子·梁惠王下》:"《书》曰:'汤一征,自葛始。天下信之,东面而征西夷怨,南面而征北狄怨,曰:奚为后我?'民望之,若大旱之望云霓也。"随着成汤在夏诸侯中威信提高和势力强大,战争性质也发生了变化。其变化以灭温为转折点,④《今本竹书纪年》"(夏桀)二十六年,商灭温。"又:"二十八年,昆吾氏伐商,商会诸侯于景亳,遂征韦,取韦。"又:"二十九年,商师取顾。"与温相邻的昆吾,因商灭温,于第二年攻伐商。关于昆吾,文献所记有两处:一在今河南濮阳,《国语·郑语》:"重黎之后八姓,昆吾为夏伯矣。"《左传》

---

① 《伪孔传》注"汤征诸侯"谓:"汤为夏方伯,得专征伐。"关于专征之权,《尚书大传·虞传》谓:"(诸侯)有功者,天子赐以车服、弓矢、再赐以秬鬯,三赐以虎贲百人,号曰命诸侯;命诸侯得专征者,邻国有臣弑其君,孽伐其宗者,虽弗请于天子而征之,可也。征而归其地于天子。"

② 雷学淇:《竹书纪年义证》。

③ 《尚书·仲虺之诰》。《帝王世纪》与此略同。

④ 雷学淇《竹书纪年义证》曰:"温,陆终后,己姓之裔也。《国语·郑语》:'己姓昆吾、苏、顾、温、董。'(韦注:'五国皆昆吾之后别封者,莒其后。')此时顾、温皆助纣为虐,故汤灭之。此温非春秋时狄灭之温,据《括地志》:'故温城在怀州温县西三十里。'"即今河南温县,在当时夏王朝的王畿之内。成汤所灭之温,当位于今河南濮阳一带。

哀公十七年:"卫侯梦于北宫,见人登昆吾之观,被发北面而噪曰:登此昆吾之墟……"① 二在许,《国语·郑语》:"昆吾为夏伯矣。"② 许国本在今河南许昌,后迁于叶(河南叶县)。③

根据成汤所都地望判断,昆吾应在今河南濮阳,主要依据为:1. 昆吾、苏、顾、温和商地都在颛顼之墟。《国语·郑语》:"己姓昆吾、苏、顾、温、董。"注:"五国皆昆吾之后别封者,莒其后。"《世本》:"相土徙商丘,本颛顼之墟。"从文献材料看,温、顾、昆吾同属于己姓诸侯,昆吾氏伐商,其地当与商相邻或相近,地当在今山东曹县和河南濮阳一带。故商汤灭温,引起温同姓国昆吾的征讨。2. 成汤灭夏至帝乙、帝辛时期,其东部地区的统治一直都比较稳定,这与成汤及成汤以前的商先祖对这一地区的经营分不开。成汤征伐昆吾后,就有了稳定的后方基地。《诗·商颂·长发》:"韦、顾既伐,昆吾夏桀。"传云:"有韦国者,有顾国者,有昆吾国者。"郑笺:"韦,豕韦,彭姓也。顾、昆吾,皆己姓也。三国党于桀,恶,汤先伐韦、顾,克之;昆吾、夏桀则同时诛也。"从地理位置上看,夏桀活动的中心区域在今豫西、晋南地区,不管文献记载的昆吾在帝丘还是许地,都不可能同时征伐。④《今本竹书纪年》记载的昆吾氏伐商及商师征昆吾,说明两地相距不远。

3. 景亳之会

景亳之会是成汤势力大到足以与桀相抗衡时,于景亳会诸侯,宣布与夏桀作战的目的,《左传》昭公四年:"夏启有钧台之享,商汤有景亳之命,周

---

① 卫成公时,卫国败于狄,迁于帝丘。《汉书·地理志》:帝丘,"今濮阳是也。本颛顼之虚,故谓之帝丘。夏后之世,昆吾氏居之。"《括地志》濮阳县"(昆吾)故城在县西三十里。昆吾台在县西百步颛顼城内,周回五十步,高二丈,即昆吾墟也。"《世本》:"陆终娶鬼方氏之妹,谓之女隤。是生六子,孕三年:启其左肋,三人出焉。破其右肋,三人出焉。其一曰樊,是为昆吾。昆吾者,卫是也。"宋衷注云:"昆吾,国名,己姓所出。"

② 《国语·郑语》韦昭注:"昆吾,祝融之孙,陆终第一子,名樊,为己姓,封于昆吾。昆吾,卫是也。其后夏衰,昆吾为夏伯,迁于旧许。"《今本竹书纪年》:"胤(孔)甲四年,昆吾氏迁于许。"许地之昆吾,则是卫地迁来。

③ 杨升南:《汤放桀之役中的几个地理问题》,《全国商史学术讨论会论文集》,1985年版。

④ 《史记·殷本纪》:"当是时,夏桀为虐政淫荒,而诸侯昆吾氏为乱,汤乃兴师率诸侯,伊尹从汤,汤自把钺以伐昆吾,遂伐桀。"

武有孟津之誓。"① 然后征讨韦、顾。② 温、韦、顾是夏王朝在东部领土的守卫者。成汤自夏桀二十三年被释后，③ 势力逐渐壮大，与夏桀矛盾明朗化，会诸侯师，伐夏桀臣属国。

4. 成汤伐夏桀

与成汤行仁义得民心的同时，夏桀暴乱迷惑，人心叛离，表现在三方面：太史令奔商，《吕氏春秋·先识》云："夏太史令终古，出其图法，执而泣之，夏桀迷惑，暴乱愈甚，太史令终古乃出奔如商。"《淮南子·汜论训》云："夏之将亡，太史令终古先奔于商，三年而桀乃亡。"《今本竹书纪年》："太史令终古出奔商。"费伯昌出奔商，《史记·秦本纪》："大费生子二人，一曰大廉寔（实）鸟俗氏，二曰若木寔费氏，其玄孙曰费昌……费昌当夏桀之时，去夏归商，为汤御。以败桀于鸣条。"晋《博物志》："夏桀之时，费昌之河上，见二日，在东者烂烂将起，在西者沉沉将灭，若疾雷之声。昌问于冯夷，曰，'何者为殷？何者为夏？'冯夷曰：'西夏东殷。'于是费昌徙族归殷。"《今本竹书纪年》："（夏桀）二十九年，商师取顾。三日并出，费伯昌出奔商。"百姓亲附成汤，《淮南子·修务训》："汤夙兴夜寐，以致聪明，轻赋薄敛，以宽民氓。布德施惠，以振困穷，吊死问疾，以养孤孀。百姓亲附，政令流行。乃整兵鸣条，困夏南巢，谯以其过，放之历山。"因成汤得民心，顺民义，导致夏桀势力削弱和成汤势力壮大。成汤于是把战争矛头对准了夏的忠实属国——昆吾，《史记·殷本纪》："夏桀为虐政，淫荒，而诸侯昆吾氏为乱，汤乃兴师，……以伐昆吾，遂伐桀。"《太平御览》卷八三引《归藏》云："昔桀伐唐，而枚占于荧，荧或曰不吉，不利出征，惟利安处。"

---

① 杜注："河南巩县西南有汤亭，或言亳即偃师。"《汇纂》也以为景亳即河南偃师之亳，王国维《观堂集林·说亳》已驳之。《史记·殷本纪·正义》："宋州北五十里大蒙城为景亳，汤所盟地，因景山为名。"景亳即蒙，亦即皇甫谧所言之北亳。汤伐桀，以此为出发点，先翦除夏桀之与国韦、顾、昆吾。钧台之享、景亳之命、孟津之誓是春秋末年楚子会诸侯于申地以显示自己的威力时，椒举对楚子的规谏之言。

② 韦即豕韦，《左传》襄公二十四年："在商为豕韦氏。"杜预谓："豕韦，国名。东郡白马县东南有韦城。"顾亦昆吾同姓，《汉书·古今人表》作鼓，《潜夫论·志氏姓》作扈。《元和郡县志》河南道七："故顾城，在（濮州范）县东二十八里，夏之顾国也。"

③ 《今本竹书纪年》："（帝癸）二十二年，商侯履来朝，命囚履于夏台；二十三年，释商侯履，诸侯遂宾于商。"

《今本竹书纪年》："（夏桀）三十年，商师征昆吾。"① 昆吾被伐后，标志着成汤伐夏桀有了稳定的后方。

成汤羽翼丰满，攻伐夏桀势在必行，刘向的《说苑·权谋》："汤欲伐桀，伊尹曰：'请阻乏贡职以观夏动。'桀怒，起九夷之师以伐之。伊尹曰：'未可。彼尚能起九夷之师。是罪在我也。'汤乃谢罪请服，复入贡职。明年又不供贡职，桀怒，起九夷之师，九夷之师不起。伊尹曰：'可矣。'汤乃兴师。"而夏桀仍刚愎自用，滥杀无辜，结果众叛亲离，表现为：民众对夏桀的痛恨及夏桀对忠良的无辜滥杀，《尚书·汤誓》："时日曷丧，予及汝皆亡。"《孟子·梁惠王上》："民欲与之偕亡。"《庄子·人间世》："昔者，桀杀关龙逢。"《尚书大传》："天之有日，犹吾之有民；日有亡哉，日亡吾亦亡矣。"《韩诗外传》四："桀为酒池，可以运舟，糟丘足以望十里，而牛饮者三千人。关龙逢进谏，……桀囚而杀之。"《今本竹书纪年》："（夏桀）三十年，杀其大夫关龙逢。"时伊尹在夏，为成汤伐夏收集情报，《吕氏春秋·慎大》："伊尹奔夏三年，反报于亳，曰：'桀迷惑于末嬉，好彼琬、琰，不恤其众，众志不堪，上下相疾，民心积怨，皆曰：上天弗恤，夏命其卒。'汤谓伊尹曰：'若告我旷夏尽如诗。'"② 当成汤得知夏人欲叛桀归商，先阻乏

---

① 《归藏》认为是桀伐汤而非汤先伐桀。而《史记·殷本纪》和《竹书纪年》则认为是成汤主动征伐夏桀。按照历史实际，应当是成汤讨伐夏桀的臣属国昆吾，影响到夏王朝边境领土的安宁，于是夏桀发兵征讨成汤，但占卜结果不利，昆吾氏被成汤攻克。

② 所谓诗，即民间歌谣。高诱注："诗，志也。"俞樾曰："上文：'民心积怨，皆曰上天弗恤，夏命其卒'，是有韵之词，即所谓诗也。"陈奇猷谓："《荀子·王制》：'审诗商。'杨注：'诗谓四方歌谣。'《汉书·食货志》云：'冬，民人既入，妇人同巷，相从夜绩，男女有不得其所者，因相与歌咏，各言其伤，春秋之月，群居者将散，行人振木铎徇于路以采诗，献之大师，比其音律，以闻于天子。'亦可证所谓诗者盖即四方之歌谣。此文'若告我旷夏尽如诗'，犹言汝告我旷夏之情况尽如四方歌谣所言。"（陈奇猷：《吕氏春秋校释》，学林出版社1984年版，第851页）成汤所要证实的四方歌谣的内容是：《尚书大传·汤誓》："夏人饮酒，醉者，持不醉者，不醉者持醉者，相和而歌曰：盍归于亳，盍归于亳（注：亳，汤之都也。注见《绎史》十四）。亳亦大矣，故伊尹退而闲居深听歌声（注：思其故也，是时，伊尹在桀）。更曰：'觉兮较兮，吾大命格兮（注：觉兮，谓先知者；较兮，谓直到者；格，至也；吾，谓桀也）。去不善而就善，何不乐乎？'伊尹入告桀曰：'大命之亡有日矣。'桀僴然叹，哑然笑曰：'天之有日，犹吾之有民，日有亡哉，日亡，吾乃亡矣。（注：自比于天，言常在也，比于日，言去复来也。注见《文选·西征赋》）。是以伊尹遂去夏适汤。"

贡职，以试探桀之号召力，当九夷之师不响应桀号召后，成汤于是兴兵伐桀。①

战国时人，把成汤伐夏桀，看做是成汤受天命而拥有天下，丁山对此进行了反驳，谓："《墨子·非攻下》：'逮至夏王桀，天有酷命，日月不时，寒暑杂至，五谷焦死，鬼呼于国，鹤鸣十余夕，天乃命汤于镳宫，用受夏之大命，夏德大乱，予其卒其命于天矣，往而诛之，必使汝堪之。汤焉敢奉率其众，是以乡有夏之境，帝乃使阴暴毁有夏之城。少少，有神来告曰：'夏德大乱，往攻之，予必使汝大堪之。'予有受命于天，天命融隆火于夏之城间西北之隅。汤奉桀众，以克有夏，属诸侯于薄，荐章于天，通于四方，而天下诸侯莫敢不宾服，则此汤之所以诛桀也。'此中多杂五行家言，未可依据。惟谓'天命融隆火于夏之城间'，正《周语》所谓：'夏之亡也，回禄信于聆隧'，其云'天乃命汤于镳宫'，固即昭四年《左传》所谓：'成汤有景亳之命'也。景亳，即镳宫。"② 剥去"天命神授"外衣，成汤拆除了夏王朝东部屏障——温、韦、顾、昆吾，实力强大，为长驱直入夏王畿扫清了障碍，这是成汤在军事上的胜利。

夏末，天灾盛行，如旱灾：伊洛竭，五谷焦死，商涸旱；③ "灾异并见"；④ 夏桀仍穷奢极欲，《吕氏春秋·慎大》："桀为无道，暴戾顽贪，天下颤恐而患之。"导致民人对成汤的向往和对桀的愤恨，发出"时日曷丧，予及汝皆亡"之怨。桀妻末喜氏，因受桀冷落，与伊尹交，间接地成为成汤灭夏的推动者，《国语·晋语》："昔夏桀伐有施，有施人以妹嬉女焉。"《古本竹书纪年》："后桀伐岷山，岷山女于桀二人，曰琬、曰琰。桀受二女，无子，刻其名于苕华之玉，苕是琬，华是琰。而弃其元妃于洛，曰末喜氏，末喜氏以与伊尹交，遂以间夏。"由末喜氏了解到夏桀情况，经伊尹传导，成为成汤确定对夏战争策略的重要依据，《吕氏春秋·慎大》："伊尹又复往视旷夏，听于末嬉。末嬉言曰：'今昔天子梦西方有日，东方

---

① 刘向：《说苑·权谋》。
② 引自杨天宇、程有为、郑慧生《殷本纪汇注》，《甲骨文献集成》第24册，四川大学出版社2001年版，第354页。
③ 《国语·周语上》、《墨子·非攻》、《吕氏春秋·慎大》。
④ 《太平御览》卷七二引《帝王世纪》："雀山之地，一夕为大泽，而深九尺。"又《太平御览》卷八八〇引《竹书纪年》："夏桀末年：社坼裂。"

有日，两日相与斗，西方日胜，东方日不胜。'伊尹以告汤。商涸旱，汤犹发师，以信伊尹之盟。故令师从东方出于国，西以进。未接刃而桀走，逐之至大沙，身体离散，为天下戮。"①

5. 鸣条之战

鸣条之战是夏商之间的生死决战，汤和伊尹作为对夏桀作战的指挥者，《诗·商颂·长发》："武王载旆，有虔秉钺。"②《史记·殷本纪》："伊尹从汤，汤自把钺以伐昆吾，遂伐桀……桀败于有娀之虚。桀奔于鸣条。"《书序》："伊尹相汤伐桀，升自陑，遂与桀战于鸣条之野。"《吕氏春秋·简选篇》："殷汤良车七十乘，必死六千人，以戊子战于郕，遂擒推移大牺。登自鸣条，乃入巢门，遂有夏。"③ 由费昌为御，《史记·秦本纪》："费昌当夏桀之时，去夏归商，为汤御，以败桀于鸣条。"开赴鸣条之地与桀决战，鸣条一地，至今有三种说法：1. 今山西安邑；④ 2. 南夷地名；⑤ 3. 陈留平邱。⑥ 经分析比较，安邑位于今晋南地区，这里是夏王朝的王畿区，《书序》孔氏传："桀自安邑东入山，出太行，东南涉河。汤缓追之不迫，遂奔南巢。"孔颖达疏云："（汤）知桀走保之也。今定陶者，相传为

---

① 李宝洤曰："'东方'，汤国东，'国西'，桀国西。"陈奇猷："伊尹告汤，东西日斗，西方日胜，东方日不胜之文观之，亦可知东方指桀之国，而汤国在西方也。中国古代民族本系自西向东推进，商起于西以迫东方之夏，周起于西以迫东方之商。""此文谓汤令其师从国都之东方出，伐桀还从国都之西方进，盖以应东方日不胜，西方日胜之兆也。"（陈奇猷：《吕氏春秋校释》，学林出版社1984年版，第851页。）从历史文献材料和后来的考古材料都可以看出，成汤在夏桀之东部，夏桀在成汤之西，"故令师从东方出于国，西以进"当是成汤令自己的军队从国都东部出发，折而向西去攻打夏桀。

② 《毛传》："武王，汤也。"

③ 注："桀多力，能推移大牺，因以为号。《战国策·赵策》：'汤、武之卒不过三千人，车不过三百乘，立为天子。'"

④ 《史记正义》引《括地志》："高涯原在蒲州安邑县北三十里南阪口，即古鸣条陌也。鸣条战地，在安邑西。"

⑤ 《史记集解》引郑玄曰。

⑥ 《太平御览》卷八二引许慎《淮南》注："鸣条在今陈留平邱。"《尚书》疏："陈留平邱有鸣条亭是也。"桀败于有娀之虚，奔于鸣条，在此为合。又旧说昆吾、夏桀同以乙卯日亡。昆吾宅旧许，亦与陈留平邱接壤，桀自此奔三䍩，则在定陶。（钱穆：《史记地名考》，商务印书馆2001年版，第254页。）

然。安邑，在洛阳西北，定陶，在洛阳东南。孔迹其所往之路，桀自安邑东入山，出太行，乃东南涉河。往奔三朡，汤缓追之，不迫，遂奔南巢。"如从夏王都的角度来考虑，鸣条之地为安邑说（在今山西境内）比较符合实情，而成汤如何带领七十辆兵车、六千人的军队从今商丘西去攻打夏桀，这是"安邑说"不能回答的问题。陈留平邱，地在今郑州东一带，这里距夏都伊洛地区很近，昆吾之地在旧许（今许昌）一带，这是成汤进攻夏桀的理想的线路和战场，而夏末时昆吾地在今河南濮阳一带。由此平邱之说也有问题，杨升南认为南夷之地可能性很大。尽管南夷地名不能确指。①

作战前，汤作《汤誓》，陈述伐桀的必要性，《尚书·汤誓》："王（汤）曰：'格尔众庶，悉听朕言，非台小子敢行称乱，有夏多罪，天命殛之。'今尔有众，汝曰：'我后不恤我众，舍我穑事，而割正夏。'予惟闻汝众言，夏氏有罪，予畏上帝，不敢不正，今汝其曰：'夏罪其如台？'夏王率遏众力，率割夏邑，有众率怠弗协，曰：'时日曷丧，予及汝皆亡。'夏德若兹，今朕必往。尔尚辅予一人，致天之罚。予其大赉汝。尔无不信，朕不食言，尔不从誓言，予则孥戮汝，罔有攸赦。"②鸣条之战，③成汤所率领的军队人数虽少，但费昌曾为桀之御，既熟悉桀的作战方式，又熟悉其地理环境；伊尹对桀的政治情况十分熟悉，如何调动军队与桀进行战争，是问题的关键。夏桀败于鸣条，④喟然而叹："吾悔不遂杀汤于夏台，使至此。"⑤随携妹（末）喜、宝玉逃之三朡，成汤追伐夏桀，夏桀弃宝又逃，即《书·仲虺之诰》所谓"成汤放桀于南巢"、《太平御览》卷八三引《竹书》"汤遂灭夏，桀逃南

---

① 杨升南：《汤放夏桀之役中的几个地理问题》，《全国商史学术讨论会论文集》，1985年版。
② 《史记·殷本纪》中："非"作"匪"，"称"作"举"。文序与《尚书·汤誓》稍有别。
③ 《史记·殷本纪》："伊尹从汤，汤自把钺以伐昆吾，遂伐桀……桀败于有娀之虚。桀奔于鸣条。夏师败绩。"《书序》："伊尹相汤伐桀，升自陑，遂与桀战于鸣条之野，作汤誓。"《淮南子·修务训》："（汤）整兵鸣条，困夏南巢，谯以其过，放之历山。"高诱注："南巢，今庐江居巢是；历山，盖历阳之山。"《帝王世纪》"汤来伐桀，以乙卯日战于鸣条之野。桀未战而败绩。汤追之大沙，遂擒桀于焦门，放之历山。"《今本竹书纪年》：（夏桀）三十一年，"商自陑征夏邑，克昆吾。大雷雨，战于鸣条。夏师败绩，桀出奔三朡，商师征三朡，战于郕。获桀于焦门。放之于南巢。"
④ 《书序》："夏师败绩，汤遂从之，遂伐三朡，俘厥宝玉，谊伯、仲伯作典宝。"
⑤ 《史记·殷本纪》。

巢氏"及《逸周书·殷祝解》："汤将放桀于中野……桀与其属五百人去，居南巢"的记录。与《淮南子·主术训》"（汤）擒之（桀）焦门"不同。后世因成汤为盛君，特意美化成汤，把血淋淋的追伐战争说成是夏桀不得民心而民归成汤的"禅让"，《逸周书·殷祝解》："汤将放桀于中野。士民闻汤在野，皆委货扶老携幼奔，国中虚。桀请汤曰：'国所以为国者，以有家，家所以为家者，以有人也。今国无家无人矣。君有人，请致国，君之有也。'汤曰：'否。昔大帝作道，明教士民，今君王灭道残政，士民惑矣。吾为王明之。'士民复致于桀曰：'以薄之居，济民之贱，何必君更？'桀与其属五百人南徙千里，止于不齐，民往奔汤于中野。桀复请汤言：'君之有也。'汤曰：'否。我为君王明之。'士民复，重请之。桀与其属五百人徙于鲁，鲁士民复奔汤。桀又曰：'国，君之有也。吾则外人，有言，彼以吾道是邪，我将为之。'汤曰：'此君王之士也，君王之民也，委之何？'汤不能止桀。汤曰：'欲从者从君。'桀与其属五百人去，居南巢。"① 桀失败后南逃至夏人长期经营的故地——南阳。②

（四）成汤胜夏后夏人的下场

夏桀败走鸣条，奔南巢而死。《史记·夏本纪》："桀走鸣条，遂放而死。"③ 夏桀作为夏王朝国家政权的标志不复存在。如何处理夏贵族及夏民，是成汤灭夏后需着手解决的问题。夏贵族是成汤建国后影响国家安宁的一支重要力量，为防止他们势力东山再起，分封（实际上是迁徙）他们于杞，《史记·夏本纪》："汤乃践天子位，代夏朝天下，汤封夏之后。"《史记·留侯世家》："昔汤伐桀，封其后于杞。"④ 对夏民，汤用夏法，顺

---

① 《太平御览》卷八三《皇王部》引《尚书大传》与此略有差异，无"居南巢"语："桀曰：国君之有也，吾闻海外有人，与五百人俱去"。

② 《汉书·地理志》："颍川、南阳，本夏禹之国。"《货殖列传》："颍川、南阳，夏人之居也。"三夔与夏王朝关系密切。桀止于鲁地，即现在的河南鲁山，鲁山正是在伊洛到南阳的途中，为南北交通的要道（杨升南：《汤放桀之役中的几个地理问题》，《全国商史学术讨论会论文集》，1985年版）。

③ 《史记正义》引《淮南子》文："汤败桀于历山，与末喜同舟浮江，奔南巢之山而死。"南巢即古巢国，在今安徽省巢县境。《括地志》云："庐州巢县有巢湖，即《尚书》成汤伐桀放于南巢者也。"

④ 《大戴礼记·少间》曰："成汤卒受天命，不忍天下粒食之民刈戮，不得以疾死，故乃放移夏桀，散亡其佐，乃迁姒姓于杞。"《列子·天瑞》殷敬顺《释文》引《系本》："殷汤封夏后于杞，周又封之。"

民所喜，以求夏民对成汤的支持，《吕氏春秋·简选》："桀既奔走，于是行大仁慈，以恤黔首，反桀之事，遂其贤良，顺民所喜，远近归之，故王天下。"《吕氏春秋·慎大》："汤立为天子，夏民大悦，如得慈亲，朝不易位，农不去畴，商不变肆，亲郼如夏。"①《淮南子·齐俗训》曰："汤入夏而用其法。"成汤胜夏后，要迁徙夏王朝存在的标志性建筑——社，《史记·殷本纪》："汤既胜夏，欲迁其社，不可。作《夏社》。伊尹报。于是诸侯毕服，汤乃践天子之位。"《史记·封禅书》："汤伐桀，欲迁夏社，不可。"《书序》："汤既胜夏，欲迁其社，不可，作《夏社》。"② 社的含义，一为土神，指句龙神，《左传》昭公二十九年："共工氏有子曰句龙，为后土……后土为社。稷，田正也。有烈山氏之子曰柱为稷，自夏以上祀之。周弃亦为稷，自商以来祀之。"③ 二指某种礼仪建筑，《礼记·郊特牲》曰："天子大社，必受霜露风雨，以达天地之气，是故丧国之社屋之，不受天阳也。"《公羊传》哀公四年："亡国之社盖揜之，揜其上而柴其下。"成汤如果迁徙夏社，会激起夏人对刚刚建立的商王朝的愤恨。又，亡国之社，不能接受天阳之气。成汤不迁夏社，允许其存在，又根据礼制，盖屋将其覆盖。④ 既合乎天下之礼，又能存夏社为后世之戒，一举两得。这是成汤笼络夏人所采取的一种方法。对夏诸侯国，仲虺作诰，即遍告天下成汤伐夏的正义性和必要性，以争取天下诸侯的拥护，《史记·殷本纪》："汤归至于泰卷陶，中虺作诰。"《书序》："汤归自夏，至于大坰，仲虺作诰。"《帝王世纪》云："（汤）迁九鼎于亳，至大坰，而有惭德。"《伪古文尚书·仲虺之诰》："成汤放桀于南巢，惟有惭德，曰：'予恐来世以台为口

---

① 高诱注曰："郼，读如衣，今兖州人谓殷氏皆曰衣。言桀民亲殷如夏氏也。"《太平御览》卷八三皇王部引《尚书大传》曰："汤之君民，听宽而狱省。"

② 《史记·殷本纪·集解》：孔安国曰："欲变置社稷，而后世无及句龙者，故不可而止。""言夏社不可迁之义。"

③ 杜预注："弃，周之始祖，能播百谷，汤既胜夏，废柱而以弃代之。"《书序》郑康成注曰："牺牲既成，粢盛既洁，祭祀以其时，然而旱暵水溢，则变置社稷。当汤伐桀之时，旱致灾。明法以荐，而犹旱至七年，故汤迁柱而以周弃代之。欲迁句龙，以无可继之者，于是故止。"此义，社指谷神。

④ 《今本竹书纪年》："（成汤）十八年，始屋夏社。"

实。'仲虺乃作诰。"①

关于成汤伐夏桀及仲虺作诰的必要性,崔述在《商考信录》卷一以为:"汤非桀臣,放桀于历山至死,不能为弑。且汤于伐桀之前,已灭葛伯、韦、顾、昆吾,其时已与夏桀并驾齐驱,非复臣于桀时可比也。"周鸿祥在《商殷帝王本纪》中则认为:"汤虽以德服人,且乘桀之昏暴而坐大以至灭夏,然其先终为夏臣,受夏册封,则姑不论其良心所责,抑伪以示民,其戚戚然于心者必无疑义,且万民亦必窃窃私议,故仲虺作诰,实有其必要。"②

成汤回到亳都,作《汤诰》,《史记·殷本纪》引《汤诰》:"维三月,王自至于东郊。告诸侯群后:'毋不有功于民,勤力乃事,予乃大罚殛女,毋予怨。'曰:'古禹、皋陶,久劳于外,其有功乎民,民乃有安。东为江,北为济,西为河,南为淮,四渎已修,万民乃有居。后稷降播,农殖百谷。三公咸有功于民,故后有立。昔蚩尤与其大夫作乱百姓,帝乃弗予,有状。先王言不可不勉。'曰:'不道,毋之在国。女毋我怨。'以令诸侯。"③ 大告天

---

① 孙星衍注:"史迁'大坰'作'泰卷陶',一无'陶'字,卷一作'坰',又作'泂'。"《书》疏:"史公'大'作'泰','坰'作'卷陶'者,俱声相近。""《索隐》……又云:"其下'陶'字是衍耳。"(孙星衍:《尚书今古文注疏》,中华书局1986年版,第569页。)孔疏:《正义》曰:"汤归自伐夏,至于大坰之地,其臣仲虺作诰,以诰汤,使录其言,作《仲虺之诰》。"《仲虺之诰》原文已逸,见于文献者:《左传》襄公三十年:"《仲虺之志》云:'乱者取之,亡者侮之。推亡固存,国之利也。'"襄公十四年:"仲虺有言曰:'亡者侮之,乱者取之,推亡固存,国之道也。'"《荀子·尧问篇》:"诸侯自为得师者王,得友者霸,得疑者存,自为谋而莫己若者亡。"《墨子·非命上》引《仲虺之诰》:"我闻于夏人,矫天命,布命于下,帝伐之恶,龚丧厥师。"《吕氏春秋·骄恣篇》:"诸侯之德,能自为取师者王,能自取友者存,其所择而莫如己者亡。"

② 周鸿祥:《商殷帝王本纪》,1958年版,第69页。

③ 《汤诰》文已逸,见《伪古文尚书·汤诰》。孙星衍疏曰:此篇似是《汤诰》全文。即从孔安国问故得之者。丁山《新殷本纪》注"维三月"以下,至"以令诸侯",谓"大意全同《吕刑》,改'伯夷降典,折民惟刑'为皋陶。与《尧典》说全相应。疑此汤令,或为后儒伪讬。唯云:"东为江,北为济,西为河,南为淮"四语,极似殷初疆域。"

下建立商王朝的必要性。① 然后登天子之位，《逸周书·殷祝解》："汤放桀而复薄，三千诸侯大会。汤退再拜，从诸侯之位，汤曰：'此天子位，有道者可以处之。天子非一家之有也，有道者之有也，故天下者唯有道者理之，唯有道者纪之，唯有道者宜久处之。'汤以此三让，三千诸侯莫敢即位，然后汤即天子之位。"②《今本竹书纪年》："（成汤）十八年癸亥，王即位，居亳。"③ 迁九鼎于亳，《帝王世纪》："汤乃即天子之位，以水承金始居亳。"又"汤即天子位，遂迁九鼎于亳。"鼎，乃国家政权的象征，④ 迁鼎标志着商王朝的建立和夏的灭亡。

（五）建国之初，成汤采取的政策和措施

成汤登天子之位后，对人事政策进行了调整，其一，为加强对臣民的管理，令咎单作《明居》。⑤ 由此安定臣民生活。其二，设置官职并制礼作乐，

---

① 《史记·殷本纪》："（汤）既绌夏命，还亳，作《汤诰》。"《书序》："汤既黜夏命，复归于亳，作《汤诰》。"汤诰："王归自克夏至于亳，诞告万方。"孔安国传："以伐桀大义告天下。"孔颖达疏："仲虺在路作诰，此至亳乃作，故次《仲虺》之下。"成汤发布《汤诰》时，仍用夏礼，《礼记·檀弓上》："殷人尚白。"《伪古文尚书·汤诰》："敢用玄牡，敢昭告于上天神后，请罪有夏。"表明汤黜夏命后，尚未履天子之位，故仍尊夏制。故《正义》云："今云玄牡，夏家尚黑，于时未变夏礼。故不用白也。"

② 《太平御览》卷八三《皇王部》引《尚书大传》："汤放桀而归于亳，三千诸侯大会。汤取天子之玺，置之于天子之坐（座）左，复而再拜，从诸侯之位。汤曰：'此天子之位，有道者可以处之矣。夫天下非一家之有也。唯有道者之有也。唯有道者宜处之。'汤以此三让，三千诸侯莫敢即位。然后汤即天子之位。"

③ 《新唐书·历志》："成汤伐桀，岁在壬戌，……其明年，汤始建国为元祀。"

④ 《汉书·郊祀志》："夏德衰，鼎迁于殷。"九鼎，《左传》宣公三年："昔夏之方有德也，远方图物，贡金九牧，铸鼎象物，百物而为之备，使民知神奸，故民入川泽、山林，不逢不若。魑魅罔两（魍魉），莫能逢之，用能协于上下，以承天休。桀有昏德，鼎迁于商，载祀六百。商纣暴虐，鼎迁于周。"《墨子·耕柱篇》："昔者，夏后开（开即启，汉人避讳而改之）使蜚廉折金于山川，而陶铸之于昆吾。是使翁难卜于白若之龟，曰：鼎成三足而方，不炊而自烹，不举而自臧，不迁而自行，以祭于昆吾之虚，上乡。卜人言兆之由，曰：'飨矣。逢逢白云，一南、一北、一西、一东，九鼎既成，迁于三国。'夏后氏失之，殷人受之；殷人失之，周人受之。夏后殷周之相受也，数百岁矣。"《史记·封禅书》："闻昔泰帝兴神鼎一，一者，壹统，天地万物所系终也。黄帝作宝鼎三，象天、地、人。禹收九牧之金，铸九鼎，皆尝亨鬺上帝鬼神。遭圣则兴，鼎迁于夏商。周德衰，宋之社亡，鼎乃沦没，伏而不见。"

⑤ 《史记·殷本纪·集解》引马融曰："咎单，汤司空也。明居民之法也。"

置左右"相",① 定桑林为乐,《吕氏春秋·古乐》曰:"殷汤即位,夏为无道,暴虐万民,侵削诸侯,不用轨度,天下患之。汤于是率六州以讨桀罪,功名大成,黔首安宁。汤乃命伊尹作为《大护》,歌《晨露》,修《九招》、《六列》,以见其善。"②《韩诗外传》卷八:"汤作濩,闻其宫声,使人温良而宽大,闻其商声,使人方廉而好义。闻其角声,使人恻隐而好仁。闻其徵声,使人乐养而好施。闻其羽声,使人恭敬而好礼。"《今本竹书纪年》:"二十五年,作《大濩乐》。"《左传》襄公十年:"宋公享晋侯于楚丘,请以《桑林》。"③ 以教化民人,④ 其三,制定"天子与诸侯"之间的等级措施,表现为初巡狩和定献令两个方面。⑤

---

① 《左传》定公元年:"仲虺居薛,以为汤左相。"杜预注:"仲虺为汤左相,伊尹为右相。"《通鉴外纪》卷二引作汤"初置二相"。《墨子·所染》:"汤染于伊尹、仲虺。"除二相外,女鸠、女房,也是成汤之贤臣,《史记·殷本纪·集解》引孔安国曰:"鸠、房二人,汤之贤臣也。"

② 高诱注:"《大镬》、《晨露》、《九招》、《六列》,皆乐名。"

③ 杜预注:"桑林,殷天子之乐名。"《正义》曰:"祷桑林以得雨,遂以桑林名其乐也。"商代祭祀所舞则称为桑林之舞。《庄子·养生主》:"合于桑林之舞。"司马彪注云:"桑林,汤乐名。"

④ 乐之作用,正如《史记·乐书》太史公曰:"君子不为约则修德,满则弃礼,佚能思初,安能惟始,沐浴膏泽,而歌咏勤苦,非大德谁能如斯。传曰:治定功成,礼乐乃兴。"

⑤ 《今本竹书纪年》:(二十五年)"初巡狩。定献令。"《礼记·王制》疏:"唐虞之礼,五载一巡守;夏殷之时,天子盖六年一巡守。"今汤以连年大旱,故七年初巡守也。巡守之义,《尚书大传·唐传》:"五年,亲自巡守。巡犹循也。狩犹守也。循行守视之辞亦不可国至,人见为烦扰。故至四岳,知四方之政而已。"天子巡守,主要是观民俗,察民情,《尚书大传·唐传》谓:"见诸侯,问百年,命大师陈诗以观民风俗,命市纳贾以观民好恶。山川神祇有不举者为不敬,不敬者,削以地;宗庙有不顺者,为不孝,不孝者,黜以爵;变礼易乐为不从,不从者,君流;改衣服制度为畔,畔者,君讨;有功者,赏之。"《尚书·尧典》曰:"明试以功,车服以庸。"成汤制定诸侯对商王的贡纳制度见《逸周书·王会》后附《商书·伊尹朝献》曰:汤问伊尹曰:诸侯来献,或无马牛之所生,而献远方之物,事实相反,不利。今吾欲因其地势所有献之,必易得而不贵,其为四方献令。伊尹受命,于是为四方令曰:'臣请正东符娄、仇州、伊虑、沤深、九夷、十蛮、越沤、鬋发文身,请令以鱼支之鞞、乌鰂之酱、鲛瞂、利剑为献。正南瓯邓、桂国、损子、产里、百濮、九菌,请令以珠玑、瑇瑁、象齿、文犀、翠羽、菌鹤、短狗为献。正西昆仑、狗国、鬼亲、枳己、𦍄耳、贯胸、雕题、离丘、漆齿,请令以丹青、白旄、纰罽、江历、龙角、神龟为献。正北空同、大夏、莎车、姑他、旦略、豹胡、代翟、匈奴、楼烦、月氏、孅犁、其龙、东胡,请令以橐驼、白玉、野马、騊駼、駃騠、良弓为献。'汤曰:'善。'"

成汤为加强对全国的统治，制定一系列礼仪和规章制度，可分为几项。其一，汤乃改正朔，① 易服色，② 上白，③ 朝会以昼。④ 其二，作五祀。⑤ 其三，作八政。⑥ 因汤治理国家有方，故远方诸侯前来臣服，《诗商颂·殷武》："昔有成汤，自彼氐羌，莫敢不来享，莫敢不来王。曰商是常。"⑦ 其四，成汤禁弦歌舞以祈雨。成汤自伐桀到即位的第七年，连遭大旱，《吕氏春秋·顺民》："昔者，汤克夏而正天下，天大旱，五年不收。汤乃以身祷于桑林曰：'余一人有罪，无及万夫，万夫有罪，在余一人。无以一人之不敏，使上帝鬼神伤民之命。'于是剪其发，酈其手，以身为牺牲，用祈福于上帝。民乃甚悦。雨乃大至。"《尚书大传》曰："汤大旱七年，祷于桑林之社。"⑧

---

① 正朔，即制定商代的历法，《史记·历书》："王者，易姓受命，必慎始初，改正朔，易服色，推本天元，顺承厥意。"《索隐》："言王者易姓而兴，必当推本天之元气行运所在，以定正朔，以承天意。"又《历书》："夏正以正月，殷正以十二月，周正以十一月。盖三王之正若循环，穷则反本。天下有道，则不失纪序；无道，则正朔不行于诸侯。"

② 服色，指天子及诸侯所着之服。《尚书大传·虞传》："天子衣服，其文华虫作缋，宗彝，藻火，山龙；诸侯作缋，宗彝，藻火，山龙；子、男宗彝，藻火，山龙；大夫藻火，山龙；士山龙。故《书》曰：'天命有德，五服五章哉'"。古代以所着服来辨别人的身份和地位的高低。成汤建国后，改变夏人所着服之色，定商人之服色以区别于夏，建立商王朝的等级制度。

③ 上白，即以白色为上等颜色，《礼记·檀弓》："殷人尚白……戎事乘翰，牲用白。"郑玄注："翰，白色马也。"

④ 《史记·殷本纪》。

⑤ 《路史·余论》四引《世本》："汤五祀。"

⑥ 《大戴礼记·少间》："（汤）发厥明德，顺民天心啬地，作物配天，制典慈民。咸合诸侯，作八政，命于总章。服禹功以修舜绪，为副于天，粒食之民，昭然明视，民明教，通于四海，海之外肃慎、北发、渠搜、氐羌来服。"八政即治理国家的总的制度和政策。《尚书·洪范》所云八政的内容："一曰食，二曰货，三曰祀，四曰司空，五曰司徒，六曰司寇，七曰宾，八曰师。"

⑦ 《后汉书·西羌传》："后桀之乱，畎夷人居邠、岐之间，成汤既兴，伐而攘之。"《今本竹书纪年》："氐羌来宾。"

⑧ 《太平御览》卷八三引《尸子》曰："汤之救旱，素车白马，布衣，身婴白茅，以身为牲。当此时也，弦歌鼓舞者禁之。"《今本竹书纪年》："二十年，大旱。夏桀卒于亭山。禁弦歌舞。二十四年，大旱。王祷于桑林，雨。"《说文》："祷：告事求福也。"

成汤以己为牲，祷于桑林以祈雨。① 有关成汤祷雨之事，②"历来史家，有谓其不可信者，宋张南轩，明李九我，清崔述等是也。皆谓汤祷于桑林，容或有之，然以身为牲，必无其事。近郑振铎持相反之论，撰《汤祷篇》一文，可参考。"③ 甲骨文中，求雨往往与"燎"人联系在一起，说明商代有以人为牲而祈雨的祭祀仪式，成汤以身为牲当为历史事实。有关成汤初年旱灾的年数，《吕氏春秋》等为五年，《今本竹书纪年》为七年，各家所记不同。其五，成汤铸金币以缓旱灾。《管子·轻重》："汤以庄山之金铸币，而赎民之无饘卖子者。"《今本竹书纪年》："二十一年，大旱。铸金币。"④ 其六，迁都天下之中。成汤以一介诸侯，修德行善，伐桀灭夏，始统有天下，制定有关商王朝统治的一系列有效政策和措施，天下臣民莫不顺服，为商朝的开国之君。他为加强对全国的统治，建国之初，开始营建国都到天下之中，即今河洛地区。《汉书·地理志》河南郡偃师条下班固自注："尸乡，殷汤所都。"《括地志》载："汤即位，居南亳，后徙西亳，在偃师县西十四里。"近年河南偃师县发现的唐代墓志中有不少关于"亳"的记载。⑤ 说明河南偃师是西亳。1983年春在二里头遗址以东六公里的尸乡沟一带发现一座商代早期的城址，面积达190万平方米。这座偃师商城北依邙山，南临洛河。中间有一条横贯城池的大沟，当地人称其为尸乡沟，这里，很早就流传着商汤、西亳和

---

① 《左传》昭公二十一年："宋城旧廊及桑林之门而守之。"此桑林之门，桑林社之围城门也。《吕氏春秋·慎大》："（武王）立成汤之后于宋以奉桑林。"桑林之社，《左传》庄公二十三年："（庄）公如齐观社，非礼也。"社，祀社神也。《诗·小雅·甫田》："以社以方。"《左传》襄公二十四年："齐社，蒐军实，使客观之。"《墨子·明鬼》："燕之有祖，当齐之社稷、宋之有桑林、楚之有云梦也，此男女之所属而观也。"则齐之社稷如宋之桑林，所以聚男女而相游观者也。

② 成汤祷雨之事，《荀子》、《尸子》、《淮南子》、《说苑》等书，所述各有不同，皇甫谧的《帝王世纪》晚出，杂糅各家，所载甚祥。《帝王世纪》："（汤）使人持三足鼎祝于山川，曰：'欲不节耶？使民疾耶？苞苴行耶？谗夫昌耶？宫室营耶？女谒行耶？何不雨之极耶！'殷史卜曰：'当以人祷。'汤曰：'吾所为请雨者，民也。若必以人祷，吾请自当。'遂斋戒剪发断爪，以己为牲，祷于桑林之社，曰：……言未已而大雨至，方数千里。"

③ 周鸿祥：《商殷帝王本纪》，第71页注。

④ 《汉书·食货志》：颜注："凡言币者，所以通货物，易有无也。故金之与币，皆名为币也。"《周礼·司市》："国凶荒札丧，则市无征，而作布。"郑注曰："有灾害，物贵，市不税，为民乏困也。金铜无凶年。因物贵，大铸泉以饶民。"

⑤ 乔栋、李献奇：《从唐代墓志谈西亳》，《夏文化研究论集》，中华书局1996年版。

尸乡的传说,城址一带保留着多处与传说有关的古迹。偃师商城的年代,大约为商初。① 说明成汤建国,将国都迁往天下之中,这里既有利于政令的发布,又有利于诸侯贡纳财物的方便。

(六) 成汤在位之年数

成汤即诸侯位十八年,灭夏桀后登天子之位,为天子十二年。《今本竹书纪年》:"十八年癸亥,王即位居亳。"又云:"二十九年,陟。"是成汤自即位迄崩,共享国十二年。《韩诗内传》认为是十三年:"汤为天子十三年,年百岁而崩。葬于徵,今扶风徵陌是也。"(《太平御览》卷八三引)《通鉴外纪》及《皇极经世》等皆言汤在位十三年。两说相差一年。

(七) 成汤葬处

汤之葬处,颇多聚讼。严一萍在《殷商史记》中进行了总结:②

> 《汉书·刘向传》谓:"殷汤无葬处。"师古曰:"谓不见传记也。"王先谦《汉书补注》曰:"宋祁曰:'杜预曰:"梁国蒙县有亳城,城中有汤冢,其西又有伊尹冢。"案:蒙为北亳,即景亳,汤受命之地。'《皇览》曰:'汤冢在济阴亳县北东郭,去县二里,冢四方,方各十步,高七尺,上平处平地。汉哀帝建平元年,大司御史长卿,案行水灾,因得汤冢。'《寰宇记》云:'刘向言汤无葬处,盖不知其处也。'沈钦韩曰:'《洓水注》:崔駰曰:"汤冢在济阴薄县北"(《续志》:薄属梁国)。皇览曰:"薄城,郭东三里,平地有汤冢。"杜预曰:"梁国蒙县北有薄伐城,城中有殷汤冢。今城内有故冢方墳,疑即所谓汤冢者。而世谓王子乔冢。"案汤冢,郦氏亦不能决,故谓无葬处。'"雷学淇《竹书义证》曰:"汤之冢,自应以河南归德、商丘者为是。黄初时,薄县属济阴郡也。"

(八) 成汤受到后世子孙的尊重和敬仰

《国语·鲁语上》:"商人禘舜而祖契,郊冥而宗汤"又"自玄王以及主癸莫若汤",③ 说明成汤受到子孙无限敬仰。

---

① 高炜等:《偃师商城与夏商文化分界》,《三代文明研究》(一),科学出版社 1999 年版。
② 严一萍:《殷商史记》,台北艺文印书馆 1989 年版,第 76 页。
③ 《礼记·祭法》云:"舜为喾。"

成汤为商第一位先王，其配偶妣丙与成汤一起受到周祭，卜辞如：

> 丙申［卜］，行，贞王宾大乙奭妣丙彡亡尤。在八月。
>
> 辛丑卜，行，贞王宾大甲奭妣辛彡亡尤。在八月。（《合集》23314）

成汤的配偶为妣丙，进入周祭祀谱，由于成汤地位高，她又被子孙称为高妣丙，卜辞如：

> 癸未，贞其燎生于高妣丙。（《合集》34078，图2—6）

图2—6　《合集》34078

燎生即求得女子怀孕，高妣丙为燎生的对象之一。她或为有莘氏之女，《楚辞·天问》："成汤东巡，有莘爰极？何乞彼小臣，而吉妃是得。"①汤有三子见于文献，长曰太丁，立为太子，未即位而卒。次曰外丙，因太甲之乱，即位三年。次曰仲壬。周祭祀谱中见太丁、外丙，未见中（仲）壬。

（九）成汤建国乃历史之必然

成汤灭夏，有天时、地利、人和之必备条件。②夏桀荒淫无道，骄奢淫逸，刚愎自用，滥杀忠良，导致夏王朝统治集团的分裂，终古、费昌弃夏奔商；与此同时，成汤施德行义，笼络民心，得到诸侯国的拥护和夏民众的向往，成汤以一介诸侯而拥有天下，是各种历史条件作用的必然结果。

成汤虽被后世尊为行道德仁义的典范，但他以下犯上，以权谋之术得到天下，仍遭天下人之议论，《韩非子·说林上》："汤以伐桀，而恐天下言己

---

① 《太平御览》卷一百三十五引《列女传》："汤妃，有莘氏之女。"又称吉妃。
② 《吕氏春秋·首时》："有汤、武之贤而无桀、纣之时不成，有桀、纣之时而无汤、武之贤亦不成。"《吕氏春秋·长攻》："凡治乱存亡，安危强弱，必有其遇，然后可成。各一则不设。故桀、纣虽不肖，其亡遇汤、武也。遇汤、武，天也，非桀、纣之不肖也。汤、武虽贤，其王遇桀、纣也。遇桀、纣，天也，非汤、武之贤也。若桀、纣不遇汤、武，未必亡也。桀、纣不亡，虽不肖，辱未至于此。若使汤、武不遇桀、纣，未必王也。汤、武不王，虽贤，显未至于此。"

为贪也，因乃让天下于务光，而恐务光之受之也，乃使人说务光曰：'汤杀君而欲传恶声于子，故让天下于子。'务光因自投于河。"《吕氏春秋·离俗》："汤将伐桀，因卞随而谋，卞随辞曰：'非吾事也。'汤曰：'孰可？'卞随曰：'吾不知也。'汤又因务光而谋，务光曰：'非吾事也。'汤曰：'孰可？'务光曰：'吾不知也。'汤曰：'伊尹何如？'务光曰：'强力忍訽，吾不知其他也。'汤遂与伊尹谋夏伐桀，克之，以让卞随。卞随辞曰：'后之伐桀也，谋乎我，必以我为贼也，胜桀而让我，必以我为贪也，吾生乎乱世，而无道之人再来訽我，吾不忍数闻也。'乃自投于颍水而死。汤又让于务光曰：'智者谋之，武者遂之，仁者居之，古之道也。吾子胡不位之？请相吾子。'务光辞曰：'废上，非义也。杀民，非仁也。人犯其难，我享其利，非廉也。吾闻之"非其义，不受其利；无道之世，不践其土"，况于尊我乎？吾不忍久见也。'乃负石而沉于募水。"成汤以"行仁义"为幌子，以权谋之术得天下，实现了一统天下的目标。

二 太丁·妣戊 外丙·妣甲 仲壬

成汤有三子，分别是太丁、外丙和仲壬。太子太丁未即位为王，外丙继其兄太丁之子——太甲以后即位为王，这其中包含着怎样的史实？仲壬继承商王位，见于文献记载，但仲壬不见于甲骨文，仲壬是否曾即位为王，需要讨论。成汤之子在文献与甲骨文中受祭等史实，涉及商代是否有宗法制度等问题，在撰述商王传略的同时，对此也加以讨论，分述于下：

（一）太丁·妣戊

成汤之太子曰太丁，据《史记·殷本纪》载，太丁未即商王位而卒（先成汤而逝）。甲骨文发现后的商代周祭研究中，太丁暨配偶妣戊在商代周祭祀谱中，位于大乙（成汤）和妣丙后受祭，[1] 因而从甲骨文中，看不出太丁未即位为王的情况。然根据太甲及外丙即位顺序，史实当为：太丁为嫡长子，立为太子，未即王位而卒。按照商王朝嫡长子继承制度的本质，只要立为太子，即位与否，其地位与即位为王的商王一样，故太丁与配偶妣戊（《合集》36198）同入周祭祀谱。对此，讨论于下：

成汤去世后，王位由谁来继承的问题，由于历史久远，成为一桩公案。历来有两种观点：（1）兄终弟及制。《孟子·万章上》："伊尹相汤以王于天

---

[1] 常玉芝：《商代周祭制度》，中国社会科学出版社1987年版，第109页。

下。汤崩,大丁未立,外丙二年,仲壬四年,太甲颠覆汤之典刑,伊尹放之于桐。"《史记·殷本纪》:"汤崩,太子太丁未立而卒,于是乃立太丁之弟外丙,是为帝外丙。帝外丙即位三年,崩,立外丙之弟中壬,是为帝中壬。帝中壬即位四年,崩,伊尹乃立太丁之子太甲。太甲,成汤嫡长孙也,是为帝太甲。"《古本竹书纪年》:"外丙胜居亳。殷仲壬即位,居亳,其卿士伊尹。仲壬崩,伊尹放太甲于桐,乃自立。"按照文献所载,其王位世次为:

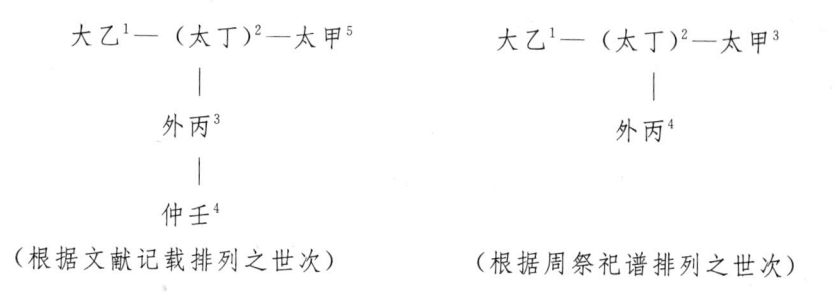

大乙¹—(太丁)²—太甲⁵　　　　　大乙¹—(太丁)²—太甲³
　　　　　|　　　　　　　　　　　　　　　　|
　　　　外丙³　　　　　　　　　　　　　　外丙⁴
　　　　　|
　　　　仲壬⁴

(根据文献记载排列之世次)　　　　　(根据周祭祀谱排列之世次)

文献记载所排列之世次,说明这种王位的传承是兄终弟及制,是弟死后王位再传长兄之子的顺序。由此,商自建国之初,实行的是以兄终弟及为主的王位传承制。然而,中国自父系氏族公社时期私有财产出现后,就出现了财产继承的问题,夏王朝自夏启开创的王位传子制,历太康失国到其弟少康中兴后,王位在夏后世家族中以父子相传的制度,实现了权力和财产的平稳过渡。商族自上甲微到大乙成汤时,也实行王位传子制,这种王位传子(尤其传嫡长子)制度的最大优点是避免王位在同一家族中引起争夺、造成整个家族势力的削弱甚至灭亡的悲惨的命运。成汤是商王朝的缔造者,又有治国之才的伊尹、咎单、仲虺辅佐,建国之初,逆历史潮流而制定了兄终弟及这种可以使商王朝覆国的制度?故周鸿祥的《商殷帝王本纪·太丁》如此评价:"汤崩,由(太丁)弟外丙即位。商殷嫡继之制,至是而绝。自兹以降,王位之传授,子继及弟及,两相兼用。"随着文明程度的发展,各种制度会日臻完善和严密,成汤为什么会在影响国家安稳的根本制度上(长子继承制)倒退?这是问题的疑点。(2)(嫡)长子继承制。这就涉及太甲元年应是仲壬之明年还是成汤崩后之年,历来有两种观点:王鸣盛《尚书后案》认为大甲元年,应当在仲壬崩之明年。甲骨文的周祭祀谱中,外丙受祭的顺序在太甲后。按照周祭制度中先即位先受祭的原则,外丙为汤次子,在汤孙太甲以后即位为王,董作宾在《殷代文化论》中,对此作了论述:"殷人以有子承继

周祭中的商先王先妣世次

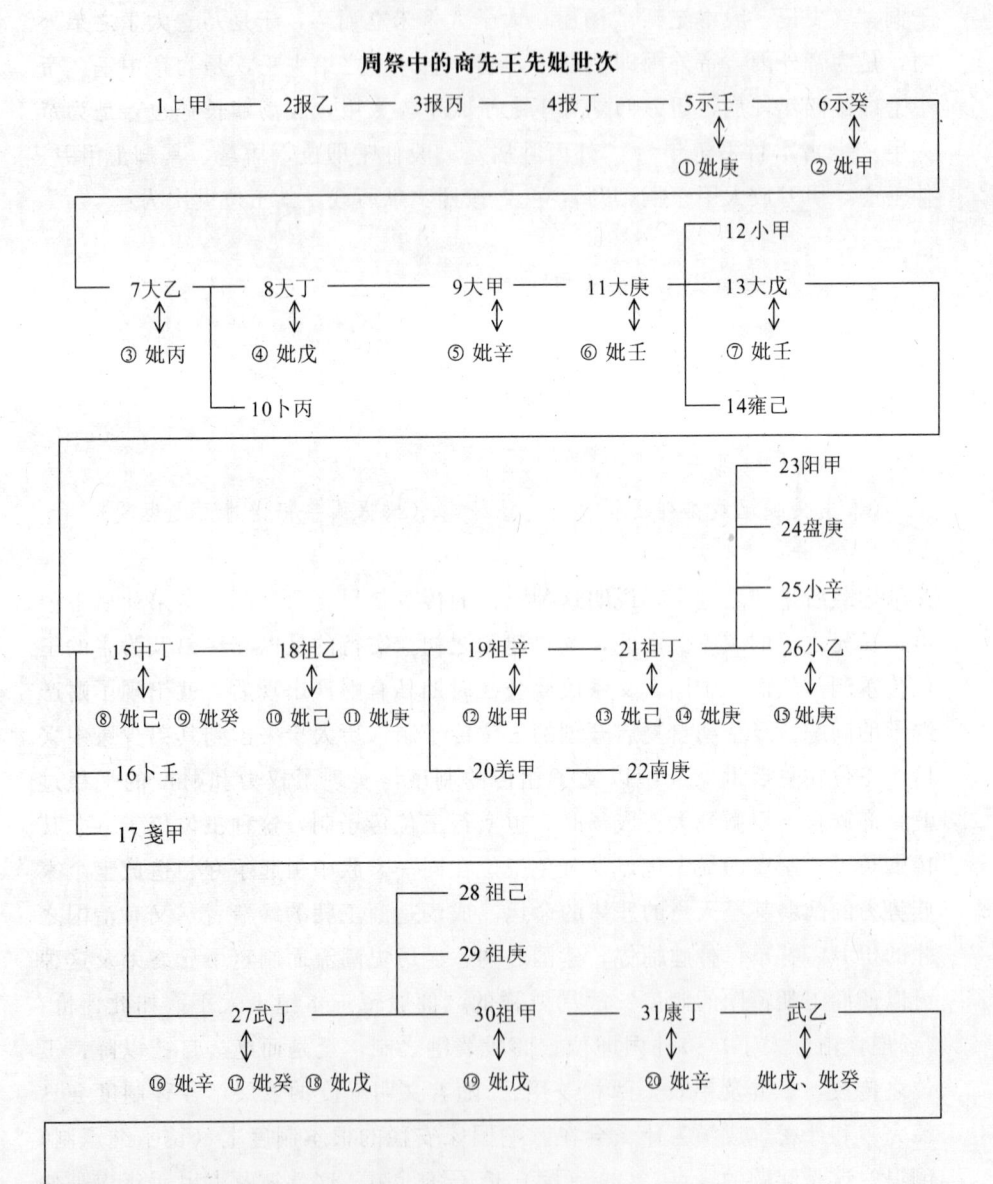

```
1上甲 ── 2报乙 ── 3报丙 ── 4报丁 ── 5示壬 ── 6示癸
                                      ↕        ↕
                                     ①妣庚   ②妣甲

 7大乙 ── 8大丁 ──── 9大甲 ── 11大庚 ── 12小甲
  ↕       ↕          ↕        ↕       13大戊
 ③妣丙   ④妣戊       ⑤妣辛    ⑥妣壬     ↕
          └10卜丙                      ⑦妣壬
                                      14雍己

                                      23阳甲
                                      24盘庚
                                      25小辛
 15中丁 ── 18祖乙 ── 19祖辛 ── 21祖丁 ── 26小乙
  ↕        ↕         ↕         ↕        ↕
 ⑧妣己    ⑩妣己     ⑫妣甲    ⑬妣己    ⑮妣庚
 ⑨妣癸    ⑪妣庚               ⑭妣庚
 16卜壬              20羌甲 ── 22南庚
 17戋甲

                28祖己
                29祖庚
 27武丁 ──── 30祖甲 ── 31康丁 ── 武乙
  ↕            ↕         ↕      ↕
 ⑯妣辛        ⑲妣戊     ⑳妣辛   妣戊、妣癸
 ⑰妣癸
 ⑱妣戊

        (文武丁) ── (帝乙) ── (帝辛)
```

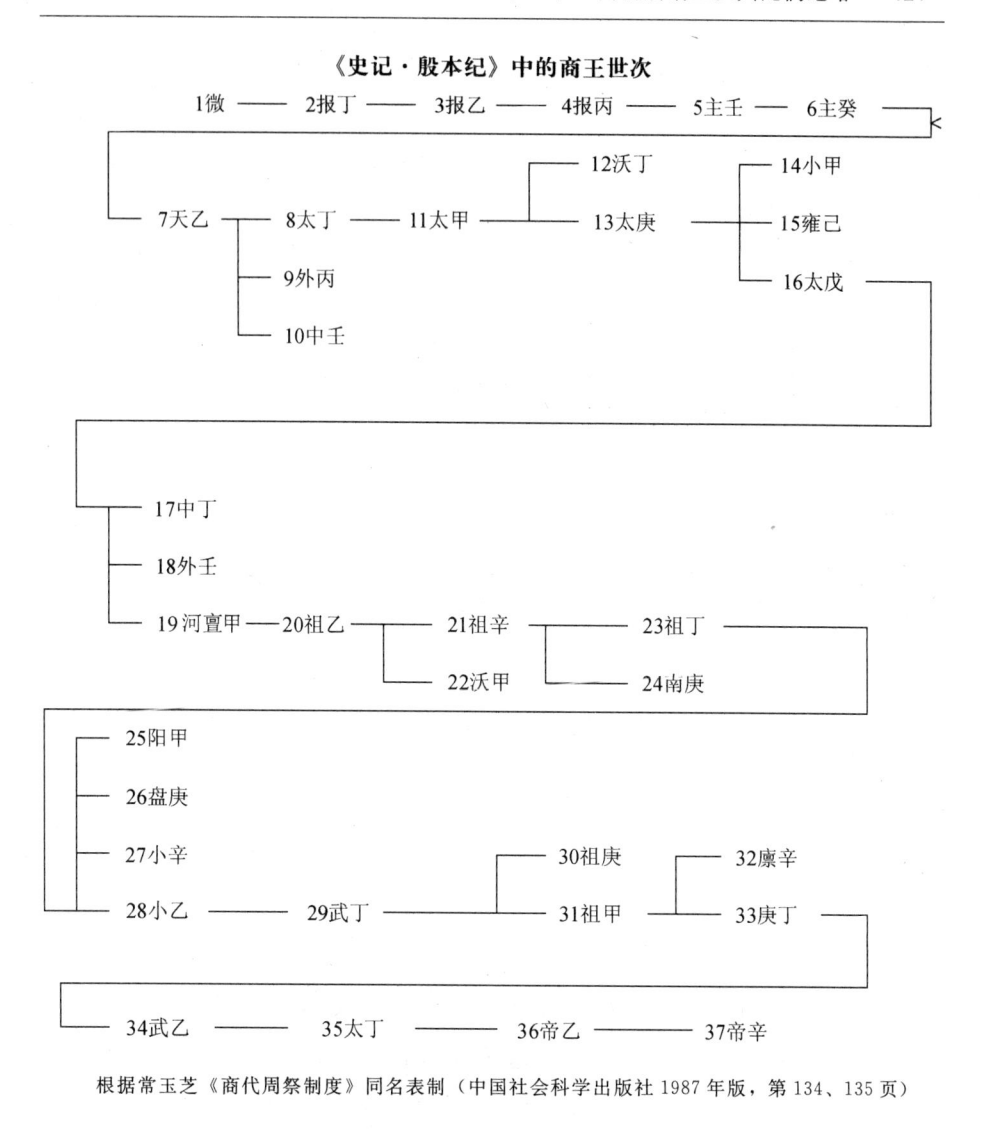

《史记·殷本纪》中的商王世次

```
1微 —— 2报丁 —— 3报乙 —— 4报丙 —— 5主壬 —— 6主癸
                                                    │
    ┌───────────────────────────────────────────────┘
    │                          ┌─ 12沃丁        ┌─ 14小甲
    └─ 7天乙 ─ 8太丁 ─ 11太甲 ─┤              ┌─ 15雍己
              ├─ 9外丙          └─ 13太庚 ─────┤
              └─ 10中壬                        └─ 16太戊
                                                    │
    ┌───────────────────────────────────────────────┘
    ├─ 17中丁
    ├─ 18外壬
    └─ 19河亶甲 ─ 20祖乙 ─┬─ 21祖辛 ─── 23祖丁 ─┐
                          └─ 22沃甲 ─── 24南庚 ─┤
    ┌─────────────────────────────────────────────┘
    ├─ 25阳甲
    ├─ 26盘庚
    ├─ 27小辛
    └─ 28小乙 ─ 29武丁 ─┬─ 30祖庚      ┌─ 32廪辛
                        └─ 31祖甲 ─────┤
                                       └─ 33庚丁
                                            │
    ┌───────────────────────────────────────┘
    └─ 34武乙 ─ 35太丁 ─ 36帝乙 ─ 37帝辛
```

根据常玉芝《商代周祭制度》同名表制（中国社会科学出版社1987年版，第134、135页）

王位者为大宗，必入祀典。其小宗之入祀者，一为承继王位，一则曾立为太子（如祖己）。外丙为太丁之弟，仲壬为外丙之弟，《史记·殷本纪》、《三代世表》、《汉书·古今人表》均同。汤时太子为大丁，大丁死，若复立外丙为太子而传位于外丙，则外丙应在大甲之前，若外丙未立为太子，亦必曾继王位，方能列入祀典也。《孟子》称：外丙二年，仲壬四年。又称：伊尹放太甲于桐三年，大甲悔过自怨自艾，于桐处迁仁义三年。《史记》亦以为先后六年，此六年正合于外丙、仲壬六年。意者，汤崩，而大甲立，不遵汤法，伊尹乃放之于桐，初立太丁弟外丙，二年而崩，更立外丙弟仲壬，又四年而大甲复位。故事流传，述太甲而兼及外丙、仲壬也。若然，则外丙虽辈次长于大甲，而继位在大甲既立之后，宜卜辞祀典如此排列也。"[1] 严一萍在《殷商史记》中认为："卜辞关于外丙大甲祭祀次序的不同，是殷商晚期新旧派对于'兄终弟及'及'立长立嫡'的宗法制度冲突的反映。依照立长立嫡的宗法制度，大丁为汤之太子，虽未继位为君而先卒，但继大丁为太子的，也应当是嫡长孙大甲。据兄终弟及的成规，则汤崩之后，自然由外丙而仲壬，相继为君。"[2]

周祭顺序中太甲在前而外丙在后是严氏不能解释的症结。其关于"兄终弟及的成规"，旨在"自我拟订"，不如卜辞祀典排列有据。太丁早于成汤而逝，成汤在世时，就应当确定王位继承人，外丙为其子，有继承王位的权利，按照兄终弟及的继承制度，外丙为成汤子，他应当在太丁后、太甲前受周祭（周祭制度，是商王朝制定的对继位为王的已故先王的特殊祭祀制度，其制度严格按照即位为王的先后顺序对先王及先妣轮番祭祀的原则），但事实上外丙在大甲之后大庚之前[3]受祭。太丁的问题，关系到对商代王位继承制度本质的认识。

（二）外丙·妣甲

外丙为成汤次子、太丁之弟、太甲之叔。成汤崩，太丁未立而卒，立太丁之子太甲为王。按照宗法制立长立嫡之法，外丙本无为王的可能，因太甲不贤，不尊汤法，荒淫暴虐，伊尹放之于桐，于是太丁之弟、太甲之叔外丙即位，是为帝外丙。

外丙于元年乙亥即位于亳，命伊尹为卿士。《孟子·万章》载外丙在位两年，《史记·殷本纪》和《世本》载外丙在位三年。

商周祭祀谱以即位先后为顺序即受祭顺序的原则，外丙排在太甲之后受祭。"程伊川谓：'汤崩之时，外丙方二岁，仲壬方四岁，大甲差长，故立之'。程子误解《纪年》之岁为人寿，故有此猜测之论。"[4] 外丙确曾继位为

---

[1] 董作宾：《殷代文化概论》，芝加哥大学油印讲义本，1947年。

[2] 严一萍：《殷商史记》，台北艺文印书馆1989年版，第82页。

[3] 董作宾：《殷历谱》上编卷三，1945年版，第3—4页。又陈梦家：《殷虚卜辞综述》，科学出版社1956年版，第375页。

[4] 严一萍：《殷商史记》，台北艺文印书馆1989年版，第81页。

王，他在大甲之后即位为王，与伊尹放大甲的事件有关。外丙曾即位为王，其配偶在祖庚、祖甲时期还受到祭祀，卜辞如：

癸酉卜，行，贞翌甲戌外丙母妣甲岁叀牛。
贞妣甲岁叀豵。(《合集》22775)

外丙母妣甲，指外丙的配偶妣甲，辞义为对外丙之配妣甲进行岁祭、用牛牲。方组卜辞中，有对妣甲的祭祀(《合集》1191正、697正)，还有妣甲降灾害于王的占卜(《东京》980)，因祖辛之配和外丙之配都名妣甲，无法分辨甲骨文中单独出现的妣甲身份。

(三) 仲壬

仲壬为成汤之子，《史记·殷本纪》："帝外丙即位三年，崩，立外丙之弟中壬，是为帝中壬。"《孟子·万章上》："汤崩，太丁未立，外丙二年，仲壬四年。"《古本竹书纪年》："殷仲壬即位，居亳，其卿士伊尹。仲壬崩，伊尹放大甲于桐，乃自立也。"《今本竹书纪年》："仲壬名庸。元年丁丑，王即位，居亳，命卿士伊尹。四年，陟。"据文献记载，仲壬曾继王位为王；甲骨文中，不见对仲壬的任何祭祀。由此判断，仲壬未即商王位。

三 太甲·妣辛

太甲，成汤的嫡长孙，[1] 成汤崩后，由成汤之次子外丙直接继承王位还是由太丁之子太甲继承商王位，这涉及商王朝王位继承制度的本质，即商王朝实行的是嫡长子继承制还是兄终弟及之制，故关于太甲元年有两说：其一，《孟子》、《史记·殷本纪》、古本及今本《竹书纪年》等认为太甲元年为仲壬四年。其二，《书序》、《三统历》、《汉书·律历志》、东晋《伪古文尚书》、孔传等认为汤崩之年为太甲元年。[2] 按照兄终弟及制和周祭顺序，外丙为太丁之弟、太甲之叔，应先即位为王，也应在太甲前受祭。实际上太甲在外丙前受祭。由此，太甲元年，应是成汤去世年。《书序》："惟太甲元年十有二月乙丑朔，伊尹祀于先王，诞资有牧方明。"《伪古文尚书·伊训》："成汤既没，太甲

---

① 《史记·殷本纪》。

② 《史记·殷本纪》："(仲壬)崩，伊尹乃立太丁之子太甲。太甲，成汤之嫡长孙也，是为帝太甲。"《书序》："成汤既没，太甲元年。"不言外丙、仲壬。而太史公采《世本》、《孟子》，有外丙、仲壬。

元年。"① 《史记·殷本纪》："帝太甲元年，伊尹作《伊训》、作《肆命》、作《徂后》。"② 太甲刚即商王位，伊尹就作训以教导太甲，《伪古文尚书·伊训》："唯元祀十有二月乙丑，伊尹祠于先王，③ 奉嗣王祇见厥祖，侯甸群后咸在。百官总己，以听冢宰。伊尹乃明言烈祖之成德，以训于王。"

从《伊训》来看伊尹作《伊训》的时代背景：成汤去世，奠殡而告，刚继承成汤位的嗣君（太甲），拜祭成汤，伊尹主持其礼，百官、冢宰在场见证。伊尹追述成汤建立商王朝的功业，总结夏亡教训及商建立的必然性，强调时王要以宽治民，礼贤下士，赏罚适中，远小人，近贤臣，上天才会保佑你（商王）而拥有天下。伊尹所作之训，可谓是言者谆谆。

太甲初立，伊尹"每进言以戒之"，④ 这说明太甲继承王位，原本就不贤（不贤，而立为王，说明是实行立嫡以长不以贤，是嫡长子继承制），⑤ 宗法制度的核心是立嫡立长之制，太甲能继承商王位，是由其宗法地位的不可动摇性决定的。但太甲继位后，不管伊尹如何教育太甲，仍暴虐、乱德、不遵汤法、不明朝政，《史记·殷本纪》："帝太甲既立三年，不明，暴虐，不遵汤法，乱德，于是伊尹放之于桐宫。"⑥ 伊尹采取了放逐措施，置太甲于成汤所葬之地——桐宫。太甲被放，商王位出现空缺，是伊尹篡位还是由外丙即位为王、伊尹摄政当权有两家之言：

《古本竹书纪年》："仲壬崩，伊尹放太甲于桐乃自立也。伊尹即位于太甲七年，太甲潜出自桐，杀伊尹，乃立其子伊陟、伊奋，命复其父之田宅而

---

① 孔颖达疏："成汤既没，其岁即太甲元年。伊尹以太甲承汤之后，恐其不能纂修祖业，作书以戒之。"

② 《史记集解》引郑玄曰："《肆命》者，陈政教所当为也。《徂后》者，言汤之法度也。"《伪古文尚书·伊训》孔氏传："《伊训》，作训以教道太甲。"又"《肆命》，陈天命以戒太甲。""《徂后》，陈往古明君以戒。"

③ 孔颖达疏："伊尹祠于先王，谓祭成汤也。"又："汤有定天下之功业，为商家一代之大祖。"

④ 《尚书·太甲上》正义。

⑤ 常玉芝：《太甲、外丙的即位纠纷与商代王位继承制》，《殷墟博物苑苑刊》，中国社会科学出版社1989年版，第36页。

⑥ 《伪古文尚书·太甲上》云："太甲既立，不明，伊尹放诸桐。"孔氏传："不用伊尹之训，不明居丧之礼。""（桐）汤葬地也。不知朝政，故曰放。"《史记集解》引郑玄曰："有王离宫焉。"《史记正义》引《晋太康地记》曰："尸乡南有亳坂，东有城，太甲所放处也。"《正义》曰："尸乡在洛州偃师县西南五里也。"

中分之。"根据《古本竹书纪年》所载，伊尹被太甲所杀。

伊尹非太甲所杀，也有文献记载，《史记·殷本纪》："帝沃丁之时，伊尹卒，既葬伊尹于亳。"① 今日之伊尹墓，在偃师槐庙之杏元庄南，与田横墓南北相望，都受到后人的景仰、保护。② 伊尹如果被杀，是他曾篡夺了商王朝的国家政权，理当诛宗灭族，太甲怎会让伊尹葬于亳都？伊尹受到商王朝子孙的无限景仰，文献、甲骨文材料相互印证，伊尹受到成汤子孙无限尊重，给予他隆重的祭祀。③ 由此说明，伊尹被太甲所杀的记载当有误。

丁山《新殷本纪》认为："伊尹篡位，当以仲壬子位，《纪年》不言仲壬子者，疑仲壬无子，不得已而以太甲为嗣。伊尹之放太甲，正以其不当位。"

严一萍在《殷商史记》中认为："外丙、仲壬之为王，确有其事，放太甲一事，似亦非子虚。"严以为此乃伊尹为维护兄终弟及之制。

丁山认为伊尹篡位，当篡仲壬子的王位，仲壬无子，才以太甲为商王，太甲不应有商王之位，故遭到伊尹的放逐，即伊尹放太甲的原因是太甲没有按照商王朝的继承法而继承商王之位而引起的。严一萍的观点是伊尹在维护商王朝的兄终弟及的继承制度。

丁、严之观点都是站在设想的根据上，去论证太甲即位和被放逐的原因。传子制，特别是传嫡长子宗法制度，有利于家族的财产和权力的平稳过渡。成汤是商王朝的开国之君，建立商王朝后，改变原来的传子之制度而制定容易引起权力斗争的兄终弟及的继承制度，这是可疑之点；况且，太丁死后，成汤还健在，外丙完全可以被确定为商王朝的王位继承人，太甲原本就不贤，何必要放大甲而为外丙、仲壬继承商王之位创造条件？伊尹放太甲以后，并不是让太甲放任自流，而是对他严加教育，《左传》襄公二十一年："伊尹放大甲而相之，卒无怨色。"④ 伊尹为什么还要费尽心思对太甲严加管束？这又是可疑处。

---

① 《史记正义》引《括地志》云："伊尹墓在洛州偃师县西北八里。"
② 郑慧生：《伊尹论》，《甲骨卜辞研究》，河南大学出版社1998年版，第198页。
③ 《楚辞·天问》："初汤臣挚，后兹承辅，何卒官汤，尊食宗绪？"洪兴祖补注："官汤，犹言相汤也；尊食，庙食也。"《吕氏春秋·慎大》："祖伊尹世世享商。""享商"即受到商王朝子孙的祭祀。
④ 杜预注《左传》："大甲，汤孙也，荒淫失度，伊尹放之桐宫三年，改悔而复之。"《孟子·万章上》："伊尹相汤，以王于天下，汤崩，太丁未立，外丙二年，仲壬四年，太甲颠覆汤之典刑，伊尹放之于桐。三年，太甲悔过，自怨自艾，于桐处仁迁义；三年，以听伊尹之训己也。复归于亳。"《孟子·尽心上》：公孙丑曰："伊尹曰：予不狎于不顺，放太甲于桐，民大悦。太甲贤，又反之，民大悦。"

伊尹放太甲后的三年中，按照《史记·殷本纪》的说法，伊尹摄政当国，以朝诸侯。说明伊尹是以摄政王的身份而控制商王朝的政权。国不可一日无君，太甲是否能悔过自新、伊尹是否篡夺商王位、空缺的商王位是否有人觊觎等问题，都将影响刚刚建立的商王朝的稳定，常玉芝从太甲被放逐的年限、外丙即位的年数和世次上找答案。《书序》、《史记·殷本纪》、《左传》注皆说是（外丙在位）三年。《孟子》说两年，二说仅差一年。太甲被放逐的年限当与外丙即位的年数相当。太甲即位三年，被放逐三年。有理由说在太甲被放逐期间，伊尹是暂让太丁之弟、太甲之叔外丙代立为王，这就是外丙不但即位为王，而且世次在太甲之后的真正原因。如果没有太甲被放逐的特殊历史事件，外丙是不可能即位为王的。[①]

通过斟辨，真实的情况当为：成汤崩后，太甲即位为王，太甲不贤，遭伊尹放逐，王位由太甲之叔外丙继承；伊尹一方面对太甲进行教诲，让太甲在桐宫处悔过自新；另一方面，为了商王朝的稳定，在外丙当政时期，伊尹摄政当国，以朝诸侯。

太甲在桐宫三年，学汤之法度，听伊尹之训，悔过、反善、自责、归贤，《史记·殷本纪》："帝太甲居桐宫三年，悔过自责，反善，于是伊尹乃迎帝太甲而授之政。"[②]《尚书·太甲中》："（伊尹）作书曰：'民非后，无能胥以宁，后非民，无以辟四方。'"正是太甲的改过自新，伊尹又把太甲从桐宫处迎回朝中，并把政权重新交予他。外丙去世还是退还商王位于太甲，由于历史久远，难以知晓。外丙这个旁系先王的出现在当时是十分必要的，他即位，可以保证国家政权还掌握在商王族手中，太甲归贤，政权会还给太甲，以保证商代的嫡长子继承制度；太甲如果仍然执迷不悟，商王朝的政权继承则应由外丙之子继承，这样有助于政权的平稳过渡。伊尹辅佐外丙，摄政当权以朝诸侯，既防止了商家族内对太甲失位后其他"王子"对王位的觊觎，又使天下诸侯认识到伊尹并没有篡夺商王位，以此保持天下的安宁。可以说，外丙继承商王位，有历史的必然性。

太甲重掌政权后，伊尹又作《太甲》三篇以教育太甲。郑康成曰："《太

---

① 常玉芝：《太甲、外丙的即位纠纷与商代王位继承制》，《殷墟博物苑苑刊》，中国社会科学出版社1989年版，第37页。
② 《书序》："太甲既立，不明，伊尹放诸桐。三年，复归于亳，思庸。伊尹作《太甲》三篇。"《伪古文尚书·太甲中》："惟三祀十有二月朔，伊尹以冕服，奉嗣王归于亳。"

甲》三篇亡。"《伪古文尚书》有《太甲》三篇。

《太甲》上篇是叙述太甲放桐之事，先王敬天命，顺神祇，祖宗才得天下，得天下后，安抚万民，商之子孙才有天子的基业。先王坐以待旦，搜求有贤之士以帮助治理国家，希望国家政权不致覆亡。太甲不用伊尹之训，被放于桐，近先王（成汤葬处），听伊训。通篇是讲太甲放桐的原因。中、下二篇是归亳之事。太甲居桐三年，认识到自己的过错，感激伊尹的教诲，要以德治理天下。伊尹教育太甲要以仁、德治理民众，良言逆耳弗拒之，忠贞贤良之君是万民之依赖。

关于《太甲》，丁山在《新殷本纪》中谓："《太甲》篇犹《汤誓》、《盘庚》之诰，盖太甲告戒百僚之辞。"严一萍谓："自清代以来均以《太甲》三篇为伪古文，然而，语多有据，必有其真实史料在焉。"①《太甲》三篇文意贯通，后人有可能加以润色，但仍保持商代历史文献的基本面貌，记录了太甲居桐思过复又回亳治理朝政的历史。《史记·殷本纪》："于是伊尹乃迎帝太甲而授之政。帝太甲修德，诸侯咸归殷，百姓以宁。伊尹嘉之，乃作《太甲训》三篇，褒帝太甲，称太宗。"《帝王世纪》："伊尹放太甲，卒为明王是也。太甲修政，殷道中兴，号曰太宗。孔丛所谓：'忧思三年，追悔前愆，起而即政，谓之明王者也。'"

太甲修政，殷道中兴，国家安宁，政治稳定，然后修德行礼，大事于庙，《今本竹书纪年》："（太甲）十年，大饗于太庙，初祀方明。"② 太甲进行大飨和方明之祭，说明他重新即位后上事鬼神，下治万民，故诸侯归殷，天下安宁。

---

① 严一萍：《殷商史记》，台北艺文印书馆1989年版，第83页。
② 雷学淇《竹书纪年义证》曰："大飨者，禘祭也。太庙，契庙也。《礼记·祭法》曰：'殷人禘喾而郊冥，祖契而宗汤。'"《白虎通·阙文·宗庙》："周以后稷、文、武特七庙，后稷与文王为太祖，武王为太宗。"契、后稷分别是商、周之始祖。"毁庙之主，皆合食于太祖也"（《白虎通·宗庙》）。方明者，《书序》："伊尹祀于先王，诞资有牧方明。"疏："（注）：如淳曰：'觐礼，诸侯觐天子，为坛十有二寻，加方明于其上。'孟康曰：'方明者，神明之象也。以木为之，方四尺，画六采：东青，西白，南赤，北黑，上玄，下黄。'……《太平御览》四百八十引《三礼图》：曰：'方盟木，方四尺，设六色，东青，西白，南赤，北黑，上玄，下黄。设六玉：上圭，下璧，南方璋，西方琥，北方璜，东方圭。'方明者，上下四方之神明，天之司盟。"（孙星衍：《尚书今古文注疏》，中华书局1986年版，第573页。）从后人对大飨、太庙、方明的解释中，可以了解到太甲十年，太甲在太祖庙举行禘祭，初次对四方之神明进行祭祀。这种祭祀的作用正如《白虎通·宗庙》所载："王者所以立宗庙何？曰：生死殊路，故敬鬼神而远之，缘生以事死，敬亡若事存，故欲立宗庙而祭。此孝子之心所以追养继孝也。"

太甲称太宗，又称明王，① 是商王朝的名君，在位十二年而陟。② 有子太庚继王位，故其配偶妣辛受到周祭，卜辞如：

辛亥卜，贞王室大甲奭妣辛眔日，亡尤。（《合集》36226甲）

太甲崩后，根据周祭祀谱排序，其子太庚即位为王，文献记载由沃丁即位为王。

四　沃丁　太庚·妣壬

太甲有两子，沃丁和太庚，据文献记载，沃丁曾即位为王，甲骨文中，不见沃丁受周祭，可见，沃丁不曾即位为王，对此，分述于下：

（一）沃丁

沃丁，太甲子，《史记·殷本纪》："太宗崩，子沃丁立"。③ 沃丁元年，命卿士咎单。④

沃丁八年，伊尹卒，《史记·殷本纪》："帝沃丁之时，伊尹卒，既葬伊尹于亳，咎单遂训伊尹事，作《沃丁》。"⑤《今本竹书纪年》："（沃丁）八年，祠保衡。"⑥

沃丁在位十九年而陟。⑦ 甲骨文中，沃丁不被周祭。沃丁即位为王当史载有误。

---

① 《史记·殷本纪》、《帝王世纪》。
② 《今本竹书纪年》。
③ 《太平御览》卷八三引《纪年》："沃丁绚即位，居亳。"
④ 《今本竹书纪年》。
⑤ 《书序》："沃丁既葬伊尹于亳，咎单遂训伊尹事，作《沃丁》。"《伪古文尚书·咸有一德》正义谓："沃丁既葬伊尹，言重其贤德，备礼而葬之，咎单以沃丁爱慕伊尹，随训畅伊尹之事以告沃丁。"
⑥ 保衡为伊尹，《帝王世纪》谓："太甲反位又不怨，故更尊伊尹曰保衡（《太平御览》卷八三引）。"又：《太平御览》卷八三引《帝王世纪》："伊尹卒，大雾三日，沃丁葬以天子礼，资之三年，以报大德。"《初学记》卷二引《帝王世纪》："帝沃丁八年，伊尹卒，年百有余岁，大雾三日，沃丁葬以天子之礼，祀以太牢，亲自临丧三年，以报大德焉。"
⑦ 《今本竹书纪年》。刘恕《通鉴外纪》："（沃丁）在位二十九年。"

（二）太庚·妣壬

太庚为太甲子，《史记·殷本纪》认为太庚为太甲子、沃丁弟，曰："沃丁崩，弟太庚立。是为帝太庚。"古本、今本《竹书纪年》：太庚为小庚。《太平御览》卷八三引《纪年》："小庚辨即位居亳。"又小注：即太庚也。日本高山寺藏古钞本《殷本纪》作大庚。甲骨卜辞中作大庚，与直系先王一起或单独受到祭祀（《合集》1403），太庚有专门的祭日，称为"太庚日"（《合集》27166、32488）。太庚在位五年而陟。[①] 进入太庙受到周祭，卜辞如：

　　甲辰卜，行，贞王宾大甲劦，亡［尤］。在七月。

　　庚戌卜，行，贞王宾大庚劦，亡［尤］。在七月。（《天理》319，图2—7）

图2—7　《天理》319

劦为周祭中五祀之一，大甲与大庚相连，在一旬受祭。太庚配曰妣壬，受到周祭，卜辞如：

　　辛丑卜，行，贞王宾大甲奭妣辛劦，亡尤。在八月。
　　壬寅卜，行，贞王宾大庚奭妣壬劦，亡尤。（《合集》23314）

太庚有三子相继为王，即小甲、大戊、雍己。

五　小甲

小甲为太庚子，《史记·殷本纪》谓："帝太庚崩，子帝小甲立。"《太平御览》卷八三引《纪年》："小甲高即位，居亳。"有关小甲的身份有两

[①] 《今本竹书纪年》。《太平御览》卷八三引《史记》："帝太庚在位二十五年，崩。"董作宾《中国年历总谱》（香港大学出版社1960年版）亦据《皇极经世》、《外纪》，列大庚为二十五年。

说：一说小甲为太庚子，一说小甲为太庚弟。[1] 小甲在位十七年而陟。[2] 小甲时期，开始了商王朝建国以来的第一次衰败。[3] 小甲入太庙受飨，并有固定的祭祀日——小甲日（《合集》27171、《花东》85），小甲还受到周祭，卜辞如：

癸巳，王［卜］，贞旬亡［畎］。在四月。甲［午］祭小甲。［𠭯大甲］。

癸卯，王卜，贞旬亡畎。在四月。甲辰𠭯小甲。劦大甲。（《合集》35576）

甲骨文中，祭小甲卜辞达30多版，小甲受到周祭，其配偶不被周祭，说明小甲为旁系先王。

小甲崩后，由太戊还是雍己即位为王，自甲骨文发现以来仍有两种说法：一由雍己即位，[4] 二根据周祭制度先即位为王先受祭的原则，雍己在太戊之后受祭，卜辞如：

戊辰［卜］，［贞］王宾［大戊劦］日，亡［尤］。

己巳卜，贞王宾雍己劦日，亡尤。（《合集》35618）

常玉芝根据五种祭祀卜辞中不同的祀典绝不在同一版上出现的原则和五种祭祀卜辞中祭日必与先王的日干名一致的原则，对以上的残辞进行了互补，可知以戊辰日劦祭的先王之日干名必为“戊”，而商代以“戊”为日干名的先王只有大戊一人，所以其所祭的先王应是大戊，祭大戊在戊辰日，祭雍己在己巳日，戊辰与己巳同在一旬中，戊辰日在前，己巳日在

---

① 《史记·三代世表》：“帝小甲，太庚弟。”雷学淇《竹书纪年义证》谓：“《三代世表》谓小甲是太庚弟，误也。”

② 《太平御览》卷八三《皇王部》引《史记》：“帝小甲在位十七年，崩，弟雍己立。”《皇极经世》作三十六年，《通鉴外纪》引《帝王世纪》作五十七年。

③ 《史记·三代世表》载：“帝小甲，太庚弟。殷道衰，诸侯或不至。”

④ 《史记·殷本纪》、古本及今本《竹书纪年》。

后，所以大戊先于雍己而在同一旬内被祭祀，① 又根据周祭制度中先即位为王先受祭的原则，大戊在雍己之前即位为王。故列太戊之传于雍己之前。

六 太戊·妣壬

太戊为太庚子。《史记·殷本纪》等认为太戊继雍己之位即位为王。② 太戊即位元年，册命卿士伊陟、臣扈，辅佐太戊处理朝政，《书序》："伊陟相大戊。"《史记·殷本纪》："帝太戊立伊陟为相。"《今本竹书纪年》："元年丙戌，王（太戊）即位居亳，命卿士伊陟、臣扈。"伊陟、臣扈、巫咸，他们侍奉在太戊之侧，处理国家大事，《尚书·君奭》："在太戊，时则有若伊陟、臣扈，格于上帝。巫咸乂（治理、安定）王家。"③ 商王朝出现了自建国以来空前强盛的局面。

太戊时，出现祥桑生于朝的灾异现象，《书序》："伊陟相大戊，亳有祥桑谷共生于朝。"《史记·殷本纪》："帝太戊立伊陟为相，亳有祥桑谷共生于朝，一暮大拱。帝太戊惧，问伊陟。伊陟曰：'臣闻妖不胜德，帝之政其有阙与？帝其修德。'太戊从之。而祥桑枯死而去。"④ 太戊是商代明君，在位时期，出现后人所记之灾异。出现灾异的原因，已无法了解，唯一的信息为，商族自上甲微到太庚时，实行的是父死子继的王位继承法，尤其是成汤建国以后的几代

---

① 常玉芝：《商代周祭制度》，中国社会科学出版社1987年版，第58页。

② 《史记·殷本纪》："帝雍己崩，弟太戊立，是为帝太戊。"《史记·三代世表》："帝太戊，雍己弟，以桑谷生，称中宗。"

③ 孔颖达疏："伊陟、臣扈，言格于上帝，则其时亦致太平。"

④ 《史记集解》："孔安国曰：'祥，妖怪也，二木合生，不恭之罚。'郑玄曰：'两手搤之曰拱。'"《索隐》："此云'一暮大拱'，《尚书大传》作'七日大拱'，与此不同。"《今本竹书纪年》：（太戊）七年，"有桑生于朝。"对祥桑枯死的理解，《史记索隐》谓："刘伯庄言枯而消去不见，今以为由帝修德而妖祥遂去。"所谓的灾异现象，《白虎通·灾变》谓："天所以有灾变何？所以谴告人君，觉悟其行，欲令悔过修德，深思虑也。"《说苑·敬慎》："故妖孽者，天所以警天子诸侯也。"《春秋繁露·必仁且知篇》："灾者，天之谴也；异者，天之威也。谴之而不知，乃畏之以威。……凡灾异之本，尽生于国家之失。国家之失乃始萌芽，而天出灾害以谴告之。谴告之而不知变，乃见怪异以惊骇之。惊骇之尚不知畏恐，其殃咎乃至。"《汉书·董仲舒传》："国家将有失道之败，而天乃先出灾害以谴告之，不知自省，又出怪异以警惧之，尚不知变，而伤败乃至。"根据汉人对灾异的理解，灾异出现在国家政权有失阙之时，当灾异出现后，人君如不能及时修残补阙，更大的灾祸将会降临。

国君,都严格按照(嫡)长子继承制而传承的,太戊则是继其兄小甲即位为王,由此推测,太戊时出现灾异与商王位传承发生变化这一情况有关。太戊从天出灾异中受到警示,侧身修行,改变了小甲即位时殷道衰、诸侯或不至的颓败局面,《尚书·无逸》:"周公曰:'呜呼!我闻曰:昔在殷王中宗,严恭寅畏,天命自度,治民祗惧,不敢荒宁,肆中宗之享国,七十有五年。'"《今本竹书纪年》:"太戊遇祥桑,侧身修行。三年之后,远方慕明德,重译而至者七十六国,商道复兴,庙为中宗。"

太戊时,对鬼神、山川恭敬有加,《今本竹书纪年》:"(太戊)十一年,命巫咸祷于山川。"《太平御览》卷七百九十引《外国图》云:"昔殷帝大戊使巫咸祷于山河。"① 巫咸受太戊之命,祭祀求福于山川鬼神,说明太戊对国家大事——祭祀的重视。因国家政治清明,远方诸侯前来臣服,《帝王世纪》:"(太戊)修先王之政,明养老之礼,三年而远方重译而至七十六国。"《今本竹书纪年》:"(太戊)二十六年,西戎来宾,王使王孟聘西戎。"②

太戊时,军队改革,《今本竹书纪年》:"(太戊)三十一年,命费侯中衍为车正。三十五年,作寅车。"③ 军队的强大④为太戊时期加强边境军事防御提

---

① 巫咸,为太戊时之名臣。祷,《说文》:"祷,告事求福也。"山川,古人迷信,认为山川有灵性,既给人类以恩赐,又加害于人类,故古人对山川十分敬畏(《礼记·祭法》云:"四坎、坛,祭四方也。山林、川谷、丘陵能出云,为风雨,见怪物,皆曰神。有天下者祭百神,诸侯在其地则祭之,亡其地则不祭。"《礼记·曲礼》:"天子祭天地,祭四方,祭山川,祭五祀,岁遍。")

② 雷学淇《竹书纪年义证》:"《海外西经》有丈夫国,郭璞注云:'帝太戊使王孟采药,从西王母至此,绝粮不能进。'其说本河图玉版。盖误以聘为采药也。"

③ 中衍,人名,车正,官名。《史记·秦本纪》曰:"大费生子二人,一曰大廉,实鸟俗氏;二曰若木,实费氏,其玄孙曰费昌。……费昌当夏桀之时,去夏归商,为汤御,以败桀于鸣条。大廉玄孙曰孟戏、中衍,鸟身人言。帝太戊闻而卜之,使御,吉,遂致使御而妻之。自太戊以下,中衍之后,遂世有功,以佐殷国,故嬴姓多显,遂为诸侯。"雷学淇《竹书义证》:"是太戊时,费昌之后,已失侯亡国,故中衍复为费侯,以奉益祀。"寅车,兵车。《诗·小雅·六月》传:"殷曰寅车,先疾也。"郑笺曰:"寅,进也。""可以先前启突敌阵之前行。"雷学淇《竹书纪年义证》:"司马法曰:'戎车,夏后氏曰钩车,先正也。殷曰寅车,先疾也,周曰元戎,先良也。'"

④ 军队的强大,与经济实力的增长有关,而经济实力的强大与农业的丰收有很大关系,《今本竹书纪年》:"(太戊)四十六年,大有年。"雷学淇《竹书纪年义证》:"《说文》曰:'年,谷熟也。'……《公羊传》曰:'有年何以书,以喜书也。大有年何以书,亦以喜书也。此其曰有年何?仅有年也。彼其曰大有年何?大丰年也。'《穀梁传》曰:'五谷大熟,为大有年。'"

供了保证,《今本竹书纪年》:"(大戊)五十八年,城蒲姑。"① 因商王朝势力强大,边境诸侯前来臣服,《今本竹书纪年》:"(太戊)六十一年,东九夷来宾。"②

太戊在位七十五年而陟,《尚书·无逸》:"肆中宗之享国七十有五年。"《太平御览》卷八三引《史记》"中宗在位七十五年。"《今本竹书纪年》:"(太戊)七十五年,陟。"③ 太戊及其配偶妣壬受到祭祀并被周祭,卜辞如:

戊申卜,尹,贞王宾大戊祭叙,亡尤。(《合集》22838)
壬寅卜,行,贞王宾大庚奭妣壬劦,亡尤。
壬子卜,行,贞王宾大〔戊〕奭妣壬劦,亡尤。(《合集》23314)

帝太戊文治武功,被尊为中宗。《史记·殷本纪》:"(太戊时)殷复兴,诸侯归之,故称中宗。"甲骨文中,祖乙称中宗,卜辞如:

其用自中宗祖乙,王受有佑。(《合集》26991)
其至中宗祖乙祝。(《合集》27239)

太戊在甲骨文中不见称中宗之辞,文献中所称谓的"大(太)宗"、"中宗"和甲骨文中的"太宗"、"中宗"有可能为不同的概念和名称。

太戊崩,王位由其弟雍己继承,是为帝雍己。

七 雍己

雍己为太庚子、太戊弟。继其兄太戊后即位为王。雍己时,商王朝经历

---

① 蒲姑亦作薄姑,在今山东省博兴县东南十五里。《左传》昭公九年:"蒲姑,商奄,吾东土也。"杜注:"乐安博昌县北有蒲姑城。"又昭公二十年:晏子对昭公曰:"昔爽鸠氏始居此地,季萴因之,有逢伯陵因之,蒲姑氏因之,而后太公因之"。周成王时,蒲姑与四国作乱,成王灭之,以封师尚父(见《汉书·地理志》师古注)。有关蒲姑之地,还有另一说法:《后汉书·郡国志》"下邳国·取虑":"有蒲姑陂。"《左传》昭公十六年:"齐师至于蒲隧。"杜预注:"蒲隧,徐地。下邳取虑县东有蒲如陂。"

② 徐文靖《竹书统笺》曰:"按:《后汉东夷传》注:《王制》云:'东方曰夷,夷有九种。曰犬夷、于夷、方夷、黄夷、白夷、赤夷、元夷、凤夷、阳夷。'"

③ 《文献通考》谓:"太戊葬大名内黄县东南。"今内黄县至今还保留有殷太戊中宗陵。

了建国以来的第二次衰亡。① 雍己在位十二年而陟。② 雍己崩后，受到周祭，其配偶不被周祭。说明雍己为旁系先王。雍己之侄——（太戊之子）中丁继雍己后即位为王。

商王朝自成汤立国至雍己时，据文献记载，共经历了五世十王，王位在兄弟及兄弟与长兄之子之间传承。百多年来的甲骨文的发现及研究成果表明，成汤立国到雍己五世中，共有 8 位商王先后继承王位，自成汤大乙到太庚四世中，仅出现外丙一世旁系先王，据常玉芝研究，外丙这一旁系先王的出现有特殊的历史原因。由此说明，商王朝自建国之初，已经建立了王位传承的根本制度——（嫡）长子继承制。太庚有三子相继为王，出现了商王朝历史上的真正的"兄终弟及"现象，因历史久远，其历史原因和背景不得而知，但由于小甲、太戊、雍己相继为王的出现，为商王朝中期的"王位争夺"埋下了隐患。

---

① 《史记·殷本纪》："帝小甲崩，弟雍己立，是为帝雍己。殷道衰，诸侯或不至。"
② 《太平御览》卷八三引《史记》及《皇极经世》皆为十二年。《通鉴外纪》则作十三年。《今本竹书纪年》："（雍己）十二年，陟。"

第三章

商中期诸王及其配偶纪略

中期商王自中丁始,至阳甲止,由于太戊之子中丁从其叔父雍己手中夺取了商王位,破坏了成汤建国初确立的(嫡)长子继承制,出现了"兄终弟及"和"父死子继"的王位继承现象,这种王位继承制,造成了商王朝国势的大大削弱、以至频繁迁都的结果。中期商王的统治是商王朝历史上最衰弱的时期,对中期九位商王分述如次:

一 中丁·妣己、妣癸

中丁为太戊子,《史记·殷本纪》:中宗(太戊)崩,子帝中丁立。[①] 中丁为太戊子,甲骨文发现后,纠正了《史记》等文献所载王位传承顺序之误,卜辞如:

□未卜,橐上甲、大乙、大丁、大甲、大庚、[大戊]、中丁、祖乙、祖辛、祖丁十示,率䢃。(《合集》32385,图3—1)

王国维谓:"太戊之后有中丁,中丁之后有祖乙。则中丁、外壬、河亶甲自当为太戊子,祖乙自当为中丁子,知《人表》以中丁、外壬、河亶甲、祖乙皆

图3—1 《合集》32385

---

① 《后汉书·东夷列传》李贤注云:"仲丁,殷大戊之子。"《汉书·古今人表》云:"仲丁,大戊弟。"

为太戊弟者非矣。"① 中丁为太戊子，从周祭祀谱中也得到证实，卜辞如：

丁酉卜，行，贞翌戊戌翌于大戊，亡巷。在四〔月〕。
丙午卜，行，贞翌丁未翌于中丁，亡巷。在四月。（《合集》22822）

"辞中中丁的祭日丁未日在大戊的祭日戊戌日的下一旬，所以中丁是在大戊的下一旬被祭祀的。"又根据《合集》22779卜辞，"可知大甲、大戊、中丁是在紧相连接的三旬内被祭祀的。"② 中丁为太戊子，太戊上有兄小甲，下有弟雍己，太戊之子中丁没有王位继承的权利，但太戊是商代盛君，在位七十五年。③ 太庚子——太戊一支，拥有政治经济实力，为中丁夺取王位创造了条件。中丁继承商王位，是夺权斗争的结果，理由为：仲丁元年自亳迁嚣，中丁一即位便进行迁都，④ 说明中丁的王位是从其叔雍己手中争夺来的。商初之亳，在今洛阳偃师一带。商王朝建立后，在夏王朝统治中心建立都城——即1983年发现的偃师商城，居天下之中，是统治者建都的理想处所，中丁之所以要离开亳都，是因为他不应该继承商王位，既夺得王位，故遭到商王朝其他统治势力的反对，中丁迁都到嚣，离开商王朝的原统治区，以削弱其反对势力的影响，由此才保住了王位。这是商王朝自建国以来的第一次迁都。

由于王位的争夺，造成了商王朝统治势力的衰弱，边境上随之出现纷乱，《后汉书·东夷传》："桀为暴虐，诸夷内侵，殷汤革命，伐而定之。至于仲丁，蓝夷作寇自是或服或畔。"《今本竹书纪年》："（仲丁）六年，征于蓝夷。"⑤

---

① 王国维：《观堂集林》卷九，河北教育出版社2001年版，第284页。
② 常玉芝：《商代周祭制度》，中国社会科学出版社1987年版，第80页。
③ 《尚书·无逸》："肆中宗之享国七十有五年。"
④ 《史记·殷本纪》："中宗崩，子帝中丁立。帝中丁迁于隞。……《仲丁》书阙不具。"《书序》："中丁迁于嚻，作《仲丁》。"《今本竹书纪年》："（仲丁）元年，王即位，自亳迁于嚣，于河上。"《帝王世纪》："仲丁自亳徙嚣于河上者也，或曰敖矣。秦置仓于其中，故亦曰敖仓城也。"嚣、嚻、隞、敖并同地异书，皆音敖。《括地志》云："荥阳故城，在郑州荥泽县西南十七里，殷时敖地，周时名北制，在敖山之阳。"
⑤ 蓝夷之地或族，未详所在。

中丁在位九年或十一年而陟。① 有配偶妣己和妣癸与中丁一起，入周祭祀谱，卜辞如：

己卯卜，贞王宾中丁奭妣己夷，亡尤。(《合集》36232，图3—2)

癸酉卜，尹，贞王宾中丁奭妣癸翌，亡尤。

己丑[卜]，尹，贞王宾祖丁奭妣己翌，亡尤。

庚戌卜，尹，贞王宾小乙奭妣庚翌，亡尤。(《合集》23330)

图3—2　《合集》36232

甲骨文中，中丁庙还称中丁宗(《合集》38223)，中丁还称三祖丁，卜辞如：

丙午卜，□，贞三祖丁眔[毓]祖丁彡，王受有佑。(《合集》27181)

乙亥卜，禘岁三祖丁牢。王受佑。(《合集》27180)

在殷王世系中，受到周祭的名"丁"的先公先王为报丁、大丁、中丁、祖丁、武丁，中丁排行第三，故称三祖丁。中丁崩，其弟外壬立为商王，是为帝外壬。

二　外壬、河亶甲

太戊三子中丁、外壬、河亶甲相继为王，是"兄终弟及"的王位传承，对此，分述于下：

(一) 外壬

外壬为帝太戊次子、中丁之弟。甲骨文中作卜壬(《东京》1205)。中丁

---

① 《太平御览》卷八三《皇王部》引《史记》佚文："帝仲丁在位十一年。"《今本竹书纪年》："(仲丁)九年，陟。"

崩，弟外壬立，于元年庚戌即位，从兄居嚣。① 外壬是继兄之位为王，其政权是平稳过渡还是用武力争来的，亘古久远，无法明了。但外壬即位元年，边境诸侯邳人、侁人发生叛乱，《今本竹书纪年》："（外壬）元年，邳人、侁人叛。"② 间接说明王位可能是争夺来的。外壬在位十年而陟。③ 外壬崩后，其弟河亶甲继位为王。

(二) 河亶甲

河亶甲，帝太戊子、中丁、外壬弟。河亶甲继其兄外壬即位为王。④ 其王位有可能是争夺来的，故即位元年迁都于相，《吕氏春秋·音初篇》："殷整甲徙宅西河，犹思故处，实始作为西音。"《史记·殷本纪》："河亶甲居相。"《今本竹书纪年》："（河亶甲）元年庚申，王即位，自嚣迁于相。"《文心雕龙·乐府》："夏甲叹于东阳，东音以发；殷整思于西河，西音以兴。"

关于相地望，自古至今有两说，河南内黄或安阳。雷学淇《竹书纪年义证》谓："《书序》曰：'河亶甲居相。'《世纪》云：'相在河北。'后出《孔传》用其说。《正义》云：'今魏郡有相县。'《括地志》云：'故殷城，在相州内黄县东南十三里，即河亶甲所筑，都之，故名殷城也。'《元和志》及《寰宇记》从其说。《通典》曰：'相州治安阳县，殷王河亶甲居相，即其地。'《路史》又云：'亶甲故城，在安阳西北五里。'四说各不同。河北相县，即今彰德府西十五里之相城也。相州治安阳县，即今府北、洹水岸上之故安阳城也。安阳西之故城，即今府西北之殷墟也。是三者皆在古大河之北。内黄之殷城，即今大名府内黄县东南地名，在古大河之东，非河北矣。"吴其昌的《殷墟书契解诂》谓："宋人《考古》、《博古》诸图，于殷墟出土

---

① 《太平御览》卷八三引《纪年》："外壬居嚣。"《今本竹书纪年》："（外壬）元年庚戌，王即位，居嚣。"

② 邳、侁之名，见于《左传》昭公元年，谓："商有邳、侁。"杜预注："二国，商诸侯。"侁亦作侉，即《吕氏春秋·本味》之有侉氏，高诱注："侁读曰莘。"《文选·辨命论》李善注引作有莘氏。有莘之墟相传即今山东曹县北之莘冢集。邳亦古国，据杜注：即今江苏之邳县旧治邳城镇。（参见杨伯峻《春秋左传注》，中华书局，1988年版，第1207页。）

③ 《今本竹书纪年》；《太平御览》卷八三引佚《史记》曰："帝外壬在位五年，崩。弟河亶甲立。"

④ 《史记·殷本纪》："帝外壬崩，弟河亶甲立，是为帝河亶甲。"

诸器，往往注云：'出洹水之滨，亶甲墓旁。'"1999年底，在安阳的洹河北岸，发现了一座晚于郑州商城、早于殷墟的商代中期的城址，有可能就是河亶甲所居之相。

　　河亶甲继商王之位，因王位争夺导致政权内部分裂，国力减弱，出现了商王朝建国以来的第三次衰亡；① 政权势力的衰弱，引起边境诸侯的侵伐，故河亶甲连年对外用兵，《太平御览》卷八三引《纪年》："（河亶甲）征蓝夷，再征班方。"《今本竹书纪年》："（河亶甲）三年，彭伯克邳。四年，征蓝夷。五年，姺人入于班方，彭伯、韦伯伐班方，姺人来宾。"②

　　河亶甲在位九年而陟，③ 葬于今安阳。④

　　甲骨文中，亶甲之亶作"𢆶"形，从两戈相向，郭沫若释戋字，谓"河亶者，戋之缓言也。又殷王名甲者，有太甲、小甲、河亶甲、沃甲、阳甲、祖甲，其于甲日祭某甲而合祭某甲者，二甲必相次……戋甲与小甲为次，亦正当于河亶甲也"。⑤ 董作宾在《甲骨文断代研究例》中认为戋甲即河亶甲莫属。亶甲为何称河亶甲，吴其昌在《殷墟书契解诂》中认为："'河'字来源，乃由于'亶甲'曾徙宅于'西河'之故。'河亶甲'犹云：'西河''亶甲'也。故亦颇多以'亶甲'直名者，如《尚书序》孔传云：'祖乙，亶甲子。'《正义》中作'亶甲'者，尤縠不胜举。……'河'字乃后人所加……由形转而屡伪焉，则有作'整甲'者矣。"吴氏之解可备一说。

　　河亶甲即王位为商王，故受到子孙之周祭，卜辞如：

　　　　甲辰［卜］，行，贞王宾戋甲𣂪，亡尤。（《合集》25306）
　　　　甲辰卜，行，贞王宾戋甲彡，亡尤。（《合集》22816）

---

①《史记·殷本纪》谓："河亶甲时，殷复衰。"

② 徐文靖《竹书统笺》曰："《郑语》史伯曰：'大彭，豕、韦为商伯矣。'韦昭曰：'陆终第三子曰籛，封于大彭，彭城是也。时大彭为商伯。故称彭伯。'"邳于外壬元年便与商王朝作对，到河亶甲三年，终于被打败。蓝夷自中丁六年商王朝势力开始衰弱时，便相侵伐，到河亶甲时，又遭到讨伐。班方，地名不详。

③《今本竹书纪年》："（河亶甲）九年，陟。"

④《路史》曰："亶甲冢在安阳县城外西北隅，洹水南岸，元丰间水毁，民夷之。"

⑤ 郭沫若：《卜辞通纂》，科学出版社1983年版，第295页。

河亶甲崩，由中丁之子祖乙即位，河亶甲成为旁系先王。

三 祖乙·妣己、妣庚

祖乙为中丁子，继其叔河亶甲后为商王。王国维曰："惟据《殷本纪》，则祖乙乃河亶甲之子，而非中丁子。今此片（后上五，即《合集》32385）中有中丁而无河亶甲，则祖乙当为中丁子，《史记》盖误也。"[1] 吴其昌初赞成王说，以祖乙为中丁之子，其后又认为是河亶甲之子。[2] 丁山的《新殷本纪》认为就卜辞之配享及宗法关系，祖乙为中丁子。

祖乙的王位有可能是从河亶甲之系夺取到的，故即位后便迁都于耿，《今本竹书纪年》："（祖乙）元年己巳，王即位，自相迁于耿。命彭伯、韦伯。"[3]

《史记·殷本纪》："祖乙迁于邢。"《书序》："祖乙圮于耿，作《祖乙》。"《尔雅·释言》云："圮、败，覆也。"郑康成曰："祖乙又去相居耿，而国为水所毁。于是修德以御之，不复徙也。"《伪孔传》谓："圮于相，迁于耿。"《今本竹书纪年》："（祖乙）二年，圮于耿，自耿迁于庇。"

耿、庇、邢是祖乙之都，耿、邢、庇作为地名之间关系如何？邢与耿，司马贞的《史记索隐》："邢音耿，近代本亦作耿。"邢、耿古音同部（同在段氏十一部），即耿、邢实为一地。关于邢地望，有两种说法，一河北邢台说。[4] 二

---

[1] 王国维：《观堂集林》卷九，河北教育出版社2001年版，第284页。

[2] 吴其昌：《殷墟书契解诂》。

[3] 关于耿地望，旧说在河东，《史记索隐》："邢音耿，近代本亦作耿。今河东皮氏县有耿乡。"《史记正义》引《括地志》"绛州龙门县东南十二里耿城，故耿国也。"关于命彭伯、韦伯，雷学淇《竹书纪年义证》曰："此赏克邳伐姺之功也。郑语曰：'大彭、豕、韦为商伯矣。'《白虎通》曰：'大彭氏，豕韦氏，霸于殷者也。霸者伯也。行方伯之职，会诸侯，朝天子，不失人臣之义，故圣人与之。'盖二国于此时受命也。"

[4] 《汉书·地理志下》赵国下称："襄国，故邢国。"《通典》卷一百七十八邢州："古祖乙迁于邢，即此地，亦邢国也。"邹衡以考古材料证明今邢台一带大范围的早商文化的遗址当即祖乙居邢的遗存。同时这里有不少早商文化的遗址，在此建都有广泛的基础。（邹衡：《夏商周考古学论文集》，文物出版社1980年版，第207页）

河内说，即今河南温县。① 关于庇地望，徐文靖《竹书统笺》："邢与庇，当是一地……《史记》谓祖乙迁于邢者，当即为《竹书》所云迁庇者也。……邢自周公子靖渊始封，商时谓之庇也。"有学者认为其地望在今山东省鱼台县西南之费亭。陈梦家谓："祖乙再迁之庇，当在鲁境而邻于奄者，故南庚又自庇迁奄，较为近易。庇、费音近相通。鲁国季氏之费在今山东费县西南七十里。丁山以为是《左传》隐元之费，在今山东鱼台境。"②《路史·国名纪丁》于庇下引《纪年》曰：'祖乙胜即居之'，又说'沃甲、祖丁因居之'，谓居于庇，当有所本。"③ 庇地还有郑州商城庇都说。④

自中丁以来商王朝内部争夺王位的斗争，削弱了国家的实力，殷商王朝势力日益衰弱，至祖乙之时，因得巫贤为良佐。⑤ 国势复兴。祖乙卒成盛君，《尚书·君奭》："在祖乙，时则有若巫贤。"⑥ 巫贤为巫咸子，巫咸是太戊时期治国良臣，其子巫贤得到祖乙重用。从此信息中，可以了解到祖乙可能是得到了商王朝旧贵族势力的支持，其政权逐渐稳定，故有殷商王朝之复兴。当商王朝的政治统治趋于稳定后，民人渐多，都城建设势在必行，于是祖乙修筑庇都，《今本竹书纪年》："（祖乙）八年，城庇。"⑦

祖乙时期，政权稳定，国力增强，开始加强对边疆的经略，命邠侯高

---

① 《左传》宣公六年："围怀及邢丘。"《韩诗外传》卷三云："武王伐纣，到于邢丘，……更名邢丘曰怀。"若其所言，则怀与邢丘为一地而前后异名。但以《传》文考之，恐不然。《史记·秦本纪》云："（昭襄王）四十一年夏，攻魏，取邢丘、怀。"则怀与邢丘为两地，至战国时犹如此。怀在今河南省武陟县西南。邢丘即今河南省温县东二十里之平皋故城。怀与邢丘仅相近。（参见杨伯峻《春秋左传注》，中华书局1981年版，第688页）陈梦家又进一步论证："西汉之怀在王莽的河内西北三十里，便是太行陉。邢丘应在陉南怀北之间，而邢名之邢实从'陉'而来，邢地应在今清化镇一带。"（陈梦家：《殷虚卜辞综述》，中华书局1988年版，第252页）

② 丁山：《商周史料考证》，中华书局1988年版，第32页。

③ 陈梦家：《殷虚卜辞综述》，中华书局1988年版，第252页。

④ 李民：《古本竹书纪年译注》，中州古籍出版社1990年版，第42页。

⑤ 《今本竹书纪年》："（祖乙）三年，命卿士巫贤。"

⑥ 孔安国传："祖乙，殷家亦祖其功。时贤臣有如此巫贤，贤，咸子，巫，氏。"《史记·殷本纪》："帝祖乙立，殷复兴，巫贤任职。"《史记正义》："巫咸及其子贤冢皆在苏州常熟县西海虞山上。"

⑦ 《穀梁传》隐公七年："城为保民为之也，民众城小则益城。"

圉,《今本竹书纪年》:"(祖乙)十五年:命邠侯高圉。"①

祖乙在位十九年而陟。② 祖乙时,商王朝复兴,故祖乙被尊为中宗。《魏史附记》曰:"祖乙之世,商道复兴,庙为中宗。"《太平御览》卷八三引《纪年》:"祖乙胜即位,是为中宗。"甲骨文中,祖乙称中宗祖乙(《合集》26991、27239)。其庙还称祖乙宗(《合集》32360、33006)。祖乙之子继王位,因此,祖乙为直系先王,其配偶也受到周祭,卜辞如:

□卯卜,尹,贞王宾祖乙奭妣己翌,亡尤。(《合集》40983,图3—3)
〔庚〕□卜,〔尹〕,贞王宾祖乙奭妣庚翌,亡尤。(《合集》23332,图3—4)

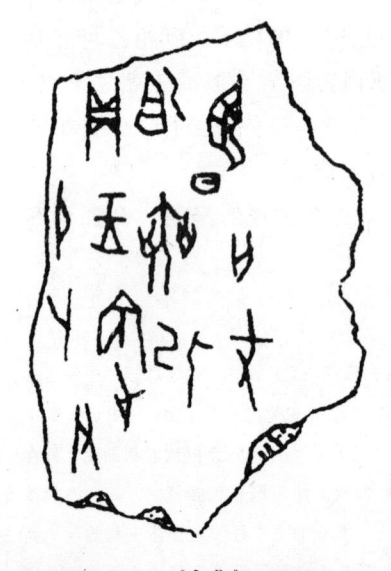

图3—3 《合集》40983　　　　图3—4 《合集》23332

祖乙时,政权平稳过渡,其子祖辛继承商王位,是为帝祖辛。

---

① 雷学淇《竹书纪年义证》曰:"邠,地名,即豳。《孟子》、《尔雅》皆作邠……《经典释文》引作汾。古文邠、汾通,故《周书》登汾之阜,《史记·周本纪》作登豳之阜,盖邑名、山名、水名之异也。"高圉,周族之先王,《国语·鲁语上》:"高圉、大王,能率稷者也,周人报焉。"

② 《太平御览》卷八三引《史记》:"祖乙在位十九年。"《今本竹书纪年》同。

四 祖辛·妣甲

祖辛为祖乙子。祖辛于元年戊子即位居庇,在位十四年而陟。① 祖辛因其子祖丁即位为王,故祖辛为直系商王,其配偶曰妣甲,入商代周祭祀谱,卜辞如:

> 甲午卜,贞王[宾]祖辛奭妣甲翌日,亡[尤]。(《合集》35957)
> 甲[戌卜],[行],贞[王宾]祖辛[奭妣甲翌] [亡尤]。《合集》23314
> [于]妣甲祖辛奭。(《合集》27505,此卜辞只证明妣甲是祖辛之配,非周祭卜辞)

祖辛之庙在称祖辛宗(《合集》38224)。祖辛崩,弟沃甲立,是为帝沃甲。

五 沃甲·妣庚

沃甲为祖乙子,祖辛弟。于元年壬寅即位居庇,在位五年而陟。② 沃甲,《史记·殷本纪》称沃甲,《世本》作开甲,古本、今本《竹书纪年》作开甲。沃甲、开甲当可互用。甲骨文中无沃甲、开甲,有羌甲,作"ᙠ"、"ᙣ"形,郭沫若的《卜辞通纂》140 释文释"羌甲"为"沃甲"。于省吾认为"沃"为"羌"之伪(《殷契骈枝三编》)。羌甲受到祭祀,卜辞如:

> 己丑卜,大,贞于五示告:丁、祖乙、祖丁、羌甲、祖辛。(《合集》22911,图3—5)

羌甲即位为商王,进入周祭祀谱,受到周祭(《合集》35648、35749)。羌甲之配曰妣庚,在祖庚、祖甲时期,还受到岁祭和周祭中的翌祭,卜辞如:

---

① 《太平御览》卷八三引佚《史记》曰:"帝祖辛在位十六年崩,弟沃甲立。"《今本竹书纪年》:"(祖辛)十四年,陟。"两者相比,有误差。

② 《今本竹书纪年》:"(开甲)元年壬寅,王即位,居庇。五年,陟。"

己巳卜,行,贞翌庚午岁其延于羌甲奭妣庚。(《合集》23326,图3—6)

图3—5 《合集》22911　　　图3—6 《合集》23326

庚辰卜,□,贞王宾羌甲奭妣庚㝵,亡[尤]。(《合集》23325)

黄组卜辞中不见羌甲之配妣庚受到周祭,其原因是羌甲之子未即位为王,他是旁系先王。由此也说明黄组卜辞时期,商代周祭制度更加严密。沃(羌)甲崩,沃甲兄、祖辛子曰祖丁,即位为王,是为帝祖丁。

六 祖丁·妣庚、妣己

祖丁为祖辛子、沃甲侄。祖丁继其叔父沃(羌)甲以后即位为王,于元年丁未即位居庇,在位九年而陟。① 祖丁有子继承王位,故他是直系先王,其配偶受到周祭。祖丁有两个配偶,曰妣庚、妣己,卜辞如:

---

① 《史记·殷本纪》曰:"帝沃甲崩,立沃甲兄祖辛之子祖丁,是为帝祖丁。"《今本竹书纪年》:"(祖丁)九年,陟。"《太平御览》卷八三引佚《史记》:"帝祖丁在位三十二年,崩,立沃甲之子,是为南庚。"

己丑［卜］，尹，贞王宾祖丁奭妣己翌，亡尤。（《合集》23330，图3—7）

己亥卜，（贞）王宾四祖丁奭妣己䘒，［亡尤］。（《合集》35957）

甲戌卜，贞王宾祖辛奭妣甲䘒日，［亡尤］。

庚辰卜，贞王宾四祖丁奭妣庚䘒日，［亡尤］。

庚子卜，贞王宾小乙奭妣庚䘒日，亡尤。（《簠·帝》67＋《簠·帝》82＋《簠·帝》89，采自《商代周祭制度》第94页）

图3—7　《合集》23330

"根据周祭先妣的原则，在祖辛之配妣甲之后、小乙之配妣庚之前被祭祀的先妣，必是小乙之父祖丁的配偶，而在祖辛与小乙之间即位为丁名王又只有小乙之父祖丁一人，其中的四祖丁奭妣庚，必是祖丁之配妣庚，即四祖丁必是小乙之父祖丁。商代自上甲到祖丁，顺次有报丁、大丁、中丁、祖丁四个丁名王。殷墟卜辞对上述丁名王都可称祖丁。'四祖丁'显然是为了区别前三个丁名王而用以对小乙之父祖丁的专称。"① 甲骨文中，周祭先公先王从上甲开始，从上甲到小乙之父祖丁前，有报丁、大丁、中丁三个丁名王，《史记·殷本纪》中有沃丁在太庚之前即位，沃丁不见被周祭，他当没有即位为王。故四祖丁是以报丁、大丁、中丁、四祖丁（小乙之父）为排列顺序的。

祖丁崩，其叔沃甲之子曰南庚即位为王。是为帝南庚。

七　南庚

南庚为沃甲子、祖辛侄、祖丁堂弟。② 即位居庇。即位后三年，迁居

---

① 常玉芝：《商代周祭制度》，中国社会科学出版社1987年版，第95页。
② 《史记·殷本纪》："帝祖丁崩，立弟沃甲之子南庚，是为帝南庚。"

于奄,《今本竹书纪年》:"(南庚)元年丙辰,王即位居庇。三年,迁于奄。"①

南庚为何称南庚,吴其昌论证南庚之称谓:"在殷代人名中为仅见,在殷帝世系中为特例……自中宗(祖乙)居庇以后,四世皆居于北地,至五传之帝,以庚日生而名庚者,始迁居于奄,奄地较南,此名庚之帝,首实都南,故即以'南庚'名之,以别于先王大庚焉。……而泰山之下,亦有相土之东都。又《尚书疏》及《史记索隐》皆引《汲冢古文》:'盘庚自奄迁于殷。'则奄又尝为殷都,故其后皆为大国。武庚之叛,奄助之尤力。及成王克殷践奄,乃封周公子伯禽于鲁,是故奄实即厕于鲁都曲阜之郛郭,而所谓鲁奄之民者,亦皆殷之遗民也。"② 吴氏认为:南庚称南庚,一是与太庚有区别,一是庇地在(北部)地区,南庚迁徙其都到奄地,是王都自南庚而迁到南部地区,故南庚有此名。此可备一说。

南庚在位六年陟。③ 受到周祭,卜辞如:

庚申卜,豕,贞王宾南庚彡,亡尤。(《合集》23075)
庚申卜,[即],贞王宾南庚祭,亡囚。(《合集》23076,图 3—8)

南庚崩后,由祖丁子阳甲即位为商王,故南庚为旁系先王。

八 阳甲

阳甲从其从叔父——南庚手中,夺回了商王位,结束了商代中期的"比九世乱"的局面,对此,分述于下:

阳甲为祖丁子,于南庚后即位为王。④ 阳甲在南庚后受祭祀,卜辞如:

---

① 奄,《史记·周本纪·集解》引郑玄曰:"奄国在淮夷之北"。《正义》引《括地志》:"泗水徐城县北三十里古徐国,即淮夷也。奄州曲阜县奄里,即奄国之地也"。即《左传》昭公九年:"蒲姑、商奄,吾东土也"之奄,即《孟子·滕文公下》中称周公"伐奄,三年讨其君"的奄。其地即山东曲阜一带。

② 吴其昌:《殷墟书契解诂》,武汉大学出版社 2008 年版,第 183—185 页。

③ 《今本竹书纪年》:"(南庚)六年,陟。"《太平御览》卷八三引《史记》及《通鉴外纪》作二十九年。《皇极经世》作二十五年。

④ 《史记·殷本纪》:"帝南庚崩,立帝祖丁之子阳甲,是为帝阳甲。"

□□卜，其㞢祖乙、南庚、阳甲。(《合集》27207，图3—9)

图3—8　《合集》23076　　　　图3—9　《合集》27207

阳甲在南庚后受祭，说明阳甲在南庚后即位为王。

　　阳甲是九世之乱最后一位商王，其王位是从其从叔父南庚手中夺回来的，在争夺王位的斗争中，削弱了商王朝政治统治势力，国力日衰，诸侯莫朝，《史记·殷本纪》："帝阳甲之时，殷衰。自中丁以来，废嫡而更立诸弟子，弟子或争相代立，比九世乱，于是诸侯莫朝。"① 阳甲时，出现了商王朝自建国以来的第四次大衰亡。衰亡的结果，导致边境诸侯入侵。阳甲即位第三年，西征丹山戎，《今本竹书纪年》："阳甲名和。元年壬戌，王（阳甲）即位居亳奄。三年，西征丹山戎。"《古本竹书纪年》云："和甲西征，得一丹山。"②

---

①　崔述在《商考信录》中谓："自中丁以后，有外壬、河亶甲、祖乙、祖辛、沃甲、祖丁、南庚，至阳甲正得九世。"

②　徐文靖《竹书统笺》曰："按《山海经》有始州之国，有丹山。"雷学淇的《竹书纪年义证》："《大荒北经》曰：'有始州之国，有丹山。'郭注云：'此山纯出丹朱也。《竹书》曰：和甲西征得一丹山，今所在亦有丹山，丹出土穴中。'"丹山，山名，在近安徽砀山一带。丹山之地还有今山西翼城说。（李民：《古本竹书纪年译注》，中州古籍出版社1990年版，第44页）

阳甲在位四年而陟。① 甲骨文中，阳甲作"𣪘"，合文之形，阳又作"㞐"形，唐立庵释"兔甲"，陈梦家释"象甲"，郭沫若释"象甲"，董作宾释"虎甲"。武丁卜辞中，称阳甲，也称父甲，卜辞如：

贞侑于阳甲、父庚、父辛一牛。(《合集》6647 正，图 3—10)

阳甲有兄弟四人相继为王，武丁称阳甲为父甲，与盘庚、小辛、小乙共同受到祭祀。阳甲进入周祭祀谱，卜辞如：

……阳甲彡亡尤。十二月（《合集》23093）

图 3—10 《合集》6647 正

癸巳王卜，贞旬亡祸。王固曰：大吉。在九月。甲午翌阳甲。(《合集》35644)

阳甲崩，弟盘庚即位，是为帝盘庚。

中期商王共有九位先后继承王位，自商前期太庚之三子小甲、太戊、雍己相继为王后，商王位的传承，为后世子孙争夺王位，创造了机会，太戊为商王朝的盛君，为其子中丁争夺王位，打下了基础。中丁从其叔父雍己手中夺取到王位，开启了商王位争夺的先河。在此阶段，商王位不仅在亲兄弟之间传承，而且还在从兄弟及叔侄间传承，由于王位的争夺，导致了商王统治集团的内乱，以至商王朝国势的衰弱，出现了王都的频繁迁徙和诸侯入侵边境的局面。

---

① 《今本竹书纪年》。《太平御览》卷八三引佚《史记》："帝阳甲在位十七年。"

第四章

商后期诸王及其配偶纪略

后期商王始于盘庚，止于帝辛。商王朝自盘庚迁殷至纣之灭，都于殷。盘庚迁殷，扭转了"九世乱"造成的衰亡局面；到武丁时期，商王朝发展到了鼎盛阶段；祖甲以后，由盛转衰。其时，位于西部的周人，逐渐发展壮大；商的最后一位王——帝纣，因恃才傲物，丧失人心而导致身亡国灭。就各商王的事迹分述如下：

一 盘庚、小辛、小乙·妣庚

盘庚继其兄——阳甲后，即位为王，自奄迁于殷，历经其弟小辛、小乙后，到武丁时期，出现了商王朝的鼎盛局面，对此，分述于下：

（一）盘庚

盘庚为祖丁次子，阳甲弟，于元年丙寅即位居奄。① 盘庚即位，诸侯归殷，《今本竹书纪年》："（盘庚）七年，应侯来朝。"②

盘庚即位，居都于奄。在奄地，盘庚无法施展其治国之才，原因是：盘庚继"九世乱"后即位，王位争夺，导致王权的削弱和贵族势力的膨

---

① 据《史记·殷本纪》"帝阳甲崩，弟盘庚立，是为帝盘庚"及《今本竹书纪年》。《经典释文》引马融《尚书》注：盘庚，"祖乙曾孙，祖丁之子。"《尚书》孔疏引郑玄曰："盘庚，汤十世孙，祖乙之曾孙。……祖乙为汤玄孙，七世也。又加祖乙，复其祖父，通盘庚，故十世。"马融注及郑玄注以直系为据，不涉及旁系先王，盘庚正好为成汤之第十世。

② 关于应之地望，《史记·梁孝王世家·正义》："汲冢古文云，殷时已有应国。"《水经·滍水注》、《汉书·地理志》注、《路史·国名纪》并云。《汉书·地理志》颍川郡父城县有应乡，即古应国。臣瓒注云："《汲郡古文》殷时已有应国，非成王之所造也。"《水经·滍水注》曰："（滍）水出鲁阳县北恃山，东南迳应山北，又南迳应城西。《地理志》曰：故父城县之应乡也。"

胀，取得王位者要维护其支持者的权益。因此，"古我先王，亦惟图任旧人共政"，这些贵族旧臣不仅政治上取得特权，经济上，"具乃贝玉"，"总于货宝"。盘庚即位时年岁尚或年少，称为"予冲人"。① 这些旧贵族无视即位为王的盘庚，产生了"傲上"情绪，对盘庚之政，于己不利者则置若罔闻，不仅自己不执行，而且还"协比谗言"，并"浮言"以"沉于众"。盘庚要巩固王权，就要抑制、削弱大贵族势力，由此必须使他们离开旧都，于是盘庚迁殷。

盘庚迁都

《史记·殷本纪》："帝盘庚之时，殷已都河北，盘庚渡河南，复居成汤之故居。乃五迁，无定处。"有关五迁的理解，《尚书·盘庚》："先王有服，恪谨天命，兹犹不常宁，不常厥邑，于今五邦。"马融曰："五邦，谓商丘、亳、嚣、相、耿。"郑康成曰："汤自商徙亳，数商、亳、嚣、相、耿为五。"《史记·殷本纪》所谓的盘庚五迁，当指自汤至盘庚的五次迁都，而非盘庚在位时期的五次迁都。盘庚在位共二十八年，如果迁都五次，超过了九世乱时期的多次迁都，国力应当更加衰弱，事实上，盘庚时期是商王朝统治经历了九世乱后的繁盛期，由此判定，盘庚统治时期，仅迁都一次，即自奄迁于殷。盘庚迁都于殷还是迁都于亳，历来争论非常激烈，其主要原因是：《史记·殷本纪》载盘庚"复居成汤之故居"，成汤之故居指何处？《太平御览》卷八三引《帝王世纪》谓："帝盘庚徙都殷，始改商曰殷。"又"亳殷，今偃师是也。然则殷有三亳，二亳在梁国，一亳在河南谷熟，为南亳，即今都也。蒙为北亳，即景亳，汤所盟地。偃师为西亳，即盘庚所徙者。"《后汉书·郎𫖮传》注引《帝王纪》："盘庚以耿在河北，迫近山川，自祖辛以来，奢淫不绝，乃渡河，将徙都亳之殷地，人咨嗟相怨，不欲徙。盘庚乃作书三篇，以告喻之。今《尚书·盘庚》三篇是也。"亳在偃师，《史记·殷本纪·正义》引《括地志》云："亳邑故城在洛州偃师县西十四里，本帝喾之墟，商汤之都也。"后世的几种盘庚迁都于今河南偃师的说法，符合司马迁所说的盘庚复居成汤之故居的记载。成汤建国后，迁都于亳（即偃师）已为考古所证实，1983 年发现的尸乡沟商城，始建于二里岗下层偏早阶段，与商朝建立初年相吻合。成汤故居当指今河南偃师。关于盘庚迁都偃师之说，找不出其源流，当是受司马迁

---

① 冲者，《后汉书·冲帝纪》注引《谥法》云："幼少在位曰冲。"

（盘庚）复居成汤之故居而形成的。盘庚迁殷，即自奄地迁都于殷的说法当是可信的。① 殷地在今河南安阳，这已被现代考古发掘所证实。

盘庚迁殷，遭到当时一部分人的反对，《史记·殷本纪》："殷民咨胥皆怨，不欲徙。盘庚乃告谕诸侯大臣曰：'昔高后成汤与尔之先祖俱定天下，法则可修，舍而弗勉，何以成德！'"《书序》："盘庚五迁，将治亳殷，民咨胥怨，作《盘庚》三篇。"《尚书·盘庚》："古我先王暨乃祖乃父，胥及逸勤，予敢动用非罚。世选尔劳，予不掩尔善。……予告汝于难，若射之有志。汝无侮老成人，无弱孤有幼。各长于厥居，勉出乃力，听予一人之作猷。无有远迩，用罪伐厥死，用德彰厥善。邦之臧惟汝众，邦之不臧惟予一人有佚罚。凡尔众其惟致告。自今至于后日，各恭尔事，齐乃位，度乃口，罚及尔身，弗可悔。"盘庚以严厉的态度，对待那些煽动众人不想迁徙的旧贵族；对下民则恩威并施，《尚书·盘庚》："明听朕言，无荒失朕命。……殷降大虐，先王不怀厥攸作，视民利用迁。汝曷弗念我古后之闻？承汝俾汝，惟喜康共，非汝有咎，比于罚。予若吁怀兹新邑，亦惟汝故。以丕从厥志，今予将试以汝迁，安定厥邦。……往哉，生生，今予试将以汝迁，永建乃家。"盘庚告诫民众，迁都的目的是："我王来，既爱宅于兹，重我民，无尽刘，不能胥匡以生。"意思是我宅于新都，是重视民众，不让民众受害而死。盘庚终于实现迁都目的。② 迁到新都后，一方面加强对旧贵族的约束，一方面对下民恩威兼施。

盘庚在新邑施新政，《史记·殷本纪》："乃遂涉河南，治亳，行汤之政，然后百姓由宁，殷道复兴。诸侯来朝，以其遵成汤之德也。"③ 其结果形成国

---

① 《古本竹书纪年》："盘庚旬自奄迁于北蒙，曰殷。"《今本竹书纪年》："十四年，自奄迁于北蒙，曰殷。"《水经·洹水注》引《竹书纪年》曰："盘庚即位，自奄迁于北蒙，曰殷。"《太平御览》所引《纪年》文并同。《史记·项羽本纪·集解》引《汲冢古文》："盘庚迁于此。"《汲冢》曰：殷墟，南去邺三十里。"《史记·殷本纪·正义》引《括地志》云："相州安阳本盘庚所都，即北蒙殷墟城，南去朝歌城百四十六里。"又引《竹书纪年》云："城西南三十里有洹水，南岸三里有安阳城，西有城名殷墟，所谓北蒙者也。"

② 《今本竹书纪年》："十五年，营殷邑。"

③ 盘庚之政，对当时的社会影响很大，以至于帝辛亡国时，殷人对盘庚之政，念念不忘，《吕氏春秋·慎大》："武王胜殷，入殷……立成汤之后于宋，以奉桑林。武王乃恐惧，太息流涕，命周公旦进殷之遗老，而问殷之亡故。又问众之所说，民之所欲。殷之遗老对曰：'欲复盘庚之政。'武王于是复盘庚之政。"盘庚之政不仅对商王朝有深远的影响，盘庚迁殷，对商王朝后期对全国的统治，同样意义深远，《古本竹书纪年》："自盘庚徙殷，至纣之灭，七百七十三年。"（晚清金陵书局本作"二百五十三年"，别的版本作"七百七十三年"；《史记会考注》作"二百七十五年"。陈逢衡《集证》卷四十九作"二百七十三年"）。

家安定、诸侯来朝局面。盘庚便加强边境经略，《今本竹书纪年》："十九年，命邠侯亚圉。"①

盘庚在位二十八年而陟。② 称为天下贤君。盘庚迁殷及盘庚之政，为武丁时期的国家强盛奠定了基础。盘庚之"盘"，即甲骨文中之"般"，作"𣪌"形，卜辞如：

庚戌卜，扶，夕侑般庚伐卯牛。（《合集》19798）

盘庚，武丁卜辞中，还称为"父庚"（参见《阳甲传》），于祖庚、祖甲卜辞称"祖庚"（《合集》22186）。还称"三祖庚"（商殷帝王之名庚者有太庚、南庚、盘庚、祖庚四人）。进入周祭祀谱，其子不即位为王，故盘庚为旁系商王。

盘庚崩，其弟小辛立，是为帝小辛。

（二）小辛

小辛为祖丁子，阳甲、盘庚弟。小辛于元年甲午即位居殷，是为帝小辛。③ 小辛，《汉书·古今人表》云盘庚子，吴其昌在《殷墟书契解诂》中，利用甲骨文材料证明了小辛与阳甲、盘庚、小乙为兄弟，他使用的甲骨文为《合集》2131，由此确证了小辛为阳甲、盘庚之弟。小辛时，国势复衰，《史记·殷本纪》："帝小辛立，殷复衰，百姓思盘庚，乃作《盘庚》三篇。"小辛时期，出现了商王朝自建国以来的第五次大衰亡。

小辛在位三年而陟。④ 小辛是武丁诸父之一，在武丁时期的𠂤组卜辞中，称父辛（《合集》2131），子组卜辞和祖庚、祖甲卜辞中称小辛（《合集》21538 乙）。受到子孙的周祭（《合集》23110、35784、35787），其子未即位为王，故小辛是旁系商王。

小辛崩，弟小乙立。是为帝小乙。

---

① 亚圉，周人之先祖，《史记·周本纪》谓："高圉卒，子亚圉立。亚圉卒，子公叔祖颣立。"周族位于商王都西部边境，盘庚册命周首领亚圉，加强了对西部的统治。

② 《今本竹书纪年》。

③ 今本、古本《竹书纪年》。

④ 《今本竹书纪年》："（小辛）三年，陟。"《太平御览》卷八三引《史记》："小辛在位二十一年。"《通鉴外纪》与此同。

(三) 小乙·妣庚

小乙为祖丁子，阳甲、盘庚、小辛弟。继其兄小辛即位为王，都于殷。小乙时，已确立了其子武丁为王位继承人，《今本竹书纪年》："六年，命世子武丁居于河，学于甘盘。"① 小乙因注重对世子（太子武丁）的教育，为武丁时期商王朝复兴奠定了基础。

小乙在位十年而陟。② 甲骨文中，小乙称父乙（《合集》272 正）、小乙（《合集》383），小祖乙（《合集》23171、32599），后祖乙（《合集》23142）。小乙有子曰武丁，继位为王，故小乙为直系商王，因此，小乙与其配偶妣庚进入周祭祀谱，卜辞如：

> 庚戌卜，尹，贞王宾小乙奭妣庚翌，亡尤。
> 己丑［卜］，尹，贞王宾祖丁奭妣己翌，亡尤。（《合集》23330）

小乙崩，子武丁立，是为帝武丁。

二 武丁·妣辛、妣戊、妣癸

武丁为帝小乙子。于元年丁未即位居殷。③ 武丁为太子时，学于甘盘，居荒野，宅于河，出入民间，以知小民之疾苦。④ 其史实见于记载者：

《尚书·无逸》："其在高宗，时旧劳于外，爰暨小人。"马融注曰："武丁为太子时，其父小乙使行役，有所劳苦于外，与小人从事，知小人艰难劳苦也。"郑康成曰："高宗为武丁也。……武丁为太子时，殷道衰，为其父小乙将师役于外，与小人之故，言知其忧劳也。"马注及郑注含义基本相同，都认为武丁为太子时曾与小人一起处事，故了解民间之疾苦。

---

① 世子即太子，《礼记·文王世子》曰："文王之为世子，朝于王季日三。……成王有过，（周公）则挞伯禽，所以示成王世子之道也。……凡三王教世子必以礼乐。"甘盘，《伪古文尚书·说命下》孔传："殷贤臣，有道德者。"河有两说，一河为河洲，《伪古文尚书·说命下》孔传："河，洲也。"二河应指地名，《国语·楚语》韦昭注云："迁于河内。"河内之地，即位于今郑州荥阳一带。河在此指河内之地，此地是商王朝的早期都城，小乙命武丁到此向贤人甘盘学习治国之策。

② 据《今本竹书纪年》。《太平御览》卷八三引《史记》作二十年。

③ 《今本竹书纪年》："武丁，名昭，元年丁未，王即位居殷。"

④ 《今本竹书纪年》。

《国语·楚语》载白公子张之言："昔殷武丁能耸其德,至于神明以入于河,自河徂亳。"

《伪古文尚书·说命》："王曰:来,汝说:'台小子,旧学于甘盘。'既,乃遁于荒野,入宅于河。自河徂亳,暨厥终罔显。"孔氏传云:"既学而中废业,遁居田野。河,洲也。其父欲使高宗知民之艰苦,故使居民间。"

河,即河内,在今郑州一带,这里是商王朝早期都城之一,称"郑亳",其地贯通南北交通,地理位置十分重要。亳,即西亳,成汤所都,在今河南偃师,位于天下之中,又是东西交通要道。《说命》和《国语》都说武丁入宅于河或入于河,由此证明武丁作世子时,曾在河内即商王朝的旧都一带居住过,后自河地前往亳地。商初,商王朝建立的西亳和郑亳,使商王朝在建国初期,得到了空前的发展。武丁在小乙时,作为商王朝王位的继承人,小乙让武丁向商之贤臣甘盘学习后,到河地和亳地,这其中有什么必然联系?如果结合武丁时期的甲骨文材料和九世之乱时的情况,可能会对此问题的理解有所帮助。武丁时期,对外战争十分频繁,其敌对方国,多位于今安阳的西部和西北部,东部、南部相对安宁。九世之乱,王位的争夺,导致商王朝国势衰退,频繁地向内迁都,西亳(偃师)—嚣(郑州)—相(安阳或安阳内黄)—奄(山东曲阜)。自盘庚迁殷后,武丁为世子时,则从今安阳出发,其路线是:安阳—郑州—偃师,从武丁行走的路线推测,商王朝自小乙时期,已经作好了对西方、西北方经营的准备,武丁受小乙之命,行役于外,有可能就是为了加强商王朝军事防御和进攻力量,在此过程中,武丁与小人(即贫民)接触多,故能了解民间疾苦。

小乙崩后,由武丁继承商王位,武丁即位后,改革商王朝的官僚机构,任用甘盘为卿士,《尚书·君奭》:"在武丁时则有若甘盘。"[①]《今本竹书纪年》曰:"武丁名昭,元年丁未,王即位,居殷。命卿士甘盘。"由于商王朝世代重视旧贵族的力量,《尚书·盘庚》:"迟任有言曰:'人惟求旧,器非求旧,惟新。'……世选尔劳,予不掩尔善,兹予大享于先王,尔祖其从与享之。"[②]故武丁即位后,常思兴国之道,而未得其佐。居丧三年,亦沉默三年,政事决定于冢宰。以观国风,《尚书·无逸》:"(武丁)作其即位,乃或

[①] 孔传云:"高宗即位,甘盘佐之。"

[②] 从盘庚的训话中可以了解到,旧贵族势力对商王朝政权的影响很大,武丁要想任命有治国之才但身份低的傅说为相,将会有不可逾越的困难。

亮阴，三年不言，其惟不言，言乃雍。不敢荒宁，嘉靖殷邦。"《国语·楚语》："昔武丁……自河徂亳，于是乎三年默以思道，卿士患之，曰：'王言以出令也，若不言，是无所禀令也。'武丁于是作书曰：'以余正四方，余恐德之不类，兹故不言。'"《史记·殷本纪》："帝武丁即位，思复兴殷，而未得其佐，三年不言，政事决于冢宰，以观国风。"① 武丁三年不言，一是为其父小乙守丧，一是默思治国之道以振兴商王朝，这就需要起用有治国平天下但身份低微的有识之士——傅说，但在旧贵族把持朝政的情况下，武丁以天降"圣人"为幌子而起用出身低微的傅说，从而摆脱旧贵族势力对王权的羁绊，《史记·殷本纪》："武丁夜梦得圣人，名曰'说'，以梦所见视群臣百吏，皆非也。于是乃使百官营求之野，得说于傅险中。是时说为胥靡，筑于傅险。见于武丁，武丁曰是也。得而与之语，果圣人，举以为相，殷国大治。故遂以傅险姓之，号曰傅说。"

武丁以傅说为相，置诸左右。② 管理商王朝官员；还命傅说朝夕纳诲，以辅佐武丁执政，为其政拾遗补缺。③ 傅说告诫武丁为政要慎言、慎兵、慎礼、慎省，《书序》曰："惟口起羞，惟甲胄起兵，惟衣裳在笥，惟干戈省厥躬。"④ 还告诫武丁赏罚有当，才会获得民心，《书序》曰："爵无及恶德，民立而正。事纯而祭祀，是为不敬。事烦则乱，事神则难。"⑤ 傅说给武丁之箴言，正符合《书序》所谓"（武丁）曰：'以余正四方，余恐德之不类（即

---

① 《伪古文尚书·说命》："王宅忧亮阴三祀，既免丧，其惟弗言。群臣咸谏于王曰：'呜呼！知之曰明哲，明哲实作则。天子惟君，万邦百官承式。王言惟作命，不言，臣下罔攸禀令。'王庸作书以诰曰：'以台正于四方，台恐德弗类，兹故弗言。'"《书序》："高宗梁闇，三年不言。"又《帝王世纪》："（武丁）三年不言，既免丧，犹不言。"知三年守丧与三年不言同时。

② 《伪古文尚书·说命》载："惟说命总百官。"

③ 其言论、行为见《伪古文尚书·说命》三篇。《书序》："（武丁）曰：若金，用女作砺。若津水，用女作舟。若天旱，用女作霖雨，启乃心，沃朕心。若药不瞑眩，厥疾不瘳。若跣不视地，厥足用伤。"

④ 《礼记·缁衣》引"《兑命》曰"，注云："兑，当为'说'。……羞犹辱也。衣裳，朝祭之服也。惟口起羞，当慎言语也。惟甲胄起兵，当慎军旅之事也。惟衣裳在笥，当服以为礼也。惟干戈省厥躬，当恕己，不尚害人也。"

⑤ 《礼记·缁衣》引《说命》。注云："言君祭祀赐诸臣爵，毋与恶德之人也，民将立以为正；言放傲之疾。事皆如是而以祭祀，是不敬鬼神也。恶德之人使事烦，事烦则乱，使事鬼神，又难以得福也。"

"善"义），兹故不言'"之意。

武丁修德，表现在"人伦道德"的教化方面，《今本竹书纪年》：（武丁）六年，命卿士傅说。视学养老。① 从而创造一个良好的社会环境。

武丁加强道德教育方面还表现在其"尊祖敬宗"上，《今本竹书纪年》："（武丁）十二年，报祀上甲微。"《国语·鲁语》："上甲微，能帅契者也，商人报焉。"② 韦注："报，报德，谓祭也。""上甲微，契后八世，汤之先也。"报德尊祖，有助于加强商王家族的凝聚力。自九世之乱以来，王位的争夺在整个商王家族进行，致使整个家族四分五裂，武丁时期，尽管政局稳定，但商王各支系团结未必那么紧密，武丁报祭上甲微，以加强整个家族的和睦、团结。

武丁在进行社会道德规范的过程中，自己却有失误，放太子孝己而死，《今本竹书纪年》："（武丁）二十五年，王子孝己卒于野。"③

武丁在执政的问题上也有失误，通过"高宗肜日"这一历史事件可以说

---

① 古代有教子养老之礼，教子，即教育培养统治阶级的接班人。商代的学校称序，《孟子·滕文公上》："夏曰校，殷曰序，周曰庠。学则三代共之，皆所以明人伦也。"养老，《礼记·内则》云："凡养老，有虞氏以燕礼，夏后氏以飨礼，殷人以食礼，周人修而兼用之。"《礼记·乐记》："食三老五更于大学，……所以教诸侯之弟也。"郑注："三老五更，互言之耳，皆老人更知三德五事者也。"孔疏："三德谓正直、刚、柔，五事谓貌、言、视、听、思也，……'食三老五更于大学'，亦谓殷礼。"《周礼·地官·司徒·师氏职》："以三德教国子：一曰至德，以为道本；二曰敏德，以为行本；三曰孝德，以知逆恶。教三行，一曰孝行，以亲父母；二曰友行，以尊贤良；三曰顺行，以事师长。"通过教育，使贵族子弟明确君臣父子长幼之道，行为合乎道德准则。而老人，曾是社会的治国之士，有对传统文化的继承和丰富的政治、社会经验，《礼记·王制》："（卿大夫）'五十而爵，六十不亲学，七十致政。'"（注："致政，还君事。"）"……夏后氏养国老于东序，养庶老于西序。殷人养国老于右学，养庶老于左学。周人养国老于东郊，养庶老于虞庠，虞庠在国之西郊。"商代注重对国老、庶老的尊重及贵族子弟的教育培养。

② 《孔丛子·论〈书〉》云："《书》曰：'维高宗报上甲微。'定公问：'此何谓也？'孔子对曰：'此谓亲尽庙毁，有功而不及祖，有德而不及宗，故于每岁之大尝而报祭焉。所以昭其功德也。'公曰：'先君僖公，功德前列，可以与报乎？'孔子曰：'丘闻，昔虞、夏、商、周，以帝王行此礼者则有矣，自此以下，未之知也。'"

③ 《尸子》曰："殷高宗之子曰孝己，有孝行，事亲一夜五起，视衣之厚薄，枕之高下也。其母早死，武丁惑后妻之言，放之而死。"《荀子·大略》："虞舜、孝己，孝而亲不爱。"《孔子家语》："高宗以后妻杀其子孝己。"《太平御览》卷八三引《帝王世纪》："初，高宗有贤子孝己，其母早死。高宗惑后妻之言，放而死，天下哀之。"

明问题。

高宗肜日

《尚书·高宗肜日》:"高宗肜日,越有雊雉。"《书序》:"高宗祭成汤,有飞雉升鼎而雊,祖己训于王,作《高宗肜日》、《高宗之训》。"《史记·殷本纪》:"帝武丁祭成汤,明日,有飞雉登鼎耳而呴,武丁惧,祖己曰:'王勿忧,先修政事。'"

高宗为武丁的庙号。肜日,《尔雅·释天》:"绎,又祭也。周曰绎,商曰肜,夏曰复胙,祭名。"训,《史记·五帝本纪》:"能明驯德。"《史记集解》:徐广曰:"驯,古训字。"《史记索隐》:"训,顺也。言圣德能顺人也。"《说文》:"训,说教也。"《尔雅·释诂》:"训,导也。"《现代汉语词典》:"训,教导;斥责。"从文意上看,训义古今不同,古代训有顺道之义,今训为上级对下级的训斥。祖己不管是臣还是武丁之子,都不存在"臣训君"、"子训父"的情况。训在此即用道理说服之义。飞雉登鼎而呴,《易鼎象》:曰:"鼎,象也。"李鼎祚引《九家易》曰:"卦是鼎镬烹饪之象,亦象三公之位,上则调和阴阳,下则抚育百姓。鼎能熟物养人,故云象也。"又:"《易》有《鼎卦》,鼎,宗庙之器,主器奉宗庙者,长子也。野鸟自外来,入为宗庙器主,是继嗣将易也。"《通典》卷五十一引贺循议曰:"殷之盘庚,不序阳甲之庙,而上继先君,以弟不继兄故也。"① 从前人的解释中,用灾异学的观点讲,飞雉登鼎,是武丁政有所缺,故武丁惧怕,进而修德养民。

武丁举行对成汤的祭祀时而出现了雉升鼎特异事件,如何理解"高宗肜日"的含义,即如何确定"高宗肜日"的主祭者身份?甲骨文发现后,王国维谓:"肜日者,祭名。云'高宗肜日'者,高宗庙之绎祭也。"② 宋末金履祥始以为可能是祖庚肜祭武丁,《尚书表注》:"高宗,庙号也,似谓高宗之庙,昵,近庙也,似是祖庚绎于高宗之庙。"刘起釪也认为高宗肜日是武丁子祖庚对其父高宗肜日之祭祀。③ 从《书序》、《史记·殷本纪》、《尚书大传》等文献记载看,高宗肜日,即武丁是主祭者,为武丁肜祭成汤时,有"雉鸟登鼎"而鸣的灾异现象发生。武丁之政曾出现问题,

---

① 参见孙星衍:《尚书今古文注疏》,中华书局1986年版,第243、582页。
② 王国维:《高宗肜日说》,《观堂集林》卷一。
③ 刘起釪:《谈〈高宗肜日〉》,《全国商史学术讨论会论文集》,1985年版。

诸如孝己因母亲早死而放，武丁喜祖甲而不爱祖庚，等等，这些问题都与商王位继承制度有关，它的失策将导致商王朝又出现灾难，故武丁惧怕，以此为戒而修德，最后形成政通人和的局面。① 故祖庚以"祥雉"为武丁之德而立其庙为高宗。

当武丁内政稳定、国家兴旺发达后，开始加强对边疆的经营。《今本竹书纪年》："（武丁）三十二年，伐鬼方。次于荆。三十四年，王师克鬼方。氐羌来宾。四十三年，王师灭大彭。五十年，征豕韦，克之。"② 甲骨文中，被武丁征服的方国多在王都西部或西北部，其中最大的敌方国为舌方、土方、巴方等，商王朝与这些方国之间的关系，时好时坏，当方国侵略商王朝的边境时，武丁则调集军队前往镇压；当他们被征服后，武丁则就地而封，使用"羁縻和怀柔"的政策对待方国，这种政策有利于国家的强盛和边疆的安宁。③

武丁在位五十九年而陟。④ 武丁是商王朝有作为的商王之一。疆域辽阔，且君臣、民人和睦，《今本竹书纪年》："是时舆地，东不过江黄，西不过氐

---

① 《尚书大传·高宗肜日》谓："武丁内反诸己，以思先王之道，编发重译来朝者六国。"《说苑·君道》："三年之后，蛮夷重译而朝者七国。"《尚书·无逸》谓："（武丁）不敢荒宁，嘉靖殷邦，至于小大，无时或怨。"

② 关于鬼方，《周易·既济》："高宗伐鬼方，三年，克之。"甲骨文中，鬼方与商王朝为友好关系，其首领称"小臣鬼"（《合集》5577），文献中所载的鬼方与甲骨文中的鬼方是指同一方国，即鬼方被商王朝打败后归顺的，还是名同实异，需要进一步考证。武丁时期，对荆楚的征伐，商后世子孙的赞美词中有反映，《诗·商颂·殷武》："挞彼殷武，奋发荆楚，深入其阻，裒荆之旅。"郑玄笺曰："殷道衰而楚人叛，高宗挞然奋扬武威，出兵伐之，冒入其险阻，谓踰方城之隘，克其军率，而俘虏其士众。"关于氐羌，《后汉书·西南夷传》："七羌、九氐，各有部落。"关于大彭、豕韦，《国语·郑语》曰："彭姓彭祖，豕韦、诸、稽，则商灭之矣。"韦注云："彭祖，大彭也，豕韦、诸、稽，其后别封也。大彭、豕韦为商伯，其后世失道，殷复兴而灭之。"又《晋语八》："昔匄之祖，自虞以上为陶唐氏，在夏为御龙氏，在商为豕韦氏。"从后世的文献中，可知，大彭、豕韦为古老的氏族和部落。到商王武丁时，都被征服。

③ 《孟子·公孙丑》："武丁朝诸侯，有天下，犹运诸掌也。"

④ 武丁在位有三种说法，《尚书·无逸》："肆高宗享国五十有九年。"《帝王世纪》及《今本竹书纪年》与此同。《史记·鲁世家》："高宗享国五十五年。"蔡邕《石经》、《汉书·五行志》等谓高宗享国百年。武丁若在位百年，再加上其父小乙在位的年限，武丁百岁有余。在位百年当误，这不符合人的寿命。大约应当是武丁在位五十九年或五十五年，百寿而终。

羌，南不国荆蛮，北不过朔方，而颂声作。礼废而复起，庙号高宗。"① 《大戴礼记·少间》："成汤卒崩，殷德小破；二十有二世，乃有武丁即位。开先祖之府，取其明法，以为君臣上下之节，殷民更眩，近者悦，远者至，粒食之民，昭然明视。"武丁的文治武功，使商王朝的统治达到了商历史上的鼎盛时期。武丁上能兴汤之功，下能垂法后世，武丁因功高盖世而被尊为高宗。②

武丁有子继承商王位，故其配偶受到周祭，武丁有三个配偶进入周祭祀谱，妣辛、妣癸、妣戊。妣辛为妇好，在祖庚、祖甲卜辞中称母辛（《合集》23116），母辛受祭日称妣辛日（《合集》27561）。妣癸为武丁卜辞中的哪个"妇某"，受材料限制，不明，妣戊为妇姘，卜辞如：

王其侑妣戊姘汎羊，王受佑。
叀妣戊姘小宰，王受佑。（《屯南》4023，图4—1）

图4—1　《屯南》4023

武丁崩，其长子祖己早亡，有祖庚即位为王，是为帝祖庚。

三　祖（孝）己、祖庚、祖甲·妣戊

武丁有三子祖己、祖庚、祖甲，既见于文献，又见于甲骨文中，对此，分述于下：

（一）祖己

祖己，以天干名命之，与商先王以甲干名一样，是"孝己"即"祖

---

① 《尚书·说命上》孔安国《传》："德高可尊，故号高宗。"《汉书·严助传》："高宗，殷之盛天子也。"
② 武丁为后世所称道，《晏子春秋·内谏》："夫汤、太甲、武丁、祖乙，天下之盛君也。"《孔丛子·论〈书〉》："汤及太甲、武丁、祖乙，天下之大君。"对武丁的称颂，还见《诗经·商颂·玄鸟》。

己".① 祖己为武丁长子, 性至孝, 故称孝己。② 其母早死, 武丁惑后妻之言, 放之于野, 卒于武丁二十五年。③ 孝己在卜辞中又称"小王"(《合集》20022), 祖庚祖甲卜辞称为"兄己"(《合集》23477), 康丁卜辞称"小王父己"(《合集》28278)。帝乙、帝辛卜辞称"祖己"(《合集》35865)。祖己卒, 因曾立为太子, 故受到周祭, 武丁崩, 祖己弟祖庚即位, 是为帝祖庚。

董作宾的《甲骨文断代研究例》以祖己为卜辞之子渔, 曰:"嫡长子奉祀大宗, 又可以为王父之尸, 所谓登于大示, 侑于父乙, 御于父乙, 当即子渔为父乙之尸, 孝己为嫡长子, 子渔也是嫡长子, 能奉祭祀, 即所以不孝。" 董把祖己与甲骨文中的子渔等同, 似乎欠妥, 孝己为武丁嫡长子, 称世子; 子渔在甲骨文中则看不出是嫡长子。如无确凿证据, 不宜把甲骨文中的人物与历史文献中的人物等同起来。

(二) 祖庚

祖庚为武丁次子、祖己弟、祖甲兄, 因其兄祖己早卒, 故祖庚立。④

祖庚(在位)十一年陟。⑤ 祖甲卜辞中, 祖庚又称"兄庚"(《合集》23477), 康丁卜辞称"父庚"(《合集》27425), 祖庚即位为王, 进入周祭祀谱, 受子孙周祭, 卜辞如:

> 己巳卜, 贞王宾祖己奭, 亡尤。
> 庚午卜, 贞王宾祖庚奭, 亡尤。(《合集》35866)

---

① 周鸿祥:《商殷帝王本纪》, 1958年版, 第140页。
② 《荀子·性恶》:"天非私曾、骞、孝己而外众人也, 然而曾、骞、孝己独厚于孝之实而全于孝之名者, 何也? 以綦于礼仪故也。"(杨倞注:"孝己, 殷高宗之太子。")又《大略》云:"虞舜、孝己, 孝而亲不爱。"《庄子·外物》:"人亲莫不欲其子之孝, 而孝未必爱; 故孝己忧而曾参悲。"《吕氏春秋·必己》:"亲莫不欲其子之孝, 而孝未必爱, 故孝己疑, 曾子悲。"高诱注:"孝己: 殷王高宗之子也。"《战国策·秦策》:"昔者, 子胥忠其君, 天下皆欲以为臣; 孝己爱其亲, 天下皆欲以为子。"《世说新语·言语》:"高宗放孝子孝己。"《帝王世纪》:"初, 高宗有贤子孝己, 其母早死, 高宗惑后妻之言, 放而死, 天下哀之。"
③ 《今本竹书纪年》。
④ 《史记·殷本纪》曰:"帝武丁崩, 子帝祖庚立。祖己嘉武丁祥雉为德, 立其庙为高宗, 遂作《高宗肜日》及《训》。"
⑤ 据《今本竹书纪年》。《太平御览》卷八三、《皇极经世》及《通鉴外纪》皆作"七年"。

祖庚崩后，由其弟祖甲继位为王，祖庚为旁系先王。

（三）祖甲·妣戊

祖甲为帝武丁子，继其兄祖庚之位为王。① 从文献和甲骨文材料看，祖甲是商王朝有作为的商王之一，他即位后，进行了许多新的举措，但后世对祖甲评价褒贬不一。一种观点认为祖甲统治时期是商王朝由盛转衰的转折点，如《史记·殷本纪》谓"帝甲淫乱，殷复衰"，《国语·周语下》："玄王勤商，十有四世而兴。帝甲乱之，七世而陨。"韦昭注："玄王，契也。殷祖契由玄鸟而生，汤亦水德，故曰玄王。勤者，勤身修德，以兴其国。自契至汤十四世而有天下，言其难也。帝甲，汤后二十五世也，乱汤之法，至纣七世而亡也。"另一种观点如《尚书·无逸》认为祖甲是商王朝有作为的商王，《尚书·无逸》："昔在殷王中宗，严恭寅畏，天命自度，治民祗惧，不敢荒宁，肆中宗之享国，七十有五年。其在高宗，时旧劳于外，爰暨小人。作其即位，乃或亮阴，三年不言，其惟不言，言乃雍。不敢荒宁，嘉靖殷邦。至于小大，无时或怨。肆高宗享国五十有九年。其在祖甲，不义惟王，旧为小人，作其即位，爰知小人之依，能保惠于庶民，不敢侮鳏寡，肆祖甲之享国三十有三年。"

关于《尚书·无逸》记载的祖甲为太甲还是武丁之子祖甲，历来分为两派，《史记·鲁周公世家·集解》汇集两家之言，孔安国、王肃曰："祖甲，汤孙太甲也。"马融、郑玄曰："祖甲，武丁子帝甲也。"按：《纪年》太甲唯得十二年，此云祖甲享国三十三年，知祖甲是帝甲明矣。自甲骨文发现以来，祖甲为太甲或武丁之子祖甲，仍然有两种观点：祖甲为武丁之子——祖甲；② 祖甲为成汤之孙——太甲。③《尚书·无逸》中的祖甲究竟应该是祖甲还是太甲，要回答此问题，还是从祖甲的身世谈起。祖甲曾"不义惟王"，"义"之义，当为善，《尚书·高宗肜日》的"典厥义"，疏云：义者，《诗传》云："善也。"《淮南子·齐俗训》："义者，所以合君臣、父子、兄弟、夫妻、朋友之际也。""义者，循理而行宜也。""义者，宜也"从字义分析，祖甲为王不善，不合理。马融曰："祖甲有兄祖庚，而祖甲贤，武丁欲立之，祖甲以王废长立少不义，逃亡民间，故曰'不义惟王，久为小人'也。"郑康成曰："祖甲有兄祖庚，

---

① 《史记·殷本纪》："帝祖庚崩，弟祖甲立，是为帝甲。"
② 郭旭东：《"其在祖甲"考辨》，《夏商周文明研究》，中国文联出版社1999年版，第365页。
③ 蔡哲茂：《论〈尚书·无逸〉"其在祖甲，不义惟王"》，《甲骨文发现一百周年学术研讨会论文集》，台北，1998年。

贤，武丁欲废兄立弟，祖甲以为不义，逃于人间，故云'久为小人'。"两说的不同点是一认为祖甲贤，一认为祖庚贤。相同点是武丁废长立少或废兄立弟，故导致祖甲逃亡民间的结果。

祖甲继商王位，确为"不义"，即不合理，尽管他"知小人之依，能保惠于庶民，不敢侮鳏寡"，但他触犯了商王朝的根本制度——（嫡）长子继承制，而破坏继承制度，有可能导致商王朝走向崩溃的境地，尽管祖甲是商王朝有作为的商王，但他仍导致商王朝由盛转衰。

有中兴之举的祖甲，他"乱之"、"淫乱"的内容是商王朝的根本制度，因而导致商王朝发展由盛转衰。但祖甲确实是体察民情、懂得治理国家的商王，周公把祖甲与中宗太戊与高宗武丁及周文王连在一起并称，《尚书·无逸》："自殷王中宗、及高宗、及祖甲，及我周文王，兹四人迪哲。"这说明祖甲被周公认为是有作为的商王，其表现如下：

> 祖甲即位，即推行新政，其一，为改革历法，易年终置闰十三月、为年中置闰于无节之月。在月名之上加"在"字。其二，为改革祀典。取消武丁、祖庚时代之多种祀典，简化为彡、翌、祭、壹、叠五种有组织之祀典，遍祭自上甲以下之先祖，连续循环行之。其三，为考验太卜，常以卜而不贞之方式，对付欲问之政事。①

随着国势增强，祖甲经营西土边疆。《今本竹书纪年》曰："（祖甲）十二年，征西戎。冬，返自西戎。十三年，西戎来宾，命邠侯组绀。"② 祖甲二十四年，重作汤刑。③ 祖甲二十七年，册命王子，《今本竹书纪年》："二十七

---

① 董作宾：《殷代的革命政治家》，《董作宾先生全集》乙编第三册，台北艺文印书馆1977年版；又见：严一萍：《殷商史记》，第179页。

② 徐文靖《竹书统笺》云："按武丁之世，其地西不过氐羌，则祖甲西征，当亦在陇西左右。故即于是年冬而返也。……按殷太戊二十六年，西戎来宾，距祖甲十三年凡二百五十八年。始因祖甲亲征而来宾，想其负恃荒远，王师罕至，正不独夜郎自大已也。"邠侯组绀为周之先王，《史记·周本纪·索隐》引皇甫谧云："公祖一名组绀诸盎，字叔类，号曰太公也。"

③ 《今本竹书纪年》。祖甲作汤刑的原因不明，《左传》昭公六年："夏有乱政而作禹刑，商有乱政而作汤刑。周有乱政而作九刑。"杜注："夏商之乱，著禹汤之法，周之衰，亦为刑书，谓之九刑。"

年，命王子嚣、王子良。"① 以上是有关祖甲时期的重要历史事件。

祖甲在位三十三年而陟。② 祖甲之宗庙在甲骨文中称"祖甲旧宗"（《合集》30328）。祖甲之配曰妣戊，受到周祭，卜辞如：

癸酉卜，贞王旬亡㳄。在三月甲戌祭祖甲叠阳甲。（《合集》35749）
庚申卜，贞王宾小乙奭妣庚叠日，[亡尤]。
戊辰卜，贞王宾祖甲奭妣戊[叠日]，[亡尤]。（《合集》36226甲）

祖甲崩，其子康丁即位为王，是为帝康丁。③ 按照《史记·殷本纪》和《今本竹书纪年》记载，祖甲崩后，由廪辛即位为王。

四 （廪辛）、康丁·妣辛

廪辛为祖甲子，《史记·殷本纪》作廪辛，《汉书·古今人表》作冯辛。甲骨文中有三祖辛，卜辞如：

辛亥卜，其侑岁于三祖辛。（《合集》32658）

郭沫若在《殷契粹编》释文中，对第 341 片（即上引《合集》32658）的解释是："准'四祖丁'为祖丁之例，此'三祖辛'当是廪辛，其前有祖辛、小辛，此居第三位也。"周祭卜辞中，不见廪辛入周祭祀谱，武乙、文丁卜辞中，不见对父辛的祭祀，廪辛是否即位为王还有待考证，此三祖辛是否为廪辛，还要得到其他甲骨文材料的佐证。而且，此乃武乙时卜辞，不得称廪辛为祖也。根据商周祭卜辞廪辛不入周祭祀谱推断，廪辛并未即位为王，祖甲崩后，由其子康丁即位。《史记·殷本纪》中称庚丁，甲骨卜辞称康丁或康祖丁（《合集》35889）。

---

① 《西京杂记》卷三曰："霍将军妻一产二子，疑所为兄弟……时霍光闻之曰：'昔殷王祖甲一产二子，曰嚣曰良，以卯日生嚣，以巳日生良。则以嚣为兄，以良为弟。'"雷学淇《竹书纪年义证》曰："嚣良二子，名嚣即庚丁嚣也。二子本孪生，其兄廪辛已立为太子。故王命二子以爵也。"

② 据《今本竹书纪年》。《太平御览》卷八三引佚《史记》曰："（祖甲）在位十六年崩。子廪辛立。"《通鉴外纪》也作"十六年"。

③ 《史记·殷本纪》："帝甲崩，子帝廪辛立，帝廪辛崩，弟庚丁立，是为帝庚丁。"

康（庚）丁·妣辛

康丁为帝祖甲子。继祖甲为王，王子嚣和良本孪生兄弟，① 经过祖甲册命，嚣为太子，继祖甲后为商王。于（康丁）元年甲午即位居殷，在位八年而陟。② 康丁有子继承王位，其配妣辛入周祭祀谱，卜辞如：

辛酉卜，贞王宾康祖丁奭妣辛壹，亡尤。（《合集》36289）

康丁庙在甲骨文中称"康祖丁宗"（《合集》38229）。康丁崩，子武乙立。③

五 武乙·妣戊

武乙为康丁子。于元年壬寅即位居殷。据《今本竹书纪年》载，商王朝在武乙之世迁都两次，一迁于河北，一迁于沬，《今本竹书纪年》："（武乙）三年，自殷迁于河北。十五年，自河北迁于沬。"《史记·殷本纪》："子帝武乙立，殷复去亳，徙河北。"④ 帝武乙迁都，与《古本竹书纪年》"更不徙都"有异，根据殷墟考古材料，殷墟文化一脉相承，无中断现象，关于武乙迁

---

① 《今本竹书纪年》曰："（祖甲）二十七年，命王子嚣、王子良。"
② 共有五种异说：《今本竹书纪年》为八年。《太平御览》卷八三引《史记》作"三十一年"，曰：庚丁在位三十一年，崩，子武乙立。《皇极经世》作二十一年。《通鉴外纪》作六年。《通志》引作十一年。
③ 《史记·殷本纪》："帝庚丁崩，子帝武乙立。"
④ 关于河、河北，《史记·殷本纪》："帝盘庚之时，殷已都河北，盘庚渡河南，复居成汤之故居。"《国语·楚语》："（白公子张）对曰：昔殷武丁能耸其德，至于神明，以入于河，自河徂亳。"河，在我国古代专指黄河（杨升南：《殷墟甲骨文中的"河"》，《殷墟博物苑苑刊》，中国社会科学出版社1989年版，第54页。）商人与黄河关系密切，多次在今黄河中下游迁徙，此河北当指黄河下游的某一处所，不能根据文献材料指认。关于沬地，妹、沬音同。《释文》："沬，音妹，卫邑也。"《诗·鄘风·桑中》："沬之乡矣。""沬之北矣。""沬之东矣。"《尚书·酒诰》："明大命于妹邦。……妹土，嗣尔股肱。"孔安国传："妹，地名，纣所都朝歌以北是也。"孔颖达《正义》："此'妹'与'沬'一也。"明朝歌即沬也。《水经·淇水注》："《晋书·地道记》曰：（朝歌）'本沬邑也。'……地居河、淇之间。"《史记·周本纪·正义》引《括地志》："纣都朝歌，在卫州东北七十三里朝歌故城也。本妹邑，殷王武丁始都之。"《帝王世纪》云："帝乙复济河北徙朝歌，其子纣仍都焉。"

徙，因河北之地不能确指，朝歌又属于王都范围，① 故武乙迁都之说，或与武乙在朝歌居留时间较长有关。

武乙统治时期，位于西部的周族逐渐强大。②（武乙）三年，命其首领周公亶父，赐以岐邑。③ 周族在历史上飞跃发展起始于周公亶父，④ 继亶父后，周公季历即位为王，他能笃仁修德，故天下诸侯归顺。（武乙）三十年，周师伐义渠，获其君以归，声威大震。⑤ 周族在王季时，灭程、克义渠，在西部地区享有盛名，但他是商王朝的臣属国，故要朝见殷王武乙，《今本竹书纪年》："（武乙）三十四年，周公季历来朝，王赐地三十里，玉十瑴，马十匹。"⑥ 周公季历获武乙大赏后，继续征伐周边部族，⑦ 周人在西部势力日益壮大。

---

① 《古本竹书纪年》："自盘庚迁殷，至纣之灭，七（二）百七十三年，更不徙都。纣时稍大其邑，南距朝歌，北据邯郸及沙丘，皆为离宫别馆。"

② 《孟子·梁惠王下》："（太王）去邠，逾梁山，邑于岐山之下居焉。"《今本竹书纪年》："（武乙）元年，邠迁于岐周。"

③ 关于古公亶父，《史记·周本纪》："公叔祖类卒，子古公亶父立。"关于岐邑，《汉书·匈奴传》："戎狄攻太王亶父，亶父亡走于岐下。豳人悉从亶父而邑焉，作周。"《地理志》右扶风美阳县班固自注："岐山在西北。中水乡，周大王所邑。"

④ 《尚书大传》载狄人攻亶父是想得菽粟、财货、土地，而亶父爱民，"遂策杖而去，逾梁山、邑岐山，周人而从之者三千乘，一止而成三千户之邑"。雷学淇《竹书纪年义证》曰："亶父之先本为邠侯，（商）王因古公迁岐，民归如市，知公为贤君，故加赐命，使为诸公，且即以岐邑赐之。盖岐本闲田，王官掌之，古公迁此，必告请于朝，故王赐之。使即邑于岐山之下也。"（武乙）二十一年，"周公亶父薨。"徐文靖《竹书统笺》曰："自组绀以上皆曰邠侯，至亶父迁于岐周，始命为公，故曰周公亶父也。"

⑤ 《逸周书·史记解》曰："昔者义渠氏有两子，异母，皆重（潘振云：两重，谓不别长庶，宠秩同也）。"《王会解》孔晁注云："义渠，西戎国。"《墨子·节葬》："秦之西有仪渠之国者。"《史记·匈奴传》："岐、梁山、泾、漆之北有义渠。"

⑥ 雷学淇《竹书纪年义证》谓："《觐礼》曰：'天子赐侯氏以车服，重赐无数。'郑注云：'重，犹善也。所加赐善多少由恩也。'《春秋》庄公十八年《左传》：'虢公、晋侯朝，王享醴，命之宥，皆赐玉五瑴，马三匹。'杜注云：'双玉曰瑴'。……据《仪礼》则地与玉、马，即赐车服时之重赐。据《左氏》则玉马乃享礼之侑币也。"

⑦ 《通鉴外纪》卷二注引《竹书纪年》曰："武乙三十五年，周俘狄王。"按《后汉书·西羌传》注引《竹书纪年》："武乙三十五年，周王季伐西落鬼戎，俘二十翟王。"《今本竹书纪年》："（武乙）三十五年，周公季历伐西落鬼戎。"

武乙在周人强大的同时，却因田猎，死于周人的势力范围——河、渭之间。①

武乙在位三十五年而陟。② 武乙有配偶妣戊，《肆簋》云："遘于妣戊武乙奭。"常玉芝认为：判断一个先王或一个先妣是否属于周祭系统，主要是根据两个条件：一看其是否受五种祀典的祭祀，另一个是看其是否受祭时与其他王、妣有系联关系。妣戊受到酯祀，并不能说明她即属于周祭系统。③妣戊能否进入周祭祀谱，还有待新材料的出现。

甲骨文中，武乙称"武乙"(《合集》36025)，武乙庙称"武乙宗"(《合集》36078)或"武祖乙宗"(《合集》36080)。武乙崩，其子文丁立，是为帝文丁。

六 文丁

文丁为武乙子，文丁，《史记·殷本纪》作太丁，《帝王世纪》："帝文丁，一曰大丁。"文丁时，周日渐强大，代商征伐西戎部落，偶有所失。④ 商王朝此时更是灾难丛生。(文丁)三年，洹水一日三绝。⑤ 洹水从殷墟北、东面流过，西、南面有一条南北长约1100米，东西长约650米的大型灰沟，

---

① 《史记·殷本纪》："帝武乙无道，为偶人，谓之天神，与之搏，令人为行，天神不胜，乃僇辱之。为革囊、盛血，卬而射之，命曰射天。武乙猎于河渭之间，暴雷，武乙震死。"《汉书·郊祀志》："帝乙嫚神而震死。"《今本竹书纪年》曰："王畋于河渭，暴雷震死。"

② 《今本竹书纪年》："(武乙)三十五年，王畋于河渭，暴雷震死。"《皇极经世》及《通鉴外纪》皆作"四年"。

③ 常玉芝：《商代周祭制度》，中国社会科学出版社1987年版，第127—131页。

④ 《今本竹书纪年》："(文丁)元年丁丑，王即位居殷(注云：自沫归殷邑)。二年，周公季历伐燕京之戎，败绩。"《后汉书·西羌传》注引《竹书纪年》曰："太丁二年，周人伐燕京之戎，周师大败。"《史记·匈奴传》："燕北有东胡山戎。"《水经》曰："汾水出太原汾阳县北管涔山。"郦注云："(燕京山)亦管涔之异名也。"

⑤ 古、今本《竹书纪年》。洹，水名，从殷都城东北流过，盖因旱灾而洹水断流。《左传》成公十七年："声伯梦涉洹。"杜注："洹水出汲郡林虑县，东北至魏郡长乐县，入清水。"《水经》曰："洹水出上党泫氏县，东过隆虑县北，又东北出山，过邺县南，又东过内黄县北，东入于白沟。"郦注曰："水出洹山，山在长子县也。"文丁时期的洹水断流，是商王朝历史上的大事，雷学淇《竹书纪年义证》曰："一日三绝者，京房《易传》云：君臣相背，厥异水绝。"商王朝是否君臣不和，受材料所限，不明。

这条灰沟或是王室周围的防御设施，它代替了城垣的作用。① 水在日常生活中的作用十分重要，洹水断流影响殷人的正常生活并给社会带来惊慌，商王对洹水十分虔诚，卜辞如：

□□卜，争，贞洹其作兹邑〔囚〕。(《合集》7853)
辛卯卜，大，贞洹引，弗鄣邑。七月。(《合集》23717)
□□卜，出，贞……侑于洹九犬、九豕。(《合集》24413)
庚午卜，其侑于洹，有〔雨〕。(《合集》28182)
贞其燎于洹泉大三牢，宜牢。(《合集》34165)

洹水既服务于殷人，又作害于殷人，故商王对洹水十分重视，多次占卜贞问其是否有祸，并对它进行祭祀。

文丁时期，周族则处于大发展时期。今本《竹书纪年》："(文丁)四年，周公季历伐余无之戎，克之，命为牧师。"② 周人在商王都西部，征讨不臣服于商王朝的戎人部落，维护了王都西部的边境安宁，周人有功于商，故文丁名周公季历为殷牧师，让季历在商王朝的西土充当代理人，季历受文丁之命后，南征北讨，势力越来越大，③ 并威胁到商王朝的安全，故文丁杀季历。④ 但文丁仍不能阻止周人的发展壮大，周文王即位，有祥瑞降临。⑤ 周人在文丁时期的发展，为推翻商王朝的统治奠定了基础。

---

① 中国社会科学院考古所：《殷墟的发现与研究》，科学出版社1994年版，第23页。
② 《后汉书·西羌传》引与此略同。惟《文选·典引》注引作"武乙即位，周王季命为殷牧师。"《周礼·春官·大宗伯》："以九仪之命，正邦国之位……八命作牧。"郑注云："谓侯伯有功德者，加命得专征伐于诸侯。"《尚书·益稷》："州十有二师。"郑注云："师，长也。"《路史·后纪十三》："十国而有长，长有师，五长而一师，师五十国。州十有二师，州有牧，牧禀命于上京，弱成五服，至于五千。"
③ 古本《竹书纪年》曰："太丁七年，周人伐始呼之戎，克之。""十一年，周人伐翳徒之戎，捷其三大夫。"
④ 见古本《竹书纪年》。《吕氏春秋·首时》："王季历困而死，文王苦之。"《史记·龟策列传》："(纣)杀周太子历，囚文王昌。"方诗铭谓原文当为"杀周季历"，文丁误为纣。(见方诗铭、王修龄《古本竹书纪年辑证》，上海古籍出版社2005年版，第38页)
⑤ 《今本竹书纪年》："(文丁)十二年，有凤集于岐山。"雷学淇《竹书纪年义证》："有凤集于岐者，记瑞也。《周语》曰：'周之兴也，鸑鷟鸣于岐山。'韦注：'三君(贾逵、虞翻、唐固)云：鸑鷟、鸾凤之别名也。'《诗》云：'凤凰鸣矣，于彼高冈。'其在岐山之旧乎？"

文丁在位十三年而陟。① 文丁在甲骨文中，称"文武丁"（《合集》35355），还称"文武帝"（《合集》36168），其庙号为"文武丁宗"（《合集》36094）。文丁崩，其子帝乙即位，是为帝乙。

七 帝乙

帝乙为帝文丁子。② 帝乙时，周人攻伐商。③ 由于帝乙时商王朝国力衰退，诸侯交相侵伐，帝乙命南仲西拒昆夷，城朔方。夏六月，岐周地震。④

帝乙时，不仅边境不宁，而且其内政也出现问题，帝乙在立王位继承人时，由于要废嫡立庶，为帝辛灭国埋下了隐患，《吕氏春秋·当务》："纣之同母三人，其长曰微子启，其次曰仲衍，其次曰受德。受德，乃纣也，甚少矣。纣母之生微子启与仲衍也，尚为妾，已而为妻而生纣。纣之父、纣之母欲置微子启为太子，太史据法而争之曰：'有妻之子，而不可置妾之子。'纣故为后。"《史记·殷本纪》："帝乙长子曰微子启，启母贱，不得嗣，少子辛，辛母正后，辛为嗣。帝乙崩，子辛立，是为帝辛，天下谓之纣。"《帝王世纪》："帝乙有二妃，正妃生三子，长子曰微子启，中曰微仲行，小曰受。庶妃生箕子，年次启，皆贤。初启母之生启及行也，尚为妾，及立为后，乃生辛。帝乙以启贤且长，欲以启为太子，史据法争之，帝乙乃立辛为太子。"帝乙立纣为太子，合乎商王朝立嫡之法，但纣与微子在政治上的分歧，导致纣众叛亲离的结果。

帝乙在位九年而陟。⑤ 帝乙崩，其子辛立。是为帝辛。

---

① 据《今本竹书纪年》。《太平御览》卷八三引《史记》："太丁在位三年。"《通鉴外纪》与此同。

② 《尚书·酒诰》、《多士》、《多方》皆作"帝乙"，金文《御其卣》：作"文武帝乙"。《史记·殷本纪》："帝太丁崩，子帝乙立。帝乙立，殷益衰。"

③ 《古本竹书纪年》："帝乙处殷。二年，周人伐商。"《太平御览》卷八三引）严一萍认为："文丁十一年杀季历，至帝乙二年，凡经四年，所以伐商者，或为报季历之杀耳。"（严一萍：《殷商史记》，台北艺文印书馆1991年版，第203页。）

④ 《今本竹书纪年》，"三年，王命南仲西拒昆夷，城朔方。夏六月，周地震。"《诗·小雅·出车》："王命南仲，往城于方。出车彭彭，旗旐央央，天子命我，城彼朔方。赫赫南仲，玁狁于襄。"毛传曰："王，殷王也。南仲，文王之属。方，朔方，近玁狁之国也。"郑笺云："王使南仲为将率，往筑城于朔方，为军垒以御北狄之难。"

⑤ 《今本竹书纪年》，《太平御览》卷八三、《皇极经世》、《通鉴外纪》皆言帝乙在位三十七年。

八　帝辛

帝辛为帝乙嫡子,《史记·殷本纪》称帝辛为帝乙之少子。于元年己亥即位居殷《今本竹书纪年》。

帝辛之名,古籍所见异称有十二种,为辛,帝辛,受,帝辛受,受德,受德辛,殷辛,后辛,纣,殷纣,商纣,帝纣。①

殷辛、殷纣、商纣,则为冠国号于名上,犹汤称商汤、禹称夏禹、舜称虞舜、桀称夏桀一样。帝辛一名,乃商殷亡国之后,其遗裔所追号。②

纣有旷世之才,《荀子·非相篇》:"古者桀纣,长巨姣美,天下之杰也。"《史记·殷本纪》:"资辨捷疾,闻见甚敏,材力过人,手格猛兽。知足以距谏,言足以饰非,矜人臣以能,高天下以声,以为皆出己之下。"《史记·律书》:"夏桀殷纣,手搏豺狼,足追四马,勇非微也。百战克胜,诸侯慑服,权非轻也。"《帝王世纪》:"纣倒曳九牛,抚梁易柱。"③但刚愎自用,不听忠贤之言,故世谓之独夫。纣王倒行逆施,昏乱暴虐,导致百姓怨望而诸侯叛商。

(一) 诸侯叛商

诸侯叛商,主要表现在以下几个方面:

1. 作炮烙之法《史记·殷本纪》:"百姓怨望而诸侯有畔者,于是纣乃重刑辟,有炮格之法。"《帝王世纪》:"纣为长夜之饮,时诸侯或叛,妲己以为罚轻,纣欲重刑,乃为熨斗,以火烧之,然使人举,辄烂其手,不能胜,纣怒,乃更为铜柱,以膏涂之,亦加于炭火之上,使有罪者缘之,足滑,跌坠入中,纣与妲己以为大乐,名曰炮烙之刑。"《今本竹书纪年》:"(帝辛)四年,作炮烙之刑。"炮烙之刑,起因是商纣王即位后,商王朝末年各种社会

---

① (1) 辛,《古今人表》、《史记·殷本纪》。(2) 帝辛,《史记·殷本纪》、《国语·周语》。(3) 受,《尚书·牧誓》、《国语·周语》、《今本竹书纪年》。(4) 帝辛受,《古本竹书纪年》。(5) 受德,《吕氏春秋·当务》。(6) 受德辛,《帝王世纪》。(7) 殷辛,《国语·晋语》。(8) 后辛,《离骚》。(9) 纣,《史记·殷本纪》。(10) 殷纣,《古本竹书纪年》。(11) 商纣,《左传》昭公四年。(12) 帝纣,《史记·殷本纪》、《帝王世纪》。

② 周鸿祥:《商殷帝王本纪》,香港,1958年版,第171页。

③ 见《史记正义》。《尚书·泰誓》:"古人有言曰:'抚我则后,虐我则仇。'独夫受,洪惟作威,乃汝世仇。"《荀子·议兵》:"诛桀、纣若诛独夫。"

矛盾暴露出来，民怨沸腾，纣王遂加重刑罚，创炮烙之刑。① 炮烙之刑的制定，反映了商王朝末年矛盾重重的社会现实。

2. 滥杀无辜，三公受殃。三公指西伯昌、九侯（或称鬼侯）、鄂侯（或称邘侯）。《战国策·赵策》曰："昔者，鬼侯、鄂侯、文王，纣之三公也。鬼侯有子而好，故入之于纣，纣以为恶，醢鬼侯。鄂侯争之急，辩之疾，故脯鄂侯。文王闻之，喟然而叹，故拘之于牖里之车百日，而欲舍之死。"《史记·殷本纪》："（纣）以西伯昌、九侯、鄂侯为三公。九侯有好女，入之纣，九侯女不憙淫，纣怒，杀之，而醢九侯。鄂侯争之彊，辩之疾，并脯鄂侯。西伯昌闻之，窃叹，崇侯虎知之，以告纣，纣囚西伯羑里。"《史记·鲁仲连列传》："昔者，九侯、鄂侯、文王，纣之三公也。"《今本竹书纪年》："（帝辛）元年，命九侯、周侯、邘侯。"②

3. 诸侯叛商归周。西伯文王修善行仁，诸侯归顺，③ 当西伯被囚而又被纣王释放后，诸侯归周，《左传》襄公三十一年："纣囚文王七年，诸侯皆从之囚，纣于是乎惧而归之。"《今本竹书纪年》："（帝辛）二十九年，释西伯，诸侯逆西伯，归于程。"诸侯迎接西伯归周的举动，说明西伯在诸侯中享有很高的威信，表明这些诸侯愿意与西伯友好；与西伯形成鲜明对比的纣王，淫乱不止，商王朝统治集团出现分裂。

4. 用小人，远贵族旧臣。《尚书·牧誓》："惟四方之多罪逋逃，是崇是

---

① 据《今本竹书纪年》载，作炮烙之刑在帝辛四年；获妲己在帝辛九年。周鸿祥谓，（得妲己之先）其时或仅用大熨斗之法而已。及得妲己，民怨益甚，于是纣为镇压计，益重其刑，更设铜柱之法。(周鸿祥：《商殷帝王本纪》，香港，1958年版，第176页)

② 《吕氏春秋·古乐》："周文王处于岐，诸侯去殷。三淫而翼文王。"高注："三淫，谓剖比干之心，断才士之股，刳孕妇之胎者。故诸侯去之，而佐文王也。"《水经·淇水注》："老人晨将渡水，而沈吟难济，纣问其故，左右曰：'老者髓不实，故晨寒也。'纣乃于此斫胫而视髓也。"《帝王世纪》："文王虽在诸侯之位，袭父为西伯。纣既囚文王，文王之长子曰伯邑考，质于殷，为纣御，纣烹以为羹，赐文王，曰：圣人当不食其子羹。文王得而食之。纣曰：谁谓西伯圣者，食其子羹，尚不知也。"

③ 《史记·周本纪》："（文王）遵后稷、公刘之业，则古公、公季之法，笃仁，敬老，慈少。礼下贤者，日中不暇食以待士，士以此多归之。"《孟子·尽心上》："伯夷辟纣，居北海之滨。闻文王作兴，曰：盍归来乎，吾闻西伯善养老者。"《史记·伯夷列传》："伯夷、叔齐闻西伯昌善养老，盍往归焉。"《诗·大雅·绵》："虞芮质厥成，文王蹶厥生。"传："虞芮之君，相与争田，久而不平；乃相谓曰：西伯，仁人也，盍往质焉。乃相与朝周。……入其朝，士让为大夫，大夫让为卿。二国之君，感而相谓曰：我等小人，不可以履君子之廷。乃相让，以其所争田为闲田而退，天下闻之而归者四十余国。"

长，是信是使，是以为大夫卿士，俾暴虐于百姓，以奸宄于商邑。"《尚书·牧誓》："昏弃厥遗王父母弟，不迪。"《尚书·召诰》："厥终智藏鳏在。"据《史记·殷本纪》："纣愈淫乱不止"，微子数谏不听，遂去。比干强谏被剖，箕子为奴被囚，大师、少师奔周。又："用费中为政，费中善谀好利，殷人弗亲。纣又用恶来，恶来善毁谗，诸侯以此益疏。"[①] 致使统治秩序混乱，《尚书·微子》："卿士师师非度。"马融注曰："非但小人学为奸宄，卿士已下，转相师效，为非法度。"

纣王的残暴行为，导致诸侯叛离，商王朝统治集团的内部分裂。从文献材料看，纣王统治时期，统治集团内部已经分裂成两大派系，一大派系为微子、箕子、比干、胶鬲、三公等，他们严格地遵守国家法典，被后世称为贤人、圣人。他们对商纣王的淫乱暴虐，进行了激烈的斗争，但他们作为商王朝的辅佐之臣，无法废立商王，虽忠于商王朝，却阻止不了纣王的行为。另一大派系是以纣王为首的当权执政派，有费仲、恶来、崇侯虎，他们助纣为虐，《吕氏春秋·当染》："殷纣染于崇侯、恶来……故国残身死，为天下僇。"商纣王之所以要任用善谀好利的费仲、善毁谗的恶来及周人所说的多罪逋逃之臣执政，与纣王奢侈腐化的生活密切相关。

（二）纣王奢侈腐化

商王朝发展到武丁时期，达到了商王朝发展历史上的鼎盛时期。"纣之去武丁，未久也，其故家遗俗，流风善政，犹有存者，又有微子、微仲、王子比干、箕子、胶鬲，皆贤人也。相与辅相之，故久而后失之也。"[②] 纣王原本不贤，但根据嫡长子继承制的原则，纣为嫡子，是商王朝合法的王位继承人，但纣居才恃傲，刚愎自用，奢侈腐化，表现为：

1. 好酒淫乐，慢于鬼神，败坏社会风气。《尚书·微子》："我用沉酗于酒。""方兴沉酗于酒。"《尚书·酒诰》："惟荒腆于酒。""天降威，我民用大

[①] 《尚书·微子》："咈其耇长，旧有位人。"（孙星衍以为"咈其耇长"似谓不听比干之谏。比干，纣之诸父，故云'老长'。旧有位人，指旧时在位大臣，孙说似指箕子。）《尚书·立政》："惟羞刑暴德之人同于厥邦，乃惟庶习逸德之人同于厥政。帝钦罚之，乃伻我有夏，式商受命，奄甸万姓。"（孙星衍谓："言惟进用刑杀暴虐为德之人，与之治国，乃惟众狎习放荡之人，与之谋政也。""言天兴罚纣罪，乃使我有中国之人，用受商之大命，大治万民。"见孙星衍《尚书今古文注疏》)。

[②] 《孟子·公孙丑上》。

乱丧德，亦罔非酒惟行。"又云："在今后嗣王酗身。"《尚书·无逸》："殷王受之迷乱，酗酒于德。"《史记·殷本纪》："（纣）好酒淫乐，嬖于妇人。爱妲己，妲己之言是从。于是使师涓作新淫声，北里之舞，靡靡之乐。厚赋税，以实鹿台之钱，而盈钜桥之粟。益收狗马奇物，充仞宫室。益广沙丘苑台，多取野兽蜚鸟置其中。慢于鬼神，大聚乐戏于沙丘。以酒为池，悬肉为林，使男女倮相逐其间，为长夜之饮。"《逸周书·克殷解》："尹逸策曰：'殷末孙受德，迷先成汤之明，侮灭神祇不祀。'"酒为粮食之精，嗜酒成风，要造成大量粮食的浪费，同时也败坏社会风气。礼乐在社会生活中，有重要的作用，《史记·乐书》："放弃诗书，极意声色，祖伊所以惧也；轻积细过，恣心长夜，纣所以亡也。"师涓为乐师，作靡靡之乐，导致"其政散、其民流，诬上行私而不可止。"①

2. 大兴土木，加重赋税。《六韬》曰："纣作琼室，鹿台，饰以美玉。"《古本竹书纪年》云："自盘庚徙殷，至纣之灭，七（二）百七十三年，更不徙都。纣时犹大其邑，南距朝歌，北据邯郸及沙丘，皆为离宫别馆。"《帝王世纪》谓："居五年，纣果造倾宫，作琼室、瑶台，饰以美玉，七年乃成，其大三里，其高千丈。其大宫百，其小宫七十三处。宫中九市，车行酒，马行炙，以百二十日为一夜。"《太平御览》卷七百六引《世本》云："纣为玉床。"《通鉴外纪·夏商纪》曰："（纣）造鹿台，为琼室、玉门，其大三里，高千尺，七年乃成。"造成铺张浪费，劳民伤财，其目的是为了过骄奢淫逸、荒淫无道的生活。为满足自己的一时之乐，故商纣王任用与自己政见相同的恶来、费仲、崇侯虎及其他人士，为其聚敛财富，供纣挥霍使用。

3. 失民于时。商纣王不仅挥霍无度，而且还失民于时，六月田猎，冬天游泳。《太公金匮》："纣尝以六月猎于西土，发民逐禽。民谏曰：'六月，天务覆施，地务长养。今盛夏逐禽，而元元悬于野，君践一日之苗，而民百日不食，天子失道，后必无福。'纣以为妖言而诛之。"《帝王世纪》："六月，发民猎于西山。"《今本竹书纪年》："（帝辛）十年，夏六月，王畋于西郊。"

---

① 《史记·乐书·正义》："其政必离散而民人流徙逃亡，缘臣诬上，各行私情，国即灭亡而不可禁止也。"

又：" （帝辛）十七年，冬，王游于淇。"①

纣王在位时期，不仅奢侈腐化，而且进行军事演习，还对外进行战争，《韩非子·十过》："纣为黎丘之会，而东夷叛之。"《史记·楚世家》："纣为黎山之蒐，东夷叛之。"《今本竹书纪年》："四年，大蒐于黎。"《左传》昭公十一年："纣克东夷而陨其身。"《国语·晋语一》："史苏曰：'殷辛伐有苏，有苏氏以妲己女焉，妲己有宠，于是乎与胶鬲比而亡殷。'"《今本竹书纪年》："九年，王师伐有苏，获妲己以归。"《左传》昭公四年："商纣为黎之蒐，东夷叛之。"② 纣对东部边境地区的经营，削弱了商王朝的国力，也加剧了商统治集团内部的矛盾。此时，位于商王都西部的周人，势力逐渐强大，商周关系在纣统治时期，由量变到质变，为周灭商创造了条件，故《吕氏春秋·首时》谓："有汤武之贤而无桀纣之时不成，有桀纣之时而无汤武之贤亦不成。"

（三）商周关系之转变

初，周为商之诸侯，周季历被文丁命为殷牧师。③ 后被杀害，商周关系恶化。④ 当时，周势力弱于商，周文王为免除杀身之祸，仍为商之臣属，为商之三公，⑤ 因纣王醢九侯，脯鄂侯，西伯摄于纣王之残暴，窃叹，被纣囚禁于羑里。⑥ 文王之徒闳夭搜罗天下美女、奇物、善马，通过纣之宠臣费仲而献于纣，西伯得赦免而归周，《史记·周本纪》："帝纣乃囚西伯于羑里，闳夭之徒患之，乃求有莘氏美女，骊戎之文马，有熊九驷，他奇怪物，因殷

---

① 纣时都城位于今安阳小屯，田猎地点谓西郊、西土、西山，《尔雅·释地》："邑外谓之郊。"当指都城以西地区，或在今林州市境内。《水经》曰："淇水出隆虑县西大号山。"郦注曰："（淇水）自元甫城东南经朝歌县北。"

② 东夷即甲骨文和晚商金文中的人方。《小臣艅尊》："丁巳，王省夔祖，王赐小臣艅夔贝，惟王来征人方，惟王十祀又五。肜日。王从侯喜征人方。"

③ 《后汉书·西羌传》注引《竹书纪年》："太丁四年，周人伐余无之戎，克之，周王季命为殷牧师。"

④ 《吕氏春秋·首时》："王季历困而死，文王苦之。"

⑤ 《吕氏春秋·行论》："纣恐其（文王）畔，欲杀文王而灭周。文王曰：父虽无道，子敢不事父乎！君虽不惠，臣敢不事君乎！孰王而可畔也。纣乃赦之。"《今本竹书纪年》曰："二十一年春正月，诸侯朝周。"

⑥ 《史记·殷本纪·集解》："《地理志》曰：'河内汤阴有羑里城，西伯所拘处。'"《正义》："羑城在相州汤阴县北九里，纣囚西伯城也。"

嬖臣费仲而献之纣。纣大说,曰:'此一物足以释西伯,况其多乎!'乃赦西伯,赐之弓矢斧钺,使西伯得征伐。"西伯修善行仁,被认为是"受命之君,"① 故诸侯归周。② 西伯归周,对纣来说,无异于放虎归山;对西伯来说,西伯又得纣王的"专征"之权;③ 一方面,文王可以积蓄力量,以等时机准备灭商,当其力量还不能与纣相抗衡时,则率领诸侯朝奉纣王,④ 故《左传》襄公四年:"韩献子患之,言于朝曰:'文王帅殷之叛国以事纣,唯知时也。'"另一方面,西伯则加强周人的军事战斗能力。⑤ 随着周人势力的强大,西伯对外用兵,《史记·周本纪》:"明年,伐犬戎。明年,伐密须。明年,败耆国。殷之祖伊闻之,惧,以告帝纣。"⑥ 并威胁到商王朝的安全,《史记·殷本纪》:"西伯滋大,纣由是稍失权重……及西伯伐饥国,灭之,纣之臣祖伊闻之而咎周,恐,奔告纣……纣曰:'我生不有命在天乎!'"⑦。

---

① 虞芮之君有狱相争,如周决狱,见周境民俗皆让,未见西伯而还。《史记·周本纪》谓:"诸侯闻之,曰:'西伯盖受命之君。'"

② 《今本竹书纪年》:"二十九年,释西伯,诸侯逆西伯,归于程。三十年春三月,西伯率诸侯入贡。"

③ 关于西伯得专征之权,其记载有两说,一,认为纣得闳夭之贿,释文王,遂赐其征伐之权,《史记·周本纪》:"乃赦西伯,赐之弓矢斧钺,使西伯得征伐。"二,认为西伯献洛西之地以除炮格之刑后,《史记·殷本纪》:"西伯出而献洛西之地,以请除炮格之刑,纣乃许之,赐弓矢斧钺,使得征伐,为西伯。"《今本竹书纪年》:"三十三年,密人降于周师,遂迁于程。王赐命西伯,得专征伐。"

④ 《逸周书·程典解》:"维三月既生魄,文王合六州之侯,奉勤于商,商王用宗谗,震怒无疆,诸侯不娱,迎诸文王,文王弗忍,乃作《程典》,以命三忠。"

⑤ 《今本竹书纪年》:"三十一年,西伯治兵于毕,得吕尚以为师。"

⑥ 关于密须氏,《诗·大雅·皇矣》曰:"密人不共,侵阮徂共。"《今本竹书纪年》:"三十二年,密人侵阮,西伯率师伐密。"《史记集解》:"应劭曰:'密须氏,姞姓之国。'臣瓒曰:'安定阴密县是。'"《史记正义》:"阴密故城在泾州鹑觚县西,其东接县城,即古密国。"《左传》昭十五年,"密须之鼓与其大路,文所以大蒐也。"杜预云:"姞姓国,在安定阴密县也。"《帝王世纪》:"文王问太公:'吾用兵,孰可?'太公曰:'密须氏疑于我,我可先伐之。'管叔曰:'不可。其君,天下之明君,伐之不义。'太公曰:'臣闻先王之伐也,伐逆不伐顺,伐险不伐易。'文王曰:'善。'遂侵阮徂共,而伐密须。密须之人自缚其君而归文王。"(见《毛诗正义》引皇甫谧云)

⑦ 关于耆国,《史记·殷本纪》:"西伯伐饥国,灭之。"徐广曰:"饥作阢,又作耆。"《史记正义》:"即黎国也。孔安国云:'黎在上党东北。'"《括地志》云:"故黎城,黎侯国也。在潞州黎城县东北十八里。《尚书》云:西伯既戡黎是也。"

商王朝在西部地区的密须、耆国等臣属国被周人吞并后，为周人进一步向东发展其势力范围，奠定了巩固的后方，于是周人把矛头指向消灭商王朝的忠实的臣属国上，伐饥、伐崇，① 扫清了东向伐纣道路上的障碍，为周武王灭商创造了条件，故西伯卒后，周武王东伐纣王，至于盟津。

（四） 商周牧野之战

1. 牧野之战前的周、商

西伯文王卒，武王即位，子承父业，仍以灭商建周为目标，采取各种手段，以达灭商之目的，主要手段为：其一，联合商王朝的反纣势力，以达推翻纣王之统治，周人与微子（纣之庶兄）、胶鬲（纣之臣）在灭商前的盟誓，是周人利用纣的反对势力而瓦解纣的统治的记载。② 其二，观兵于盟津，文王卒后两年，武王东观兵于盟津，《史记·周本纪》："九年，武王上祭于毕，东观兵，至于盟津。……乃还师归。……居二年……乃遵文王……以东伐纣。十一年十二月戊午，师毕渡盟津。……武王乃作《太誓》。"③ 武王观兵于盟津的目的，想了解周人是否得天下诸侯之拥护，是否同心协力讨伐纣王，即"观诸侯之集否"，"卜诸侯伐纣之心"④，并增加伐纣之神秘色彩，以得到"天命神授"之目的。⑤ 武王观兵而还师的原因，

---

① 《史记·周本纪》："明年，伐邘。明年，伐崇侯虎，而作丰邑。"《大戴礼记》曰："纣不说诸侯之听于周昌，则嫌乎死。乃退，伐崇许魏。以客事天子。"《今本竹书纪年》："三十四年，周师取耆及邘，遂伐崇，崇人降。"关于邘，《史记集解》："徐广曰：'邘城在野王县西北。'"《史记正义》："《括地志》云：'故邘城在怀州河内县西北二十七里，古邘国城也。'"《左传》："邘、晋、应、韩，武王之穆也。"关于崇及崇侯虎，崇国盖在丰镐之间（见《崇侯虎传》）。

② 《吕氏春秋·诚廉》。

③ 盟津，为地名，在今河南孟津及孟县之间。《水经·河水注》："河水又东，迳平县故城北。……河南有钩陈垒，世传武王伐纣，八百诸侯所会处。……河水于斯，有盟津之目，……故曰孟津，亦曰盟津，……又曰富平津。"

④ 《史记·齐太公世家》："文王崩，武王即位，九年，欲修文王业，东伐以观诸侯集否。师行，师尚父左杖黄钺，右把白旄以誓，曰：'苍兕苍兕，总尔众庶，与尔舟楫，后至者斩。'遂至盟津。诸侯不期而会者八百诸侯。诸侯皆曰：'纣可伐也。'武王曰：'未可。'还师，与太公作此《太誓》。"《尚书·泰誓》孔传："武王三年服毕，观兵孟津，以卜诸侯伐纣之心，诸侯佥同，乃退以示弱。"

⑤ 《史记·周本纪》："武王渡河，中流，白鱼跃入王舟中，武王俯取以祭，既渡，有火自上复于下，至于王屋，流为乌，其色赤，其声魄云。是时，诸侯不期而会盟津者八百诸侯。诸侯皆曰：'纣可伐矣。'武王曰：'女未知天命，未可也。'乃还师归。"

纣不可伐，有贤人在朝。① 其三，使用间谍侦察纣王之活动。② 纣王愈淫乱不止，微子去，比干被剖，箕子被囚，殷之大师、少师奔周，③ 纣王的统治核心完全分裂，《吕氏春秋·先识》："殷内史向挚，见纣之愈乱迷惑也，于是载其图法，出亡之周。武王大悦，以告诸侯曰：商王大乱，沈于酒德，辟远箕子，爱近姑与息，妲己为政，赏罚无方，不用法式，杀三不辜，民大不服，守法之臣，出奔周国。"周武王发布动员令，率天下诸侯东向伐纣。

2. 牧野之战

十一年十二月戊午，周武王带领戎车三百辆，虎贲三千人，甲士四万五千人，④ 天下诸侯群起响应，庸、蜀、羌、髳、微、卢、彭、濮，从周师伐殷。因武王伐纣动员令之成功，故群情激昂，前歌后舞，准备伐纣，《尚书大传》："师乃鼓噪，师乃慆，前歌后舞。"（《太平御览》卷四百六十七引）王逸注《天问》云："武王三军，人人乐战，并载驱载驰，赴敌争先，前歌后舞，凫藻欢呼，奋击其翼。"师毕渡盟津。武王乃作《太誓》，历数纣之罪过及武王伐纣的必要性，然后开赴与纣作战之战场——牧野。

---

① 《越绝书》："是时比干、箕子、微子尚在，武王贤之，未敢伐也。"《礼记·乐记》郑注："武王除丧，至盟津之上，纣未可伐，还归，二年，乃遂伐之。"

② 《吕氏春秋·贵因》："武王使人候殷，反报岐周曰：'殷其乱矣。'武王曰：'其乱焉至？'对曰：'谗慝胜良。'武王曰：'尚未也。'又复往。反报曰：'其乱加矣。'武王曰：'焉至？'对曰：'贤者出走矣。'武王曰：'尚未也。'又往。反报曰：'其乱甚矣。'武王：'焉至？'对曰：'百姓不敢诽怨矣。'武王曰：'嘻！'遽告太公。太公对曰：'谗慝胜良，命曰戮；贤者出走，命曰崩；百姓不敢诽怨，命曰刑胜。其乱至矣，不可以驾矣。'"

③ 《史记·殷本纪》。

④ 关于周人伐纣之规模，《墨子·明鬼》："武王以择车百两，虎贲之卒四百人，先庶国节窥戎（庶即诸，窥戎即观兵），与殷人战乎牧之野，王乎禽费中、恶来，众畔百走。"《逸周书·克殷解》："周车三百五十乘，陈于牧野，……王既以虎贲戎车驰商师。"孔注云："戎车三百五十乘，则士卒三万六千三百五十人，有虎贲三千五百人。"《风俗通义·三王》引《尚书》："武王戎车三百两，虎贲八百人，禽纣于牧之野。"《吕氏春秋·简选》："武王虎贲三千人，简车三百乘，以要甲子之事于牧野，而纣为禽。"《书序》："武王戎车三百两，虎贲三百人。"孔疏："则此'三百人'当是'三千人'之误也。"

作《牧誓》。纣王闻听武王来伐，亦发兵七十万距武王。① 甲子日，商周于牧野展开对垒战，武王使师尚父与百夫做前军，②《史记·周本纪》："武王使师尚父与百夫致师，以大卒驰帝纣师，纣师虽众，皆无战之心，心欲武王亟入。纣师皆倒兵以战，以开武王。武王驰之，纣兵皆崩畔纣。纣走，反入登于鹿台之上，蒙衣其殊玉，自燔于火而死。"以戎车及兵士与纣的军队展开战斗。③ 由于周人的反间工作成功（见《微子》、《胶鬲》传），费仲、恶来被擒，纣王的指挥中心被破坏，纣师虽众，但群龙无首且被分化，发生倒兵以战之突发事件，武王则率兵驰骋疆场，纣兵败北；纣王返，登鹿台之上，蒙玉衣赴火而死。④ 一代枭雄，身死国灭。

九　武庚禄父

武庚禄父为帝辛之子。牧野之战，纣王兵败而自杀。商王是当时占统治地位者，商王族是当时社会地位最高者，武王灭商，如何加强对商人的统治并保持国家的安宁，是周人亟须解决的问题。周武王"封纣子武庚禄父，以

---

① 关于纣的军队规模，《尚书·武成》："既戊午，师逾孟津。癸亥，陈于商郊，俟天休命。甲子昧爽，受率其旅若林，会于牧野。罔有敌于我师，前徒倒戈，攻于后以北，血流漂杵。一戎衣，天下大定。"《太平御览》卷八三引《帝王世纪》："（纣）与同恶诸侯五十国凡十七万人，距周于商郊之牧野。"《太平御览》卷八三引《淮南子》："（纣）师起容闲至浦水，亿有余万。"

② 《史记集解》："《周礼》：'环人，掌致师。'郑玄曰：'致师者，致其必战之志也。古之将战，先使勇力之士犯敌焉。'"

③ 关于牧野之战的战争激烈程度，自古以来，有两种观点，《尚书·武成》谓："血流漂杵。"孟子则以为不实，《孟子·尽心下》："尽信《书》，则不如无《书》。吾于《武成》，取二、三策而已矣。仁人无敌于天下，以至仁伐至不仁，而何其血之流杵也？"《太平御览》卷三二九引桓谭《新论》："甲子……昧爽，武王朝至于南郊牧野，从天以讨纣，故兵不血刃而定天下。"孟子以"仁"论战，以为血流漂杵为虚言；《史记·殷本纪》及《周本纪》记载简略，认为前徒倒戈，以开武王，周武王可谓轻松胜殷。从战争的实际情况看，商周牧野之战为生死较量，纣是"天下之主"，尽管昏淫荒乱，仍会有追随者，周为"小邦周"，是纣之臣属，在周还未夺取商纣王的权力时，不应具有号召"天下"的可能，故推论，商周之间是进行了残酷的杀伐，这从《尚书·牧誓》及《史记·周本纪》的字里行间可以看出，武王令步兵"不愆于六步七步，乃止，齐焉，……不愆于四伐五伐六伐七伐，乃止，齐焉"，"武王使师尚父与百夫致师，以大卒驰帝纣师"。还有恶来、费中为纣王之宠臣，周人不与商军交战，如何能擒获他们？商周牧野之战的激烈和流血惨状，周人建国后，不加以评论或记载而已，但不能就此认为"兵不血刃"。

④ 《古本竹书纪年》："武王亲禽帝受于南单之台，遂分天之明。"

续殷祀,令修行盘庚之政,殷民大说。"① 并派三监以监视禄父,《史记·周本纪》:"封商纣子禄父殷之余民,武王为殷初定未集,乃使其弟管叔鲜、蔡叔度相禄父治殷。"② 周武王又释箕子之囚,表商容之闾,散鹿台之钱,发钜桥之粟,封比干之墓,封圣人之后,然后封功臣谋士及同姓子弟,天下暂时安宁。然武王克殷后二年,有疾弗豫而崩。③ 成王立而天下未集,周公摄行政当国,见疑于群弟,管叔、蔡叔与武庚发动了叛乱,周公奉成王之命,讨伐武庚、管叔、蔡叔。杀武庚、管叔,放蔡叔,以微子启代殷后,封于宋地;④ 以武王弟为卫康叔,封于殷地,以加强对殷余民的统治;成王建成洛邑后,迁殷遗民于洛,分化了周初殷余民反周的势力,周人实现了彻底的改朝换代。

自盘庚迁殷至纣之灭,实际共经历了八世十一王,武丁之子孝己未即位为王,但曾立为太子,其地位与曾即位为王的商王一样,受到后世子孙的周祭。祖甲之子——廪辛,甲骨文中,未见其受祭,说明其不曾即位为王。纣王灭国后,周人为加强对商的统治,封武庚禄父以续殷祀。后"三监"与武庚叛乱反周被杀,商王朝被彻底摧毁。

《古本竹书纪年》谓,汤灭夏以至于受,二十九王,用岁四百九十六年。商王朝自成汤灭夏,至纣王灭国,《史记·殷本纪》记有三十一王,其中太丁未立而卒,实际有三十位商王。根据甲骨文排列出来的商代周祭祀谱(周祭讫于康丁),记有商王二十九位,其中,太丁和祖己曾立为太子,其地位与曾即位为王的商先王一样受到周祭,故以他们为商王而记。《史记·殷本纪》所记的中壬、沃丁、廪辛三王,不见于周祭祀谱,他们应当未即位称王。《商王传》因鉴于文献中所见有关他们的记载而记述此三王之情况。

---

① 《史记·殷本纪》。
② 《史记正义》:"《地理志》云:'河内,殷之旧都。周既灭殷,分其畿内为三国,《诗》邶、鄘、卫是。邶以封纣子武庚;鄘,管叔尹之;卫,蔡叔尹之,以监殷民,谓之三监。'《帝王世纪》云:'自殷都以东为卫,管叔监之,殷都以西为鄘,蔡叔监之;殷都以北为邶,霍叔监之,是为三监。'按二说各异,未详也。"《诗经·邶、鄘、卫》谱:"周武王伐纣,以其京师封纣子武庚为殷后。庶殷顽民,被纣化日久,未可以建诸侯,乃三分其地,置三监,使管叔、蔡叔、霍叔尹而教之。"
③ 《尚书·金縢》。
④ 《史记·周本纪》。

第五章

文献所见商王朝臣正纪略

文献中所见商王朝臣正指自成汤建国到帝辛灭国这一历史时期在商王朝担任臣正的人物，大体上分为成汤至祖乙和武丁至于帝辛两个阶段，对此分述如下。

第一节 商汤至祖乙时期臣正纪略

汤至祖乙之间的重要臣正包括成汤时期的伊尹、仲虺、谊伯与仲伯、女鸠与女房、咎单；太戊时期的伊陟、巫咸、臣扈及祖乙时期的巫贤。成汤时期的臣正为成汤建国及建国以后的国家稳定起了重要的作用；太戊时期的臣正，协助太戊治理国家，使商王朝达到了前期的空前繁荣；祖乙时期的臣正，扭转了商王朝经历"九世乱"前期的衰弱局面。下面对他们分别论述：

一 伊尹

伊尹是商王朝建立的开国功臣，还是商王朝建国以后的重要辅弼大臣，也是中国历史上辅佐君主的典范。

（一）伊尹的出生及出生地

《吕氏春秋·本味》："有侁氏女子采桑，得婴儿于空桑之中，献之其君。其君令烰人养之。察其所以然。曰：'其母居伊水之上，孕，梦有神告之，曰："臼出水而东走，勿顾。"明日，视臼出水，告其邻。东走十里，而顾其邑尽为水，身因化为空桑。'故命之曰伊尹。此伊尹生空桑之故也。"《开元占经》卷百十四引《帝王世纪》谓："初，力牧之后曰挚，其母曰始，孕伊水之滨，梦神告己曰：臼出水而远走无顾，及明视臼中有水，即告邻而走，东十里乃顾，其地尽为水矣。"《楚辞·天问》："水滨之木，得彼小子。夫何恶之，媵有莘之妇？"王逸注："小子谓伊尹。"

有莘氏的地望，春秋战国时期在今豫东一带。《左传》僖公二十八年："晋侯登有莘之虚以观师。"这是晋楚城濮之战时事。城濮在今河南范县，根据城濮之战发生在今豫东之地，有莘之地当距此不远。《史记·殷本纪》正义引《括地志》谓："古莘国在汴州陈留县东五里，故莘城是也。"此地近属河南开封。《读史方舆纪要》卷三十三谓有莘氏在今山东曹县北。《史记·夏本纪》索隐引《世本》"鲧取有辛氏女"说，可见，有莘氏部落的历史相当久远。[1]

西周时期，莘国位于今陕西郃阳县东南。《诗·大雅·大明》："命此文王，于周于京，缵女维莘，长子维行。"毛传："莘，大姒国也。"据《郃阳县志》载："县东南有有莘里，即古莘国。"莘国所在地在今陕西郃阳县东南。《史记·周本纪》："纣乃囚西伯于羑里，闳夭之徒患之，乃求有莘氏美女。"《正义》引《括地志》："古莘国城，在同州河西县南二十里。"《世本》："莘国，姒姓，夏禹之后，即散宜生等求有莘美女献纣者。"同州河西县，即今陕西省大荔县之朝邑，在合阳之南。[2]

夏末商初的莘国，地在何处，只能根据伊尹的出身地来探讨。（伊尹）母居伊水之滨，伊水在今豫西地区，《尚书·禹贡》："伊洛瀍涧，既入于河。"《伪孔传》："伊出陆浑山。"孔颖达疏引《地理志》云："伊水出弘农卢氏县东熊耳山，东北入洛。"《水经·洛水注》："（洛水）又东过洛阳县南，伊水从西来注之。"伊水源自栾川县，过嵩县、伊川，出伊阙（洛阳龙门）。入于偃师境。[3] 伊洛地区，在夏末，是夏王朝的中心统治区域。伊尹后来作为有莘氏之媵臣而从汤，有莘氏是夏禹之后，莘国为姒姓。[4] 有莘氏或为辛氏的一个分支，夏末在伊洛地区，商代时期或移居到今陕西的郃阳之地，商代或西周初年，或有支系迁徙到今豫东地区，也就是春秋时期的有莘国所在地，即今豫东地区。

---

[1] 晁福林：《夏商西周的社会变迁》，北京师范大学出版社1996年版，第163页。

[2] 郑慧生：《伊尹论》，《甲骨卜辞研究》，河南大学出版社1998年版，第186页。

[3] 同上。

[4] 《史记·夏本纪》："禹为姒姓，其后分封，用国为姓，故有夏后氏、有扈氏、有男氏……辛氏……"

空桑，后世解释有两种含义：其一，空桑为地名。《太平寰宇记》卷一谓："空桑城在（开封府雍丘）县西二十里。"其二，空桑指树木。从《吕氏春秋》及《楚辞》看，伊尹之母在伊水之滨怀孕，被神告知要向东走，后来身体化为空桑，有莘氏女采桑，从空桑之中得到婴儿（即伊尹），献给有莘氏之国君而被抚养长大成人。"水滨之木，得彼小子"指伊尹得之于伊水之滨的空桑之中，故有莘氏厌恶伊尹从木（空桑）中生出，作为有莘氏之媵臣以送其女。

关于伊尹的出身添加的神话色彩，与《史记·殷本纪》所载的简狄吞玄鸟卵有孕生契和《史记·周本纪》周始祖弃一样，是部族中有才能者的不同于凡人的一种神话传说。

（二）有关其外貌特征及归汤之年龄

《后汉书·冯衍传》注引《帝王世纪》："伊挚丰下锐上，色黑而短，偻身而下声，年七十而不遇，汤闻其贤，设朝礼而见之，挚乃说汤，至于王道。"桓谭《新论》曰："昔殷之伊尹，周之太公……皆年七十余，乃升为王霸师。"因历史悠久，有关伊尹容貌的情况现已无人能晓。有关伊尹归汤的年龄，《帝王世纪》等认为伊尹年届七十还怀才不遇，成汤闻知伊尹有贤才，才接见了伊尹。这与历史事实有出入。撇开伊尹归汤的两种说法，单看伊尹归汤以后的事迹，伊尹应在很年轻的时候就辅佐在成汤的周围。①

（三）伊尹归汤之说

伊尹归汤有二说：其一，与有莘氏联姻说。夏末商初的有莘氏，居住在今伊洛平原一带，这里是夏王朝的统治中心，有莘氏应当是夏禹之后，是夏王朝的同姓家族，故才能生活在夏王朝统治的中心地区。夏桀作为夏王朝的统治者，荒淫无道，乃至于众叛亲离。有莘氏作为夏王朝的一个部族，对桀的统治十分不满，积极寻求外部力量，准备叛变夏桀。成汤是有莘氏寻求的外部力量，为了能够打败夏桀，网络天下贤人，闻有莘氏有贤人伊尹，故愿意与有莘

---

① 《今本竹书纪年》："（帝癸）十五年，商侯履迁于亳。（原注：成汤元年）。十七年，商使伊尹来朝。"以后，伊尹往来于夏商之间，成汤伐桀之时，伊尹从汤伐昆吾、夏桀。伊尹如果七十岁归汤，到成汤伐夏时，伊尹年近九十岁的老翁，他怎能率军征战？又成汤为天子十二载后崩，伊尹辅佐成汤嫡孙太甲为政，年近百岁之人，就身体状况也不会允许他"摄行政当国"而处理朝政。根据伊尹的活动的史实，伊尹应当是在年轻时期归汤的。

氏联合。在这种历史环境中，才有有莘氏以联姻的方式使伊尹归汤的结果，《吕氏春秋·本味》："（伊尹）长而贤，汤闻伊尹，使人请之有莘氏。有莘氏不可，伊尹亦欲归汤。汤于是请取妇为婚。有莘氏喜，以伊尹为媵送女。"其二，求伊尹于民间说，《楚辞·天问》："帝乃降观，下逢伊挚。"[①]《论语·颜渊》："汤有天下，选于众，举伊尹，不仁者远矣。"《墨子·贵义》曰："昔者，汤将往见伊尹，令彭氏之子御，彭氏之子半道而问曰：'君将何之？'汤曰：'将往见伊尹。'彭氏之子曰：'伊尹，天下之贱人也，君若欲见之，亦令召问焉，彼受赐矣。'汤曰：'非女所知也。……今夫伊尹之于我国也，譬之良医善药也，而子不欲我见伊尹，是子不欲吾善也。'因下彭氏之子，不使御。"孟子认为伊尹为处士，《孟子·万章上》："万章问曰：'人有言伊尹以割烹要汤，有诸？'孟子曰：'否，不然。伊尹耕于有莘之野而乐尧舜之道焉……汤使人以币聘之。嚣嚣然曰：我何以汤之聘币为哉？我岂若处畎亩之中，由是以乐尧舜之道哉！汤三使往聘之，既而幡然改曰：与我处畎亩之中，由是以乐尧舜之道，吾岂若使是君为尧舜之君哉？……故就汤而说之，以伐夏救民。'"《吕氏春秋·本味》："汤得伊尹，祓之于庙，爝以爟火，衅以牺猳。明日，设朝而见之，说汤以至味。汤曰：'可对而为乎？'对曰：'君之国小，不足以具之，为天子然后可具。'"司马迁写《史记·殷本纪》时，尊重客观事实，两说并存："伊尹名阿衡，阿衡欲奸汤而无由，乃为有莘氏媵臣，负鼎俎，以滋味说汤，致于王道。或曰：伊尹处士，汤使人聘迎之，五反然后肯往从汤。言素王及九主之事。汤举任以国政。"

（四）有关伊尹的身份

先秦诸子多认为伊尹曾为庖人，《庄子·庚桑楚》：汤"以胞（同庖）人笼伊尹。"《墨子·尚贤上》："汤举伊尹于庖厨之中，授之政。"《墨子·尚贤中》："伊挚，有莘氏女之私臣。亲为庖人，汤得之，举以为己相，与接天下之政，治天下之民。"《墨子·尚贤下》："昔伊尹为莘氏女师仆，使为庖人，汤得而举之，立为三公，使接天下之政，治天下之民。"《韩非子·难言》："上古有汤，至圣也。伊尹，至智也。夫至智说至圣，然且七十说而不受，身执鼎俎为庖宰，昵近习亲，而汤乃仅知其贤而用之。"《韩非子·难一》："伊尹以中国为乱，道为宰干汤。"《韩非子·难二》："伊尹自以为宰干汤。"

[①] 王逸章句曰："帝，谓汤也。挚，伊尹名也。言汤出观风俗，乃忧下民，博选于众，而逢伊尹，举以为相也。"

《吕氏春秋·具备》:"伊尹尝居于庖厨矣。"《吕氏春秋·求人》:"伊尹,庖厨之臣也。"《淮南子·氾论训》:"伊尹之负鼎……众人见其位之卑贱,事之污辱。"《淮南子·修务训》:"伊尹负鼎而干汤……是以圣人不高山,不广河,蒙耻辱以干世主。"司马迁的《史记·殷本纪》也认为伊尹负俎鼎以滋味说汤。伊尹为采桑女得于空桑之中,被献给有莘氏之国君,有莘氏之君把伊尹交由庖人抚养,伊尹学得烹饪技术,最终能以美味佳肴而得到干汤之机会。《太平御览》卷三百九十七引《帝王世纪》:"汤思贤,梦见有人负鼎抗俎,对己而笑,寤而占曰:鼎为和味,俎者,割截,天下岂有人为吾宰者也。初,力牧之后曰伊挚,耕于有莘之野,汤闻以币聘,有莘之君留而不进,汤乃求婚于有莘之君,有莘之君遂嫁女于汤,以挚为媵臣,至亳,乃负鼎抱俎见汤也。"伊尹以庖人身份干汤,故需要对庖人的身份进行讨论,《周礼·天官》有膳夫、庖人、内饔等官职,他们是执掌王、王后及世子的饮食、祭祀、宴飨宾客之官。早在夏代,就有主管饮食之官,《左传》哀公元年:"(少康)逃奔有虞,为之庖正。"有虞氏为夏王朝的诸侯,诸侯有主管饮食之庖正,据此,夏王朝时期,夏王也应有此官的设置。庖正或庖人,常服务在君主身边,故有机会学到治理天下之术。伊尹正是利用庖人这一身份,学到了治理天下的本领。还是利用庖人这一身份,作为有莘氏女的媵臣,以滋味说汤,并把自己的政治主张贯彻于行动,与成汤合谋,为成汤灭夏出谋划策,实现成汤欲得天下之愿望。庖人,在夏代,并不是先秦诸子所理解的身份低下之人,他是服务在君主身边的一种官吏。对庖人在不同历史时期的辨认,有助于认识伊尹干汤的历史史实。

伊尹在有莘之野进行田作,《孟子·万章》及《太平御览》卷三百九十七引《帝王世纪》均有记载。伊尹耕于有莘之野当是史实,《齐民要术·种谷第三》中《氾胜之书》区种法:"汤有旱灾,伊尹作为区田,教民粪种,负水浇稼……"伊尹能作区田,教民种植农作物,说明伊尹懂得农业生产技术。现在的问题关键是伊尹在有莘之野耕种农田,其身份该如何认识。孟子认为伊尹乐尧舜之道,不愿与世同流合污,自得其乐劳动在田间。孔子和《墨子·贵义》认为伊尹是身份低贱之人。当代学者郑慧生直接指出伊尹是一个奴隶,是个弃儿,没有姓氏,因懂得烹饪技术,作为有莘氏女的媵臣,以滋味说汤,而成为成汤辅弼小臣。[①]

[①] 郑慧生:《伊尹论》,《甲骨卜辞研究》,河南大学出版社1998年版,第184—194页。

在商王朝的职官中，设有专门管理农业生产的小臣（"小臣令众黍"《合集》12）、管理农业生产劳动的"小众人臣"（《合集》5597）、掌管耕作之事的小臣（"吴小耤臣"《合集》5603）。根据商代甲骨文中所记载的史实，可以间接地说明伊尹的情况，伊尹被有莘氏的庖人养大，服务在有莘氏君的身边，也参与有莘氏族的农业生产活动。今天，我们认识古代历史时，不能因为伊尹参加过当时的农业活动就认为他是一个贱人或身份低下之人。中国古代社会，发展到西周时期，还学在官府；没有文化知识者，不会学到治理国家的知识，伊尹能言素王及九主之事；能报政，使天下诸侯臣服；能写出《咸有一德》、《伊训》等旷世之作，他如果没有深厚的文化底蕴是不会谈古论今而驰骋天下的。有莘氏是夏王朝的一个分支，他拥有当时最先进的文化，伊尹也正是服务在有莘氏君身边，才有机会学到治国平天下的本领。从实际的历史现实出发看，伊尹不应该是一个身份和地位很低的人。

（五）伊尹辅汤

伊尹服务在成汤周围，辅佐成汤，以尧舜为榜样，帮助成汤治理国家，伊尹的所作所为，成为后世辅弼者的楷模。[①]《史记·殷本纪》："汤举（伊尹）任以国政。"《书序》："汤曰：'予有言：视水见形，视民知治不。'伊尹曰：'明哉，言能听，道乃进，君国子民，为善者皆在王官。勉哉！勉哉！'汤曰：'汝不能敬命，予大罚殛之，无有攸赦。'"孙星衍疏云："《史记·殷本纪》云：'汤征诸侯，葛伯不祀，汤始伐之。汤曰：予有言云云。作《汤征》。'王氏鸣盛曰：'此乃残章零句，不能成篇，马迁受诸安国而载之。'"[②]王鸣盛所述很正确。成汤以视水能看到自己的影子作比喻，看看人民生活是否安康就能知道政治成败和得失。伊尹称赞成汤这是清明的政治，这样的君主能听忠言，能明事理，忠良之臣才会聚拢到自己的身边。正是伊尹正直辅佐，贤者投奔成汤，著名人物有女鸠、女房、咎单等人。伊尹在成汤身边，

[①]《伪古文尚书·说命》：（傅说规谏武丁时说）："股肱为人，良臣惟圣，昔先正保衡，作我先王，乃曰：'予弗克俾厥后，惟尧舜，其心愧耻。若挞于市。'一夫不获，则曰：'时予之辜。'"孔注："言伊尹不能使其君如尧舜，则耻之，若见挞于市，故成其能。伊尹见一夫不得其所，则以为己罪。"意思即伊尹我如果不能够辅佐成汤达到尧舜那种使万民景仰的地步，自己感到羞耻，羞耻到好像自己在大庭广众之下被人拷打一样，如果不能让一个人实现自己的愿望，则是我作为辅佐者的罪过。

[②] 孙星衍：《尚书今古文注疏》，中华书局1986年版，第564页。

时时备问。①

　　伊尹还为成汤进行外交事务的活动,《今本竹书纪年》:"(帝癸)十七年,商使伊尹来朝。"朝是臣服者来朝见、拜见之义,②表示成汤作为夏之诸侯而臣服于夏的历史史实。后伊尹多次在夏商之间奔波。伊尹投奔成汤的另一目的:是与成汤一起策划,如何推翻昏庸腐朽的夏王朝,建立商王朝。伊尹多次出入夏王朝,往来于夏商之间,是伊尹作为士的身份为夏桀服务的,因为古代有诸侯贡士于天子之义务。《礼记·射仪》:"古者天子之制,诸侯岁献,贡士于天子。"古者诸侯有贡士于天子之制,伊尹当为汤贡士而适夏者。③伊尹多次出入

---

①《帝王世纪》谓:"殷汤问伊挚曰:'古者,立三公、九卿、大夫、元士者何?'挚曰:'三公,以主参王事,九卿以参三公,大夫以参九卿,元士以参大夫。故参而又参,是谓事宗,事宗不失,内外若一。'又曰:'相去几何?'挚曰:'三公智通于天地,应变而无穷,辨于万物之情,其言足以调阴阳四时,而节风雨,如是者,举之以为三公。故三公之事,常在于道。九卿者,不出四时,通沟渠,修堤防,树种五谷,通于地理,能通利不利。如此者,举以为九卿。故九卿之事,常在德。大夫者,出入与民同象,取去与民同解,通于人事,行内举绳,不伤于言,言足法于世,不害于身,通关梁,实府库,如是者,举以为大夫,故大夫之事,常在于仁。元士者,知义而不失期,事功而不独专,中正强谏,而无奸诈,在私立功,而可立法度,如是者,举以为元士。故元士之事,常在于义,道德仁义定,而天下正矣。'"有关三公九卿之制,《路史·后纪十一》:"(陶唐氏)乃立三公、六卿百揆暨百执事。"《太平御览》卷二百三《职官部》一引《尚书大传》:"古者,天子三公,每一公三卿佐之,每一卿三大夫佐之,每一大夫三元士佐之。故有三公、九卿、二十七大夫、八十一元士,所与为天下者,若此而已。"以上所述的公、卿制度,不同于秦以降的三公九卿制,它应当是中国古代社会的一种官制,其具体内容被用秦以来的官僚制度而进行的表述。伊尹为成汤所讲的内容,应当是夏及夏以前的官制,后人在记录此事时,用当时的职官形式而叙述的。

②诸侯朝见天子之礼,《尚书大传·虞传》谓:"古者,诸侯之于天子,五年一朝。朝,见其身,述其职。述其职者,述其所职也。"(见《文选》二十六谢灵运之郡初发都诗注)"九共以诸侯来朝,各述其土地所生美恶,人民好恶,为之贡赋。"(见薛季《宣书古文训》十六引伏生称)。根据《尚书大传》"朝"的含义,伊尹作为商(成汤)的使者,前来向夏王朝贡纳物品,以表示成汤臣服夏王之义。

③《书序》:"伊尹去亳适夏,既丑有夏,复归于亳,入自北门……作《汝鸠》、《汝方》。"《孟子·告子下》:"五就汤,五就桀者,伊尹也。"赵岐注:"伊尹为汤见贡于桀,不用而归汤,汤复贡之,如此者五,思济民,冀得施行其道也。"梁玉绳在《史记志疑》中,对伊尹就汤之事论曰:"伊尹有适夏之事也。然汤既任尹国政,何为复适夏都,或者汤初得尹,荐之于桀,在未任国政时矣。而伊尹之所以适夏,其心必以为从汤伐桀以济世,不若事桀以止乱,故五就五去,不惮其烦,及不可复辅,乃舍而归耳。"

夏商之间，且作为成汤向夏桀贡纳的治国之士，以帮助治理天下的说法该怎样认识？即成汤以伊尹为士，是想利用伊尹做士的身份为自己得到情报为灭夏作准备？还是想让伊尹诚心辅佐夏桀治理好天下？要回答此问题，当从特定的历史条件或背景中去分析。夏朝末年，夏桀荒淫无道，引起夏王朝统治集团内部的分裂，有莘氏作为夏王朝的一个分支，已看出夏桀必然灭国的历史命运，势必要积极寻求外部能依存的力量。商王族经过几代先公的经营，实力已大大增强，到成汤时，更加注意修德行仁义，以得天下民众的支持，当闻知有莘氏部落中有贤人伊尹时，更想得到伊尹的辅佐，以期得到王天下的目的。伊尹确实有治理天下之本领，《吕氏春秋·本味》伊尹以滋味做比喻，所讲治理天下之道，如（伊尹）对曰："君之国小，不足以具之，为天子然后可具。"《吕氏春秋·先己》："汤问于伊尹曰：'欲取天下若何？'伊尹对曰：'欲取天下，天下不可取。可取，身将先取。'"伊尹为成汤所讲之理在于得天下、王天下、治天下，这正是成汤要得到伊尹的目的，成汤让伊尹帮助自己逐步壮大自己，夺取夏王朝的政权。

分析了成汤得伊尹的目的后，不难理解伊尹来往于夏桀和成汤之间这种现象，伊尹作为成汤之士服务于夏王朝，有机会得到有关夏桀的可靠情报，为成汤灭夏作准备。伊尹在夏王朝进行了间谍工作，《吕氏春秋·慎大》："桀为无道，暴戾顽贪……桀愈自贤，矜过善非，主道重塞，国人大崩。汤乃惕惧，忧天下之不宁，欲令伊尹往视旷夏，恐其不信，汤由亲自射伊尹。（高诱注：'恐夏不信伊尹，故由扬言而亲射伊尹，示伊尹有罪而亡。令夏信之也。'）伊尹奔夏三年：反报于亳曰：'桀迷惑于末嬉，好彼婉、琰，不恤其众，众志不堪，上下相疾，民心积怨。皆曰：上天弗恤，夏命其卒。'汤谓伊尹曰：'若告我旷夏尽如诗。'汤与伊尹盟，以示必灭夏。伊尹又复往视旷夏，听于末嬉，末嬉言曰：'今昔天子梦西方有日，东方有日，两日相与斗，西方日胜，东方日不胜。'伊尹以告汤。商涸旱，汤犹发师，以信伊尹之盟，故令师从东方出，西以进，未接刃而桀走，逐之至大沙，身体离散，为天下戮，不可正谏，虽后悔之，将可奈何？……尽行伊尹之盟，不避旱殃，祖伊尹世世享商。"《孙子·用间》："昔殷之兴也，伊挚在夏；周之兴也，吕牙在殷。"刘向《说苑·权谋》："汤欲伐桀，伊尹曰：'请阻乏贡职，以观其动。'桀怒，起九夷之师以伐之。伊尹曰：'未可，彼尚犹能起九夷之师，是罪在我也。'汤乃谢罪请服，复入贡职。明年，又不供贡职，桀怒，起九夷之师，九夷之师不起。伊尹曰：'可矣！'汤乃兴师，伐而残之。迁桀南巢氏焉。"伊尹奉成汤之命,到夏王朝侦察情况,为掩盖其间谍身份,成汤亲自箭射伊尹,以示成汤与伊尹关系破裂而伊尹奔夏,由此放松夏王朝统治者对伊尹的警惕性。伊尹向成汤所报告的情况是:夏桀后宫失和,喜欢岷山氏新进献的两个女子琬、琰,而冷落其元妃妹喜氏;夏王朝统治集团内部矛盾重重,表现为上下相疾,人民怨恨夏桀。汤命令伊尹继续侦察夏王朝的情况,即夏王朝的统治是否就如同歌谣所唱的那样人民弃夏归亳,并制定下一步获取信息的策略,即勾结夏桀元妃妹喜氏。① 妹喜氏向伊尹泄露了夏桀的军事机密,故成汤令师从东方出于国,西以进,夏桀失败,奔于南巢。刘向的《说苑》从另一个侧面反映了伊尹在成汤伐桀的事情上出谋划策的史实。

(六)伊尹相汤伐桀

《尚书·汤誓序》:"伊尹相汤伐桀。"《吕氏春秋·离俗》:"汤遂与伊尹谋夏伐桀。"② 夏商鸣条之战,以夏桀失败而告终,伊尹报政。《史记·殷本纪》:"汤既胜夏,欲迁其社,不可,作《夏社》。伊尹报。"《史记集解》引徐广曰:"一云'伊尹报政'。"报政的内容不可考,下面紧接着是:"于是诸侯毕服"。由此推断(报政的内容):当为伊尹向天下诸侯宣告成汤灭夏的原因及必要性、拥有天下的必然性等诸如此类的告示。

(七)显赫的辅相地位——小臣

成汤建立商王朝后,为加强其统治,制定了一系列的符合商王朝统治的制度,其一,礼乐制度,《吕氏春秋·古乐》曰:"殷汤即位,夏为无道,暴虐万民,侵削诸侯,不用轨度,天下患之,汤于是率六州以讨桀罪。功名大成,黔首安宁,汤乃命伊尹作为《大护》,歌《晨露》,修《九招》、《六列》,以见其善。"高诱注:"《大护》、《晨露》、《九招》、《六列》,皆乐名。"《史记·乐书》:"凡王者作乐,上以承祖宗,下以化兆民。""若夫礼乐之施于金石,越于声音,用于宗庙社稷,事于山川鬼神,则此所以与民同也。"由此看成汤初年,伊尹制定礼乐,是以礼乐来教化民人,以起到"移风俗易"的作用。其二,制定诸侯对商王朝贡赋制度。③

---

① 《国语·晋语》:"昔夏桀伐有施,有施人以妹喜女焉,妹喜有宠,于是乎与伊尹比而亡夏。"《楚辞·天问》:"桀伐蒙山,何所得焉?妹嬉何肆,汤何殛焉?"

② 《史记·殷本纪》:"汤乃兴师率诸侯,伊尹从汤,汤自把钺以伐昆吾,遂伐桀。"

③ 见《逸周书·王会篇》。

伊尹自辅佐成汤起，就担任着商王朝的重要之职——小臣。① 小臣，即近侍之臣。《尚书大传》谓："（伊尹）于是接履而趋，遂适汤，汤立为相。"《诗·商颂·长发》、《今本竹书纪年》认为伊尹是（商王朝）卿士。伊尹称小臣、相、卿士，说明伊尹是辅佐之臣，拥有很大的权力；伊尹从政时期，帮助成汤总结"海内万邦"的存亡教训，并制定了君臣之间的关系准则（见长沙马王堆三号汉墓《伊尹·九主》篇）；还帮助成汤克服商初年所遇到的大旱之灾，作区田，教民耕种为汤分忧。

伊尹不仅帮助成汤灭夏建商，更重要的是保证商王朝政权在初期的平稳过渡（见《关于伊尹放太甲于桐》和《太甲传》），故伊尹百年后，享有商王之祭祀。②

（八）甲骨文中的伊尹

伊尹，不论文献，还是甲骨文记载，都非常显赫。甲骨文中，有关伊的占卜，目前发现共有130多条，出现在𠂤组、子组、何组、历组卜辞中。𠂤组卜辞的伊（《合集》5644、5792），因辞残，其含义不明；子组、何组、历组卜辞中的伊或伊尹，都指伊尹，罗振玉谓：其名臣之见于卜辞者二，曰伊尹，亦曰伊。③

1. 伊尹在𠂤组、子组、出组、何组、历组卜辞中受祭祀的情况

子组卜辞中，伊尹受到隆重的祭祀，卜辞如：

(1) 伊酻、彡……（《合集》21208）

(2) □卯，子卜，〔来〕丁酻四牢□伊尹。（《合集》21573，图5—1）

(3) 癸丑，子卜，来丁酻伊尹至。（《合集》21574）

(4) [辛]亥卜，至伊尹，用一牛。（《合集》21575）

---

① 《墨子·尚贤下》："汤有小臣。"《楚辞·天问》："成汤东巡，有莘爰极，何乞彼小臣，而吉妃是得？"王逸注："小臣谓伊尹也。"《吕氏春秋·尊师》："汤师小臣。"高诱注："小臣谓伊尹。"《吕氏春秋·知度》："小臣、吕尚听，而天下知殷周之王也。"毕沅注："小臣，汤之师也，谓伊尹。"

② 《楚辞·天问》："初汤臣挚，后兹承辅，何卒官汤，尊食宗绪？"洪兴祖补注："官汤，犹言相汤也；尊食，庙食也。"《吕氏春秋·慎大》："祖伊尹世世享商。"享商之意即享于商之太庙。伊尹受到商王室隆重的祭祀。

③ 罗振玉：《增订殷虚书契考释》，《罗雪堂先生全集》三编，第2册，台北大同书局1970年影印本。

"酻"、"彡"为祭祀名,对伊尹所用牺牲为四牢、一牛,(2)辞义为子组卜辞的主人"子",用四牢为牺牲,于丁某日前来酻祭伊尹。(4)辞义为辛亥日,子至伊尹处,用一牛祭祀伊尹。伊尹在子组卜辞中受到祭祀,说明伊尹不仅受到商王的祭祀,也受到商王"子家族"的祭祀。

出组卜辞中,伊受到祭祀,卜辞如:

(5) 庚申卜,伊彡祀。(《合集》25091,图 5—2)

(6) 贞伊……岁翌丁囗……其……(《合集》25210)

图 5—1 《合集》21573

彡为祭名,用于祭祀商先王(和妣),即后世所称的肜日。伊尹在子组和出组卜辞中,被贞问是否受到彡祭,说明伊尹地位之高。

何组卜辞和历组卜辞中,伊尹受到隆重的祭祀,主要表现在:

其一,他能够附祭于商先公上甲和第一位先王成汤(大乙),卜辞如:

(7) 癸丑卜,上甲岁,伊宾。(《合集》27057,图 5—3)

图 5—2 《合集》25091   图 5—3 《合集》27057

(8) 壬辰，贞其告于上甲二牛。

丙申，贞酚伊，彳、伐。（《屯南》2032）

(9) 壬戌，贞其告于上甲四牛。

乙丑，贞来丁丑侑岁于伊。（《苏、德、美、日》之《美》11）

(10) 己卯，贞求禾于示壬三牢。

□酉，贞于伊□丁亥。（《屯南》911）

(11) 贞其卯羌，伊宐。

〔贞〕王其用〔羌〕于大乙，卯叀牛，王受佑。（《合集》26955，图5—4）

(12) 癸巳，贞侑、彳、伐于伊，其又大乙彡。（《合集》32103，图5—5）

图5—4　《合集》26955　　　　　图5—5　《合集》32103

宐即配享，(7) 辞义为用岁祭上甲，伊尹配享。① 陈梦家谓伊尹附祭于

---

① 于省吾：《甲骨文字释林·释"伊宐"》，中华书局1979年版，第207页。

先王。①（11）辞义为伊尹从祀成汤。②

其二，伊尹与上甲以前的先公高祖一样成为商王祭祀、求年、求雨的对象，卜辞如：

(13) 癸巳［卜］，侑于伊尹牛［五］。
　　　癸巳卜，侑于🐚。兹用
　　　癸巳卜，侑于河。不用
　　　癸巳卜，侑于王亥。
　　　乙未卜，侑、彳、岁于父乙三牛。（《合集》34240）
(14) 丙寅，贞侑、彳、岁于伊尹二牢。
　　　己巳，贞庚午酚、燎于🐚。
　　　庚午，燎于岳，有从在雨。
　　　壬申，贞𥩋禾于夒。
　　　壬申，贞𥩋于河。
　　　壬申，刚于伊奭。
　　　癸酉卜，有燎于六云五豕，卯五羊。（《合集》33273，图5—6）
(15) 乙巳，贞其𥩋禾于伊。
　　　壬子，贞其𥩋禾于河，燎三牢，沈三，宜牢。
　　　壬子，贞其𥩋禾于河，燎三牢，沈五。
　　　壬子，贞其𥩋禾［于］岳。（《合集》33282）
(16) 乙巳，贞其𥩋禾于伊，宜。
　　　壬子，贞其𥩋禾于河，燎三小宰，沈三。（《屯南》93，图5—7）

从占卜的日期看，这是几组祈雨的占卜，所祈的对象，是上甲以前的先公高祖，夒，王国维考订即帝喾，③为商人的第一先公；🐚，罗振玉释为兕，董作

---

① 陈梦家：《殷虚卜辞综述》，中华书局1988年版，第363页。
② 陈邦怀：《殷代社会史料征存》，天津人民出版社1959年版。
③ 王国维：《殷卜辞中所见先公先王考》及《殷卜辞中所见先公先王续考》，《观堂集林》卷九，中华书局1959年版。王国维注意到"高祖夒"（《合集》30398）这一称呼，指出："卜辞惟王亥称'高祖王亥'，或'高祖亥'，大乙称'高祖乙'，则夒必为殷先祖之最显赫者，以声类求之，盖即帝喾也。"

图 5—6　《合集》33273　　　　图 5—7　《屯南》93

宾在《甲骨文断代研究例》中,认为是契。得到李旦丘、岛邦男的支持。①河为商先公高祖之一,称"高祖河"(《合集》32028),杨升南认为是冥,是先公中一位很重要的人物。② 岳为商先公之一。③ (13)、(14)辞是商王为求雨向商先公高祖而进行的占卜,使用的祭祀为酌、燎,对伊尹进行的是侑、彳、岁之祭祀,说明伊尹与商先公高祖有异。(15)、(16)辞是商王为求年(历组为求禾)的占卜,伊尹、河、岳被当做求禾的对象,说明伊尹与商先公高祖同,受到商人的尊重。

其三,伊尹与商先王一起受到祭祀,卜辞如:

---

① 王宇信、杨升南:《甲骨学一百年》,社会科学文献出版社1998年版。
② 杨升南:《殷墟甲骨文中的"河"》,《殷墟博物苑苑刊》,中国社会科学出版社1989年版,第53—63页。杨谓河即《国语·鲁语》"冥勤其官而水死"之冥,《礼记·祭法》郑玄注:"冥,契六世孙也。"冥治河,死于河,故被夏人尊为河神。
③ 《合集》33274中有戠、河、岳同是被商王求年的对象,他们的神性一样,为商先公高祖。

(17) 叀兹祖丁䁣，受佑。
　　舌䁣叀伊，受佑。(《合集》27288，图5—8)
(18) 壬申卜，其示于祖丁，叀王执。
　　甲戌卜，其执伊，侑、岁。
　　乙亥卜，其于祖丁，其焌。
　　(《合集》27306)
(19) 执伊。
　　弗及兹夕，有大雨。(《合集》28085)

图5—8　《合集》27288

䁣，从肉从片从鼎，当即《诗·小雅》："或肆或将"、《周颂》："我将我享"之将字，匕、肉于鼎有进奉之义，故引申为进为奉。[①] 何组卜辞的祖丁，是武丁、也可能是武丁之祖父——祖丁，(17) 辞义为进献祭品于祖丁和伊尹，受到保佑。执，象人手脚戴枷锁之状，在此既为动词，又表示被俘虏的人。示，孙海波谓："示寘字通，董作宾已言之。寘、置古同用，置舍双声，二字互为音训。"[②] "其执伊，侑、岁"的主语省略，主语当是王。(18)、(19) 辞当为"王其执伊，侑、岁"，(18)、(19) 辞义为商王亲自拿"执"这种身份的人，放置在祖丁神主之前并进行祭祀。亲自用"执"祭祀伊尹、同时对伊尹还进行侑、岁之祭。伊尹是商王求雨、求年的对象，卜辞如：

(20) 于上甲燎雨。
　　癸卯卜，叀伊禽。(《合集》32344，图5—9)
(21) 丁未卜，隹伊壱雨。
　　隹伊、祖庚。(《合集》32881，图5—10)

---

① 于省吾《甲骨文字诂林》引王国维说（第2731页）。
② 孙海波：《诚斋殷虚文字考释》，北京修文堂书店，1940年影印本，第22页。

图5—9　《合集》32344　　　　　　　　图5—10　《合集》32881

酓，董作宾谓：酓，即饮字，象人俯首吐舌，捧尊就饮之形，饮其本字，酓其省变也。[①]（20）辞义为向上甲求雨，用酓祭祭祀伊尹。伊尹还附祭于先王祖乙，卜辞如：

　　（22）祖乙彳、岁，其射。吉。
　　　　伊宾。吉。（《屯南》1088）

射，杨树达认为是祭伊尹而射牲，"《周礼·夏官·射人》云：'祭祀则赞射牲。'又《司公矢》云：'凡祭祀，共射牲之弓矢。'《国语·楚语》云：'观射父曰：天子禘郊之事，必自射其牲；诸侯宗庙之事，必自射其牛，刲羊，击豕。'据甲文有射牢之文，知周之射牲亦因于殷礼也。"[②]（22）辞义为向祖乙进行彳、岁之祭，还进行射牲祭祀。伊附祭于祖乙之祭。对伊尹的射祭与求雨有关，卜辞如：

　　（23）其雨。

---

① 于省吾：《甲骨文字诂林》，中华书局1996年版，第2698页。
② 杨树达：《积微居甲文说·卜辞琐记·射牢》，中国科学院1954年版。

伊窒。

쾌窒射。（《合集》34349）

(24) 伊窒。

쾌窒射。

上甲씀、青。

不韋雨。（《屯南》2417）

商代的射祭是否与求雨有关，有待论证，但上引卜辞中，对伊尹进行的射祭，与求雨有关。

其四，伊尹单独受到商王的祭祀，卜辞如：

(25) □□卜，其侑、岁于伊尹，**쾌**㞢祝。（《合集》27653）

(26) 丁巳卜，彳、岁其至于伊尹日。（《合集》27654，图5—11）

(27) 伊尹岁十羊。（《合集》27655）

(28) 其……于伊尹一牛。二牛。三牛。（《合集》27659）

(29) 乙巳卜，舌至伊尹。（《合集》27661）

(30) □午卜，其侑伊（尹）。（《合集》27664）

(31) 丁卯卜，伊岁。（《合集》27665）

(32) 丁酉，［贞］……王……于伊……

其一羌、一牛。其三羌、三牛。（《合集》32107）

(33) 癸巳，贞其侑、彳、伐于伊，其即。（《合集》32228）

(34) 于来丁亥［侑］、岁伊。（《合集》32746）

(35) 甲子卜，侑于伊尹，丁卯。（《合集》32785）

(36) 于来日丁亥侑岁伊。（《合集》32795）

(37) **쾌**伊，其射二宰。（《合集》32801）

(38) 丁丑卜，伊尹岁三宰。兹用。

□□五牢。兹用。（《合集》32791，图5—12）

(39) 辛卯卜，侑于伊尹一羌、一牢。（《屯南》3612）

(40) 御伊尹［五十］。（《屯南》3132）

(41) 伊爽三十朋。（《屯南》2196）

图 5—11　《合集》27654　　　　　　图 5—12　《合集》32791

从上引卜辞可知，商王对伊尹所进行的祭祀为侑、彳、岁、酚、舌，祭祀所用的牺牲为牛、羊、牝、宰、牢、朋，这是其他先王旧臣所没有的，说明伊尹在旧先臣中地位之高。祭祀伊尹要选择日期，卜辞如：

（42）甲寅，贞伊岁，冓匸丁日。
　　　甲寅，贞伊岁，冓大丁日。（《屯南》1110）

祭祀伊尹，多在丁日，张光直、姚孝遂、肖丁先后注意到这一现象。[①] 商王对伊尹所用牺牲数量大、品种高，与商先王无别，这种情况实属罕见。但根据商王朝的周祭制度所排出的祀谱，其中没有伊尹的位置，由此判断伊尹没即商王位。伊尹为什么享有商王室如此高的礼遇，当与伊尹佐成汤建国及治理天下有关。关于伊，《说文》："伊，殷圣人，阿衡，尹治天下者。"

其五，伊尹还享受到商王的祊祭，卜辞如：

[①] 张光直：《谈王亥与伊尹的祭日并再论殷商王制》，《中国青铜时代》，生活·读书·新知三联书店 1983 年版，第 178 页。姚孝遂、肖丁：《小屯南地甲骨考释》，中华书局 1985 年版，第 64—65 页。

（43）癸亥卜，侑于伊尹祊，叀今日侑。

（《屯南》3033，图5—13）

（44）羽甲□于伊□祊。（《屯南》3035）

（45）丁酉，贞侑于伊祊。（《屯南》978）

"祊"，作□形，屈万里谓，"当读为祊，即《诗·楚茨》'祝祭于祊'之祊，《说文》所谓'门内祭也'"。① （43）、（44）、（45）辞义为向伊尹进行侑祭并进行门内祭。

商王对伊尹的各种祭祀，与商先公、先王无别，伊尹常配附于上甲、示壬、大乙、祖丁、祖乙之商先公先王；伊尹与商先公一样，能耆雨，是商王求雨、求年（禾）的对象，说明伊尹的人格神对商王朝有重要的影响。

图5—13 《屯南》3033

2. 伊与示的关系

甲骨文中有"伊示"（《合集》32847，图5—14）、"伊五示"（《合集》32722，图5—15）、"伊尹五示"（《合集》33318，图5—16）、"伊廿示又三"（《合集》34123，图5—17）、"伊尹䵼示"（《屯南》2567）、"伊䵼示"（《合集》34123、33329，图5—18）等名称，伊与他们是怎样的关系，历来众说纷纭，示，《说文》："天垂象见吉凶，所以示人也。"可见，示与神有关，卜辞中的示，即"神主牌"，② 伊示即为伊尹之神主，卜辞如：

图5—14 《合集》32847 　　图5—15 《合集》32722

① 屈万里：《殷墟文字甲编考释》，中研院史语所影印本1961年版，第3页。
② 杨升南：《从殷墟卜辞中的"示"、"宗"说到商代的宗法制度》，《中国史研究》1985年第3期。

图 5—16　《合集》33318　　　　图 5—17　《合集》34123

(46) 庚辰，贞王于丁亥令禽。

　　　重父示以。

　　　辛巳，贞以伊示。

　　　弜以伊示。（《合集》32848）

(46) 辞义为命令禽致送父某的神主和伊尹的神主牌（于某处致祭）。

伊五示或伊尹五示，有几家之言，陈梦家谓："当是旧臣五示而伊尹为首。""也可以读做'伊、五示'、'伊尹、五示'，即伊尹与先王的五示。""所谓伊五示或指以下诸示：求示、它示、黄示、鼄示、伊示、伊鼄示。"①蔡哲茂认为其为伊尹之族的历代族长。②

关于"十立伊又九"，卜辞如：

(47) 癸丑卜，侑于伊尹。

　　　丁巳卜，侑于十立，伊又九。（《合集》32786，图 5—19）

---

① 陈梦家：《殷虚卜辞综述》，中华书局 1988 年版，第 363、462 页。
② 蔡哲茂：《殷卜辞"伊尹鼄示"考——兼论它示》，《甲骨文文献集成》，第 21 册，四川大学出版社 2001 年版。

图 5—18 《合集》33329　　　图 5—19 《合集》32786

陈梦家谓:"'立'即《明堂位》之'位',《周礼·小宗伯》注云:'位,坛位也。'《肆师》:'用牲于社宗则为位。'""伊尹与其他九臣为十位。"①王贵民认为是卜问伊族十九世的事,伊廿示又三为卜问伊族二十三世的事。②据《吕氏春秋·本味》、《楚辞》、《史记·殷本纪》载,伊尹以有莘氏之女的媵臣而归于成汤,从伊尹归汤到康丁时期,伊尹家族之世系与王世比较,不会达到二十三世。因此,关于"伊廿示又三",陈梦家读作"伊,廿示又三。""则此二十三示应是自大甲至康丁的二十三个王,乃是小示"。③

伊廿示又三,陈梦家认为是伊尹与商的二十三位先王,而"十立伊又九"与"伊五示",则认为伊尹与其他九臣和其他五示。两者互相矛盾。根据《合集》26955 伊尹附祭于大乙时,先伊尹而占卜,又《合集》32103 祭祀伊尹时,"其又大乙彡"的占卜,伊五示当为伊尹与商的五个先

---

① 陈梦家:《殷虚卜辞综述》,中华书局 1988 年版,第 363、462 页。
② 洪家义、王贵民:《从意识形态看商代社会状况》,《全国商史学术讨论会论文集》,1985 年版。
③ 陈梦家:《殷虚卜辞综述》,中华书局 1988 年版,第 465 页。

公或先王受祭。①"十立，伊又九"当是受祭祀者为十位，即伊尹与九位商先王。

"伊尹黽示"、"伊黽示"，受到商王室隆重的祭祀，卜辞如：

(48) 丁亥，贞多宁以甾侑伊尹黽示。(《屯南》2567)

"黽示"为伊尹，从成汤开国，历代的殷王都应该有婚姻关系的"黽"，有资格跻身在殷先王的祭祀系统中而有一席之地的"黽"，显然只有伊尹一人。②伊尹是商王室旧先臣，卜辞如：

(49) 其侑蔑眔伊尹。(《合集》30451，图5—20)

图5—20　《合集》30451

蔑为商王朝之旧先臣，受到商王室的多次祭祀(《合集》970、1773反)，伊尹与蔑同为商王室之旧先臣，故商王贞问祭祀蔑时，也祭祀伊尹？文献记载，伊尹为成汤建国立下了汗马功劳，与商王朝有婚姻关系，实属可能。伊尹黽示，诚如张政烺所言，当为商与伊尹之族有婚姻关系的明证，故称伊尹为伊尹黽示或伊黽示。

伊奭

伊奭是商王祭祀的重要对象，关于伊奭身份，郭沫若谓：以伊尹之配而为风师也。此说难以为据，卜辞宁风、求雨之对象或神或祖，不必是风师、雨师也。③陈梦家谓：伊奭、黄奭很可能是伊尹、黄尹，但也可能是

---

① 商代的旧先臣，根据《尚书·盘庚》篇载："兹予大享于先王，尔祖其从与享之"，他们受到商王祭祀；又根据甲骨文"黄多子出牛，侑于黄尹"(《合集》3255正)的占卜及《左传》僖公十年："神不歆非类，民不祀非族"的信仰原则推测，对商王朝有贡献的旧臣受到商王的祭祀，而旧先臣的后世子孙也受到历代商王隆重祭祀的可能性不大。

② 张政烺：《释它示——论卜辞中没有蚕神》，《古文字研究》第1辑，中华书局1979年版。

③ 郭沫若：《殷契粹编》，第828片考释，科学出版社1965年版。

伊、黄之配偶。伊尹、伊奭并见于一版，而《乙编》中的黄尹、黄奭并出于一坑，所以他们可能不指一个人。① 伊奭与伊尹有关系，或为伊尹本人，或指伊尹之配偶。甲骨卜辞中，商王的先妣与求雨、宁风关系不大，伊尹为商王朝之先臣，其配偶会成为商人求雨对象的可能性更不大，因此，伊奭，当指伊尹本人，原因是，伊尹与先公高祖，是耆雨者，前面已经论述。伊奭与商先公一起被占卜是否降雨，卜辞如：

(50) 壬子卜，侑于岳。
　　壬子卜，侑于伊尹。（《合集》34192，图5—21）
(51) 癸酉卜，其取岳，雨。
　　甲戌卜，其㞢雨于伊奭。（《合集》34214，图5—22）

图5—21　《合集》34192　　　　图5—22　《合集》34214

岳是商先公，与伊尹一起，成为商人㞢年、㞢禾的对象（《合集》33282），说明在商人的心目中，伊尹与商先公一样，能影响商王朝农业的丰歉，伊奭与岳一起，成为商人求佑的对象，这是他们的相同处。伊奭为商人㞢雨、宁风的对象，卜辞如：

---

① 陈梦家：《殷虚卜辞综述》，中华书局1988年版，第364页。

(52)……［风］于伊奭。

……［伊］奭犬。(《屯南》1007)

(53) 乙丑，贞宁风于伊奭。(《合集》34151)

伊奭是商人求雨、宁风的对象，其神性与伊尹一样，至于陈梦家以伊奭与伊尹见于同版(《合集33273》)，疑他们非同一人的见解，证据略显不足，而且整版都是商先公，突然冒出伊尹的配偶——伊奭与商先公一样，受到商王的求佑，从神性的分类上看，这不符合实际，因此，根据伊尹与伊奭神性相同的特点判断，伊奭就是伊尹。

在商王的心目中，伊尹占据很高的神灵地位，受到隆重的祭祀与商先王几乎相同，这是其他商先旧臣所不能比的，说明伊尹德高望重。

(九) 关于伊尹墓地所在

《史记·殷本纪·集解》引《皇览》曰："伊尹冢在济阴己氏平利乡，亳近己氏。"《史记正义》："《括地志》云：伊尹墓在洛州偃师县西北八里。又云宋州楚丘县西北十五里有伊尹墓，恐非也。"伊尹故去之后所葬之亳，当在今河南偃师之地。"今日伊尹墓，在槐庙之杏元庄南，与田横墓南北相望，都受到后人的景仰、保护。"①

(十) 伊尹著述及伊尹学派

伊尹有治国之才，借食物之滋味作比喻，以王道说服成汤，成为成汤时期的重要辅弼之臣，他的很多言论流传下来，或保存在《尚书》、《吕氏春秋》等先秦文献中，或保存在《史记》等秦汉文献中。自太甲即位后，伊尹所作的著述对后世执政者来说，有借鉴之义，故流传甚广，多出现在先秦诸子及其他文献中。这些流传下来的伊尹的著述有：其一，《伊训》，《史记·殷本纪》："帝太甲元年，伊尹作《伊训》，作《肆命》，作《徂后》。"《书序》："成汤既没，太甲元年，伊尹作《伊训》、《肆命》、《徂后》。"《孟子·万章》引《伊训》："天诛造攻，自牧宫，朕载自亳。"《伪古文尚书》有《伊训》篇。其二，《太甲》三篇及《咸有一德》，见《书序》、《礼记·表记》及《礼记·缁衣》，《孟子·公孙丑》、《伪古文尚书》。其三，伊尹言论，素王及九主之事(见《史记·殷本纪》)。它如，宽民尚贤语(见《书序》、《史记·

---

① 郑慧生：《伊尹论》，《甲骨卜辞研究》，河南大学出版社1998年版，第198页。

殷本纪》：言能听，道乃进，君国子民，为善者皆在王宫)、诸侯朝贡（见《逸周书·王会解》)、王霸语（见《吕氏春秋·先己》)、权谋语（见《说苑·权谋》)、灾异语（见《韩诗外传》)。

关于伊尹的著作，《汉书·艺文志》列两项：道家《伊尹》五十一篇，小说家《伊尹说》二十七篇。班固自注："其语浅薄，似依托也。"伊尹著录分为小说家和道家，说明先秦时期有两个伊尹学派，一属道家，一属小说家。对于伊尹著作的真伪，《汉书补注》引王应麟曰："《说苑·臣术篇》、《吕览》皆引伊尹对汤问，《周书·王会》有伊尹朝献商书，案：《孟子》称伊尹之言，伊尹所谓道岂老氏所谓道乎？志于兵权谋省伊尹太公而入道家，盖战国权谋之士著书而托之伊尹也。"春秋后期战国初期，私学兴起，学派纷呈，各学派为了实现自己的政治主张，著书立说，历古今成败之理，往往要托先贤之语。后世流传的伊尹之语，应有伊尹之语的真实成分。

二　仲虺

仲虺为成汤左相，[①]《史记·殷本纪》："汤归至于泰卷陶，仲䖊作诰。"《书序》："汤归自夏，至于大坰，中虺作诰。"《史记索隐》邹诞生"卷"作"坰"，又作"泂"，则卷当为"坰"。郑康成曰："《仲虺之诰》亡。"《荀子·尧问》篇："其在中蘬之言也。"仲虺之诰及中虺之言，影响深远，需要理解仲虺及《仲虺之诰》之含义。

仲虺，《尚书》作"仲虺"，《春秋左氏传》、《吕氏春秋·骄恣》、《墨子·非命》与之同。《荀子·尧问》篇作"中蘬"，《史记·殷本纪》作"中䖊"。虺、蘬、䖊的韵母同在之部，故韵母相同。作人名时，都指成汤时期的仲虺。[②]

《仲虺之诰》相当有名，流传甚久，但已散逸，春秋、战国诸子和西汉

[①] 《史记集解》："孔安国曰：'仲虺，汤左相奚仲之后。'"
[②] 《春秋左氏传》定公元年："晋文公为践土之盟……薛宰曰：'薛之皇祖奚仲居薛，以为夏车正，奚仲迁于邳，仲虺居薛，以为汤左相。'"杜注："仲虺，奚仲之后。"《孟子·尽心篇》："若伊尹、莱朱则见而知之。"注云："莱朱，亦汤之贤臣也，一曰仲虺是也。"孙星衍《尚书今古文注疏》也认为仲虺即莱朱。《路史·后纪十三下》云："（汤）爱循礼法，以观天子，天子不悦，既得仲虺、莱朱，于是有不惠者，从而征之，葛伯仇饷，初征自葛。"其说认为仲虺、莱朱为二人。

初期学者，常引《仲虺之诰》语，《春秋左氏传》襄公三十年："（郑）子皮曰：《仲虺之志》云：'乱者取之，亡者侮之。'推亡固存，国之利也。"襄公十四年传："中行献子对曰：仲虺有言曰：'亡者侮之，乱者取之。'推亡、固存，国之道也。"宣公十二年："（随武子）曰：仲虺有言曰：'取乱侮亡'，兼弱也。"《墨子·非命上》云："于《仲虺之告》曰：'我闻于夏，人矫天命，布命于下，帝伐之恶，龚丧厥师。'"下篇云："《仲虺之告》曰：'我闻有夏人矫天命于下，帝式是增（憎），用爽厥师。……昔者，桀执有命而行，汤为《仲虺之告》以非之。"《荀子·尧问》：吴起引楚庄王之言曰："其在中蘬之言也，曰：'诸侯自为得师者王，得友者霸，得疑者存，自为谋而莫若己者亡。'"《吕氏春秋·骄恣》："李悝趋进（言于魏武侯）曰：（楚庄）王曰：'仲虺有言，不穀说之。'曰：'诸侯之德，能自为取师者王，能自取友者存，其所择而莫如己者亡。'"《韩诗外传》卷六："吾闻诸侯之德，能自取师者王，能自取友者霸，而与居不若其身者亡。"《新序·杂事一》："（楚）庄王曰：吾闻之，诸侯自择师者王，自择友者霸，足己而群臣莫之若者亡。"《书序》："乱者取之，亡者侮之。"又："诸侯自为得师者王，得友者霸，自为谋而莫若己者亡。"以上引文说明后世人把《仲虺之诰》当做治国存亡的经典。故要分析《仲虺之诰》原因或历史背景，《伪古文尚书·仲虺之诰》曰："汤归自夏，至于大坰，仲虺作《诰》。"[1]

成汤原本为夏诸侯，受夏册封，臣服于夏。乘夏桀迷乱，修政行德，放天下之君夏桀于南巢，践天子之位，天下万民对成汤之举当窃窃私语，这对刚建立的商王朝很不利，因此有必要作诰以告诫天下诸侯成汤伐夏的必要性。《仲虺之诰》首先声明成汤的态度，即"成汤放桀于南巢，惟有惭德，曰：予恐来世以为口实。"《仲虺之诰》正义："发首二句，史述成汤之心。次二句，汤言己惭之意，仲虺乃作诰，以下皆劝汤之辞。自'曰呜呼'至'用爽厥师'，言天以桀有罪，命（汤）伐夏之事。自'简贤附势'至'言足听闻'，说汤在桀时怖惧之事。自'惟王弗迩声色'至'厥惟旧哉'，言汤有德行加民，民归之事。自'佑贤辅德'以下说天子之法，当擢用贤良，屏黜昏暴。劝汤奉行此事，不须以放桀为恶。"[2]

仲虺作《仲虺之诰》，与伊尹报政一样，要告诫天下之人灭夏建商的必

---

[1] 《伪古文尚书·仲虺之诰》。

[2] 《十三经注疏》之《尚书·仲虺之诰》。

要性来争取天下诸侯拥护。仲虺及《仲虺之诰》对商汤建国起了很大的作用。

三　谊伯与仲伯

谊伯、仲伯为成汤贤臣，《史记·殷本纪》："桀败于有娀之虚。桀奔于鸣条。夏师败绩。汤遂伐三朡，俘厥宝玉。义伯、仲伯作《典宝》。"《书序》："夏师败绩，汤遂从之，遂伐三朡，俘厥宝玉，谊伯、仲伯作《典宝》。"《书序》注："史迁'谊'作'义'。郑康成：《典宝》已逸。"孙星衍疏："史公'谊'作'义'者，《古今人表》亦作义伯、中伯。是'仲'亦作'中'也。"《经典释文》："谊，本或做义"。郑注《书序》云："《汤诰》十六，《咸有一德》十七，《典宝》十八，《伊训》十九。"据此则《典宝》在《咸有一德》之后，《伊训》之前。而疏说百篇次第，孔、郑不同。孔传则不举《典宝》。[①]

鸣条之战，夏桀失败，载宝而走。成汤追伐夏桀，夏桀弃宝玉而逃，义（谊）伯、仲伯作《典宝》。《史记集解》引孔安国曰："二臣作《典宝》一篇，言国之常宝"。宝从贝从缶，贝为货币，为财富的象征。玉，不仅是财富的象征，而且还包含者礼制的功能，《尚书·尧典》："辑五瑞，既月乃日，觐四岳群牧，班瑞于群后。"《说文·玉部》："瑞，以玉为信也。""（五瑞）谓珪、璧、琮、璜、璋也……五玉者各何施？盖以为璜以徵召，璧以聘问，璋以发兵，珪以质信，琮以起土功之事也。"[②] 根据后世对宝、玉在社会中的作用，推测《典宝》的内容，不仅言国家常宝的重要性，而且还应当包括要夏王朝的诸侯接受商王朝这个新政权的告示。成汤新建政权，要得到天下诸侯的承认，就要使各诸侯国能来朝见，这样，新建立的商王朝，才具有合法性。而成汤觐见四方诸侯，要以信物（玉）授予他们。玉从五帝到夏商时期，就作为信物而发挥作用。谊伯、中伯所作的《典宝》，是在获取了夏桀的宝玉以后而作的，《典宝》还应与夏商王朝的礼仪制度有关。

四　女鸠与女房

女鸠、女房，成汤时人。《史记·殷本纪》载："伊尹去汤适夏。既丑有夏，复归于亳。入自北门，遇女鸠、女房。作《女鸠》、《女房》。"《史记集

[①] 孙星衍：《尚书今古文注疏》，中华书局1986年版，第568页。

[②] （清）陈立撰：《白虎通疏证》，中华书局1994年版，第349—350页。

解》引孔安国曰："鸠、房二人，汤之贤臣也。二篇言所以丑夏而还之意也。"女鸠、女房、亦作汝鸠、汝方。《书序》："伊尹去亳适夏，既丑有夏，复归于亳。入自北门，乃遇汝鸠、汝方。作《汝鸠》、《汝方》。"其说与《史记·殷本纪》同。《路史·后纪十三下》："桀俞自贤，矫诬上天，简贤附势，率遏众力，穷父兄，耻功臣，不任其遇。女鸠、女方，夏贤臣也。亦遂去之。贽（应为挚）既丑夏，三年复归于亳，遇诸北门，蝉连叹，知夏命之将坠也，乃遂相商。"（注："鸠、方，世皆以为汤臣，非也。不期而会曰遇，岂吾国之臣而曰遇哉。盖伊尹在夏时二友云。"）因夏桀近佞人，远贤臣，鸠、房二人或被夏桀放逐，二人同臣服于商汤，也有历史可能性。

五 咎单

成汤之贤臣，《史记·殷本纪》载成汤灭夏，回到亳都，登天子之位，作《汤诰》告诫天下诸侯，要天下诸侯听从成汤的命令，承认成汤为"天下之君"的身份。但如何加强对天下民众的统治，是新建立的商王政权要着手解决的问题。《书序》："咎单作《明居》。"马融曰："咎单，汤司空也。《明居》，明居人之法也。"商初，是否有司空之职，有待研究。明居，即明居人之法令。① 后世司空之职主管土地居民之法，故马融有可能根据咎单作明居之法而认为咎单是成汤时期的司空。

成汤崩后，太甲、外丙即位为王，不见记载咎单在商王朝的活动。《今本竹书纪年》："（沃丁）元年癸巳，王即位，居亳。命卿士咎单。"《书序》："沃丁既葬伊尹于亳，咎单遂训伊尹事，作《沃丁》。"传："训畅其所行功德之事。"《正义》："沃丁既葬伊尹，言重其贤德，备礼而葬之，咎单以沃丁爱慕伊尹，遂训畅伊尹之事以告沃丁。"这说明咎单与伊尹一样，是历经商王朝四世的老臣。

沃丁，据《史记·殷本纪》载，他是太宗（太甲）之子。甲骨文中，不见沃丁，说明沃丁没有即王位。司马迁的《史记·殷本纪》及古、今本《竹书纪年》都认为沃丁曾即位为商王。按照甲骨文的周祭制度，沃丁不曾继位为王，故"（沃丁）命卿士咎单"、"咎单遂训伊尹事"之史料，有待新材料的证明。

---

① 《礼记·王制》："司空，执度度地，居民山川沮泽，时四时，量地远近，兴事任力。""凡居民，量地以制邑，度地以居民，地、邑、民居，必参相得也。无旷土，无游民，食节事时，民咸安其居，乐事劝功，尊君亲上，然后兴学。"由此推知：居民之事则属于司空主管。

六 伊陟、巫咸、臣扈、巫贤

伊陟，伊尹之子，① 世袭其父之官位，为商王朝太戊时之相，太戊时，祥桑生于廷，伊陟辅政，对于祥桑灾异，太戊惧，伊陟认为太戊之政有阙，于是太戊修德，修先王之政，明养老之礼，伊陟又以此祥桑之事告于巫咸，巫咸治王家有成，殷复兴，天下归殷。

伊陟辅佐太戊成效显著，受到太戊的褒奖，太戊赞（伊陟）于汤庙，谓伊陟尊高，不可使如臣佐，而伊陟让，《史记·殷本纪》："帝太戊赞伊陟于庙，言弗臣，伊陟让，作《原命》。"《书序》："大戊赞于伊陟，作《伊陟》、《原命》。"② 因君臣和睦，施政得当，殷国大治。

伊陟为相于太戊之时，政能补阙，使太戊不陨祖业，《尚书·君奭》谓："在太戊时，则有若伊陟、臣扈，格于上帝。"③ 商王朝得到前期发展的鼎盛期。

伊陟因功勋卓著，受到后世商王对他的祭祀，卜辞如：

戊辰侑伐于陟卯宰。（《合集》39538）

辞义是向（伊）陟进行侑祭、伐祭，要对剖宰。甲骨文中，（伊）陟被商王祭祀。文献记载伊陟辅佐太戊功高于世，地下材料和文献材料说明了伊陟在太戊统治时期，为商王朝做出了贡献，故受到太戊及其子孙的敬仰。

巫咸

巫咸为太戊时臣。治理王家成效卓著。《史记·殷本纪》："伊陟赞言于巫咸，巫咸治王家有成。作《咸艾》、作《太戊》。"《史记集解》引马融曰："艾，治也。"《书序》曰："伊陟赞于巫咸，作《咸乂》四篇。"④ 孔传："赞，

---

① 《史记集解》："孔安国曰：'伊陟，伊尹之子。'"《今本竹书纪年》："（帝太甲）元年，伊尹放太甲于桐，乃自立。七年，王（太甲）潜出自桐，杀伊尹，天大雾三日，乃立其子伊陟、伊奋，命复其父之田宅而中分之。"

② 《史记集解》引马融曰："原，臣名也。命原以禹、汤之道我所修也。"《书序》疏："史公说为'赞伊陟于庙'者，君册命其臣必于庙中，云'伊陟让，作《原命》'，则'伊陟'非篇名也。"又引江氏声云："《释言》云：'原，再也。'命伊陟而伊陟让，乃作《原命》。以是知原命为再命也。"

③ 格，马融曰："格，至也。道至于上帝，谓奉天时也。"

④ 马融注："巫，男巫也。名咸，殷之巫也。"郑康成曰："巫咸，巫官。"后出孔传以为巫氏。

告也。巫咸，臣名。皆亡。"

巫咸在太戊时，参与了商王室的祭祀事务，受太戊之命，祷于山川，《今本竹书纪年》："（太戊）十一年，命巫咸祷于山川。"《太平御览》卷七百九十引《外国图》云："昔殷帝大戊命巫咸祷于山河。"

巫咸治理王家事务有成效，具体所指，已难明了。《庄子·天运》：巫咸袑曰："来，吾语女（汝），天有六极五常，帝王顺之则治，逆之则凶。九洛之事，治成德备，熙熙下土，天下戴之，此谓上皇。"李颐注云："巫咸，殷相。"《史记·天官书》："昔之传天数者……有夏昆吾，殷商巫咸。"说明巫咸是商王朝时期懂得社会及自然发展规律之人。

从庄子所载之言看，巫咸辅佐太戊，要太戊按照自然之理而统治天下，要遵循自然规律，不可逆而行事，这样，国家才能得到治理，天下之人才会拥戴其统治者，统治者才能成为至高无上的帝王。

巫咸故后，其冢在苏州常熟县西海虞山上。《史记正义》："巫咸及子贤冢皆在苏州常熟县西海虞山上。"

臣扈

臣扈，为太戊之相。① 成汤时期就有臣扈，成汤至太戊时期，已历时五世，汤时的臣扈不当是太戊时期的臣扈，《汉书·古今人表》王先谦补注引孔疏语："汤初臣扈，不得至后仍在。"古代官有世袭之制，太戊时期的臣扈有可能是成汤时期的臣扈之后。太戊时期臣扈之事迹，因历史久远，不可考，但他与伊陟共同辅佐太戊执政，并有功于商王朝，故周初周公历数商之名臣时，还能提及臣扈（《尚书·君奭》），说明臣扈在太戊时期，为商王朝做出过贡献。

巫贤

巫贤，为祖乙时臣，《尚书·君奭》："在祖乙时，则有若巫贤。"《史记·殷本纪》："帝祖乙立，殷复兴。巫贤任职。"《今本竹书纪年》："（祖乙）三年，命卿士巫贤。"② 巫贤事迹已不可考。祖乙时期，是商王朝九世乱初期，巫贤辅

---

① 《尚书·君奭》："在太戊时，则有若伊陟、臣扈，格于上帝。"《伪古文尚书·商书》："汤既胜夏，欲迁其社，不可，作《夏社》、《疑至》、《臣扈》。"《正义》云："疑至与臣扈相类，当是二臣名也。盖亦言其不可迁之意。"马融云："圣人不可自专，复用二臣自明也。"《书序》："汤既胜夏，欲迁其社，不可，作《夏社》、《疑至》、《臣扈》。"《今本竹书纪年》："（太戊）元年丙戌，王即位，居亳，命卿士伊陟、臣扈。"

② 孔传："贤，咸子。"《史记正义》认为巫贤为巫咸之子。

佐祖乙，带来了商王朝统治的小小复兴，故巫贤为商王朝治国名臣之一。

第二节 武丁时臣正纪略

武丁时臣正主要有傅说、祖己、甘盘三人，他们辅佐商王武丁，使商王朝国势发展到鼎盛阶段，分别对他们论述如下。

一 傅说

傅说是武丁时相，总宰百官，辅佐武丁治理国家，使商王朝得到了鼎盛阶段。从文献材料中看，傅说的出身是个谜。武丁如何慧眼识珠了解到傅说有治国之才，又任用傅说为辅弼之臣，也是个谜。甲骨文中，在武丁身边最具有辅佐之才者，竟不能与傅说对号入座，怎样认识傅说这一历史人物，是本文要讨论的问题。

（一）武丁求贤得傅说

武丁得傅说的方式为古今奇闻，《史记·殷本纪》："帝武丁即位，思复兴殷，而未得其佐。三年不言，政事决定于冢宰，以观国风。武丁夜梦得圣人，名曰说。以梦所见视群臣百吏，皆非也。于是乃使百工营求之野，得说于傅险中。是时说为胥靡，筑于傅险。见于武丁，武丁曰是也。得而与之语，果圣人，举以为相，殷国大治。故遂以傅险姓之，号曰傅说。"《国语·楚语》："如是而又使以象梦，旁求四方之贤，得傅说以来，升以为公，而使朝夕规谏。"《荀子·非相》："傅说之状，身如植鳍。"杨倞注云："植，立也。如鱼之立。"《孟子·告子下》："傅说举于版筑之间。"《书序》："高宗梦得说，使百工营求诸野，得诸傅岩，作《说命》三篇。"[1]

从历史文献记载看，武丁即位，居丧三年，亦沉默三年，一是为其父小乙守丧，二是思虑兴国之策，寻找治国之才。当武丁在了解民风国情时，碰到有治国之才的傅说。而史书皆把武丁得傅说辅佐说成上帝赐予。实际上，

---

[1] 《伪古文尚书·说命》："王宅忧亮阴三祀。既免丧，其惟弗言。群臣咸谏于王曰：'呜呼，知之曰明哲，明哲实作则。天子惟君万邦，百官承式。王言惟作命，不言，臣下罔攸禀令？'王庸作书以诰曰：'以台正于四方，惟恐德弗类，兹故弗言，恭默思道，梦帝赉予良弼，其代予言。'乃审厥象，俾以形旁求于天下，说筑傅岩之野，惟肖，爰立作相，王置诸左右，命之曰：'朝夕纳诲，以辅台德。'"

用客观的唯物主义观点来看,武丁时期,旧贵族把持朝政,① 武丁要擢用流落在民间的有识之士,必然遭到当权旧贵族强烈反对;武丁以梦得圣人为幌子,受天之赐,提升傅说为相,总理百官,② 武丁用"天命神授"的幌子,擢用有治国之才的傅说协助自己治理国家。

(二) 傅说的出身

傅说为胥靡或刑徒,《帝王世纪》:"高宗梦天赐贤人,胥靡之衣蒙之而来,曰:'我,徒也,姓傅,名说,天下得我者,岂徒也哉。'武丁寤而推之曰:'傅者,相也;说者,欢悦也。天下当有傅我而说民者哉。'明,以梦视百官,百官皆非也。乃使百工写其形象,求诸天下,果见筑者胥靡衣褐带索,执役于虞虢之间,傅险之野,名说。以其得之傅岩,谓之傅说。"③ 王子年《拾遗记》:"傅说赁为赭衣者,春于深岩以自给。梦乘云绕日而行,筮得'利建侯'之卦。岁余,汤(当作武丁)以玉帛聘为阿衡也。"

从文献看,傅说的身份,或为民人,自给自足;或为刑徒,修山道以得食。傅说身份如此低,但博学多闻,满腹经纶,凭知识及见解,武丁尊以为师,《书序》:"若金,用女作砺;若津水,用女作舟;若天旱,用女作霖雨。启乃心,沃朕心。若药不瞑眩,厥疾弗瘳。若跣不视地,厥足用伤。"在辅佐武丁时,他能引经据典,④ 但其身份为

---

① 《尚书·盘庚》:"古我先王,亦惟图任旧人共政。"

② 《今本竹书纪年》:"三年,梦求傅说,得之。六年,命卿士傅说。视学养老。"

③ 《史记集解》:"孔安国曰:'傅氏之岩在虞、虢之界,通道所经,有涧水坏道,常使胥靡、刑人筑护此道。说贤而隐,代胥靡筑之以供食也。'"《史记正义》:"《括地志》云:'傅险即傅说版筑之处,所隐之处窟名圣人窟,在今陕州河北县北七里,即虞国虢国之界。又有傅说祠。'注《水经》云:'沙涧水北出虞山,东南经傅岩,历傅说隐室前,俗名圣人窟。'"

④ 《书序》认为武丁得傅说,乃作《说命》三篇。《伪古文尚书·说命中》:"惟说命总百官。乃进于王曰:呜呼! 明王奉若天道,建邦设都,树后王君公,承以大夫师长,不惟逸豫,惟以乱民。惟天聪明,惟圣时宪,惟臣钦若,惟民从乂。惟口起羞,惟甲胄起戎。惟衣裳在笥,惟干戈省厥躬。王惟戒兹,允兹克明,乃罔不休。惟治乱在庶官,官不及私昵,惟其能,爵罔及恶德,惟其贤。虑善以动,动惟厥时。有其善,丧厥善,衿其能,丧厥功。惟事事,乃其有备,有备无患,无启宠纳侮,无耻过作非,惟厥攸居,政事惟醇。黩于祭祀,时谓弗钦,礼烦则乱,事神则难。"《伪古文尚书·说命下》:"说曰:王,人求多闻,时惟建事,学于古训,乃有获。事不师古,以克永世,匪说攸闻。"从《伪古文尚书·说命》看,上篇讲武丁如何求得傅说。中篇是傅说为王进谏,即如何治理好国家。下篇是傅说要治理好国家,就要学习前人治理国家的经验。

胥靡,① 是当时社会中身份较低者或刑徒。中国古代,"学在官府",一个懂得治理国家的人,是受到过良好教育者,如何认识身为胥靡但又有学识的傅说,需要根据社会背景分析,傅说沦落为胥靡或刑徒,与当时社会变迁有关,武丁之父小乙以前,商王朝刚结束九世之乱,王位争夺必导致社会动荡,原来的旧贵族,或因政治失利而遭杀戮,或沦落为小人或刑徒,但他们所掌握的文化知识不会马上消失,傅说有可能就属于这类人或这类人的后代。武丁要提升沦落为刑徒之人做辅弼,必然遭到当政的旧贵族极力反对。武丁如何结识傅说,了解到傅说的治国之才,亘古久远,不明。由傅说所处的社会背景分析,傅说应当属于曾经当权的旧贵族之后,因社会动荡而沦落为刑徒或胥靡。

(三) 傅说在商王朝的活动

傅说在武丁身边辅佐了三年后,受到武丁的册命,为殷相,《史记·殷本纪》:"(武丁)举(傅说)以为相,殷国大治。"② 是武丁的重要辅弼者。傅说为武丁加强社会教化,表现在"视学养老"上,《礼记·王制》:"殷人哻而祭,缟衣而养老。"《礼记·内则》云:"凡养老,……殷人以食礼。"对老人进行奉养,是为了加强人伦道德建设;对学校教育加强,则是教育培养统治阶级的接班人,旨在对社会风气的教化,创造出一个良好的社会环境。

傅说之后,受封于冀,称冀,《左传》僖公二年:"冀为不道。"注:"冀,国名。"《路史·后纪十一》以为殷商傅说之后,今山西省河津县东北有冀亭遗址,当是其国都。③

二 祖己

祖己既见于甲骨文,又见于文献记载。甲骨文中的祖己,为武丁之子,即文献中的孝己。孝己是否就是文献中的祖己,历来有两种观点,一种认为祖己与孝己为一人;一种认为祖己为武丁之臣。祖己是指同一个人,还是同

---

① 《伪古文尚书·说命》孔疏:"晋灼《汉书音义》云:'胥,相也。靡,随也。古者相随坐轻刑之名。'言于时筑傅险,则以杵筑地。傅说贤人,必身不犯罪,言其说为胥靡,当是时代胥靡也。"

② 《伪古文尚书·说命》:"惟说命总百官。"《今本竹书纪年》:"(武丁)六年,命卿士傅说。视学养老。"

③ 杨伯俊:《春秋左传注》,中华书局1981年版,第282页。

名异人，是本文讨论的内容。

祖己见于以下文献：

《尚书·高宗肜日》："高宗肜日，越有雊雉。祖己曰：'惟先格王，正厥事。'乃训于王曰：'惟天监下民，典厥义。'"

《尚书大传·高宗肜日》："武丁祭成汤，有飞雉升鼎而雊，武丁问诸祖己，祖己曰：'雉者，野鸟也。不当升鼎，今升鼎者，欲为用也，远方将有来朝者乎？'故武丁内反诸己，以思先王之道，三年，编发重译来朝者六国。孔子曰：'吾于《高宗肜日》，见德之有报之疾也'。"

《说苑·君道》："（武丁之时）……桑谷俱生于朝，七日而大拱。武丁召其相而问焉，其相曰：'吾虽知之，吾弗得言也。'问诸祖己：'桑谷者，野草也，而生于朝，意者国亡乎？'武丁恐骇，侧身修行，思先王之政，兴灭国，继绝事，举逸民，明养老，……蛮夷重译来朝者七国。"

《史记·殷本纪》："帝武丁祭成汤，明日，有飞雉登鼎而呴，武丁惧，祖己曰：'王勿忧，先修政事。'祖己乃训王曰：'唯天监下典厥义。'……武丁修政行德，天下咸欢，殷道复兴。帝武丁崩，子帝祖庚立，祖己嘉武丁之以祥雉为德，立其庙为高宗，遂作《高宗肜日》及《训》。"

《书序》："高宗祭成汤，飞雉升鼎而雊，祖己训诸王，作《高宗肜日》、《高宗之训》。"

关于祖己生存的时代，《史记·殷本纪》所载甚祥。祖己经武丁到祖庚之世，为武丁和祖庚时辅弼之臣，他不是武丁之子孝己（如果为武丁之子，且为太子，武丁崩后，祖己当即位为王）。但商王以日干称名，祖己作为商王之臣子，不应有此称呼，祖己是否为武丁之子孝己，历来众说纷纭，《商代史》人物传记中，有必要对此问题讨论。

祖己是不是孝己，自甲骨文发现后，还是保持两种说法：其一，此祖己非孝己。王国维《殷卜辞中所见先公先王考》云：此祖己非《书·高宗肜日》之祖己，卜辞称"卜贞王宼祖己"，与先王同，而伊尹、巫咸皆无此称。且商时云祖某者，皆先王之名，非臣子袭用。《汉书·古今人表》分别祖己、孝己为二人。王国维认为祖己不是孝己。董作宾《甲骨文断代研究例》论定祖己和孝己为二人。陈梦家持此看法。[①] 其二，王国维后来摒弃了早期的看法，在《高宗肜日说》中认为文献中的祖己即孝己。谓《商

---

① 陈梦家：《殷虚卜辞综述》，中华书局1988年版，第430页。

书》中以日名者皆商之帝王，更无臣子称"祖"之理。故《书》之祖己，实非孝己不能有此称也。①杨筠如《尚书覈诂》谓："后人之称孝己，盖本名己而已孝行称之，此称祖己，则其子孙称之也。"刘起釪在《谈〈高宗肜日〉》论及此问题时认为，如果祖己是贤臣，王国维在《高宗肜日说》中已指出，（商）无臣子称祖之理。则以子训父，于辞为不顺。如果祖己是孝己，但在武丁时死了，那么又发生了祭祀对象和受话对象的问题。只能是祖己还在世时，武丁祭其先王，祖己对其父武丁讲了这篇话。结论是《高宗肜日》的主讲者祖己就是孝己，他当祖庚肜祭父王武丁宗庙的时候，因鸣雉之异，对祖庚讲了这篇话。②

根据周祭制度分析，刘氏的说法，仍有欠妥之处，孝己是武丁之太子，周祭中，他被称为祖己。武丁崩后，祖己（即孝己）如果还在人世，继承商王位的应该是祖己而不是祖庚，从甲骨文或文献材料看，祖庚是继武丁而即位为王的。事实上就不会发生祖庚祭祀武丁而祖己（孝己）训祖庚之事。

怎样认识文献中祖己的身份，应比较祖己和孝己的文献记载，分析事实才可得出结论。

《尚书·高宗肜日》、《尚书大传》、《书序》所载的"祖己训于王"之情况，分不出文献中的祖己是否为孝己。对训字的解释，《说文》云："说教也。"《尔雅·释诂》云："训，导也。""祖己训于王"即对发生鸣雉这一灾异事件、祖己以道理顺导于王之义。祖己既可以为臣，也可以为武丁之子。祖己是否为孝己，无法根据上述文献进行判断。由此只能根据孝己的活动时代进行分析。

孝己为武丁太子，其母早死，武丁惑后妻之言，放之而死。③据《今本竹书纪年》所载，可以看出孝己死后四年，武丁（高宗）在肜祭时有飞雉这一灾异现象的。④文献中的祖己，出现在武丁肜祭成汤这一场合，此祖己不应是孝己。但这将面临一个问题，即王国维指出的"（商）无臣子称祖之理"、和"（以日干为名）皆先王之名，非臣子袭用"的问题。

---

① 王国维：《高宗肜日说》，《观堂集林》一。
② 刘起釪：《谈〈高宗肜日〉》，《全国商史学术讨论会论文集》，1985年版。
③ 《太平御览》卷八三引《帝王世纪》及《孔子家语》谓："高宗以后妻杀其子孝己。"
④ 《今本竹书纪年》："（武丁）二十五年，王子孝己卒于野。二十九年，肜祭太庙，有雉来。"

商王以天干为名，自来有生日说；① 庙主说；② 祭名说，死日说；③ 卜选说④等多种说法，甲骨文中，也有以日干为名但未即位为王者，如父戊（《合集》2300）、父癸（《合集》19947）、兄甲（《合集》2870）、兄丁（《合集》6945）、兄戊（《合集》2905）、子丁（《合集》20523）、子庚（《合集》22044），这是商王室以天干为名的已故者，武丁卜辞中，还有臣属称天干者，如"庚人十。"（《合集》6016反）"庚人五。"《花东》362）臣子以天干为名且受到祭祀的，如"侑于癸戊、咸戊。"（《合集》7862）"贞于尽戊。贞于黄尹。"（《天理》59）癸、尽为人、地、族名，作为人名，他们活动于商王朝的事务中，癸戊、咸戊、尽戊是商王室祭祀的对象，是有功于商王朝的旧老臣，这是臣子以天干为名受祭祀的实例。父+天干、兄+天干、子+天干的人名，他们是商王室早逝者，受到在位时王的祭祀。商王以天干为名，商王之臣子也有以天干为名者，他们与在位或故去的商王有密切关系，但都不曾即位为商王，由此推测，在商王朝执政的人中，应该有以天干命名的人物。

论证商王及特殊人物可以以天干命名的情况，在于说明文献中的祖己与商王有密切血缘的关系，他不曾即位为王，却曾辅佐过武丁，又在祖庚时期执政，并拥有很大的权力，故祖庚即位后，他能嘉武丁之以祥雉为德，立其庙为高宗。遂作《高宗肜日》及《训》。由此得出结论，文献中的祖己，非武丁之子孝己。

三 甘盘

甘盘为小乙、武丁时人，《汉书·古今人表》有甘盘，师古曰："武丁师也。"⑤ 关于甘盘，其身世不明，《伪古文尚书·说命》孔传云："甘盘，殷贤臣，有道德者。"武丁即位，命甘盘为卿士，辅佐武丁执政，《尚书·君奭》："在武丁时，则有若甘盘。"孔传："高宗即位，甘盘佐之。"《今本

---

① 《白虎通·姓名篇》："殷家质，故直以生日名子也。"

② 《史记索隐》："谯周云：夏、殷之礼，生称王，死称庙主，皆以帝名配之，天亦帝也，殷人尊汤，故曰天乙。"

③ 陈梦家：《殷虚卜辞综述》，中华书局1988年版，第404页。

④ 李学勤：《殷代亲族制度》，《文史哲》，1957年第11期。

⑤ 《今本竹书纪年》："（小乙）六年，命世子武丁居于河，学于甘盘。"

竹书纪年》曰："(武丁)元年丁未，王即位，居殷。命卿士甘盘。""(武丁)六年，命卿士傅说。"《伪古文尚书·说命》："惟说命总百官。"即傅说总理商王朝百官事务。卿士的职责，从傅说为卿士负责百官总宰可知，甘盘在武丁即位初年，当总理百官。《史记·殷本纪》："帝武丁即位，思复兴殷，而未得其佐，三年不言，政事决定于冢宰，以观国风。"雷学淇《竹书纪年义证》谓："《皇极经世》曰：武丁元年，命甘盘为相。然则《史记》所谓冢宰者，即甘盘已。"甘盘告老退休或病逝后，由傅说总宰百官。

甘盘是武丁时期重要的辅佐者，董作宾在《甲骨文断代研究例》中认为甘盘就是甲骨文㱿组卜辞的师般。但据文献所载，甘盘活动在小乙之世、武丁前期；㱿组卜辞的师般，主要活动在武丁中后期。另，甲骨文中的师，不是尊师之师，师在卜辞中，多与商王朝的军队有关，师般是否为甘盘，受材料所限，无法证实。

第三节 帝辛时臣正纪略

帝辛时期的臣正，分为两大派别：一派是商王朝的忠实之臣，他们对帝辛纣的荒淫无道进行了激烈的斗争；一派是纣的宠幸之臣，他们为迎合纣的欢心，助纣为虐，导致了纣"亡国失家"的局面，下面对他们分别论述：

一 比干

比干，称王子比干，[①] 说明比干出身于商王世家。故《史记·宋微子世家》谓："王子比干者，亦纣之亲戚也。"比干被孔子誉为殷"三仁"之一。[②] 商朝末年，纣王荒淫昏乱，百姓怨、诸侯叛，西伯昌修德行仁，诸侯归顺。西伯势力逐渐增大而"纣由是稍失权重"，王子比干规谏纣王改变治国之策，纣王不仅不接受比干建议，反而变本加厉，淫乱不止，微子

---

① 《史记·殷本纪》。
② 《论语·微子》。

去,比干强谏,① 结果,被纣王剖腹观心。② 比干忠于纣王,明知纣王不能接受自己的规劝而强谏,对此,箕子认为比干之忠为愚忠。③

比干是商王纣的重要辅弼之臣,因纣王刚愎自用,奢侈腐化,造成人心向背,诸侯叛商归周,在此历史背景下,比干忠言直谏,冒犯了纣王,被纣王剖杀。剖杀地点,《水经注》曰:"淇水迳顿丘县故城西,东北迳柱人山东。"《元和郡县志·河北道一》:"柱人山,在(黎阳)县西北四十二里。或言纣杀比干于此。"《帝王世纪》曰:"(武王)命闳夭封比干之墓,命宗祝享祀于军。"《太平寰宇记》卷五十六:"比干墓在汲县北十里余。"

比干直言谏纣,遭到纣王杀戮,其妻也遭株连。④ 比干的忠君行为在当时使人肃然起敬,故周人利用人们对比干的尊敬,灭商后,采取拉拢人心的一项举措即封比干之墓,《史记·周本纪》:"命闳夭封比干之墓。"《齐太公世家》:"封比干墓,释箕子囚。"《留侯世家》:"武王入殷,表商容之闾,释箕子之拘,封比干之墓。"《尚书·武成》:"释箕子囚,封比干墓,式商容闾。"⑤ 以此获得商人对周人的好感。

---

① 殷三仁谏纣的顺序,史书所载顺序略有不同,《论语·微子》云:"微子去之,箕子为之奴,比干谏而死。"《吕氏春秋·必己》:"龙逢诛,比干戮,箕子狂,恶来死,桀纣亡。"《史记·殷本纪》记微子去,比干强谏纣而被剖,箕子惧而佯狂为奴仍被囚。《史记·宋微子世家》所载为箕子为奴,比干强谏而被剖,微子遂去。《今本竹书纪年》:"(帝辛)五十一年,王囚箕子,杀王子比干,微子奔出。"

② 《史记·殷本纪》:"纣愈淫乱不止,微子数谏不听,乃与大师、少师谋,遂去。比干曰:'为人臣者,不得不以死争。'乃强谏纣。纣怒曰:'吾闻圣人心有七窍,剖比干,观其心。'箕子惧,乃详狂为奴,纣又囚之。"《史记·宋微子世家》:"(王子比干)见箕子谏不听而为奴,则曰:君有过而不以死争,则百姓何辜?乃直言谏纣。纣怒曰:'吾闻圣人之心有七窍,信有诸乎?'乃遂杀王子比干,刳视其心。"《史记正义》引《括地志》云:"比干见微子去,箕子狂,乃叹曰:'主过不谏,非忠也,畏死不言,非勇也。过则谏,不用则死,忠之至也。'进谏不去者三日,纣问:'何以自持?'比干曰:'修善行仁,以义自持。'纣怒,曰:'吾闻圣人心有七窍,信诸?'遂杀比干,刳视其心也。"

③ 《韩诗外传》卷六:"比干谏而死,箕子曰:'知不用而言,愚也。杀身以彰君恶,不忠也,二者不可,然且为之,不祥莫大焉。'虽解发佯狂而去。君子闻之,劳矣箕子,尽其精神,竭其忠爱,见比干之事免其身,仁知之至。《诗》曰:人亦有言,靡哲不愚。"

④ 《尚书·泰誓》孔疏引皇甫谧《帝王世纪》云:"纣剖比干妻以视其胎。"

⑤ 另见《吕氏春秋·慎大览》,《淮南子·主术训》及《道应训》。

二 三公（九侯、鄂侯、西伯昌）

三公是天下君主身边的辅弼之臣。① 三公的职责，② 分别管理社会教化、军队治理及土地、民人之事。商代末年，设置三公，《战国策·赵策三》："昔者，鬼侯、鄂侯、文王，纣之三公也。"《史记·殷本纪》："（纣）以西伯昌、九侯、鄂侯为三公。"③ 帝辛即位，任命三公，即九侯、周侯、鄂侯。

九侯即鬼侯，④ 贡女于纣，《史记·殷本纪》："九侯有好女，入之纣，九侯女不憙淫，纣怒，杀之，而醢九侯。鄂侯争之彊、辨之疾，并脯鄂侯。西伯昌闻之，窃叹。崇侯虎知之，以告纣，纣囚西伯羑里。"《潜夫论·潜叹》："昔纣好色，九侯闻之，乃献厥女。纣则大喜，以为天下之丽莫若此也，以问妲己。妲己惧进御而夺己爱也，乃伪俯而泣曰：'君王年即耆邪？明既衰邪？何貌恶之若此而覆谓之好也？'纣于是渝而以为恶。妲己恐天下之愈进美女者，因白'九侯之不道也，乃欲以此惑君王也，王而弗诛，何以革后？'纣则大怒，遂脯厥女而烹九侯。"因九侯之女不讨纣之欢心，导致三公遭殃，纣王醢⑤九侯、脯鄂侯，⑥ 囚

---

① 《尚书大传·夏传》谓："天子三公，一曰司徒公，二曰司马公，三曰司空公。"周的三公，《大戴礼记·保傅》："召公为太保，周公为太傅，太公为太师。保，保其身体；傅，傅之德义；师，导之教训。此三公之职也。"《韩诗外传》卷八："三公者何？曰司空、司马、司徒也。"郑注《周礼·地官·序官》云："三公者，内与王论道，中参六官之事。"《周礼·地官·司徒》注疏："《周礼》：天子六卿，与太宰、司徒同职者，则谓之司徒公。与宗伯、司马同职者，则谓之司马公。与司寇、司空同职者，则谓之司空公。"《汉书·百官公卿表》："太师、太傅、太保，是为三公，盖参天子，坐而议政，无不总统，故不以一职为官名。……记曰三公无官，言有其人然后充之，舜之于尧，伊尹于汤，周公、召公于周，是也。或说司马主天，司徒主人，司空主土，是为三公。"

② 《太平御览》卷二百七《职官部》："百姓不亲，五品不训，则责之司徒。"《太平御览》卷二百九《职官部》："蛮夷猾夏，寇贼奸宄，则责之司马。"《太平御览》卷二百八《职官部》："沟洫壅，遏水为民害，田广不垦，则责之司空。"

③ 《今本竹书纪年》："帝辛元年，命九侯、周侯、鄂侯。"

④ 《史记集解》："徐广曰：'一作鬼侯。邺县有九侯城。'"《史记正义》曰："《括地志》云：'相州滏阳县西南五十里有九侯城，亦名鬼侯城，盖殷时九侯城也。'"

⑤ 古代残杀人的一种酷刑，把人杀死后剁成肉酱。

⑥ 鄂侯，《史记集解》："徐广曰：一作邘，音于。野王县有邘城。"脯即制成肉干。

西伯。① 三公受挫说明了纣王的独断专行和残忍无道。

西伯

西伯是周族的首领，周人经古公亶父居岐后，周族逐渐强盛，到西伯昌时，西伯礼贤下士，修德行善，诸侯叛商归周，周族经过西伯的经营，为武王灭商打下了基础。西伯是商代末年一位重要人物，有必要对西伯进行论述。

周族的首领古公亶父，修后稷、公刘之业，积德行善，避戎狄之扰，率领族人，度漆、沮，逾梁山，止于岐山之下。周人在岐地获得了较大的发展。古公亶父在王位继承人的选择上，有意传位于季历，《史记·周本纪》："古公有长子曰太伯，次曰虞仲，太姜生少子季历。季历娶太任，皆贤妇人，生昌，有圣瑞。古公曰：'我世当有兴者，其在昌乎？'长子太伯、虞仲知古公欲立季历以传昌，乃二人亡如荆蛮，文身断发，以让季历。"故昌能继其父之位为周西伯。西伯昌之母为太任，为殷商之后，《诗·大雅·大明》："挚仲氏任，自彼殷商，来嫁于周。曰嫔于京，乃及王季，维德之行。大任有身，生此文王。"② 有贤行，《史记正义》引《列女传》："太任，王季娶以为妃，太任之性，端壹诚庄，维德之行。及其有身，目不视恶色，耳不听淫声，口不出傲言，能以胎教子，而生文王。"故生文王得以言传身教。

昌之父季历，因讨伐戎狄有功，武乙任命季历为殷牧师，即执掌西方诸侯之官。公季（历）能修古公遗道，笃于行义，诸侯归顺。③ 太（文）丁时，周商交恶，太丁杀季历。④ 季历卒，其子昌立，是为西伯。

古公认为西伯有圣瑞，文丁杀季历二年，即文王元年，凤凰集于岐山的

---

① 《韩非子·难言》："翼侯炙。"《战国策》："脯鄂侯。"《礼记·明堂位》："脯鬼侯以飨诸侯。"《吕氏春秋·行论》："纣恐其（文王）畔，欲杀文王而灭周。文王曰：'父虽无道，子敢不事父乎！君虽不惠，臣敢不事君乎！孰王而可畔也。'纣乃赦之。"

② 《史记集解》引《列女传》："太姜，有邰氏之女。太任，挚任氏之中女。"《史记正义》引《国语》注云："挚、畴二国，任姓。奚仲、仲虺之后，太任之家。太任，王季之妃，文王母也。"

③ 《史记·周本纪》。

④ 《吕氏春秋·首时》："王季历困而死，文王苦之。"《史记·龟策列传》："（纣）杀周太子历，囚文王昌。"《古本竹书纪年》："文丁杀季历。"《今本竹书纪年》："王（太丁）嘉季历之功，锡之圭瓒，秬鬯，九命为伯，既而执诸塞库。季历困而死，因谓文丁杀季历。"

祥瑞征兆出现,《今本竹书纪年》:"(文丁)十二年,有凤集于岐山。"① 凤集于岐山,是颂西伯文王德高之至。文王即位,遵后稷、公刘之业,则古公、公季之法,笃仁,敬老,慈少,礼贤下者,日中不暇食以待士,士以此多归之。伯夷、叔齐在孤竹,闻西伯善养老,归顺西伯,《孟子·尽心上》:"伯夷避纣,居东海之滨。闻文王作,兴曰:'盍归乎来?吾闻西伯善养老者。'"《史记·伯夷列传》:"伯夷、叔齐闻西伯善养老,盍往归焉。"② 太颠、闳夭、散宜生、鬻子、辛甲大夫之徒皆往归之。

　　文丁杀季历,商周关系恶化,帝乙二年,西伯率周人伐商,《古本竹书纪年》:"(帝乙)二年,周人伐商。"伐商原因不明,据推测是西伯报杀父之仇。伐商结果不明,据周伐商后仍臣服于商之史实,当是西伯失败而称臣。

　　西伯文王伐商失败,又遭受天灾之祸,《吕氏春秋·制乐》:"周文王立国八年,岁六月,文王寝疾五日而地动,东西南北,不出国郊,百吏皆请曰:'臣闻地之动,为人主也。'今王寝疾五日而地动,四面不出周郊,群臣皆恐,曰:'请移之。'文王曰:'若何其移之也?'对曰:'兴师动众,以增国城,其可以移之乎?'文王曰:'不可。夫天之见妖也,以罚有罪也,我必有罪,故天以此罚我也。今故兴师动众,以增国城,是重吾罪也。不可。'文王曰:'昌也请改行重善以移之。其可以免乎?'于是谨其礼秩皮革,以交诸侯,饰其辞令,币帛,以礼豪士;颁其爵列等级田畴,以赏群臣,无几何,疾乃止。文王即位八年而地动,已动之后四十三年,凡文王立国五十一年而终,此文王之所以止殃翦妖也。"《今本竹书纪年》:"(帝乙)三年,夏六月,周地震。"古人迷信,往往把灾异出现与人君治理国家联系在一

---

① 凤即凤凰,《说文·鸟部》:"凤,神鸟也。……出于东方君子之国,翱翔四海之外,过昆仑,饮砥柱,濯羽弱水,暮宿风穴,见则天下大安宁。"《山海经·南山经》:"丹穴之山……有鸟焉,其状如鸡,五采而文,名曰凤皇。首文曰德,翼文曰义,背文曰礼,膺文曰仁,腹文曰信。是鸟也,饮食自然,自歌自舞。见则天下安宁。"《白虎通·封禅》:"凤凰者,禽之长也。上有明王,太平乃来,居广都之野。"《国语·周语上》:"周之兴也,鸑鷟鸣于岐山。"《说文》:"鸑鷟,凤属,神鸟也。"

② 雷学淇《竹书纪年义证》:"孤竹,与北海在今永平。首阳山,在河中蒲州,乃适周所经之路,行至此而乏食也。故饿而采薇。"《史记·伯夷列传》:"伯夷、叔齐,孤竹君之二子也。"《索隐》曰:"……孤竹君是殷汤三月丙寅日所封,相传至夷、齐之父,名初字子朝。伯夷名允字公信。叔齐名致字公达。"《正义》引《括地志》:"孤竹古城,在卢龙县南十二里,殷时诸侯孤竹国也。"

起，① 故西伯以灾异为戒，更加注重德行的修养，外则礼交诸侯，内则制定等级秩序，周族在西伯文王时，成为商诸侯国中有影响者之一，故帝辛即位，命周侯为三公。②

西伯在治理国家时，为加强周人的团结和凝聚力，注重祭祀，"（纣王）六年，周文王初禴于毕。"③ 与西伯修德行善、诸侯归顺形成鲜明对比的纣王，荒淫无道，滥杀无辜，《吕氏春秋·古乐》："周文王处岐，诸侯去殷，三淫而翼文王。"④ 造成了百姓怨、诸侯叛的局面。周人的逐渐强大，给纣王带来压力，故纣王率领军队到渭地进行军事演习，以耀武来震慑西伯文王，《今本竹书纪年》："（帝辛）二十二年冬，大蒐于渭。"⑤ 当纣王感到西伯的强大已经威胁到商的国家安全时，乃囚西伯于羑里，《今本竹书纪年》："（帝辛）二十三年，囚西伯于羑里。"⑥ 西伯文王拘于羑里，并演《周易》，《史记·太史公自序》："昔西伯拘羑里，演《周易》。"⑦ 文王被囚在羑里长达七年。⑧ 西伯之臣，见西伯被纣王所囚，乃购求天下珍奇、美女，进献于纣，

---

① 《白虎通·灾变》："天所以有灾变何？所以谴告人君，觉悟其行，欲令悔过修德，深思虑也。"

② 《史记·殷本纪》："（帝辛）以西伯、九侯、鄂侯为三公。"《今本竹书纪年》："（帝辛）元年，命九侯、周侯、邘侯。"

③ 据《古本竹书纪年》。《新唐书·历志》："至纣六祀，周文王初禴于毕。"《今本竹书纪年》："西伯初禴于毕。"禴，《周易·既济》九五："东邻杀牛，不如西邻之禴祭，实受其福。"疏："禴，殷春祭之名。"《诗·小雅·天保》毛传谓夏祭之名，盖周制。

④ 高注曰："三淫，谓剖比干之心，断才士之股，刳孕妇之胎者。故诸侯去之，而佐文王也。"

⑤ 《公羊传》昭公十一年："大蒐者何？简车徒也。"大蒐是田猎之名，与军事演习有关。《左传》隐公五年："春蒐、夏苗、秋狝、冬狩，皆于农隙以讲事也。"杨伯峻注："蒐、苗、狝、狩皆田猎名，亦以之习武，因四时而异。""讲事，讲习武事，所谓教民战也。"

⑥ 西伯被囚于羑里的原因有两说，一说为：商纣王醢九侯、脯鄂侯，西伯对纣王草菅人命的暴虐而叹息，被崇侯虎告密，西伯被囚于羑里（《史记·殷本纪》）；一说为：西伯行仁义而善谋，不早图之，有可能危及商王朝的安危。《淮南子·道应训》："文王砥德修政，三年而天下二垂归之，纣闻而患之曰：'余夙兴夜寐，与之竞行，则苦心劳形；纵而置之，恐伐余一人。'崇侯虎曰：'周伯昌（行）仁义而善谋，太子发勇敢而不疑，中子旦恭俭而知时，若与之从，则不堪其殃；纵而赦之，身必危亡。冠虽弊，必加于头。及未成，请图之。'屈商乃拘文王于羑里。"

⑦ 《帝王世纪》："文王居于羑里，演六十四卦，著九六之爻，谓之《周易》，与《连山》、《归藏》为三易。"（徐宗元：《帝王世纪辑存》，中华书局1964年版，第83页）

⑧ 贾谊《新书·君道》："文王桎梏，囚于羑里，七年而后得免。"《今本竹书纪年》二十三年囚西伯，二十九年释西伯，时间也是七年。

《史记·殷本纪》:"西伯之臣闳夭之徒,求美女奇物善马以献纣,纣乃赦西伯。"① 因纣贪婪好色,赦免西伯归周,周此时已崛起,放西伯归周无异于放虎归山,② 当西伯被纣释放后,得到诸侯之迎接。③

西伯文王为报纣王不杀之恩,表面上臣服于商,于次年率诸侯入贡,《春秋左传》襄公四年:"(韩献子)言于朝曰:'文王率殷之叛国以事纣,唯知时也。'"《论语·泰伯》:"三分天下有其二,以服事殷。"《今本竹书纪年》:"(帝辛)三十年春三月,西伯率诸侯入贡。"《逸周书·程典解》:"维三月既生魄,文王合六州之侯,奉勤于商,商王用宗谗,震怒无疆,诸侯不娱,逆诸文王。文王弗忍,乃作《程典》,以命三忠。"实际上,文王则在为灭殷作准备,故加紧军事训练,《今本竹书纪年》:"(帝辛)三十一年,西伯治兵于毕。得吕尚以为师。"④ 随着军事力量的强大,周人开始经略边疆,《诗·大雅·皇矣》曰:"密人不恭,敢距大邦,侵阮徂共。"⑤ 随着军事上的

---

① 《淮南子·道应训》:"于是散宜生乃以千金求天下之珍怪,得骓虞、鸡斯之乘,玄玉百工,大贝百朋,玄豹、黄罴、青豻,白虎,文皮千合,以献于纣。因费仲而通,纣见而说之,乃免其身,杀牛而赐之。"《史记·周本纪》:"帝纣乃囚西伯于羑里,闳夭之徒患之,乃求有莘氏美女,骊戎之文马;有熊九驷,他奇怪物;因殷嬖臣费中而献之纣。纣大悦曰:此一物足以释西伯,况其多乎!乃赦西伯。"《史记索隐》:"一物,谓婇氏之美女,以殷纣淫昏好色,故知然。"

② 《吕氏春秋·行论》:"昔者,纣为无道,杀梅伯而醢之,杀鬼侯而脯之,以礼诸侯于庙,文王流涕而咨之。纣恐其畔,欲杀文王而灭周。文王曰:'父虽无道,子敢不事父乎?君虽不惠,臣敢不事君乎?孰王而可畔也?纣乃赦之。'天下闻之,以文王为畏上而哀下也。《诗》曰:'惟此文王,小心翼翼,昭事上帝,聿怀多福。'"

③ 《今本竹书纪年》:"(帝辛)二十九年,释西伯,诸侯逆西伯,归于程。"

④ 治兵,即军事演习。《左传》隐公五年:"……皆于农隙以讲事也,三年而治兵,入而振旅。"杜注云:"虽四时讲武,犹复三年而大习。"《周礼·夏官·大司马》:"中春教振旅,司马以旗致民,平列陈,如战之陈。辨鼓铎镯铙之用。……以教坐进退疾徐疏数之节。""中秋教治兵,如振旅之陈。"吕尚,即姜尚或称太公望。《史记·齐太公世家》:"太公望吕尚者,东海上人。其先祖尝为四岳,佐禹平水土甚有功,虞夏之际封于吕,或封于申。姓姜氏。……本姓姜氏,从其封姓,故曰吕尚。吕尚盖尝穷困,年老矣,以渔钓奸周西伯,西伯将出猎。卜之,曰:'所获非龙非螭,非虎非罴,所获霸王之辅。'于是周西伯猎,果遇太公于渭之阳,与语大说,曰:'自吾先君太公曰:当有圣人适周。周以兴。'……周西伯昌之脱羑里归,与吕尚阴谋修德以倾商政,其事多兵权与奇计,故后世之言兵及周之阴权皆宗太公为本谋。"

⑤ 毛传曰:"国有密须氏,侵阮,遂往侵共。"《左传》昭十五年:"密须之鼓与其大路,文所以大蒐也。"杜注:"密须,姞姓国也,在安定阴密县。"《墨子·非攻下》:"赤鸟衔圭,降周之岐社,曰:天命周文王,伐殷有国。"《今本竹书纪年》:"(纣)三十二年,有赤鸟集于周社。密人侵阮,西伯帅师伐密。"

胜利,周人迁都于程,《逸周书·大匡解》:"维周王宅程。"《今本竹书纪年》:"(帝辛)三十三年,密人降于周师,遂迁于程。"

由于西伯修德行善,在商诸侯中,享有较高威望,故纣王褒奖西伯之功,授予西伯"得专征伐"之命。① 由此更提高了西伯在诸侯中的威信。随着纣日益荒淫无道及西伯势力日益强大,于帝辛三十四年西伯取耆、克邘,伐崇,崇人降。西伯在对外征伐时,同时也遭受了自然灾害与人祸,《今本竹书纪年》:"(帝辛)三十四年,周师取耆及邘,遂伐崇,崇人降。冬十二月,昆夷侵周。三十五年,周大饥。西伯自程迁于丰。"② 为转嫁自然灾害与人祸,西伯伐昆夷,《逸周书·丰保解》:"九州之侯,咸格于周,王在丰。"

---

① 关于西伯受命,得专征伐与献地或赐地说,有三种说法:一、《吕氏春秋·顺民》:"文王处岐事纣,冤侮雅逊,朝夕必时,上贡必适,祭祀必敬。纣喜,命文王称西伯,赐之千里之地,文王载拜稽首而辞曰:'愿为民请炮烙之刑。'文王非恶千里之地,以为民请炮烙之刑,必欲得民心也。得民心则贤于千里之地,故文王智矣。"二、西伯南讨北征,引起纣王不满,西伯才献洛西之地以解炮烙之刑的。《韩非子·难二》:"文王侵盂,克莒,举丰,三举事而纣恶之,文王乃惧,请入洛西之地,赤壤之国,方千里,以请解炮烙之刑。天下皆说。"三、西伯献洛西之地后,被赐之弓矢,斧钺,得专征伐。《史记·殷本纪》:"纣乃赦西伯,西伯出而献洛西之地,以请除炮格之刑。纣乃许之,赐弓矢,斧钺,使得征伐。"梁玉绳《史记志疑》:"是地为纣赐之,非文王献之,亦不言洛西也。而炮烙之刑,许不许未可知也。"《后汉书·王畅传》:"武王入殷,先去炮格之刑。"是未许也。洛西之地,《史记正义》:"洛水,一名漆沮水,在同州洛西之地。"地在今陕西省。

② 《诗·采薇·正义》引《帝王世纪》:"文王受命,四年周正月丙子朔,昆夷氏侵周,一日三至周之东门。"徐文靖《竹书统笺》:"按《史记·殷本纪》:'西伯伐饥国,灭之。'徐广曰:'饥作肌,又作耆,是耆。即饥国也。'《左传》僖公二十九年:'祝鮀曰:分康叔于殷民七族,有饥氏,是也。'"《史记·周本纪》:'西伯败耆国。'《正义》曰:'即黎国也。'然《尚书·西伯戡黎》,乃武王袭封西伯后三年事也。安在文王所伐之耆即黎乎?《大戴礼记》曰:'纣不悦诸侯之听于周昌,则嫌于死。乃退,伐崇许魏,以客事天子。'注:卢辩曰:'许、魏,不在五伐。盖时小伐也。客事者,谓忍而臣之也。'《尚书大传》:'文王既受命征伐,一年断虞、芮之质,二年伐邘,三年伐密须,四年伐犬夷,五年伐耆,六年伐崇。'"梁玉绳《史记志疑》:"饥国,周纪作耆,宋世家作阢,盖古今字异,其实一耳。耆与黎为二国。"又云:"《逸周书·大匡解》:'惟周王宅程三年,遭天之大荒。作《大匡》,以诏牧其方。三州之侯咸率。'即此事。又《逸周书·文传解》:文王召太子发曰:'天有四殃,水旱饥荒,其至无时,非务积聚何以备之。'《夏箴》曰:'小人无兼年之食,遇天饥,妻子非其有也。大夫无兼年之食,遇天饥,臣妾舆马非其有也。戒之哉,弗思弗行,至无日矣。'"《诗·大雅·文王有声》:"既伐于崇,作邑于丰。"孔晁曰:"程,地名,在岐州左右,初王季之子文王因焉,而遭饥,乃徙丰焉。"师古曰:"文王作丰。今长安西北灵台县是。"即今之周原遗址。

《汉书·匈奴传》:"周西伯昌伐畎夷。"师古曰:"即畎戎也。又曰昆夷。"《今本竹书纪年》:"(帝辛)三十六年春正月,诸侯朝于周,遂伐昆夷。西伯使世子发营镐。"太子发营镐京,《诗·大雅·文王有声》曰:"考卜维王,宅是镐京。维龟正之,武王成之。"作辟雍,《诗·大雅·灵台》:"于乐辟雍。"《今本竹书纪年》:"(帝辛)三十七年,周作辟雍。"① 建灵台,《诗·大雅·灵台》:"经始灵台。"《今本竹书纪年》:"(帝辛)四十年,周作灵台。"② 周国势兴旺发达,而纣王的统治集团分裂矛头渐呈端倪,辛甲大夫之徒,叛商归周,《史记·周本纪》:"辛甲大夫之徒,皆往归焉。"③ 当周人事业如日中天时,西伯昌年老而崩,葬于毕地,《尚书·无逸》:"文王受命惟中身,厥享国五十年。"④

西伯文王,对周族的发展,可谓功高盖世。周公在《尚书·无逸》中进行了总结:"文王卑服,即康功、田功。徽柔懿恭,怀保小民,惠鲜鳏寡。自朝至于日中昃,不遑暇食,用咸和万民。文王不敢盘于游田,以庶邦惟正之供。"西伯文王自继周王位以来,修德行善,保惠小民,礼贤下士,与商纣王刚愎自用、滥杀无辜、骄奢淫逸、横征暴敛形成鲜明对比,故商之诸侯

---

① 《庄子·天下》曰:"毁古之礼乐,黄帝有咸池,尧有大章,舜有大韶,禹有大夏,汤有大濩,文王有辟雍之乐。"《说文》:"廱,墙也。""廱,天子飨饮辟廱。"《白虎通·辟雍》:"辟者,璧也,象璧圆,以法天也。雍者,壅之以水,象教化流行也。"

② 《诗》笺:"天子有灵台者,所以观祲象,察气之妖祥也,文王受命,而作邑于丰,立灵台。"《淮南子·道应训》:"文王归,乃为玉门,筑灵台。……纣闻之曰:周伯昌改道易行,吾无忧矣。"

③ 《史记集解》引刘向《别录》曰:"辛甲,故殷之臣,事纣,盖七十五谏而不听,去至周,召公与语,贤之,告文王,文王亲自迎之,以为公卿,封之长子。"《今本竹书纪年》:"(帝辛)三十九年,大夫辛甲出奔周。"雷学淇《竹书纪年义证》曰:"辛氏,甲名,姒姓之裔也。《夏本纪》赞曰:'禹为姒姓,其后分封,用国为姓,有辛氏。'……《唐书·宰相世系表》曰:'夏后启封支子于莘,莘、辛声相近,故为辛氏。'盖莘国本在洽阳,今陕西同州府属郃阳县地。即文王正妃太姒母家。……甲乃辛之支庶,仕于纣朝为大夫者,因纣为无道,知天命在周,且系婚姻之国,故来投奔也。……文王封辛甲,或在虢地陕之莘原,不得在长子也。"

④ 郑康成:"受殷王嗣位之命。中身,谓中年。"《史记集解》引徐广曰:"文王九十七乃崩。"《史记正义》引《括地志》云:"周文王墓在雍州万年县西南二十八里原上也。"《今本竹书纪年》:"(帝辛)四十一年春三月,西伯昌薨。"《汉书·刘向传》:"文、武、周公,葬于毕。"臣瓒曰:"《汲郡古文》:毕西于丰三十里。"师古曰:"毕陌,在长安西北四十里也。"

多叛商归周。西伯被纣囚，自放归之后，抗击诸夷之内侵，讨伐商纣王之属国，为周武王伐纣扫清了障碍。在周国内，国家体制逐渐完善，为西周王朝的建立，打下了政治基础。西伯文王统治时期，修德行善争得民心，故诸侯归附，使周族从殷商之臣属诸侯，逐渐强大到能与商相抗衡之大国，西伯昌为周兴盛、为武王灭商打下了坚实的基础。

三 商容、祖伊

文献中关于商容的记载不多，《史记》认为商容是位贤人，武王灭商后，旌表其间，《殷本纪》："商容贤者，百姓爱之，纣废之。……释箕子之囚，封比干之墓，表商容之间。"商容因不满纣王的残暴统治，欲以武力讨伐纣王而未能遂愿，后隐居太行，《韩诗外传》卷二："商容尝执羽籥，冯于马徒，欲以伐纣而不能，遂去。伏于太行。及武王克殷，立为天子，欲以为三公。商容辞曰：吾尝冯于马徒，欲以伐纣而不能，愚也。不争而隐，无勇也。愚且无勇，不足以备乎三公。遂固辞，不受命。"当武王率军自西向东前来讨伐纣王时，《帝王世纪》："商容及殷民观周军之入，见毕公至，殷民曰：'是吾新君也？'容曰：'非也。视其为人，严乎将有急色，故君子临事而惧。'见太公至，民曰：'是吾新君也？'容曰：'非也。视其为人，虎据而鹰趾，当敌将众，威怒自倍，见利即前，不顾其后。故君子临众，果于进退。'见周公至，民曰：'是吾新君也？'容曰：'非也。视其为人，忻忻休休，志在除贼，是非天子，则周之相国也。故圣人临众知之。'见武王至，民曰：'是吾新君也？'容曰：'然。圣人为海内讨恶，见恶不怒，见善不喜，颜色相副，是以知之。'"[①] 商容对周人中的几位精英人物的评价，方显出商容的智慧及知人之英雄本色。武王伐殷胜利后，欲以商容为三公辅佐王事，商容认为自己"愚且无勇，不足以备乎三公"而辞谢，说明商容不仅知人，而且不贪他人之功。商容如此德高望重，又与商纣王格格不入，故深得周人的恭敬及尊重，郑玄认为商容是"商家典乐之官，知礼容，所以礼署称容台。"[②]

商容受民爱戴，却不为官于商王朝而隐伏山林，故武王旌表之，以争取

[①] 《尚书·武成·正义》引，见徐宗元：《帝王世纪辑存》，中华书局1964年版，第89页。

[②] 《史记·殷本纪·索隐》。

商民众。① 武王旌表商容之门间，志在表达周人尊重贤人，消灭商纣王是在替天行道，掩盖其夺取商王朝的天下的真实目的。

祖伊

祖伊是商朝末年在商纣王身边的一位重要辅弼大臣。周族经过古公亶父、季历的经营，到西伯文王时期，又经历了一个大发展时期，特别是周文王被商纣王任命为西伯，拥有征伐大权后，势力越来越大，西伯戡黎，说明其势力已经深入到商王畿内，直接威胁到商王都——今安阳的安全，《史记·殷本纪》："及西伯伐饥国，灭之。"《史记·周本纪》："明年，伐犬戎。明年，伐密须。明年，败耆国。"《书序》云："殷始咎周，周人乘黎，祖伊恐，奔告于受，作《西伯戡黎》。"《今本竹书纪年》：（帝辛）三十四年，周师取耆及邘，遂伐崇，崇人降。饥，《史记集解》徐广曰："饥，一作肌，又作耆。"《史记正义》："即黎国也。"《说文》："鳌，殷诸侯国，在上党东北。"《括地志》云："故黎城，黎侯国也。在潞州黎城县东北十八里。《尚书》云'西伯既戡黎'是也。"《汉书·地理志》"上党郡·壶关"注：应劭曰："黎侯国也，今黎亭是。"陈梦家认为"春秋的黎侯，与壶关之黎亭应加分别……《左传》宣十五潞子'夺黎氏地'，晋灭潞子而'立黎侯'，所以此重立的黎氏黎侯当在潞地，今黎城县。……西伯所戡当是壶关之黎而非黎城。……壶关之黎与安阳殷都隔太行山相望，西伯戡黎危及殷都，故祖伊恐告于纣。"②

太行山位于殷王都之西，是商王都防御的天然屏障，因其隔断东西交通，自古以来就被视为天下之大防，西伯征伐并打败黎国，进入商王畿内，而商纣王还意识不到周人的威胁，祖伊闻听此消息，恐惧万分，奔告于纣，《尚书·西伯戡黎》："（祖伊）曰：'天子，天既讫我殷命，格人元龟，罔敢知吉。非先王不相我后人，惟王淫戏用自绝，故天弃我，不有康食，不虞天性，不迪率典。今我民罔弗欲丧，曰'天曷不降威！'大命不挚，今王其如台？王曰：'呜呼！我生不有命在天？'祖伊反，曰：'呜呼！乃罪多参在上，乃能责命于天？殷之即丧，指乃功，不无戮于尔邦。'"祖伊劝告纣王，如果

---

① "表"，《史记·留侯世家·索隐》："崔浩云：表者，标榜其里门也。"
② 陈梦家：《殷虚卜辞综述》，中华书局1988年版，第287页。

再如此荒淫腐化下去，上天则要终止我商王国的命运，① 商王朝现在所面临的灭国之灾，不是先王不帮助我们这些后人，而是商王沉湎于酒色之中而自绝于上天。臣民说上天为什么不降下惩罚？让我商王国灭亡？而纣王认为自己是天命神授，可以为所欲为。祖伊认为纣王不可救药，殷之丧亡是纣所致，（祖伊）我也不久将被刑戮于此邦。

祖伊，是商王朝后期的贤达之人，《史记·乐书》："放弃诗书，极意声色，祖伊所以惧也；轻积细过，恣心长夜，纣所以亡也。"他了解到纣王骄奢淫逸、荒淫腐化而自绝命于天的命运，也了解商王朝必然灭亡的命运，还清楚作为商王臣下，自己被杀戮的悲惨结局。

四 微子

微子，为帝乙之子，孔子认为殷"三仁"之一，孟子认为微子为贤人，墨子认为微子为圣人，《论语·微子》："微子去之，箕子为之奴，比干谏而死。孔子曰：'殷有三仁焉。'"《孟子·公孙丑上》："纣之去武丁，未久也，其故家遗俗，流风善政，犹有存者，又有微子、微仲、王子比干、箕子、胶鬲，皆贤人也。相与辅相之，故久而后失之也。"《墨子·公孟》："昔者，商王纣，卿士费仲，为天下之暴人；箕子、微子为天下之圣人。"微子合乎后世儒、墨学派的圣人标准，再加上商纣王骄奢淫逸，身死国灭，所以后世对微子尊崇之至，这是传统的观点。陈奇猷在《读江晓原〈回天〉后——兼论周武王何以必须在甲子朝到达商郊牧野及封微子于孟诸》② 一文中，认为牧野之战，商纣王前徒倒戈的策划者是微子，微子与周武王里应外合，倾覆了商王朝。这是反传统的观点。微子是商代后期著名的历史人物之一，儒、墨两家认为微子为贤人，但近人陈奇猷认为微子策划推翻商王朝的活动，到底该怎样认识微子，需要把微子的整个生活轨迹呈现出，就微子之贤加以评价，请方家以正之。

（一）微子的身份和地位

微子的身份和地位、微子与纣的关系，历来颇多争论。古文献中，有三

---

① 《论衡·卜筮》："纣，至恶之君也，当时灾异繁多，七十卜而皆凶，故祖伊曰：'格人元龟，罔敢知吉。'贤者不举，大龟不兆。"

② 陈奇猷：《读江晓原〈回天〉后——兼论周武王何以必须在甲子朝到达商郊牧野及封微子于孟诸》，《古籍整理研究学刊》2002年第1期。

种记载：

第一种，微子是帝乙之长子，《左传》哀公九年："微子启，帝乙之元子也。"《易传》："元者，善之长也。"第二种，微子与纣为同父异母兄弟，纣王为帝乙之嫡子，微子是纣王的庶母兄，《史记·殷本纪》："帝乙长子曰微子启，启母贱，不得嗣。少子辛，辛母正后，辛为嗣。"《史记·宋世家》："微子开者，殷帝乙之首子，而帝纣之庶兄也。"第三种，纣王与微子同母而母有嫡庶之分，《吕氏春秋·当务》："纣之同母三人，其长曰微子启，其次曰仲衍，其次曰受德，受德乃纣也，甚少矣。纣母之生微子启及仲衍也，尚为妾。已而为妻，而生纣。纣之父，纣之母，欲置微子启以为太子，太史据法而争之曰：'有妻之子，而不可置妾之子。'纣故为后。"这种同母而分嫡庶的说法，清人崔述早提出怀疑："古者，本无以妾为妻之事，春秋时虽有之，然亦但以妾冒妻之称耳，未有正名而立妾以为妻者也。即令帝乙果有此事，彼既已妻妾不辨矣，复何辨于嫡庶而坚持立嫡之议如此哉?! 夫妾既为后矣，则妾之父母即后之父母也，妾之子女即后之子女也。不子其故子，则亦将不父其故父?……且太史诚能据法而争，何不争之于立妾为妻之日，而争嫡庶为一人之子也？妾反可以为后，而妾之子反不可以为太子乎？……《史记》以为元子者长子之称，而长子不当不立，故意其必庶长也。《吕览》以为元子者嫡长之称，而嫡长犹不当不立，故意其生时而母犹为妾也。"① 对于微子启与纣为同母的说法，梁玉绳在《史记志疑》载："《余冬叙录》云：妾既得为后矣，而所生之子不得从亲称嫡长子乎"？由此分析，微子与纣为同父异母兄弟，因纣之母为帝乙之后，尽管纣年少于微子，根据宗法制的性质，纣为嫡子，是王位继承人。微子虽年长仍不能立为世子。微子尽管没有继承商王位，在纣统治时期，微子是纣的辅佐者，因纣王刚愎自用，骄奢淫逸，微子出行。

（二）微子出行的历史背景

商朝末年，商纣王"资辨捷疾，闻见甚敏，材力过人，手格猛兽；知足以拒谏，言足以饰非；矜人臣以能，高天下以声，以为皆出己之下。好酒淫乐，嬖于妇人。"慢鬼神，重赋税，奢侈腐化，民怨沸腾，制定炮格之法，醢九侯，脯鄂侯，囚西伯，用费仲、恶来，天下皆叛。这是商纣王治理国家的弱点。

微子与商纣王的治国观点不同，对纣王的骄奢淫逸，微子数次规谏。在数谏纣王不听的历史背景下，微子亡、行、狂（往）。

---

① 顾颉刚编定：《崔东壁遗书》，上海古籍出版社1983年版，第153页。

《尚书·微子》:"我其发出狂,吾家耄逊于荒?"①

《史记·宋微子世家》:"微子数谏,纣不听。……度纣终不可谏,欲死之,及去,未能自决,乃问于太师(《尚书·微子》作父师)、少师。……'我其发出往?吾家保于丧?……'太师、少师若曰:'……今诚得治国,国治身死不恨。为死,终不得治,不如去。'遂亡。……微子曰:'父子有骨肉,而臣主以义属。故父有过,子三谏不听,则随而号之;人臣三谏不听,则其义可以去矣。'于是太师、少师乃劝微子去,遂行。"

从《尚书·微子》、《史记·宋世家》记载看,纣王祸国殃民,微子预知商王朝即将灭亡,后世的注疏家立足于微子为贤人之说,对微子亡、行、狂(往)解释得迂腐、曲折,或认为微子希望在商亡国后保存对祖先的祭祀,或认为微子逃遁于荒野,不愿看殷亡之现状。事实上,微子知道商、周之间必有战争,他逃遁于荒野就能保留对祖先的祭祀权?这是问题之一。

1. 微子出行到周的理由

微子之行、去、往的目的地,史书记载缺。微子出行到外地。② 是遁于荒野还是投奔周人,无法明了。根据种种迹象判断,微子是西行,准备与周人进行联络而灭商的,其理由为:微子在数谏纣王无效的情况下,决定出行,出行之前,所请教的太师、少师在微子之后都投奔周人,《史记·殷本纪》:"殷之大师、少师乃持其祭乐器奔周。"周武王灭商后,微子投降,《史记·宋微子世家》:"周武王伐纣克殷,微子乃持其祭器造于军门,肉袒面缚,左牵羊,右把茅,膝行而前以告,于是武王乃释微子,复其位如故。"周王朝建立后,微子到周去助祭,《诗·大雅·文王》:"殷士肤敏,裸将于京,厥作裸将,常服黼冔。"③ 当微子到周去助祭时,周王

---

① 孙星衍:《今古文尚书注疏》疏:"言殷之图法将丧,我若出往,则吾家可以保于丧亡。微子志存宗祀,故欲去而告太师以抱器归周也。"《管子·宙合》:"微子不与于纣之难,而封于宋,以为殷主,先祖不灭,后世不绝,故曰大贤之德长。"马融以微子之去,欲自保其家,故老耄而逊于荒野。孔安国注:"我念殷亡,发疾生狂,在家耄乱,故欲逊出于荒野。"

② 《史记·殷本纪》:"微子数谏(纣)不听,乃与大师、少师谋,遂去。"

③ 毛传:"殷士,殷侯也。"郑笺:"殷之臣壮美而敏,求助周祭,其助祭自服殷之服,明文王以德,不以强。今王之进用臣,当念女祖为之法。"《刘向传》又云:"孔子论《诗》,至于'殷士肤敏,裸将于京',喟然而叹,盖伤微子之事周,而痛殷之亡也。"《白虎通·三正》:"《诗》曰:'厥作裸将,常服黼冔',言微子服殷之冠,助祭于周也。"(《诗三家义集疏》,中华书局1987年版,第826页)

及群臣对微子客气之至,《诗·周颂·有客》:"有客有客,亦白其马,有萋有且,敦琢其旅。有客宿宿,有客信信。言授之絷,以絷其马。薄言追之,左右绥之,既有淫威,降福孔夷。"① 微子在立继承人的问题上,立其弟衍而不是其子,《史记·宋微子世家》:"微子开卒,立其弟衍,是为微仲,微仲卒,子宋公稽立。"《史记集解》引《礼记》曰:"微子舍其孙腯而立衍也。"郑玄曰:"微子適子死,立其弟衍,殷礼也。"郑玄认为微子立其弟衍,是遵守了"兄死弟及"王位的继承制度;甲骨文发现后,近代学者从周祭制度中,论证了商代王位继承的实质是父子相继,商代已有嫡庶之制,嫡长子是王位的法定继承人,旁系先王的出现大多都是由特殊的历史条件造成的,说明商代实行的是嫡长子继承制。② 微子舍其孙腯而立弟衍,也非嫡长子死,微子立弟,更不符合殷礼。微子舍孙立弟的根本原因,是微子之子与微子政见有分歧,徐文靖《竹书统笺》:"蔡邕《朱公叔鼎铭》曰:有殷之胄,微子启以帝乙元子,生公子朱,其孙氏焉。朱遁于荒野,始终未尝适周,故微子舍孙腯而立衍。"从这里看出,微子亲周,故商亡国后,多次到周参加周人之助祭,而其子朱作为殷商后人,始终未到周处,微子与其子政治观点不同,故微子传位时,传位于弟而不传位于子朱或孙腯。

从文献材料看,与微子有关的史实当为:与微子有关系的太师、少师奔周;微子传位于弟而不是其子或孙;周武王灭商后,微子投降,后到周地参加周王室的祭祀。在周地,受到周王及君臣的关怀和热情款待。周人为什么对微子另眼相看、关怀备至?③ 微子是帝乙之子,并且是后世公认的贤人,周人灭商,两族间进行过你死我活的战争,周公为什么对微子没有防范之

---

① 《毛序》:"微子来见祖庙也。"《鲁》说:"'有客宿宿',言再宿也。'有客信信',言四宿也。""言受之絷,以絷其马",郑笺云:"周之君臣皆爱微子,其所馆宿可以去矣,而言绊其马,意各殷勤。""薄言追之,左右绥之,既有淫威,降福孔夷"。郑笺云:"于微子去,王始言饯送之,左右之臣又欲从而安乐之,厚之无已。"(《诗三家义集疏》,第1034页)

② 常玉芝:《论商代王位继承制》,《中国史研究》1992年第4期。

③ 周武王灭商后,据载"释箕子之囚,封比干之墓,表商容之间,封纣子武庚禄父,以续殷祀,令修行盘庚之政,殷民大说。"(《史记·殷本纪》)。周武王所进行的收买人心的举措,主旨在于赢得商人对周王的信任,但对禄父并不信任,"使其弟管叔鲜、蔡叔度相禄父治殷。"

心，并封殷之后（微子）于宋？①

从微子离开商纣王后所发生的历史事件及微子与周人的亲密关系判断，有理由推测，微子出行，其原因是微子与纣政见不同，当纣王不能接受其治国之术时，西行于周，与周联合，共商灭纣之计的。

2. 微子与周人的联络及微子在灭商中的作用

陈奇猷认为微子在灭商的战争中，充当了内线或间谍的角色。

《吕氏春秋·诚廉》："二子（伯夷、叔齐）西行如周，至于岐阳，则文王已殁矣。武王即位，观周德，则王使叔旦就胶鬲于次四内，而与之盟曰：'加富三等，就官一列。'为三书同辞，血之以牲，埋一于四内，皆以一归。又使保召公就微子开于共头之下，而与之盟曰：'世为长侯，守殷常祀，相奉桑林，宜私孟诸。'为三书同辞，血之以牲，埋一于共头之下，皆以一归。伯夷、叔齐闻之，相视而笑曰：'譆，异乎哉，此非吾所谓道也。……今周见殷之僻乱也，而遽为之正与治，上谋而行货，阻兵而保威也。割牲而盟以为信，因四内与共头以明行，扬梦以说众，②杀伐以要利，以此绍殷，是以乱易暴也。'"

据《吕氏春秋·诚廉》载，伯夷、叔齐见周与微子、胶鬲相盟誓于文王已殁、武王即位后。③武王伐纣时，文王已薨。《吕氏春秋》虽然对伯夷、叔齐见周与微子、胶鬲相盟誓进行了文学加工，但应该有历史史影，即周与微子、胶鬲相盟誓并策划过要推翻纣王统治。

《吕氏春秋·贵因》："武王至鲔水，殷使胶鬲候周师，武王见之，胶鬲曰：'西伯将何之，无欺我也。'武王曰：'不子欺，将之殷也。'胶鬲曰：'曷至？'武王曰：'将以甲子至殷郊，子以是报矣。'胶鬲行。天雨（雪），

---

① 《吕氏春秋·慎大》："武王胜殷，入殷，未下辇，命封黄帝之后于铸，封帝尧之后于黎，封帝舜之后于陈，下辇，命封夏后之后于杞，立成汤之后于宋，以奉桑林。"《史记·乐书》："武王克殷反（及）商……下车而封夏后氏之后于杞，封殷之后于宋，封王子比干之墓，释箕子之囚，使之行商容而复其位。"

② 高注："宣扬武王灭殷之梦，以喜众民。"《太平御览》卷五百三十三载："文王在翟，太姒梦见商之庭产棘，小子发取周庭之梓，树于阙间，化为松柏棫柞，惊以告文王。文王曰：'召发于明堂，拜，告梦，受商之大命。'"

③ 《史记·伯夷列传》："伯夷、叔齐闻西伯昌善养老，盍往归焉。"《今本竹书纪年》："二十一年春正月，诸侯朝周。伯夷、叔齐自孤竹归于周。"

日夜不休，武王疾行不辍。军师皆谏曰：'卒病，请休之。'武王曰：'吾已令胶鬲以甲子之期报其主矣。今甲子不至，是令胶鬲不信也。其主必杀之，吾疾行以救胶鬲之死也。'武王果以甲子至殷郊。"

陈奇猷在论述上文时谓："若是上文所说'殷使胶鬲候周师'之殷是殷纣王，下文'其主'之'主'是纣王，则武王甲子不至，纣王可有更多时间备战，必不因此而杀胶鬲，可知'殷'与'主'皆非指纣王，今且看纣与武王之兵力对比，武王何以取胜？《韩非子·初见秦篇》云'昔者，纣为天子，将率天下甲兵百万，左饮于淇溪，右饮于洹豁，淇水竭而洹水不流，以与周武王为难。武王将素甲三千，战一日，而破纣之国，禽其身。'……双方兵力悬殊，而武王之取胜主要是纣卒倒兵，即纣卒起义。如此大规模起义，必然有人策反。我以为策反者是微子开，微子与周之联络员则是胶鬲。据此，上文'殷使胶鬲'之'殷'是说殷方，而下文'其主'之'主'是微子。胶鬲来，与武王约定，甲子日纣兵起义，与武王兵里应外合。如果武王不如期到达，起义失败，后果不堪设想。'其主'认为被胶鬲所欺，因而要杀胶鬲。武王不如期到达，亦失去良机。因此，虽大雨雪，武王必须在甲子赶到殷郊。"①

从陈奇猷的论述中，可以看出，胶鬲是微子与周人联系的联络人。他是周人的间谍而活动于商纣王的政事中，《国语·晋语》："殷辛伐有苏，有苏氏以妲己女焉，妲己有宠，于是乎与胶鬲比而亡殷。"故胶鬲被周人评价为贤者，《韩非子·喻老》："周有玉版，纣令胶鬲索之，文王不予。费仲来求，因予之。是胶鬲贤而费仲无道也。周恶贤者之得志也，故予费仲。"②根据史载胶鬲的情况，可以判定，胶鬲服务之殷主当不会是殷纣王，应当是与周人盟誓的微子。商周牧野之战，周武王是在甲子日到达殷郊的。③周武王为什么一定要在甲子日到达殷王都之郊？加之兵士少，且远途奔波，兵家最忌讳"劳师袭远"这种作战谋略，如果没有人策反，以"小邦周"（《尚书·大诰》）来对抗"大邦殷"（《尚书·召诰》），周武王怎

---

① 陈奇猷：《吕氏春秋新校释》，上海古籍出版社2002年版，第939—940页。

② 王嘉《拾遗记》卷一："帝尧在位，圣德光洽，河洛之滨，得玉版方尺，图天地之形。"如果历史确有纣向文王索取玉版之事，文王给费仲而不给胶鬲，是文王让胶鬲避嫌，而不是胶鬲真为贤达之人。

③ 《尚书·牧誓》："时甲子昧爽，王朝至于商郊牧野，乃誓。"《利簋》："武王征商，惟甲子朝。"

会有取胜的把握？

周武王灭商，微子投降，"于是武王乃释微子，复其位如故"，陈奇猷认为这是一次礼仪性的朝见。① 从客观的历史角度看，微子是帝乙之（长）子，是殷商之后，主死国破，自己则持祭器投降于敌对方，这种"投降变节"的行为与孔子所倡导的"杀身成仁"反差太大，怎么也不能认为微子是贤人。因此，陈奇猷认为，"周初禄父所封是殷纣的故地以治殷之余民，与微子以功受封于蒙诸是别一事，不可与禄父之封混而为一。"

商被周人灭掉后，武王封武庚禄父以续殷祀，微子没有对其祖先的祭祀权，他取得对祖先的祭祀权，是在周公诛武庚禄父以后，周人实现了与微子的诺言，微子则"世为长侯，守殷常祀，相奉桑林，宜私孟诸。"②

微子崩，舍孙腯而立弟，由其弟微仲即位为君，是微子之子与微子政见分歧的结果。微仲之后称宋国。宋国后来成为春秋时期一个诸侯国。

（三）微子葬地

有关微子的葬地，孙星衍谓："《水经注》：'……济水又北迳微乡东。《春秋》庄公二十八年《经》书冬筑郿。京相璠曰：《公羊》谓之微。东平寿张县西北三十里，有故微乡，鲁邑也。杜预曰：有微子冢。'……《郡国志》：'薄，故属山阳，汤所都。'注：'杜预曰：蒙县西北有薄城，中有汤冢。其西又有微子冢。'《元和郡县志》：'沛县微山，上有微子冢，去县六十有五里。'蒙县西薄城汤冢当在今山东曹县南。沛，今江南县，古宋地。鲁宋相邻，皆在殷千里畿内，未知孰是。"③

（四）微子之贤的评价

微子受到后世的尊崇，是因为微子贤，其贤的表现，文献中不见记载。

---

① 陈奇猷：《读江晓原〈回天〉后——兼论周武王何以必须在甲子朝到达商郊牧野及封微子于孟诸》，《古籍整理研究学刊》2002年第1期。

② 《史记·周本纪》："周公奉成王命，伐诛武庚、管叔，放蔡叔，以微子开代殷后，国于宋。"《史记·宋微子世家》："周公既承成王命诛武庚，杀管叔、放蔡叔，乃命微子开代殷后，奉其先祀，作《微子之命》以申之，国于宋。微子故能仁贤，乃代武庚，故殷之余民甚戴爱之。"

③ 孙星衍：《尚书今古文注疏》，中华书局1986年版，第253页。

但商纣王聚敛无度、奢侈腐化，骄奢淫逸、刚愎自用、滥施刑罚，微子数谏而纣不听，微子乃去。司马迁认为：殷亡后，因"微子故能仁贤"而代武庚。

对于微子的出走，去往之地，史书无载。当微子出走之前，劝微子去的太师、少师，在纣王迷乱不止的情况下，逃奔到周人处。说明微子与太师、少师政见相同，都痛恨商纣王的所作所为。微子与周人的接触，《吕氏春秋》记载召公在共头与微子盟誓，在四内与胶鬲盟誓，胶鬲充当了周人的间谍。与微子有关的人，都投奔了周王，在周灭商之前，微子与周人有没有联系和接触，这是历史的疑点。

周王伐纣克殷，微子肉袒面缚，作投降状，周商两族刚经过生死搏斗，微子是帝乙之子、殷商之后，国破家亡，微子对周人应当有不共戴天之仇，怎能甘心投降？周王又怎能信服微子？这又是一个历史的疑点。

微子臣服于周后，深得周王及群臣的尊崇和厚爱，① 微子为什么得到周人如此的礼遇？仅仅因为他是殷商之后？这又是一个疑点。

孔子是殷商后人，《汉书·刘向传》云："孔子论《诗》，至于'殷士肤敏，裸将于京'，喟然叹，……盖伤微子之事周，而痛殷之亡也。""伤"、"痛"层次分明，周武王灭武庚后，微子拥有对商祖先的祭祀权，却成了周人的臣属者，但国家已亡，即"皮之不存，毛将焉附？"

种种疑点说明，即使文献记载不见微子投奔周人，从史实出发而得出结论：微子与周人在灭商之前联络过，得到周人的允诺后，与周人一起，里应外合，推翻了商纣王的统治，故有周灭商后微子受到周王分封而国于宋的结果。

这就涉及对微子之贤的评价，微子有治国之才，既仁又贤。但国难当头，弃国家主权不顾而投奔敌方——周人，与周人联合，推翻自己家族的统治，根本目的是为了保存对商祖先的祭祀权，这与帝乙立微子或纣为继承人的事件是否有关，受材料限制，有待今后探讨。

五 箕子

箕子被孔子称为殷"三仁"之一，他是帝辛时期的重要辅佐者，有关他

---

① 《诗·大雅·文王》，《诗·周颂·有客》。

的历史记载比较零散，下面就文献中有关箕子的材料加以论述。

（一）箕子的身世

有关箕子的身世，历来有两种说法，箕子为纣之诸父或纣之庶兄，马融、王肃以箕子为纣之诸父。① 服虔、杜预以为纣之庶兄。② 《史记·宋微子世家》笼统地称箕子为纣之亲戚。箕子作为商王之亲戚，有自己的封地，《左传》僖公三十三年："晋人败狄于箕。"杜注："太原阳邑县南有箕城。"即今山西太谷以东约二十公里。箕子是否封到箕地，有待于考察。

（二）箕子辅佐于纣

箕子为殷之贤人。③ 箕子之贤，主要表现在，当纣王奢侈腐化时，箕子考虑到如此下去其带来的社会灾难，《史记·宋微子世家》："纣始为象箸，箕子叹曰：'彼为象箸，必为玉桮（杯），为桮，则必思远方珍怪之物而御之矣。舆马宫室之渐自此始，不可振也。'纣为淫泆，箕子谏，不听。人或曰：'可以去矣。'箕子曰：'为人臣，谏不听而去，是彰君之恶而自说于民，吾不忍为也。'乃被发详狂而为奴。遂隐而鼓琴以自悲，故传之曰《箕子操》。"《帝王世纪》："（纣）淫纵愈甚，始作象箸，箕子为父师，叹曰：'象箸不必更于土瓯，必将为犀玉之桮，食熊蹯豹胎，必不衣短褐，处茅屋之下。必将衣文绣之衣，游于九层之台，居于广室之中矣。'"④ 箕子由此反对纣王的奢侈、腐化、堕落行为，在规谏纣王无效的情况下，不愿离开故国，彰显其君之恶而自己取悦于民。当比干被纣王诛杀后，箕子既无法改变商纣王，又无法施展自己的治国之才，在商纣王一意孤行、刚愎自用的政治环境中，惧怕纣王之暴虐，箕子不得不披发佯狂装疯卖傻，

---

① 《史记索隐》："箕，国；子，爵也。司马彪曰：'箕子名胥馀。'"《汉书·梅福传》颜师古注："箕子，纣之诸父。"

② 《左传》僖公十五年杜预注："箕子，殷王帝乙之子，纣之庶兄。"《太平御览》卷八三引《帝王世纪》："帝乙有二妃，正妃生三子，长曰微子启、中曰微仲行、小曰受。庶妃生箕子，年次启，皆贤。"

③ 《论语·微子》，《孟子·公孙丑上》，《墨子·公孟》。

④ 徐宗元：《帝王世纪辑存》，中华书局1964年版，第74页。

但仍遭到商纣王的囚禁。①

（三）箕子对商王国之忠

箕子不愧为殷之"三仁"之一，武王灭商后，命召公释箕子之囚以彰周德，箕子之君纣王被周诛杀，而自己则被周人释放，箕子嫌苟且偷生，无奈走奔朝鲜，《太平御览》卷七百八十引《尚书大传》云："武王胜殷，继公子禄父，释箕子之囚。箕子不忍商之亡，走之朝鲜。武王闻之，因以朝鲜封之。箕子既受周之封，不得无臣礼，故于十二祀来朝。"箕子，作为商王朝执政者之一，懂得治国之术，于是武王灭商后，询问箕子治国之策，《尚书·洪范》："惟十有三祀，王访于箕子。"《书序》云："武王胜殷，杀受，立武庚，以箕子归。作《洪范》。"《史记·周本纪》："武王已克殷，后二年，问箕子殷所以亡。箕子不忍言殷恶，以存亡国宜告。武王亦丑，故问于天道。"② 关于武王访箕子之年，《史记·周本纪》载为克殷后二年，《尚书·洪范》载惟十有三祀即克殷后二年就是惟十有三祀。《书序·周书》："惟十有一年，武王伐殷。"克殷后二年即十有三祀。《汉书·律历志》："《书序》曰：'惟十有一年，武王伐纣，（作）《太誓》。'八百诸侯会。还归二年，乃遂伐纣克殷，以箕子归，十三年也。"

（四）箕子走之朝鲜

关于箕子走之朝鲜，文献记载有两种说法，其一，武王克殷后，得到召公开释，并把箕子带到周地。"于是武王乃封箕子于朝鲜而不臣也。"③ 其二，

---

① 《吕氏春秋·离谓》："夫无功不得民，则以其无功不得民伤之；有功得民，则又以其有功得民伤之。人主无度者，无以知此，岂不悲哉？比干、苌弘以此死，箕子、商容以此穷。"有关箕子被囚、佯狂的记录还见：《吕氏春秋·必己》："龙逢诛，比干戮，箕子狂，恶来死，桀纣亡。"《吕氏春秋·慎大》："靖箕子之宫。"（高诱注："以箕子避乱，佯狂而奔，故清静其宫以异之也。"）《吕氏春秋·先识》："商王大乱，沈于酒德，辟远箕子，爱近姑与息，妲己为政，赏罚无方，不用法式，杀三不辜，民大不服，守法之臣，出奔周国。"《吕氏春秋·悔过》："故箕子穷于商。"高诱注："为纣所困。"《战国策·秦策三》："箕子、接舆漆身而为厉，被发而为狂，无益于殷、楚。"《荀子·尧问》："接舆避世，箕子佯狂。"《史记·殷本纪》："剖比干，观其心。箕子惧，乃详狂为奴，纣又囚之。"《史记·周本纪》："闻纣昏乱，暴虐滋甚，杀王子比干，囚箕子。"

② 《史记正义》："箕子，殷人，不忍言殷恶，以周国之所宜言告武王，为《洪范》九类，武王以类问天道。"

③ 《史记·宋微子世家》；《淮南子·主术训》高注："箕子，纣之庶兄……武王伐纣，赦其囚，问《洪范》，封之于朝鲜也。"

箕子被释后，不忍商之亡国，走之朝鲜，《尚书大传》谓："箕子不忍周之释，走之朝鲜。"

商亡国后，箕子前往朝鲜，为开发朝鲜做出了贡献，《周易·明夷》："箕子之明夷，利贞。"《汉书·地理志》："殷道衰，箕子去之朝鲜，教其民以礼义，田蚕织作。乐浪朝鲜民犯禁八条：相杀以当时偿杀；相伤以谷偿；相盗者男没入为其家奴，女子为婢，欲自赎者，人五十万。"晋《博物志》卷九："箕子居朝鲜，其后伐燕，复之朝鲜，亡入海为鲜国，师两妻墨色，珥两青蛇，盖句芒也。"说明武王封箕子到朝鲜后，官爵采用古制木正句芒之名。①

《汉书·地理志》载箕子到朝鲜后，教民田作，制订礼义刑罚，后箕子受周分封，不得无臣礼，故于十三祀朝周。箕子作为殷商之后，国破家亡，迫不得已逃离故土，对故国仍怀有深深眷恋之情。箕子朝周，过殷故虚，感伤之情无以言表，作《麦秀》之歌，《史记·宋微子世家》："其后箕子朝周，过故殷虚，感宫室毁坏，生禾黍，箕子伤之，欲哭则不可，欲泣为其近妇人，乃作《麦秀之诗》以歌咏之。其诗曰：'麦秀渐渐兮，禾黍油油，彼狡僮兮，不与我好兮。'所谓狡童者，纣也。殷民闻之，皆为流涕。"《汉书·伍被传》伍被曰："臣闻箕子过故国而悲，作《麦秀》之歌，痛纣之不用王子比干之言也。"②

箕子故后，其葬地，《史记集解》杜预云："梁国蒙县有箕子冢。"

六　太师、少师

太师、少师是商纣王之臣，商末年，纣王昏乱不止，微子数谏不听而去，比干被剖，箕子佯狂而被囚，殷之太师、少师见纣王无可救药，载商王朝之图、法，投奔于周。

《吕氏春秋·先识》："殷内史向挚见纣之愈乱迷惑也，于是载其图法，出亡之周。武王大说，以告诸侯，曰：'商王大乱，沈于酒德，辟远箕子，

---

① 黄凡：《周易——商周之交史事录》，汕头大学出版社1995年版，第263页。
② 《尚书大传》载微子朝周（《文选·宣德皇后令》注引郑元曰及《文选·向秀〈思旧赋〉》引）。从微子、箕子朝周的线路上看，微子封地为宋，在今河南商丘，他西行到周，如果过殷墟，还需要向北拐弯然后再折回来西行，那需要特意到殷墟之地。箕子地在朝鲜，到周地时，就需要途经殷地，由此推测，作《麦秀》之歌者当为箕子而不是微子。

爱近姑与息，妲己为政，赏罚无方，不用法式，杀三不辜，民大不服，守法之臣，出奔周国。'"

《史记·殷本纪》："殷之大师、少师乃持其祭乐器奔周。"

《史记·周本纪》："（周武王）闻纣昏乱暴虐滋甚，杀王子比干，囚箕子。太师疵、少师彊抱其乐器而奔周。"

《史记·殷本纪》所载的大师、少师，《史记·周本纪》载为太师疵、少师彊，《吕氏春秋·先识》则曰内史向挚。人名虽不同，但其事迹相同，他们在纣王淫乱不止、商王朝即将亡国的情况下，投奔周人的。他们投奔周人时携带的宝物，文献记载略有不同，《吕氏春秋·先识》记载的是载图法奔周。《史记·殷本纪》、《史记·周本纪》则是携带祭乐器或乐器而奔周。怎样看待这些不同的文献材料？有必要对其进行梳理。

太师、少师之身份自古有三种说法。其一，太师、少师为辅佐之臣，微子在数谏纣王不听、准备出行而不能自决的情况下，乃问于大师、少师。[①] 郑康成曰："父师者，三公也，时箕子为之。少师者，太师之佐，孤卿也，时比干为之，死也。"其二，太师、少师为乐官，太师、少师者，郑注《仪礼·大射礼》："工之长也，凡国之瞽矇正焉。"《论语·微子》："大师挚适齐……少师阳击磬襄入于海。"从孔子《论语·微子》所记大师、少师的职责看，殷时的大师、少师为纣时之乐官。故《史记》载太师、少史抱祭乐器奔周。其三，史官，《吕氏春秋·先识》载夏王朝将灭亡时，"太师史令终古，出其图法，执而泣之……太史令终古乃出奔如商。""殷内史向挚见纣之迷乱也，于是载其图法，出亡之周。"所谓的图法到底指什么，对图法的探讨，有助于理解太师、少师的职责。

图、法的解释，《尚书·微子》："今殷其沦丧。"据《尚书今古文注疏》，史公"沦"作"典"者，《集解》云："骃谓：典，国典也。"郑注《曲礼》"典司六典"云："典，法也。"《礼记·月令》云："乃命太史，守典奉法。"注云："典，六典；法，八法也。"《周语》云："启先王之遗训，省其典图刑法。"注云："典，礼也，图，象也。"盖谓图法。[②] 陈奇猷谓：图法，实即《汉志·天文类》所列《图书祕记》一类之书。[③] 从上引解释看，图、法，即

---

① 见《史记·殷本纪》，又《尚书·微子》："微子若曰：父师、少师。"
② 孙星衍：《尚书今古文注疏》，中华书局1986年版，第257页。
③ 陈奇猷：《吕氏春秋校释·先识》注，学林出版社1984年版，第947页。

治理国家的典章制度的记录。掌管国家典章制度者，则称太史令。

商代有内服、外服职官，[1] 从文献及甲骨文材料所反映的职官所管具体的事务来看，其职责分工并不明显。一官多职现象明显，故太师、少师为辅佐之臣；也为乐官；还为史官。太师、少师身兼数任，服务于纣王的身边，他们熟悉治理国家的经典。而商纣王不遵循治理国家的典章，必然会导致国家丧亡；故他们在纣王愈淫乱不止、无可救药的情况下，奔赴周人，故武王谓"守法之臣，出奔周国"。太师、少师奔周，进一步分化了纣王的统治中心，纣亡国乃历史之必然。[2]

七 恶来、费仲、崇侯虎

此三臣是纣王嬖臣，他们助纣为虐，导致了商王朝的灭亡，故《史记·殷本纪》谓："(纣)而用费中为政，费中善谀，好利，殷人弗亲。纣又用恶来，恶来善毁谗，诸侯以此益疏。"《韩非子·外储说左下》："费仲说纣曰：'西伯昌贤，百姓悦之，诸侯附焉。不可不诛。不诛，必为殷祸。'纣曰：'子言，义主，何可诛？'费仲曰：'冠虽穿弊，必戴于头；履虽五采，必践之于地。今西伯昌，人臣也，修义而人向之，卒为天下患，其必昌乎！人人不以其贤为其主，非可不诛也。且主而诛臣，焉有过？'纣曰：'夫仁义者，上所以劝下也。今昌好仁义，诛之不可。'三说不用，故亡。"

费仲善谀，故能受到商纣王的宠信，纣王囚西伯后，西伯之徒散宜生、闳夭利用纣王贪财好色之弱点，搜罗天下宝物，通过费仲，献于纣王，西伯得到赦免。[3] 费仲作为商纣王的辅佐之臣，不考虑这些珍宝背后的阴谋，投纣所好，放西伯归周则等于放虎归山，为商王朝的灭亡埋下了伏笔。

---

[1] 《尚书·酒诰》。

[2] 《淮南子·氾论训》："殷之将败也，太史令向艺先归文王，期年而纣乃亡。"《汉书·礼乐志》："《书序》：'殷纣断弃先祖之乐，乃作淫声，用变乱正声，以说妇人。'乐官师瞽抱其器而奔散，或适诸侯，或入河海。"《董仲舒传》："至于殷纣，逆天暴物，杀戮贤知，……守职之人皆奔走逃亡，入于河海。"

[3] 《史记·周本纪》："帝纣乃囚西伯于羑里，闳夭之徒患之，乃求有莘氏美女，骊戎之文马，有熊九驷，他奇怪物，因殷之嬖臣费仲而献之纣，纣大说，曰：'此一物足以释西伯，况其多乎！'乃赦西伯，赐之弓矢斧钺，使西伯得征伐。"

费仲好利，也是投商纣王之所好。商朝末年，纣王重赋税、好奢侈，建宫室，玩物丧志，他需要庞大的资金支出，任命费仲取材于民，费仲极尽自己聚敛财富之能，取得了纣王的欢心，却造成了殷人对纣王的疏远。①

费仲，参与了商周牧野之战，《墨子·明鬼》："武王以择车百两，虎贲之卒四百人……与殷人战乎牧之野。王乎禽费中、恶来，众畔百走。武王逐奔入宫，万年梓株折纣而系之赤环，载之白旗，以为天下诸侯僇。"被周武王擒获而成为周人的阶下囚。

费仲，作为纣之嬖臣，为投纣之所好，善谀，满足了纣王一时之欢心，却葬送了整个商王朝；好利，使商纣王失却了民心；牧野之战，作为纣王指挥中心人物之一，被武王擒获导致商纣王身死国灭。

恶来

恶来，是秦之先人，《史记·秦本纪》："（中潏）生蜚廉，蜚廉生恶来；恶来有力，蜚廉善走；父子俱以材力事殷纣。周武王之伐纣，并杀恶来。……恶来革者，蜚廉子也，蚤死，有子曰女防。"恶来与其父蜚廉同仕于商王朝，是纣王之嬖臣，善于进谗言于纣王，造成天下诸侯对商纣王的疏远和对西伯文王的投靠，《史记·殷本纪》："恶来善毁谗。诸侯以此益疏。"恶来，投纣所好，使商王纣更加骄奢淫逸，荒淫无道，导致商纣王国破家亡。故《吕氏春秋·当染》如此评价："殷纣染于崇侯、恶来……故国残身死，为天下僇。"

崇侯虎

崇侯虎是商纣王的宠幸之臣，其族是一个古老的部族，崇地与西伯之周地相邻。② 崇侯虎与西伯因地势相邻，故崇侯虎了解西伯昌行仁义、善谋略的目的，故规劝纣王囚禁西伯于羑里，《史记·周本纪》："潜西伯者，崇侯虎也。"《史记·殷本纪》："西伯昌、九侯、鄂侯为三公。……纣怒，杀之，而醢九侯，鄂侯争之疆，辨之疾，并脯鄂侯。西伯昌闻之，窃叹。崇侯虎知

---

① 《韩非子·喻老》："周有玉版，纣令胶鬲索之，文王不予。费仲来求，因予之。是胶鬲贤而费仲无道也。周恶贤者之得志也。故予费仲。"《今本竹书纪年》："（帝辛）四十年，王使胶鬲求玉于周。"

② 《史记正义》引皇甫谧云："夏鲧封。虞、夏、商、周皆有崇国，崇国盖在丰镐之间。"引《诗》云："既伐于崇，作邑于丰，是国之地也。"《尚书中侯·雒师谋》曰："唯王既诛崇侯虎，文王在丰，丰人一朝扶老至者八十万户。"

之，以告纣，纣囚西伯羑里。"

商纣王弃礼背义，滥杀忠良，而西伯昌修德行仁，民人爱戴，诸侯归附，崇侯虎作为商纣王的宠幸之臣，深知其利害关系，希望纣王能及早除掉西伯，以免后患，《淮南子·道应训》："文王砥德修政，三年而天下二垂归之，纣闻而患之曰：'余夙兴夜寐，与之竞行，则苦心劳形，纵而置之，恐伐余一人。'崇侯虎曰：'周伯昌（行）仁义而善谋，太子发勇敢而不疑，中子旦恭俭而知时，若与之从，则不堪其殃；纵而赦之，身必危亡。冠虽弊，必加于头。及未成，请图之。'屈商乃拘文王于羑里。"纣王得西伯之徒所献珍宝后，赦免西伯并授予其征伐专权，西伯开始经营伐纣的后方基地，《史记·周本纪》："明年，伐犬戎。明年，伐密须。明年，败耆国。……明年，伐邘。明年，伐崇侯虎。而作丰邑，自岐下而徙都丰。明年，西伯崩。"《尚书大传·西伯戡耆》云："文王一年，质虞、芮。二年，伐邘。三年，伐密须。四年，伐畎夷。纣乃囚之。四友献宝，乃得免于虎口，出而伐耆。……六年，伐崇。"《大戴礼·少间》："纣不说诸侯之听于周昌，则嫌于死。乃退伐崇许魏，以客事天子。"《今本竹书纪年》："（帝辛）三十四年，周师取耆及邘，遂伐崇，崇人降。"崇国在西伯所伐之列。

周文王伐崇的原因，文献所载是崇人不修德行，《左传》僖公十九年："文王闻崇德乱而伐之，军三旬而不降，退修教而复伐之，因垒而降。"《左传》襄公三十一年："文王伐崇，再驾而降为臣。"《说苑·指武》："文王将欲伐崇，先宣言曰：'余闻崇侯虎蔑侮父兄，不敬长老，听狱不中，分财不均，百姓力尽，不得衣食，予将来征之，唯为民。乃伐崇，令毋杀人，毋坏室，毋填井，毋伐树木，毋动六畜，有不如令者，死无赦。'崇人闻之，因请降。"德行不修，则内乱必生，但文王伐崇侯虎的第一次战争，以失败而告终，说明崇侯虎深得其民众之拥护，且崇城高大坚固，易守难攻，《诗·大雅·皇矣》："帝谓文王，询尔仇方，同尔兄弟，以尔钩援，与尔临冲，以伐崇墉。临冲闲闲，崇墉言言，执讯连连，攸馘安安。是类是祃，是致是附，四方以无侮。临冲茀茀，崇墉仡仡，是伐是肆，是绝是忽，四方以无拂。"① 西伯第二次对崇战争，西伯使用谋略，表面上声称为民伐崇，并严明法令，才使崇人臣服。崇地被伐，崇人投降，西伯拔

---

① 毛传："钩，钩梯也。所以钩引上城者。临，临车也。冲，冲车也。墉，城也。"

除了商王朝在西部地区的忠实的追随者，为周武王灭商建立了稳固的后方。

对崇侯虎的评价，《韩非子·说疑》："纣有崇侯虎……亡国之臣也。"从其他所见的文献材料看，崇侯虎封地在商王都西部，其城郭坚固完美，他对商纣王忠心耿耿，是纣王统治时期西土的重要守土者。

第六章

甲骨文所见商王朝臣正纪略

甲骨文所见商王朝的朝臣纪略,包括受到商王祭祀的旧先臣和服务于商王身边之臣,受甲骨文材料限制,武丁时期的朝臣详论,其他时期的略论。旨在通过武丁时期的朝臣讨论,来研究商王室结构、统治手段等社会问题。

第一节 先臣纪略

甲骨文中所见旧先臣,有黄尹、黄奭、伊尹和伊奭(在文献中的臣正中论述)、学戊、咸戊及蔑7位,通过辞例、事例比较,认为黄尹和黄奭、伊尹和伊奭应分别指黄尹和伊尹,受到商王祭祀的旧先臣其实仅五位。因这些旧先臣有功于商王朝,故其子孙世代为官于商王室,下面就甲骨文材料对他们分别论述。

一 黄尹、黄奭

"黄"作"禼"、"禼"、"禼"等形,有两种含义:一指颜色,为黄色之黄,如黄鹰(禼)(《合集》5658反)、黄牟(《合集》14313)。二专指黄尹,他是商王室祭祀的旧先臣,现就甲骨文所见材料对黄尹这一先臣试作论述。

黄尹受到商王隆重的祭祀,卜辞如:

(1) 贞侑于黄尹二羌。(《合集》563,图6—1)
(2) 贞酚黄尹。
    勿卒黄尹,哉。(《合集》945正)

(3) 贞勿告于黄尹。(《合集》3459 正)

(4) 丁巳卜，内，侑黄尹宰。(《合集》3461)

(5) 贞燎……黄尹豕。(《合集》3477 正)

(6) 戊戌卜，帝于黄〔尹〕。(《合集》3504)

(7) 黄尹百牛。(《合集》3489，图 6—2)

(8) 贞侑于黄尹十伐、十牛。(《合集》916 正)

图 6—1　《合集》563　　　　　图 6—2　《合集》3489

对黄尹进行的祭祀有：侑、酌、衣、告、帝、燎；所用牺牲是：羌、牛、豕、宰、牢，所用牛牲多达百头，由此看出，黄尹受到商王隆重祭祀。黄尹既为神灵，能降灾祸也能保佑商王及商王所关注的人或事，卜辞如：

(9) 贞黄孽，不惟有壱。七月。(《合集》767 正)

(10) 贞黄尹不祟。(《合集》595 正)

(11) 丙子〔卜〕，贞黄尹壱王。(《合集》3483 正)

(12) 贞黄尹壱我。(《合集》4368，图 6—3)

(13) 黄尹不我祟。(《合集》3484)

(14) □午卜，㱿，贞有疾止，惟黄尹〔壱〕。(《合集》13682 正)

(15) 癸未〔卜〕，出，贞黄尹保我使。(《合集》3481)

"黄孽"，只在此版甲骨上出现，孽应作动词，即降灾祸。根据整版卜辞之间的内在联系，"黄孽"当是"黄尹孽"的省略。（9）辞义是黄尹要降灾祸于商王。（10）辞义是黄尹作祟于（商王）？"止"通脚趾之趾，①（14）辞义是商王脚趾有疾，是黄尹降的灾祸。（15）辞义为黄尹祐护商王的武装力量。以上是黄尹对商王个人的影响，黄尹还能影响到国家大事。

图6—3 《合集》4368

黄尹对战争的影响

国之大事，在祀与戎，② 黄尹与商先王一样，对商王朝战争有影响，卜辞如：

（16）贞舌方出，惟黄尹壱我。（《合集》6083）

（17）［贞］于黄尹告舌方。（《合集》6146）

（18）□□□，㱿，贞侑于黄尹。
……王伐土方，受有佑。
……贞我受舌方佑。（《合集》6431）

（19）癸未卜，㱿，燎黄尹一豕、一羊，卯一牛，曹五十牛。（《合集》6945）

（16）辞义是舌方出动军队（攻伐我商王），是黄尹降下的灾祸。当舌方入侵商王朝边境时，商王武丁向唐、大甲进行告祭（《合集》6139），并认为他们能保佑商王获得胜利，黄尹与唐、大甲一样，同时受到告祭；当商王派兵选将时，挑选由子画、弓、师般还是商王亲自率军出征时，向黄尹进行求、侑祭（《合集》6209）。这说明，在商王心目中，黄尹是保护神，因此征伐敌对方国时，载黄尹神主牌位，以求得到黄尹保佑，卜辞如：

---

① 于省吾：《〈诗经〉中'止'字的辨释》，《中华文史论丛》第三辑，1991年，第121—132页。

② 《左传》成公十三年。

(20) 癸巳卜，㱿，貞今者王徝土方受有〔佑〕。
辛丑卜，爭，貞曰舌方皇于土……其敦🩶。允其敦。四月。
（《合集》6354 正）

〔王固〕曰：其衛于黄示。（《合集》6354 反）

(21) 王固曰：其〔侑于〕黄示。（《合集》3505 反）

"黄示"当是黄尹之神主（牌位），即黄尹之魂所依附之物。"衛"有保卫、护卫之义。引申义为凡一切维护之称。①(20) 辞义为商王循伐土方，能否受到保佑。土方和舌方联合敦伐（🩶地）。占卜结果是将得到黄尹神主的庇护。由此，黄尹被商王看做是保护商王朝的战神。农业是商王朝经济来源之一，黄尹还对农业有影响。

黄尹对农业的影响

黄尹能够保护商王朝的农业，卜辞如：

(22) 庚辰〔卜〕，□，〔貞〕黄〔尹〕□我〔年〕。一月。
貞黄〔尹〕弗□我年。（《合集》902 正）

(22) 辞义为黄尹保护我（商国）的农业获得丰收。由此知，黄尹被商视为农神。

黄尹既在战争中发挥神力，又对农业有影响，有必要探讨黄尹的身份和地位。

黄尹在商王朝的身份和地位

黄尹受到商王高度重视，卜辞如：

(23) 甲辰卜，㱿，貞我奏兹玉，黄尹若。（《合集》10171 正）
(24) 貞黄尹壱王。
□□〔卜〕，宁，貞燎于王亥。（《合集》14746，图 6—4）
(25) 貞〔侑〕于岳。
貞侑于黄尹。（《合集》3460 正）

---

① 于省吾：《甲骨文字诂林》，中华书局 1996 年版，第 2247 页。

(26) 癸亥卜，王侑大甲。

癸亥卜，王，贞勿酚，翌戠于黄尹
戠。三月。（《合集》19771）

"玉"为祭品，"兹"在甲骨文中作指示代词，相当于"此"，"奏"为祭名，（23）辞义是（商王）我奏此玉磬求黄尹保佑商王顺利。（26）辞义是商王先侑祭大甲，然后于翌日戠祭黄尹。从此版卜辞中，可以看出，对商先王所用的祭为侑祭，对黄尹进行的是戠祭，祭祀不同，说明黄尹与大甲在商王的心目中，其神性有别。

图6—4　《合集》14746

当商王对舌方进行战争时，所举行的告祭，其顺序是：大甲—黄尹—上甲（《合集》6137），商王对大甲与黄尹同时贞问进行祭祀的卜辞共有四版（《合集》902、6137、6142、19771），与唐有共版关系且贞问同事项的甲骨一版（《合集》1303），与祖辛有一版（《合集》939反），与祖乙有三版（《合集》1631、6080、6945），商王对舌方进行战争时，所告、匄、求的高祖是王亥、河、岳；先公是上甲、报乙、示壬；先王是唐、大甲、祖乙，他们都是直系先王。旧先臣为黄尹。由此看出，黄尹曾是王室重臣，在时王心目中，黄尹与直系先王的神灵有同等重要性。以上是武丁时期的宁组卜辞中所见商王对黄尹的祭祀和尊崇的情况。

黄尹在祖庚祖甲时期的卜辞中，作" "形，为黄尹的合文，受到祭祀，卜辞如：

(27) 丙寅［卜］，即，贞……彳……黄尹……（《合集》23565，图6—5）

(28) 壬饮人，岁……酸黄尹……（《合集》23566，图6—6）

(29) □□［卜］，大，［贞］……丁巳……黄尹……（《合集》23567，图6—7）

(30) □□卜，喜，［贞翌］乙酉……黄尹……宜。（《合集》23568，图6—8）

图 6—5　《合集》23565　　图 6—6　《合集》23566

图 6—7　《合集》23567　　图 6—8　《合集》23568

彳、酘为祭名，辞虽残，但仍可以看出是商王对黄尹进行祭祀的占卜。

以上是祖庚、祖甲卜辞中所见到的黄尹受祭祀的情况，黄尹受到商王隆重祭祀，表明黄尹曾功于商王朝，故黄尹子孙被封，称"黄"，活动在王朝事务中。

黄在商王朝的活动

黄是黄尹的后代，且有封地，卜辞如：

（31）贞呼黄多子出牛，侑于黄尹。（《合集》3255 正，图 6—9）
（32）［往］于黄……（《合集》33167，历组卜辞）

"黄多子"跟黄尹显然有血缘关系，商王命令他们拿出牺牲来祭祀黄尹。朱凤瀚认为是黄族中的多位"子某"，统称黄多子，即是将他们与王卜辞中常见的表示多位王子的"多子"相区分。[①]（31）辞义是商王命令黄多子献牛用于祭祀黄尹。黄尹之子孙在王朝供职，卜辞如：

[①] 朱凤瀚：《商周家族形态研究》，天津古籍出版社 1990 年版，第 60—63 页。

(33) 贞翌乙亥令黄步。
　　　贞㦰启，不其叶。(《合集》7443)
(34) 戊申卜，㱿，贞重自呼往于光。
　　　戊申卜，㱿，贞重黄呼往于光。(《合集》7982，图6—10)
(35) 贞重黄令戈方……□月。(《合集》8397)

图6—9　《合集》3255 正　　　　图6—10　《合集》7982

商代军队有步兵这一军种，"令步"即令步兵进行军事训练，"㦰"是人名，(33)辞义是商王命令黄率领军队进行步兵训练或军事行动？沚㦰作前锋勤劳王事。(34)辞义是商王是令自还是黄前往光地（从事王事）。(35)辞义是黄令戈方从事某事。以上是黄尹的子孙"黄"，参与商王朝活动的占卜，黄还受到商王的关心，卜辞如：

(36) 贞黄不［其］骨凡［有疾］。(《合集》13912)
(37) 黄死。(《合集》17095)

(36)辞义是黄伤风感冒？"死"作"𥄎"形，象人躺在棺材中之形，(37)辞义是黄会否死去。黄族与商王室保持婚姻关系，卜辞如：

(38) 癸卯卜，贞今日令禽取黄丁人。七月。（《合集》22）

"禽"是商王的同姓贵族，"丁人"指某种身份的人，卜辞如：

(39) 丙午卜，争，贞效丁人䱷，不死。在丁家有子。（《合集》3096）
(40) 丙戌卜，争，贞取效丁人嬉。（《合集》3097）

"䱷"，从鱼从女，为人名，"有子"在甲骨文中，指怀孕而言，(39)辞义是效丁人叫嬉的人，不会死去吧，在丁家怀孕。䱷当指一女子，嬉，从女从喜，指一女子名"嬉"。由以上辞例可知，丁人，指某种身份的女子。"取"通"娶"，"黄丁人"当指黄家族的丁人，(38)辞义是商王要命令同姓贵族禽迎娶黄家族丁人。由此知，黄家族与商王室有婚姻关系。黄家族的人世代为官于商王朝，在祖庚、祖甲和帝乙、帝辛时期，做商王室的贞人，卜辞如：

(41) ［癸］巳卜，黄，贞旬亡囚。（《合集》26662）
(42) 癸酉卜，在攸，黄，贞王旬亡畎。（《合集》36823）

这是黄在商王室占卜机关贡职的记录。

从以上史实看，黄是商王朝显赫家族，但他是商王之臣，要贡纳，卜辞如：

(43) ［壬］午卜，争，贞黄入，岁，翌癸□用。（《合集》15482）

辞义是黄贡纳（牺牲）用于岁祭和用祭。

由黄尹受到商王的隆重祭祀及黄作为黄尹的后代活动于商王朝的史实看，黄尹对商王朝有过贡献，其子孙受封，[①] 黄之子孙以黄为族、氏，以黄地为聚居地，世代为官于商王朝。甲骨文中有"子甈"，卜辞如：

---

① 《春秋左传》隐公八年："天子建德（杜注：立有德以为诸侯），因生以赐姓，胙之土而命之氏。诸侯以字为谥，因以为族。"

(44) 癸亥，贞子蔥亡囚。(《合集》32783)

"子蔥"是商王室的同姓贵族，还是黄族的爵位为"子"，受材料的限制，不明。

黄族也曾发动过对商王朝的叛乱活动，卜辞如：

(45) 贞勿执黄。(《合集》5909)

"执"作"㚔"形，象人披枷戴锁之形，(45)辞义是（商王）要捉拿到黄。商王朝对黄的战争不见记载，仅此一见黄（首领）被捉拿的占卜，而其他占卜中，商王与黄保持友好关系。说明黄族是商王朝统治时期的重要支持者。

黄奭

黄奭是商王祭祀的重要对象，他受到侑、燎、戠、帝等祭祀，卜辞如：

(46) □寅卜，争，贞侑于黄奭二羌。(《合集》409)

(47) [丙]申卜，争，翌戊戌戠于黄奭。(《合集》575)

黄奭受到祭祀时，商王所用牺牲为犬、豕、牛、羌人，卜辞如：

(48) 戊戌[卜]，帝[于]黄奭二犬。(《合集》3506，图6—11)

(49) 侑犬于黄奭，卯三牛。(《合集》9774正)

(50) 甲午卜，今日燎于黄奭二犬、二豕。(《合集》39719)

图6—11　《合集》3506

"黄奭"，在甲骨文中，到底应指何人，目前尚无结论，黄在甲骨文中，为人、地、族名的同一，黄尹是商王祭祀旧先臣。"奭"，在甲骨文中，有匹配之义，多指商先王配偶，卜辞如：

(51) 妣丙大乙奭，叀今日酚。(《合集》27502)
(52) 甲午卜，吾其至妣己祖乙奭，又正。
    其吾妣甲祖辛奭，又正。(《合集》27503)

除先王之配称"奭"外，还有伊奭 (《合集》33273)，齐文心认为伊奭在卜辞中，可能指伊尹之配，[①] 根据甲骨卜辞中的常例，奭为匹配、配偶之义，黄奭当为黄尹的配偶。但黄奭在受祭时，多与商先公、先王同时受祭，卜辞如：

(53) 庚申卜，殼，贞燎于󰀀。
    贞于黄奭燎。(《合集》418 正)
(54) □丑卜，[㱿]，贞翌丁巳酚祖丁，戊午酚大 [戊]。
    戠于黄奭。(《合集》2953 反)

󰀀为商先公，黄奭与󰀀同时受到商王的燎祭，两人的地位和身份应相当或黄奭稍低于󰀀。黄奭如果被认为是黄尹的配偶，即一个旧先臣的配偶。商先公与旧先臣的配偶一起受祭，于理不顺。商王对黄奭进行祭祀时，带有求雨的性质，卜辞如：

(55) 翌庚申戠于黄奭。
    贞我舞，雨。(《合集》14209 正)
(56) □戌，贞从燎……霝致黄奭。(《英藏》2451)

黄奭在商王心目中的作用，与高祖、先王一样，黄奭为黄尹之配与她在甲骨文中地位如此之高不相应，根据伊奭即伊尹判断，黄奭即黄尹的另一称呼。

[①] 齐文心：《伊尹、黄尹为二人辨析》，《英国所藏甲骨集》，中华书局 1992 年版，第 177 页。

二 学戊、蔑

"学"作"✕"、"❍"、"❍"、"❍"、"❍"、"❍"等形,与"戊"连在一起,作"学戊"时,为旧先臣,卜辞如:

(1) 丁未卜,扶,侑咸戊、学（❍）戊,呼……(《合集》20098)
(2) □未卜,扶,侑学（❍）戊。(《合集》20100)
(3) 侑于学（❍）戊、咸戊。(《合集》7862)
(4) 贞侑咸戊?
　　 侑于学（❍）戊。(《合集》952正)

学戊与咸戊同时受到祭祀,他们的身份和地位一样,属于旧先臣,对学戊所用的祭祀为侑祭。以上是甲骨文中见到对学戊祭祀的情况。

学为人、地、族名同一

"学"一作"❍",有用为人、地、族名,卜辞如:

(5) 贞王勿狩于✕。(《合集》10969正)
(6) □未,❍❍往自爻圉。(《合集》138)
(7) ……❍❍❍自爻圉六人。八月。(《合集》139)
(8) 丙□……多万……入爻,若。(《英藏》1999)
(9) 爻入□。(《合集》9268,甲桥刻辞)

"圉"指监狱,"往"指逃亡。① (6)辞义是从爻地的监狱中逃走六个放牧者,能抓到。"入爻"即从外地进入到爻地。"爻人"指爻地或爻族人向商王贡纳物品,此为记事刻辞。爻当为学戊之后。学戊有功于商王朝,故受到商王室的祭祀,其后代受封,称"爻",是商王室的臣服者。商王在爻地设立监狱,说明爻地归学戊之后居住,但它还是商王朝的属地。

尽戊

尽作"❍"、"❍"形,人名,指两人:尽戊是祭祀对象,卜辞如:

---

① 胡厚宣:《甲骨文所见殷代奴隶的反压迫斗争》,《考古学报》1976年第1期。

第六章　甲骨文所见商王朝臣正纪略　253

(1) 贞侑于尽戌。(《合集》3515，图6—12；10969正)

(2) 庚戌卜，殻，桒于尽[戌]。(《合集》3516)

辞义是商王向尽戌进行求祭？作为旧先臣，尽戌有神力降祸害于时王，卜辞如：

(3) 尽戌求王。

尽戌弗求王。(《合集》3521正，图6—13)

图6—12　《合集》3515　　　图6—13　《合集》3521正

"求"为祸咎，辞义是尽戌要降祸咎于商王（武丁）。以上是甲骨文中所见到有关尽戌的史实。陈梦家根据甲骨文中出现的"爻戌"、"咸戌"、"戌陟"，认为"戌"为官名，爻、咸、尽为私名。[①] 尽戌当是尽部族首领担任过商王朝的"戌"，因对商王朝有贡献，故受到商王室的祭祀。这是甲骨文中故去的尽戌。

尽还为人、地、族名的同一，作为人名，尽勤劳王事，卜辞如：

---

① 陈梦家：《殷虚卜辞综述》，中华书局1988年版，第365页。

(4) 丙寅卜，贞令逆从尽于垂。六月。(《合集》4915，图 6—14)
(5) 丙寅卜，贞勿肅令逆从尽于垂。(《合集》4917)
(6) 贞今［者］登下危人，呼尽伐，受有佑。(《合集》7311，图 6—15)

图 6—14　《合集》4915　　　　　图 6—15　《合集》7311

"垂"是外服诸侯，称垂侯(《合集》3317 反)，伯垂(《合集》3439)。"逆"是康丁时贞人，武丁时期就活动在王室事务中。(4)、(5)辞义为(商王)命令逆率领尽出使到垂侯之地（从事王事），要非常重视这事。"登"有征集、供集之义，"下危"是敌对方国，(7)辞义为商王征集众人攻打下危，命令尽参与讨伐（下危）的战争受到保佑。这是尽参与王事活动的史实。

尽与尽戉的关系

尽戉当是尽族之先祖，因有功于商王朝，其子孙受封，称"尽"。① 对商王朝有过贡献的功臣，其后代拥有官位，他们是商王的臣民，与商王共同执政。尽作为活动着的人或族，当是尽戉之后。

蔑

"蔑"作"𢧵"、"𢧵"、"𢧵"、"𢧵"等形，从𦉰从戈或从丂形，王襄释为

---

① 《尚书·盘庚》："古我先后，既劳乃祖乃父，汝共作我畜民。……兹予有乱政同位，具乃贝玉。"

"蔑"字。① 于省吾谓"𢦏"、"𢦏"两字相同，与"𢦏"、"𢦏"不同。② 陈梦家认为此指一人。③ 有关的蔑含义，有两种用法：其一，作动词（如："戊寅卜，争，贞雨，其蔑。"《合集》250；"己未卜，宁，贞蔑，雨。惟有告。"《合集》12895），蔑从戈，为动词，与雨联系在一起，与杀伐致祭以求雨有关。其二，蔑是商王祭祀的对象，卜辞如：

(1) 贞勿侑牝，叀牡。
贞王侑、匚于蔑，叀之有祭。(《合集》6653)

(2) 辛酉卜，宁，贞侑于蔑（𢦏）。
贞侑于蔑十𦍒羊。(《合集》14801，图 6—16)

(3) 辛亥卜，𣪊，贞侑于蔑、召二犬，卯五牛。(《合集》14807)

(4) ［己］卯卜，余求于蔑三牛，允正。(《合集》14811)

(5) 燎于𦎫一牛。
三十牛于黄尹。
侑于蔑（𢦏）。(《合集》14659)

(6) 辛酉卜，王，燎于蔑（𢦏）。(《合集》14804)

图 6—16　《合集》14801

牝、牡指牺牲的性别，牝雌牡雄。(1) 辞义是商王用侑祭、匚祭蔑用雄性。(2) 辞"𦍒"突出其角，指雄性。谓用十只雄性之羊侑祭蔑。用侑、匚、燎对蔑祭祀，用羊、牛、犬为牺牲，且侧重用雄性之牲。与蔑一起受祭者为宁组的黄尹和历组的伊尹（《合集》970、《合集》30451 历组卜辞），

---

① 王襄：《簠室殷契·类纂》，第 18 页，《簠室殷契·徵文考释人名》，3 页下。
② 于省吾：《甲骨文字释林·释女媸》，中华书局 1979 年版，第 208 页。
③ 陈梦家：《殷虚卜辞综述》，中华书局 1988 年版，第 366 页。

黄尹、伊尹是商先公旧臣，蔑与黄尹、伊尹一起受到商王祭祀，其身份相当，蔑应是商王朝有过贡献的旧臣。蔑的神灵能为商王带来祸福，卜辞如：

　　（7）贞黄尹弗保我使。
　　　　〔贞〕蔑不……（《合集》3481）

辞虽残，根据上下文关系，可补为"蔑不保我使"。（7）辞义为蔑保佑我使。黄尹和蔑同时受祭，也同时被问是否保佑我商王的"使者"，说明其身份相同，为商旧先臣。历组卜辞中，蔑受到祭祀，卜辞如：

　　（8）侑、岁于蔑三十羊。（《屯南》2361）

（8）辞义为对蔑进行侑、岁祭，用三十头羊牲。郭沫若认为蔑是《山海经》中的女蔑。① 女蔑之女并非女子之女，乃古代女称姓、男称氏之氏。

三　咸戊

"咸"字从戌从口，作"🗝"形，有两种含义：其一，副词，如："咸𢀛在𠭯，王〔尊〕□，王𢓊于□，若。"（《合集》6902）"贞咸丧有𢓊。"（《合集》7240）咸，《说文》：咸，皆也，悉也。用作副词。其二，人名，商王祭祀的旧先臣。学术界对"咸"的身份和地位，有两种看法：（1）以陈梦家为代表，认为"咸戊"单称"咸"，咸即是咸戊。② （2）以张秉权为代表，认为咸指成汤，认为口、丁二（字）形相近，容易相混。咸是"五示"中的一示。咸和祖乙（同版）被贞问是否降灾祸于商王，商王对咸的祭祀亦非常隆重，只有大乙（成汤）最有资格与咸相应。③ 根据甲骨文中"咸与成"在语中的位置，成有时被契刻作咸，卜辞如：

　　（1）贞侑、彳自成（🗝）三牢。（《合集》1380）

---

①　郭沫若：《卜辞通纂》，科学出版社1983年版，第329页。
②　陈梦家：《殷虚卜辞综述》，中华书局1988年版，第365页。
③　张秉权：《殷墟文字丙编考释》，中研院史语所重印本1992年版，第72—75页。

(2) 贞勿侑、彳自咸（🝈）……（《合集》1383）
(3) 侑于咸、大丁、大甲、大庚、大戊、中丁、祖乙。（《合集》1403）
(4) 䕆于上甲、成、大丁、大甲、下乙。（《合集》6947）

侑、彳为祭祀，"自成"与"自咸"相同，（1）辞义是商王要进行侑、彳之从"成"开始。"成"，指成汤。"咸"如果是指咸戊，咸戊是商王室旧臣。那么商王对先王的祭祀和对旧先臣的祭祀等级相同，并且先祭祀旧先臣。事实上，除了伊尹在祭祀等级上有时与商先王一样外，总体来看，商王对先王的祭祀高于对旧先臣的祭祀等级。再从辞例看，在先公先王的世系中，突然出现一个旧先臣，其地位高于或相当于先公或先王，甲骨文或文献中都不见哪位旧先臣地位如此之高，所以，辞中的咸、成当指成汤而不是某旧先臣。再如卜辞：

(5) 贞咸不宾于帝。
    贞大甲宾于咸。
    贞下乙不宾于咸。（《合集》1402）

大甲、下乙（中丁之子祖乙称下乙）为先王，宾，作迎迓或迎神以祭而言。（2）辞义是咸、大甲、下乙是否被"帝"（天上神）所宾迎。在商王的心目中，在"帝"的身边，身份、地位高于大甲、下乙的旧先臣，文献和甲骨文不见，咸应指成汤。甲骨文中还有"咸日"，卜辞如：

(6) 甲午卜，争，贞王窒咸日。（《合集》1248正）

商王的直系先公和先王，都有固定的祭祀日期，如上甲日（《合集》1248）、大甲日（《合集》1397）、大庚日（《合集》32488）、仲丁日（《合集》32500）等等，"咸日"当是商王对成汤祭祀的固定的日子，故甲骨文中单称"咸"时，有时是指"成或成汤"。

商王室的旧先臣"咸戊"，也是商王祭祀的对象（《合集》20098、952正、3509、7862），咸戊或单独受祭、或与学戊一起受到祭祀，他们的身份和地位相当。受到商王室隆重祭祀的原因，是他们对商王朝有过贡献。作为商王室的旧先臣，能降祸福于商王，卜辞如：

(7) 咸戊壱王。

咸戊弗壱王。(《合集》10902,图6—17)

图6—17 《合集》10902

辞义是咸戊是否为害于商王。以上是甲骨文中所见咸戊的史实。

甲骨文中,咸戊与学戊、尽戊一样,是商王祭祀的旧先臣,"戊"有可能是他们的职官名,咸、学、尽当是他们的族名,学族、尽族活动在商王室事务中,咸字所在卜辞中的位置,有时用作副词,与作名词的"咸"不易分辨,其族是否在商王朝活动,无法论证。

第二节 武丁王朝以降重臣诸将纪略

武丁时期,国家势力强大,在武丁周围,有一批同姓和异姓贵族,他们从不同的方面辅佐武丁执政,下面就这些人物一一分述。

一 望乘、师般、沚䤈、畐、甫

望乘、师般、沚䤈、畐、甫为一群异姓贵族,他们既服务于商王室,活跃在商王朝各种事务中,又担任着守卫边境的职责,有的与商王室还有婚姻关系,是武丁时期的重要人物。

(一)望乘

望乘的甲骨卜辞达200条,望乘是武丁时期的征伐大将。关于望字,有两层含义。其一,望为动词,如:"䤈呼望吾〔方〕"(《合集》6188),"望缶"(《合集》7979)。商承祚谓:"卜辞见作𦣻,望作𦣻,目平视为见,目举视为望，决不相混。又有作🉐者，象人登丘陵而望也。"① 从字形上看，望象人伫立土丘之上睁目远望之形，其本义是远望，在此有观察、监视之义。其二，望为名词，为人、地、族名，如：望洋（《合集》13506）、望乘（《合集》7530）、望戌（《合集》6983）。望洋、望乘同时出现在商王室甲骨卜辞中，说明望家族至少有两个首领同时或稍有先后服役在商王室。望曾与商王朝为敌，卜辞如：

（1）癸巳卜，殻，贞呼雀伐望戌。（《合集》6983，图6—18）
（2）贞🉐望。（《合集》5907，图6—19）
（3）莫望人🉐。（《合集》4551，图6—20）

图6—18　《合集》6983　　　　　图6—19　《合集》5907

"雀"是人名，商王的同姓贵族。（1）辞义为（商王）命令雀攻伐望戌。望戌也有可能分读，有可能是戌被商王分封到望地。望族叛乱的结果以失败告终，其首领被抓，"🉐"象人披枷带锁之形，被征服之族的首领因不顺服商王朝，故其反抗激烈，为防止其反抗、逃跑，给其首领披枷带锁。② （2）辞义

---

① 商承祚：《福氏所藏甲骨文字》，十二片考释，香港书店1973年影印本。
② 王宇信、杨升南：《中国政治制度通史·先秦卷》，人民出版社1996年版，第188页。

为能抓获望地首领。被征服的望人受到惩处，受到奠置。奠置望人是由于望人战败，这是商王朝控制失败中一方的一种措施。① 望地具有重要战略意义，卜辞如：

  (4) 使人于望。(《合集》5535，图6—21)

  (5) 己亥……其戋望。(《合集》6984)

  (6) 贞〔登〕人叀王自望捍。(《合集》7218)

  (7) 贞勿叀王自望……(《合集》7217)

图6—20 《合集》4551　　图6—21 《合集》5535

"使人于望"和"使人于沚"(《合集》5530甲)、"使人于畓"(《合集》5541)一样，即言因武事而派遣某人使于某地之义。② (4)辞义为商王因望地或望地周围有战事而派遣人出使到望地。"捍"字从戈从囗，于省吾谓本象缚盾于戈之中部，以戈钩物，以盾自卫，《说文》："盾也，从戈旱声。"又："捍，止也。"《周书》曰："捍我于艰。"按许氏训捍为盾，训捍为止，误

---

① 裘锡圭：《说殷墟卜辞的"奠"——试论商人处置服属者的一种方法》，《中研院史语所集刊》第64本第3分，1993年，第661—664页。

② 胡厚宣：《殷代的史为武官说》，《全国商史学术讨论会论文集》1985年版。

分为两字，其实捍止与捍卫之捍，甲骨文本作㪇。"㪇"为捍卫，抗击之义。① "登人"有征集、供集之义。(6) 辞义为商王征集众人从望地捍卫或抗击（入侵者）。因望地具有重要的战略地位，当望与商王朝为敌时，商王对望进行了军事征服，失败后的望人臣服于商王朝，有望洋和望乘两个首领为王室服务，先谈望洋在商王朝的活动。

望洋

望洋参与了商王朝的对外战争，卜辞如：

(8) 乙巳卜，争，贞雀获亘。
　　贞望洋若。启雀。
　　贞雀致㠯伐。二告。
　　贞戌获。（《合集》6952）

"亘"先与商王朝为敌，受到雀征伐，启，《左传》襄公二十三年杜预注："左翼曰启。"《周礼·乡师》贾疏："军在前曰启，在后曰殿。"② 辞义为讨伐亘，望洋为雀开路是否顺利。戌能捕获到（亘）否。望洋还服务在商王室中，卜辞如：

(9) 贞令望洋归。小告。（《合集》13506正，图6—22）

辞义为让望洋从商王都回到他的领地。望洋有封地，由于甲骨文中有"子洋"，卜辞如：

(10) 贞子洋……（《合集》3228）
(11) ［贞］子洋不死。（《合集》17070，图6—23）

子为"望洋"的爵称还是子姓贵族之"子"，受材料限制，难以分辨。"洋"有自己的封地，其地称"洋"，位于殷西，卜辞如：

---

① 于省吾：《甲骨文字释林》，中华书局1979年版，第58—62页。
② 于省吾：《甲骨文字释林·释启》，中华书局1979年版，第287—291页。

图 6—22　《合集》13506 正　　　图 6—23　《合集》17070

(12) 贞……于洋。
　　　不……舌方其……（《东京》367 反）

舌方是王都西部、西北部的方国，上辞虽残，仍可看出舌方入侵时在洋地有行动。其地当在王都西或西北。洋到祖庚祖甲时，供职于占卜机关，即贞人洋，卜辞如：

(13) 丙寅卜，旅，贞翌丁卯……
　　　己卯卜，洋，贞翌庚辰彡于大庚衣无壱。
　　　（《合集》22796，图 6—24）

图 6—24　《合集》22796
（局部）

这是洋贞问的辞例，但不见他在商王朝的其他活动。康丁时期何组卜辞有洋贡纳致祭占卜，如：

(14) 登洋牛。大乙白牛。重元……（《合集》27122）

"登"为供、征集之义，辞义为要向洋征集牛以祭祖先。洋此时还臣服于商，以后则不见其活动的踪迹。

望乘

望乘参加了对下危的战争。商王朝征伐下危占卜之辞近 200 条，下危是武丁时期为害最大的方国之一，卜辞如：

(15) 乙卯卜，㱿，贞王从望乘伐下危受有佑。(《合集》32)

(16) 癸丑卜，亘，贞王叀望乘从伐下危。

癸丑卜，亘，贞王从奚伐巴方。(《合集》811 正)

(17) 辛巳卜，宍，贞今者王从［望］乘伐［下］危受有佑。十一月。

□□［卜］，宍，贞今者供征土方。(《合集》6413)

(18) 辛酉卜，争，贞王从望乘伐下危。(《合集》6476)

(19) 癸丑卜，亘，贞王叀望乘从伐下危。小告。(《合集》6477)

(20) 丁巳卜，宍，贞燎于王亥十南卯十牛三南告其从望乘征下危。(《合集》6527 正，图 6—25)

图 6—25　《合集》6527

(21) 贞王令妇好从侯告征尸。

贞王勿［叀望］乘从［伐］下危。(《合集》6480)

(22) 辛酉卜，㱿，贞今者王从望乘伐下危受有佑。(《合集》6482 正、6483 正、6484 正、6485 正、6486 正)

(23) 辛丑卜，宍，贞令多紳从望乘伐下危受有佑。(《合集》6524 正、6525 正)

(15) 辞王从望乘征伐下危与王从沚𢀛伐巴方为同版，说明征伐下危与征伐巴方为同时事。(16) 辞中奚是征伐巴方的军事将领。(17) 辞义商王贞问是攻伐下危还是征伐土方。(18) 辞有望乘伐下危、沚𢀛伐巴方以及对尸方和龙方征伐，说明此时，最少有四个敌方国同时作乱。(19) 辞义为商王率领奚征伐巴方还是率领望乘征伐下危。(20)辞义为向王亥举行燎祭和对剖牺牲之祭,告祭祖先要率领望乘征伐下危。(23)辞义为命令多紻率领望乘征伐下危。望乘还参加过对虎方和𢀛方的战争,卜辞如:

(24) 𢍰其途虎方,告于祖乙。
　　贞令望乘暨𢍰其途虎方告于丁?十一月。
　　𢍰其途虎方,告于大甲。
　　贞令望乘暨𢍰途虎方。十一月。(《合集》6667,图6—26)
(25) 王从望乘伐𢀛方。(《铁》245.2)
(26) □□卜,㱿,贞王次于曾,乃呼𢍰𢀛〔方〕。(《合集》6536)

图6—26　《合集》6667

这是商王朝对虎方的一次战争,"𢍰"是这次征伐战争的主帅,商王向祖乙、丁和大甲进行告祭,也派望乘参与了这场战争。关于虎方地望,根据(《合集》5504)商王在南土进行军事活动时,以𢍰为中军,以曾为左军的占卜,𢍰和曾大致方位在当时王都(今安阳殷墟)南。在湖北的枣阳、随县、京山到河南新野，出土了大量周代青铜器。① 湖北随州还发现了战国时期的曾侯乙墓。甲骨文中的曾，其领地位于南土，战国时期的曾侯又活动在湖北一带，说明曾是一个古老之族。舆当位于今举水流域，曾和舆都在今汉淮之间。又1118年在今湖北安陆发现一套"安州六器"，为成王时器，其中的《中鼎》铭云："惟王令南宫伐反虎方之年，王令中先省南国串行。"《中甗》铭云："王令中先省南国串行，叙位于曾。""叙位"谓张设王之行屋。② 从这两件铜器看，虎方当与曾相临或相近。郭沫若认为虎方位于江淮流域。③ 江西吴城遗址发现后，彭明瀚认为吴城就是虎方的中心。④ 望乘作为军事大将，受武丁派遣，到南土参加了对虎方战争。"次"古时称军旅屯驻为次，《左传》庄公三年："凡师一宿为舍，再宿为信，过信为次。"《公羊传》庄公三年："次者，兵舍止之名。""𫵷"乃抓获、捕获之义，商王驻扎在曾地进攻𢀖方，说明𢀖地也位于商王朝的南土。望乘有可能参加过对舌方的战争，卜辞如：

(27) 令望乘。
从望乘。
贞于唐告。
……舌……于……（《合集》6148，图6—27）

望乘还参与王室事务，卜辞如：

(28) 𣃚呼望。（《合集》4589反）
(29) 勿叀王自[从望乘]呼往。（《合集》7530）
(30) 戊申卜，永，贞望乘有保在启。（《英藏》1555）
(31) 辛卯卜，争，贞勿令望乘先归。九月。

图6—27 《合集》6148

---

① 江鸿：《盘龙城与商朝的南土》，《文物》1976年第2期。
② 郭沫若：《两周金文辞大系图录考释》（下），上海书店出版社1999年版，第17页。
③ 同上。
④ 彭明瀚：《商代虎方文化初探》，《中国史研究》1995年第3期。

(《合集》7488)

(29) 辞义为是否命令望乘前往（某地从事某事）。(30) 辞义为望乘在启地（从事某事）是否平安。(31) 辞义为是否命令望乘回到其封地。望乘有自己的封地，卜辞如：

(32) 戋望乘邑。(《合集》7071，图6—28)
(33) 令望乘先归田。(《英藏》665，图6—29)

图6—28　《合集》7071　　　图6—29　《英藏》665

"戋"为挞伐，(32) 辞义为挞伐望乘聚居地。望乘邑即望乘的土田和城邑。

历组卜辞中的望乘

在历组的甲骨卜辞中，望乘参加了对危方的战争，卜辞如：

(34) 庚辰，贞令乘望途危方。(《合集》32899，图6—30)
(35) 丁未，贞王其令望乘归，其告于祖乙。
　　　丁未，贞王令卯途危方。(《合集》32897，图6—31)

图 6—30　《合集》32899　　　图 6—31　《合集》32897

危方在𠂤组卜辞中，与商王朝关系友好，卜辞如：

(36) 己酉卜，㱿，贞危方亡其囚。五月。(《合集》8492)

出组卜辞中，商王田猎时曾到达过危地，卜辞如：

(37) 其田亡灾。……在危。(《合集》24395，图6—32)
(38) 乙［亥］卜，争，贞酚危方以牛自上甲。一月。(《合集》10084)
(39) 癸亥，贞危方以牛。其蒸于来甲申。(《合集》33191、32896)

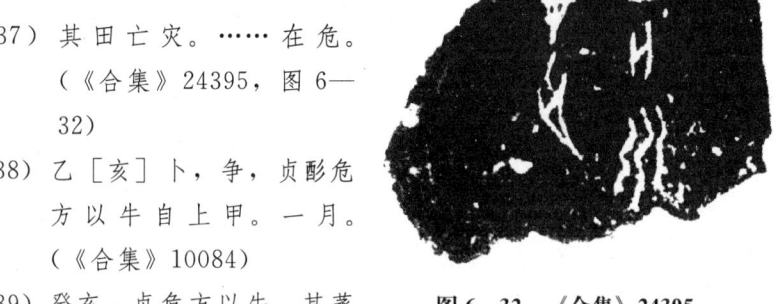

图 6—32　《合集》24395

上引卜辞说明危方与商王朝一度友好关系，但在历组卜辞时期，商王命令望乘和卯屠杀或征伐危方，说明危方发动了叛乱；危方失败后受到了奠置的处罚，卜辞如：

(40) 用危方囚于妣庚。王宜。(《合集》28092)

(41) 其奠危方，其祝……至于大乙，于之若。(《屯南》3001，图6—33)

(42) 危方奠于公宙。其祝于……(《合集》27999，图6—34)

图6—33　《屯南》3001　　　图6—34　《合集》27999

失败后的危方，其首领之头颅祭于先妣妣庚，其民人被商王奠置到"之"地或者公宙之地。以上是望乘参加对外战争之史实。当望乘进行商王室的活动时，商王向祖先进行告祭，卜辞如：

(43) 辛巳，贞其告令［望］乘。
　　 于祖乙告望乘。
　　 于大甲告望乘。(《屯南》135，图6—35)

(43)辞义为商王向祖先诰祭是否要命令望乘从事（征伐）。以上是望乘参与王事的史实。

望乘为商王异姓贵族

甲骨文中望乘不见参与祭祀，仅见他致送祭祀所用牺牲的占卜，而望乘妇可以向祖乙告祭，卜辞如：

(44) 庚子卜，㱿，贞翌甲辰用望乘来羌。（《合集》236，㱿组卜辞）

(45) 癸酉卜，贞望乘来羌。（《合集》237，㱿组卜辞）

(46) 望乘以羌［用］自上甲。（《合集》32019）

(47) 丁亥，贞用望乘以羌自上甲。（《合集》32021）

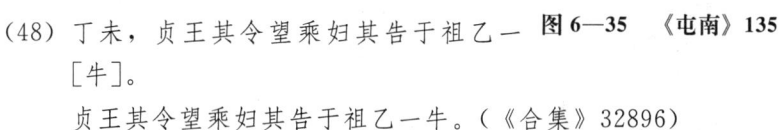

(48) 丁未，贞王其令望乘妇其告于祖乙一［牛］。
贞王其令望乘妇其告于祖乙一牛。（《合集》32896）

(49) 丁未，贞王其令望乘妇其告于祖乙。（《合集》32897）

图 6—35　《屯南》135

甲骨文中，见商王向祖先举行诰祭命令望乘从事某项事务，也见望乘致送羌人用于祭祀祖先，但从不见望乘参与王室祭祀之事。这说明望乘是商的异姓诸侯。望乘南征北战，为边境安全做出了很大的贡献，他是商的边土守卫者。望乘妇向商王祖先——祖乙举行诰祭，用牛为牺牲，说明望乘与商王室有婚姻关系，望乘妇与时王有可能同源于祖乙。望乘还商王的赏赐，卜辞如：

(50) 丁丑，贞王弜商望。其戠。（《合集》32968）

辞义为商王不要马上赏赐望，要等待一下。

望乘参加了对下危、危方的战争，下危地望的确定，有助于对望地的确定。在黄组卜辞中，商王征伐人方的路途中，经过危地（《英藏》2562），根据此次征伐人方所经危地，陈梦家认为危地在今永城、宿县之间，约当今皖、苏交界之处。[①] 其实，此处危、叉、沚地位于当时王都之东的另一组地

[①] 陈梦家：《殷虚卜辞综述》，中华书局 1988 年版，第 301 页。

名，与𠂤组和历组卜辞所说危、叉、沚是异地同名现象。根据征伐下危的将领望乘、兴方与其他族、人、地名之间的关系，由此定望乘与他们在同一区域中。望乘向商王贡纳羌人用于牺牲（《合集》236、32019、32021），虽不见望乘直接征伐羌人卜辞，羌人来源，说明望乘与羌人居住地近，望乘能够掠夺或捕获到羌人，卜辞如：

(51) □□卜，㱿，贞戉获羌。
□□卜，㱿，贞令望乘……
□□（卜），㱿，贞王鼎从望乘……（《合集》171，图6—36）

望戉受到雀的征伐（《合集》6983），而与望乘同一家族的另一首领望洋，在商王朝平息望戉和亘的战争中（《合集》6952），给雀做开路先锋。由此看出，与望、望乘有系联的戉、望洋，其地在殷王都西，间接证明望乘领地与他们处于同一区域。

图6—36 《合集》171

（二）师般

"般"作"㲀"、"㲃"、"㲅"等形，为人名，称般或师般，出现在𠂤组、历组卜辞中。甲骨文中有近200条有关般、师般的占卜辞条，师般是武丁时期和历组卜辞时期一位重要的历史人物。

师般有封地，卜辞如：

(1) 般入十，争。（《合集》6478反）
(2) 般入四。（《合集》9504反）
(3) 贞念、师般龟。（《合集》9471）
(4) 贞取克㱼。
    贞取般[㱼]。（《合集》114）
(5) 贞呼见师般。（《合集》4221）
(6) 贞呼取般狩桑。（《合集》10934）

(1)、(2) 为记事刻辞，辞义是师般向商王室贡纳占卜所用之龟甲。"龟"即龟鳖之龟，"念"作"⬜"形，为人名（《合集》9262），辞中缺动词，不知何义。"克"为人名，称男克（《合集》3457），（4）辞义为征集克的还是师般的养牧者为（商王使用）。（5）辞义为命令师般向商王朝见。"桑"为人、族名（《合集》5477），（6）辞义为命令向师般征集的（人员）到桑地田猎。以上卜辞，说明师般有封地，他向商王纳贡。师般还要听王令而奔波，卜辞如：

(7) 癸酉卜，𡆜，贞师般叶王事。（《合集》5468 正）

"叶王事"，即勤劳王室事务。师般具体从事的王事分为：

1. 听从商王命令出使到外地。卜辞如：

(8) 癸巳卜，[𡆜]，贞令师般涉于河东。吴于□共王臣。四月。（《合集》5566，图 6—37）
(9) 丁巳卜，殼，贞呼师般往于光。（《怀特》956，图 6—38）

图 6—37　《合集》5566　　　　图 6—38　《怀特》956

"河"在甲骨文中专指黄河，[①] "河东"当指位于今山西境内黄河以东之地，

---

① 杨升南：《殷墟甲骨文中的"河"》，《殷墟博物苑苑刊》，中国社会科学出版社1989年版，第54页。

(8)辞义为商王命令师般渡黄河到河东之地（从事王事）。"兆"，在今山西省境内，(9)辞义为商王命令师般前往兆地。

2. 向各诸侯国征取贡物。师般在商王都以外，有时是为商王向各诸侯国征取贡物，卜辞如：

(10) 贞今二月师般至。(《合集》4225)
(11) 贞师般来人于庞。(《合集》1035)
(12) 呼师般取𦍌自敦。(《合集》839)
(13) 辛酉卜，㱿，贞呼师般取珏。不左。(《合集》826)
(14) 戊辰卜，㱿，贞呼师般取于夫。(《合集》8836)
(15) 贞令般取于凫，王用若。(《合集》376正)
(16) 贞勿令师般取〔丼邑〕于彭、龙。(《合集》8283、7073)

(10)辞义为师般从外地回到王都。"庞"为地名，(11)辞义为师般征集兵员致送到庞地。"𦍌"指某种身份之人(《合集》847)，(12)辞义为商王命令师般从敦地获取𦍌这种人。"珏"，《说文》玉"象三玉之连"，古者，贝与玉皆以一贯五枚，二贯为珏。① 珏，在甲骨文中，多用为祭品(《合集》4059)，(13)辞义为商王命令师般征取珏以供赏玩或祭祀之用。"夫"为人、地、族名(《合集》940反)，"凫"为人名，称子凫(《合集》3183)。(15)辞义为商王命令师般向子凫征取（贡品）让王用于祭祀顺利。彭、龙，为臣属者，(16)辞义为商王命令师般向彭、龙征集物品。以上是王为师般从事征集之占。师般还要把征集物或人送往王都或其他地，卜辞如：

(17) 贞叀般令取，以。(《合集》9078)
(18) 叀师般以人。(《合集》32273，历组卜辞)
(19) 叀般以众……召方，受〔佑〕。(《合集》31987，历组卜辞)
(20) 之莫□呼□般在□汏。(《合集》4258)
(21) 师般以人于北莫次。(《合集》32277，历组卜辞)

---

① 孙海波：《甲骨文录》，河南通志馆1938年版，第41页下。

"以"是臣属者主动贡纳物品的用语，在此还有率领、带领之义，(19) 辞义为师般致送或带领众人（征伐召方）受到保佑吗。"北奠"，指王都之外的郊野，(21) 辞义为师般带领众人在北部郊外驻扎。

3. 为商王征集兵力和参与对外战争。师般受商王之命，向商众官征集兵力，卜辞如：

(22) 乙亥卜，般取多臣……（《合集》622）

"多臣"在此应指商王室的众官僚。多臣参加对敌战争，卜辞如：

(23) 贞王勿从沚馘。
贞叀多臣呼从沚馘。（《合集》619）

(23) 辞义为沚馘率领多臣进行征伐。以上卜辞说明，师般为商王之臣，他为商王所需征集物品、人员以备祭祀或战争。师般参加了对舌方的战争，卜辞如：

(24) 贞叀师般呼……
贞勿叀王往伐舌［方］。
呼多臣伐舌方。（《合集》616）
(25) 戊寅卜，𢽤，贞勿呼师般从冥。
庚寅卜，𢽤，贞勿𠭯人三千呼望舌［方］。（《合集》6185）
(26) 呼［师］般伐舌，叀禽。（《合集》6272）
(27) 贞……［师］般入……䌁。（《合集》8173）
(28) 贞汰……师般在𡍷，呼次在之奠。（《合集》7361）

(24) 辞义为商王命令师般攻伐舌方。"冥"为人名、族名或地名，(25) 辞义为商王命令师般率领冥讨伐舌方。"䌁"位于殷王都的西部，既是重要的农业区，又是军事要冲（《合集》6532、9776），(27) 辞义为师般进入䌁地。"𡍷"地与䌁地相近（《合集》9776），之为地名，(28) 辞义为师般在𡍷地命令驻扎到"之奠"。师般参加了对羌的战争，卜辞如：

(29) □寅卜，𢆶，貞般亡不若。不执羌。(《合集》506)

(29) 辞义为师般不顺，不能捉拿到羌人。师般参加了对子画的战争，卜辞如：

(30) 师般途子画。(《合集》32900，历组卜辞)

(30) 辞义为命令师般征伐子画。师般参与商王朝对外战争的卜辞如：

(31) 貞勿叀师般［呼］伐……(《合集》7593)
(32) 庚午卜，𢆶，貞征。
　　　子商获。(《合集》371 正)
　　　呼师般从，往，左。(《合集》371 反)
(33) 貞……师般……商称册……(《合集》7417)

(31) 辞义为商王命令师般讨伐某方国。"左"与启义相同，启，《左传会笺》："凡言左右，以左为先，知用启左也。"(32) 辞义为商王准备讨伐（某方国）。由子商参加，他能抓获敌对者。命令师般帅军前往（与敌作战之地），让师般担任前军为商王（或子商）开路。(33) 辞残，"称册"多与战争有关，可知师般进行了征伐活动。

4. 参与商王室田猎活动。军事活动常与田猎相连，师般还参与了商王室的田猎活动，卜辞如：

(34) 叀般令田于𣂤（并）。(《合集》10958)

"并"为地名，(34) 辞义为商王命令师般到并地进行田猎活动。商王命令师般田猎于并地，当与军事行动有关。师般不仅参加军事活动，还参加农业活动，卜辞如：

(35) 庚戌卜，般𡩡以。(《合集》9062)
(36) 己亥卜，大，貞呼般㝬有卫。(《合集》23666)

"冢"，罗振玉解释为圂，胡厚宣谓即厕所。① 《说文》："圂，豕厕也，从口，象豕在口中也。"温少峰等认为圂是农家积畜粪肥之所，卜辞中有关圂的记载是殷代农业使用粪肥的一种反映。辞义是师般把积蓄的粪肥送到田间。② "屎"，胡厚宣释为屎，以为是粪田，即使用粪肥将能否得到丰收。③ 张政烺认为是肖字，肖是动词，也即后世文献所说之刺草，肖田是清理来年要种的田，是春种的准备工作，是一个新的农业生产周期的开始，殷王要为此占卜。④ 裘锡圭认为是选田，指在某地的撂荒地中，选定重新耕种的地段。⑤ 总之是与农业有关的活动，(36) 辞为师般进行农事活动。

5. 与其他官吏共同为王室办事。师般还与商王朝的其他官吏共同为王室办事，如：

(37) □□卜，□，[贞]……般……侯告。(《合集》20058，𠂤组卜辞)

(38) 壬午卜，令般从侯告。(《合集》22299，午组卜辞)

(39) 癸未卜，令般从侯告。(《合集》32812甲，历组卜辞)

(40) 贞令介、畣、师般。十三月。(《合集》428)

(41) 令师般暨吴。(《怀特》1649，历组卜辞)

以上是师般与其他臣正共同参与王事的占卜，其时间为武丁早、中期及祖庚祖甲和历组卜辞时期，说明师般世代为官于商王朝。出组卜辞中，(师) 般参与占卜，卜辞如：

(42) 辛未，王，卜，曰……余告多君曰：般卜有祟。(《合集》24135)

---

① 胡厚宣：《再论殷代农作施肥问题》，《社会科学战线》1981年第1期。
② 参见温少峰等《殷墟卜辞研究——科学技术篇》，四川省社会科学出版社1983年版，第217页。
③ 胡厚宣：《再论殷代农作施肥问题》，《社会科学战线》1981年第1期。
④ 张政烺：《甲骨文"肖"与"肖田"》，《历史研究》1978年第3期。
⑤ 裘锡圭：《甲骨文中所见的商代农业》，《全国商史学术讨论会论文集》，1985年版，第198—244页。

何组卜辞中，还担任过"亚"之官职，卜辞如：

  （43）□□卜，亚般岁🅧老。（《合集》27938）

出组及何组卜辞中的般仅见以上所引的两版。师般主要活动在武丁时期，武丁对师般也很关心，卜辞如：

  （44）戊午卜，㱿，贞般其有㞢。（《合集》4264 正）
    王占曰：吉。亡㞢。（《合集》4264 反）

辞义为卜问师般出入往来有无灾祸。

  从甲骨文中所见师般的活动看，师般有封地，是商王之臣，既为臣属，他为王室征取贡品，也参与对外战争，这说明师般主要是商王室的内务官之一。师般与王室关系密切，但不见商王为他向祖先求佑之占，却有为师般妇所求的御祭，卜辞如：

  （45）壬申卜，贞御师般妇。（《合集》9478，图6—39）

图6—39　《合集》9478

《说文》云："御，祀也。"《尔雅·释言》："御，祭也。"商王为师般妇向商王之祖先举行禳除灾祸之御祭，根据"神不歆非类，民不祀非族"（《左传》僖公十年）的原则以及由此推出的祖先神亦不会保佑非同族人的道理可知，师般妇应属于商王的同姓家族女子，故她享有被商王祖先神保护的特权。师般也因为与商王室有婚姻关系，得到商王的重用。师般因是王室重臣，商王又关心其身体健康，卜辞如：

  （46）□□卜，出，贞［师］般……疾……（《合集》24959，出组卜辞）

师般主要活动在𠂤组和历组卜辞中,出组、何组卜辞中,只有很少的记录,黄组卜辞中,不见其活动的踪迹。

(三)沚䤂

武丁时期,随着国势增强,便四方用兵,沚䤂是在王都西、西北方从事军事活动的一位极为重要的人物。关于沚䤂这一人物,于史无征,但在甲骨文中保存了很多沚䤂的史料,涉及他的卜辞达三百多版。

这些卜辞反映出如下史实:沚䤂是一异姓诸侯,臣服于商王朝后,活动在商王室事务的各个方面,主要在军事领域。由于沚䤂与武丁关系密切,受到武丁的格外关注,并常为他占卜贞问。自甲骨文发现以来,对沚䤂的研究很多,因沚䤂与商王关系密切,并在商王朝中有重要地位,于省吾认为他是傅说。[①] 唐兰谓:"沚为国名,䤂盖其国君之名也。……沚为殷畿以西之诸侯,与土方、𠭯方接壤,故殷人伐土方、𠭯方时,沚䤂每从行也。"[②] 吴其昌认为:"'沚䤂'者,武丁时之名将……殆与侯虎齐名者也。"[③] 金祖同认为:沚"为国族名,䤂亦间似为人名者……故王出必以沚䤂相从者,所以为卫也。"[④] 姚孝遂谓:"'沚'为商的重要盟邦之一,商与沚经常联合征伐𠭯、召、土、巴等方国,卜辞常见'沚䤂'……为沚方之首领名,……在军事行动之外,商与沚的关系也是非常密切的。"[⑤] 张秉权谓:"沚䤂是一位有实力、有权势的重要人物,大概他是一位大国的诸侯吧。"[⑥] 学者们对沚䤂的论述的结论为:沚䤂是武丁时期一位重要的军事大将,他对武丁时期边境安全做出了很大的贡献,他还是一位重要的异姓方国首领。

在前人研究的基础上,通过全面整理甲骨材料,结合考古、文献资料,对沚䤂这一人物进行综合性考察,旨在通过对沚䤂的研究,探求以下问题:沚的确切地望?沚䤂与商王朝关系的形成?武丁为什么在征伐巴方、土方、𠭯方的战争中总是率领沚䤂?武丁极为关注沚䤂的动向,其所反映的深层的社会史实是什么?以沚䤂为研究线索,认识"中兴之王"武丁的用人策略及

[①] 于省吾:《双剑誃殷契骈枝续编》1941年,石印本,第13叶下。
[②] 唐兰:《天壤阁甲骨文存》,北京辅仁大学1939年影印本,第52页。
[③] 吴其昌:《殷虚书契解诂》,台北艺文印书馆1959年版,第147页。
[④] 金祖同:《殷契遗珠》,台北艺文印书馆1974年翻印本,第10—13页。
[⑤] 姚孝遂、肖丁:《小屯南地甲骨考释》,中华书局1985年版,第97页。
[⑥] 张秉权:《殷墟文字丙编考释》,中研院史语所1992年重印本,第30—31页。

对商朝西土经营的战略思想。对此展开论述：

沚地军事战略地位

甲骨文中沚𢆶向商王室报告边境的敌情的卜辞（《合集》6057），以及舌方在商王西土作乱的卜辞（《合集》6357），能够反映出商王都（今安阳）和沚𢆶所在地的相对位置，即沚地位于商王都西部，以沚为中心，舌方在其西，土方在其东。沚的确切地望，需要利用甲骨文、考古、文献材料，对与沚有系联关系的商王朝的敌国和与国，如马方、巴方、舌方、土方、羌方、戉、甫等地作定点考察以确定沚地望。与沚地有系联关系的马方、羌（方）、饶方、甫地、鼓地分布在今山西省石楼、灵石一带，沚地当与它们一起位于今山西中部的地区。胡厚宣认为沚与沁形相近，沚地望，当在今山西南部汾水以东。① 根据与沚有系联卜辞之间的关系，沚地当在沁水源头，今山西省平遥一带。平遥境内有过山，《汾州府志》云："过山，西北距县治四十五里，《魏书·地理志》：平遥有过山是也。'过'读如'戈'，鲁涧水出焉，西北流二十余里，散于原野，其西为戈岭，有溪涧东北入侯甲水。超山，西北距县治四十里，麓台山以西至此皆古过山也，超山之名起于唐天宝六年。""绵上关之北为麓台山，亦碣戾山之异名也，在平遥东南五十里，婴涧水出焉，旧置关，曰超山，曰过岭，悉其支峰也。"② 又《读史方舆纪要》："普同关，在（平遥）县南五十里普同谷口，东南接绵上关达沁源县，西抵关子岭，南入岳阳县，为往来要地。"文献中平遥以西一带为"过"地，"过"音读戈，𢆶应从戈得声，此字竟为何字，诸家有不同的隶释，有释作夒，有释作臧，都是因戈得声，那么𢆶、过、戈音近，或与商代的沚𢆶家族在此活动过有关。平遥地带关隘重重，与甲骨文中记载沚地的重要战略地位正相吻合。所以，商代的沚地当在此。③

沚地位于军事要冲，其战略地位相当重要，它应当是商王朝西土战略防御体系中重要组成部分，沚臣服商王朝与否，直接关系到武丁时期的势力在西部地区的强弱，所以武丁要对沚𢆶进行军事征服，以加强西部边境的军事实力与防备。

沚被武丁讨伐后臣服

沚原本是一方国，历组卜辞有"沚方"一辞，卜辞如：

---

① 胡厚宣：《殷代舌方考》，《甲骨学殷商史初集》，台湾大通书局1972年影印本上册，第229页。
② 王轩等纂修：《山西通志》，中华书局1990年版，第2750—2751页。
③ 韩江苏：《沚的地望考》，《殷都学刊》2002年第3期。

(1) □未……沚方……（《屯南》4090，图6—40）

辞虽残，但"沚方"两字却完整而在一行，不会致误读，虽仅一见，也是沚是一个方国的确证。沚国曾与商为敌，对商边境构成威胁，卜辞如：

(2) 贞无来艰自沚。
    贞其有来艰自沚。（《合集》5532正）

"来艰"即有灾祸来临，(2) 辞义是有谍报传来沚为祸于边境的消息。对沚的侵犯，武丁派兵讨伐，卜辞如：

(3) 令伐沚。（《合集》21035）
(4) 丙子卜，永，贞王登人三千呼……（戋）
    戓。（《合集》6990正甲，图6—41）
(5) 乙酉卜，甫允执沚。（《合集》5857，图6—42）

图6—40　《屯南》4090

图6—41　《合集》6990正甲　　　图6—42　《合集》5857

(6) 贞勿呼途沚。(《合集》6034 正，图 6—43)

(7) 呼戌往弋沚。(《合集》4283，图 6—44)

(8) 癸卯卜，贞执其戈沚。(《合集》6992)

图 6—43　《合集》6034 正　　　图 6—44　《合集》4283

"登人"即征集人员，王襄谓："登人，疑即《周礼·大司马》比军众之事。将有征伐，必先聚众。"①(4) 辞义为武丁要征集三千人讨伐沚啟。"执"为"🔒"形，象刑具，在此为动词，(5) 辞义为甫一定能抓获到沚啟。"弋"，《说文》："弋，橛也。"甲骨文弋字象竖立有权之木于地上之形，与说文训弋为橛之义相符。②裘锡圭认为当读为"宓"，《说文》宓，慎也。加以敕戒镇抚的意思……戒敕的目的就是要受戒敕者安宁顺从。③(7) 辞义为戌要前往沚地镇抚。途借为屠杀之屠，④(8) 辞义为商王命令执讨伐沚。上述卜辞是武丁时期对沚啟用兵的记录。自组卜辞时代为武丁早期和中期偏早时段，沚啟在商王朝的重要活动又主要在武丁中后期，可证沚啟在武丁早期或中期偏早被征服。商王用武力对其征服后，对他采取了羁縻政策，让他为商王朝服

---

① 王襄：《簠室殷契征文考释》，天津博物院 1925 年石印本，第 29 页。
② 于省吾：《甲骨文字释林》，中华书局 1979 年版，第 407—409 页。
③ 裘锡圭：《释"柲"》，《古文字论集》，中华书局 1992 年版，第 25 页。
④ 于省吾：《骈续》三，第 22 叶下，石印本一册，1941 年版。

务，沚䖒成为商王朝的官吏，称为臣沚（《合集》707），接受商王朝的分封，为伯䖒（《合集》5945）。沚䖒成为商王朝分封的外服诸侯，戍守西部疆土（《合集》6057）。沚䖒不仅为商王守边，而且还要贡纳，卜辞如：

(9) 戊寅卜，㱿，贞沚䖒其来。
　　王占曰：䖒其出，重庚。（《合集》3945 正、反）
(10) 贞令沚䖒归。六月。（《合集》3948）

来有往来之义，还有来朝、来见之义，（9）辞义为沚䖒前来朝见。武丁对沚䖒前来商王都如此关心，反复占卜，甚至对他出门的日期都加以贞问，由此可见武丁对沚䖒重视。"归"本义为回归，假借为馈，即赠送，如《论语·阳货》："归孔子豚。"（10）辞义为命令沚回到自己封地或䖒向商王馈送贡品。武丁为沚䖒出行有无灾祸贞问，卜辞如：

(11) 癸丑卜，争，贞䖒往来亡囚？王占曰：亡囚。二告
　　贞䖒往来其有囚？（《合集》914 正）

"往来无囚"为一套语，是占卜沚䖒出行有无灾祸。武丁在这一版上反复进行了九次占卜，表明了沚䖒受关心的程度。武丁还为沚䖒的身体健康进行贞问，卜辞如：

(12) 沚（䖒）骨（凡）有疾。（《合集》13891）

"骨凡有疾"，杨树达谓因风致疾，[①] 即现在的伤风感冒。（12）辞义为沚䖒身体是否有某种疾病。沚䖒来到商王朝后，随侍在商王身边。卜辞如：

(13) 己卯卜，王，贞余勿从沚䖒戠。六……（《合集》3950）

"戠"，裘锡圭释为"待"，（13）辞义为商王不要马上率领沚䖒从事某项工

---

① 杨树达：《积微居甲文说·卜辞琐记》，中国科学院出版社1954年版，第60页。

作，需要等待。①

沚㦰服务于商王室

沚㦰在商王室时，武丁还让他参与王室事务的管理，如农业管理、土地登记、抢掠人民、杀伐致祭等活动，卜辞如：

(14) 丁丑卜，㱿，贞王往立秄，延从沚㦰。(《合集》9557)

"秄"，裘锡圭认为是刈割农作物，当刈禾讲。"立"，孳乳为"位"，"涖"亦作"莅"。张政烺谓：立即涖，义为临。②"延"为延长义，(14)辞义是说商王要亲自莅临收割农作物的场地视察，继续率领沚㦰（前往）。这表明沚㦰已经是商王朝的重要官员，参与商王的农庄经营工作。沚㦰还参与商王朝邑聚登记事务，卜辞如：

(15) 呼从臣沚㦰冊三十邑。(《合集》707 正)
(16) 贞沚㦰其作丰，八月。(《合集》3954 正)

臣字的本义，起源于以被俘虏的纵目人为家用的奴隶，后来引申为奴隶的泛称，又引申为臣僚之臣的泛称。③冊是个动词，有"册封"之意，(15)辞义是商王让沚㦰将三十个邑登记之于典册，以便封赏。以此册授予某封者，被封者则以为凭信，拥有册上登录的土地。④"丰"即契也，契刻竹木以为识，丰象所刻之齿。⑤土地登记完毕之后，在其封疆之界竖以标志，表示土地所有权的界线。(16)辞义为沚㦰要在封疆做标记。沚㦰还受武丁之命，捉拿反叛诸侯王并用他们来祭祀，卜辞如：

(17) 乙巳卜，㱿，贞我其有令㦰叀用王。

---

① 裘锡圭：《说甲骨卜辞中"戠"字的一种用法》，《语言文字学术论文集——庆祝王力先生学术活动五十周年》，上海知识出版社 1989 年版。
② 张政烺：《卜辞裒田及其相关诸问题》，《考古学报》1973 年第 1 期。
③ 于省吾：《甲骨文字释林·释臣》，中华书局 1979 年版，第 311—316 页。
④ 杨升南：《商代经济史》，贵州人民出版社 1992 年版，第 63 页。
⑤ 于省吾：《甲骨文字释林·释丰》，中华书局 1979 年版，第 353 页。

乙巳卜，殻，贞我勿有令㱿弗其史［用王］。（《合集》1107，图6—45）

（18）贞㱿伐百人。（《合集》1040，图6—46）

图6—45　《合集》1107　　　图6—46　《合集》1040

于省吾认为："曳，象两手捉持人的头部而曳之。"① "王"，齐文心认为是背叛商王的方国君长，正像被用祭的人牲，就像侯、伯被用作人牲一样。②
（17）辞义为我（商王）要命令沚㱿捉持（诸侯）王进行祭祀。"伐"字象以戈穿过人的颈部之形，作砍断人头之状，《广雅·释诂》："伐，杀也。"此伐是在人头和人身之间加一横画，表示身首分离，（18）辞义为沚㱿要杀伐百个人牲。沚㱿在商王朝中，还曾受到武丁的赏赐，卜辞如：

（19）贞王其畀㱿……惟……（《合集》3982）

---

① 于省吾：《甲骨文字释林》，中华书局1979年版，第302页。
② 齐文心：《关于商代称王的封国君长的探讨》，《历史研究》1985年第2期。

"畀"，王襄谓古畀字，[①] 畀有给予之义。(19) 辞义为武丁赏赐沚䵼。

从以上的论述可知，沚䵼是一位诸侯国首领，从其封地来到商王朝中做官，随侍在武丁身边，深得武丁厚爱，从事商王室事务并受到武丁的赏赐。沚䵼与武丁的关系是"君臣"关系，沚䵼是武丁的臣下，武丁有呼、令他的权力，卜辞如：

(20) 贞于凡令䵼。(《合集》3975)

(21) 丙戌卜，贞呼䵼告。(《合集》3976)

(20) 辞义为在凡地命令沚䵼。(21) 辞义为要命令沚䵼前来报告。

从以上的甲骨文材料分析中可以看出，沚䵼是一位臣服于武丁的诸侯，武丁对他格外关心，事事占卜，武丁称他为"臣沚"(《合集》707)，封他为伯爵，称"伯䵼"(《合集》5945)，"沚伯"(《东京》945)。沚䵼作为一个臣服的异姓诸侯国之首领，既服务在商王朝中，又随侍在商王武丁身边，这其中包含着怎样的历史背景，要探明此问题，需要对商代后期军事防御体系及政治斗争的需要方面进行分析。

商代后期的都城为今河南安阳，是盘庚为恢复其高祖之大业、摆开其西进之架势、准备向西发展并控制西方地区而选择的军事要地。安阳的地势，西部是连绵起伏的太行山，太行山因其隔断东西交通，自古以来就被视为天下之大防，但其间有八处因地壳变动形成的断裂地带，史称"太行八陉"。八陉中的轵关陉（济源西北）、太行陉（山西晋城南）、白陉（河南辉县西）、滏口陉（河北磁县西北）、井陉（石家庄西），[②] 可进入商王都。因此，太行山是殷王都防御中的第一道天然屏障。再向西，即今山西境内，山西地理形势，大致东西两侧为山地，中间是一列串珠状盆地。其西为吕梁山，中条山，其东为太行山。武丁在中间盆地及以西一带分封的商王朝的同姓和异姓诸侯有：甫、戉、𫊣、鼓、𢀛、并、邑、奠，等等。这些被封者，是武丁西土守卫者，他们的封地都位于重要隘口。沚䵼地域位于今山西平遥、汾阳一带，这里是南北、东西交通往来的要道。土方、舌方、巴方如果从西、北突破沚䵼所在的军事要塞，便可长驱直入到太行山

[①] 王襄：《簠室殷契类纂》，天津博物馆1920年石印本，第11叶。

[②] 张晓生：《兵家必争之地》，解放军出版社1987年版，第34页。

一带，从而对安阳殷都造成巨大的威胁。而且晋南地区在武丁时代也是一个重要的经济区。华觉明结合现代地质勘探揭示的铜矿资源分布和早期采铜遗址的发掘和研究，辅以铅同位素等现代检测手段，论证了长江中下游铜矿带和中条山区及其以西地带为商周时期的铜料的主产地。[①] 铜、盐是青铜时代一个国家最为重要的物质资源，青铜器是政治权力的象征。[②] 这里还是商代最重要的农业区、田猎区。因此，要保持住对这一地区的控制权，就必须加强这里的军事力量，沚㦰是一位有强大实力的诸侯国首领，商王武丁曾派多个军事大将并征集三千兵力对他进行征伐，而且沚㦰在商王朝的西土边境能与舌方、土方、巴方、马方这几个商王朝强大的敌方国共存，其军事力量的强大由此可见。沚㦰如果能够为商王朝服务，可大大加强武丁时期西部地区的军事实力。武丁对他征服后，让沚㦰效劳在商王室，对他恩威并重，这主要是武丁对商王朝西部地区战略防御体系的考虑，沚㦰与武丁的关系由敌对关系走向密切的君臣关系，是需要长期交往才能相互取得信任，所以，武丁让沚㦰在商王朝从事商王室事务，有对他进行考验和情感投资的因素。沚㦰也因个人突出的军事才能而受到武丁的赏识和重用。沚㦰参与了商王朝的许多军事活动。

沚㦰在商王朝的军事活动

沚㦰对商王朝最突出的贡献主要表现在军事方面，沚㦰是武丁时期重要的军事大将，参加了商王朝征伐舌方、土方、巴方的战争。商王朝的军队按左、中、右建制，沚㦰担任军队左翼的指挥官，他率领军队为商王开道，卜辞如：

(22) 贞令从沚㦰示左。七月。（《合集》3952 正）
(23) 贞㦰在兹示若。
辛卯卜，宂，贞沚启巴，王勿叀之从。（《合集》6461 正）

"示"字有陈列之义。孙海波谓："示寘字通，董作宾已言之。寘、置古同

[①] 华觉明等：《长江中下游铜矿带的早期开发和中国青铜文明》，《自然科学史研究》1996年第1期。

[②] 杨升南：《从"卤小臣"说武丁对西北征伐的经济目的》，《甲骨文发现一百周年学术研讨会论文集》，（台北）文史哲出版社有限公司1998年版，第227页。

用，置舍双声，二字互为音训。"① 饶宗颐谓："示读为真，与奠义同。"②(22) 辞义为率领沚㦰在（战场的）左边部署或陈列（兵力）。(23) 辞义为贞问沚㦰在此部署或陈列（军队）顺利。让沚㦰先与巴方交战，武丁率兵紧随沚㦰。验辞为吉利，沚㦰在此部署或陈列（军队）顺利。③ 把后世战场上的布阵与甲骨文中布阵的有关材料结合起来，如武丁和沚㦰在征伐方国的战争中，每每言沚㦰"启"后，商王采取某种行动，可以推测，他们在战场上的阵势当为武丁率中军主力；沚㦰率军队的左翼，主要任务是开道。沚㦰在战场上与武丁相配合，平时外出巡视也如此，卜辞如：

(24) 丙辰卜，争，贞王往省从西若。
　　丙辰卜，争，贞沚㦰启，王从，帝［若］受我佑。（《合集》7440 正）

"省"字象省察时目光四射之形，引申义为巡视之义，"启"在此引申义为开道、开路，(24) 辞义为商王要到西部去巡视顺利。让沚㦰先行，开启道路，商王率军随后，上帝保佑我顺利。沚㦰作为商王朝的军事将领，既担任过商王朝的射官，还率领步兵进行军事活动，卜辞如：

(25) 丙午卜，贞勿伊射㦰。（《合集》5792）
(26) 己卯卜，贞令沚㦰步。七月。
　　辛巳卜，令众御事。（《合集》25）

卜辞中凡"勿"后一字皆为动词，故此辞中的伊字应是一动词，何义，待考。"射"和"㦰"两字虽在两行，但细审原版，射㦰连读当无误。商代前期

---

① 孙海波：《诚齐殷墟文字：附考释》，北京修文堂书店 1940 年影印本，第 22 页。
② 饶宗颐：《殷代贞卜人物通考》，香港大学出版社 1959 年版，第 680 页。
③ 以上两辞与商代的军队建制有关。为什么说沚㦰率领商军队的左翼部队，要对此问题有清楚的了解，需要对商代的军队以及战场上的布阵有所了解。商代不仅以左、中、右建制军队，而且战场上布阵也采用此法。如：立事于南，右从我，中从舆，左从曾。（《合集》5504）。商军的师、旅、行、戍皆以左、中、右编制，这种编制和布阵之法，为三军并列主帅居中军而部署兵力，这是战阵的实际要求。

的战争中已经使用射箭这一远距离的杀伤武器。在垣曲商城两次发现乱葬坑中人的胫骨、颈椎骨上嵌有铜镞，这些显然是当时存在激烈军事冲突的反映。① 射为职官名，射𢦏是掌管射手的官吏。甲骨文中，有步伐这种战法（《合集》6292），(26) 辞义命令沚𢦏率领步兵进行军事行动。沚𢦏在商王朝对外军事活动中，主要是他参加了武丁对西北地区舌方、土方、巴方等方国的战争。

沚𢦏对舌方的战争

沚𢦏地受到舌方的侵略，卜辞如：

(27) 贞舌方弗敦沚。登人呼伐……（《合集》6178）
(28) 丁巳卜，韦，贞舌方其敦𢦏。十一月。（《合集》39877）

舌方侵略到沚地，沚𢦏将舌方侵边的紧急军事情报奉送给武丁（《合集》6057）。商王武丁或将军情向先王祭告，卜辞如：

(29) 贞沚𢦏称册告于大甲。
　　　贞舌方出，叀王□。（《合集》6134）
(30) 贞于唐告。
　　　贞告舌方于上甲。
　　　贞王从沚𢦏。
　　　贞王勿从沚𢦏。（《合集》6135）

"告"的含义，"可分为二类，一为祭告……一为臣属之报告。"② 告，意同诰。《说文》："诰，告祭也。""称册"，《说文》："称，并举也。"册经典通用策。称册的含义，岛邦男认为："称册"就是奉举简册的意思。③ (29) 辞义为（商王）贞问沚𢦏奉送简册，报告边境军事紧急事宜，要向大甲祭告。舌方出兵（侵我边境），要率军出征。"唐"即大乙。(30) 辞义为向大乙和上甲告祭舌方入侵之事，武丁率领沚𢦏前往讨伐。这正与《孙子兵法·九地篇》

---

① 王睿：《垣曲商城的年代及其相关问题》，《考古》1998 年第 8 期。
② 姚孝遂、肖丁：《小屯南地甲骨考释》，中华书局 1985 年版，第 158 页。
③ 岛邦男：《殷墟卜辞研究》（中译本），台北鼎文书局 1976 年版，第 386 页。

所说:"是故政举之日……厉于廊庙之上,以诛其事。"即战争前夕,在庙堂上反复计议出兵大事。这说明武丁出兵与舌方交战是经过反复考虑才做出的决定。在战争过程中,武丁又占卜贞问是否能受到上下众神的保佑,卜辞如:

(31) 沚䤕称册,𢦏舌方……王从,下上若,受我〔佑〕。(《合集》6160)

(32)〔沚〕䤕称册,王从伐舌方。(《合集》6163 正)

"𢦏"字,于省吾认为"𢦏"以册为音符,应读删如刊,俗作砍,《说文》谓:"斫,击也。""甲骨文于祭祀用人牲和物牲之言𢦏者习见……指砍断降虏之肢体言之。"① 𢦏为砍杀之义,作战争用词,当为杀伐之义。(31)辞义为沚䤕举送简册到来,要杀伐舌方,武丁率军(征讨),上下诸神保佑我顺利。与舌方交战,要依靠可靠的情报,商王多次派人前去侦察敌情。如卜辞有"望舌方"、"目舌方"(《合集》6192、6195)。沚䤕在征伐舌方的战争中,曾报告要侦察舌方的军事情况,卜辞如:

(33) 取目于䤕,呼望舌。(《合集》6188)

"望",象企足眺望之状,为观望、瞭望之意,在此有侦伺、窥望之意,和《左传》成公十六年"楚子登巢车以望晋军"以及《左传》襄公十八年"齐侯登巫山以望晋师"之望意同。② (33)辞义为沚䤕报告侦伺舌方情报。当商王的军队在与舌方的军队进行对垒战时,沚䤕率军队强突舌方的阵地,为武丁捉拿舌方之首领打前战,卜辞如:

(34) 贞䤕启,王其幸舌方……(《合集》6332)

辞义为沚䤕前驱,商王能否抓住舌方的首领。最终,舌方的首领被抓(《合集》6330 正),舌臣服于商王,并前来叶王事(《合集》5445 正、反)。武丁

---

① 于省吾:《甲骨文字释林·释𢦏》,中华书局1979年版,第172—174页。
② 刘钊:《卜辞所见殷代的军事活动》,《古文字研究》第16辑,中华书局1989年版。

经过对舌方的征伐，解除了西部边境的威胁。

沚㦰对土方的战争

与舌方同时侵略商朝边境的方国还有土方，土方早在武丁早期或中期偏早阶段就对商王朝的边境进行骚扰（《合集》20392），到武丁中后期，土方和舌方成为商王朝西北部边境地区的两大外患，同时侵扰商的西土，卜辞如：

(35) 乙卯卜，争，贞沚㦰称册，王从伐土方，受有佑。
　　　壬子卜，㱿，贞舌方出，不惟我作囚。五月。（《合集》6087正）

辞义为沚㦰举起简册，王率领沚㦰征伐土方，能受到保佑。㱿贞问舌方出兵，要给我（商王）造成灾祸。商王朝与土方的战争，是当时一次规模巨大的战争，沚㦰与土方相邻或相近，遭受到土方的侵略（《合集》6057），沚㦰是武丁征伐土方的重要将领之一，他在武丁的率领下，对土方进行了战争，卜辞如：

(36) 贞沚㦰称册，王从伐土方，受有佑。
　　　贞沚㦰称册，王勿蠚从。五月。（《合集》6401）
(37) 辛巳卜，㱿，贞今者王重沚㦰从伐土方，下上若，受〔有佑〕。
　　　（《合集》6418）
(38) □戌卜，争，〔贞〕令三族〔从〕沚㦰〔伐〕土〔方〕，〔受有佑〕。（《合集》6438）

"勿蠚"有重视、尊重、严肃对待之义。[①]（36）辞义为沚㦰奉送简册（内容为土方入侵），商王慎重率领沚㦰征伐土方。"今者"，杨树达释载，与兹意相当，"与载古意同。"[②]（37）辞义为今年的某一时段武丁率领沚㦰征伐土方，上下神示保佑我。甲骨文中的族是一种带血缘性的家族或宗族，三族为三个家族或宗族组成的三支军事武装力量。（38）辞义为（商王）命令三个家族的武装力量协助沚㦰征伐土方受到保佑。

[①] 张政烺：《殷契䚄字说》，《古文字研究》第10辑，中华书局1983年版，第15—22页。
[②] 杨树达：《释春》，《耐林廎甲文说》，中国科学出版社1954年版。

沚𢀛对巴方的战争

巴方是商王朝西部地区一个势力很大的方国,当巴方进行叛乱时,沚𢀛是征伐巴方的主要军事将领之一,卜辞如:

> (39) 贞王勿叀从沚𢀛伐巴方,帝不我其受有佑。(《合集》6473 正)

> (40) 贞王勿叀令妇好从沚𢀛伐巴方,弗其受有佑。(《合集》6478 正)

> (41) 壬申卜,争,贞令妇好从沚𢀛伐巴方受有佑。(《合集》6479 正)

(39) 辞义为贞问商王率领沚𢀛征伐巴方,上帝给予我保佑。(40)、(41) 辞义为贞问商王要命令妇好率领沚𢀛征伐巴方,能否受到保佑。沚𢀛在征伐巴方的战争中,配合商王的军队,担任前锋,先与巴方交战,卜辞如:

> (42) 甲午卜,宁,贞沚𢀛启,王从伐巴方,受有佑。(《合集》6471 正)

(42) 辞义为沚𢀛率领军队前去开路,武丁军队协同征伐巴方,能受到保佑。沚𢀛、妇好、商王率领三军在战场上配合,最终把巴方打败,卜辞如:

> (43) 辛未卜,争,贞妇好其从沚𢀛伐巴方,王自东㕚伐,捍陷于妇好立 [位]。(《合集》6480)

"立"读为"位"、"涖"。"伐",一刺一击为一伐。"捍"为捍卫、抗击、抵御之意。"㕚"为骚,为乱虐。① (43) 辞义为妇好率领沚𢀛征伐巴方,商王将领兵从东边作骚扰性的进攻、拼杀,巴方的军队会陷落在妇好的阵地。即溃败的敌军歼灭在妇好埋伏之处。② "妇好立"就是妇好的阵地。巴方最终被打败(《合集》8411)。

---

① 寒峰:《甲骨文所见的商代军制数则》,《甲骨探史录》,三联书店 1982 年版,第 411 页注。
② 王宇信等:《试论殷墟五号墓的"妇好"》,《考古学报》1977 年第 2 期。

沚馘对羌方、谭方的战争
羌方侵犯到沚地，卜辞如：

(44) 癸□卜，王，贞羌其征沚。(《合集》20531)
(45) □□卜，㱿，贞馘执羌。王占曰：有……(《合集》498 正)
(46) 贞馘执羌。(《书道》3.2)
(47) 癸卯卜，宍，贞叀甫呼令沚壱繞方。(《合集》6623)

(44) 辞义为羌方将会征伐沚地。于省吾认为"执"系捕执之义。① (45) 辞义为让沚馘捉拿羌人。"甫"为人名，(47) 辞义为要让甫命令沚馘降害于繞方。沚馘还参加了对谭方的战争，卜辞如：

(48) 乙酉卜，□，贞宣从沚伐谭。(《合集》6937)

商王朝对谭之战是武丁时期规模较大的一次战争，沚在伐谭的卜辞中只有一条，沚不是伐谭的主要军事将领。

当战争结束后，沚馘还进行战俘的登记工作，卜辞如：

(49) □□卜，贞伯馘……典执。四月。(《合集》5945)

伯为爵称，沚馘参与了征伐舌方、土方、巴方、羌方等方国的战争，当战争结束之后，还参与登记战俘的事务，把被执囚之人，将其名造于册中。

沚馘对商王朝的义务
沚馘对商王有各种义务，主要表现的卜辞如：

(50) 戊子卜，宍，贞王往逐䴆于沚，亡灾，之日，王往逐 [䴆] 于沚，允亡灾，获䴆八。(《合集》9572)
(51) □□（卜），贞我在沚事，不以艰。(《合集》6042 正)
(52) 丁卯卜，王在沚卜。(《合集》24351，出组卜辞)

---

① 于省吾：《甲骨文字释林》，中华书局 1979 年版，第 293—296 页。

“𩿧”，严一萍谓鹰的一种，[①]（50）辞义为商王要前往沚地追逐𩿧，没有灾祸，获得𩿧八只。（51）辞义为商王在沚地进行某事（可能与军事有关），不会招致灾祸。商王还在沚地进行占卜。武丁在沚地打猎、训练军队、占卜，他在沚地行使的这些权利，与他在王畿内一样，证明武丁对诸侯国拥有统治权，也说明商王与这些诸侯国之间是“君和臣”的关系。沚䆎还要对在其境内的商王族人提供食物，卜辞如：

（53）贞䆎羞我人，叶［王事］。（《合集》8085）

“羞”字的字义，王襄谓：“古羞字，许说进献也，从羊从丑，丑亦声，又训丑象手之形。”[②] 商王常自称我，“我人”可能是商王族人或我族之人。辞义为沚䆎向我人进献食物。沚䆎还要给商王军队提供军事给养，这也是他对商王室的义务，卜辞如：

（54）丁未［卜］，贞余𦍩获猷。六月。
贞䆎弗其取。
其取。（《合集》6943）

商王反复贞问，是否由沚䆎提供军事给养。沚䆎作为臣服者，还要主动向商王室进贡其特产，卜辞如：

（55）䆎不我其来白［马］。（《合集》9176 正）

辞义为沚䆎向我进贡白马。

沚䆎境内的情况

沚䆎有自己的封地——沚，他在其境内的统治方式与商王朝一样，沚䆎是沚地的首领，他有时在商王朝任职，但他有土地、族人、有奴隶、有武装。商王不参与其事务。沚䆎在自己的领地内，有农业、有畜牧业、有手工业等经济，由他自己支配。在商王朝的卜辞中，有关诸侯国境内经济情况的

① 严一萍：《释𩿧》，《中国文字》新十期，台北艺文印书馆 1985 年版。

② 王襄：《簠室殷契类纂》正编第十四卷，台北艺文印书馆 1988 年版，第 64 页。

信息量很少，因此我们只能把与此有关的有限的几条卜辞纳入当时商代整个社会环境中去分析，这样才能了解诸侯国境内政治统治和经济情况，沚㠭的封地有边界，土地上有供他役使的人民，卜辞如：

(56) 沚㠭告曰：土方征于我东鄙，戋二邑，舌方亦侵我西鄙田。（《合集》6057 正）

"鄙"为边鄙。辞义为沚㠭向商王报告，土方征伐我东部边鄙之地，毁伤两个邑落，舌方也侵略我西部边境的田地。边鄙有邑的建制，甲骨文中，"邑"、"田"和"人"是相互联系的，邑为人们居住之所，田为人们耕种之田。沚㠭的领地有东鄙、西鄙，即有东西边界，边界上有邑（村落）。邑中有人居住，卜辞如：

(57) 楚友角告曰：舌方出侵我示籨田七十五人。
　　　妻婡告曰：土方侵我田十人。（《合集》6057 正、反）

从上引卜辞可知，舌方、土方在入略掠夺田地的时候，也抢劫人民，可知邑、田、人是联结在一起的。沚㠭领地受敌侵的情况与此相同。

沚㠭频繁地出现在甲骨文中，参与商王室的多种活动，他当是沚国的最高首领，在他之下，有次一级的首领，这在卜辞中称为"多沚"，卜辞如：

(58) 贞□凡多沚。（《合集》11171 正）

"凡"为会合。"多沚"当为沚族的族长们。(58) 辞义为贞问会合沚地的族长们。裘锡圭谓："沚㠭、望乘这样的人名显然是由一个族氏和一个私名构成的。"[1] 族的结构有宗氏、分族，《左传》定公四年："殷民六族，条氏、徐氏、萧氏、索氏、长勺氏、尾勺氏，使帅其宗氏，辑其分族，将其类丑，以法则周公。"[2] 殷民六族为商王朝宗氏、分族，多沚与此相应，当为沚㠭家族的宗氏、分族，他们当受沚㠭的统治。

---

[1] 裘锡圭：《论历组卜辞的时代》，《古文字研究》第 6 辑，中华书局 1985 年版，第 284 页。

[2] 杨伯峻：《春秋左传注》，中华书局 1981 年版，第 1536 页。

沚㦰的土地上还有重要的农业区。商王还为沚地受年与否进行占卜，卜辞如：

(59) 己卯［卜，贞］沚不［其］受年。（《合集》18805）

"年"字从禾从人，禾是指粟，其"年"字象人负禾而归之状。《说文》："年，谷熟也。"《春秋》桓三年：有年。五谷皆熟为有年。《春秋》宣十六年：大有年。《穀梁传》"五谷大熟为大有年"。所以于省吾认为："年乃就一切谷类全年的成熟而言。"[①] 商王关心沚境内是否受年，证明其境内有重要的农业区，农业经济在沚家族的社会生活中占有重要的地位。

沚㦰境内不仅有农业，而且也有十分发达的畜牧业，畜牧业、田猎经济是沚地经济的重要组成部分，沚㦰一次向商王朝进献白马十匹（《合集》9176），说明其境内的畜牧业当十分兴旺发达。畜牧业经济为当时人们提供肉食来源，是一种稳定的经济来源。其境内还有田猎经济，商王在沚地田猎（《合集》9572），因而留下历史见证。狩猎既提供衣食来源，也为手工业提供原材料，是农业和畜牧业经济的重要补充。沚㦰曾一次向商王室进贡石磬十件（《英藏》126），可知其手工业制作也很发达。沚㦰境内当还有自己的青铜器工业。晚殷铜器中有沚人所做两件铜器，一件为青铜鬲，其铭文为：

庚寅，鄂友□，在寝，王光赏鄂贝，用作父乙彝。沚（《三代》5.38.1）

另一件为青铜簋，其铭文为：

辛巳，鄂▷□，在小圃，王光赏鄂贝，用作父乙彝。沚（《三代》6.48.5）

这是沚家族的两件铜器，时代为晚商，沚地之首领（当为沚的后代）在接受了商王的赏赐后，做铜器以示荣耀，可见，其家族内部有发达的青铜器制造业。

---

① 于省吾：《甲骨文字释林》，中华书局1979年版，第251页。

小结

武丁时期，商王朝边境方国林立，武丁经营边境的策略为：以战争求和平，对被征服的方国，采取羁縻政策，以保持边境的安宁与稳定。沚地位于今山西平遥和汾阳一带，此地关隘重重，为南北、东西往来要道，甲骨文和文献材料都说明此地具有十分重要的战略地位。此地后来成为商王朝经营西土的重要军事集结地之一，西土如有战事，商王派兵屯驻于此，避免了劳师袭远的弊病。沚㘡原为此地一土著方国，商王征集三千兵力，并派雀、戉、𢀖等军事大将将其征服。被征服的沚㘡，臣服于商，因其个人突出的军事才能，受到武丁的器重与赏识，服务在武丁身边，成为商王的臣下，称臣沚（《合集》707），属于商王朝的官吏。武丁分封他为伯爵，即甲骨文中的伯㘡（《合集》5945），沚伯（《东京》945）。沚㘡对商王朝最大的贡献表现在军事方面。位于商王朝西北边境的舌方、巴方、土方、羌方屡屡入侵，商王投入很大的军事兵力，并亲率大军前往征讨。沚㘡在商王朝对这些方国的战争中，与武丁配合，突击敌方军队的阵营，担任开路先锋的重任。战争结束后，进行战俘工作的登记。沚㘡也参加王室其他事务的管理，如随从商王莅临收割农作物的场所。沚㘡与商王武丁有十分良好的人际关系，武丁外出打仗或巡视，沚㘡常随从。武丁对沚㘡倍加关怀，常常为沚㘡往来外出或身体健康等占卜。但沚㘡是武丁的臣下，要听从武丁的命令。尽管沚㘡有土地、有人民、有军队、在其境内享有独立的管理权力，他仍然要对武丁尽各种义务，如武丁可以在其封地行使各种权利，或占卜、或田猎、或军事演习等等。武丁还有权利向他征取贡纳，如伐谭之战，武丁要他供应物资。并为商王朝的军事大将提供军事驻扎地，犒劳在沚地商王的族人。沚㘡还要向武丁进贡其境内的名贵特产，如白马、石磬等，这说明武丁和沚㘡的关系，不是对等的联盟关系，而是臣属关系。

通过对沚㘡这一人物分析，可以了解武丁对边疆的军事经营状况。武丁对周围方国，臣则封之，叛则讨之。沚㘡、舌方、土方、巴方被商王征服后，分别采取了不同的对待方式，这样有助于边境的安宁与稳定。沚㘡成为武丁的军事重臣，舌方前来赞助王事，为商王效力。土方远遁。巴方臣服，仍居原地。武丁为加强这一地区的统治，分封甫、邑、并、戉等异姓或同姓贵族屯驻于此。

沚㘡是征伐西部敌方国的主要军事重臣，为商王朝西部边境的安全做出了贡献。

通过对沚䧹这一人物的分析，我们可以清楚商王朝的版图是逐步扩大的。沚䧹这一商王朝的敌对方国首领，被征服后，成为商王朝的外服诸侯，参与商王朝的对外战争，为商王朝守边。商王也可以任意在沚䧹的领地上从事各项事务，这说明沚地已经隶属于商王朝。商王朝在西土边境上所分封的同姓、异姓诸侯，与敌方国犬牙交错，这些敌方国被势力强大的商王朝逐一吞食，商王朝的版图像滚雪球式的越来越大，随着领土的统一和扩大，民族之间的融合进一步加深。

附：历组卜辞中的沚叿

有关历组卜辞的时代问题，目前学术界有两种观点，一种观点是武乙、文丁时期，一种观点是武丁晚期到祖庚时期。这里只整理出历组卜辞中沚叿的相关史实，作为附录，不涉及分期问题。沚叿在历组卜辞中又称叿、沚戈，卜辞如：

(1) 贞王从沚叿伐……。（《合集》33106）

(2) 弜令叿。（《合集》32879）

(3) 丙午，先作沚戈……己。（《合集》32882）

(4) 癸亥卜，令吴帝从沚戈曾□囚土，雨，莫名任。（《合集》32048）

(1) 辞义是商王要率领沚叿征伐某地。(2) 辞义是不要命令（沚）叿。(3)、(4) 的沚戈与沚叿应是一人，为沚地之首领，其领土所属称为沚方，卜辞如：

(5) □未…沚方…（《屯南》4090）

沚叿与方组卜辞的沚䧹一样，有自己的封地，也在商王朝供职，卜辞如：

(6) 庚午卜，令叿归，若。（《合集》32880）

(6) 辞义为（商王）令沚叿回去。由此可知，沚叿在商王朝服务，他在商王朝的官爵与沚䧹一样，为伯爵，卜辞如：

(7) 庚辰，贞己亥登从伯叿，亡囚。（《合集》32814）

"登"在此为人名，(7) 的辞义为登率领伯㦰（从事某事），没有灾祸。伯在此是爵称。可知，沚㦰仍是商王朝的官吏，受到商王的关心。沚㦰和𠂤组卜辞中的沚㦰一样，同为沚地之首领，都以戈为偏旁，突出了其家族尚"武"的特点。沚㦰在武丁早期或中期偏早被征服后，就活动在商王朝对外战争中，武丁中后期，沚㦰参与对舌方的战争。历组卜辞比𠂤组卜辞时代晚，㦰、㦰虽字偏旁相同，但不是一字，沚㦰、沚㦰当为两人，沚㦰是武丁时期的军事将领，沚㦰则是沚㦰的后代，世袭沚㦰在商王朝的职位。沚㦰是历组卜辞时期重要的军事大将，主要参加了商王朝的两次对外战争，即对猷和召方的战争，卜辞如：

(8) 己亥卜，贞由以沚㦰伐猷，受佑。(《合集》33074)

辞义为带领沚㦰征伐猷，能够受到保佑吗。因沚㦰参加征伐猷的材料只有一条，沚㦰在这次战争中的活动无法研究，暂阙如。沚㦰参加了商王朝征伐召方的战争。从召方活动的卜辞中，可知召方当位于殷西北一带，卜辞如：

(9) 癸丑贞，召［方］立，惟捍于西。
……召方立，惟捍……（《屯南》1049）
(10) 壬申卜，御召于辔。(《合集》33030)

(9) 辞义为在西土捍卫召方的入侵。"御"在此为抵御或抵抗，如《左传》隐公九年："北戎侵郑，郑伯御之。"桓公五年："王以诸侯伐郑，郑伯御之。"(10) 辞义为在辔地抵御召方的进攻。辔地在𠂤组卜辞中就出现过，舌方曾侵伐到过辔地（《合集》6352），当位于殷西。历组卜辞中，商王在辔地抵御召方的进攻，那么，召方也当位于殷西北一带。沚㦰在征伐召方的战争中，配合商王与召方展开激战。卜辞如：

(11) 庚寅卜，叀甾［启］，我用若。
叀沚㦰启，我用若。(《合集》33056)

甾和沚㦰都是商王朝分封在西土的守边诸侯，甾地在今山西灵石一带。卜辞的辞义是由甾还是由沚㦰作为先头部队，我能否顺利。最后，商王选择了沚吅，卜辞如：

  （12）丁卯，贞王从沚[吅]伐召方，受佑。在祖乙宗卜。（《屯南》81）

  （13）癸酉，贞王从沚吅伐[召]方，受佑。在……（《合集》33058）

商王在祖乙的宗庙中反复占卜贞问率领沚吅征伐召方，能否受到保佑。在战场上，商王和沚吅用"典伐"的作战方式与召方进行交战，卜辞如：

  （14）□□，贞王[从沚吅]典〔伐〕召方受佑。
    ……典伐召方受佑。（《合集》33020）

"典伐"即杀伐。召方在商王朝强大的军事进攻下，遭到失败，俘虏被抓并被商王杀掉，卜辞如：

  （15）丙子卜，今日祟召方执。（《屯南》190）

"执"象人戴着很重的枷锁，有可能是召方的首领，（15）辞义为今日有害于被抓的召方俘虏（首领）。

  沚吅在征伐召方的战争后，得到商王允许回其封地，卜辞如：

  （16）庚午卜，今日令吅归。（《屯南》935）
  （17）庚午卜，令吅归，若。（《合集》32880）

商王对沚吅是否回到其封地反复进行占卜，（17）辞义问命令沚吅回去，能否顺利。从商王反复占卜的心理分析，商王担心沚吅回到其封地，可能会对商王朝构成某种威胁，卜辞如：

  （18）[令宁]壴囚沚吅。（《合集》32881）
  （19）丁未，贞令宁壴囚沚吅。（《屯南》2438）
  （20）庚午，贞壴以沚。

辛未，贞豆以沚。(《屯南》1047)

"豆"为商王的军事大将，"囚"字，郭沫若隶定为囚，象人被困于囚笼之形，[1] (18)、(19) 辞义是命令豆前去囚禁沚呵。(20) 辞义是贞问豆要致送沚呵来。

有关沚馘的活动踪迹见于武丁时期的𠂤组卜辞、㠱组卜辞，沚呵的活动见于历组卜辞，历组卜辞中的沚呵与商王之间也为君臣关系，但商王对沚呵还是保持高度的警惕，沚呵在商王朝的活动主要是他参加了对𤞤和对召方的战争，因何原因商王派宁鼓把沚呵捉拿、囚禁，以及沚呵的下场如何，由于材料所限而不得其详。

（四）𢦏

"𢦏"作"𢦏"、"𢦏"等形，占卜辞例达 300 条左右。有两种用法：其一，是作为战争用词，表示对敌作战的一种作战方式（"𢦏舌方其出"《合集》6080、"𢦏羌方"《合集》26895），郭沫若谓："𢦏与伐同义……𢦏即撞。"[2] 𢦏当为撞，即冲击，𢦏与战争有关，这是𢦏在甲骨文中最常用的用法。其二，𢦏是人、地、族名的同一。𢦏作为人、族名，出现在㠱组、何组、历组、黄组卜辞中。㠱组卜辞中，𢦏活跃在商王朝的历史舞台上，为商王朝做出了较大的贡献，下面对此人物进行论述。

𢦏是商王室的异姓贵族，曾与商王为敌，卜辞如：

(1)〔王〕占曰：有〔祟〕，之日二有来艰。乃敶〔御〕事……𢦏亦䢃人。(《合集》1075 反)

(2) ……众人。
　　……奏肇𢦏。(《合集》76)

(3) □□〔卜〕，㠱，贞……用𢦏。(《合集》4200)

"䢃"是凌迟之刑。[3] (1) 辞义为𢦏入侵屠杀人众人。"肇"，《说文》："肇，

---

[1] 郭沫若：《殷契粹编》，科学出版社 1965 年版，第 212 页。
[2] 郭沫若：《甲骨文字研究·释挈》，大东书局 1931 年版，第 1 页。
[3] 于省吾：《甲骨文字释林》，中华书局 1979 年版，第 165 页。

击也。"肈字，象以戈破户形。① "奏"，从奏所带的宾语来看，其词义似是集合人众演奏乐器或集聚人合舞，其目的都是为了祈求神灵福佑或降雨以获得丰收，因而与祭祀有关。② (2) 辞义为众人攻打甾。(3) 辞义为商王用甾祭祀祖先。以上是甾与商王朝之间敌对关系之史实。此后甾与商之间长期维持了友好关系，卜辞如：

  (4) 射甾无其剎。(《合集》5751)
  (5) 贞甾受年。二月。(《合集》10022 甲)

(4) 辞义为商王贞问甾有灾祸。(5) 辞义为贞问甾地农业会否获得丰收。甾地还是重要的田猎区，商王可以到甾地进行打猎，卜辞如：

  (6) 田甾。(《怀特》412)
  (7) 辛亥卜，贞众……往甾有擒。(《合集》17)

(6)、(7) 辞义为商王前往甾地田猎。甾是商王臣，故要贡纳，卜辞如：

  (8) 甾入三。(《合集》9277)
  (9) □辰卜，㞷，贞呼取马于甾以。三月。(《合集》8797 正，图 6—47)
  (10) 甾不我其［来］马。(《合集》11019)
  (11) 臬取甾宕牛以。(《合集》8977 正)
  (12) 贞甾不其呼来。(《合集》4196)
  (13) 贞勿呼甾归。(《合集》4194)
  (14) □□（卜），㱿，贞曰甾归，叺来，我……。(《合集》4307 正)
  (15) 贞生四月甾不其至。(《合集》39773 正)

(8) 辞为甲桥刻辞，记甾向商王贡纳三个占卜用的龟甲。(9)、(10) 辞义为商王命令从甾地征集马，甾致送马到商王都。"臬"为人名，"宕"为人名或

---

① 丁山：《甲骨文所见氏族及其制度》，中华书局 1988 年版，第 126—127 页。
② 赵诚：《甲骨文行为动词探索（一）》，《古文字研究》，第 17 辑，中华书局 1989 年版。

族名，(11) 辞义为商王命令臭向甾、宕征集牛。(15) 辞义为商王贞问命令甾来享王，四月能否到。"归"为回来之义，也有赠送、馈送之义。甾作为臣属，对商王朝的最大贡献就是戍守西土边境，卜辞如：

(16) 乙巳卜，宁，贞甾呼告舌方其出。允……
贞使于甾。(《合集》6078，图6—48)

图6—47　《合集》8797正　　　图6—48　《合集》6078

(16) 辞义为甾报告舌方侵略到甾地，要否派遣使者前往甾地。商王还多次贞问舌方是否入侵甾地，卜辞如：

(17) □□卜，㱿，贞舌方其至于甾。(《合集》6131正，图6—49)
(18) 舌方其至于甾。(《合集》6132)

辞义为舌方入侵到甾地。商王为抵御舌方的进攻，还派使者驻到甾地，卜辞如：

(19) 贞勿使人于甾。(《合集》5540、5541)
(20) 重王往甾。在眉。(《合集》8231)

(19) 辞义为派遣到甾。眉地，当在王都西部，(20) 辞义为商王在眉地前往甾地。

从武丁时期舌方的入侵，到帝乙、帝辛时期的黄组卜辞中，甾地及甾族，深受商王的重视。甾为商王所器重，他不仅守卫着西部领土，而且还要到商王室服务。

甾在商王室的活动

甾在商王室服务，为王事奔波，可以分为几个方面。卜辞如：

图 6—49 6131 正

(21) 贞射甾其有来。(《合集》5750)

(22) 贞射甾获。(《合集》5753)

(23) 贞叀乙亥用射甾……(《合集》5755)

(24) 己卯卜，宕，贞翌甲申用射甾致羌自上甲。二月。(《合集》277)

商代的武官中有"射"，即射为职官名，射后一字或为人名，或指其族首领，射甾即甾担任过射官。以上卜辞是商王为射甾从事与军事或田猎有关之事的占卜。

甾参加了商王朝对外战争

甾在商王朝对外征伐上，发挥过作用，他参加了商王朝对多个叛乱者的征伐，包括对禽、子画的战争（《合集》6049、4283、4190）。当商王朝的"子"叛乱时，甾参加了讨伐，卜辞如：

(25) 叀子耂，令从⚛甾。(《合集》4209)

(26) 丙辰卜，争，贞叀齐令从⚛甾。(《合集》13490)

"⚛"为人名或方国名，"齐"为人名或族名，(25)、(26) 辞义为"子"某扰乱商王朝的领土安宁，商王占卜是命令"齐"或"⚛"还是命令射甾对作乱者进行讨伐。甾还参加了商王朝对敌方国的战争，包括对龙方、周方的战争，卜辞如：

(27) 癸丑卜，贞甶往追龙从㠱西及。(《合集》6593)

(28) 甶令［犬］侯䚄周。五月。(《合集》6821)

"㠱"，为地名，"及"意为逮捕。(27) 辞义问甶往逐龙方能捕住否。(28) 辞义为商王要甶命令（犬）侯对周进行扑伐。说明甶率领其他诸侯参与了商王朝对周的战争。甶还参加了商王朝对羌人的战争，卜辞如：

(29) □□［卜］，㱿，贞射甶曰：虫既，己卯……获羌十。(《合集》163)

(30) 乙酉卜，㠱，贞射甶获羌。(《合集》165)

(31) 己酉卜，㱿，贞甶获羌。(《合集》166)

(32) 贞……伲至告曰甶来致羌。(《英藏》756 正)

辞义为射甶捕获羌人并致送到商王都。甶还进行了其他敌对者的战争，卜辞如：

(33) 甲申卜，宁，贞呼甶闲。(《合集》4185)

(34) 甶启，不其叶。

　　 戌启，不其叶。(《合集》18)

"闲"等，义为袭击。① 或认为是乱虐。② (33) 辞义为商王命令甶袭击敌方。(34) 辞义为商王要进行某军事活动，是让射甶还是沚戌为开道者合适。甶还从事了商王室的其他活动，卜辞如：

(35) 乙卯卜，㞢，贞呼彘、甶在东係。(《合集》1106 正)

"彘"在此为人名、地名。彘地，《国语·周语上》："于是国人莫敢出言，三年，乃流（厉）王于彘。"韦昭注云："彘，晋地。汉为彘县，属河东，今曰

---

① 刘钊：《卜辞所见殷代的军事活动》，《古文字研究》第 16 辑，中华书局 1989 年版。

② 寒峰：《甲骨文所见的商代军制数则》，《甲骨探史录》，生活·读书·新知三联书店 1982 年版，第 411 页。

永安。"《汉书·地理志》："彘，霍太山在东，冀州山，周厉王所奔。"《水经注》云："彘水出汾东北太岳山，《禹贡》所谓岳阳也，即霍太山矣。"从文献所载看，彘地得名于彘水，商王朝的彘族，当与彘地有关，"东"在此为地名还是方位词，不明。"係"，是古代统治阶级令其臣属者，用绳索绑在俘虏或罪人的颈上，牵之以行的一种很残虐的做法。① (35) 辞义为商命令彘、甾到东地捕人。

从上引卜辞看，甾是武丁时期的重要人物，他活动在商王朝的各种事务中，主要表现在军事方面，因甾这一人物重要，故商王对甾非常关心，卜辞如：

    (36) 西甾其有疾。(《合集》13742)
    (37) 贞甾亡疾。(《合集》13743)
    (38) 戊戌卜，宁，贞甾不死。(《合集》2341)

辞义为甾有疾病。甾不会死去。这表明商王对甾十分关心。

甾在商王朝武丁时期重要人物之一，活动频繁，从事各种王事；卜辞中甾有疾病，不见商王为他向先王御祭，甾也从不参加商王室的祭祀，由此推测甾是异姓族；其封地在今山西中部一带，被商王朝征服后臣服，成为西土边境守卫者，并做出了贡献。

历组卜辞的甾

甾在历组卜辞中，也是一重要人物，他主要活动在商王朝的军事领域。下面就历组卜辞所见甾的活动加以论述。

卜辞云：

    (39) 呼多尹往甾。(《合集》31981)
    (40) 戊寅，贞多射往甾，亡囚。(《合集》33000)

"尹"为商王朝的官吏，"多射"为商王朝的武官群称之一类，(39)、(40) 辞义为商王派多尹或多射前往甾地。这说明商王对甾地的重视，从甾地望方面可看出，甾地是商王朝战略防御体系的重要组成部分，能成守住甾地，有

---

① 于省吾：《甲骨文字释林·释係》，中华书局1979年版，第296—298页。

助于保持商王朝西部地区的安宁。甾地的重要性,也使商王对甾首领在军事方面十分关心,卜辞如:

(41) 辛卯卜,叀甾启用,若。(《合集》33098)
(42) 庚寅卜,叀甾启,我[用,若]。(《屯南》63)

"启"为一军事术语,即开道或先行,辞义为商王命令甾担任前军之帅,先行开路以冲破敌军之防御。甾参与商王朝军事活动,为商王事奔波。甾参加了对龙方的战争,卜辞如:

(43) 己卯,贞令甾以众伐龙,戈。(《合集》31972)

"龙"与商王朝的关系时好时坏,"龙"称龙伯(《合集》6590),是龙臣服于商的明证,武丁时期,甾参与过对龙战争,到历组卜辞时期,龙方又发动了叛乱,商王派甾率领众人前往讨伐,甾多次讨伐龙,说明龙地近甾,龙地有可能在甾地附近。

历组卜辞中,甾向王室贡纳的羌人,说明了甾曾向羌人进行过军事活动,卜辞如:

(44) 癸酉,贞射甾以羌用自上甲。(《合集》32022)
(45) 于乙亥用甾以羌。(《合集》32023)
(46) 癸卯,贞射甾以羌其用,叀乙。(《屯南》9)
(47) 贞射甾以羌其用自上甲汎至于父丁,叀甲辰用。(《屯南》636)
(48) 丁卯,贞甾以羌于父丁。
丁卯,贞甾以羌其用自上甲汎至于父丁。(《合集》32028)

辞义为商王用射甾贡纳的羌人祭祀。甾为王事奔波,故甾受到商王关心(《屯南》599、1235)。

以上是历组卜辞中所见甾的活动,甾参与了商王朝的军队事务,捍卫商王朝边境领土的安全,是商王朝的重要守土者之一。

甾正化与甾

甲骨文中,甾是人名、地名、族名的同一,甾正化在甲骨文中,则是活动在武丁时期冎组卜辞中的一个人名,他是畜氏家族一支的首领的私名。畜正化活动在商王室的事务中,这是畜正化与畜的相同点,但与畜所进行的王事又不相同,故特列一节以论述。

武丁时期,有大家族的几个分支家族的首领同时活动在商王朝中的情况,畜是大家族,有几个分支,卜辞如:

(49) 畜多子……其馭。(《合集》22297,午组卜辞)

关于"多子"的解释,裘锡圭以《商誓》中"多子"与"百姓"对举为例,认为"多子"应指商邑统治阶级各族的宗子,与多生对贞的多子,有可能是多子族之族长,也有可能指王族内直属于王的一些小宗宗子,或是一些王子身份的人(不限于时王之子)。① 畜多子当指与畜有血缘关系的一群人。

畜正化是畜族一支之长,作为商王朝的臣属,要听从商王的召唤,前来勤劳王事,卜辞如:

(50) 畜正化叶[王事]。
　　　弗其叶王事。(《合集》150 正)
(51) 癸亥卜,争,贞畜正化亡囚,叶王事。(《合集》5439 正)
(52) 乙巳卜,㱿,贞畜正化弗其叶王事。七月。(《合集》5440 正)

辞义为商王贞问畜正化勤劳王事有灾祸。畜正化"叶王事"的具体方面,卜辞如:

(53) 贞畜正化戋方。
　　　呼御事。(《合集》151 正)
(54) □□卜,𡆥,贞畜正化受有佑。三旬又□日,戊子执,戋于方。
　　　□辰卜,𡆥,贞畜正化……弗其受佑。
　　　贞畜正化其有囚。(《合集》6650 正)
(55) 畜正化弗戋𦣞。

---

① 裘锡圭:《关于商代的宗族组织与贵族和平民两个阶级的初步研究》,《文史》第 17 辑,中华书局 1982 年版,第 13 页。

贞畐正［化］来。(《合集》6655 正)
(56) 辛酉卜，㱿，贞畐正化戋奠。(《合集》6653 正)

"方"，不明为哪一方国，辞义为商王命令畐正化讨伐某方国。"𢀈方"为一方国，在武丁时期发动了叛乱，商王命令畐正化讨伐𢀈方。畐正化还对奠进行讨伐。以上为畐正化"叶王事"的内容。畐正化也受到商王的关心，卜辞如：

(57) 贞畐正化亡囚。
丁未卜，㱿，贞畐正化弗其受佑。(《合集》9472 正)

辞义为商王贞问畐正化受到保佑。畐正化作为臣属，商王命令他进贡，卜辞如：

(58) 贞勿曰畐正化来复。(《合集》4174 正甲)
(59) 辛亥卜，内，贞今一月畐正化其有至。(《合集》10964 正)
(60) 辛亥卜，宂，贞畐正化弗其以王㚔（系）。(《合集》1100 正)

商王朝的臣属国从其封地到商王室来服役时，是携带物品或人等贡物而至，是"来享"、"来王"，来表示其臣服关系的，(60) 辞义反映了畐正化来商王朝进贡人（王系）。

以上卜辞可见畐正化与武丁之臣属关系。

(五) 甫

甫的卜辞有 50 条左右，甫是人、地、族名同一。甫向商王纳贡称臣，也参与王室事务。历组卜辞中，甫被征伐，说明甫发动过叛乱。黄组卜辞中，甫地已成为商王朝领土的一部分。

甫地位于王都西，是个地处西方、又受舌方侵略之虞、音为甫声的地点，大约在今蒲河沿岸的蒲县，即今山西省昕水河流域。甫在维护商王朝边境安宁方面发挥过重要作用，卜辞如：

(1) 贞甫其冓舌方。(《合集》6196)
(2) 乙酉卜，甫允执汜。(《合集》5857)

"冓"意为遭遇，(1) 辞义为甫遭遇舌方入侵。(2) 辞义为甫捉拿汜。甫还受王令，令沚伐繞方（《合集》6623），商王还贞问壴、甫、由三地有无灾祸（《合集》595正）。甲骨文中有"伯由"（《合集》2341），"由"地当在今山西灵石一带。甫与由、壴出现于同版，占卜贞问同事，可证甫距今灵石不远。甫与沚、羌方、舌方、由、壴有系联关系，都位于王都西部。甫地为农业区，卜辞如：

(3) 贞勿求年于甫土。（《合集》846，图6—50）

(4) 甫弗其受年。（《合集》9779，图6—51）

(5) 甲戌卜，宕，贞甫受黍年。（《合集》10022甲）

(6) 甫弗其受黍年。（《合集》10022丙，图6—52）

图6—50　《合集》846

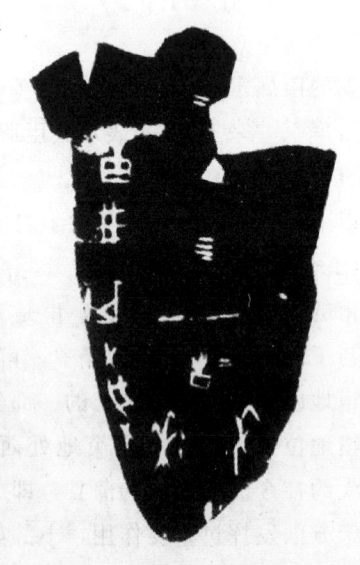

图6—51　《合集》9779　　图6—52　《合集》10022丙

"土"即社，古社、土为同字，"甫土"既甫地之社，① "年"为收成，(3)辞

---

① 陈梦家：《殷虚卜辞综述》，中华书局1988年版，第584页。

义为在甫社祈求农业丰收。说明甫地是重要的农业区。甫地还是渔猎区，卜辞如：

(7) 贞其［风］，十月在甫鱼。(《合集》7894)

(8) 贞今日其雨，十月在甫鱼。(《合集》14591)

(9) 乙亥……贞其……醫衣于亘，□冓雨。十一月在甫鱼。(《合集》7897)

(10) 辛未卜，贞今日兟庸。十二月在甫鱼。(《合集》24376)

"甫鱼"即在甫地捕鱼，从捕鱼的月份看，多是在十月、十一月、十二月，甫地有丰富的鱼类。在甫地捕鱼集中在几个月内，表明商人合理利用自然资源。甫为畜牧业区，卜辞如：

(11) □午卜，㕣，……甫牛……祟。(《合集》21266)

辞残，甫牛当指甫地家养之畜。甫境内有发达的农业、渔业和牧业，甫地之首领，懂农事，管理农业事务，卜辞如：

(12) 庚辰卜，王，甫往黍，受年。一月。(《合集》20649)

(13) 丁酉卜，殻，贞我受甫㭱（耤）在姐年。三月。(《合集》900正)

王占曰：我其受甫㭱（耤）在姐年。(《合集》900反)

(14) 丁酉卜，争，贞呼甫秜于姐受有年。

甫㭱（耤）于姐受年。(《合集》13505正)

"黍"为动词，(12) 辞义为贞问甫前往种黍，能否获得好收成。"㭱（耤）"象人两手持耒手足并用来发土之形，㭱（耤）应该是指耕田而言。[①] (13) 辞义为甫在姐地为我（商王）耤田。秜，于省吾认为是野生稻的专名，[②] 秜与耤为动词，意指耕种。(14) 辞义为命令甫到姐地种植水稻能否得到好收成。

---

① 裘锡圭：《甲骨文中所见的商代农业》，《全国商史学术讨论会论文集》，1985年，第239页。

② 于省吾：《甲骨文字释林》，中华书局1979年版，第251页。

甫还要亲自莅临种黍现场，卜辞如：

  （15）贞王勿立黍弗其受年。（《合集》9525 正）
  （16）惟甫立。
    □子，甫立。（《合集》9526 正）
  （17）癸巳，贞令多尹、称、甫于西。
    乙酉，贞令称、甫于京。（《书道》1.10.3）

"立"即涖，义为莅临，（15）辞义为商王亲自莅临种黍，可否获得丰收。（16）甫要亲自莅临种黍。多尹，为武丁时期的尹官之群称，也从事农业活动。（17）辞义为命令多尹、称、甫到王都西部地区或京地。甫还参加了商王朝的狩猎活动，卜辞如：

  （18）壬申卜，殻，贞甫擒麋。丙子阱，允擒二百又九。一月。（《合集》10349）
  （19）辛巳卜，自，贞甫往，㲋犬鹿不其［获］。（《合集》20715）
  （20）□巳卜，甫狩……获鹿……虎十。（《合集》20752）
  （21）丁巳卜……令甫狩……丁丑启。（《合集》20749）
  （22）□□卜，令甫［逐］麋擒。十月。（《合集》28359）

"阱"，从麋从坑，罗振玉释为陷，《说文》："阱，陷也。穿地以陷兽也。""卜辞象兽在井上，正是阱字。"[①]（18）辞义为甫要擒获麋，用陷的方式狩获麋，共狩获二百又九只麋。（19）辞义为甫前往田猎，㲋、虎、鹿能捕获。"狩"，《说文》："獸，守备者。"又："狩，犬田也。"（20）辞义为甫狩猎，获得鹿（若干）只，十只虎。启训为晴。[②]（21）辞义为甫狩猎，丁丑这天能放晴。甫不仅从事商王的农业、田猎活动，还参与其他王事。

甫从事的其他王事

  甫受商王之命，从事其他活动，卜辞如：

---

① 罗振玉：《增订殷虚书契考释》（中），第 50 页上。
② 于省吾：《甲骨文字释林》，中华书局 1979 年版，第 290 页。

(23) 戊寅卜，贞令甫从二侯㠱暨元，王循于之若。(《合集》7242)
(24) 令甫从及余不囏。(《合集》4741)
(25) 丁酉卜，宁，贞令甫取兄伯殳、及。
    贞令永保甫。六月。(《合集》6)
(26) 辛巳卜，贞令昃弋、旖、甫、韦、疫族。五月。(《合集》4415正)
(27) 丁未卜，争，贞令执、弋、甫，呼邎、戈执……(《合集》5900)

"循"为巡视之义。[①]（23）贞问甫率领两侯——㠱侯和元侯，商王要视察，是否顺利。（24）辞义为商王令甫率领及（侯）从事某项事情无灾祸。"兄伯殳"、"及"（侯）为人名，"取"，是商王向诸侯"索取"。"保"，有护佑之义，《尚书·召诰》："天迪格保。"（25）辞义为命令甫向兄伯殳、及（侯）征取贡物。命令永护佑甫。"昃"为时辰，《说文》："日在西方时侧也。""弋"写作"中"，在此为人称，"韦"为武丁时期的贞人，"旖"、"疫"为人名，（26）辞义为昃时命令弋、甫、韦、旖、疫族从事王事。"执"作"𡧱"形，用为人名（《合集》1022甲），也作动词用（《合集》817），辞中的第二个"执"为动词，为捕获。"戈"为人名（《合集》926反），（27）辞义为命令执、弋、甫，还命令邎、戈捉拿、捕获（某族之人）。甫为王室之事奔波，受到商王关心，卜辞如：

(28) 贞甫其有疾。(《合集》13762)

辞义为甫有疾病。以上是武丁时期甫在商王朝事务中活动的史实。甫为一古老部族，是商王的异姓贵族，[②] 较早地臣服于商王。甫勤劳王事，如自组卜辞：

(29) 令甫复止。(《合集》20221)
(30) 丁未卜，甫令眔。(《合集》20234)

[①] 李孝定：《甲骨文字集释》，北京光华书店翻印本1983年版，第567页。
[②] 甫是武丁时期活跃人物，却从不见其参与商王朝的祭祀活动，由此判定，甫为商王的异姓贵族。

　　　　　(31) 辛巳卜，王勿呼甫即畀，令戠。十月。(《合集》20235)

"复"为往复，"止"为地名，(29) 辞义为（商王）命令甫前往止地。"畀"为人、族名的同一，(30) 辞义为甫命令畀。(31) 辞义为商王命令甫到畀地待命。以上是自组卜辞所见甫作为人名、地名、族名的情况，甫很早就为王事奔波。甫既为臣属，要贡纳，卜辞如：

　　　　　(32) 甫入。(《合集》9369，甲尾刻辞)

"甫入"谓甫向王室贡纳龟甲。

　　武丁时期，甫与商王朝保持友好关系，是商王的臣属。但在自组卜辞中，甫曾受到商王朝的讨伐，卜辞如：

　　　　　(33) 丙申卜，今夕其征甫。
　　　　　　　[今]夕征甫。
　　　　　　　丁酉卜，今夕其征甫。(《合集》20394)

甫受到征伐，说明甫发动了叛乱。甫在无名组和黄组卜辞中，仅作为地名出现，如：

　　　　　(34) 庚午卜，贞野丁至于𣂔卣入甫。兹用。
　　　　　　　野弜于甫㝡呼爵。(《合集》30173)
　　　　　(35) 庚辰卜，在甫，[贞]王步于䩉，[亡]灾。(《合集》36962)

　　甫作为地名出现在王卜辞中，甫地已成为商王朝版图中的一部分。

二　妇好与妇井（妌）

　　妇好是商王朝的重要人物之一，自 1977 年殷墟妇好墓发现后，学者对妇好的研究进入了实质研究阶段。王宇信、张永山、杨升南的《试论殷墟五号墓的妇好》，① 根据甲骨文材料，就武丁时妇好的活动及相关问题进行了探

---

① 王宇信等:《试论殷墟五号墓的"妇好"》,《考古学报》1977 年第 2 期。

讨。李学勤的《论"妇好"墓的年代及有关问题》,[①] 推定"妇好"墓的年代大致为武丁晚年至祖庚时期。严一萍的《妇好列传》,[②] 对妇好的活动进行了论述。张政烺的《妇好略说》,[③] 认为妇好之好从女,子声,甲骨文中的妇子当是妇好。妇好在卜辞一期、四期分别出现,不是一个人,异代同名是当时的一种社会现象,认为妇好与《周礼·春官·宗伯》的世妇相合,妇好是世妇,每王都会有过,而不只武丁时期一个妇好,妇好是高祖庙、大宗、中宗和祢庙掌祭祀的女官,妇好是其中之一。张先生在《妇好略说补记》[④] 中又进而申论,妇好是世妇,殷王世代皆有,作武丁配偶只是其中之一。说明妇是官名。郑振香的《妇好墓出土司𫘣母铭文铜器的探讨》,[⑤] 指出司𫘣母铭文铜器,其年代比较清楚,铭文中的𫘣母,一种可能是妇好之字,一种可能是与妇好地位接近的另外一个人,她有可能是武丁的另一位王后,即庚甲卜辞的母癸、乙辛卜辞的妣癸。曹定云的《"妇好"乃"子方"之女》,[⑥] 总结了从妇好墓发掘以前到妇好墓发掘以后的三种意见:(1)妇好之好指的是姓,丁山、唐兰、张亚初持这种观点。(2)认为好为族氏,裘锡圭持此观点。(3)妇好之好为名,李学勤持此观点。曹提出自己的意见,即子是妇好所在母国的国号,子方称子伯,子方是殷代的一个方国,子方将女子送至宫中并任妇职,故被送女子就叫妇子亦即妇好,可知,妇好应为子方之女。

综合以往学者对妇好的研究,可知妇是官名,妇某之某当是其来自母国所在的名称。下面就武丁时期宾组卜辞中的妇好再作进一步考察。

殷墟甲骨中有250多条有关妇好的占卜,还有一些可以根据辞义之间的紧密关系判定的辞例,也与妇好有关。妇好是武丁之妻,生称妇好,死后庙号为辛,祖庚、祖甲称其为母辛(《合集》23116),乙辛周祭卜辞中,称为妣辛,[⑦] 卜辞如:

---

① 李学勤:《论"妇好"墓的年代及有关问题》,《文物》1977年第11期。
② 严一萍:《妇好列传》,《中国文字》新3期,艺文印书馆1981年版。
③ 张政烺:《妇好略说》,《考古》1983年第6期。
④ 张政烺:《〈妇好略说〉补记》,《考古》1983年第8期。
⑤ 郑振香:《妇好墓出土司𫘣母铭文铜器的探讨》,《考古》1983年第8期。
⑥ 曹定云:《"妇好"乃"子方"之女》,《庆祝苏秉琦考古五十五年论文集》,文物出版社1989年版。
⑦ 《殷墟妇好墓》,文物出版社1980年版,第228页。

(1) 辛酉卜，贞王宾武丁奭妣辛翌日。(《合集》36255)

武丁有三个配偶，分别是妣辛、妣戊、妣癸，根据前人的研究，妣辛在妣戊、妣癸之前受祭，① 说明妇好妣辛是武丁的第一位嫡妻。确定妇好的身份，可以更深入地了解妇好生前的活动。

中国古代，生育是家庭生活中的大事，它关系到整个家族的兴旺发达，每一个家庭中，都把生育大事放在头等重要的位置，商王武丁也不例外。妇好是武丁之嫡妻，她的生育，是当时商王家族的大事，故商王为妇好的生育之事贞问甚勤，卜辞如：

(2) 丁酉卜，㱿，贞妇好有受生。(《合集》13925 正，图 6—53)
王占曰：吉，其有受生。(《合集》13925 反，图 6—54)

图 6—53　《合集》13925 正　　　　图 6—54　《合集》13925 反

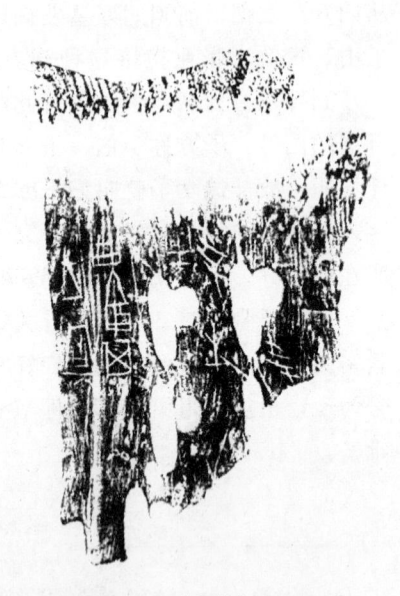

(3) 贞妇好叀庚受。(《合集》2660 反)
(4) 己卯卜，㱿，贞壬父乙，妇好生保。(《合集》2646，图 6—55)

---

① 常玉芝：《商代周祭制度》，中国社会科学出版社 1987 年版，第 97 页。

"生",《说文》:"生,进也。象草木生出土上。"《玉篇》、《集韵》:"生,产也。""受",《说文》:"受,相付也。"(2) 辞义为妇好是否怀孕。占卜结果,吉利,妇好已经怀孕。(3) 辞义为妇好庚日能够怀孕。"壬",作"?"形,其义不明,"保"即保佑、护佑之义,"生保"犹言保生,《诗·商颂·殷武》:"以保我后生。"孔疏:"以保守我后嗣所生子。"朱熹注:"我后生谓后嗣子孙也。"(4) 辞义为妇好能够怀孕。武丁之父——父乙会保佑妇好。武丁对妇好怀孕时时询问,卜辞如:

图 6—55　《合集》2646

(5) 妇好有子。四月。
妇好毋其有子。(《合集》13927,图 6—56)
(6) 辛丑卜,㱿,贞妇好有子。
辛丑卜,亘,贞。王占曰:好其有子。御。
乙卯卜,宕,贞呼妇好侑报于妣癸。(《合集》94 正)
(7) 庚子卜,㱿,贞妇好有子。三月。
辛丑卜,㱿,贞祝于母庚。(《合集》40386 正)

御为禳除灾祸之祭。商王对妇好是否怀孕有子不放心,多次贞问是否有子,占卜结果,妇好怀孕有子,进而为妇好举行禳除灾祸之御祭。还命令妇好对女祖妣癸(当为中丁之配)进行侑报之祭。母庚为小乙之配,武丁之母,(7) 辞义为妇好怀孕有子。向母庚祷告祭祀。当武丁得知妇好怀孕后,武丁为妇好所怀孕的胎儿和妇好的身体健康而担心,卜辞如:

(8) 贞妣己壱妇好子。(《东京》979,图 6—57)
(9) 丙申卜,㱿,贞妇好身弗以妇死。
贞妇身其以妇死。(《合集》10136 正)

图 6—56　《合集》13927　　　　图 6—57　《东京》979

"妣己",当为祖丁之配偶妣己。(8) 辞义为武丁之祖母妣己不会作祟于妇好的胎儿。(9) 辞义为妇好怀孕有身是否会导致妇好死亡。当妇好临产时,商王为妇好的预产期和生男生女进行占卜,卜辞如:

(10) 己丑卜,㱿,贞翌庚寅妇好娩。
　　 贞翌庚寅妇好不其娩。一月。(《合集》154)

(11) □巳［卜］,□,贞今二［月妇］好娩。小告。(《合集》13944)

(12) 妇好不［于］生四月娩。(《合集》13947 正)

(13) 戊辰卜,㱿,贞妇好娩嘉。丙子夕㱿丁丑娩。
　　 戊辰卜,㱿,贞妇好不其娩。五月。(《合集》14003 正)

(14) 甲申卜,㱿,贞妇好娩嘉。王占曰:其惟丁娩嘉。其惟庚,娩,弘吉。三旬又一日甲寅娩,不嘉。惟女。二告。
　　 甲申卜,㱿,贞妇好不其娩。三旬又一日甲寅,娩。允不嘉。惟女。(《合集》14002 正)

(15) □□［卜］,㱿,贞［妇］好［娩,不］其嘉。五旬又□……(《合集》13998)

(16) 丁酉卜,宁,贞妇好娩嘉。王占曰:其惟甲娩。有祟有□。

(《合集》13996)

(17) 丁巳卜，争，贞妇好娩，不其嘉。十月。(《合集》14005)

(18) 壬寅卜，㱿，贞妇[好]娩嘉。王占曰：其惟（戊）申娩，吉，嘉。其惟甲寅娩，不吉。㚔，惟女。

壬寅卜，㱿，贞妇好娩，不其嘉。王占曰：乩，不娩，其娩，不吉。于□若兹。乃死。(《合集》14001 正)

(19) 壬寅卜，㱿，贞妇好娩嘉。壬辰𡆥癸巳娩，惟女。

贞妇好娩，不其嘉。(《合集》6948 正)

(20) 贞今五月[妇]好毓[不]其娩。(《合集》14123)

"娩"作"🈯"形，其义为"其为生子免身之事必矣"①。妭读为嘉。② 卜辞言生育之事，生男为嘉，生女为不嘉。③（10）辞义为一月的庚寅日妇好分娩。(11) 二月妇好分娩。(12) 妇好在四月份分娩。𡆥，读为向，与《诗经》夜向晨的向同义，如甲子向乙丑即甲子日即将结束乙丑日即将开始之时。④ 常玉芝认为指前一日的夜间即将结束，临近的后一日天明的那段时间。⑤（13）辞义为妇好分娩生男孩。在丙子行将结束丁丑即将开始这一时段分娩。(14) 辞义为甲申日贞问妇好是否即将分娩。商王占卜的结果是：如果丁亥日生产，生育的是男孩，如果庚寅日生育，大吉大利。又过了三旬又一日，妇好于甲寅日分娩，不好，生了一个女孩。(16) 辞义为丁酉日贞问，妇好即将生产，商王占卜结果是：如果甲（辰）日分娩，有灾祸发生。㚔，于省吾释为退，⑥（18）辞义为妇好即将生产，商王占卜结果是如果戊申日生育，吉利，是男孩。如果是甲寅日分娩，不吉利，孩子出生推迟了，生育的是女孩。乩即槱，唐兰谓其本义像人持草木为火炬，殆如上灯时候。⑦（19）辞义

---

① 杨树达：《耐林廎甲文说·卜辞求义》，群联出版社1954年版，第51页。
② 郭沫若：《殷契粹编考释》，科学出版社1965年版，第160页。
③ 于省吾：《甲骨文字诂林》，中华书局1996年版，第475页。
④ 裘锡圭：《释殷墟卜辞中的"𡆥"、"🈯"等字》，《第二届国际中国古文字学术研讨会论文集》，1993年。
⑤ 常玉芝：《商代历法研究》，吉林文史出版社1998年版，第39页。
⑥ 于省吾：《甲骨文字释林》，中华书局1979年版，第57—58页。
⑦ 唐兰：《天壤阁甲骨文存考释》，辅仁大学丛书之一，1939年版，第46页。

为妇好分娩，不是男孩。商王占卜的结果是，掌灯时分还不分娩，如果分娩，也不吉利，生育的小孩死掉。"毓"作"㐬"形，人身后的小孩倒出，小点象养水，表示生育之义。(20) 辞义为今五月妇好是否生育。

　　商王对妇好生育的占卜近 30 条，而且占卜非常详细，对预产期的推算，对生男生女的贞问，对某一时辰分娩等问题都进行占卜，其占卜的月份有一、二、四、五、十月份，说明武丁不是为妇好的一次生育而占卜，从商王占卜的结果看，妇好生育的有女孩，而且在生育中，小孩难产并死掉。从商王占卜的大时间范围看，当属于武丁早期或早中期，与妇好生育的同版卜辞中，有雀这一早期人物对亘方的征伐(《合集》6948 正反)，其最晚到商王朝对舌方进行战争时，与师般伐舌方占卜同版出现(《合集》14006)，妇好没有参与商王朝对舌方的战争，是否与生育或生病有关，因材料有限，无法论证。

　　商王武丁对妇好生育如此关心，一方面说明妇好是武丁的嫡妻，受到武丁的宠爱；一方面又说明妇好的生育，尤其妇好生男孩，关系到王位继承的问题。因此，妇好的生育，不仅仅是个人的事，而且攸关商王室的大事。

　　商王对妇好的关心

　　妇好是武丁的嫡妻，受到武丁的宠爱，又在商王朝的政治、经济、军事等方面发挥着重要的作用，所以武丁十分关心妇好，卜辞如：

(21) 妇好不有［壱］。(《合集》2667 正)
(22) 贞妇好有疾，惟有壱。
　　　贞妇好骨凡有疾。
　　　贞妇㞢。
　　　不其㞢。(《合集》709 正)
(23) □□［卜］，亘，贞妇好有㚔。
　　　贞妇好亡㚔。(《合集》2659 正)
　　　王固曰：有㚔，吉。(《合集》2659 反)
(24) 贞御妇好于父乙㞢宰，有青，曹十宰、十伐、青十。(《合集》702 正)

　　"壱"，屈万里谓"降殃咎也。"① 郭沫若释为"患害义。"② (21) 辞义为妇好

---

① 屈万里：《殷虚文字甲编考释》，中研院史语所1961年影印本，第406页。
② 郭沫若：《殷契粹编》，科学出版社1965年版，第350页。

有灾祸。(22) 辞义为妇好有疾,有灾祸发生。"ᓂ",饶宗颐谓ᓂ即龙字,《尔雅·释诂》:"龙,和也。"应指病情好转。① (22) 辞义为妇好伤风感冒,其病情是否好转。"牙"字不识,当与灾祸、休咎有关。"御"为禳除灾祸,(24) 辞义为武丁向父乙为妇好举行禳除灾祸之御祭,用宰、青、㞢等牺牲。武丁还为妇好之病情是否加重而进行贞问,卜辞如:

(25) 贞妇好不延疾。(《合集》13711)
(26) 王固曰:吉,勿疾妇好。(《合集》1793 反)

"延"为连绵之义。② (25) 辞义为妇好的疾病不会延长。商王为妇好特殊疾病贞问,卜辞如:

(27) 妇好弗疾齿。(《合集》773 甲)
(28) 贞妇好ᓂ惟出疾。(《合集》13633)
(29) 丙辰卜,㱿,贞妇好疚延,ᓂ。(《合集》13712 正)

"齿"即牙齿,(27) 辞义为妇好的牙齿没有疾病。"ᓂ",字从自(鼻子)从肉,温少峰认为即是息肉。③ (28) 辞义为妇好鼻中长了息肉,是疾病。"疚"作"ᓂ"形,特指腹部有病,(29) 辞义为妇好腹部有病,拖延多时,会好转。妇好有龋齿,商王向祖先行御祭,卜辞如:

(30) 贞于甲介御妇好。(《合集》2619)
(31) 贞勿于甲御妇好㱿。(《合集》13663 正甲)
(32) ……母庚御妇好齿。(《合集》2618 正)
(33) 贞御妇好于高。(《合集》2612)
(34) 御妇好于父乙。
　　　于妣癸御妇。
　　　于妣壬。(《合集》2613)

---

① 于省吾:《甲骨文字诂林》,中华书局 1996 年版,第 1774 页。
② 郭沫若:《殷契粹编考释》,科学出版社 1965 年版,第 103 页。
③ 温少峰等:《殷墟卜辞研究——科学技术篇》,四川省社会科学出版社 1983 年版,第 309 页。

(35) 贞御妇好于妣［甲］。(《合集》2616)

(36) 贞勿御妇好于丙。(《合集》2626)

(37) 贞作御妇好，㞢。

勿于大戊告。

勿于大甲告。

勿告于中丁。(《合集》13646 正)

(38) 甲戌卜，㱿，贞勿🐚御妇好止于父乙。(《合集》2627、2628)

(39) 甲戌卜，亘，贞御妇好于父乙曹，及。(《英藏》149 正)

(40) 贞求妇好于父乙。(《合集》2634 正)

王占曰：其求。(《合集》2626 反)

(41) 贞勿御妇好于内乙。(《合集》2626)

《说文》："𪘏，齿蠹也。"或体作龋。《释名·释疾病》曰："龋，齿朽也。虫啮之，齿缺朽也。""介"，饶宗颐谓多介子即诸庶子。[①] 甲介即甲庶父（母）或祖（妣），(30) 辞义为商王为妇好向甲介进行御祭。母庚为武丁之母，(32) 辞义讲为妇好齿病向武丁之母进行御祭。高为某高祖或高妣某，妣癸为中丁之配，妣壬为大戊之配，妣甲为示癸之配或祖辛之配，丙有可能是妣丙，大乙成汤之配，以上是武丁向高妣为妇好举行禳除灾祸的御祭，武丁还向商先王进行诰祭，为妇好禳除灾祸，"🐚"当是🐚之或体，"勿🐚"即"勿🐚"、"勿龋"，"止"作"𢨋"形，象人足，"止"在此为本义，即趾，(38) 辞义为妇好趾有毛病，要慎重地向父乙举行御祭禳除灾祸。求为祈求，(40) 辞义是武丁向其父祈求保佑妇好免除灾祸。内乙，即父小乙，[②] (41) 辞义为武丁向其父——小乙举行御祭，禳除灾祸。妇好之疾是祖先神降下的灾祸，卜辞如：

(42) 贞惟父乙咎妇好。(《合集》6032)

(43) 贞妇好梦，不惟父乙。(《合集》201 正)

(44) 贞妇好㞢。

㞢甲咎妇。

---

① 饶宗颐：《殷代贞卜人物通考》，香港大学出版社 1959 年版，第 383 页。
② 陈梦家：《殷虚卜辞综述》，中华书局 1988 年版，第 417 页。

于㐄甲御妇。(《合集》795 正)

(45) 惟庞司壱妇好。(《合集》795 反)

(42) 辞义为父乙为害于妇好。"梦",殷人以为做梦乃灾祸降临之征兆,故常惕惕以贞之。① 㐄甲,当是商先王之一,具体何指,不明,(44) 辞义为妇好有疾病,是否有好转。是㐄甲降祸于妇好,要向㐄甲举行御祭禳除妇好的疾病。"司",陈梦家谓:疑皆先妣,与祖妣相类。②(45) 辞义为庞司降灾祸于妇好。由此可见,妇好不仅身份地位高,而且受到武丁的宠爱。

妇好主持商王室祭祀

妇好为武丁之嫡妻,亲自主持商王室的祭祀,卜辞如:

(46) 呼妇好侑升于父□。(《合集》2609)
(47) 贞妇好侑旻于多妣,酻。(《合集》2607)

"侑",《尔雅·释诂》曰:"侑,报也。"命令妇好举行报祭。升、酻都为祭名,(46) 辞义为命令妇好进行侑、升之祭于父某。旻即服字所从,义同俘,③祖配为妣,④(47) 辞义为要命令妇好把俘虏侑祭于多妣,又用酻祭。妇好还主持过燎祭,卜辞如:

(48) 贞勿呼妇好往燎。(《合集》2641)
(49) 妇好□燎一牛。(《合集》2640)

"燎",祭名,《说文》:"燎,柴祭天也。"《尔雅·释天》:"祭天曰燔柴。"卜辞燎字象火积薪,(48) 辞义为命令妇好去主持燎柴祭天。妇好还进行商王室的"往"祭,卜辞如:

(50) 甲戌卜,贞妇好不往于妣庚。(《合集》2643)

---

① 胡厚宣《殷人占梦考》,《甲骨学商史论丛》,河北教育出版社 2002 年版,第 326 页。
② 陈梦家:《殷虚卜辞综述》,中华书局 1988 年版,第 490 页。
③ 郭沫若:《卜辞通纂考释》别一,科学出版社 1983 年版。
④ 郭沫若:《释祖妣》,《甲骨文字研究》。

（51）贞呼妇好往，若。（《合集》9693）

"往"为往来之往，还为祭名，即后世的禳祭，为除凶去殃之祭，①（50）辞义为武丁命令妇好向妣庚进行禳除灾祸之祭。妇好还主持过禳除灾祸之御祭，卜辞如：

（52）贞宙妇好呼御伐。（《合集》2631正）
（53）己卯卜，㱿，勿鼎妇好御。（《合集》2630）

御作"🕯"形，为禳疾之义。②"伐"，祭名，即杀人以祭。③（52）辞义为命令妇好举行禳疾之祭和杀人的伐祭。妇好主持祭祀神泉，卜辞如：

（54）妇好不惟侑泉。（《合集》2611）

（54）辞义为妇好侑祭某泉。妇好还主持商王室之"取"祭，卜辞如：

（55）己卯卜，宕，贞惟帝取妇好。（《合集》2637）
（56）贞惟唐取妇好。
　　 贞惟大甲取妇。
　　 贞惟祖乙取妇。
　　 贞妇好有取上。
　　 贞妇好有取不。（《合集》2636正）
　　 王占曰：上惟甲。（《合集》2636反）
（57）惟父乙。
　　 贞惟祖乙取妇。
　　 贞妇好有取不。
　　 惟大甲取妇。
　　 贞惟妇好有取上。（《库》1020）

---

① 于省吾：《甲骨文字释林》，中华书局1979年版，第154—156页。
② 杨树达：《积微居甲文说·卜辞琐记》，中国科学院出版社1954年版，第70页。
③ 吴其昌：《殷代人祭考》，《清华周刊》37卷9、10号《文史专号》，1932年。

"取",在甲骨文中有多种含义:其一,尊者得卑者物言取;其二,取通娶;其三,为祭名。陈梦家谓:"'取'是樵的假借,《风俗通·祀典篇》:'樵者,积薪燔柴也。'……《说文》:'樵:木薪也。'"① 于省吾谓:"樵为燔柴之祭……取祭不言用牲,而燎祭则多言用牲,是其大别。"② 王宇信等认为取通娶,指武丁把妇好许配给上帝或祖先神做冥妇。③ 严一萍认为:"然卜辞上与不上对称,则上非上帝可知。……案:《仪礼·乡饮酒礼》:'宾言取。'疏:'尊者得卑者物言取。'《韩诗外传》五:'君取于臣言取。'此即卜辞'取妇好'之义。上者升也。《易·需卦》:'云上于天。'干注:'升也。'卜辞曰:'王占曰:上惟甲。'此言妇好有物供先祖,问升不升也。王占之曰:'升,于甲日。'"④ "取"在此或为祭名,(56)、(57)辞义可能为武丁命令妇好积薪燔柴以祭,上帝或祖先神成汤、大甲、祖乙、父乙谁可获得妇好的取祭。武丁的占卜结果,甲日贡品能升上去。妇好还进行杀牲之祭,卜辞如:

(58) 贞妇好弗其用。(《合集》2635)

"用"为用牲之法,其义为杀牲。⑤ (58)辞义为妇好祭祀时不杀牲(奴隶或牲畜)。

以上是甲骨文中所见妇好主持的商王室的祭祀。妇好作为武丁的嫡妻,拥有自己的封地,她要向武丁或商王室贡纳物品,卜辞如:

(59) 妇好入五十。(《合集》10133 反)
(60) 妇好□五十。在[庫]。(《合集》10794 反)
(61) 癸酉卜,亘,贞生十三月,妇好来。(《合集》2653)

---

① 陈梦家:《殷虚卜辞综述》,中华书局1988年版,第355页。
② 于省吾:《甲骨文字释林》,中华书局1979年版,第159—160页。
③ 王宇信等:《试论殷墟五号墓的"妇好"》,《考古学报》1977年第2期。
④ 严一萍:《妇好列传》,《殷商史记》下册,《甲骨文献集成》第23册,四川大学出版社2001年版,第417页。
⑤ 胡厚宣:《中国奴隶社会的人殉和人祭》,《文物》1974年第7、8期。

(62) 贞［妇］好不至。(《合集》2655)

(63) □戌卜，争，［贞］妇好见。(《合集》2657 正)

"入"，有进贡之意，① 为记事刻辞，(59) 辞义为妇好贡纳五十个龟甲。庙字残，在此为地名，(60) 辞义是妇好在庙地向商王贡纳五十个龟甲。生月，即下月，② (61) 辞义为下月即十三月妇好要来贡献物品。(62) 辞义为妇好不会来到。见作"㺇"形，疑用为献。③ (63) 辞义为妇好向武丁进献。妇好向武丁贡纳物品，一方面说明，妇好在政治地位上低于武丁；另一方面又说明妇好拥有封地，有相对独立的经济。妇好还活动在王室各种事务中。

妇好从事的王事

妇好作为武丁的嫡妻，参与商王室的事务，卜辞如：

(64)〔妇〕好示五。㱿。(《合集》938 反，甲桥刻辞)

(65) 妇好……(《合集》9074 反，甲桥刻辞)

"示"即验示、检视之义，(64) 辞义为妇好检视了五个龟甲，贞人㱿记录。这说明妇好曾供职在王室的占卜机关。妇好还协助武丁处理王事，卜辞如：

(66) 呼妇好令。(《合集》5532 反)

(67) 贞好允见右［老］。(《合集》2656 正，图6—58)

(68) 贞翌□申呼［妇］好往𤎆。(《合集》5111，图6—59)

(69) 贞呼妇好见多妇于𤎆。(《合集》2658 正，图6—60)

(70) 呼妇好往于果京。(《合集》8044)

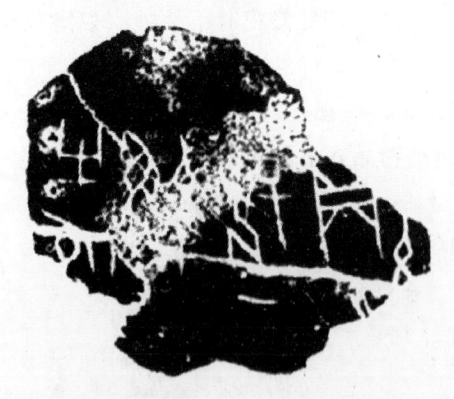

图6—58　《合集》2656 正

---

① 胡厚宣：《武丁时五种记事刻辞考》，《甲骨学商史论丛初集》，河北教育出版社2002年版，第343页。

② 陈梦家：《殷虚卜辞综述》，中华书局1988年版，第116页。

③ 杨树达：《卜辞求义》，上海古籍出版社1986年版，第19页下。

(71) 庚见妇好在果京。一月。(《合集》8043)

(72) 畀妇好女。(《合集》684)

图 6—59　《合集》5111　　　　图 6—60　《合集》2658 正

"老",《说文》:"老,考也。七十曰老。"商人很注重养老之礼,《礼记·王制》:"殷人养国老于右学,养庶老于左学。"郑注:"右学,大学也。在西郊,左学,小学也,在国中王宫之东。"右老当为国老,是教育贵族子弟之师,"见"在此为接见,(67)辞义为商王要命令妇好接见右老。卜辞中的妇,有时冠以"多妇"之称,其成分不单一,有的是王妃,有的是时王诸兄弟辈即"多父"之妻,有的为各宗族大小宗子即"多子"之妻,还有臣正、诸侯或方伯之贵妇。① "葎"为地名,(69)辞义为武丁命令妇好在葎地接见或召见多妇。果京为地名,(70)、(71)辞义为武丁命令妇好前往果京,在果京召见妇好。(72)辞义为武丁赏赐妇好女子供其驱使。

从以上甲骨文看,妇好接见掌管子弟教育的右老,是关心王族子弟的教育问题,召见多妇,是为了联络贵妇之间的感情问题,从妇好所进行的这些活动看,属于商王室的内政事务,这应当是王妃所从事的活动之一。

---

① 宋镇豪:《夏商社会生活史》,中国社会科学出版社 1994 年版,第 147—153 页。

妇好具有军事才能,参与了商王朝的军事活动。

妇好参与军事活动

庞地是商王活动的重要地区,甲骨文中有妇庞(《合集》2817反),说明商王室与庞有婚姻关系,商王曾到庞地(《合集》7358),庞地还有重要的农业区(《合集》9771),妇好受武丁之令,到庞地征集兵员,卜辞如:

(73) 甲申卜,㱿,贞呼妇好先共人于庞。(《合集》7283)

(74) 乙酉卜,㱿,贞勿呼妇好先于庞共人。(《合集》7284、7285)

"先"有先导之意,"共"与登同义,盖供给之义。① (73)、(74) 辞义为商王命令妇好为先导,到庞地征兵聚众。妇好在武丁时期,参加了商对外的一系列战争。

妇好对羌方的战争

羌人是王都西一部族,商王常派兵出击羌人,妇好被武丁派遣对羌人征伐,卜辞如:

图6—61 《英藏》150正

(75) 辛巳卜,贞登妇好三千㪟旅万,呼伐□。(《英藏》150正,图6—61)

(76) 贞戉不其获羌。
贞呼妇好执。(《合集》176)

"旅",《说文》:"军之五百人为旅。"在此为军队编制,(75) 辞义为征集妇好三千人,再征集旅万人攻伐敌方。戉为同姓贵族,其封地位于王都西部,"执"作"㚔"形,象人戴枷锁状,动词,为捉拿之义,(76) 辞义为戉捕获羌人,令妇好执之。妇好受商王之令,率领军队援助戉对湔方的战争,卜辞如:

(77) 贞戉弗其戋湔方。

---

① 唐兰:《天壤阁甲骨文存考释》,北京辅仁大学1939年影印本,第47页。

□□〔卜〕，㱿，贞妇好使人于眉。(《合集》6568正)

戉是征伐湔方主率，眉为地名，(77) 辞义为戉征伐湔方，妇好派遣武装力量到眉地作援助。

妇好对土方的战争

土方是敌方国，郭沫若谓土方在山西北部。[①] 妇好参与了对土方的战争，卜辞如：

(78) 辛巳卜，争，贞今者王收人，呼妇好伐土方，受有佑。五月。(《合集》6412)

(78) 辞义为今时王征集众人，命令妇好攻伐土方受到保佑。

妇好对巴方的战争

巴方的地望在奚和沚地（今山西省静乐和汾阳）之间。[②] 它是武丁时期的一个大的敌对方国，武丁、沚㦰、妇好同时参与了对巴方的战争，卜辞如：

(79) 贞王勿惟令妇好从沚㦰伐巴方，弗其受有佑。二告。(《合集》6478正)

(80) 辛未卜，争，贞妇好其从沚㦰伐巴方，王自东㪇伐，捍陷于妇好立（位）。(《合集》6480)

(79) 辞义为贞问商王命令妇好率领沚㦰征伐巴方，能否受到保佑。(80) 辞义为妇好率领沚㦰征伐巴方，商王带领兵力从东边进攻，巴方的军队陷落在妇好的伏击圈。

妇好对尸方的战争

侯告是商王朝征伐尸方的军事将领，亍组卜辞中的尸方，其地望在商王都之西，商王、妇好率军与侯告一起攻伐尸方，卜辞如：

---

① 郭沫若：《卜辞通纂》，科学出版社1983年版，第112页。
② 韩江苏：《沚的地望考》，《殷都学刊》2002年第3期。

(81)〔贞〕尸方不出。(《合集》6456)

(82)〔甲〕午卜，宍，贞王宙妇〔好〕令征尸。

乙未卜，宍，贞王宙妇〔好〕令正〔尸〕。(《合集》6459)

(83) 贞王令妇好从侯告伐尸。(《合集》6480)

(82)、(83) 辞义为商王要命令妇好讨伐尸方。

妇好所讨伐的敌对方国，都位于今山西地区，这是武丁经营边疆的战略重点。这些方国被征伐后，有的臣服了商王朝。

故去的妇好

妇好作为武丁之妻，尽管参与了对外战争，但妇好主要服务在王室家庭生活中，武丁为她的生育、参与祭祀、身体是否健康乃至生死而占卜，如：

(84) 好□死。(《合集》17063)

(85) 好其〔死〕。(《合集》17064)

"死"作"凷"形，象人在棺中，为动词，辞义为妇好会否死去占卜。妇好死后受到祭祀，卜辞如：

(86) 贞王梦，妇好不惟孽。(《合集》17380)

(87) 贞甹好于敦。(《合集》2668)

(88) □寅卜，韦，贞窆妇好。(《合集》2638)

(89) 贞有来窆妇好，不惟母庚。(《合集》2639)

(90) 丁巳卜，㘡，贞酚妇好，御于父乙。(《合集》712)

(91) 司妇好。(《合集》2672)

(92) 乙未卜，㱿，贞其有称妇好豩。(《合集》6653 正)

(86) 辞义为武丁做了不祥之梦，是已故妇好为害。"甹"为哭，[①] (87) 辞义为武丁在敦地哭祭妇好。窆为祭名，(88) 辞义为卜问窆祭妇好。(90) 辞义为酚祭妇好并御祭父乙。司为祠，[②] (91) 辞义为祠祭妇好。豩为动物名，

[①] 叶玉森：《殷契钩沈》(乙卷)，上海中华书局影印本1929年版，第9页。

[②] 于省吾：《甲骨文字诂林》，中华书局1996年版，第2206页。

(92) 辞义为进献豺这种动物祭祀妇好。①

武丁时期的宾组卜辞中，有武丁对妇好的祭祀占卜，说明妇好在武丁时期已经死去，妇好已具备祖先神的作用，卜辞如：

(93) 庚子卜，㱿，贞匄舌方于好妣。(《合集》6153)

"匄"有求义，(93) 辞义为武丁向妇好求佑，保佑商与舌方作战取得胜利。

妇好死于何时，什么疾病，不明，卜辞中有妇好生病后武丁多次为她进行的贞问，死后，又受到商王室隆重祭祀。文献中所记武丁高宗有妻早死，②这种记载可与甲骨卜辞相印证。妇好之庙号曰辛，据妇好墓出土有后母辛四足觥、大方鼎，如此重器，当是王者所铸。妇好为武丁之妻，又据祖庚时卜辞有母辛之祭，足证妇好死于祖庚之前。周祭卜辞中，武丁有三个配偶入祀，其中有武丁奭妣辛之祭，可知武丁有配偶曰辛。妇好墓出土"后母辛"之铜器，当是其子给她之祭器。妇好墓发现于安阳殷墟宫殿遗址西南侧，出土有"后㜏母"铭文的大圆罍，大圆尊。㜏，严一萍认为㜏为妇好之字。罍、尊㜏为武丁为妇好所铸之酒器。在殷墟妇好墓的器物铭文中，署"后母辛"铭文的铜器一共有五件，可与"妇好"组的大中型器媲美，此外，还有琢雕精制的石牛一件，在石牛颈下署有"后辛"铭文。关于"后母辛"与"妇好"的关系，郑振香、陈志达在《殷墟妇好墓》中认为：由于"后母辛"铭文铜器与"妇好"铭文铜器共存于一座墓中，推测，两者指的当同是一人，就是说妇好是墓主之名，辛是她的庙号，后来又称之为妣辛。殷墟妇好墓出土 134 件兵器，其中两件铜钺（一重 9 公斤，一重 8.5 公斤），上面铸有"妇好"的名字。③斧钺主要用来治军，钺即是军事统率权即王权的象征。④这与妇好身前统率军队正相印证。

妇好，内生子育女，主持祭祀，外率领诸将，征战讨伐，是武丁时期的重要人物之一。

---

① 王宇信等：《试论殷墟五号墓的"妇好"》，《考古学报》1977 年第 2 期。
② 《太平御览》八三卷引《帝王世纪》："高宗有贤子孝己，其母早死。"
③ 中国社会科学院考古研究所：《殷墟妇好墓》，文物出版社 1980 年版，第 105 页。
④ 林沄：《说"王"》，《考古》，1965 年第 6 期。

历组卜辞的妇好

历组卜辞中的妇好，与宾组卜辞的妇好相比，应当是异代同名现象。历组卜辞中有活着的妇好，卜辞如：

> （94）戊辰，贞妇好亡囚。（《合集》32760）
> （95）丙戌，贞妇好亡囚。（《合集》32762甲正、乙反）
> （96）乙酉□好［邑］。（《合集》32761）

（94）、（95）辞义为妇好有无灾祸，说明妇好是一位活者。（96）"好邑"即妇好邑，她拥有城邑。妇好还是一位已故者，卜辞如：

> （97）己亥卜，辛丑歔妇好祀。（《合集》32757）
> （98）乙酉卜，御葡旋于妇好十犬。（《屯南》917）

"歔"，金祥恒认为是鬻的异体字，《说文》："鬲，鼎属。"鬲者，盖无耳之鬲，为烹饪之器，与鼎同。① 在此为祭名，为进献食物之义。"祀"，在此为祭名，为祭祀之祀，（97）辞义为进献食物祭祀于妇好。葡旋为人名或族名（《合集》301、302），（98）辞义为商王为禳除葡旋的灾祸，向妇好进行御祭，用十只犬作牺牲。妇好在此为故去者。对这种现象，张政烺谓：葡旋是族名（也可以称作官氏），可以异代同名。妇好是世妇，殷王历代皆有，做武丁配偶的只是其中之一。② 历组卜辞中受祭的妇好为何人，受材料局限，有待今后论证。

妇妌（姘）

妇妌为武丁之妻，深受武丁重视，其主要活动在商王室的内部事务中，并拥有很高的地位，孟世凯认为妇妌死于武丁前期，其地位在妇好之上，有可能是武丁元妃。③ 妇妌是否为武丁元妃，有可商之处，武丁之配有三个进入周祭祀典，即妣辛、妣戊、妣癸。妇好墓的发现，证明司母辛有可能是对妇好死后的称谓。妣戊可能是妇妌死后的称谓，卜辞如：

---

① 金祥恒：《释鬻鬲》，《中国文字》第50册，1973年。
② 张政烺：《妇好略说补记》，《考古》1983年第8期。
③ 孟世凯：《妇妌与井方》，《王玉哲先生八十寿辰纪念文集》，南开大学出版社1994年版。

王其侑妣戊妌，汎羊，王受佑。

汎小宰，王受佑。

叀妣戊妌，小宰，王受佑。（《屯南》4023）

辞义是商王侑祭妣戊妌，是用羊还是宰，王能受到保佑。殷墟妇好墓发现后，唐兰认识到著名的"司母戊"大方鼎时代应予提前，并推想后母戊即武丁时代的妇妌。① 李学勤认为妣戊和妌不能分开读。② 武丁之配中，妣辛之后有妣戊，妣戊妌连读，妇妌死后，可能称为"妣戊妌"。1939年在安阳西北冈挖掘出的"司母戊方鼎"，是目前所见商代最大的青铜器。此墓发现在商王陵区，规模小于商王大墓，推测为妇妌之墓，也说明妇妌生前受宠、死后受尊的史实。

甲骨文中，妇妌之"妌"作"井"、"𡊤"两形，作人名时，都指妇妌这一人物，称妇妌、妇井、井。甲骨文中，有关妇妌的占卜，共有250条之多，从占卜的内容看，妇妌是武丁之妻，与妇好同时服务于商王室（时间或有先后），妇妌与妇好所掌管的王事有别，她主要掌管商王的占卜和农业事务，虽参与王室祭祀，但与妇好相比，其数量和规模无法相提并论。下面就甲骨文中所见的妇妌作一考述。

妇妌，来自于井方，卜辞如：

(1) 癸卯卜，𡧊，贞井方于唐宗麄。（《合集》1339）
(2) 贞利在井，羌方弗䴭。（《屯南》2907）
(3) 辛未卜，鸣获井鸟。（《合集》4725）
(4) 戊辰卜，𡧊，贞方执井方。（《合集》6796）

"唐"为成汤，"唐宗"，即成汤之庙，(1) 辞义为井方（贡纳）麄，用于对成汤的祭祀。"利"为人、族名，(2) 辞义为在井地，羌方不会为祸害。这说明井地距羌方较近。鸣是位于王都西部一臣属者，(3) 辞义为商王贞问鸣能否在井地捕获鸟。(4) 辞义为（某）方国攻击井方。商王对井方关心的占卜

---

① 《安阳殷墟五号墓座谈纪要》唐兰"发言"，《考古》1977年第5期。
② 李学勤：《考古发现与古代姓氏制度》，《考古》1987年第3期。

说明，井方与商王友好相处。武丁时期，有来自于方国之女，如妇光（《合集》2811）、妇周（《合集》2816）、妇喜（《合集》390臼），这些女子，来嫁于商，商王通过婚姻关系笼络某些方国，目的在于扩大国家的统治基础。妇妌，当是来自井方之女，为商王之妻。

妇妌为武丁之妻，参与王室祭祀，卜辞如：

(5) 翌，庚子……妇井侑母庚。（《英藏》160，图6—62）

(6) 妇妌侑父……（《合集》2742反）

(7) 贞翌辛亥呼妇妌宜于磬京。（《合集》8035）

"母庚"为武丁生母，(5)辞义为命令妇妌侑祭母庚。"俎"字，孙诒让释为俎，① 陈梦家认为即后世之祭社之宜祭。② "磬京"为地名，(7)辞义为武丁命令妇妌到磬京宜祭。当妇妌有灾祸或疾病时，武丁为妇妌向母庚举行禳除灾祸的御祭，卜辞如：

图6—62 《英藏》160

(8) 贞［妇］妌疾。惟有壱。（《合集》13718）

(9) 母丙壱妇妌。（《合集》2738）

(10) 戊寅卜，㱿，贞御妇妌于母庚。（《合集》2725正）

(8) 辞义为妇妌有病有灾害。母丙为武丁父辈之配偶，(9) 辞义为母丙为害于妇妌。(10) 辞义为为妇妌向母庚御祭。妇妌为王室之妻，故其生育是王室大事，故武丁多次贞问，卜辞如：

(11) 癸未卜，㱿，贞妇妌有子。

贞妇妌毋其有子。（《合集》13931，与"妇好有疾"同版，图6—63）

---

① 孙诒让：《契文举例》下，齐鲁书社1993年版，第1页下。
② 陈梦家：《殷虚卜辞综述》，中华书局1988年版，第266—267页。

辞义为武丁贞问妇妌是否怀孕有子。武丁对妇妌的怀孕分娩也很关心,卜辞如:

(12) 丁未卜,韦,贞妇妌娩嘉。(《合集》14008 正)

(13) □□卜,争,贞妇妌娩嘉。
王占曰:其惟庚娩嘉旬辛……
妇妌娩,允嘉。二月。(《合集》14009 正)
惟庚娩,嘉。(《合集》14009 反)

(14) □卯卜,㱿,贞妇妌娩。王占曰:惟戊娩,不[嘉]惟[女]。(《合集》13949)

(15) 妇妌娩嘉。
贞子不其有疾。(《合集》14007)

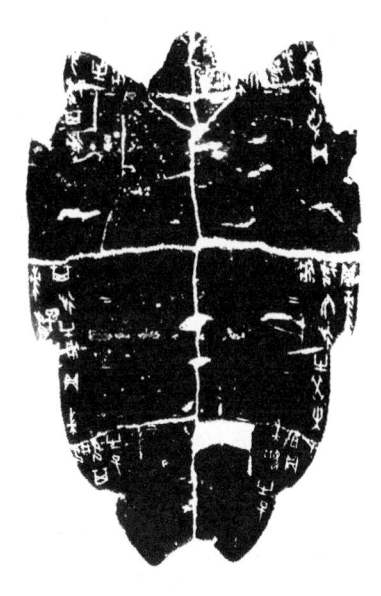

图 6—63　《合集》13931

以上卜辞为武丁贞问妇妌何时生育,生男孩还是女孩,分娩的新生儿不会有疾病。

甲骨文中,妇妌生育之占达几十条,说明武丁很关心妇妌生育之事。

妇妌参与王室各种事务

妇妌为武丁之妻,参与王室事务,特别是战争、祭祀、占卜事务,这说明妇妌在商王室有较高的地位。就甲骨文材料,对妇妌活动分述如次。

妇妌在占卜机关的活动

妇妌参与王室占卜机关之事务,卜辞如:

(16) 妇井示三十。争。(《合集》116 反,甲桥刻辞)

(17) 妇井示百。㱿。(《合集》2530 反,甲桥刻辞)

(18) 甲午妇井示三屯。岳。(《合集》17492 臼)

以上所引为记事刻辞,"示"即眂,验看、检视。[1] 殷人称卜骨或背甲一对为

---

[1] 胡厚宣:《武丁时五种记事刻辞考》,《甲骨学商史论丛初集》,河北教育出版社 2002 年版,第 343 页。

"一屯（纯）"。卜骨一屯指牛之左右胛骨各一块，背甲一屯指背甲从中间剖开后的左右两半。① 辞义为妇妌检视牛肩胛骨或龟甲，由贞人或卜官签名。关于妇妌检视的记事刻辞，还有20多条。妇妌还受商王之命，到各地采集贡龟或牛肩胛骨，卜辞如：

(19) 庚戌乞，自妇井乞□。（《合集》9394反，骨面刻辞）

(20) 妇井乞霝自耳十五。（《合集》9395，骨面刻辞）

"乞"，《广雅·释诂》："乞，求也。""霝"，从雨从龟，当为某种龟，"耳"，为地名（《合集》967），(19)辞义为妇井（从某地）征求占卜所用牛肩胛骨。(20)辞义为妇妌从耳地征求十五只霝。

甲骨文中，妇妌在诸妇中，参与王室占卜机关的记事刻辞的辞例最多，说明妇妌作为武丁之妇，在占卜机关中，发挥重要作用。

妇妌参与王室农事活动

农业是商代的重要的经济部门，妇妌参与商王室的农业事务，卜辞如：

(21) 辛丑卜，㱿，贞妇妌呼黍［于］丘商，受［年］。（《合集》9530正，图6—64）

(22) 于乙酉……妇妌往黍。（《合集》9531正）

(23) ［呼妇］妌往黍，若。（《合集》9534正）

图6—64　《合集》9530正

"黍"，在此为动词，为种黍之义。丘商，在今河南商丘。② (21)辞义为命令妇妌到丘商种植黍。妇妌还要主管收获之事，卜辞如：

(24) 贞勿呼妇妌［往］摘黍。（《合集》40078正）

---

① 裘锡圭：《说"岳""岩"》《古文字论集》，中华书局1992年版。
② 岛邦男著，温天河等译：《殷墟卜辞研究》，鼎文书局1976年版，第360页。

(25) 贞勿呼妇妌立［黍］。(《合集》2731 正)

"摘"作"⿰又"形，陈梦家谓：象手采穗之形；① 陈邦怀释为"采"；② 裘锡圭谓即摘取禾穗。③ (24) 辞义为命令妇妌往（某地）收获黍。(25) 辞义为命令妇妌莅临（种或收黍现场）。妇妌还拥有田庄，武丁对妇妌之田受到灾害而贞问，卜辞如：

(26) □□［卜］，允，贞妇妌年雈。
　　　贞不其雈。(《合集》9596)
(27) 贞妇妌田雈。
　　　贞妇妌田不其雈。(《合集》9607 正)

"雈"，作"⿱艹隹"形，原形皆作鸟形，疑与鸟害有关，谷类作物在成熟时皆易找招引食谷鸟类啄食，故占卜种黍之田是否受鸟啄食。④ (26) 辞义为妇妌的农作物黍（谷子）成熟受到鸟害。"田"，指农田，(27) 辞义为妇妌的农田受到鸟害。为消除农害，商王命令妇妌进行田猎，卜辞如：

(28) 贞呼妇妌田于穴。(《合集》10968)

耕田之田与田猎之田为一字，古代野兽多，农田受野兽践踏，田猎可以除农害，⑤ 田与训练军队也有关系。妇妌，是掌管农业者，此田，当与驱除农田之害有关，(28) 辞义为武丁要命令妇妌到穴地田猎来消除农害。商王十分关心妇妌的农业获得丰收，卜辞如：

---

① 陈梦家：《殷虚卜辞综述》，中华书局1988年版，第536页。
② 陈邦怀：《小屯南地甲骨中发现的若干重要史料》，《历史研究》1982年第2期。
③ 裘锡圭：《甲骨文中所见的商代农业》，《全国商史学术讨论会论文集》，1985年版。
④ 孟世凯：《妇妌与井方》，《王玉哲先生八十寿辰纪念文集》，南开大学出版社1994年版。
⑤ 《白虎通·田猎》："王者诸侯所以田猎者何？为田除害，上以共宗庙，下以简集士众也。"《说苑·修文》："其谓之畋何？圣人举事必反本。五谷者，以奉宗庙养万民也。去禽兽害稼穑者，故以田言之。"

(29) 贞妇妌不受年。(《合集》9756)

(30) 贞妇妌黍受年。(《合集》9965、9970、9971、9974)

(31) 贞妇妌黍受年。(《合集》9972、9973)

(32) 癸酉卜,㱿,贞妇妌不其受黍年。二月 (《合集》9976 正)

(33) 乙丑卜,㞢,贞妇妌鲁于黍年。(《合集》10132 正)

妇妌指妇妌之领地,(29)—(32)辞义为妇妌的农业获得丰收。"鲁"是嘉善之义,(33)辞义为妇妌嘉赞黍子的年成。① 以上卜辞说明妇妌拥有封地,其地为重要的农业区。

妇妌,作为武丁之妻,受商王之命,亲往种黍,参与黍的收获,还为农田驱除兽害,而且其封地的农业受到商王的关心,一方面说明武丁对农事的重视,另一方面说明,主管农事,是王妇的职责之一。

妇妌对外战争

龙方,在亍组卜辞中,与商王朝的关系时好时坏,龙称龙伯(《合集》6590)。龙地望,龙与羌人有关系(《合集》272 反),羌位于商王都西部,岛邦男谓,(龙地)一在西北,邻近羌方;二在东北。② 龙方发动叛乱时,妇妌曾参与讨伐,卜辞如:

(34) 贞勿呼妇妌伐龙方。(《合集》6585 正)

辞义为商王命令妇妌攻伐龙方。妇妌参加了对舌方的战争,卜辞如:

(35) 甲申卜,㱿,贞勿呼妇妌致𢀛先于〔𢀛〕。
乙酉卜,㱿,贞舌方衒,率伐不,王其征,勿告于祖乙。
(《合集》6345,图6—65)

(36) □□〔卜〕,㱿,贞呼妇妌致𢀛先于𢀛。
□□〔卜〕,㱿,贞舌方衒,率伐不,王告于祖乙。(《合集》6347)

---

① 于省吾:《商代的谷类作物》,《东北大学人文科学学报》1957年第1期。
② 岛邦男著,温天河等译:《殷墟卜辞研究》,台北鼎文书局1976年版,第403页。

"𣴎"与舞有关，罗振玉释为燕，① 燕、宴古通，为燕享。衡为违。② 率，金祥恒释为皆。③ 不，为人、地、族名的同一，"不"受到舌方侵伐，"㪅"为地名，与王都西部䜣地近（《合集》33145）。（35）、（36）辞义为武丁命令妇妌致送宴享（士兵）之物先到（舌方）入侵的前沿阵地——㪅。舌方全面侵略"不"地，商王率军出征，向祖乙诰祭，祈求祖乙保佑战争胜利？由以上卜辞可知，妇妌参加了对舌方的战争。

图 6—65　《合集》6345

武丁与妇妌关系

妇妌为武丁妻，其政治地位低于武丁，妇妌要向武丁进贡并听从调遣，卜辞如：

(37) 妇井来女。（《合集》667 反）
(38) 妇妌来。（《合集》2763 反）
(39) 呼妇妌出。（《合集》2728）

(37) 辞义为妇妌向王室贡纳女。(38) 辞义为妇妌来觐见武丁。妇妌为"王妇"，拥有领地，要觐见和贡纳。

妇妌服务在王室的各种事务中，受到武丁的赏赐，卜辞如：

(40) 贞畀妇妌。（《合集》2766）

辞义为商王赏赐妇妌。妇妌可能死于武丁之世，卜辞如：

---

① 罗振玉：《殷墟书契考释》中，王国维手书石印本 1915 年版，第 33 页上。
② 于省吾：《甲骨文字诂林》，中华书局 1996 年版，第 2248 页。
③ 金祥恒：《释率》，《中国文字》第 18 册，1965 年。

(41) 妇妌其死。（《合集》17062）

(42) 贞妇妌亡其宾。（《合集》8185 正）

(41) 辞义为妇妌有病，武丁贞问妇妌会死去。宾作"🈳"形，用作祭名，宾祭的对象不是祖先便是神灵上帝，① (42) 辞义为妇妌不被宾祭。以上是宁组卜辞中所见的妇妌的情况。

历组卜辞的妇妌

历组卜辞中，有关妇妌的卜辞如：

(43) □亥，妇井［毓］……（《合集》32763）

(44) 贞……井……从沚或。（《合集》32764）

(45) 己亥卜，㱿，妇井于受。（《合集》32765）

(46) 己巳，贞执井方。弗执。（《合集》33044）

"毓"表示生育之义。(43) 辞义为妇妌生育。沚或是历组卜辞中的重要人物，(44) 辞义为（商王）命令妇妌率领沚或从事某事。"㦰"，屈万里谓㦰假为灾害之灾（见《甲编考释》1296 片考释），钟柏生谓做灾害讲最为合适。② (45) 辞义为在受地妇妌受到灾害。"执"为动词，为攻伐、捉拿，(46) 辞义为商王攻伐井方。

宁组卜辞中，井方与商王朝之间友好相处，历组卜辞中，双方时有战争发生，此妇妌，不应是武丁之配，证据为，妇好与妇妌同时侍奉武丁，作为武丁之妻，时间或有早晚，武丁晚期，据推测妇妌有可能也已过了生育年龄；宁组卜辞还显示，妇妌死于武丁在世之时。而历组卜辞中的妇妌分娩生育，由此说明，宁组和历组卜辞中的妇妌为两个人。

三 子画、子商等

子在甲骨文中，含义比较复杂，主要有三种含义：一为爵称，二为儿子之子，三为子姓。甲骨文中的"子某"，据《甲骨学一百年》统计，共有 124 个，其中的多数"子某"，为商王之后裔，与时王有或近或远的血缘关系；

---

① 钟柏生：《妇妌卜辞及其相关问题的探讨》，《中研院史语所集刊》第 56 本第 1 分，1985 年版。

② 同上。

他们是商代社会的重要统治基础，活跃在政治舞台上，现分述如次：

(一) 子画

甲骨文中，有关"画"、"子画"的卜辞有 80 多条，出现在方组、历组卜辞中，这些甲骨文材料反映了这样的史实：子画参与王室的祭祀，去世后被王室祭祀；他曾发动过叛乱而被讨伐，后臣服于商王，向商纳贡，并直接入王室服役；子画被封于王都东部，封地属于农业、畜牧业和田猎区。

子画地望位于王都东部，具有重要战略地位，卜辞如：

(1) 甲午卜，㱿，贞翌乙未易日。王占曰：有求（祟）。丙其有来艰。

三日丙申允有来艰自东，画告曰：兒……（《合集》1075 正）

(2) [自] 东，画告曰：兒伯……（《合集》3397）

(3) 贞使人于画。（《合集》5532 正，图 6—66）

(4) 令去往子画。（《合集》10302 正甲，图 6—67）

(5) 三日乙酉有来自东，画呼申告旁捍。（《合集》6665 正）

(6) 癸未卜，𠴫，贞旬无囚。

三日乙酉有来 [自东]，画呼 [申告] 旁捍。（《英藏》634，图 6—68）

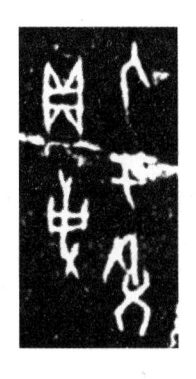

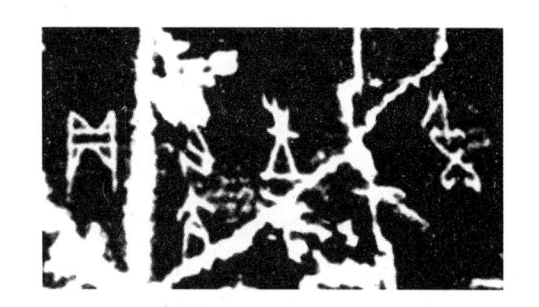

图 6—66　《合集》5532 正　　　　图 6—67　《合集》10302 正甲

(1)、(2) 辞义为商王在王都占卜，占卜的结果是有灾祸，三日后丙申日果然从东部传来有灾祸消息，这消息是位于东部的子画而报告的，内容是兒伯

图 6—68　《英藏》634

（将对商王不利）。（3）"使人于画"即派遣使者前往画地。去在此为人名，（4）辞义为命令"去"前往子画封地。（5）、（6）辞义为贞问癸未旬有无灾祸，三日后乙酉日，从东部传来消息，子画命令"中"向商王室报告旁方入侵。①

画地不仅战略地位重要，而且还是重要的农业区、畜牧业区、田猎区，卜辞如：

(7) 戊午卜，㱿，贞画受年。（《合集》9811 正）
(8) 贞画来牛。（《合集》9525 正）
(9) 狩画，擒。（《合集》10926）
(10) 田画令……二雏……（《合集》10925）
(11) 贞子画弗其获［兕］。（《合集》10426 正）
(12) 癸未卜，亘，贞画来兕。（《合集》9172 正）
(13) 戊王其田于画擒大狐。（《合集》28319，何组卜辞）

（7）辞义为画地的农业能否获得丰收。（8）辞占卜子画向王室进贡牛，说明其境内有畜牧业区。狐，是商人狩猎的主要对象，狐皮具有重要的经济价值，狐皮自古以来就是做衣裘的上等原料，《诗·豳风·七月》："取彼狐狸，为公子裘。"商人获狐，应与其经济价值有关。田画，即在画地田猎，既有

---

① 旁称旁方（《合集》6666），旁方最终被商王朝打败而臣服（《合集》26953、37791）。

捕获野兽之义,也有军事演习的性质。兕,《山海经·南山经》:"祷过之山,其上多金玉,其下多犀、兕。"郭璞注云:"犀似水牛,……兕亦似水牛,青色,一角,重三千斤。"是兕为重千斤,似青色水牛的大兽。① 画地有牛、狐狸、兕等动物,说明子画的领地,不仅有农业区,而且有畜牧业和狩猎区。子画为臣属者,要贡纳,卜辞如:

(14) 画入二百五十。(《合集》952 反)
(15) 画入百。(《合集》9227 反)
(16) 画入二在高。(《合集》9229)
(17) 画来十。(《合集》14755 反)
(18) 叀子画致众。
    [叀]并[致]众。(《英藏》2412)

入、来为臣属者向商王贡纳物品之语,上引卜辞,多为记事刻辞,记子画向商王贡纳占卜所用龟和甲。子画曾发动过叛乱。

画与商王之战争

子画曾叛乱作祸,卜辞如:

(19) 辛亥卜,𣪘,贞呼饮𢦔画不橐。六月。(《合集》4284)
(20) 呼甾画。
    呼戉往弋沚。(《合集》4283,图 6—69)
(21) 贞叀吴令途子画。(《合集》6053,图 6—70)
(22) 甾正〔化征〕不其画。(《合集》14549 正)

"饮"在此为人名,"橐"义不明,(19)辞义为商王命令饮捉拿、讨伐子画。甾为人名,其地位于王都西部,(20)辞义为甾受商王令,前往东土征伐子画。甾征伐子画与戉征伐西土的沚𢦏为同版,商王征伐沚𢦏的战争在武丁早、中期,由此推出,商王对子画征伐当在武丁早、中期。"途"借为屠杀,(21)辞义为商王令吴讨伐子画。以上是𠂤组卜辞中所见子画被讨伐的史实。

---

① 杨升南:《商代经济史》,贵州人民出版社 1992 年版,第 297 页。

图 6—69　《合集》4283　　　　图 6—70　《合集》6053

子画在王室活动

子画是商王同姓贵族，参与王室祭祀，卜辞如：

(23) 画于丁羌㞢三牛。(《合集》431)
(24) 兄壱画。(《合集》3043，图 6—71)

图 6—71　《合集》3043

(25) 惟丁壱画。(《合集》3044 正)
(26) 示，子画父庚。(《合集》14019 反，图 6—72)

(23) 辞义为画用羌人和三头牛为牺牲向（故去的）丁进行祭祀。(24) 辞义为兄某降祸于子画。(25) 辞义为故去的丁降灾祸于子画。出组卜辞中，商王向子画进行侑祭，并且用牲是牡。根据"神不歆非类，民不祀非族"（《左传》僖公十年）的原则，子画参与王室对"丁"祭祀、及丁和兄某降灾祸于子画的占卜，说明子画为商王同姓贵族。"子画父庚"，此父庚应指武丁诸父之一盘庚，盘庚在武丁时期的𠂤组卜辞中称父庚。由此推测，子画和父（盘）庚有更直接的血缘关系。从以上卜辞可知，子画是王室成员，故有祭祀王室成员的权利；子画被分封到画地，不仅要为商王守边，向商王贡纳称臣，而且要为王事奔波。

子画参与军事活动

子画参与商王朝的军事活动，卜辞如：

图 6—72 《合集》14019 反

(27) 己未卜，㱿，贞我三史使人。
　　贞画不其使人。（《合集》822 正）
(28) 贞呼子画以先新射。（《合集》5785）

史为派驻在外地征伐的武官，[①] (27) 辞义为三史或子画派人出使（于某地）。射指射手，(28) 辞义为命令子画致送先地新射手。上辞说明画参与军队事务，子画参加了商王朝对舌方战争，卜辞如：

(29) 贞叀子画呼伐〔舌方〕。
　　贞叀师般呼伐〔舌方〕。
　　贞叀昜呼伐舌〔方〕。
　　贞叀王往伐舌〔方〕。（《合集》6209）

这是商王对舌方进行征伐时，贞问由子画、师般、昜还是商王亲自前往讨伐舌方。

---

① 胡厚宣：《殷代的史为武官说》，《全国商史学术讨论会论文集》，1985 年版。

以上是子画在商王朝军队中活动的情况。

子画直接服务于商王

子画侍从在商王身边，受商王之令而从事王事，卜辞如：

(30) 贞今十三月画呼来。（《合集》11000）

(31) 见子画。（《合集》3040）

(32) 贞宙子画往□。（《合集》3030）

(33) □□卜，贞今四月多子步……画。（《合集》3246）

(34) 贞王往于𢆶京。

呼子画涉。（《合集》6477 正、反）

(30) 辞义为要命令画来"享王"、来"见王"。"见"作"𥃩"形，望字作"𦣻"形，目平视为见，目举视为望。[①]"见"在此义为接见。(31) 辞义为商王接见子画。(32) 辞义为命令子画前往某地。步与军事活动有关，(33) 辞义为命令多子进行"步"的军事活动，（子）画（有某事）。"𢆶京"为地名，(34) 辞义为商王前往𢆶京。命令子画涉行。由以上卜辞知，子画受商王直接调遣而从事王事。

子画服务于占卜机关

子画参与王室整治甲骨之事，卜辞如：

(35) 画示四屯，殷。（《合集》17584 白）

(36) 画示四屯，亘。（《合集》17585，骨白刻辞）

从记事刻辞可知，子画参与王室整治甲骨之事宜。子画作为臣属，受到奖励和赏赐，卜辞如：

(37) 贞妇𢆶册画。（《合集》2824）

(38) 庚辰卜，㱿，贞受畀画。十二月。（《合集》3054 正）

"册"在此为祭名，册，《说文》："符命也，诸侯进受于王也。"册在此与册封

[①] 商承祚：《福氏所藏甲骨文字·考释》，香港书店，1973 年影印本，第 5 叶第 16 行。

有关，(37) 辞义为命令妇𡥜进行册封子画。(38) 辞义为商王赏赐子画。子画还受到关心，卜辞如：

(39) 贞子画疾。(《合集》3033 正)
(40) 贞子画骨凡有［疾］。(《英藏》131)

辞义为子画有疾之贞。

武丁时期服务于王室的子画可能死于武丁后期，卜辞如：

(41) □辰卜，永，［贞］翌乙巳……宜……［子］画。(《合集》3037)
(42) 子画有求（咎）。(《合集》3032 反)
(43) 画岁。(《合集》23530)
(44) □□卜，［旅］……侑子画羍。(《合集》23529，出组卜辞)

"宜"为祭名，(41) 因辞残，是子画参与王室之祭祀还是子画受到宜祭，不详。"侑"为祭名，侑祭之对象多为已故者，子画在武丁、祖庚、祖甲时期，受到侑祭，说明子画已经故去。

传世有"子画"簋（《集成》3073、3074）两件，时代为殷商。为子画及其家族的青铜礼器。

可见，子画生时，参与王室祭祀，死后被王室祭祀，从"子画父（盘）庚"同辞看，他有可能是盘庚之后。子画被分封到王都东部画地，这里拥有丰富的资源，属于田猎区、农业区、畜牧业区。子画是商王朝的强宗望族，在武丁早期曾叛乱，被镇压后又臣服于商，服务于王室，整治甲骨，随王外出，参与军事活动并直接对外战争等，因子画勤劳王事，受到商王的赏赐和关心。

历组卜辞中的子画

历组卜辞中，子画的活动主要有两个方面：参与商王朝对外战争；对商王朝的叛乱。下面就这两个方面加以论述。

子画参与军事活动

子画参与军事活动，主要是他带领步兵参加对西部方国的战争，卜辞如：

(45) □巳，贞禽以画于罚奠。

癸巳，贞王令画，生月。

[甲]午，贞告画其步祖乙。

甲午，贞于父丁告画其步。(《屯南》866)

(46) [丙寅卜]，贞翌丁卯令子画步。

贞于辛未令子画步。(《英藏》130)

"步"，除指步行以外，还与军事活动有关，甲骨文中有步伐这种作战方式（《合集》6292）。"步伐者，不驾车，不骑马，以步卒征伐之也。"① "罚"，陈梦家谓："是后世的笥国，史籍作荀。……《水经·涑水注》又曰：'又西经荀城，古荀国也。'故城在今新绛县西。"②(45) 辞义为商王命令禽致送子画到郊外的罚地。甲午，分别向祖乙、父丁进行告祭，命令子画步伐。子画还参与讨伐敌国，卜辞如：

(47) 癸未，贞王令子画舀[方]。

癸未，贞王令禽舀方。

甲申卜，于大示告方来。(《屯南》243，图6—73)

图6—73 《屯南》243

"舀"，郭沫若谓"舀与伐同义……舀即撞。"③ 刘钊认为是追击，追伐。④ (47) 辞义为商王命令子画或禽追伐敌方。以上材料说明商王、禽、子画是征伐方国的主要军事将领。由此知，子画在历组卜辞时期，对商王朝最大的贡献，就是他参与了对方的战争。

---

① 胡厚宣：《殷代舌方考》，《甲骨学商史论丛初集》上册，台湾大通书局1972年版，第254页。

② 陈梦家：《殷虚卜辞综述》，中华书局1988年版，第295页。

③ 郭沫若：《甲骨文字研究·释挈》，上海大东书局1931年初版本。

④ 刘钊：《卜辞所见殷代的军事活动》，《古文字研究》第16辑，中华书局1989年版，第122页。

子画还听从商王的调遣，卜辞如：

(48) 乙丑，贞王令子画叀丁卯。(《合集》32774)

因辞简略，商王令子画从事的活动不明。

子画在历组卜辞中，受到商王的征伐，卜辞如：

(49) 庚子，贞王令禽途子画。(《屯南》1115，图6—74)
(50) 师般途子画。(《合集》32900，图6—75)

图6—74　《屯南》1115　　　图6—75　《合集》32900

"途"借为屠杀。[①] 辞义为令禽和师般征伐子画。以上是历组卜辞中子画活动情况。

(二) 子商

甲骨文中的子商之"商"作"丙"形，有时单独称"丙"。"大邑商"(《合集》36482)、"天邑商"(《合集》36542)之商作"丙"形。"中商"(《合集》7837)、"商"(《合集》4299)、"丘商"及赏赐之商(赏)(《屯南》附

---

① 于省吾：《双剑誃殷契骈枝三编》，石印本一册，1944年，第23叶上。

19) 作"㕯"形。"伯商"（《合集》20087，自组）之商作"㓞"形。后人把几个字形不同的商都隶定为"商"，实际它们所代表含义不同。子商之商作"㕯"形，无一例外。子商为商王同姓贵族，有可能是武丁之子侄，卜辞如：

(1) 甲午卜，商有伐父乙未。（《合集》964）
(2) 翌乙酉呼子商彫、伐于父乙。（《合集》969）
(3) 贞子商侑、曹于父乙呼彫。（《合集》2944）
(4) 癸亥卜，㱿，贞御于祖丁。
  曹祖丁十伐十宰。（《合集》914 正）
  呼子商㕯、侑祖。
  子商有疾。（《合集》914 反）
(5) 壬寅卜，勿蕭彫，子商御二宰。（《合集》2943）
(6) □□卜，争，贞子商……兄丁……宰。十月（《合集》2965）
(7) 贞呼［子］商侑于兄□。（《合集》2947 正）

父乙为武丁父小乙，"父乙未"为"父乙乙未"的省略，(1) 辞义为乙未日子商杀伐致祭小乙。(2) 辞义为命令子商向父乙进行彫、伐祭。侑为侑祭，曹通假为斫，即砍杀之义，[①] (3) 辞义为命令子商向父乙进行侑祭、杀牲和彫祭。㕯字象人手提酒爵，当与彫祭有关，根据《合集》914 反之辞，是子商有疾而向祖丁进行御祭的，"御于祖丁"应当是"御子商于祖丁"的省略，(4) 辞义为禳除子商之疾、向祖丁御祭并用牲"十伐十宰"。(5) 辞义为子商彫祭杀伐二宰以禳除不祥。王卜辞中，主祭者为武丁，此兄丁当为武丁之兄弟中先逝者，用牲为小牢，(6) 辞义为命令子商向兄丁祭祀。以上是子商参加王室的祭祀的史实，当子商有病或灾祸时，商王为子商向祖先举行祭祀，卜辞如：

(8) 贞御子商小宰用。（《合集》2941）
(9) 丙戌卜，争，贞父乙㞢多子。
  丁亥卜，内，贞子商亡㞢在囗。（《合集》2940）
(10) 贞子商㞢由。（《合集》2953 正）

[①] 于省吾：《甲骨文字释林》，中华书局 1979 年版，第 172 页。

(8) 辞义为为子商向祖先神进行御祭用小牢。"🔣",唐兰认为当与《盂鼎》"我闻殷述令"之述同,述令假借为坠命。① 当与灾祸有关,多子是王之近亲,"多子"即诸王子,"🔣",在此为地名,"🔣",其义未知,从辞义上看,当与灾祸有关。(9) 辞义为父乙降祸于多子。子商有祸。"🔣"不识,当为动词。"🔣",从唐兰说,释"由",于省吾读"由"为"咎"。② (10) 辞义为子商有灾祸。子商受到商王关心,其妻也受到关注,卜辞如:

(11) □寅卜,宁,[贞]子商妾……🔣……娩。□月。(《英藏》125)
(12) 丁亥卜,亘,贞子商妾娩。不其嘉。(《合集》14036)

"妾"在甲骨文中指身份不同的女子,或指先公先王之配,如示癸妾妣甲。(11)、(12)辞义为子商妾生育,生男还是生女。子商妾当为子商之妻。

从子商参与王室祭祀、子商有疾病时商王所御祭的对象看,与子商有关系者,最远之祖先为武丁祖父——祖丁,中间为武丁父——小乙,同辈为武丁兄——兄丁,据商王命令子商祭祀兄丁及子商属于多子之一的情况判断,子商应当是武丁之侄(或子),正因为血缘上的这种关系,故受到武丁关心。

子商随侍在武丁之侧

子商作为王子,服务在商王身边,随从打猎或出征,卜辞如:

(13) 呼子商从溝有鹿。(《合集》10948 正)
(14) 子商弗其获。……在萬。(《合集》10945)
(15) □□卜,㱿,贞……子商陷。(《合集》10670)
(16) 惟子(商)不呼陷。
    惟子商呼。
    勿惟王往。
    贞王于庞[次]。(《合集》7352 正)

---

① 唐兰:《殷虚文字记》,中国社会科学院历史所1978年油印本,第32页。
② 于省吾:《甲骨文字诂林》,中华书局1996年版,第715页。

"滿"为地名，(13) 辞义为命令子商在滿地猎鹿。萬与滿区别为滿从水而萬不从水，当指一地，(14) 辞义为子商在萬地田猎有无捕获。陷作兽在坑中形，罗振玉释为阱，《说文》"阱，陷也"，"穿地以陷兽也"[①]。(15) 辞义为子商用陷的方式捕获猎物。"庞"为地名，(16) 一事多占，辞义为商王巡狩庞地时子商用陷的方式田猎。由此知，子商是随同商王一起狩猎的。子商又参加了对外战争，卜辞如：

(17) 甲申卜，王，贞余征谭。
　　　宙子商令。
　　　宙子效令西。(《合集》6928 正)

辞义为商王命令子商、子效前往西土讨伐谭国子商受王令，与雀一起参与对基方战争，卜辞如：

(18) 辛巳卜，争，贞基方戎。
　　　癸未卜，内，贞子商㞢基方、缶。四月。
　　　癸未卜，内，贞子商无其保。(《合集》6572)
(19) 辛卯卜，殷，贞基方作敦不闌弗否。
　　　辛卯卜，殷，贞勿鼄基方、缶作敦子商［㞢］。(《合集》13514 正甲)
(20) 辛丑卜，殷，贞今日子商其食基方、缶㞢。五月。
　　　壬寅卜，殷，贞自今至于甲辰子商㞢基方。
　　　壬寅卜，殷，贞子商不蕭㞢基方。
　　　壬寅卜，殷，贞尊雀宙廩食基方。
　　　壬寅卜，殷，贞曰子商㞠癸敦。五月。
　　　贞自今壬寅至于甲辰子商㞢基方。
　　　甲辰卜，殷，贞翌乙巳日子商敦至于丁未㞢。
　　　贞曰子商至于㞢丁乍山㞢。(《合集》6571 正，图 6—76)
(21) 乙酉卜，内，贞子商㞢基方。四月。
　　　丙戌卜，内，贞我作基方㞡。(《合集》6570)

---

① 罗振玉：《增订殷虚书契考释》(中)，第 50 页上。

(22) 翌乙丑多臣弗其㞢缶。

乙丑卜，敝，贞子商弗其获先。（《合集》6834正）

"戎"作征伐或来犯解，《国语·周语下》："戎商必克。"韦昭注云："戎，兵也。"以兵伐殷必克之也。① 基方、缶为敌方国，结成同盟侵犯商王朝边界。"缶"，在今山西永济县。② "基方"，郭沫若认为是箕子所封邑之箕。③《左传》僖公三十三年："晋人败狄于箕。"江永《春秋地理考实》认为箕在今山西蒲县东北。陈梦家认为在今山西河津县境。④ "保"有平安之义。（18）辞义为基方侵犯商王朝的边界，派子商征伐基方，是否平安无事。"㞢"，乃祟之孳乳字，为祟祸之义。裘锡圭释为求，读为咎。⑤ "𤉲"在此为动词，其义不详。"敦"字作𩫖形，即墉字，为城郭之义，⑥（19）辞义为基方、缶修筑城墙抵抗。子商攻伐基方与缶。"隻"作𫊣、𠃧、𠃨、𫊤形，字象手持工具捕兽形，在此为擒获。⑦ "㞢丁"，在此当为地名，"山"当为防御工事，（21）辞义为子商擒获基方、缶有灾祸。壬寅到甲辰作战时让子商征伐基方。雀和廪擒获基方。子商要谨慎对付基方。自今壬寅到甲辰子商打开基方城邑。命令子商于甲辰日打破其城邑到丁未日毁伤基方（存在）的基

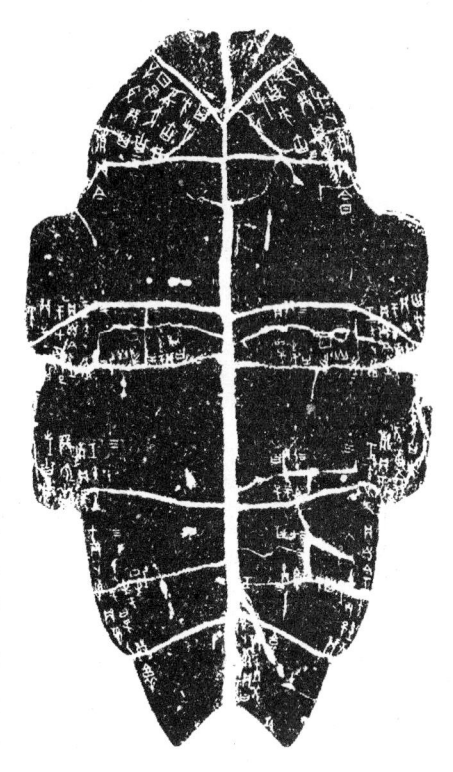

图6—76 《合集》6571正

---

① 齐文心：《殷代的奴隶监狱和奴隶暴动》，《中国史研究》1979年第1期。
② 陈梦家：《殷虚卜辞综述》，中华书局1988年版，第294页。
③ 郭沫若：《卜辞通纂》，科学出版社1983年版，第447页。
④ 陈梦家：《殷虚卜辞综述》，中华书局1988年版，第288页。
⑤ 于省吾：《甲骨文字诂林》，中华书局1996年版，第1495页。
⑥ 同上书，第1004页。
⑦ 王贵民：《说钔史》，《甲骨探史录》，读书·生活·新知三联书店1982年版，第326页。

础。命令子商于乙日打开（基方）的城邑。命令子商到㞢丁作山防御工事。"岁"，郭沫若认为此乃封之异，封之者，谓缮完城郭。^①（21）辞义为子商攻打了基方后修缮基方城邑。从以上材料看，子商是征伐基方的将领，基方失败后，不见再出现。子商还参加了对基方的联盟者——缶的战争，（22）辞义为多臣征伐缶。子商为前军。

从以上材料看，子商参加了对谭、基、缶战争，子商是军事将领之一。

子商还受商王之令，到外地从事活动，卜辞如：

（23）庚子卜，㱿，贞令子商先涉羌于河。（《合集》536）

河在甲骨文中专指黄河，"涉"，舟行曰涉。（23）辞义为命令在黄河上子商先用舟运送羌人。子商不仅要为商王服务，子商之家臣也要为商王服务，卜辞如：

（24）丙申卜，争，贞令出以商臣于盖。（《合集》636）
（25）以子商臣于盖。（《合集》638）

"出"为祖庚、祖甲时的贞人，武丁时期，他已为商王服务。（25）、（26）辞义为命令出致送子商之臣到盖地。

以上是子商所从事的王事活动情况。

子商勤劳王事，既受到商王的器重，也受到商王关心，卜辞如：

（26）丙戌卜，㱿，贞子商其㞢囧。七月。（《合集》2954）
（27）子商有耆。（《合集》5530甲）

㞢、囧、耆都与祸咎有关，（26）、（27）辞义卜词子商有灾害。

子商与商王的君臣关系

子商为王室之子，他分宗立族，拥有封地和人民，向商王臣服纳贡，卜辞如：

---

① 郭沫若：《卜辞通纂》，科学出版社1983年版，第447页。

(28) 庚申，王戠……子商二屯。(《合集》819)

(29) 子商来。(《合集》2962)

(30) 子商入十。(《合集》9217 反)

(31) [子]商入四十。(《合集》9216 反)

入、来是臣服者向商王贡纳物品之用语。

从甲骨文中所见看，子商是王室之子，与武丁有很近的血缘关系；又因为子商具有军事才能，故服务于商王身边，参与战争与田猎，并受到器重；子商作为王室之子，受有封地和人民，作为商王之臣下，要纳贡。现藏于故宫博物院的两件刻有"子商"铭文、镶嵌绿松石的青铜戈(《集成》10852.1、10852.2)，时代为殷，做工精致，或为子商生前所用之物。

(三) 子辟

甲骨文中，子辟未参与商王朝的各项事务，却是"子某"中一位重要人物，他可能涉及商王位继承制度或财产继承权的一些内幕，因此有必要对子辟作一考述。

子辟与王室贵妇之妇鼠在一条卜辞中出现，如：

(1) □□卜，自，[贞]妇鼠……[子]辟御。(《合集》19990，自组卜辞，图 6—77)

"妇鼠与(子)辟御"同见一条卜辞，妇鼠与子辟之间应有一定关系，要探讨子辟的身份，有必要对妇鼠在王室身份及地位作一研究。

妇鼠在王室的情况

妇鼠为王室之贵妇，商王对妇鼠生育十分关心，卜辞如：

图 6—77　《合集》19990

(2) 乙酉卜，王，妇鼠娩，其惟[嘉]。(《合集》13960，图 6—78)

(3) [贞]妇鼠娩，嘉。五月。

[乙]卯夕㘝丙辰妇鼠……(《合集》14020，图 6—79)

(4) 辛丑卜，妇鼠不其嘉。
癸亥卜，其嘉。(《合集》14062)

图 6—78　《合集》13960　　　　图 6—79　《合集》14020

辞义为贞问妇鼠要分娩。生男还是生女。商王对妇鼠所生之子也十分关心，卜辞如：

(5) 戊寅卜，御子于妇鼠……跽。六月。(《合集》19986，𠂤组卜辞)
(6) 贞妇鼠子不死。(《合集》14119)
(7) 御妇鼠子于妣己，允有㞢。(《合集》14118)
(8) 庚申卜，王，余祐母庚。□庚弗以妇鼠子。用。八月。(《合集》14120)

"跽"字不识，"御子于妇鼠"意为"御妇鼠子于□"，(5) 辞义为御祭禳除妇鼠子之疾。(6) 辞义为妇鼠子不会死去。妣己为祖丁之配，(7) 辞义为向妣己举行禳除灾祸的御祭，妇鼠子的病情会有好转。"祐"为祭名，(8) 辞义为商王亲自祐祭母庚，问要否进行命名妇鼠子的仪式。妇鼠参与王室祭祀，卜辞如：

(9) 癸未卜，妇鼠侑妣己南、豕。
妇鼠侑妣庚羊、豕。(《英藏》1763)

(10) 甲申卜，御妇鼠妣己二牝牡。十二月。
一牛御妇鼠妣己。
一牛一羊御妇鼠妣己。(《合集》19987，𠂤组卜辞)

(11) 甲申卜，御妇鼠［妣］己二［牛］。(《合集》19988，𠂤组卜辞)

(12) 己未卜，贞〔告妇〕鼠［于］妣戊、母庚。(《合集》19992，𠂤组卜辞)

(13) 癸未卜，妇鼠侑母庚南。(《英藏》1765)

妣己、妣戊、母庚与妇鼠祭祀同辞，妣己是祖丁配，妣戊不详，母庚指武丁母，根据妇鼠祭祀武丁祖母、母的情况判断，妇鼠属于武丁核心家族之人。要判定妇鼠的确切身份，需要探讨子辟的身世及其与妇鼠的关系。

子辟与妇鼠之关系

甲骨文中有"余子"、"弗子"、"弗其子"、"余子妇（某）子"之占卜，妇鼠与子辟都被商王如此贞问过，卜辞如：

(14) 戊辰卜，王，贞妇鼠娩。余子。(《合集》14115)

(15) 贞妇鼠娩，余弗其子。四月。(《合集》14116)

(16) 己巳卜，王，妇鼠［娩］，子余［子］。(《合集》14117)

(17) 戊午卜，王，贞勿御子辟，余弗其子。(《英藏》1767)

(18) 乙巳卜，𠂤，贞王弗其子辟。(《合集》20608)

"余子"、"余弗其子"即商王承认某妇所生之子是否为我的儿子而命名之，商王多妻，通过占卜决认自己所生之子以名之，[1] 主要是确定此子是否有王位或财产的继承权。这应是一种册立有无继承王位权或财产继承权的制度，通过占卜，确认某妇所生之子为子，则此子即有继承权，"弗其子"则此子没有继承权，当然，此"妇"首先应是直系先王的配偶。[2] 从目前所发现的

---

[1] 宋镇豪：《夏商社会生活史》，中国社会科学出版社 1994 年版，第 179—184 页。

[2] 王宇信、杨升南：《中国政治制度通史·先秦卷》，人民出版社 1996 年版，第 220 页。

甲骨文看，有多条商王占卜"妇（某）子"为"余子"、"弗其子"的贞问；而占卜"子某"为"余子"、"余弗其子"的贞问，仅子辟一人。"御"，《尔雅·释言》："御，祭也。"《说文》云："御，祀也。"(17) 辞义为武丁祭祀并确认子辟具有王位继承权或对王室财产的继承权。"王弗其子辟"为"王弗其子子辟"之省略，(18) 辞义为商王命名子辟。如此则具有王位继承权或具有某种身份后，才拥有对王室财产的继承权。

从商王贞问妇鼠之子是否为"余子"看，妇鼠可能是武丁之妃。从周祭祀谱中看，武丁曾有三个嫡妻，分别是妣辛、妣癸、妣戊，妣辛即祖庚、祖甲时期的母辛（《合集》23417），殷墟妇好墓的"后辛"（石牛）和"后母辛"（青铜器），[①] 即武丁时期活着的妇好。妇妌为妣戊妌（《屯南》4023）。商王对妇鼠生育的贞问，出现在𠂤组、𠂤组卜辞中，即在武丁早、中期；就妇鼠在王室的地位看，其政治地位是很高的，但妇鼠是否为武丁的另一配偶妣癸，没有任何材料能够证实。妇鼠的身份到底怎样，还需要对与妇鼠有联系的子辟来论证。

子辟在王室的地位

子辟未参加商王朝的任何活动，但受到武丁的关心，卜辞如：

(19) □□〔卜〕，王，贞〔子〕辟骨〔凡〕有〔疾〕。（《合集》21133）

(20) 辛丑卜，𠂤，贞子辟霥。□臣不其骨凡目。印骨凡目。三月。
（《合集》21036）

(21) 戊午卜，王，于母庚祛子辟。□月。（《合集》19964）

(22) 戊午卜，王，勿御子辟。
戊午卜，王，上求子辟我。
于中子祛子辟。（《合集》20024）

(23) 御子辟中子不。
御子辟小王不。（《合集》20023）

(24) 于后御子辟。（《英藏》1768）

"骨凡有疾"为甲骨文一成语，(19) 辞义指子辟有某种疾病。霥字从雨从疾，当与某种疾病有关，(20) 辞义指子辟生了某种疾病。母庚指武丁之母，

[①] 中国社会科学院考古研究所：《殷墟妇好墓》，文物出版社1980年版。

祦为祭名，(21)辞义为子辟有疾，武丁向母庚进行祦祭。"求……我"指向祖先或上帝祈求福宜之义，[①] 上，甲骨文中有"上子"(《合集》14257)，"上甲"(《合集》248正)，如果与同版的中子相对应，"上"当指上子。(22)辞义为为禳除子辟之灾，武丁向上子求得福宜。向中子进行祦祭。"小王"，康丁时期称为"小王父己"(《合集》28278)，自组卜辞中称"小王"(分活者《合集》21546和故去者《合集》20022)，即武丁曾立为太子的祖（孝）己。(23)辞义为商王向中子还是向小王（祖己）举行禳除灾祸之御祭来消除子辟之灾。小王（祖己）和中子同时成为商王为消除子辟之灾祸而御祭的对象，说明其两人身份相当，有可能是兄弟，"后"指某种身份而言，如妇好墓的"后母辛"，(24)辞义为向后某进行御祭消除子辟之疾。

甲骨文中，有关妇鼠和子辟的卜辞，多数为武丁亲自贞问，可见子辟深受武丁宠爱，但他不是武丁之子，理由如下：中子，在子组卜辞出现，是活着的人（《合集》21565、21566），中子受到商王或商王家族之人的命令，说明中子具有一定的身份。自组和㱿组卜辞中中子受到祭祀（《合集》3258、20025）。活着的中子与商王武丁相比，其身份和地位低于武丁，小王为武丁太子——祖己，为禳除子辟的灾祸，商王同时向中子和小王（祖己，已经故去）举行御祭，由此判定，中子和小王有可能为同一辈分之人，武丁不仅向自己的父、祖辈举行御祭，而且还向其子辈举行御祭以消除子辟之祸，说明子辟应当是武丁之孙而不是武丁之子；再从武丁多次"子辟余弗其子"（《英藏》1767）和"王弗其子辟"（《合集》20608）的贞问看，应当是武丁确认子辟是否有继承王位或商王室财产的权利的占卜，子辟应当是武丁太子——祖己之子或侄。如此理解子辟和妇鼠的身份和地位，就可以解释：(1)妇鼠参与王室之祭祀及生育受商王重视的原由；(2)子辟不见有功于王室却被武丁如此关爱的理由。子辟受商王宠爱，是由其宗法地位和其母妇鼠的地位决定的。

关于子辟的身份，涉及商代册立储君和商代王位继承权或商王室财产继承的问题，受材料限制，只能根据甲骨文材料作此结论。丁骕认为与妇鼠有关的妣己、母庚、妇鼠、子辟似应为四世，妇鼠与小王、中子、祖庚、祖甲一世，子辟为祖庚、祖甲子侄辈，妇鼠为祖己之配偶。[②] 大体得之。

---

① 裘锡圭：《释"求"》，《古文字论集》，中华书局1992年版，第59页。
② 丁骕：《子卲》，《中国文字》第32册，1969年。

（四）子昌

商王对子昌的生育表示关心，说明子昌是一女性，卜辞如：

(1) □□卜，㱿，贞子昌娩嘉。（《合集》14032 正乙）
(2) 甲辰卜，贞子昌娩嘉。惟卒。
甲辰［卜］，争，贞［子］昌娩，不［其］嘉。女？五月。（《合集》14033 正）

(1)、(2) 辞义为子昌是生男孩还是女孩。子昌还受到商王为她举行禳除灾祸的御祭，卜辞如：

(3) 御子昌……。（《合集》3199 反）

(3) 辞义为商王为子昌禳除灾祸。商王为她举行禳除灾祸之御祭，说明她能享有商王家族成员的待遇，由此判定，子昌为王室之人，即子昌为王室女。甲骨文中有昌地，根据人、地、族名同一的原则，昌地是子昌之封地，其地有农业区，卜辞如：

(4) 求年于昌。（《合集》10100 正）
(5) 昌燎。（《合集》655 正甲）

"求年于某"之某指先公高祖（河、岳、夒《合集》10076），还指地名，如"求年于滴"（《英藏》2287），昌在此为地名，(4) 辞义为祈求昌地农业丰收。(5) 辞义为昌行燎祭或商王在昌地燎祭。

子昌是王室之女，她有封地，说明商王之女与男性"子"一样，受到商王的分封。

子昌在武丁时期就已去世，受到商王室的祭祀，卜辞如：

(6) □□卜，㱿，贞燎昌一羌……（《合集》410 正）
(7) 勿蕭侑于昌豕。（《合集》938 反）
(8) 侑于昌三十人。（《合集》1051 正）
(9) 贞亦燎于昌三牛。（《合集》14690）

(10) 酯燎于昌。《（合集》14695 正）

(11) 贞翌□寅酯燎于昌启犬燎豕……。（《怀特》14 正）

(12) 祀昌。（《合集》14689）

(13) 勿祐昌。（《合集》14685）

(14) □□卜，叀鱼曹昌。（《合集》14688）

燎、侑、祀、祐为祭名，辞义为商王向昌分别举行燎、侑、祀、祐等祭。曹为杀牲以祭，鱼在此为人名还是牺牲，不明，辞义为用鱼祭祀昌。

子昌这一人物，她是王室女，商王对其生育、疾病反复贞问，受到商王关心。子昌故后，受到商王的祭祀；子昌身为王室之女，拥有封地，反映出殷人尽管重男轻女（生男为嘉，生女为不嘉），但特殊女性与商王族其他男性一样，受到商王的分封。

（五）子目

子目为女性，卜辞如：

(1) 庚午卜，宁，贞子目娩嘉。
贞子目娩不其嘉。王占曰：惟兹勿嘉。（《合集》14034 正）

商王对子目生育关心而占卜，子目当是王室之女，其所生之子，商王占卜决定是否给予一定的地位，卜辞如：

(2) 子目亦毓惟臣。二告
子目亦毓不其惟臣。（《合集》3201 正）
王占曰：吉。其惟（臣）。（《合集》3201 反）

"亦"为再、又之义[1]。辞义为子目分娩，商王要以子目之子为臣属。占卜结果吉利，要以其为臣。子目参加商王室祭祀，卜辞如：

(3) 呼目于河，有来。（《合集》8326、14787 正）

---

[1] 杨树达：《积微居甲文说·释亦》，上海古籍出版社 1986 年版，第 23—24 页。

辞义为在河处（黄河或祖先神河之庙）命令目进献祭品。子目参与甲骨整治，如：

  （4）戊寅，羌、目示三屯。䰭。（《合集》5177 白）

"示"为动词，与视义同。在此为整治甲骨。屯指一对牛肩胛骨。子目受商王分封，她为臣属，要纳贡，卜辞如：

  （5）目入。（《怀特》889）
  （6）辛巳［卜］，宁，贞……甲申用目来羌自……（《合集》229）

入、来为臣下向商王纳贡之用语。辞义为商王用子目贡纳的羌人祭祀先王。

  目在武丁时，曾发动过叛乱，卜辞如：

  （7）贞呼雀征目。（《合集》6946 正）

雀为重臣，辞义为商王命令雀征伐目。

  子目是王室之女，目为人、地、族名的同一，目作为族名，与商王朝之间的关系有好有坏。子目与目之间，是目地被征伐后，商王将目地分封给王室之女子目。还是子目嫁于目族。由于材料匮乏，难下结论。但目为商王朝重要一族，历组卜辞中，目仍是活动着的人物，卜辞如：

  （8）叀王令目归。（《合集》32929）

辞义为命令目回自己的封地。目地是田猎区，卜辞如：

  （9）叀目田亡𢦏。（《合集》29286）
  （10）王其田毃至于目北亡𢦏。（《合集》29285）
  （11）其田目擒有鹿。
    甲子卜，翌日乙王其田目亡𢦏。（《合集》33367）

辞义为贞问在目地田猎能捕获猎物，有无灾祸。

黄组卜辞中也有目，如：

(12) 乙卯卜，王，贞勿惟西取睝呼迺出目。(《英藏》1781)

"睝"为人名或物名，辞义为向西部睝征取出自目的贡物。

从甲骨文材料看，子目为王室女，其所生之子，得到商王承认，可以作为商王臣属。目是商王朝一历史悠久部族，与商王关系时好时坏。子目嫁于目家族，即商王嫁女于目族以此笼络目，还是目地被征伐后，商王将目地分封于子目，受材料限制，无法究明。

(六) 子眉和妇媚

子眉是称"子"的又一女性，商王为其生育而贞问，卜辞如：

(1) [子] 媚 (苓) 娩嘉。
　　贞子媚娩不其嘉。(《合集》14035 正丙，图 6—80)

图 6—80　《合集》14035 正丙

辞义为子眉生男还是生女。说明子眉是王室女子。花东 H3 卜辞中有子媚，如：

(2) 乙未卜，子其史，微往西𡉜，子媚若。(《花东》290，图 6—81)

卜辞中子媚之媚作"󰀀"形，与王卜辞妇媚之媚作"󰀀"形相同，卜辞如：

(3) 翌己酉……妇媚（󰀀）侑[于]……。（《合集》2809）

辞义为妇媚参与王室侑祭。妇媚和子媚应指两个不同女性。媚曾参与王室的祭祀活动，卜辞如：

(4) 丁未卜，贞媚侑于丁。（《合集》6592）

图 6—81 《花东》290

(4) 辞义为媚对丁进行侑祭。媚还向商王进贡，卜辞如：

(5) 己卯媚子寅入宜羌十。（《合集》10405 正）

"媚子寅"当断句为"媚、子寅"或"媚子、子寅"，寅为人名，卜辞如：

(6) 贞勿御寅于母庚。七月。（《合集》4880）

"宜"为祭名，(5) 辞义为子媚、子寅贡纳十个羌人用于祭祀。媚还受到商王的关心，卜辞如：

(7) 贞惟媚蛊。
不惟媚蛊。（《合集》1191 正）

"蛊"即蛊毒之疾，引申义为灾祸之义。[①] 辞义为媚有灾祸。

受材料限制，甲骨文中媚单独出现时，指子媚还是妇媚无法判断，她以王室女子能参与其家族的祭祀。

---

① 于省吾：《甲骨文字诂林》，中华书局 1996 年版，第 2647 页。

（七）子不

"不"作"󰀀"、"󰀁"、"󰀂"等形，在卜辞中"不"有两种含义：一为否定副词，如"不其雨"（《合集》33806）、"不受佑"（《合集》34684）等等；一为人名，称"子不"或"不"。

"子不"是商王室的同姓贵族，他受到王室之神所降灾害，卜辞如：

(1) 丁示咎不。（《合集》22289）
(2) 示丁咎不。（《合集》22290）

"示"指神主之牌位，"示丁"当是"丁示"之倒语，谓丁祖之位。咎，即降灾祸，辞义为丁降灾祸于不。不有疾病时，受到商王为他举行的御祭，卜辞如：

(3) 贞子不其有疾。（《合集》14007）
(4) 庚寅卜，争，贞子不骨凡有疾。（《合集》223）
(5) □寅卜，韦，贞御子不。
　　御子不。（《合集》586）

"骨凡有疾"前的否定词，多为"弗"，由此判定"子不"为人名。"骨凡有疾"为一常用语，指某种疾病。"御"为祭名。（5）辞义是为子不进行禳除灾祸之御祭。"不"为臣属，要听从命令从事王事，商王还可以在不地活动，卜辞如：

(6) 贞呼不。（《合集》891正）
　　壬寅卜，共□有往田于不，呼从崇弓。
　　勿呼从崇于不。（《合集》891反）
(7) 其祭，在不󰀃。（《合集》28002，历组卜辞）

"呼"即命令，(6) 即命令不（从事）某事。"于不"之不，为地名，"弓"为王室同姓贵族——子弓，"崇"为人名。商王命令某人与崇、子弓往田于不。"子不"拥有封地，其地位于王都西，受到敌国"方"的侵袭，卜辞如：

(8) 乙巳卜，今日方其至不。(《合集》20410)
(9) 壬申卜，自今三日方不征不。(《合集》20412)
(10) 乙巳卜，今日方征不。(《合集》20421)

以上是𠂤组卜辞，"方"是武丁早中期一个敌国。"方不征不"中，前一个"不"为否定词，后一个"不"为族、地名，辞义为方国侵略至不地。不地在𠂤组卜辞中，受到舌方之侵，卜辞如：

(11) 贞舌方其戋不。(《合集》6363正)

"舌方其戋不"，"不"是舌方侵袭对象，当为地名。子不是分封到"不地"的商同姓贵族。

"子不"曾发动过叛乱，卜辞如：

(12) 庚申卜，王，贞余伐不。
    庚〔申卜〕，王，贞余勿伐不。(《合集》6834正)

(12) 辞义为正反贞问商王要否征伐不地。

甲骨文中的"不"活动在武丁时期，出现在𠂤组、𠂤组卜辞中，他受到商王为他举行的禳除灾祸之御祭，说明"子不"为王室同姓贵族，但与时王血缘关系稍远。其封地位于王都西，受到方及舌方的侵略，"不"首领曾反叛，被商王亲自讨伐。武丁以后之卜辞，不见"不"的活动。

(八) 子兒

"子兒"一称，仅一见，卜辞如：

(1) □□卜，王令子兒。□月。(《合集》3398)

兒为外服诸侯，一称"兒伯"，卜辞如：

(2)〔自〕东，画告曰：兒伯……(《合集》3397)

"兒"称"兒伯"，其地与子画之封地较近，兒族之人称"兒人"，卜辞如：

(3) 庚申卜，㱿，贞兒人……。(《合集》7893)

兒人当是受兒贵族统领的族人。兒称"子兒"、"兒伯"，子、伯应为爵称，是兒受封的明证，兒作为臣属，要纳贡，并服务在商王室，卜辞如：

(4) 丙寅卜，屮，王告取兒。屮占曰：若。往。(《合集》20534，𠂤组卜辞)
(5) 贞令兒来□。(《合集》3399)
(6) 贞兒以有□人。(《合集》9061)
(7) [王]占曰：兒𡆥来……(《合集》14681)
(8) 勿呼兒。(《合集》3400)

"屮"为贞人。"王告"之告，当为告诫、训诫之义。"取"，上级向下级索取物品曰取。辞义为商王告诫（某人）向兒征取贡物。占卜结果可顺利前往（兒地）。来为来享、来贡。以上为兒向王室贡纳物品之占，"呼"为呼召、命令，证明商王对兒有命令权。商王还命令作害于兒，卜辞如：

(9) 丙午卜，王，令㱿𠬝于兒。六月。(《合集》20592)

"㱿"为动词，即作害义。辞义为命令𠬝为害于兒。

(九) 子犾

"子犾"的卜辞有20多条，他参与王室祭祀，卜辞如：

(1) [呼子]犾侑于祖丁。(《合集》1840)
(2) 呼子犾侑于㞢，重犬又羊。(《合集》3190)

"㞢"为祭祀对象或地名，辞义为子犾侑祭祖丁，或用犬、羊为牺牲侑祭㞢。子犾既能参加王室祭祀，也受到商王为他举行的御祭，卜辞如：

(3) 贞子犾骨凡有疾。(《合集》13874 正甲)
(4) 贞犾其死。(《合集》938 正)

(5) 丁巳卜，㱿，御子𢀛于父乙。

□□〔卜〕，㱿，御子𢀛于兄丁。（《合集》3186）

(6) 丁□卜，㱿，贞勿御子𢀛……

于妣己福子𢀛。

福于母庚。

王占曰：吉。𢀛亡囚。（《合集》3187）

(7) □□卜，争，贞□子𢀛于母〔丙〕，䖵麑、〔曹〕小宰，侑及女一。（《合集》728）

(3) 辞义为子𢀛有疾病。(4) 辞义为子𢀛病重将死。父乙为武丁父，母庚为武丁母，兄丁为武丁兄，妣己为祖乙或祖丁配偶，据 (6) 版中有"母庚"推测，妣己指祖丁之配。麑、小宰为牺牲，及女为人牲。母丙为武丁诸父配偶，"子"前当是"御"字，(7) 辞义为禳除子𢀛的灾祸，向母丙举行御祭，用麑、小宰、及女作牺牲。从子𢀛祭祀祖丁到武丁为子𢀛求祭的商先王为直系先王看，说明子𢀛为武丁之子或侄。

关于子𢀛的卜辞，仅见武丁时期。从中看出，子𢀛是商王同姓贵族，商王为子𢀛向武丁兄举行御祭，说明子𢀛为武丁子或兄丁后，是商王室成员。

(十) 子𢀛

"子𢀛"的卜辞如下：

(1) 贞子𢀛不死。

子𢀛其死。（《合集》17079 正）

(2) 贞御子𢀛于父乙。

甲戌卜，王占曰：吉。其御。（《合集》6032 正、反）

从卜辞内容看，子𢀛重病，商王担心其是否死去而贞问，还为他向商王之父乙进行御除疾病的祭祀，说明子𢀛为商王室成员。

(十一) 子𢀛

"子𢀛"的卜辞共 6 条。从中看出，他是商王同姓贵族，当子𢀛有病且在王都外时，商王反复贞问子𢀛会死去，卜辞如：

(1) 癸亥卜，㱿，贞旬亡囚。王占曰：〔有祟〕。……其亦有来艰。

五日丁卯㲋不死。(《合集》10405 反)
(2) 癸亥，贞旬有祟。子㠱死。(《合集》17080 正)
六日戊寅子死。一月。(《合集》17080 反)
(3) [王占]曰：有祟。七日己□[子]㠱死。(《合集》13362 正)

"㲋"字不识，其义当与疾病或灾害有关。"来艰"为从外地传来有灾祸的消息。辞义为子㠱是丁卯、戊寅亡故。除上引外，还有《合集》3120 正，10406 反，也是子㠱之死的占卜。商王为其死反复贞问，说明商王对他的关心，子㠱亡后，商王为其埋葬而贞问，卜辞如：

(4) □卯卜，争，□〔子〕㠱㚼亡野。(《合集》17173)

"㚼"字从㚼从爿从人，爿为棺椁之形，爿象床形，㚼字象人置于棺椁中形，当与埋葬有关。子㠱还受到王室祭祀，卜辞如：

(5) 岁于子㠱。(《合集》3121)

岁为岁祭，辞义为岁祭子㠱。

从以上材料看，子㠱为商王同姓贵族并受到关心，但他在商王朝的地位不详。

(十二) 子𩰤

作为人名用的"𩰤"、"𩰤"，当为同字异体，子𩰤参与王室祭祀，也受到商王为子𩰤禳除灾祸举行的御祭，卜辞如：

(1) [子]𩰤曹侑□乙。(《合集》3219)
(2) 子𩰤骨凡有[疾]。(《合集》13875)
(3) 丁巳卜，㱿，贞子𩰤其有灾。(《合集》3222 正)
(4) 贞御子𩰤于母□。(《英藏》140)
(5) 御子𩰤。(《合集》3220)

(1) 辞义为子𩰤向商王室名"乙"的祖先进行曹、侑之祭祀。(4) 辞义为商王向母某为子𩰤举行禳除灾祸之御祭。子𩰤有可能病重，贞人争(《合集》

17074 正、17075 正)、般(《合集》17076)、永(《合集》17077 正)于癸丑及乙卯日贞问子㱿是否死亡,说明商王对子㱿关心。以后,不见有关他的占卜。

(十三) 子弜

宾组和出组卜辞中,屡见一个从口从弓之字,作"弜"、"㕣"、"㔾"等形,"弜"为副词(如:生一月帝其㕣令雷。《合集》14128 正),㕣,从口从弓,于省吾谓:"按弘训大,此言帝其大令雷也。"① 裘锡圭认为当是"弘"字。② "弜"与"弜"还为人名(《合集》667 正)。③ "㔾"与"弜"、"㕣"是否为一字或为同一人名,难以断定,下文不把"㔾"、"弜"当作"弜"这一人物论述。

有关子弜卜辞近 40 条,见于宾组和出组卜辞。子弜参与商王室祭祀,卜辞如:

(1) 贞来辛亥子弜其以羌暨岁埶于妣□。(《合集》269)
(2) 乙丑卜,宾,贞翌丁丑子弜其侑于丁。(《合集》3077)
(3) 癸亥,其奏䚄,子弜其〔奏〕。(《合集》14125)

"埶",于省吾谓:《尚书·尧典》:"归格于艺祖。"《尚书大传》:"归假于祢祖。"《书·释文》引马王云:"艺,祢也。"……卜辞埶一读为狝杀,二读为亲近之庙,三读为迩,训为近。④ 岁为祭名,此种用牲之法以祭先祖之祭名亦谓之"岁"。⑤ (1) 辞义为用子弜致送羌人作为牺牲。在近亲庙岁祭于某祖妣。"丁"为商王祭祀的先祖,"侑"为祭名。(2) 辞义为子弜侑祭于丁。"奏",屈万里云:"《说文》谓:'登谓曰奏。'卜辞奏字,多为用乐舞之义。"⑥ 奏当为祭祀时"集合人众演奏乐器,或聚集人合舞,其目的都是为了祈求神灵福佑或降雨以获得丰收"⑦。"䚄"读为韜,鼓乐器,(3) 辞义为子弜

---

① 于省吾:《甲骨文字释林》,中华书局 1979 年版,第 11 页。
② 裘锡圭:《释"弘""强"》,《古文字论集》,中华书局 1992 年版,第 53 页。
③ 同上。
④ 于省吾:《双剑誃殷契骈枝·释埶》,1940 年石印本,第 39—40 页。
⑤ 于省吾:《甲骨文字诂林》,中华书局 1996 年版,第 2406 页。
⑥ 屈万里:《殷虚文字甲编考释》,中研院史语所 1961 年影印本,第 36 页。
⑦ 赵诚:《甲骨文行为动词探索(一)》,《古文字研究》第 17 辑,中华书局 1989 年版。

奏鼓乐以祭。

以上是子弖参与王室祭祀的情况，他为商王同姓贵族，还参与商王室事务。

子弖参与王室事务

子弖听命于商王，勤劳王事，卜辞如：

(4) 壬寅卜，争，贞弖弗其叶王事。（《合集》667 正）
(5) 贞叀弖令。
　　勿［叀］弖［令］。（《合集》3079）
(6) 贞叀邑令从❉。
　　令弖从❉叶王事。（《合集》5477 正）

"叶王事"即勤劳王事。(4)辞义为命令子弖勤劳王事。❉、邑为人、地、族名，(6)辞义为令邑或子弖率领❉勤劳王事。子弖从事的王室具体事务，可以分为两类：

其一，主管商王朝的建筑工程，卜辞如：

(7) 壬辰卜，贞叀［弖］令司工。（《合集》5628 正）

"司"，《说文》："臣司事于外者。"当为治理或管理，工是手工业作坊中从事生产的劳动者，司工即管理工者，相当于后世的"司空"，其职责为："掌营城郭，建都邑，立社稷宗庙，造宫室车服器械，监百工者"①，(7)辞义为（商王）要子弖命令司工进行（某工程）建设。

其二，子弖参加对外战争，主要是对舌方的战争，卜辞如：

(8) 贞叀弖呼伐舌。（《合集》6209）
(9) 贞勿呼弖望舌方。（《合集》6192）

(8)辞义为命令弖前往征讨舌方。(9)辞义为命令子弖侦伺舌方的行动。

从甲骨文中看出，子弖已分宗立族，拥有封地，并纳贡称臣，但其封地

---

① 《考工记·序官》郑玄注。

归商王朝所有，商王可以在其封地设置监狱等，卜辞如：

(10) 㝱入［十］。（《合集》9223 反，甲桥刻辞）
(11) 癸巳卜，贞令䚲、禽、子㝱归。六月。（《合集》3076）
(12) 癸卯卜，㱿，贞旬亡祸。王占曰：有祟。其有来艰。五日丁未允有来艰，𠦪御自㝱⊡六人。六月。（《合集》6057 正）

(10) 辞义为子㝱向商王室贡纳十个龟甲。"归"为回归，(11) 辞义为商王命令䚲、禽、子㝱回归。"⊡"字，方框表示房屋平面，"⊠"表示刑具或枷锁，这是甲骨文中表示监狱的会意字，(12) 辞义为设在㝱地的监狱中有六人逃跑了。

子㝱在祖庚、祖甲时期，仍然效力于商王朝，参与商王室祭祀，卜辞如：

(13) 甲申卜，出，贞翌（乙）巳子㝱其侑于妣辛同岁。（《合集》23717，出组卜辞）

同、岁为祭名，(13) 辞义为子㝱参与侑祭妣辛之祭。

子㝱在祖庚、祖甲时期，年老有病，卜辞如：

(14) 癸亥卜，出，贞丁卯子㝱弗疾。有疾。（《合集》23532）
(15) 己未卜，出，贞子㝱毋有疾，不［死］。（《合集》23531）

从卜辞中看，子㝱参与王室祭祀，是商王同姓贵族；子㝱已分宗立族，并贡纳称臣；他是王室重臣，主管商王室建筑工程，还参与王室其他事物的活动，祖庚祖甲时期，子㝱仍活跃在商王朝事务中，但商王多次贞问子㝱是否有疾或死去，推测他故于祖庚、祖甲之世。

(十四) 子美

"子美"的卜辞有 10 多条，子美是商诸侯，从封地来朝觐商王，并进献祭祀先王的牺牲，卜辞如：

(1) 子美见，其以岁于丁。（《合集》3100）
(2) 壬子卜，贞翌庚子美其见。（《合集》3103）

(3) 子美……以岁宰。(《合集》3102)
(4) 丙寅卜，贞来丁亥子美见，以岁于示、于丁、于母庚、于妇□。(《合集》3101)

"见"在甲骨文中有觐、献之义。①《说文》："觐，诸侯秋朝曰觐。劳王事。"《礼记·曲礼》："天子当依而立，诸侯北面而见天子曰觐。"《尔雅·释诂》："觐，见也。"(1) 辞义为子美朝觐商王时所带之贡品作为祭祀丁时所用。"示"，为神主牌位，"丁"是商王的先祖，母庚为武丁之母。(4) 辞义为子美来朝见，他贡纳物品，用于祭祀神示、丁、母庚、(某)妇。商王曾在王都之南门宴飨他，卜辞如：

(5) 于南门即美。(《合集》13607)

"即"，《说文》："即，即食也。"即象人就食形。(5) 辞义为商王在南门招待前来觐王的子美。商王对子美关心，卜辞如：

(6) □□［卜］，宁，［贞子］美［不其］骨［凡］有［疾］。(《合集》14381)

辞义为贞卜子美是否有疾。

以上是武丁时期所见子美的活动。美作为人、地、族名，存在于武丁至帝辛时期的全部卜辞中，如何组卜辞中有"子美"、"取美"（《合集》28089）之占，又有"危方、美"（《合集》28088）、"危伯、美"（《合集》28091）。黄组卜辞称"危、美人"（《合集》36481）。宁组卜辞中有望乘伐下危之占（见《望乘》），何组卜辞中有商王派人于美地征伐望的占卜。从中可以推论，子美地近于望、危，他们同处于一个区域中。帝乙、帝辛时期，美发动叛乱，商王对美进行征伐，如"其执美"（《合集》33008）、"用美于祖丁"（《合集》36481），俘获美为牺牲祭祀祖丁。

从以上材料看，美称"子美"，他致送祭品以祭；子美不参与王室祭祀，仅助祭于商先王，说明他是商后裔，距武丁血缘关系较远；帝乙、帝辛时

---

① 于省吾：《甲骨文字诂林》，中华书局1996年版，第609页。

期，美族作乱，失败后，商王以美首领祭祖丁（小乙之父或武丁）。子美封地称"美"，首领称"子美"或"美"。子美的情况有助于说明王室对同族兄弟分封的史实。

（十五）子沓

"沓"作"❏"、"❏"形，从一來或二來。子沓为商王同姓贵族，卜辞如：

(1) 贞今乙丑勿呼子沓侑于父乙。（《合集》3112 正）
(2) 呼子沓侑于右□。（《合集》3114）

父乙为武丁父，辞义为命令子沓侑祭小乙。右□为残辞，不知何祖。子沓能祭祀小乙，说明子沓与武丁血缘关系近，故受到关心，卜辞如：

(3) 沓❏。（《合集》3117）
(4) □□卜，穷，贞子沓不死。（《合集》17073）
(5) 贞御子沓于❏。（《合集》3108）
(6) 贞御子沓于母□。……今一月。（《合集》3109）

(3) 辞义为子沓有病会好转。(4) 辞义为子沓不死。❏为地名（《合集》4109、24399），或为人名（《合集》8126 反），母某为武丁诸母之一，(5)、(6) 辞义为御祭子沓。

子沓参与王室祭祀，又受到商王为他举行的御祭，他祭祀武丁父小乙，受御祭对象为母某，由此知，子沓是诸王子。他受派遣到❏从事王事，卜辞如：

(7) 贞往、子沓于❏。（《英藏》133）

"往"作"❏"形，是人名（子❏，《合集》3218），(7) 辞义为往与子沓到❏地从事王事活动。

（十六）子汰

"子汰"的卜辞共有 30 多条，子汰参与王室祭祀，卜辞如：

(1) [子] 汰玉于祖丁、大乙。（《合集》3068）

(2) 贞呼子汰祝一牛侑父甲。
翌乙卯子汰酚。(《合集》672 正)

祖丁为武丁祖父。大乙，即成汤，(1) 辞义为子汰用玉祭祖丁、大乙。父甲为阳甲，(2) 辞义为命令子汰侑祭阳甲用一牛；乙卯日子汰酚祭。

从子汰所祭祀的商先王看，父辈为阳甲，祖辈最近者为祖丁，子汰又与祖丁配妣己有关（《合集》20030），从这种祭祀关系上看子汰的血缘关系，有可能是阳甲之后，他受武丁之命祭祀阳甲等先祖。当子汰有病时，为子汰向小乙及先祖先妣举行御祭，卜辞如：

(3) 贞子汰惟因。(《合集》3063)
(4) 癸卯卜，出，御子汰［于］父［乙］。
癸卯卜，出，御子汰［于父］乙。□月。(《合集》20028，𠂤组卜辞)
(5) 癸卯卜，［于］妣己御子汰。重一牛𠘚宰。(《合集》20030，𠂤组卜辞)
(6) □戌卜，侑龙后御子汰。(《合集》20029，𠂤组卜辞)

辞义为子汰有灾祸。为子汰向小乙、祖乙或祖丁之配妣己等举行御祭。

子汰已分宗立族，卜辞如：

(7) 甲子卜，亘，贞立事。
贞呼取丘、汰。(《合集》5510)
(8) 贞子汰来。(《合集》3064)
(9) □□［卜］，争，贞取汰妾。(《合集》657)

"立事"即"莅事"、"位事"，为视事、治事、临事。① "事"指祭祀或戎事。(7) 辞义为商王将有事，命令丘、子汰贡纳物品。"来"，即"来享"、"来王"，(8) 辞义为子汰来享。(9) 辞义是向子汰征取女子或商王关心子汰娶妻之事。这说明子汰已经成人，分宗立族，故要纳贡。

---

① 杨升南：《卜辞"立事"说——兼谈商代的战法》，《殷都学刊》1984 年第 2 期。

子汰还服务王事，卜辞如：

(10) 癸丑卜，争，盉缶于大子。
甲寅卜，㱿，勿呼子汰酚缶于婏。
于商酚缶。
壬申卜，翌乙亥子汰其来。
子汰其惟甲戌来。（《合集》3061正）
缶惟用。（《合集》3061反）

(11) 令取射，子汰……取射。（《合集》5758）

(12) ［呼］子汰［逐］鹿。获。（《合集》10314）

大子为商王室已故者，盉，辞义不明，当为祭名，用为动词。唐兰认为是"斮"字。① 于省吾认为字"象罍壶一类无盖之器"，作祭法时应读为斫。② "婏"、"商"在此为地名，"酚"为祭名。"缶"是人、地、族名的同一，其地与雀地相邻（《合集》6989），受到商王（王敦缶于蜀）征伐，缶败，其首领被用作牺牲，缶族后臣服于商王，并来见王（《合集》1027）。酚缶当以缶为牺牲。(10)辞义为用缶来盉祭大子，商王命令子汰在婏地或商地祭祀。射为射手，(11)辞义为商王命令子汰去征取射手。(12)辞义为命子汰狩猎获鹿。

从以上材料看，商王关心子汰，为子汰举行禳除灾祸御祭，说明他是商王室成员；他有封地，向商王纳贡称臣，参与王事。

（十七）子妥与妇妥

"妥"作"𡚾"、"𡚽"形，作人名，称为"妥"、"子妥"、"小臣妥"，拥有封地，但要纳贡，为武丁时期人物。

妥是商王同姓贵族，卜辞如：

(1) 辛丑［卜］，御子妥多妣。（《合集》20038）
(2) 辛丑卜，御妥于妣己。（《合集》20039）
(3) 丁酉卜，□，贞在丐，妥来二人延。丁用。（《合集》228）

---

① 唐兰：《殷虚文字记·释良狼》，历史所油印本，1978年。
② 于省吾：《双剑誃殷契骈枝续》，石印本，1940年。

妥能够享受商王为他进行禳除灾祸的御祭，说明他是同姓贵族，不见其祭祀商王近祖或父辈，由此推测其与武丁血缘关系较远。妥首领服务在王室，卜辞如：

（4）贞宙㱿子妥呼。（《合集》3283）

"㱿子妥"为"㱿、子妥"或"㱿子、子妥"之省略，"㱿"为武丁贞人，"妥"称"子妥"（如："子妥骨凡"《合集》3175），（4）辞义为命令㱿、子妥从事王事。妥担任过"小臣"，卜辞如：

（5）小臣妥。（《合集》5578）
（6）叀小臣妥珋不作羞。（《合集》27890，何组卜辞）

小臣妥的具体职责，受材料所限，不明。妥作为臣属，向商王贡纳，卜辞如：

（7）甲子卜，㱿，贞妥以巫。
王占曰：吉。其以齿。（《合集》5658正）
（8）贞妥以羊。
妥以龙。（《合集》6947正）
（9）贞妥弗以有取。（《合集》9075）

"以"为臣属者向王室贡纳用语，妥贡纳的物品有：1. 巫，《说文》：巫，女祝也。2. 齿，齿为象牙。3. 羊。4. 龙，为珍禽异兽。辞义为妥致送贡品。这说明妥持有封地和物产。

甲骨文中，还有"妇妥"，她当与"子妥"、"妥"有关系，妇妥要么是来自于妥地的女子为商王室贵妇，要么是子妥家族重要女子，卜辞如：

（10）乙巳卜，贞妇妥子亡若。
辛亥子卜，贞妇妥子曰㽃若。（《合集》21793）
（11）壬辰子卜，贞妇婍子曰𢦏。

妇妥子曰廪。(《合集》21727)

以上为商王贞问妇妥生子顺利以及妇妥之子的命名之辞。《礼记·内则》："公庶子生……君有所赐，君名之。"通过占卜，确认妇妥所生子名廪，拥有财产或继承权。① 廪为庶子，被分宗立族，他以一族之长而成为宗子，其封地称廪，位于王都西。

(十八) 子卫

"卫"作"𧗊"形，卫称"子卫"，有关他的占卜有10多条。不见其参与王室事务，但他有较高的宗法地位，当他有疾病时，武丁为他求佑的对象为兄戊、父乙、司、妣己、妣癸，卜辞如：

(1) 戊子，御卫兄戊。(《合集》2911)
(2) 御卫于后。(《合集》3205)
(3) 御子卫于父乙。(《合集》3207)
(4) 于妣癸御卫。(《合集》3208)
(5) [于] 妣己 [御] 卫。(《合集》3209)

兄戊为武丁诸兄，祖庚、祖甲时期称父戊（用牲为小宰，《合集》23299），康丁时称祖戊（用牲为羊，《屯南》175），他是武丁时受祭较多的诸兄。父乙为武丁父，妣癸为中丁配，妣己为中丁、祖乙、祖丁配。从武丁为子卫御祭对象看，妣己、妣癸为直系先王配，由此推定，子卫为小乙孙，兄戊之子，武丁之侄。

(十九) 子𧗊

"𧗊"作"𧗊"形，为人名，他是商王同姓贵族，卜辞如：

(1) 丁巳卜，于兄丁御子𧗊。(《合集》3202)

兄丁为武丁之兄弟，为子𧗊向兄丁御祭，说明子𧗊与兄丁及武丁血缘关系近。他与子画随同商王参与战争，卜辞如：

---

① 王宇信、杨升南：《中国政治制度史·先秦卷》，人民出版社1996年版，第220页。

(2) 呼子画涉。

王勿从奚呼〔伐下危〕。

令子衔涉。

贞翌乙酉王往途若。(《合集》6477反)

此版卜辞与武丁征伐巴方、下危有关，涉即渡水，(2) 辞义为商王前去讨伐下危，要率领奚一起作战，命令子画、子衔带领人员渡河前往。可知，衔参与过商王的对外战争。

子衔还发动过叛乱，卜辞如：

(3) □□〔卜〕，㱿，〔贞〕衔不我戋。(《合集》6881)

(4) 壬□〔卜〕，內，贞衔其来征我于兹宀。(《合集》6882)

(3) 辞义为衔侵略我商王边境。兹宀为地名，(4) 辞义为衔侵略到兹宀之地。衔的侵略行为属骨肉相残，遭到商先王降灾，卜辞如：

(5) 戊辰卜，㱿……暨河，〔我〕(敦) 衔。

戊辰卜，上甲暨河……敦衔。(《合集》1202)

(6) □申卜，㱿，贞大丁呼王敦衔。(《合集》6887)

(7) 乙未卜，㱿，贞大甲呼王敦衔。十月。(《英藏》613)

"敦者，挞伐也。"① 辞义为上甲、河、大丁、大甲降命商王挞伐衔。商王讨伐子衔，卜辞如：

(8) 辛未卜，㱿，贞王捍衔。受佑。(《合集》6883)

(9) 甲戌卜，㱿，贞王捍衔，受佑。(《英藏》612)

辞义为贞问商王要征伐子衔。有关商王征伐子衔的时间和地点，卜辞如：

(10) 今十二月勿捍衔。(《合集》6891)

---

① 郭沫若：《殷契粹编》，科学出版社1965年版，第644页。

(11) 庚子卜，彀，贞我勿捍衕。十一月。(《合集》6890)

(12) □酉卜，彀，贞我㞢衕于𡧛。一月。在我。(《合集》6896)

从占卜时间十月、十一月、十二月、一月来看，商王与衕交恶至少达四个月，商王在𡧛地与衕对垒交战。衕被俘执，卜辞如：

(13) 甲辰卜，彀，贞今我其执衕，不［其］㞢于𡧛。(《合集》6892正)

(13) 辞义为商王在𡧛地之战中俘执衕。

从衕起兵反叛到被镇压看，商王对同姓贵族的反叛，照样武力相加，以此来维持商王朝的安宁。衕曾为封国，其地与𡧛（舌方入侵处）相邻，具有战略地位。

（二十）子效

"效"作"𣂔"形，或作"𣂔"形（《合集》5777），当为偏旁省略。[①] 作为人名，称"子效"（《合集》3091）或"效"（《合集》6256），共有20多条有关他的卜辞，他是王室成员，已分宗立族，并参与王事。

子效参加对谭（《合集》6928）、舌方及羌人的战争，卜辞如：

(1) 贞呼伐舌。
　　效不其……（《合集》6256）

(2) 丙寅卜，子效臣田，获羌。(《合集》195乙)

(1) 辞义为调遣子效对舌方战争。田，《礼记·月令》谓"天子乃教于田猎，以习五戎"。"子效臣"即子效臣属。(2) 辞义为子效臣陈兵练军，能获捕羌人。子效虽为王室子，但已分宗立族，卜辞如：

(3) 丙午卜，贞效丁人嫋不死，在丁家有子。(《合集》3096)

(4) 丙戌卜，争，贞取效丁人嬉。(《合集》3097)

[①] 裘锡圭：《甲骨文中重文和合文重复偏旁的省略》，《古文字论集》，中华书局1992年版，第141页。

(5) 入效丁人。(《合集》3098)

家在甲骨文中有上甲家（《合集》13580）、丁家（《合集》21028）、兹家（《合集》13587）、父乙家（《合集》13579 正）、牛家（《合集》6063 反）、我家（《合集》13584 甲正）、王家（《屯南》332）、亚家（《合集》21224）等等。甲骨文中，对某些祖先的祭祀场所称为"家"。[①] 家在此为宗庙，《左传》昭公十六年："立于朝而祀于家。""有子"指怀孕。"孈"为女子，辞义为子效人孈，在丁宗庙中举行某种乞求受孕之仪式。"嬉"当为女子。"人"为臣下向商王贡纳。辞义为商王向子效征取丁人。

以上是甲骨文中所见有关子效及其家族活动的史迹。

（二十一）子央

子央的占卜近 30 条，子央服侍于商王身边，参与王室祭祀，陪商王外出打猎；他当为武丁子或侄，"诸王子"之一。

子央参与王室祭祀，卜辞如：

(1) 贞酚，子央御于父乙。(《合集》3013)
(2) 呼［子］央……侑于右祖。(《合集》3016)
(3) 丙申卜，贞翌丁酉子央岁于丁。(《合集》3018)
(4) 贞今癸巳……子央……于妣。(《合集》3021)

(1) 辞义为商王举行酚祭时，子央向父乙御祭。"右祖"、"丁"为祖先神，(2)、(3) 辞义为子央侑祭于右祖和丁。(4) 辞义为子央对祖妣祭祀。子央参与王室祭祀，受到商王的御祭，卜辞如：

(5) 癸未卜，争，贞子央惟其有疾。三月。(《合集》10067)
(6) 贞御子央豕于娥。(《合集》3006)
(7) 贞御子央于𠂤甲。(《合集》3007)
(8) □戌卜，□，贞御子央于母己二小宰。(《合集》3009)
(9) 贞御子央于母庚。(《合集》3010 反)
(10) ［贞御子］央于母癸。(《合集》2580)

[①] 罗琨：《释家》，《古文字研究》第 17 辑，中华书局 1989 年版。

"娥",属于殷先公高祖。① ⚄甲是商先祖,母己、母庚、母癸,为武丁之诸母,② 商王为子央御祭,求祭的对象除娥、⚄甲外,主要是武丁诸父之配,说明子央为武丁子或侄。子央还随侍在武丁身边,卜辞如:

> (11) 癸巳卜,㱿,贞旬无祸。王占曰:乃兹亦有祟。若偁,甲午王往逐兕,小臣⊔车马,硪䖵王车,子央亦坠。(《合集》10405正)

辞义为商王外出打猎,小臣驾车磕撞王车,发生翻车事故,子央从车上掉下来。子央能与商王乘车外出田猎,说明子央与商王关系密切。

子央还参加王室整治甲骨之事宜,卜辞如:

> (12) 壬戌,子央示二屯。岳。(《合集》11171白)

辞为子央验示二屯牛胛骨。以上是子央在商王室的活动。

子央受到商王的分封,拥有封地,卜辞如:

> (13) 央、耳……年。(《英藏》831)

"年"前所残字当为"受"或"秦",耳是人名,辞义为子央和耳封地的农业丰收。

子央曾发动过叛乱,卜辞如:

> (14) 乙未卜,㱿,贞令永途子央于南。(《合集》6051)

"南为方位词,永是武丁贞人,途为屠杀。"③ 辞义为命令永征讨子央。

---

① 陈梦家:《殷虚卜辞综述》,科学出版社1956年版,第350—351页。
② 武丁时有多母,如:母丙(《合集》2524)、母己(《合集》2537)、母辛(《合集》22077)、母壬(《合集》926正)、母癸(《合集》2581),她们或为武丁之父小乙之配,或为阳甲、盘庚、小辛之妻。
③ 于省吾:《双剑誃殷契骈枝三编》,石印本一册,1941年,第23叶上。

甲骨文中，子央活动仅见于㱿组卜辞。他参与王室祭祀，也享受商王为他举行的御祭，说明他是商王同姓贵族；他对武丁之父小乙祭祀，武丁向诸母为子央举行御祭，说明子央为武丁之子或侄；子央随侍在商王身边，参与王事；作为王室子，受到商王分封，因发动叛乱而被讨伐。

（二十二）子雍

"雍"作"㠯"、"㠯"、"㠯"等形，雍己（圖《合集》35612）作"己"与"㠯"的合文，可以互证。"㠯"字又孳乳作"㠯"或"㠯"形，金文作"㠯"，小篆为雝，今作雍。① 子雍的雍作"㠯"、"㠯"形，根据于省吾的论述，"㠯"、"㠯"为一字。

子雍参与王室祭祀，是商王同姓贵族，卜辞如：

(1) 丁丑卜，㱿，贞子雍（㠯）其御王于丁妻二妣己。㠯羊三。曹羌十。（《合集》331）
(2) 贞翌乙卯酻，我、雍（㠯）伐于宰。（《合集》721 正）
(3) 贞雍（㠯）其㠯㠯。（《合集》18800）

周祭祀谱中，中丁、祖乙、祖丁之配皆称妣己，按顺序排，祖丁之配为三妣己。因此，丁非祖丁，二妣己非为祖丁之配，丁妻二妣己当另有所指。"㠯"、"曹"为祭祀用牲之法。(1) 辞义为子雍向丁妻妣己为商王举行御祭。"宰"为地名，"我"，或为商王自称，或为商王的臣属之我。(2) 辞义为翌日乙卯举行酻祭，我、雍在宰杀伐以祭。㠯，或指宗庙荐嘉鱼以享，② (3) 辞义为雍以鱼祭先祖。子雍不仅参与王室祭祀，还参与王室事务，卜辞如：

(4) 乙酉子雍（㠯）有出。二月。（《合集》3123）
(5) 癸酉卜，㱿，贞呼雍（㠯）㠯师㠯。（《合集》3130）
(6) 贞祟马，雍（㠯）呼多马。（《合集》5723）

(4) 辞义为子雍要外出。"㠯"为肇异体，即前启。"㠯"为人名（《合集》258），(5) 辞义命令子雍为师㠯前启。(6) 辞义为马受到灾祸，子雍命令多

---

① 于省吾：《甲骨文字释林》，中华书局1979年版，第180页。
② 饶宗颐：《殷代贞卜人物通考》，香港大学出版社1959年版，第858页。

马官前来（处理）此事。子雍受到关心，卜辞如：

(7) 壬子卜，贞雍（㝵）目有㕞。（《合集》13422）
(8) 雍（㠯）其死。（《合集》2002 反）
(9) □子卜，□，贞㕞……不惟雍（㔽）［乍］囧。（《合集》4879）
(10) 丙辰，贞子雍（㝵）不乍艰，不死。（《合集》3122）

"㕞"，唐兰释作慧。① 慧为扫竹用以扫除，故引申有驱除之义。② (7) 辞义为子雍目有疾可以驱除。(8) 辞义为子雍会死去。(9) 辞义为有灾祸。(10) 子雍不会死去。子雍拥有封地，卜辞如：

(11) 辛酉卜，雍（㔽）受［年］。（《合集》9799）
(12) 雍（㝵）臣……（《合集》632）
(13) 贞令㦰取雍（㔽）㕣。（《合集》119）
(14) 壬子卜，取雍（㔽）。（《合集》7063）

(11) 辞义为雍地农业会否丰收。(12) 雍地有"雍臣"。(13) 辞义为命令㦰向雍征取放牧者。(14) 辞义为向雍征取贡品。

子雍主要见于㝏组。黄组中，雍为人、族之名也出现过，卜辞如：

(15) □□卜，贞在㘝，犬雍（㔽）告□，其从。（《合集》36424）

"犬雍"指雍曾担任过商王朝的犬官，辞义为犬雍向商王报告某事。

从甲骨文中看出，子雍是商王同姓贵族，他参与王室事务，拥有封地和族人；雍作为商王臣属，要贡纳。从武丁到帝乙、帝辛卜辞中，都有雍人的活动，说明雍是商族的重要支系。

（二十三）子渔

1977 年春，在妇好墓之南约 50 米处，发现了一座墓室完整、随葬品丰富的殷代墓，墓的编号为 M18，报告的编写者认为其"属于殷墟第 2 期，年

---

① 唐兰：《殷虚文字记》，历史所油印本，1978 年，第 15 页。
② 杨树达：《积微居甲文说》卷下，中国科学院 1954 年版，第 85 页。

代与殷墟妇好墓相当"。① 在此墓出土的铜礼器上，共发现铜器铭文五种，其中的铜尊和铜罍上，分别铸有"子渔"铭文。渔作"🐟"形，为甲骨文子渔之渔的异体字。王宇信认为子渔为武丁诸子之一，在诸子中有较高的地位，M18 可能是武丁时期的子渔之墓。②

子渔出现在宾组和历组卜辞中。宾组中的子渔与武丁关系密切，参与王室祭祀，卜辞如：

(1) 贞叀子渔烝于大示。(《合集》14831)
(2) □酉［卜］，□，贞子鱼侑、曹于娥，酚。(《合集》14780)
(3) 贞勿（呼）子渔［侑］于右祖。
    贞呼子渔侑于祖乙。(《合集》2972)
(4) 贞［子］渔侑于祖丁。(《合集》2974)
(5) □午卜，㱿，贞翌乙未呼子渔侑于父乙宰。(《合集》2975 正)
(6) 〔子〕渔侑、升于兄□。(《合集》2981)
(7) 贞［子］渔有伐五……于……(《合集》922)

"烝"为祭名，"大示自上甲起，终于父王，与直系同。"③（1）辞义为命令子渔烝祭大示直系先王。（2）辞义为子渔向娥行侑、曹、酚祭。右祖、祖乙（中丁之子）、祖丁（武丁之祖父）是商先王，（3）、（4）辞义为命令子渔祭祀商先王。宰，即小牢或少牢，为一对羊。④ 升为祭名，（6）辞义为命令子渔进行侑、升之祭于兄某。（7）辞义是子渔向祖先杀伐致祭，用五个牺牲。

由子渔向商先王举行各种祭祀判定，子渔是王室成员，有可能是武丁子。另外，子渔与武丁父小乙及母庚有密切关系，子渔不仅参与对他们的祭祀，而且还常遭受小乙与母庚所降之灾祸，卜辞如：

(8) 甲御子渔齿。(《英藏》123)

---

① 中国社会科学院考古研究所安阳工作队：《安阳小屯村北的两座殷代墓》，《考古学报》1981 年第 4 期。
② 王宇信：《试论子渔其人》，《考古与文物》1982 年第 4 期。
③ 陈梦家：《殷虚卜辞综述》，科学出版社 1956 年版，第 466 页。
④ 胡厚宣：《释牢》，《中研院史语所集刊》第 8 本第 2 分，1939 年。

(9) 癸巳卜，㱿，贞子渔疾目福、告于父乙。(《合集》13619)
(10) 贞御子渔于父乙又一伐，卯宰。
贞于母庚有𠬝。(《合集》729)

(8) 辞义为甲日为子渔举行禳除灾祸御齿患。(9) 辞义为子渔眼疾，向父乙举行福告之祭。"𠬝"为一种身份较低的人，"卯"为用牲之法。

子渔祭祀商直系祖先，以及武丁为禳除子渔的灾祸向父乙（小乙）和母庚之祭，说明子渔与武丁、小乙血缘关系近，子渔应为武丁子。他随侍在武丁身边，卜辞如：

(11) 贞于翌庚申出。
贞王勿去束。
子渔有从。(《合集》169)
(12) 翌辛亥酌……王亥九羌。
〔子〕渔有从。(《合集》357)

(11) 辞义为武丁外出时，要子渔随从。(12) 辞义为商王祭祀时，子渔随侍在侧。子渔参与王室事务，卜辞如：

(13) ……渔示五…… (《合集》17594，甲桥刻辞)
(14) 〔子〕渔□京，受黍年。(《合集》9980)

(13) 辞义为子渔验示供占卜用的五个龟甲。说明子渔参与占卜机关之事。(14) 辞义为子渔（到）京地（参与农事管理），京地获得丰收。子渔活动在王事中，也受到商王关心，卜辞如：

(15) 子渔有祟。(《合集》2993、2994)
(16) 丁亥卜，㱿，贞子渔其有疾。(《合集》13722)
(17) 贞翌乙巳子渔骨凡，㝢侑祖戊。(《合集》13871)

(15) 辞义为子渔有灾祸。(16) 辞义为子渔不会致疾。"骨凡"当为"骨凡有疾"之省略，"祖戊"即大戊，(17) 辞义为子渔风寒致疾，向祖戊行㝢、侑祭以求保佑子渔平安。

以上是甲骨文中所见子渔其人其事。从这些材料看，子渔参与王室祭祀，主要是对直系先王的祭祀，特别是对武丁父小乙祭祀最频繁；当子渔有疾病时，商王武丁向父乙御祭，向大戊行窜、侑祭，这说明子渔与武丁血缘关系近，他应为武丁子。子渔随侍在武丁身边，参与王室祭祀活动，学习"上事宗庙、下治国家"之礼仪；子渔还参与王室整治甲骨及其他事务。子渔可能有很高的宗法地位，故武丁对子渔的吉凶祸福关心备至，在武丁诸子中他有可能就是武丁所培养的治理国家的接班人。由于身体的缘故，他死于武丁之世，死后埋在宫殿宗庙区附近。

子渔也出现在历组卜辞中，卜辞如：

(18) 壬寅，贞子渔亡囧。(《合集》32780)

子渔为生者，贞问其是否有灾祸。因辞例少，无法了解他在历组卜辞中的活动。

(二十四) 奠

"奠"有多种含义。其一，假为甸，《周礼·天官·甸师》：郊外曰甸……主共野物官之长。奠当是邑外远、近郊领域的统称，如"我奠"(《合集》9767)、"南奠"(《合集》7884)、"北奠"(《合集》32277)、"西奠"(《合集》24)等称呼，表示以商王都为中心的郊外之地。商王的臣属者也有奠，如"之奠"(《合集》7361)、"自奠"(《合集》24259)、"竹奠"(《合集》24409)及"微戈化告曰：舌方征于我奠"(《合集》584甲正)。之、自、竹、微戈化、为商王的臣属者，他们统治区的远、近郊之地也有称为奠的，如"京奠"(《合集》6)，指以京地为中心之郊。奠范围内，有农业区（"我奠受年"《合集》9767)，也有畜牧业区（"勿呼省牛于多奠"《合集》11177)。其二，奠为祭名或祭祀用牲之法，"余奠子戠"(《合集》20036)，《说文》："奠，置祭也。"奠为祭名或用祭品之名。子戠为人名（《怀特》1564)，余为商王自称，辞义为商王奠祭子戠。其三，奠为奠置降服者的一种方式（"奠望人并"《合集》4551)。其四，奠为人、地、族名的同一，奠是武丁时人、族名。下文论述的是作为人、族的奠在商王朝的活动。

"奠"称"子奠"、"侯奠"、"亚奠"，卜辞如：

(1) 庚寅卜，争，[贞]子奠惟令。(《合集》3195甲)
(2) 甲寅卜，王呼以，侯奠来□。六月。(《合集》3351)
(3) 贞勿曰侯奠。(《合集》3352)
(4) 癸卯卜，亚奠，贞。子占曰：终卜用。(《花东》61)

(1) 辞义为商王命令子奠。(2) 辞义为商王命令进贡，侯奠前来贡纳。"曰"为命令，(3) 辞义为要命令侯奠。"奠"在花东H3子卜辞中称"亚奠"，王卜辞中称"侯奠"，奠为商王朝的臣属诸侯，屡见贡纳，卜辞如：

(5) 奠入十。(《合集》110反、13390反，甲桥刻辞)
(6) 奠来四，在裹。(《合集》5439，甲桥刻辞)
(7) 奠来十。(《合集》6654反、9191、18860反，甲桥刻辞)
(8) 奠来三十。(《合集》9613反，甲桥刻辞)
(9) 奠来五。(《合集》10345反、10346反，甲桥刻辞)
(10) 丙子卜，由，贞奠、姪不以。
　　　丙子卜，由，贞翌丁丑奠至。七月。(《合集》8473)

(5) —(9) 为记事刻辞，入、来为臣属者贡纳卜龟用语。"至"有到来、致送之义，(10) 辞义为。丁丑日奠、姪来贡。商王还有权利向他征取人员，卜辞如：

(11) 辛卯卜，争，勿呼取奠女子。(《合集》536)
(12) 共奠臣。(《合集》635反，甲桥刻辞)

"取"在甲骨文中有两义：一为取获，一为嫁娶之娶。(11) 辞义为命令娶纳奠女子。"共"即供，(12) 辞义为向商王贡纳奠臣。商王还在奠地活动，卜辞如：

(13) 贞今日勿步于奠。(《合集》7876)
(14) □丑卜，行，[贞]……在奠。(《合集》24258，出组卜辞)
(15) 在奠卜。(《合集》29812，何组卜辞)
(16) 辛亥卜，在香，贞今日王步于䢼，亡灾。

甲寅卜，在𡘋，贞今日王步[于]奠，亡灾。（《合集》36752，黄组卜辞）

(17) 丙辰卜，在奠，贞今日王步㘇，亡灾。（《合集》36772，黄组卜辞）

(18) 在奠，[贞]王田師东。往来亡灾。兹御。获鹿六，狐十。（《合集》37410，黄组卜辞）

从武丁到帝乙、帝辛时期的甲骨卜辞中，可以看出，商王可以在奠地步、卜、田（猎），是"君临臣"地，说明商王与奠为"君臣"关系。奠还直接服务商王室，卜辞如：

(19) 奠示十屯又一。永。（《合集》6527 臼）
(20) 奠示十屯。（《合集》18654 臼）

骨臼刻辞记奠检视了一批卜骨。奠还参与商王室的其他事务的活动，卜辞如：

(21) 贞呼从奠取㸅、夒、鄙三邑。（《合集》7074）
(22) 己酉卜，宕，贞令受奠。（《合集》7878）

(21)辞义为（商王命令）率领奠获取或征取㸅、夒、鄙三个邑。奠受到商王关心，卜辞如：

(23) 奠弗其凡有[疾]。（《合集》13881 甲）
(24) 甲子卜，中，贞祟奠，在奠。（《合集》41072，出组卜辞）

(23)辞义为奠有疾。(24)辞义为在奠地有祸。
以上甲骨文中未见"子奠"参与商王室重要祭祀活动，这或与其宗法地位有关；称"侯奠"，是其受封为侯之证；称"亚奠"，是其为商王室官吏之证。

（二十五）龟子

"龟"作"🐢"形，有两种含义：其一，为狩猎所获之动物，如："获兕

十一、豕十五、虎□、龟廿"（《合集》10408），龟、兕、麂、豕、虎并列，说明龟是田猎所获物。其二，龟是人、地、族名的同一，他的占卜达30多条，是武丁时人。下面来谈龟这一人物。

龟的爵位为子爵，卜辞中称"子龟"或"龟子"，如："丁巳龟子丰㓝"（《合集》137正），龟参与王室祭祀，为商王同姓贵族，卜辞如：

(1) 贞龟有匚正。
贞龟有匚弗其正。（《合集》17397正）

"匚"为匚祭，"正"除用作征伐、正月之正义外，也作祭名（"正于父乙"《东京》1052），正祭为禳除灾祸之祭。① (1)辞义龟进行匚祭和正祭。他还为王事奔波，卜辞如：

(2) 贞勿令〔敦〕从龟，弗其受〔佑〕。（《合集》4509）
(3) 王从龟。（《合集》6016正）
(4) 贞呼龟往于楚。（《合集》368）
(5) □□〔卜〕，贞令龟归□我。（《合集》419正）

"敦"为人名，(2)辞义为命令敦率领龟，受到保佑。(3)辞义为商王率领龟。(4)辞义为命令龟到楚地。(5)辞义为命令龟归。龟从事具体事务为田猎和征伐，卜辞如：

(6) 贞王曰：龟鸟田，品其执。（《合集》6528）
(7) 乙亥〔卜〕，㱿，贞龟既征。
王固〔曰〕：龟虫〔既〕征。（《合集》7634正、反）

"鸟"作"ᘨ"形，为人名或鸟名不明，"品"字不识，(6)辞义为命令龟田猎，捕获猎物。"既"字，象人食既，引申为尽，为毕，为竟，为已。② (7)辞义为龟已将出征。龟参加了对羌的战争，卜辞如：

---

① 于省吾：《甲骨文字释林》，中华书局1979年版，第158页。
② 于省吾：《甲骨文字诂林》，中华书局1996年版，第381页。

(8) 己卯卜，争，贞今载令㿟田从戏至于瀧，获羌。
王固曰：艰。（《合集》199）

(9) 丙申卜，㱿，贞㿟获四羌，其至于鬲。（《合集》201 正）

(10) 贞㿟不其多获羌。（《合集》202）

(11) 壬午卜，㱿，贞令㿟执羌。（《合集》223）

(12) 㿟执羌，获二十又五，而二。（《合集》499）

(13) 㿟不其来五十羌。（《合集》226 正）

(14) 贞㿟以三十马，弗其执羌。（《合集》500 正）

"戏"为人名，"瀧"为地名，(8) 辞义为命令㿟率领戏到瀧地，捕获羌人。王占卜结果是有灾。(13) 辞义为㿟来献捕获的羌人。(14) 辞义为㿟致送三十匹马，没有抓获羌人。㿟勤劳王事，也受到商王的关心，卜辞如：

(15) 甲申卜，争，贞㿟其有囚。（《合集》4618）

(15) 辞义为贞问㿟有无灾祸。㿟为商王的臣属，要贡纳，卜辞如：

(16) 丙戌卜，韦，贞勿令役往于㿟。（《合集》6033 正）

(17) 甲子〔卜〕，㱿，㿟其以🔲。（《合集》9068）

(18) 㿟以四十。（《合集》17397 反）

"役"为人名，(16) 辞义为命令役前往㿟地。"🔲"字不识，为贡物。

从甲骨文可知，㿟为商王同姓贵族，但不见他祭祀商先王的占卜，说明与时王血缘关系较远；他为王事奔波，故受到商王的关心；他拥有封地，要纳贡。

（二十六）唐子

唐作"🔲"、"🔲"形，有两种含义：其一，为成汤，如："贞〔侑〕于唐。"（《合集》1330）唐为受祭对象，指成汤受到商王侑祭。其二，唐为人、地、族名的同一。唐是武丁时期的人物，活动频繁，下面考述其人的活动情况。

唐为商王同姓贵族，卜辞如：

(1) 侑于唐子伐。(《合集》456 正)
(2) 贞唐子伐。(《合集》973 正)

唐子还受到商王为他举行御祭,卜辞如:

(3) 贞御唐于母己。(《合集》4517)
(4) [贞] 唐子……燮父乙。(《合集》973 正)

母己为武丁诸母之一,(3) 辞义为武丁为唐向母己御祭。燮字不识,父乙为武丁父小乙,唐子与小乙有联系,说明唐与武丁的血缘关系近。唐作为王室子,受到分封,其地称"唐",其爵为"唐子"、"侯唐",卜辞如:

(5) 贞唐子[有]祟。(《合集》3281)
(6) □巳卜,王,□唐不惟侯唐。(《合集》39703、《英藏》186)

"子"的意义复杂,其一,为子姓,《史记·殷本纪》谓商始祖契"封于商,赐姓子氏",甲骨文中的"子某",与商王有密切的血缘关系;其二,为爵称,甲骨文中的"禽",称"子禽"(《合集》3226),又称"禽子"(《合集》4084),禽子之子当为爵称。[①] 根据禽称禽子之例,唐子为子爵。唐受到分封,称"侯唐",其地位于王都西。唐受到舌方之侵略,卜辞如:

(7) □□卜,㱿,贞王狩唐,若。
    舌方其大[出]。(《合集》10998 反)
(8) 辛卯卜,[贞]方其出[于]唐。(《合集》6715)
(9) 辛卯卜,贞[方]不出于唐。□月。(《合集》6716)

"狩",《说文》谓:"狩,守备者。"狩用于田猎,此与舌方入侵防守有关,(7) 辞义为在唐地守备顺利。(8)、(9) 辞义为舌方大举出动。舌方入侵,商王在唐地守备,说明唐战略地位重要,卜辞如:

---

① 王宇信、杨升南:《中国政治制度通史·先秦卷》,人民出版社 1996 年版,第 185 页。

(10) 贞使人往于唐。(《合集》5544, 图6—82)

辞义为商王派人前往唐地。商王还在唐地修筑城邑, 卜辞如:

(11) 贞作大邑于唐土。(《英藏》1105 正, 图6—83)
(12) 贞帝孜唐邑。(《合集》14208 正, 图6—84)

(11)辞义为在唐地修筑城邑。"孜"字, 饶宗颐认为孜所从的子或为易省, 字从矢从易,《说文》:"䥨, 伤也。"谓天命降灾伤害于兹邑也。① (12)辞义为上帝降灾祸于唐地。这说明唐地为一重要城邑。唐地还为重要的农业区、畜牧业区、田猎区, 卜辞如:

图6—82 《合集》5544

图6—83 《英藏》1105 正　　图6—84 《合集》14208 正

(13) 贞我受黍年。
　　 于唐。

---

① 饶宗颐:《殷代贞卜人物通考》, 香港大学出版社1959年版, 第118页。

[自] 🈳。(《合集》9948)

(14) 贞其登牛叙于唐。(《合集》13390 正)

(15) 唐刍。(《合集》145)

(16) [田] 于唐。

　　重尸、犬呼田。(《合集》11000)

"唐"、"🈳"为地名，商王从🈳地出发到唐地，贞问农作能否获得丰收，说明唐地有农业区，"叙"为地名（《合集》11528），"登"为征集，《周礼·司民》"掌登万民之数"之登，还沿用此义。辞义为（商王）要向叙、唐征集牛。"唐刍"为唐地饲养放牧者。"尸、犬"为人名，(16) 辞义为（商王）要到唐地田猎。要命令尸、犬一起前往。商王可以在唐地田猎，向唐征取牛，说明商王对唐有绝对的统治权。唐要向商纳贡，卜辞如：

(17) 唐入十。(《合集》9811 反)

唐受商王分封，向商王纳贡，表明他与商王为"臣与君"的关系。

唐与微友唐区别

微为人、地、族名的同一，微地位于王都西，微氏家族有几个分支，分别称微戈□（《合集》584 正）、微友化（《合集》6068 反）、微友唐（《合集》6067）、微友角（《合集》6057 正）。他们都是商王朝的西土守卫者，当舌方入侵时，他们向商王报告边境战事。微友唐是微氏家族一分支。

甲骨文中的唐是商王同姓贵族，参与王室祭祀，享有商王为他举行的御祭；他受商王分封，其爵为唐子、侯唐，其地称唐，从卜辞内部的联系看，当位于王都西部，他受封时，商王还派雀前往度量其地的范围，卜辞如：

(18) 庚午卜，令雀侨量唐。(《合集》19822，𠂤组卜辞)

"量"，《说文》："量，称轻重也。"。

从唐与微友唐在甲骨文中活动的情况看，唐为商王同姓贵族，而微友唐是微氏家族的分支。从地理位置看，他们都位于王都西部，都在为商王守土卫边，商王同姓贵族的唐封于唐地，主要是为了加强商王朝在西部地区的军事防御力量。

（二十七）邑子

甲骨文中的邑字，从口从𠀃，作"𠂤"形，从字形上看，上是田，下是人跪坐之形，表示人守着一大片供人们劳动和息宿的地方。《公羊传》桓公元年：田多邑少称田，邑多田少称邑。《说文》曰："邑，国也。"《左传》庄公二十八年："凡邑，有宗庙先君之主曰都，无曰邑。"从文献所载看，邑即人们的居住之所。

甲骨文中的邑，大致分为几种：其一，是商王都，如：大邑商（《合集》36482）、天邑商（《合集》36542、36535，《英藏》2529）、兹邑（《合集》7859正）；金文中也称"大邑商"（《何尊》）。其二，是臣属者之邑，如：（妇）好邑（《合集》32761）、望乘邑（《合集》7071）、唐邑（《合集》20231）、㞢邑（《合集》8987）、内邑（《合集》4475）、侯及邑（《合集》4473）。其三，为数字邑，如：三十邑（《合集》707正）、二十邑（《合集》6798）、三邑（《合集》6066反）、四邑（《合集》7866正）。其四，为带有方位的邑，如西邑（《合集》6156正、7863、7865）。商王还在各地作邑，如：王作邑（《合集》14201、14204）。作邑于之（《合集》13505正）、作邑于唐土（《英藏》1105正），即建立人们的居住之所。邑和田、农业关系密切，如：大邑受禾（《合集》32176、33241），辞义为大邑的农业是否获得丰收。这说明邑是人们居住场所和生产、劳动场所。

"邑"还用作人、地、族名，称为"邑子"（《合集》3280）。"子邑"（《合集》17577反）仅一见，因辞残，"子"字是干支之子还是子某之子，无法确定。邑作为人名出现，有邑和小邑（《合集》17574）之分，邑和小邑究竟为何关系，因材料少，无法判明。从邑为人、地、族名看，邑是商王同姓贵族，已分宗立族，拥有封地，向商王纳贡称臣；邑还服务于商王室，受到商王重用，担任过"小臣"之职，他是商王朝重要人物及族属。下面就甲骨文、金文所见有关邑这一人物进行论述。

邑为商王同姓贵族，他参与商王室祭祀，卜辞如：

(1) 癸丑卜，㱿，贞令邑、并执仆。七月。
　　甲寅卜，㱿，贞侑于祖乙。七月。（《英藏》608，图6—85）
(2) □酉卜……邑、并彰妣用。（《合集》32891，历组卜辞）
(3) 壬子卜，贞叀今日彰、卯。四月。
　　丙寅［卜］，贞翌丁卯邑、并其侑于丁宰又一牛。五月。（《合

集》14157)

祖乙为商先王，邑、并不见直接参与对祖乙祭祀，癸丑、甲寅两日相连，应为一事而占，(1) 辞义为商王命令邑、并捕拿仆，商王要祭祀祖乙。妣为先妣，邑、并对先妣祭祀。丁为商先祖。邑参与商王室的祭祀，说明邑、并是商王室贵族。邑服务在商王室，参与王室整治甲骨事宜，卜辞如：

(4) 丙寅，邑示七屯。㱿。(《合集》1534 白、2225 白)

图 6—85　《英藏》608

甲骨文中有关邑的记事刻辞，达 40 条，多为贞人或史官签名的辞例。示指验示或整治甲骨。邑不仅在王室整治甲骨，还到外地征集甲骨，卜辞如：

(5) 乙□，邑乞自匿五屯。十二月。(《合集》9400 反，骨面刻辞)

"匿"是商王臣属，"乞"是上级向下级索要物品用语。辞义为邑从匿地征集到五屯牛肩胛骨。邑还参与商王室其他事务，卜辞如：

(6) 贞叀邑令从✾。
　　令㠯从✾叶王事。(《合集》5477 正)
(7) □巳卜，其刖四封吾卢□，叀邑子示。(《屯南》2510)

叶王事即勤劳王事，"㠯"即子㠯，"✾"为人名，(6) 辞义是命令邑或子㠯率领✾勤劳王事。"刖"为砍脚之刑，[①] "四封"，当为四个被征服的敌方国首领，"示"，在此为监视之义。(7) 辞义为将要对四封方之首领施行刖刑，要

[①] 胡厚宣：《殷代的刖刑》，《考古》1973 年第 2 期。

邑子监视施刑。邑还参加商王室的田猎，卜辞如：

(8) 邑执咒七。（《合集》10437）

"执"为捉拿。(8) 辞义是邑捕获到七只咒。在商代，借田猎以进行军事演习。邑参与了商王朝军事活动，卜辞如：

(9) 壬戌卜，子梦见邑执父戊。（《合集》22065，午组卜辞）
(10) 邑征。（《合集》19851 正，𠂤组卜辞）

"邑执"即邑所抓获的俘虏，(9) 辞义为子有梦，向父戊进献邑所抓获的俘虏。邑有封地、人民和土地，向商王贡纳，卜辞如：

(11) 癸巳卜，㱿，贞帝……其既入邑、叙。（《合集》9733 正）
(12) 贞邑其来告。五月（《合集》2895）
(13) 癸亥卜，出，贞翌甲子邑至。（《合集》9976 正）

"邑"、"叙"在此当为邑、叙之封地，邑、叙为臣属（"降叙"《合集》14172、"降邑"《合集》14170）。(11) 辞义为进入到邑、叙之境。告指向商王报告，来、至为向王室贡纳。邑向商王室贡纳，可知邑与商王朝之间的政治隶属关系。①

邑在商王室地位

从以上材料知，邑参与对祖乙和丁的祭祀，表明他是商王同姓贵族，他有可能为祖乙之后；邑之先祖已分宗立族，作为臣属，要尽纳贡义务；还供职于王室。邑受商王命，出席王室之宴飨，卜辞如：

(14) 贞叀邑子呼乡酨。（《合集》3280，图 6—86）

"乡"字从字形上看，象两人相对，中间为酒食之具。辞义为商王呼命邑

---

① 王贵民：《试论贡、赋、税的早期历程——先秦时期贡、赋、税源流考》，《中国经济史研究》1988 年第 1 期。

子出席宴飨酒食之仪式。甲骨文中商王宴飨之对象有："多子"(《合集》27647何组)、"多生"(《合集》27650何组)、"多尹"(《合集》27894何组)、"王飨雀"(《合集》20174)。《周礼·天官·外饔》："邦飨耆老、孤子，则掌其割烹之事；飨士庶子亦如之。"《周礼·天官·酒正》："凡飨士庶子，飨耆老、孤子，皆共其酒，无酌数。"《周礼·地官·稾人》："若飨耆老、孤子、士庶子，共其食。"王室的宴享具有重要的社会内容，商王呼命邑子出席宴飨之礼，说明商王重视邑子。邑子拥有很高的社会地位，卜辞如：

(15) 乙未［卜］，殻，［贞］牛十□邑子暨左子□。(《合集》3279，图6—87)

(16) 甲寅卜，贞令左子暨邑子暨师般受禽□。十一月(《法》CFS16)

(17) 小臣邑。罕 (《三代》13.53.6)

图6—86 《合集》3280　　　　图6—87 《合集》3279

"暨"在甲骨文中为连词，邑子和左子身份地位相当。"左"在甲骨文中，除用作方位词左右之左外，还为人名，如："左告曰"(《合集》137正)。"左子"当为左氏家族首领。"师般"为商王朝中重要人物之一。由甲骨卜辞知，左子、师般是武丁时期重臣，由此判定邑也是武丁时期的重要人物。邑曾担任过商王朝的"小臣"之职，传世有"小臣邑"铭文的青铜罕，当是邑家族所拥有之器物。

(二十八）中子

中子之"中"作"中"形，为人名，中子为两人：其一，为生者，卜辞如：

(1) □□〔卜〕，贞中子肱疾，呼田于凡。（《合集》21565，子组卜辞）
(2) 癸亥卜，中子侑，往来惟若。
甲子卜，丁呼崇麂五，往，若。（《合集》21566，子组卜辞）

肱疾指肱腕有疾言之。① (1) 辞义为中子肱腕有毛病，命令到凡地田猎以活络筋骨。丁为人名（当为武丁）。(2) 辞义为中子举行侑祭，（子组卜辞的主人"子"）出入往来会很顺利。丁命令"子"杀伐五只麂，往往来会顺利的。子组卜辞中的出现的中子是活着的人，为商王室人。其二，中子是故去者，受到商王祭祀，卜辞如：

(3) 乙亥卜，𠂤，于中子用牛不。（《合集》20025，𠂤组卜辞）
(4) 戊申卜，王，侑中子。（《合集》20056，𠂤组卜辞）
(5) 辛丑卜，大，贞中子岁其延酯。（《合集》23545，出组卜辞）
(6) 己酉〔卜〕，□，贞王宾中子岁□无尤。（《合集》23547，出组卜辞）
(7) 乙卯〔卜〕，贞中子其骈。（《合集》23548，出组卜辞）
(8) 宜于中子叀羊。（《合集》23555，出组卜辞）
(9) 中子舌，〔王〕受有佑。（《合集》27642，何组卜辞）

以上为武丁时期的𠂤组、祖庚祖甲时期的出组及廪辛康丁时期的何组卜辞中的中子，中子是受祭对象，侑、岁、酯、宾、宜为祭名，骈为用牲之法，牛、羊为祭祀时所用之牺牲。中子受到商王室的隆重祭祀，说明他是已故王室人，故他降灾祸于商王或与他血缘关系较近之人，卜辞如：

(10) 中子不祟。（《合集》3259）

---

① 于省吾：《甲骨文字释林》，中华书局1979年版，第390页。

(11) 中子壱囚。(《合集》21824，子组卜辞)

辞义为中子不祸害于人。商王还把"中子"当做求佑的祖先神（中子和小王同版，见《合集》20024、20023），中子应是与小王身份地位相同或稍有差别的人，可能是小王的兄或弟。

四 雀等

雀、禽、吴、戌等，虽不直接称"子某"，但从活动的事例看，他们是商王的同姓贵族；他们外专征伐，内管祭祀，是权倾朝野的人物，也是武丁时期的治国之臣，分述如下：

（一）雀

雀共有近400条卜辞记录，出现在𠂤组、子组、午组、㱿组、历组卜辞中，从中反映出，雀为人、地、族名的同一，主要是作为人名出现。雀是武丁时期的重要人物，他参与祭祀和战争，并受到商王关心；作为臣下，他要纳贡。

雀与武丁有血缘关系，卜辞如：

(1) 勿御雀于母庚。(《合集》13892，图6—88)

(2) 甲申卜，御雀父乙一羌、一牢。(《合集》413，图6—89)

(3) 丙午卜，勿御雀于兄丁。(《合集》4116，图6—90)

(4) 呼雀䢅兄丁十牛岁用。(《天理》41，图6—91)

图6—88 《合集》13892

图 6—89　《合集》413

图 6—90　《合集》4116　　　　图 6—91　《天理》41

父乙、母庚为武丁父、母。兄丁，以日干为名，应与时王血缘关系近。(1)、(2)、(3) 辞义为雀有疾，向武丁之父、母、兄丁举行御祭，禳除雀的灾祸。武丁为雀禳除灾祸，所求的已故祖先中，辈分最低的为兄丁，武丁还命令雀酋伐祭祀兄丁，由此判定，雀或为武丁之兄，或为兄丁后、武丁之子或侄。雀是王室人，能参与王室祭祀，卜辞如：

(5) 贞呼雀彭河五十[牛]。(《合集》672正)
(6) 丁丑卜，争，贞呼雀祀于河。(《合集》14551)
(7) 辛未卜，争，贞翌癸酉呼雀燎于岳。(《合集》4112)
(8) 己丑卜，争，贞亦呼雀燎于云犬。(《合集》1051正)
(9) 辛亥[卜]，贞允〔寻〕雀牛甗又十。(《合集》4139)

"河"应为商先公高祖之一，称"高祖河"(《合集》32028)。(5)辞中与河同版受祭祀的有王亥，此河当为高祖河。"岳"单独出现，可能是山川之岳，也有可能指商先公高祖岳。"云"，《说文》："云，山川之气也。"商人视云为神灵，加以祭祀。上引卜辞中，武丁命令雀祭祀商高祖王亥、河、岳、云神。从有关的甲骨文看，雀祭祀商先公，但不祭祀商先王，这或与雀的宗法地位有关，他为先王后，受到分封，其地称雀(《合集》190反、《合集》21901)，是重要的农业区、畜牧业区、田猎区，卜辞如：

(10) 雀受年。(《合集》9760)
(11) 丁卯□，刈……雀黍。(《英藏》829)
(12) 戊戌卜，雀人刍于教。(《合集》20500)

(10)辞义为雀地的农业获得丰收。(11)辞义为刈获雀地之黍。"刍"，《说文》："刍，刈草也。"段玉裁注："谓可饲牛马者。"《周礼·充人》郑玄注："养牛羊曰刍。"教为地名，(12)辞义为雀人到教地放牧牛羊。雀要贡纳，卜辞如：

(13) 贞共雀𠨘牛。(《合集》387反)
(14) 己巳卜，雀不其以猱。
    戊辰卜，雀不其以象。十二月
    己巳卜，雀取马以。(《合集》8984)
(15) 雀入二百五十。(《合集》9233反，甲桥刻辞)
(16) 雀入百五十。(《合集》14209反，甲桥刻辞)

"共"有登集、征集。"𠨘"，从共从午，含义不明。(13)辞义为向雀征集牛。"猱"，形似猴子。(14)辞义为雀贡纳牛、猱、象、马。雀贡纳的物产说明，雀地有适宜动物生长的环境，其地应有畜牧、田猎区。雀还贡纳龟甲。就目前甲骨文材料看，雀是贡纳龟甲最多者。雀贡纳物品，表明雀臣属于王，商王还有权命令雀贡纳，卜辞如：

(17) 雀有来。(《合集》4145)
(18) 癸□卜，争，贞雀来。(《合集》4119)
(19) 庚戌卜，雀于屯（春）出。(《合集》4143)
(20) 丙午卜，己酉雀至。(《合集》4146)
(21) 甲辰卜，叀雀入。(《合集》32840，历组卜辞)

雀来朝见商王，表明其臣服之意。

从上述材料看，雀拥有封地，其境内有农业、畜牧业和田猎区，雀地物产丰富。雀地还具有重要战略地位，他参加的商王朝的多次战争，多次在其领土边境进行，雀在维护商王朝的西土边境安宁中起过重要的作用。雀还作为征伐大将，受商王之令，参与许多对外征战。

雀参与的商王朝的对外战争

甲骨文中，雀受商王之令，参加了对20多个方国的征讨，为商王朝边境的安宁做出了巨大贡献，现加以考察。

雀在商南土的征战

商王都的南部地区，卜辞称为"南土"、"南方"（如："南土受年"（《合集》9738），"侑于南方"（《合集》8746）。武丁对南土的征伐，文献中有记载，《诗·商颂·殷武》："挞彼殷武，奋伐荆、楚，罙入其阻，裒荆之旅。"甲骨文中，也有商王武丁对南土征战的占卜，卜辞如：

(22) 乙未[卜]，贞立事于南，右从[我]，中从舆，左从曾。
(《合集》5504)

"立事"即古书中的"莅事"、"位事"，事即戎事。舆和曾是商朝南土的两个封国。舆即举，湖北汉水之东有举水；曾是曾国，在湖北荆山、枣阳、随县一带。[①]雀参加了对南土的战争，卜辞如：

---

① 江鸿：《盘龙城与商朝的南土》，《文物》1976年第2期。

(23) 戊午卜，贞弜不丧在南土，骨告事。
戊午卜，弜克贝，黛南封方。
庚申卜，贞雀亡囚，南土骨告事。
辛酉卜，贞雀亡囚，骨告事。(《合集》20576正，自组卜辞)

"骨"为祖庚、祖甲时期的贞人(《合集》24795)，担任小臣之职(《合集》26875)，说明骨之家族，世代为官于商王朝。雀参加这次战争的占卜，其时代为武丁早中期，"事"指祭祀或战争，① 辞义为弜与雀在南土战争有无灾祸，骨自南土来报告战事。侯告与雀一起经营南土，卜辞如：

(24) 令雀从侯告。(《合集》20059，自组卜辞)
(25) 己未卜，在⿰，子其呼射告暨我南征。惟㞢若。(《花东》264)

"告"在𠂤组卜辞中称"侯告"(《合集》6480)，为侯爵，"侯告"担任射官，故称"射告"；"我"指臣属者我，辞义为"子"命令射告与我征讨南土，㞢时出发顺利。对南土的战争，在花园庄东地卜辞中被贞问，说明"子"家族也曾参与对南土的经营。

雀受商王之令，对南土的战争，是雀作为臣下代商王经营边境之史实。雀作为对外征讨的大将，其所进行的战争，多次发生在商王国的西部，分述如下：

雀对㠱、羌方的战争

㠱在𠂤组卜辞中称㠱伯(《合集》3401)，先与商王朝为敌，雀受命讨伐，卜辞如：

(26) 癸卯卜，贞雀宓㠱亡囚。(《合集》22317，午组卜辞，图6—92)

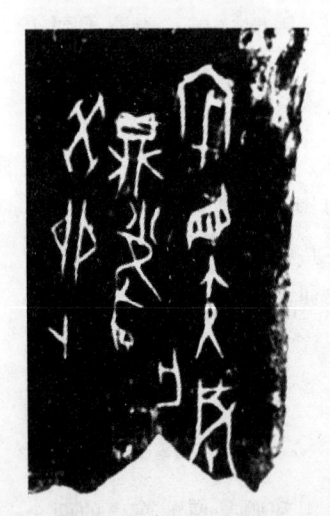

图6—92　《合集》22317

---

① 《左传》成公十三年"国之大事，在祀与戎"，祀即祭祀，戎即战争。

辞义为命令雀镇抚㠱有灾祸。㠱被讨伐后，臣服于商，封为侯伯。羌作"✦"、"✦"、"✦"等形，为商王朝重要族属，武丁早中期，羌侵伐商边境地区，卜辞如：

(27) 甲午卜，屮，贞羌㞢✦。(《合集》20404，𠂤组卜辞)

商王曾同时贞问雀、✦之地农业获得丰收 (《合集》9758)，说明✦地与雀邻，因羌人征伐到✦地，故商王派雀、✦征伐羌人。卜辞如：

(28) 乙巳卜，[贞]✦暨雀伐羌，囚。(《合集》20399，𠂤组卜辞)
(29) 叀雀伐羌。(《合集》20403，𠂤组卜辞)

𠂤组卜辞中，雀与✦参与了讨伐羌人的战争。

雀对亘的战争

亘为人、地、族名同一，先与商王为敌，征服后臣服。雀为征亘将领，卜辞如：

(30) 癸亥卜，亘其征雀。□月。(《合集》20393)
(31) 癸亥卜，亘弗夕雀。
　　丁卯卜，雀获亘。(《合集》20383)
(32) 辛亥，贞雀执亘。受佑。(《合集》20384)
(33) 执亘。
　　弗执。(《合集》20379)

以上皆为𠂤组卜辞。(30) 辞义为亘侵略雀地。(31)、(33) 辞为一事多卜，问雀能否捉拿住亘。武丁时期的㱿组卜辞中，亘还与位于王都西部的谭方一起侵犯边境，卜辞如：

(34) 丁未 [卜]，王，贞余获谭。六月。
　　壬申卜，㱿，贞亘捍不我㞢。七月。(《合集》6943)

"捍"在此为暴动、作乱。"㞢"为侵略、侵犯。(34) 辞义为商王要征伐谭方。亘会否侵略到我地。雀地临近亘，卜辞如：

(35) □申卜，㱿，贞亘捍不惟我。雀其终于止。(《合集》6944)
(36) □□〔卜〕，争，贞曰雀翌乙酉至于嶜。
戈仌亘戍。(《合集》6939)

(35)辞义为亘侵犯我商王朝边境、雀于此抵御。(36)命令雀于乙酉日到达嶜地，戈捕获到亘。嶜地是征伐亘地的军事要冲，商王在此屯兵抵御亘，卜辞如：

(37) 壬午卜，㱿，贞亘允其戋鼓。八月。
勿呼我人先于嶜。(《合集》6945)

(37)辞义为命令雀及我人在嶜地抗击亘入侵。雀是征伐亘的将领，卜辞如：

(38) 辛亥卜，争，贞执亘。
壬子卜，㱿，贞王呼雀复，若。(《合集》6904)
(39)〔壬寅卜〕，㱿，贞呼雀价伐亘。
□亥〔卜〕，㱿，〔贞〕我□获伐亘。
贞雀亡囚。(《合集》6949正)
(40) 辛巳卜，㱿，贞雀弗其得亘、我。(《合集》6959)

"价"不识，从戈从行，刘钊认为是"戈"的繁写，与伐组辞为价伐。[①] "伐"不识，从戌从人。价、伐与军事有关，为征伐之义。辞义为雀讨伐亘。雀、戌、望潾一同征伐亘，卜辞如：

(41) 辛丑卜，㱿，贞戌不其获亘。
乙巳卜，争，贞雀获亘。
贞望潾若。启，雀……(《合集》6952正)

---

① 刘钊：《卜辞所见殷代的军事活动》，《古文字研究》第16辑，中华书局，第112页。

(41) 辞义为雀、戍能否抓获亘之首领。在与亘对垒战中,望溪率军突破亘的(阵垒),雀抓获亘。这是一版征伐亘的连续占卜,雀、戍、望溪一起与亘交战。亘在军事上失利逃亡,商王、雀及犬人追有所获,卜辞如:

(42) 贞犬追亘有及。(《合集》6946 正)

(43) 戊午卜,殻,贞雀追亘有获。(《合集》6947 正)

(44) 贞雀弗其执亘。(《合集》6953)

(45) 贞令雀敦亘。(《合集》6958)

"犬"为侯爵,称"犬侯"(《合集》6813),辞义为犬侯、雀追捕亘有捕获。亘失败后臣服于商王,贞人有名"亘"者。与亘同时侵犯商王朝边境的西部方国有谭 (《合集》6947),也受到商王及雀的征伐。

雀参与对谭方的战争

谭是武丁早期敌国,侵犯雀地,卜辞如:

(46) 贞谭不其□于雀。(《合集》8632)

辞残,根据宾组卜辞中商王对谭征伐,当与谭对雀的侵略有关。商王对伐谭之战十分重视,亲自命令雀参加伐谭之战,卜辞如:

(47) 庚寅卜,殻,贞呼雀伐谭。(《合集》6931)

唐兰认为谭在山东历城县东南。[①] 从与雀地接近看,谭地当在殷西。

雀对基方的战争

基方是武丁时期敌国,曾与其邻国缶联合起来,扰乱边境的安宁,雀与子商、畺是征伐基方军事将领,卜辞如:

(48) 甲戌卜,殻,贞雀壬子商征基方,克。(《合集》6573)

(49) 壬寅卜,殻,贞尊雀虫畺霰基方。(《合集》6571 正)

[①] 唐兰:《殷虚文字记》,历史所油印本,1978年。

"壬"作"?",象人挺立有所企求、希企之义,(48)辞义为雀向子商求助以征伐基方。"尊",《说文》:"尊,酒器也。"酉象酒器,尊本象奉承荐进之形。① (49)辞义为(商王)以酒食宴飨雀、畐,让他们擒获基方。与基方同时作乱的缶,先侵犯雀地,雀与子商参与了对缶的战争。

雀对缶的战争

缶先与商王朝为敌,侵犯雀地,受到讨伐,卜辞如:

(50) □□卜,殻,贞缶其戋雀。(《合集》6989)
(51) 乙酉[卜],王敦缶,受佑。(《合集》20524、20527,自组卜辞)
(52) 辛巳卜,令雀□其敦缶。(《合集》20526,自组卜辞)

(50)辞义为缶要侵略雀地。(51)、(52)辞义为商王征讨缶,命令雀挞伐缶。雀征伐缶的战争,在午组卜辞中也有占卜,卜辞如:

(53) 辛巳卜,贞雀受佑。十三月。
　　□□卜,戋缶……冬十三月。(《合集》21897)

辞义为贞问雀征伐缶会否受到保佑。缶多次扰乱商边境,卜辞如:

(54) 庚□卜,缶弗其戋蚰。(《合集》7010)

缶侵扰掠蚰地,故商王派人讨伐缶,所派者有我史、多臣、子商(《合集》6834正),卜辞如:

(55) 丁卯卜,殻,贞王敦缶于罒。(《合集》6860)
(56) 庚寅,贞敦缶于罒,戋右旅,在□,一月。(《怀特》1640)
(57) 庚申卜,王,贞雀弗〔其〕获缶。(《合集》6834正)
(58) 雀弗其执缶。(《合集》6875)

---

① 于省吾:《甲骨文字诂林》,中华书局1996年版,第2693页。

"罙"为地名,应与缶、雀地相近。商王挞伐缶地,在罙地与缶进行交战,雀捉获缶。缶失败后臣服于商,纳贡并服务于王,卜辞如:

(59) 己未卜,㱿,贞缶不其来见王。(《合集》1027 正)
(60) 己丑乞自缶五屯。伇示三屯。岳。(《合集》9408 臼)

"见"为觐见,诸侯觐见谓之见,王见其臣亦谓之见。① "见王"表示缶臣服于商王。(60) 辞义为向缶征取牛肩胛骨五屯。

雀对先方的战争

"先"作"𣥠"、"𣥠"形,武丁时叛乱为祸遭到镇压,卜辞如:

(61) 贞𢀛戈先。(《合集》7016)
(62) 壬申卜,贞〔雀〕弗其克戈先。(《合集》53)
(63) 己卯卜,王,咸戈先。余曰:雀卬人伐⑥不。(《合集》7020)

(61) 辞义为𢀛挞伐先。(62) 辞义为雀挞伐先。"咸",《说文》:"咸,皆也,悉也。""余"为王自称,"卬"为人名,称"侯卬"(《合集》20024),"⑥"为人名或方国名。(63) 辞义为全部出动去讨伐先。命令雀、卬人征伐⑥族。先又臣服受封,称"先伯"(《合集》1780 正)、"先侯"(《合集》6834 正),勤劳王事(《合集》5734 正、5743、189)。

雀对祭、犬方、毋侯的战争

祭出现在𠂤组、历组卜辞中,祭受到雀的讨伐,卜辞如:

(64) 壬辰卜,㱿,贞雀弗其戈祭。三月。(《合集》1051 正)

祭地,胡厚宣认为是管城之祭国。② 陈梦家谓:"《左传》成四:晋'伐郑取氾祭。'杜注云:'郑地。'《周本纪正义》引'《括地志》云:故祭城在郑州管城县东北十五里,郑大夫祭仲邑也。《释例》云:祭城在河南,上有敖仓,

---

① 于省吾:《甲骨文字诂林》,中华书局1996年版,第609页。
② 胡厚宣:《卜辞中所见之殷代农业》,《甲骨学商史论丛二集》,河北教育出版社2002年版,第656页。

周公后所封也。'《路史·国名纪》：'祭，伯爵，商代国，后为周圻内，今管城东北十五里有古祭城也。'《春秋地名考略》：'隐元年祭伯来……《后汉志》中牟有蔡亭，蔡与祭通，今在开封府郑州东北十五里。'而《后汉书·郡国志》：'长垣有祭城'，属于卫地。"①岛邦男、②钟柏生③认为祭邻近雀地，位于殷西。钟柏生引《路史·后纪》"祭事文王，受商之命"，推测祭在商周之界，位于今山西西南或河南西北。甲骨文中，雀受命征伐的祭，历组卜辞时期成为商王活动区，卜辞如：

(65) 癸巳，贞旬无囚。在祭卜。（《怀特》1618）

(66) 辛未，贞今日告其步于父丁一牛。在祭卜。（《合集》32677）

这说明武丁时期祭方被征服后臣服，祭地已成为商王朝版图的一部分。

犬作为族、人名，见于午、𠂤、亐组卜辞中，称犬方（《合集》22471 午组卜辞），曾与商王朝为敌，卜辞如：

(67) 己酉卜，贞雀往征犬，弗其擒。十月。（《合集》6979）

"犬"作"𤝞"形，与豕差别小，犬尾巴翘起，而此字平滑，甲骨文中，"豕"不见称为人、地、族名，故此字释为犬为宜。(67) 辞义为雀讨伐犬能抓获。犬后臣服于商王，称"犬侯"（《合集》6813），参与商王对亘战争（《合集》6946 正），并服务于占卜机关（《合集》17599 反）。犬族是武丁时期一个重要的族属。

"毋"作"中"等形，称"毋侯"（《合集》3355、3356），毋侵略到雀地，卜辞如：

(68) 丁巳〔卜〕，贞毋〔弗〕戕雀。五月。（《合集》6971）
(69) 庚子卜，□，毋弗〔戕〕雀。（《合集》6972）

---

① 陈梦家：《殷虚卜辞综述》，中华书局 1988 年版，第 288 页。
② [日]岛邦男：《殷墟卜辞研究》，温天河、李寿林中译本，台北鼎文书局 1975 年版，第 412 页。
③ 钟柏生：《殷商卜辞地理论丛》，台北艺文印书馆 1989 年版，第 185 页。

辞义为毋侵略雀地。雀如何通过战争使毋臣服于商，受材料限制，不详。

雀对望戉、微伯、陟的战争

戉是王室成员（《合集》6610 正、39492），有封地，位于王都西，称西戉（《合集》7100），曾发动了叛乱，卜辞如：

(70) □□卜，扶，执戉。（《合集》20372，𠂤组卜辞）
(71) 贞执戉。二月（《合集》5983）
(72) 癸巳卜，㱿，贞呼雀伐望□。（《合集》6983，图 6—93）
(73) 甲午卜，争，贞叀雀呼从望洋伐戉。（《天理》156，图 6—94）

图 6—93　《合集》6983　　图 6—94　《天理》156

(74) 贞雀弗其获征微。（《合集》6986）
(75) 庚□〔卜〕，雀戋陟。（《合集》6981，图 6—95）

(70)、(71) 辞义是擒获戉。(73) 雀命令望征伐洋戉。(74) 辞义为雀征伐微。"陟"在甲骨文中有三义：其一，为登高；其二，为祭祀；其三，为人、地、族名的同一，陟为人名，因叛乱而被镇压，雀是征伐陟的军事将领，(75) 辞义为雀挞伐陟。陟被讨伐后臣服，祖庚祖甲时期，供职于占卜机关

图 6—95 《合集》6981

为贞人（《合集》26393）。

雀对目、艺、占邑、畀的征伐

甲骨文中，目作人、族名，侵略过沚地（《合集》6994），受到沚的讨伐（《合集》7000、7001、6992）。自组卜辞中，目与雀关系友好，卜辞如：

(76) 癸丑卜，令雀匕目。(《合集》20173)

自组卜辞的"匕"，与宾组卜辞的"比"含义相同，(76) 辞义为命令雀比同目从事某事。在宾组卜辞中，目与他族共同叛乱，商王命令雀讨伐，卜辞如：

(77) 贞呼雀征目。
　　　丁卯卜，争，呼雀、🐛捍艺。九月。(《合集》6946 正)
(78) 翌癸□〔雀〕弗其𢦏占邑。(《合集》7077)
(79) 勿呼雀伐畀。(《合集》6962)

"🐛"为人、族名。(77) 辞义为命令雀讨伐目。命令雀及🐛征伐艺？经过雀对目、艺的征伐，不见他们再作乱为祸的占卜。"占邑"为地名或方国，受材料限制，不明。(78) 辞义是命令雀征伐占邑。"畀"为人、族名。(79)

辞义为命令雀讨伐界。

雀对桑、壴、巽、侯任、𤔲的征伐

雀讨伐桑、壴、巽的叛乱，卜辞如：

(80) 辛巳卜，㱿，贞呼雀章桑。
辛巳卜，㱿，贞呼雀章壴。
辛巳卜，㱿，贞勿呼雀伐巽。（《合集》6959）
(81) 甲辰卜，王，雀获侯任。（《合集》6963）
(82) 雀其𢦍𤔲。（《合集》6980）

"桑"被征伐后，成为商王朝版图的一部分，"壴"成为臣属者，康丁时期，供职于占卜机关（《合集》27166）。"巽"不见。"侯任"、"𤔲"一见。(81)辞义为雀捕获侯任。(82)辞义为雀讨伐𤔲。

雀对𦥔侯的战争

历组卜辞中，有雀对𦥔侯的战争，卜辞如：

(83) 甲辰卜，雀𢦍𦥔侯。
□□卜，𦥔侯𢦍雀。（《合集》33071）

"𦥔侯"为外服诸侯，商王派雀讨伐𦥔侯。

雀拥有的军队

从以上材料看，雀参加了商王朝对20多个部族方国的讨伐，雀有其军队，甲骨文中称"雀师"，卜辞如：

(84) 戊子卜，令㠱往雀师。（《合集》8006）
(85) 于癸未侑，至雀师。
于甲申侑，至雀师。（《合集》40864）

"㠱"为人名。"师"多指军队，商王的军队称王师（《合集》36443），商王的臣属者也有军队，以臣属名＋师的形式出现，如犬师（《合集》41529）、缶师（《合集》36525）等，"雀师"即雀的军队。(84)辞义为命令㠱前往雀军。(85)辞义为于癸未日、甲申日举行侑祭后到雀师。

雀的军队中，拥有射这一兵种，卜辞如：

(86) 癸未卜，雀不其来射。
　　　癸未卜，今一月雀无其至。(《合集》5793)

辞义为雀贡纳射手。这说明雀有射这一兵种。

雀平时还军事训练，卜辞如：

(87) 癸酉卜，㱿，贞雀今日🨀。
　　　癸酉卜，㱿，贞雀于翌甲戌🨀。(《合集》7768)

"🨀"字不识，作人持戈持盾形，与军事有关。商王于癸酉日贞问是今日或明日进行🨀，这应与雀训练军队有关。雀尽管有军队，但受商王派遣，卜辞如：

(88) □□卜，勿呼雀伐。(《合集》3227)
(89) 呼雀征。(《合集》7632)

这是商王呼命雀对外征伐。

甲骨文中，与雀有系联关系的商王朝的臣属者和敌对者之地，可以分为两部分，一部分在今山西中北部，以沚为中心，在今山西平遥、石楼、永和一带；一部分在今山西南部，以亘、𢀛、犬等地为中心，在今晋南地区。今山西灵石、霍州一带，是南北、东西交通要道。雀是商王同姓贵族，武丁分封雀到这一带，是为了加强对西部边境的控制，而雀是商王朝的官吏，要服务于商。

雀在商王朝的活动

雀有称"雀男"(《合集》3452)、"亚雀"(《合集》5679)、"雀任"(《合集》19033)，"男"、"亚"、"任"为爵称，雀在商王朝担任要职，协同武丁处理政务。卜辞如：

(90) 戊午卜，㕁，贞呼雀往于樊。
　　　甲子卜，争，雀弗其呼王族来。(《合集》6946正)

呼王族来与战争有关。朱凤瀚认为,从地理位置的分布上,多集中在商王国的西部地区,即当时与外族兵戎相见最频繁的地带。① 辞义为命令雀到焚地,雀要命令王族前来参与商王朝的对外战争。雀平时为王事奔波,卜辞如:

(91) □辰卜,〔贞〕雀叶朕事于盎。二月。(《合集》10035)
(92) 贞令雀西延⺕。
    贞雀叶王事。(《合集》10125)

"叶朕事"与"叶王事"一样,辞义为雀勤劳王事。雀为商王征取贡物和陪同商王田猎,卜辞如:

(93) 辛丑卜,勿呼雀凶,雀取侯匿。(《合集》19852)
(94) 于庚午雀执仆。(《合集》574)
(95) 戊戌卜,王,贞其令雀田于□。(《合集》10567)
(96) 己未卜,雀获虎。弗获。在而。一月。(《合集》10201)
(97) 甲□〔卜〕,𣪘,〔贞〕雀□弗其擒麋。(《合集》10351)

(93) 辞义为命令雀向侯匿征取贡物。"仆"为某种身份的人,(94) 辞义为于庚午日命令雀去捉拿仆。雀参与商王朝田猎,所获猎物有虎、麋等。

雀为王事奔波,受到商王的关心,卜辞如:

(98) 贞雀亡囚。(《合集》6949 正)
(99) □□〔卜〕,𣪘,贞雀亡囚。(《合集》5758)
(100) 甲申卜,𣪘,贞雀受佑。(《合集》8008)

(98) 辞义为雀有无灾祸,是否受到保佑。商王对雀关心的占卜,还如:

(101) 雀有壱。(《合集》4125)

---

① 朱凤瀚:《商周家族形态研究》,天津古籍出版社1990年版,第74页。

(102) 贞雀有保。(《合集》4126)
　　(103) 戊申卜，贞雀骨凡有疾。(《合集》13869)
　　(104) 丙午卜，贞王曰雀凡□㞢。(《合集》4128)
　　(105) 己卯卜，王，贞雀受孃□。(《合集》4156)

(101) 辞义为雀有灾害。"保"，字象背负子形，为佑护之义。① (102) 辞义为雀受到护佑。"凡"应为"骨凡有疾"省略，(103)、(104) 辞义为雀的病情有好转。"孃"字不识，根据辞义，或与灾祸或疾病有关。雀是商王室成员，商王认为雀的灾祸由祖先为害，卜辞如：

　　(106)［贞］父乙其壱雀。(《合集》4150)

(106) 辞义为父乙降灾害于雀。商王还为雀生死而占卜，卜辞如：

　　(107) 己巳卜，㱿，贞雀其死。(《合集》110 正)

辞义为雀会否死去。

　　从甲骨文材料中看出，雀是同姓贵族，拥有封地，其封地位于王都西，具有重要的战略地位；雀在武丁早中期对外进行的征伐战争，主要是为武丁经略西土边疆；他在王都时，随侍在商王身边，听从商王的调遣，为王事奔波。雀是王室重臣，受到器重。雀与商王关系密切。西北冈1001号大墓出土有铭"亚雀"之鹿角器，② 雀之器物出土于商王大墓，表明雀与商王的关系非同一般。

　　雀主要活动见于自组、子组、午组、宾组卜辞早期到中期，宾组晚段不见雀的活动，可能已去世。历组卜辞中的雀，应为雀之后人，其活动远无法与武丁时的雀相比。

雀出现的历史背景

　　晋南一带，是重要的经济区，农业、畜牧业、田猎经济占有重要地位，还有铜、铅及丰富的盐资源，商王要占有这一地区的物质资源，就必须征服

---

① 于省吾：《甲骨文字诂林》，中华书局1996年版，第174页。
② 中国社会科学院考古研究所：《殷墟的发现与研究》，科学出版社1994年版，第395页。

并占有其地。雀是商王室人物,具有非凡的军事才能(南土之战,雀为军事将领),这里横贯东西南北,具有重要的战略地位。武丁把雀分封到灵石、霍州一带,就是因为这里地理位置重要且方国众多;利用雀的军事才能,能加强对其地的统治。

(二) 戉

有关戉的卜辞共有 200 多条,戉是武丁时期人物,下面加以论述。

戉是商王同姓贵族,卜辞如:

(1) 贞侑于祖乙告戉。
　　贞求戉于祖乙。
　　贞告戉于上甲、成。(《英藏》594,图 6—96)

商王为戉求佑上甲、成汤、祖乙,由此判定,戉是商王的同姓臣属。

戉地位于王都西,卜辞如:

(2) ……〔有来〕艰自西戉……(《合集》7100,图 6—97)
(3) 癸亥卜,争,贞戉、友获在西。呼……。□月。(《合集》10914 正,图 6—98)

图 6—96 《英藏》594　　图 6—97 《合集》7100　　图 6—98 《合集》10914 正

(2）辞义为有不好的消息来自西土的戉。友为人名，（3）辞义为戉、友有所俘获在西。这两条卜辞，说明了戉地在西部地区。戉有民人供其驱使，卜辞如：

  （4）贞戉其丧人。（《合集》1083）

"人"或称"众人"。（4）辞义为戉众逃亡。戉境内还有手工业，卜辞如：

  （5）丙申卜，争，贞戉其有石一橐其㞢。（《合集》7694）

戉所贡石，指石磬或石料。"橐"，应表示石量。（5）辞义为戉向商王贡纳石一批会否遭劫。

  戉既为臣属，商王有权利向其征取贡品，卜辞如：

  （6）乙亥卜，永，贞令戉来归。三月。（《合集》4268）
  （7）贞呼取戉。（《合集》1479、2728）

（6）辞义为命令戉来贡。（7）辞义为向戉征取贡物。
  戉既为臣属，故需前来朝见商王，卜辞如：

  （8）贞戉其呼来。（《合集》4279）
  （9）贞呼戉往。（《合集》39779）
  （10）其先行至自戉。
    戉其有工。
    其先戉至自行。
    戉其有工。（《合集》4276）

（8）辞义为命令戉前来朝见。（9）辞义为命令戉前往某地。戉的封地距"行"地不远，工与贡同。[①]（10）辞义为戉将要向商王贡纳物品，戉比行先

[①] 于省吾：《甲骨文字释林》，中华书局1979年版，第71—73页。

到，还是行比戉先到王都。戉为臣属，受到商王关心，卜辞如：

(11) 甲寅卜，亘，贞戉其有剢。(《合集》4271)
(12) 贞戉不其㞢。二月。(《合集》7705、7706)
(13) 贞戉往亡艰。(《合集》7184)
(14) 戉亡囚。(《合集》39781)

"剢"、"㞢"、"艰"与灾难、灾祸有关。(11) 辞义为戉有灾难。(13) 辞义为戉有灾祸发生。这是商王对戉关心的卜问。

戉在武丁早中期发动了叛乱，受到商王的镇压，雀参与了对戉的征讨，戉被商王镇压后臣服，为王事奔波，他参与了商王朝对外的一系列战争。

戉对沚𢦏、湔方的战争

(15) 辛亥卜，殻，贞呼戉往弋沚。(《合集》4284)
(16) 贞戉其伐湔方㞢。(《合集》6567)
(17) 贞戉弗其受湔方佑。(《合集》8616)

"弋"引申为捉拿、抓到之义。(15) 辞义为命令戉前往捉拿沚。"㞢"为战争用语，(16) 辞义为（商王）命令戉征伐湔方。"受湔方佑"与"我受土方佑"(《合集》8478) 一样，(17) 辞义为戉征伐湔方受到保佑。有关湔方的地望，郭沫若以为在今四川松潘县西北[1]；饶宗颐认为湔方在蜀地湔水流域[2]；胡厚宣认为戉地在今山西平陆东北[3]；张秉权谓湔方在今山西平陆附近。[4] 湔方当在殷西。

戉对舌方、土方、羌的战争

戉位于殷西，遭到了舌方侵略，卜辞如：

---

[1] 郭沫若：《卜辞通纂》，第523片，科学出版社1983年版。
[2] 饶宗颐主编：《甲骨文通检》第二分册《地名》，香港中文大学出版社1994年版，前言20页。
[3] 胡厚宣：《殷代舌方考》，《甲骨学商史论丛初集》上册。
[4] 张秉权：《殷虚文字丙编考释》，中研院史语所，1992年重印本，第190页。

(18) 己丑卜，㱿，贞舌方弗允㪍戋。十月。（《合集》6371）
(19) 贞戋弗其伐舌方。（《合集》6376）
(20) 己丑卜，㱿，贞令戋来。曰戋𢦏伐舌方。在十月。（《英藏》1179 正）

(18) 辞义为舌方侵犯到戋。"𢦏"与军事行为有关，刘钊认为是深伐，其字形象以手探取状，应为"探"之本义，义为袭击。①（20）辞义为命令戋攻袭舌方。当时土方也侵犯商边境，戋对土方进行了讨伐，卜辞如：

(21) 甲寅卜，□，贞戋其获征土方。（《合集》6452）

辞义为戋参加对土方的战争。土方位于西北部。
　　羌位于王都西，商王命令戋捕获羌人，卜辞如：

(23) 丁未卜，贞令戋、光有获羌刍五十。（《合集》22043）

辞义为命令戋、光捕获羌牧五十人。
　　戋不仅参与对外战争，还参与王室其他事务，卜辞如：

(24) 壬子卜，宕，贞令戋从㐭□。（《合集》586）
(25) 丙子卜，㱿，贞勿呼鸣从戋使冒。三月。（《合集》1110 正）

"㐭"地在王都西；"鸣"、"冒"为人、地、族名同一。"使"，即出使，（25）辞义为命令鸣率领戋出使到冒地。武丁时期戋可能已死去，卜辞如：

(26) 甲午有闻，曰戋……使春复，七月，在壴死。（《合集》17078 正）

"闻"，《说文》："闻，知声也。"。（26）辞义为商王听到消息，戋出使春地，在壴地死亡。

---

① 刘钊：《卜辞所见殷代的军事活动》，《古文字研究》，第 16 辑，中华书局 1989 年版。

以上是戌在武丁时期的活动，祖庚、祖甲时期，不见踪迹，康丁时期何组卜辞中有"戌方"，武乙、文丁、帝乙、帝辛时期，也有戌的活动，卜辞如：

(27) □巳卜……戌方……寅小宰。大吉。（《合集》29648，何组卜辞）

(28) 己卯卜，贞井方其寇我、戌。（《屯南》2260，历组卜辞）

(29) 在□次，贞祖甲升……戌升若。我受［佑］。（《合集》35913，黄组卜辞）

"寇"，《说文》："寇，暴也。"《广雅·释言》："寇，害也。"《左传》文公七年："兵作于内为乱，于外为寇，寇犹及人，乱自及也。"寇为以兵戈相害之义。"我"，在此当指我族之地，辞义为井方要攻伐我地、戌地。黄组卜辞的戌为动词还是表人名之戌，因辞残不明。

（三）禽

禽共有1000多条卜辞，通过整理分析后，发现禽在甲骨文中有两义：其一，用作动词，为擒获、捕获义，用于田猎和军事。其二，禽为人、地和族同一，这些卜辞共有400多条，这说明禽是武丁时期一位重要的人物。他外专征伐，内管祭祀，下面就禽这一历史人物加以论述。

禽作地名，是禽族的聚居地，卜辞如：

(1) 贞使人于禽。（《合集》5533、5534）

(2) 辛丑，小臣㚔入禽，宜，在專，以簋。①（《石簋》）

"禽"在此为地名，表示禽这一人物及家族拥有封地。禽既为臣属，要贡纳于商，卜辞如：

(3) 禽入四十。（《合集》4735反、5638反）

(4) 寅禽以。（《合集》9020）

(5) 贞禽其来。（《合集》891正、4080）

---

① 梁思永、高去寻：《侯家庄第四本1003号大墓》，中研院史语所，1967年。

(6) 贞有禽不其得舟。(《合集》11460 正甲)

(7) 禽不其来舟。(《合集》11462 正)

(8) 曰禽来其以齿。(《合集》17303 反,图 6—99)

(9) □未卜,贞禽以牛。(《合集》8975,图 6—100)

图 6—99　《合集》17303 反　　　图 6—100　《合集》8975

(10) 贞禽亡其工。(《合集》4089)

(11) 癸卯卜,宁,贞禽、由来归,丁若。十三月。(《合集》4078,图 6—101)

(12) 贞禽其来归。(《合集》4079 正,图 6—102)

(3) 为记事刻辞,记录禽向王室贡纳占卜所用龟甲。舟即船。(6)、(7) 辞义为禽能得到舟向王室贡纳。"齿",为象齿,在古代,象牙可以称作齿,[①] (8) 辞义为禽来贡象牙。工通贡,(10) 辞义为禽向商王贡纳物品。归,假借为馈,即赠送。(11)、(12) 辞义为禽向商王馈送物品。禽境内有农业区,卜辞如:

---

① 姚孝遂:《甲骨刻辞狩猎考》,《古文字研究》第 6 辑,中华书局 1981 年版。

图 6—101　《合集》4078　　　图 6—102　《合集》4079 正

(13) 贞禽受年。(《合集》9802)
(14) 贞禽不丧众人。(《合集》57)

(13) 辞义为禽地的农业获得丰收。(14) 辞义为禽的众人会否丧失流散。禽有独立的政治、经济区域，他受到商王关注。卜辞如：

(15) 癸酉卜，贞其自禽有来艰。
　　 贞不自禽有来艰。十一月。
　　 贞勿商戠禽。(《合集》557)

贞问有坏消息来自禽，不要赏赐，侍禽情况而为。商王还派人到禽地巡视，卜辞如：

(16) 癸丑卜，㱿，贞叀令囧目禽孽。(《合集》4090)
(17) 贞𠬝目禽孽。(《合集》6450)

"孽"，用指作孽。"目"用为动词，即视察、省察。(16)、(17) 辞义为命令囧、𠬝到禽地视察，禽为害于他们。商王对禽的作孽进行了讨伐，卜辞如：

(18) □□卜，宾，[贞]令宁途禽。五月。(《合集》6048)
(19) □□卜，宾，贞令雷途禽。(《合集》6049)
(20) 贞叀夷令途禽。八月。(《合集》6047)
(21) 贞叀夷令途禽。
　　　癸酉卜，宾，贞令𠂤途禽。八月。(《合集》6050)
(22) 癸巳卜，宾，贞令伐途禽师。(《合集》6051)

当禽叛乱时，商王派遣宁、夷、雷、𠂤等大将前往讨伐禽师，禽失败后臣服，与商王间有过一段弥合阶段，卜辞如：

(23) 庚辰卜，宾，贞令禽不惟艰。(《合集》4041 反)

辞义为商王命令禽从事王事，问不至于很艰难吧。可见商王与禽之间的微妙关系。

禽在武丁中后期深受重视，称"小臣禽"(《合集》5571 反)、"亚禽"(《合集》32988)、"禽子"(《合集》15571 反)，禽为重臣，内管祭祀，外专征伐，权力甚重。

禽参与商王室祭祀

禽祭祀商高祖、先公以及近王，卜辞如：

(24) 丙辰卜，宾，贞叀禽令燎于夒。(《合集》14370 丁)
(25) 呼禽往于河。(《合集》8330 正)
(26) 甲午卜，殷，贞呼禽先御燎于河。(《合集》4055 正)
(27) 贞呼禽酚岳。(《合集》14469 反)

夒、河、岳是商族远公高祖，命令禽用燎、御、酚等对他们祭祀。禽能祭祀商高祖，说明禽是商王同姓贵族。禽还祭祀商先公先王，卜辞如：

(28) 贞禽呼侑上甲。(《合集》4047 反)
(29) 甲戌卜，贞翌乙亥侑于祖乙三牛，禽献尸牛。十三月。(《合集》1520)

(28) 商王命令禽侑祭上甲。"尸"指牛的颜色。(29) 辞义为乙亥这天向祖乙举行侑祭,用三头牛,禽奉献尸色牛来祭祀。禽受王令,还向故去的丁举行祭祀,卜辞如:

  (30) 丙申卜,贞,翌丁酉禽侑于丁一牛。(《合集》4048)

  (31) 庚辰卜,争,贞禽侑于丁宰。(《合集》4051)

  (32) 癸巳卜,贞翌丁酉酌禽求于丁。(《合集》4061)

  (33) □酉卜,宁,贞告禽受令于丁二宰葡一牛。(《合集》19563)

  (34) 禽告于丁。(《合集》4062)

  (35) □寅卜……禽以新邕宙今夕……于丁。(《合集》13868)

禽祭祀故去的丁,所用的祭仪为侑、求、燎、告,所用牺牲为牛、宰及新邕。禽祭祀祖乙及丁,说明他们之间血缘关系近。

  禽直接祭祀商先公高祖,对大示,他仅贡纳祭品,卜辞如:

  (36) □戌卜,贞,禽见百牛汎用自上示。(《合集》102)

  (37) 甲子卜,争,贞来乙亥告禽其西于六元示。(《合集》14829)

"示",本象神主之形。大、上、元古义相通,上示、元示即大示,它们都表示最初的祖先神。[1] 六示、六大示,有不同解释,屈万里认为:六示,谓大乙、大丁、大甲、大庚、大戊、中丁六个直系先王。[2] 姚孝遂、肖丁认为六大示有两种可能,一为自上甲至示癸六世的先王,一与屈万里相同。[3] 朱凤瀚认为大示包括六个直系先王,即自上甲六大示,指上甲、大乙、大丁、大甲、大庚、大戊。[4] 晁福林与朱观点相同。辞义为禽进献于商王百头牛以祭祀大示。禽仅进贡物品而不直接祭祀直系先王,应与其宗法地位有关。尽管

---

[1] 晁福林:《关于殷墟卜辞中"示"和"宗"的探讨——兼论宗法制的若干问题》,《社会科学战线》1989年第3期。

[2] 屈万里:《殷虚文字甲编考释》,中研院史语所1961年影印本,第29页。

[3] 姚孝遂、肖丁:《小屯南地甲骨考释》,中华书局1985年版,第28—33页。

[4] 朱凤瀚:《论殷墟卜辞中的"大示"及其相关问题》,《古文字研究》第16辑,中华书局1989年版,第45页。

如此，禽作为商王同姓贵族，参与王室的其他祭祀，卜辞如：

(38) 癸丑卜，㱿，贞禽来屯戬。十二月。（《合集》824）
(39) 禽御。奠御。（《合集》12439 正）
(40) 贞禽不其御。（《合集》7239 正）

"屯"有多种含义，如屯为一对牛肩胛骨；① 屯又指屯地人，张秉权认为屯很可能是一个方国或氏族之名，② 卜辞中有"侯屯"，（《合集》32817）；屯指某种丝织物品（"白屯"《花东》220）。"戬"字从奚从戈，即杀伐。(38) 辞义为禽进贡屯，要杀伐以祭。"奠"为人名，(39) 辞义是命令禽、奠举行御祭。禽既参与王室的祭祀活动，又参与王室事务。

禽参与王室事务

禽勤劳王事，卜辞如：

(41) 贞禽弗其叶王事。（《合集》5480）
(42) 丁卯卜，贞禽往先。（《合集》4068）
(43) 乙酉卜，㱿，贞呼禽共于㕣由。（《合集》8956 正）
(44) 贞宙今十月令禽。（《合集》4037）

"叶王事"即勤劳王事，往，本义为往来之往，还用为祭名，于省吾释为禳，即禳除灾殃。③ (42) 辞义是命令禽先往某地还是派禽往祭。"㕣"字不识，地名。(43) 辞义为命令禽在"㕣"地为征集。禽受勤劳王事主要表现在军事、田猎、为王室征取贡物等方面。

其一，禽在商王朝军事方面的活动。

禽服务于商王朝的军队中，禽受商王之令，为商王进行军队训练，卜辞如：

(45) 令禽㽎三百射。（《合集》5770 丙）

---

① 胡厚宣：《武丁时五种记事刻辞考》，《甲骨学商史论丛初集》下册，河北教育出版社 1994 年版。
② 张秉权：《殷虚文字丙编考释》，中研院史语所 1957 年版，第 126 页。
③ 于省吾：《甲骨文字释林》，中华书局 1979 年版，第 154—156 页。

"射"是射手。"羍",陈梦家谓:此假作养或庠,即令禽教三百射以射。① 禽平时训练军队,战时出征卫国。

禽参与对舌方的战争

禽参与对舌方的战争,在战争中,禽既为商王征取兵力,又亲自参加战斗,卜辞如:

(46) 丁未卜,争,贞勿令禽以众伐舌[方]。(《合集》26、27)
(47) 癸酉卜,贞六月禽戋舌方。(《合集》6293)
(48) 贞叀禽伐舌[方]。(《合集》6298)
(49) [戊]子卜,宁,贞禽乞步伐舌方受有佑。十三月。(《合集》6292)
(50) 丁酉卜,出,贞禽聿舌方。(《合集》24145)

"众",裘锡圭提出:众有广狭义之分,广义的众就是众多的人,狭义的众,是为商王服农业生产劳役的主要力量,参加战争,有时也从事田猎或其他工作,就是平民。②(46)辞义为禽率领众人讨伐舌方。(47)辞义为令禽去挞伐舌方。(49)辞义为禽求取用步兵与舌方交战会否受到上帝的保佑。(50)辞为祖庚、祖甲卜辞,说明舌方又扰乱边境安宁,禽对舌方用兵。

从伐舌方之役看,禽发挥了巨大作用,归纳起来,有两方面:一是禽在战争后备工作中,输送众人前往作战前线。二是禽与舌方进行了直接的战斗,用步兵与舌方交战,最后取得了胜利。

禽对羌方的战争

羌是王都西部部族,禽曾参与对羌人的征伐,卜辞如:

(51) 癸未卜,宁,贞叀禽往追羌。(《合集》493 正)
(52) [禽]有获羌。(《合集》198)
(53) 辛丑卜,贞禽以羌。王于门馭(寻)。(《合集》261)

---

① 陈梦家:《殷虚卜辞综述》,中华书局1988年版,第512—513页。
② 裘锡圭:《关于商代的宗族组织与贵族和平民两个阶级的初步研究》,《文史》第17辑,1983年。

(54) 禽于……以众……宗。(《合集》31)

"追"为追逐、追赶，禽参加了对羌人的讨伐战争，把追获之羌作为战利品，送到王都，商王举行迎师典礼。"𢓊"象以手奉接物品，严一萍认为释揖，"象舒展两臂也，《仪礼·燕礼》有言：'公揖卿大夫乃升，就席。'郑注曰：'揖之人之也。'……实象有客临门，主人出迎，躬身舒张两臂邀客入席，盖即揖字之初形也。"① 甲骨文中有"王于宗门逆羌"(《合集》32036)、"王于南门逆羌"(《合集》32035)，辞义为禽致送羌俘，王到城门迎接。宗为宗室之门。禽所送战俘，有一般俘虏，也有敌酋，卜辞如：

(55) 王寻禽以执（𝌆）。(《合集》804)
(56) 癸卯卜，贞翌辛亥王寻禽以执（𝌆）。(《合集》803)

"执"字象人戴枷具形，说明他与一般俘虏不同，商王亲自迎接禽致送的敌酋。

武丁时期，禽到东土进行镇叛，卜辞如：

(57) 贞令禽伐东土，告于祖乙，于丁。八月。(《合集》7084)

东土发生叛乱，商王派禽前往征伐，出兵之前，向祖先举行告祭祀。禽还在㐭侯之地进行军事活动，卜辞如：

(58) 贞禽立事于㐭侯。六月。(《合集》5505)

辞义为商王命令禽在㐭侯之地执行军事任务。禽还参与商王朝的其他军事活动，卜辞如：

(59) 贞禽弗其以易臽（𠂤）。(《合集》3389)
(60) 乙卯卜，永，贞禽弗其𠂤子。二月。(《合集》5834)
(61) 癸亥卜，永，贞禽、克以多伯。二月。(《英藏》199 正)

---

① 严一萍：《释揖》，《中国文字》新十期，1985年，第111页。

"易"为人、地、族同一，易国位于殷西。(59) 辞义为禽致送或带领易国之首领用"臽"这种作战方法攻伐。(60) 辞义为命令禽捉拿子某。"克"为人名，称"亚克"(《合集》5860)，"多伯"为外服职官，(61) 辞义是禽、亚克致送或带领多伯服务王事。

其二，禽参与商王朝的田猎。

禽也参与商王的田猎活动，卜辞如：

(62) 庚寅卜，贞禽弗其擒亡囗。四〔月〕。(《合集》10812 甲)

(63) 戊辰卜，争，贞禽擒……(《合集》10811)

(64) 王占〔曰〕：丁卯王狩敝𢦒车……在车，禽马亦……(《合集》584 正甲)

(65) 贞勿令禽田于京。二告。(《合集》10919)

(66) 丙戌卜，贞勿令犬延。
    贞勿令犬延田于京。
    贞于生十一月令禽。
    贞勿呼延复屮行从𠄌。(《英藏》834)

(64) 辞残，"王狩"，"𢦒车"与"禽马"几个关键词说明，辞义为禽与商王参与田猎，车出现故障，禽马也有灾祸。"复"为往来、反复，"行"为商代军队中步兵的编制，屮为人名，有屮族(《合集》5622)、屮伯(《合集》3444、20078)，京地是商王经常光顾的地方，(65) 辞义为命令犬延、禽在京地进行田猎，犬延率领屮的步兵相配合。

其三，禽参与农事活动，卜辞如：

(67) 癸未卜，宁，贞禽𢓊田，不来归。十二月。(《合集》10146)

"𢓊"字，上从止，下从土，张政烺认为"按字形分析当是从止、土声，依照字音去求义，盖读为度"。① 度田，"《考工记·玉人》：'土圭，尺有五寸，以致日，以土地。'"郑玄注为"度地"，即《礼记·王制》："司空执

---

① 张政烺：《释甲骨文尊田及土田》，《中国历史文献研究集刊》第 3 集，1983 年，第 15 页。

度，度地居民，……量地远近。"卜辞中土田和度田含义相同，指在开荒、翻耕等工作开始之前，进行度量土地，以便"农分田而耕"。① 选好要耕种之地，清除地面上的杂草，这项工作在甲骨文中称"衷田"，即开垦荒地，卜辞如：

(68) 癸卯［卜］，宁，贞……禽衷田于京。(《合集》9473)
(69) 贞勿令禽衷田。(《合集》9475)

"衷"从张政烺释，从土从双手，象两手执"用"启土，谓衷田就是聚土治田，是开荒地。禽还受商王之令命犬延之族进行某项活动，卜辞如：

(70) □□卜，□，贞令禽呼犬延作……五月。(《合集》4636)

辞义当为禽传达商王的命令，要犬延从事田猎或农事活动。禽还参与商王室内部事务的管理。

其四，禽在商王室内部事务中的活动。

禽管理王室内部的事务，检视甲骨，收取诸侯所献贡物，卜辞如：

(71) 癸酉，禽示十屯。敝。(《合集》493 臼)
(72) 癸酉禽示十屯。耳。(《合集》4070 臼)
(73) 甲寅，犬见禽示七屯。兄。(《合集》6768 臼)
(74) 甲寅，犬见禽示七屯。(《合集》6769 臼)

(71)、(72) 辞义为禽验示十屯牛肩胛骨。(73)、(74) 辞义为犬侯向商王室贡纳了七屯占卜用牛肩胛骨，禽做验示，贞人兄作记录。这是禽参与占卜机关的事务。禽还掌管商王室饮食事宜，卜辞如：

(75) 贞来乙亥禽其㪺王若。(《合集》10111)

"㪺"字从食从束，王国维释为"餗"，即鬻之或体。餗假为蔌。《诗·大雅·

---

① 裘锡圭：《甲骨文中所见的商代农业》，《全国商史学术讨论会论文集》，1985年版。

韩奕》:"其蔌为何?惟笋及蒲。"王引之谓蔌乃豆实。《尔雅·释器》:"肉谓之羹","菜谓之蔌"。以菜实之祭亦谓之餗。① (75) 辞义为乙亥日禽用菜实祭祀(先祖)或招待商王。

商王对禽的关心

禽从事王事,受到商王的关心,卜辞如:

(76) 庚辰卜,叀禽往亡左。十二月。(《英藏》352,图6—103)
(77) 乙丑卜,宕,贞禽其有㞢。三月。(《合集》4083正,图6—104)
(78) 壬午,贞禽亡灾。(《合集》4087)
(79) 戊寅卜,殻,贞禽有剢。(《合集》4102)
(80) 贞禽有囧。(《合集》13793正)
(81) 己未卜,禽子㞢亡疾。(《合集》13727,图6—105)
(82) 壬午卜,宕,贞禽骨凡有疾。(《合集》13880,图6—106)
(83) 癸酉[卜],宕,贞禽亡疾。(《合集》13735)
(84) 乙卯,禽疾延。(《合集》13736)
(85) 贞禽不延有疾。(《英藏》349)

图6—103　《英藏》352　　　　图6—104　《合集》4083正

---

① 于省吾:《甲骨文字诂林》,中华书局1996年版,第3229页。

图 6—105 《合集》13727　　　图 6—106 《合集》13880

左、耂、灾、剢、囚都指有灾祸，辞义为禽有凶祸。梦对商王来说，是不吉利的象征，商王为禽做梦而占卜，卜辞如：

(86) 己亥卜，争，贞禽有梦，勿祟。有匄亡匄。十月。（《合集》17452）

辞义为禽有梦，有无灾祸。商王认为是祖先降灾于禽，卜辞如：

(87) 惟丁耂禽。（《合集》4085）
(88) □未卜，㱿，贞……御禽……（《合集》4082）
(89) 戊子卜，㱿，贞禽酒在疾不从王、㞢。
　　　贞其从王、㞢。
　　　贞于妇御禽。三月。
　　　壬午卜，㱿，贞御禽于日。（《合集》9560，图 6—107）

故去的丁是商先祖之一，(87) 辞义是丁降灾祸于禽，商王为禽举行了禳除灾祸之御祭，其对象为日、妇。"禽酒在疾"是说禽因为饮酒而处在疾病期间，①"从"为随从，"㞢"，是武丁时期贞人。(89) 辞义为禽因饮酒而生病，

---

① 于省吾：《甲骨文字释林·释"皂酒才疒"》，中华书局 1979 年版，第 318—319 页。

图 6—107 《合集》9560

不能随从商王和由。向妇（某）和日御祭禽。

　　从甲骨文中禽活动的情况看，禽是商王同姓贵族，称禽子、子禽，与祖乙、丁血缘关系很近，故禽对祖乙、丁祭祀，但不直接祭祀大示，应与其宗法地位有关。禽有封地，有其农业经济，还有供驱使的众人；他为臣属，要贡纳。禽势力强大，发动过叛乱，讨伐后仍归顺商王。禽称"小臣禽"，外征诸侯，内管王室事务；商王关心禽，为他贞问有无灾祸或有疾，还为他举行御祭。可见禽是武丁时期的重要人物。

　　历组卜辞中的禽

　　禽在历组卜辞中活动频繁，既参与国家大事——祭祀和战争，又参与田猎、农事等具体事务。

　　禽参与商王室的祭祀

　　禽参与祭祀，卜辞如：

（90）亚禽延，弗至庚。

庚寅卜，其告亚禽往于丁，今庚。(《屯南》580)

(91) 己巳卜，告亚禽往于丁一牛。(《屯南》2378)

(92) □□卜，禽御于父丁……百牛，受我佑。(《合集》32844)

(93) 丙午卜，翌甲寅酻，禽御于大甲册百羌，卯十牢。(《合集》32042)

(94) 丙寅，贞丁卯酻，禽尊袁又伐。(《合集》32235)

(95) 丁卯卜，求于禽，亚禽其步十牛。(《合集》32987)

"往"即禳除灾殃。"延"训长，引申为连绵、继续，还为祭祀名，祭而复祭乃谓之延。① (90) 辞义为亚禽祭而复祭。在庚寅日（商王）命令禽向丁举行御祭。(92) 辞义为禽向父丁举行御祭，册伐百牛，商王我能受到保佑。"尊"，《说文》："尊，酒器也。"本象奉承荐进之形；② (94) 辞义为商王以酻祭后，要禽举行酻和菜实之祭，还要杀伐致祭。步为祭名，郭沫若谓："《周礼·地官·族师》：春秋祭酺。郑注云：酺者为人物灾害之神也。故书酺或为步。"③ (95) 辞义为在享京举行"求"祭，禽用十牛为牺牲祭祀以消除灾祸。

从以上卜辞看，禽向大甲、父丁进行御祭，在祭祀的过程中，商王先行祭祀，禽再用牺牲于先王，说明禽在祭祀时，处于辅助的角色，协助商王祭祀。禽在商王朝的祭祀活动中，进贡大量牺牲如牛一类的祭品，却不见禽直接祭祀商先王，卜辞如：

(96) 庚辰，贞禽以大示。(《合集》32847)

(97) 己巳卜，于大示亚禽、茜告。(《合集》32273)

(98) 贞禽……大乙宗。(《合集》32868)

(99) 丁未，贞禽以牛其用自上甲汎大示。

己酉，贞禽以牛其用自上甲汎大示，重牛。

己酉，贞禽以牛其（用）自上甲五牢汎大示五牢。(《屯南》9)

(100) 甲戌卜，禽以牛于大示用。(《屯南》824)

---

① 于省吾：《甲骨文字诂林》，中华书局1996年版，第2234页。

② 同上书，第2693页。

③ 郭沫若：《殷契粹编考释》，第144片释文，科学出版社1965年版，第26页。

(101) 甲午，贞禽来……其用自上甲十示又……羌十又八，乙未……（《屯南》3562）

禽致祭大示直系先王。亚禽、雷向大示举行告祭。"汎"为祭名，禽向商王贡纳牛牲，以祭祀先公上甲和大示。

禽对上甲、大示等只有致祭的权利，由此说明禽的宗法地位较低，卜辞如：

(102) 庚申，贞王令禽中。
〔甲〕子，贞〔丁〕卯告……自上甲。（《合集》32846）

"中"作"𢆶"形，上下之形称为斿，即旌旗上的飘带，此指中位。辞义为商王祭祀上甲等先公先王，要禽居中位以号令。由此看出，禽受到商王的信任。禽不仅参与商王室之祭祀，也参加商王朝军事活动，卜辞如：

(103) □子，卜，令禽致多射若。（《英藏》2421）
(104) 丁卯，贞禽伐受佑。（《合集》33116）

(103) 辞义为王令禽致送多射顺利否。(104) 辞义为命令禽征伐能否受到神祇保佑。禽参与了商王朝水军的军事活动，卜辞如：

(105) 丁卯，贞王令禽奠役舟。
于来乙亥告。（《合集》32850）
(106) 贞王令禽今秋……舟禹（𢆶）乃奠。（《合集》32854）

役舟，杨树达谓：盖即旋舟或推舟之义。[①] 卜辞均"役舟"连言，疑指制作或调集舟楫言之，事与军事行动有关。[②] 乃为第二人称，主宾格用女，领格用乃。[③] "𢆶"又通作禹，训为举，(105) 辞义为命令禽在郊外制作或调集舟

---

① 杨树达：《积微居甲文说·释役舟》，上海古籍出版社1986年版，第41—42页。
② 于省吾：《甲骨文字诂林》，中华书局1996年版，第3280页。
③ 陈梦家：《殷虚卜辞综述》，中华书局1986年版，第96页。

楫进行某项军事活动。禽还参加其他军事活动，卜辞如：

(107) 于翌日丁丑步，禽。
丙子卜，其告方来于丁一牛。(《合集》33055)
(108) 辛亥，贞生月令禽步。(《屯南》599)
(109) 辛亥，禽令束人先涉。(《合集》33203)
(110) 辛丑，贞禽叀疾以卤。
禽叀束人以卤。
禽〔叀〕多〔射〕以卤。(《合集》34240)
(111) 贞今日禽步自京。(《合集》32864)

束为商代重要的家族，束族的铜器在安阳早有发现，如《束鼎》(《殷文存》上：6)。禽致送束人、卤伐某地，命令束人渡河执行商王的某项任务。这是禽与商王的臣属者共同参与对外战争的占卜。(111)辞义为禽今日从京地出发到某地。禽在商王朝军队中的活动，表现在他参加了对西土、东土、北土的战争。

禽对西土的战争

禽参与了商王朝对召方、羌方和方的西土敌国的战争，卜辞如：

(112) 丁丑，贞王令禽以众卤伐召受佑。(《合集》31973)
(113) 壬戌，贞禽以众卤伐召方受佑。(《屯南》1099)

辞义为令禽率领众人与召方作战受到保佑。禽是征伐召方的军事将领。

禽参加了商王朝对羌方的战争，虽未见禽直接参与，但从卜辞之间的系联关系看，禽是出现在对羌作战的战场上的，卜辞如：

(114) 于浮帝，呼御羌方于之戠。(《合集》27972，何组卜辞)
(115) 己亥，贞禽致伐于浮之……(《合集》34041)
(116) □巳，贞禽叀十……食众人于浮。(《合集》31990)

(114)辞义为(商王)在浮地举行"禘"祭，命令于此征伐羌人。(116)辞义为禽在浮地用饭食款待众人。从浮地近羌方，禽在浮地款待众人饭食以及禽向王都致送羌俘看，禽参与了对羌的战争。禽把羌俘押送到商王都，卜辞如：

(117) 壬戌，贞王逆禽以羌。
　　　于滴，王逆以羌。
　　　王于宗门逆羌。（《合集》32035）

伐羌战争胜利凯旋，禽押着战俘回到商王都，商王举行迎师典礼，贞问在宗庙之门迎接还是在城南门迎接，抑或是在滴水之畔迎接。

"方"国位于王都西部，禽参与了对"方"的战争，卜辞如：

(118) 庚辰，贞至河，禽其捍鄉方。
　　　庚辰，贞方来，即使于犬延。（《屯南》1009）
(119) 癸未，贞王令禽甾方。
　　　癸未，贞王令子画甾。
　　　甲申卜，于大示告方来。（《屯南》243）
(120) 丁亥，贞今日王其夕令禽以方十示又□。（《屯南》1059）

(118) 辞义为禽在黄河一带正面攻击方。派武装力量到犬延之地。(119) 辞义为命令禽和子画甾伐方，向大示告祭方来侵犯的情况。(120) 辞义为禽致送方的俘虏用来祭祀十几位先王。

禽从事王事时，与"并"一起受到商王的调遣，卜辞如：

(121) 丁巳卜，贞王令并甲商伐。
　　　丁巳卜，贞王叀丁巳令禽、并伐。（《屯南》4054）
(122) 乙卯卜，贞王令并伐。
　　　丁未，贞王令禽伐。（《合集》33113）
(123) 庚申卜，贞其告祖乙牛于〔父〕丁牛。
　　　庚申卜，贞王叀乙令禽暨并。
　　　庚申卜，贞王叀丁令禽暨并。（《屯南》4048）

并地位于商都西部，禽与并一起接受王命杀伐致祭。

禽对北土的经营

北土指王都以北的广大地区，禽参与了对北土的经营活动，卜辞如：

(124) 癸酉，贞禽以伐……[于]北土。
　　　贞禽以伐……于北土。（《屯南》1066）

(125) 丁卯卜，贞王其令禽共众于北。（《屯南》2260）

禽受商王之命共众于北土进行征伐。

禽对东土的战争

禽参与了商王朝东土的战争，主要为禽对人方战争及对子画的讨伐，卜辞如：

(126) 丁巳卜，贞王令禽伐于东封。（《合集》33068）

(127) 壬申卜，在攸，贞右牧禽告启。（《合集》35345）

(128) 癸酉卜，戍伐，右牧禽启人方，戍有𢦏。弘吉。（《屯南》2320，何组卜辞）

"封"，《说文》："封，爵诸侯之土也。"（126）辞义为命令禽讨伐东土作乱者。禽或主管过右牧的畜牧或为右牧地之官，故禽称为右牧禽，"启"为开路，人方在商的东部地区。（128）辞义为右牧禽为攻打人方开路，兵戍会有所获。

子画是商同姓贵族，其封地在今山东一带，禽参与了对子画的战争，卜辞如：

(129) 庚子，贞王令禽途子画。（《屯南》1115）

辞义为命令禽讨伐子画。画与禽曾共同服务王室（《屯南》866），此为商王命令禽征伐子画。

禽还对其他方国进行过征伐，卜辞如：

(130) □子，贞王令禽[以]人舌𤉢方。（《屯南》776）

(131) 丁未，贞王令禽共众伐在何西𤉢。（《屯南》4489）

"旃"字仅仅一见，似为方国名。何是康丁时期的贞人，(131)辞义为命令禽征集众人在何国之西进行讨伐。以上是历组卜辞中禽对边境经营的史实。

禽参与商王室田猎活动

田猎是商人经济、军事活动的组成部分，禽受商王之令，参与田猎活动，卜辞如：

(132) □卯，贞王令禽田于京。(《合集》33220)
(133) 戊戌，贞叀亚禽以人狩。(《屯南》961)

"京"为地名。(133)辞义为命令亚禽率领众人田猎。商王还贞问禽于哪个季节适合田猎，卜辞如：

(134) 叀春令禽田。
　　　叀秋令禽田。(《屯南》1087)

古时人们很重视"顺时取物"的自然规律，《礼记·月令》："是（孟夏之月）月也，驱兽勿害五谷，勿大田猎。""是（季秋之月）月也，天子乃教于田猎，以习五戎，班马政。……天子乃厉饰，执弓挟矢以猎。"《白虎通·田猎》："王者诸侯所以田猎者何？为田除害，上以共宗庙，下以简集士众也。"注云："《公羊》桓四年注：必田狩者，孝子之意，以为己之所养，不如天地自然之牲逸豫肥美，禽兽多，则伤五谷，因习兵事，又不空设，故因以捕获禽兽，所以共承宗庙，示不忘武备，又因以为田除害。"[①]从商王命令禽于春秋某季田猎看，商代的田猎寓战于田猎之中，并从田猎中获得猎物以供宗庙祭祀之用，田猎也是商人经济生活的必要补充。

禽参与农事及其他王事活动

商王朝的仓廪所在地，设有兵员守护，并常派王室中的重要人物前去省廪。禽曾受商王派遣，巡视仓廪是否安全（《合集》33236、33237），可知他参与了商王室的农业管理。

禽受商王之命从事王事，卜辞如：

---

① （清）陈立撰：《白虎通疏证》，中华书局1994年版，第590页。

(135) 庚辰，贞王于丁亥令禽。
　　　庚辰，贞辛巳王令禽。
　　　弜称大示。
　　　弜立事重禽……（《合集》32849）

"称"训为举，"大示"为商王直系先王，"立事"为召集众人进行军事或祭祀活动。辞义为王命令禽丁亥或辛巳日进行某项王事活动。举大示的神主牌召集众人。禽为王事奔波，受到商王的关心，卜辞如：

(136) 癸巳，贞禽亡囚。（《合集》32865）
(137) 丁丑，贞往亡囚，禽。（《合集》32866）
(138) 辛未卜，亚禽薄捍。（《合集》33114）
(139) 乙未，贞惟上下壱禽。
　　　弜御禽。（《合集》34176）

辞义为贞问禽有无灾祸。"捍"，当与军事行为有关，(138) 辞义为贞问禽会否遇到攻击。(139) 辞义为上下神祇降祸害于禽，要否为禽举行御祭。

历组卜辞中，禽侍奉在商王身边，受商王之令勤劳王事。禽还是臣属，故要来享、来王。他有自己的封地，有众人，卜辞如：

(140) 辛巳，贞弜令卯曰：禽来。
　　　辛巳，贞其令［卯］曰：禽来。（《屯南》441）
(141) 禽惟其丧众。（《怀特》1639）

"卯"在此为人名，来即"来享"、"来王"，指四方臣属来朝献之义。(140) 谓禽来献其贡品。(141) 辞义为卜问禽的众人会否流失。

小结

禽是商王同姓贵族，有封地，禽活动于商王朝的各种事务中；禽作为地名，仅见商王派兵前往禽地的记录，禽地望不详。禽参与商先公高祖祭祀；对先王的祭祀，仅祭祀祖乙和丁，从这种祭祀关系判断，禽源出祖乙的可能性较大。禽受到时王武丁的重用，称小臣禽、亚禽，他参与对外战争，还从事后勤保障工作。历组卜辞中的禽，外专征伐，内管祭祀。

（四）吴

"吴"作"🅧"、"🅧"、"🅧"、"🅧"等形，共有110多条有关吴的占卜，出现在𠂤组、出组、历组和花东"子卜辞"中。吴是人、地、族名同一。吴是武丁中后期、祖庚祖甲时期很活跃的人物。

吴主要活动在武丁后期商王室的内部事务中，实际上，妇好在世时，他已为王室事务奔波，卜辞如：

(1) 贞呼吴取。
　　贞呼妇好见多妇于𩁹。（《合集》2658）
(2) 妇好。
　　吴。（《合集》2683）
(3) 吴入十。（《花东》91、399、436）

(1) 辞义为商王命令吴征取（贡品）和命令妇好到𩁹地召见或接见多妇，这版卜辞应是异事同时卜问。花东卜辞中，妇好是生者，花东卜辞的时代为武丁前期，[①] 由妇好与吴同版及花东卜辞时代说明，吴至少在该时期，已经在商王朝供职。吴也参与了商王朝对舌方的战争，卜辞如：

(4) 贞[于]大甲告舌[方]。
　　呼吴取。（《合集》6144）

(4) 辞义为告祭大甲，报告舌方入侵事宜，还派吴征取物资。吴参与商王朝的内外事务。

其一，吴参与商王朝事务。

卜辞如：

(5) 甲戌卜，𠂤，贞益吴启叶王事。（《合集》5458）
(6) 庚申卜，𣪊，吴叶王事。（《合集》5459）
(7) 贞吴叶王事。王占曰：吉。（《合集》5461）

[①] 《殷墟花园庄东地甲骨〈前言〉》，云南人民出版社2003年版，第35页。

> (8) 乙未卜，出，贞吴叶王事不死。十二月。(《合集》24116，出组卜辞)

"叶王事"即勤劳王事。吴勤劳王事的内容，表现在几个方面：

管理农业生产

商王对农业管理很重视，设有专门管理耕田的官吏，吴曾担任过小耤臣，卜辞如：

> (9) 己亥卜，萑耤。
> 　　己亥卜，贞令吴小耤臣。(《合集》5603，图6—108)
> (10) 己亥卜，[贞]令吴[小]耤臣。(《合集》5604)

"耤"字形结构象一人踏耒而耕。① "吴小耤臣"是担任王朝总管耕耤之事的农官。② 众人是商代农业生产的主要承担者，商王朝管理众人的官员称"小众人臣"，吴是商农事官，他命令"小众人臣"从事农事，卜辞如：

> (11) 贞叀吴呼小众人臣。(《合集》5597，图6—109)

辞义为商王命令吴管理小众人臣进行农事活动。吴既为农官，要管理仓廪，卜辞如：

> (12) 己巳卜，贞令吴省在南廪。十月。(《合集》9638，图6—110)
> (13) 甲辰卜，贞钅令吴致多马亚省在南[廪]。(《合集》564正，图6—111)

"省廪"即商王派官员巡视各地仓廪，以防存储的粮食发生意外，南廪当是商王朝设在王都以南的仓廪。吴是农官，既管理耕耤，又管理小众人臣，还巡视仓廪。

---

　　① 徐中舒：《耒耜考》，《徐中舒历史论文选辑》，中华书局1998年版。
　　② 张秉权：《甲骨文与甲骨学》，1980年版，第46页；又见杨升南《商代经济史》，贵州人民出版社1992年版，第188页。

图 6—108　《合集》5603　　　　　　图 6—109　《合集》5597

图 6—110　《合集》9638　　　　　　图 6—111　《合集》564 正

吴为商王室征取贡品

商代的官吏,文武职责分工不明显,吴还受商王命,向诸侯征取贡品,卜辞如:

(14) 贞呼吴共牛。(《合集》8937)

(15) 癸巳卜,[㱿],贞令师般涉于河东。吴于……供王臣。(《合集》5566)

(16) 贞吴弗其以王臣。(《合集》5567)

(17) 己酉卜,㱿,贞勿呼吴取骨任,伐,弗其以。(《合集》7854 正)

(18) □□卜,宕,贞呼吴取降。(《合集》8844)

(19) 贞叀辛[未]酻[岳]。
呼吴取。(《合集》8843)

(20) 贞呼吴取弓。(《合集》9827)

(21) 贞勿令吴𠬝由取舟不若。(《合集》655 正甲)

(14) 辞义为商王命令吴征集牛。"王臣"指某一种身份的人,"河"指黄河,(15) 辞义为商王命令师般在河东一带渡河,命令吴征集王臣。任指爵称,"骨任"表示骨国为商王朝的臣属,爵位为任,(17) 辞义为商王命令吴向骨任武力征取贡品。(18) 辞义为命令吴向降征取贡品。(19) 辞义为商王祭岳,命令吴征取贡品。(20) 辞义为商王命令吴征取弓箭。(21) 辞义商王命令吴征取舟顺利与否。吴经常征收贡品向王室进献,卜辞如:

(22) 庚午卜,出,贞王吴曰:以先、宁、齐,以……(《英藏》1994,出组卜辞)

(23) 贞王其有曰:吴以。(《合集》9027 正)

(24) 庚寅卜,㱿,贞吴以角女。(《合集》671 正)

(25) 贞吴率以冕刍。(《合集》95)

(26) 戊申卜,宕,令吴取析刍。(《合集》118)

先、宁、齐是人、族名,(22) 大意是吴代表王下令先、宁、齐纳贡。角为人、族名,(24) 辞义为吴致送角地之女到王室。率,金祥恒认为是悉、皆;[①]"冕"为商王朝的臣属者,刍为从事畜牧业的劳动者,(25) 辞义为吴把冕地之刍悉数致送到商王都。"析"为地名,(26) 辞义为命令吴征取析地的放牧者。

---

① 于省吾:《甲骨文字诂林》,中华书局 1996 年版,第 3184 页。

从以上所见，吴致送贡品到商王都，是吴"叶王事"的内容之一。吴向臣属者征取贡品，应有作为商王朝巡视官的含义。商王有为吴在外地的巡视活动进行占卜的，卜辞如：

(27) 曰吴次于庞。(《合集》7359)
(28) 贞呼吴曰母以豕。(《合集》8981)
(29) 乙卯卜，贞叀吴令从殺受叶［王事］。(《合集》4025)

"庞"为地名，(27) 辞义为商王命令吴在庞地巡视驻扎。母同毋，(28) 辞义为命令吴不要向王都致送豕。"殺"为人名，"受"为人名、族名，(29) 辞义为商王命令吴率领殺、受从事王事。

其二，吴参与的商王朝的对外战争。

吴参与的商王朝的战争，主要为对子画、湔方、羌、龙的讨伐，卜辞如：

(30) 贞叀吴令途子画。(《合集》6053)
(31) 己未卜，殻，贞吴克湔。(《合集》6569)
(32) 贞吴弗其戋羌、龙。(《合集》6633、6634)
(33) 丙辰卜，殻，贞吴吊羌、龙。(《合集》6636正)

(30) 辞义为命令吴讨伐子画。湔方是敌国，(31) 辞义为吴能战胜湔方。"吊"，罗振玉谓象人置弓矢形，其本义为谁射之谁，[①] 从辞义看，吊与战争行为有关，(32)、(33) 辞义为商王命令吴征伐羌族、龙族。吴对羌人的战争还如：

(34) □□［卜］，殻，贞呼吴御［羌］。(《合集》6613)
(35) 贞勿用吴来羌。(《合集》557)

(34) 辞义为商王命令吴抵御羌人。(35) 辞义为是否用吴进贡的羌人祭祀。

吴参与了与军事活动有关的活动，卜辞如：

---

① 罗振玉：《殷虚书契考释》中，王国维手书1915年石印本，第44页上。

（36）癸丑卜，㱿，贞叀吴令执仆。（《合集》578）

（37）庚寅卜，争，贞叀夷卓吴。八月。（《合集》4775）

"仆"指某种身份之人，(36)辞义为商王命令吴捉拿仆。"卓"为人名还是动词，不易分辨，"夷"为人名（《合集》3291），(37)辞义是商王命令夷、吴从事某事。从吴从事的商王室的事务看，他是商王的宠臣，故受到商王的关心和重视。

吴与商王的关系

吴是否为商王室成员，判断的标准，其一，他是否直接参与对商王祖先的祭祀；其二，商王是否为他向商先王举行禳除灾祸的御祭。甲骨文中，不见吴对商先王、先祖进行祭祀的占卜，却有商王关心吴、为吴禳除灾祸、向自己的祖先进行的御祭，卜辞如：

（38）贞吴亡壱。（《合集》4015）

（39）乙卯卜，［争］，贞吴骨凡有疾。（《合集》13877）

（40）贞吴不其骨告其死。十一月。（《合集》17170）

（41）□辰卜，㱿，［贞］吴不死。（《合集》17082）

商王贞问吴有无灾害、有无疾病，是否会死。当吴病重，商王还到吴地为吴禳疾，卜辞如：

（42）骨［凡］有〔疾〕。

丙辰卜，贞福告吴疾于丁。

贞于翌丁巳至吴御。

戊午卜，贞今日至吴御于丁。

□□卜，御吴于妣三宰。五月。

贞今生夕至［吴］御于丁。（《合集》13740）

"福"，为祭名，罗振玉谓："从两手奉尊于示前，即后世之福。在商为祭名，祭象持肉，福象奉尊。《周礼·膳夫》'凡祭祀之致福者。'注：'福，谓诸臣祭祀。'福为奉尊之祭，致福乃致福酒，归胙则致祭肉，故福字从酉，胙字从肉矣。"① 丁指商已故先祖。从丙辰、丁巳、戊午连续三日，商王为吴的疾病而占卜的情况看，"骨凡有疾"主语为吴，(42)辞义为吴骨凡有疾，丙辰日商王向丁用"福"祭祀求告（免除吴的）疾病。翌日丁巳日，商王到吴地举行禳除灾祸的御祭，第三日戊午日，商王贞问今日到吴地进行御祭，向妇（某）用三对羊御祭。这是一版判断吴是否为商王室同姓贵族的关键的卜辞。于省吾讲到如何判定商王本族，明确提出这样一个标准，谓：《左传》僖公十年："神不歆非类，民不祀非族。"僖公三十一年："鬼神非其族类，不歆其祀。"《论语·为政》："子曰：'非其鬼而祭之，谄也'。"郑玄注："人神曰鬼，非其祖考而祭之者，是谄求福。"《礼记·曲礼》："非其所祭而祭之，名曰淫祀，淫祀无福。"这些皆说明，先秦时代祭必同族。② 甲骨文中，有商王主持的为商王家族之人禳除灾祸的御祭（《合集》2537），商王还命令同姓贵族或商王室之妇向先王进行御祭，御祭的对象为商王朝的祖（妣）、先公、先王、父。商王为吴举行的御祭对象是丁（不能确指为某先祖）和妇（某），唯独不见他直接参与商王室祭祀情况，这表明吴不是商王室家族的成员，他之所以受到商王的关心，是因为吴是商王朝重要官吏，商王对他信任有加，卜辞如：

(43) 丙子卜，㱿，贞令吴葬我于右师，骨告不死。十二月。（《合集》17168）

(44) 己卯卜，㱿，贞今日祈、吴令葬我于右师，乃供有……（《合集》10048）

"葬我于右师"的占卜，甲骨文中共有 5 条，其人物有祈（《合集》10048）、邑、并（《合集》17171），他们是商王室重要的同姓贵族，"骨"为祖庚、祖甲时期贞人，康丁时期称小臣骨（《合集》27875），从辞义上看，"右师"当指某地，(43)、(44)辞义是商王有疾，让吴、祈、邑、并他们中的哪一个人把我葬到右师之地，骨占卜商王不会死去。从商王有疾病时，贞问要吴安排其后事看，吴是商王的重臣，很受商王信任，所以，当吴生病时，商王特

---

① 罗振玉：《殷虚书契考释》中，王国维手书 1915 年石印本，第 17 页。

② 于省吾：《从甲骨文看商代的社会性质》，《东北人民大学人文科学学报》1957 年第 2、3 期合刊。

地为吴进行禳除灾祸的御祭,从吴与商王的特殊关系看,吴有可能不是商王的同姓。吴为王臣,拥有封地,卜辞如:

(45) 伲往于吴。(《合集》8111)
(46) 戊午卜,争,贞畱羊于吴。(《合集》11199)
(47) 有至自吴。(《合集》8109 正)
(48) 贞使人于吴。(《合集》14474 正)

"伲"是臣属,(45) 辞义为商王贞问是否要派伲前往吴地。"畱"为征集,(46) 辞义为要在吴地征集羊。(47) 辞义为来自吴地。(48) 谓派遣某人使于吴。

从以上卜辞看,商王可以派遣人员到吴地,可以在吴地征集贡品,还可以派遣军事力量到吴地驻扎,这说明,商王可以在吴地行使各种权利,吴又有其一定的独立性,但他得向商王纳贡,卜辞如:

(49) 吴入五十。(《合集》13338 反)
(50) 癸丑卜,争,贞吴以射。(《合集》5761)

(49) 为记事刻辞,记吴向商王进贡占卜所用龟骨。"射"指射手,(50) 辞义为吴进献射手。吴还有自己的军队,其军队要受商王调遣,卜辞如:

(51) □午卜,宾,贞呼涉吴师。(《合集》5811)

辞义为商王命令吴的军队渡河。

可见,吴与商王有密切的关系,吴是商王的忠实之臣,吴服务在商王身边,勤劳王事;他拥有自己的政治领地,通过贡纳关系来表示他对商王朝的臣服。宾组卜辞中,还有称"小吴",卜辞如:

(52) 己卯卜,永,贞畀小吴。(《合集》15935 正)

甲骨文中有"小"这一特殊称呼现象,如"叡"为贞人(《合集》33),占卜机关有"小叡"(《合集》1661 臼);甲骨文中,还有"小王"(《合集》20023,自组卜辞),"小王父己"(《合集》28278),小王,应是武丁的儿子孝己，他曾立为太子，对父王，太子称小王，同样，贞人小叔对应其父叔，小吴对应其父吴，称"小叔"、"小吴"。"小某"这一对某人的特殊称呼，当为父子有承继关系者，小吴当为吴之继承人，（52）辞义为（商王）贞问要赏赐吴之继承人——小吴。由此可知，吴家族之首领世袭其在商王朝的官爵，从商王武丁中期开始到祖庚、祖甲时期，吴家族之首领长期供职于商王朝这一历史史实。

吴至少从武丁中期开始，登上商王朝治理国家的舞台，他是武丁中、后期和祖庚、祖甲时期一位重要的臣僚。武丁时期，深受武丁的赏识和重用，"叶王事"，勤劳王事，为王事奔波。吴担任过管理农业生产的"小耤臣"；曾奉王命巡视南廪；吴还为商王向诸侯国征取"角女"、"王臣"以及"弓"、"舟"等贡物；吴还参加过对子画的征讨。吴拥有封地，但商王可以在其领地上行使各种权利，吴向商王贡纳，说明他与商王为"君臣"关系。

历组卜辞的吴

历组卜辞中，吴是臣属，向商王贡纳，服务于商王室，还担任农业官吏，为王事奔波，与𠂤组、出组卜辞中的吴比较看，不如后者的身份和地位高，下面就历组卜辞中所见的吴作一考察。

吴服务在商王朝中，卜辞如：

(53) 丁卯卜，今日令吴。（《合集》32050）

辞义为商王今日命令吴。吴参与了商王朝这一时期的军事活动，卜辞如：

(54) 癸亥卜，令吴呼从沚戈曾□囚土，雨，莫名偁。（《合集》32048）
(55) 乙卯，贞吴以人［于］北莫次。（《合集》32275）
(56) □卯卜，吴入絆，有〔擒〕。（《合集》32836）
(57) 叀吴令。
叀三族令。（《合集》34134）
(58) □丑，贞吴令□告方。
令禽从□𠭯方。（《合集》33060）

沚戈一作沚或，为沚地首领，是商王的臣属。奠，《说文》："奠，置祭也。"

(54) 辞义为商王命令吴配合沚戈征伐某地，进行奠祭。奠还是邑外远、近郊的统称，北奠，指王都之外的郊野，"次"古时称军旅屯驻为次，(55) 辞义为吴率领（众）人到北郊驻扎。(56) 辞义为吴进入猝地，能捕获到猎物。"三族"是商王朝的族组织，(57) 辞义为商王命令吴还是三族（从事某军事活动）。(58) 辞义是吴和禽征伐方。吴在商王朝军事中的一项重要活动，就是对于方国的奠置，卜辞如：

  (59) 辛丑，贞王令吴致子方奠于并。(《合集》32107)
  (60) 辛亥，贞王令吴致子方奠并，在父丁宗彝。(《屯南》4366)

"子方"为一方国名，辞义为商王命令吴，奠置子方到并地，在父丁之庙举行彝祭。吴还受商王之令，号令诸侯，卜辞如：

  (61) 丙子，贞王叀吴令固、我。(《合集》32829)

"固"、"我"为人、地、族名，辞义为商王命令吴，让吴传达命令给固、我。
  吴还受商王令，巡视商王朝的仓廪，卜辞如：

  (62) 己丑卜，令吴省廪。(《屯南》204)

辞义为命令吴巡视仓廪。吴不仅要勤劳王事，还要贡纳，卜辞如：

  (63) 贞吴以二南于父［丁］、大乙。(《合集》32430)
  (64) 乙巳，贞吴以南于父丁。
    辛亥，贞吴以二宗南于父丁宗，御。(《合集》32700)

"南"为牺牲名，即小豚。[①] (63)、(64) 辞义为吴要向商王致送小豚，用来祭祀父丁和大乙，在父丁之庙进行御祭。
  以上是历组卜辞中所见吴的活动，吴服务在商王身边，从事商王室内外事务。

[①] 于省吾：《甲骨文字诂林》，中华书局1996年版，第2872页。

五　井等

井、䍙是商王的同姓贵族，分宗立族早，武丁时已经成为商王朝边境上的重要守卫者。䵾是商王室之子，通过命名而受封，其地位于王都之西，䵾本人也是捍卫王土者。缶是商王朝的敌对者，被商王征服后而勤劳王事。壹、鼓、喜原本为方国，被征服后臣服，不仅其族中有人服于王室（如做贞人），而且其族与商王朝保持婚姻关系。犬、犬延曾与商王朝为敌，后臣服于商，勤劳王事，还担任着守土卫国的重任。通过这几个同姓、异姓贵族的活动分析，可以看出商王经营边境领土的策略。

（一）井

"井"作"丼"形，象两人相立并行之形，共有100多条记录，出现在宾组、出组、历组卜辞中。从这些材料看，井是人、地、族名同一。井、井族是商王朝一个重要的人物和族属。

井是商王同姓贵族，参加对商先祖的祭祀，卜辞如：

(1) 癸丑卜，宾，贞令邑、井执仆。七月。
　　甲寅卜，宾，贞侑于祖乙。七月。（《合集》39514）
(2) □□卜，令井……今夕用。（《合集》4386）
(3) 丙寅[卜]，贞翌丁卯邑、井其侑于丁宰又一牛。五月。（《合集》14157）
(4) 乙巳……翌……井侑[于]丁。（《合集》4391）
(5) 今日……井新鬯于丁。（《合集》15790）

"仆"指某种身份之人，"侑"为祭名，癸丑、甲寅两日相连，(1)辞义为商王命令邑、井捉拿仆，第二日用于祭祀祖乙。丁是商先祖，(3)辞义为商王命令邑、井侑祭丁。(5)辞义为井用新鬯祭祀丁。井还对女祖和河祭祀，卜辞如：

(6) □酉卜……邑、井酚妣，用。（《合集》32891，历组卜辞）
(7) 庚申卜，出，贞令邑、井酚河。（《合集》23675，出组卜辞）

(6)辞义为邑、井酚祭祀某先妣。(7)"河"为先祖河还是黄河之河，无法确定。并是商王同姓贵族的占卜还有：

（8）贞王梦示并立十示。（《合集》376 反）
（9）庚寅卜，□，贞并左，宙辛卯用。（《合集》4392）

"示"字有陈列之义。（8）辞义为商王梦"并"陈列十位先祖神主。"左"，义为佐助。[①] "用"之夙义，本为用牲以祭之专名。[②]（9）辞义为并佐助商王，辛卯日杀牲致祭。商王梦见并陈设十位先祖的神主位，并还佐助商王祭祀，说明他们共祖。并受封于并，卜辞如：

（10）癸巳卜，兄，贞二示祟王，遣并。
癸巳卜，兄，贞丁、辛吉，永于并。
癸巳卜，并来归，惟出示。（《英藏》1948，出组卜辞）
（11）并来归，惟出示。（《合集》4394）

"永"为福佑。[③] "遣"，即派遣、差遣。[④] "祟王，遣并"当是"祟王，王遣并"的省略，二示代表两位先王，"来"即臣服者来朝见、拜见商王。"归"，假借为馈，即赠送之义，辞义为二位先王要降灾祸于商王（指祖庚或祖甲），商王要差遣并从事某事。丁日、辛日吉利，并地受到福佑。并来朝见商王。以上卜辞说明，并拥有封地，但要贡纳。并还受商王倚重，卜辞如：

（12）乙亥卜，争，贞重邑、并令葬于我右师。十一月。（《合集》17171）

辞义让邑、并把我葬到右师之地。商王有病作临终打算时，贞问让邑、并安排自己的后事，说明并得到商王的信任。并为商王的近臣，卜辞如：

---

① 陈梦家：《殷虚卜辞综述》，中华书局1988年版，第569页。
② 吴其昌：《殷虚书契解诂》，台北艺文印书馆1959年版，第50—52页。
③ 姚孝遂、肖丁：《小屯南地甲骨考释》，中华书局1985年版，第75页。
④ 于省吾：《甲骨文字诂林》，中华书局1996年版，第3051页。

(13) 甲戌卜，㱿，贞翌乙亥并告王其出于丁。（《合集》4388）
(14) 己亥卜，贞䍙并令省在南廪。（《合集》9639）
(15) 贞并……涉。（《合集》14562）

(13) 辞义为并告祭，商王将从丁处或丁日出行。(14) 辞义为命令并巡视南廪粮仓。并还供职于占卜机关，卜辞如：

(16) 并示五十。（《合集》12522反，甲桥刻辞）
(17) 丙子，并示□。（《合集》4393反）
(18) 并示。（《合集》16750反）

以上是记事刻辞，记并参与了整治甲骨事宜。并贡纳以示其臣服，卜辞如：

(19) 并入十。（《合集》17085反，甲桥刻辞）
(20) 并入□。（《合集》9248，甲桥刻辞）
(21) 贞并来。（《合集》4395）
(22) 贞并弗其以，有取。（《合集》9105反）
(23) 并□犬二十。（《合集》2827反）

"入、来、以"是臣属者主动贡纳用语。并是商臣，其封地称并，是独立政治经济区域，有可供驱使之人，卜辞如：

(24) 贞并其丧众人。三月。（《合集》51）
(25) □□（卜），㞢，贞并无灾。不丧众。（《合集》52）

(24)、(25) 辞义为并的众人是否逃亡。

以上是㱿组、出组卜辞中所见有关并的史料。并在历组卜辞中，是一个非常活跃的人物，他活动在商王室的各种事务中，下面就历组卜辞所见并的活动加以论述。

并参加了对外战争，卜辞如：

(26) 己巳，贞并㐭伐🈳方受佑。

并弗受佑。（《合集》33042）

"䎽方"，仅在历组卜辞中出现，"舌"当为撞，即冲击、冲杀。(26) 辞义为命令并冲杀䎽方能否受到保佑。并也参与商王室其他事务，卜辞如：

(27) 叀并令省廪。（《合集》33237）
(28) 辛未，贞王令并以戋于敫。（《屯南》1047）
(29) 叀并以人狩。（《合集》32270）

(27) 辞义为命令并巡视仓廪。"敫"为地名，"戋"为人名，(28) 辞义为命令并致送戋到敫地。(29) 辞义为并致送众人参与狩猎活动。并受到商王的过问关心，卜辞如：

(30) 癸卯，贞并不至。（《屯南》1056）
(31) 戊子，贞并亡囚。（《屯南》1050）

(31) 辞义为贞问并有无灾祸。并不仅受到商王的关心，并地也受到商王重视，卜辞如：

(32) 癸酉，贞其令射𠭖即并。
　　 癸酉，贞叀戋令即并。（《合集》32886）
(33) 辛未，贞王令即并。（《合集》32890）

射𠭖，射后一字为人名，射为武官名。郭沫若谓："即，《说文》：'就食也。'其即殆犹言其至、其格。"[1] (32) 辞义为商王命令射𠭖、戋到并地去。可见并是商王朝的重要人物之一。

（二）𢆶

"𢆶"，为人、地、族同一。有时也写作"𢆶"、"𢆶"形，与否定词"𢆶"相混，区分作人名的"𢆶"与作否定词的"𢆶"，只能根据甲骨文文意判断。

有关𢆶这一人物的卜辞共有100多条，𢆶是商王同姓贵族，早已分宗立

---

[1] 于省吾：《甲骨文字诂林》，中华书局1996年版，第371页。

族，他有封地和人民，向商王纳贡称臣并戍守边疆，其首领要勤劳王事，为王室服务，他也是商王朝重要人物之一。

𢦏参与商王室祭祀活动，卜辞如：

(1) □寅卜，呼𢦏……甲申侑母……父隹。（《合集》19978，𠂤组卜辞）

因辞残，未知𢦏侑祭之对象为母某。𢦏还能享有商王为他举行的禳除灾祸御祭，卜辞如：

(2) 辛未卜，大甲保𢦏。（《合集》4323）
(3) □亥卜，御𢦏大甲宰。
　　丁亥卜，御𢦏大乙宰。（《合集》4324）
(4) 己亥卜，于大乙、大甲御𢦏五宰。（《合集》4325）
(5) 壬申卜，王，御𢦏于祖乙。（《合集》4326）
(6) □□卜，御𢦏……。（《合集》20188，𠂤组卜辞）
(7) 庚申卜，𢦏祭羲祖庚。（《合集》22045，子组卜辞）
(8) 祖丁舌，在𢦏，王受佑。（《合集》30325，历组卜辞）

大乙为成汤，大甲为成汤之孙，祖庚，在此当为南庚。辞义为商王向大乙、大甲、祖乙等先王举行御祭，为𢦏禳除灾祸。武丁为𢦏御祭的最近的直系先王是祖乙，时王武丁有可能与𢦏同源于祖乙，𢦏或为南庚之后（《英藏》1813），已分宗立族，有封地、人民，卜辞如：

(9) 庚子卜，𢦏［受年］。（《合集》9758 正）
(10) 乙亥卜，𢦏受𥝩［年］。二月。（《合集》10029）
(11) 乙未卜，丙……曰𢦏来马。（《合集》9174）
(12) 癸酉卜，王，呼𢦏供牛。（《合集》8939）
(13) 弗其取𢦏马……以。在易。（《合集》20631，𠂤组卜辞）
(14) 庚子卜，□，贞取𢦏勿……往。（《合集》7031）
(15) 𢦏有……来……（《合集》4320）
(16) 𢦏……见（献）……二月。（《合集》4317）

(17) 彡入二百二十五。(《合集》9334)

(18) 彡入。(《合集》9341—9351、20578、20733)

"䅟"，于省吾认为禾间的小点或圆圈，乃是齐字……从齐从禾即䅟字，而䅟即稷字的初文，今通称为谷子，去皮叫做小米。① (9) 辞义为彡地的谷物会否获得丰收。彡向商王贡纳马、牛，表明彡境内拥有农业区和畜牧业区。(17) 辞义为彡向商王室贡纳二百五十个龟甲。彡拥有族人，平时进行生产，战时出战征伐，卜辞如：

(19) 乙酉卜，王，贞彡不丧众。(《合集》54)

(20) □□卜，彡不丧[众]。(《合集》55)

(21) [辛]未卜……彡……众其丧。
　　　壬申卜，贞，雀弗其[克]，伐彡。(《合集》53)

(22) 丙戌卜，贞33师在彡，不水。(《合集》5810)

(21) 辞义为商王派遣雀和彡挞伐入侵的彡国，彡众会丧失否。彡有军队，称"33师"，(22) 辞义为从33师在彡地之事。从以上材料看，33拥有土地、人民、军队，是独立的政治实体。彡地与雀地较近（《合集》20399），与疋、彡、囝、方、羌等敌对国犬牙交错，彡是商王朝边境的守护者，卜辞如：

(23) 甲午卜，㞢，贞羌伐彡。(《合集》20404)

(24) 辛丑卜，王，贞……彡……伐羌。(《合集》20402)

(25) □□(卜)，王，贞彡……羌。(《合集》4333)

以上多为自组卜辞，属于武丁早中期，(23)、(24) 辞义为羌侵略到彡地，彡与雀讨伐羌人。彡还参加了对"方"国的战争，卜辞如：

(26) 辛卯卜，王，贞彡其伐方。(《合集》20442)

(27) 己亥卜，彡伐方。(《合集》20443)

(28) 己丑卜，王，贞惟方其受彡佑。(《合集》20608)

---

① 于省吾：《商代的谷类作物》，《东北人民大学人文科学学报》1957年第1期。

(26) 辞义为𢀛挞伐方。(28) 辞义问𢀛征伐方可否受到上帝或祖先神的保佑。

亏组卜辞中，𢀛是西土的守卫者，参加了对疋、囩等方国的战争，卜辞如：

(29) 辛未卜，重𢀛呼从𢀛。(《英藏》676)
(30) 令𢀛途𢀛。(《合集》6978)
(31) 𢀛途𢀛。(《合集》6977)

"𢀛"作"𢀛"、"𢀛"、"𢀛"等形，为疋字，他是商王同姓贵族，其封地位于王都西。(30) 辞义为命令疋率领𢀛（从事王事）。(31) 辞义为命令𢀛讨伐疋。𢀛还受到囩之侵略，卜辞如：

(32) 贞囩其𢀛𢀛。(《合集》7025)
(33) □酉卜，囩其亦敦𢀛。(《合集》7028)
(34) 辛酉卜，囩弗敦𢀛侑南庚。(《英藏》1813)
(35) 乙卯卜，乍，𢀛执囩。(《合集》7024)

(32) 辞义为囩侵略到𢀛地。(34) 辞义为囩不会挞伐𢀛地。𢀛要侑祭南庚。"乍"，在此当为修筑防御设施之义。(35) 辞义为修筑防御工事，𢀛能捉拿住囩。𢀛还参加了对𢀛的战争，卜辞如：

(36) 辛未，王令𢀛伐𢀛。咸□。(《合集》19957 正)
(37) 丙子卜，𢀛𢀛𢀛。(《合集》7017)

"𢀛"一作"𢀛"、"𢀛"形，称"𢀛侯"(《合集》6834 正、10923、《怀特》360)，其封地临近羌地（《合集》188、189），当𢀛反动叛乱时，商王派雀（《合集》53）、𢀛对𢀛讨伐。𢀛地为商王所重视，卜辞如：

(38) 癸未卜，王，替允来即𢀛。(《合集》4318)

"替"，人名。(38) 辞义为商王派替到𢀛地。𢀛参加商王朝军事活动的卜辞，还如：

(39) 壬申卜，扶，贞㱃勿步哉。(《合集》20178，𠂤组卜辞)
(40) 呼㱃步。(《合集》4312)

(39) 辞义为㱃不要马上进行步兵活动。㱃受商王之令，参与对外战争，卜辞如：

(41) 庚戌卜，王，贞㱃弗获征捍在东。一月。(《合集》6906)
(42) 壬寅卜，见，弗获征，捍。
　　　乙巳卜，丁未，㱃不其入不。(《合集》6905)
(43) 丙寅卜，㱃弗其遇。(《合集》4319)
(44) 丁巳卜，王，贞㱃其令捍。(《合集》7747)

以上所引都是㱃参与商王朝对外战争的史实。

㱃不仅参与商王朝的对外战争，而且还参加与战争有关的田猎，卜辞如：

(45) 甲寅卜，翌……㱃田……启雨。(《合集》20740，𠂤组卜辞)
(46) □午卜……㱃令狩䋠。(《合集》20762，𠂤组卜辞)
(47) 辛亥卜，王，贞呼㱃狩麋擒。(《合集》10374)
(48) 庚申卜，王，戈告豖，㱃获。(弗其)获。(《合集》10835)

"田"，指行猎，狩则强调猎捕的动作，雷焕章谓："甲骨文中'田'、'狩'两字有时一起出现，可见是指两个不相同的田猎动作：意即在猎地上巡游（田）并捕获（狩）猎物。"① 麋为鹿科，形似鹿而体大。② "豖"，为野猪，(48) 辞义为戈官报告有野猪出现，㱃能够捕获。

㱃还参加王室其他事务，卜辞如：

(49) □寅卜，王，[贞] 㱃弗其叶朕事，其澧，余……(《合集》5499)

---

① 雷焕章：《法国所藏甲骨录》，利氏学社1985年版，第141页。
② 杨升南：《商代经济史》，贵州人民出版社1992年版，第300页。

辞义为要命令🅇从事王事。🅇受武丁调遣,卜辞如:

　　(50) □□〔卜〕,王令🅇。(《合集》4309)
　　(51) 贞呼🅇。(《合集》4311)
　　(52) □□〔卜〕,〔㱿〕,贞勿自王令🅇。(《合集》4307 正)

辞义为命令🅇从事王事。🅇从事的王事,卜辞如:

　　(53) 癸丑卜,贞不其于多子囚。
　　　　□亥〔卜〕,王,贞🅇其致雍暨奠。四月。(《合集》8988)
　　(54) 壬戌,令🅇取卤。二月(《合集》7022)
　　(55) 乙酉卜,王,贞余叀🅇𢦏豖。(《合集》20323)

"多子"是王之近亲,多子是指诸子。① 即多子是与商王有血缘关系的子息(不限于时王之亲子)或已经分宗立族之宗子。(53) 辞义为不会对多子造成灾祸。命令🅇致送子雍和子奠(到某地去)。"卤"作"🌀"形,即今之食盐。(54) 辞义为命令🅇征集食盐。"𢦏"乃"餗"之异构。②(55) 辞义为商王要用菜、肉款待🅇。

🅇因勤劳王事,故受到商王关心,卜辞如:

　　(56) 癸酉卜……🅇囚告。六月。(《合集》4330)
　　(57) 壬申卜,贞🅇其有囚。不其囚。(《合集》4331)
　　(58) 壬戌卜,王,贞🅇无其㱿。(《合集》20180,𠂤组卜辞)
　　(59) 己酉卜,王,🅇不惟㱽。(《合集》17059)

辞义为🅇不会有灾祸。㱽为死,(59) 辞义为🅇不会死去。

　　🅇的活动见于𠂤组、㝬组、出组、历组卜辞中,他是商王同姓贵族,有可能是南庚之后(《合集》22045、《英藏》1813),🅇被分封到王都西,其领地

---

① 岛邦男:《殷墟卜辞研究》(中译本),台北鼎文书局 1975 年版,第 456 页。
② 于省吾:《甲骨文字诂林》,中华书局 1996 年版,第 2769 页。

上有重要的农业区、畜牧业区、田猎区。⑤还有土地、人民、军队，⑥对商王纳贡称臣，并直接服务在商王室，勤劳王事，⑦是商王族中的重要的一支。

（三）廪

"廪"作 ⌂、⌂、⌂、⌂、⌂、⌂ 等形，隶定为㐭、亶，其含义有两种：其一，仓廪之廪，为 ⌂、⌂、⌂、⌂、⌂ 等形，王襄谓古廪字。① 《说文》："㐭，谷所振入宗庙粢盛，仓黄㐭而取之，故谓之㐭。从入从回，象屋形中有户牖。"卜辞中有南廪（《合集》9636）、雀廪（《合集》20485）、夷廪（《合集》5708）、敦廪（《合集》858）。其二，廪为人、地、族名，字形为 ⌂、⌂、⌂ 等，武丁时期的廪，为商王室贵妇妇妥所生，卜辞如：

(1) 乙巳卜，贞妇妥子亡若。
辛亥，子卜，贞妇妥子曰觳，若。（《合集》21793）
(2) 壬辰，子卜，贞妇妥子曰戠。
妇妥子曰廪。（《合集》21727）

通过占卜，确认妇妥所生之子廪，拥有王室继承权。②廪分宗立族，封地称廪，位于王都西，成为王都西部的守土者。廪参加了对谭和亘的征伐，卜辞如：

(3) 狩廪于西。（《合集》10957）
(4) 贞廪不萧戋谭。（《合集》6938）

"狩"为狩猎或防守，(3) 辞义为到西部的廪地田猎或防守。廪参与了商王朝对谭的战争。谭地当位于殷西。廪还率领多子族、王族以及其他王室成员勤劳王事，卜辞如：

(5) 贞令多子族从犬暨廪𠳵叶王事。（《合集》6813）
(6) □巳卜，争，贞令王族从廪𠳵叶王事。（《怀特》71）
(7) 乙丑卜，允，贞令羽暨鸣致束尹从廪𠳵叶王事。（《合集》5452）

---

① 王襄：《簠室殷契类纂正编》第五卷，天津博物馆1920年石印本，第26页下。
② 王宇信、杨升南：《中国政治制度通史·先秦卷》，人民出版社1996年版，第220页。

"多子族"是和商王有血缘关系的父权家族。① 王族有可能是先王之后裔,犬称犬侯(《屯南》2293反),㞢、羽、鸣是臣属者,辞义为商王征伐周,命令多子族率领犬暨廪勤劳王事。

廪还参与商王室内部事务,卜辞如:

(8) 癸酉,廪示□,永。(《合集》5056 臼)
(9) □辰卜,王令廪。(《合集》4869)
(10) 呼廪。(《合集》4870)
(11) 丁亥卜,王,贞余勿日廪……(《合集》4994)
(12) 贞呼卣从廪。(《合集》14128 正)
(13) □申卜,宙廪令执。(《合集》5946)
(14) 令执从廪。(《合集》9503 正)

(8) 辞义为廪检视牛肩胛甲若干,贞人永记录。(9) 辞义为商王命令廪从事某事。"卣"为人名,"执"在此为人名,(12) 辞义商王命令卣率领廪做事。廪为王事奔波,故商王对廪表示关心,卜辞如:

(15) 贞廪亡疾。
    贞廪其有疾。(《合集》13757)

辞义为廪有疾病。

廪出身于王室,却不见其祭祀或致祭的记录,应与其宗法地位有关。廪被分封,其封地内有农业区和畜牧业区,卜辞如:

(16) 贞廪不其受年。(《合集》9810 正)
(17) 己亥卜,廪致鹿。(《英藏》758)
(18) 贞呼廪归田。(《合集》9504 正)

(16) 辞义为廪地的农业获得丰收。(17) 辞义为廪向商王贡纳鹿。(18) 辞

---

① 朱凤瀚:《商周家族形态研究》,天津古籍出版社1990年版,第55页。

义为命令廪把自己土地归送商王。由此说明商王对诸侯、方国和贵族所占有的土地拥有支配权。

以上是武丁时期甲骨文中所见作为人、族名活动的廪。

康丁时期的何组卜辞中，也有廪的活动，卜辞如：

(19) 王其众戍㠯受人叀廪土人有𢦏。(《合集》26898)
(20) 叀廪行用𢦏羌……大吉 (《合集》27978)

"廪土人"当为廪地之人，即廪族之人。廪行当为廪族组成的步兵，(19) 辞义为廪族之步兵受商王之命，征伐羌族。占卜结果为吉利。

从甲骨文看，廪是商王的臣属，被封于王都西，为商王守边卫土，并称臣纳贡。

（四）缶

"缶"为人、地、族名同一，有关他的占卜辞例达 80 多条，其活动见于𠂤、午、子、㠯、历组卜辞中，他与商王朝关系时好时坏，曾侵犯商王朝边境，被商王征服后臣服。

缶地与雀地相邻或相近，缶曾遭到商王的讨伐，卜辞如：

(1) 庚子卜，朕御缶……王。(《合集》20336)
(2) 弗执缶。(《合集》20529)
(3) 在蜀。(《合集》20385 正)
　　 己未卜，弗䠓缶。
　　 己未卜，䠓缶。二月允䠓。(《合集》20385 反)

以上所引为武丁时期的𠂤组卜辞。(1) 辞义为商王在某地抵御缶的入侵。(2) 辞义为商王会捉拿到缶。"䠓"作"㚔"形，象人头上戴着很重的枷锁，在此为动词，(3) 辞义为在蜀地会擒拿到缶。子组和午组卜辞中，缶被征伐之事也有反映（《合集》21897、22343）。㠯组卜辞中，缶与基方联合起来侵犯，商王、雀、子商、廪、我史、多臣等参与了对缶的讨伐（参看《雀》），失败后的缶被作为人牲用于祭祀商王先祖（《合集》3061 正、反），卜辞还如：

(4) 辛丑卜，㱿，贞勿惟王匡缶。(《合集》15948)

"匿"字从匚从羊，王襄释为匿，① 匚在甲骨文中作动词时，大多与祭祀有关，(4) 辞义为用缶为人牲祭祀。以上是缶与商之间敌对关系的情况。缶与商也友好相处过，卜辞如：

(5) 缶获咒二。(《合集》20732)
(6) 辛卯卜，扶，令缶豕。(《合集》20223)
(7) 缶不其获豕。十月。(《合集》10241)
(8) 辛丑卜，曰缶无致豕。(《合集》20224)
(9) 己巳卜，余，缶往。(《合集》20310)
(10) 戊戌卜，扶，缶、中行征方，九日丙午冓……(《怀特》1504)
(11) 壬寅卜，扶，缶从方允执。四日丙午冓方，不获。(《合集》20449)

(5) 辞义为缶捕获到两只咒。(6) 辞义为命令缶贡纳豕。缶向商王贡纳，说明缶臣服于商王。步卒编制称"行"，有大行、中行、右行、上行、东行等，(10) 辞义为缶与商王朝军队的中行共同征伐方，九日丙午这天能够和方国相遇。(11) 辞义为缶率领军队能否捕获方国之人。缶还为王事服务，卜辞如：

(12) 己未卜，𣪊，贞缶其禀我旅。
己未卜，𣪊，贞缶其来见王。一月。(《合集》1027 正)

"旅"，《尔雅·释诂》："旅，众也。"禀为供谷，"禀我旅"当是禀食我众之义。② 见在此为觐见，"《说文》：觐，诸侯秋朝曰觐，劳王事。……(殷代)诸侯觐见谓之见，王见其臣属亦谓之见"。③ 缶既臣服于商王，又供给商王军旅食物，说明缶归顺商王。武丁时期缶与商王朝之间时好时坏。当缶臣服

---

① 于省吾：《甲骨文字诂林》，中华书局 1996 年版，第 2193 页。
② 张秉权：《殷虚文字丙编考释》，中研院史语所 1992 年重印本，第 186—187 页。
③ 于省吾：《甲骨文字诂林》，中华书局 1996 年版，第 609 页。

时,向商纳贡,卜辞如:

(13) 己丑乞自缶五屯。徛示三屯。岳。(《合集》9408 白)

辞义为向缶征取占卜所用牛肩胛骨。缶一度受到商王关心,卜辞如:

(14) 甲辰卜,争,贞缶其死。(《合集》17100)

辞义为贞问缶会否死去。

以上是甲骨文中所见缶的活动情况。缶是商王朝时期重要一族。

(五) 壴、鼓、喜

"壴"、"鼓"在甲骨文中本是二字,考其字源,壴为本字,象鼓形;鼓则为旁边加又(手)持物状击鼓形。丁山认为两字无别,壴氏故地,当求于祇水流域之鼓聚。① 壴、鼓分别为人、地和国名,应是两个不同的地方和国族。② 下面就作为国族人名的壴、鼓进行讨论。

壴

壴是康丁时贞人(《合集》27223、27302),武丁时,壴已活跃在商王朝事务中,壴曾与商王朝为敌,卜辞如:

(1) 辛巳卜,㱿,贞乎雀敦〔壴〕。(《合集》6959)

辞义为壴受到雀的征讨。壴后来臣服于商,壴不仅向王室贡纳,而且还服务于王事活动,卜辞如:

(2) 壴入二。(《合集》14207 反)
(3) 庚□壴入五十。(《合集》419 反)
(4) 壴入二十。(《合集》1878 反)
(5) 壴入十。(《合集》7852 反)
(6) 壴入四十。(《合集》9253)

---

① 丁山:《甲骨文所见氏族及其制度》,中华书局 1988 年版,第 121 页。
② 彭邦炯:《从鼓字论及相关地名和国族》,《殷都学刊》1994 年第 3 期。

(7) 壴入五。(《合集》9260)

(8) 壴来十。(《合集》9204 反)

(9) 贞壴呼来。(《合集》4841 正)

(10) 其先壴来。(《合集》19407)

(11) 令壴归。(《合集》4843)

(12) 贞由壴令见于✦。(《合集》8092)

(13) 己亥卜,争,贞壴㞢于祖□。(《合集》9530 正)

(14) 壴叶王事。(《合集》5449 正)

(15) 甲申卜,勿令壴从盾。(《合集》4944)

(16) 壴往沚亡囚。(《合集》7996 甲)

(17) 贞壴其有囚。(《合集》9811 正)

(18) 丁酉卜,王逐,壴告豕获。不获。(《合集》40153)

(2)—(8)为甲桥记事刻辞,是壴向商王室贡纳龟甲。(9)辞义为命令壴前来朝见商王。(13)辞义为壴参与王室祭祖活动。叶"读载训行,言行王事、行朕事、行我事也。"① (14)"叶王事",即勤劳王事。(16)辞义为商王派壴前往沚地有无灾祸。(18)辞义为商王田猎,壴报告可以捕获到豕。商王室与壴保持婚姻关系,卜辞如:

(19) 辛卯,子卜,〔贞〕妇壴有子。(《合集》21799,子组卜辞,图 6—112)

(20) 庚戌卜,我,贞妇壴〔娩〕嘉。(《乙》1424,子组卜辞)

(22) 妇壴。(《合集》2797 反,图 6—113)

妇壴当是来自壴族之女,为商王室之妇,为妇壴怀孕生子而贞问。

商王十分关心壴的身体健康,卜辞如:

(23) 丁卯卜,王,贞宁壴□骨凡有疾。十二月。(《合集》9650)

辞义为王贞问壴的疾病。

---

① 于省吾:《甲骨文字释林》,中华书局 1979 年版,第 70 页。

图 6—112　《合集》21799　　　　图 6—113　《合集》2797 反

壴又活跃在商王室的事务中，卜辞如：

(24) 丁未卜，令宁壴囚沚或。（《屯南》2438）
(25) 辛未，贞壴以沚。（《屯南》1047）
(26) 贞□令眉……取壴舍伯执。三月。（《合集》33091）
(27) 叀壴［令］田。
　　　叀禽令田。（《合集》33218）
(28) 〔叀〕壴令［省］廪。（《合集》33237）
(29) 甲申，贞令卯往允壴师。（《屯南》3418）
(30) 庚子，贞王步自壴。（《屯南》2100）

"囚"，象人困于囚笼之形，在此为动词，与囚禁有关，(24) 辞义为宁壴能捕囚沚或。(25) 辞义为壴致送沚（到商王都）。田指田猎，(27) 辞义为令壴、禽田猎。(28) 辞义为商王派壴省视仓廪。以上可见壴参与了商的王事活动。

壴在黄组卜辞中，如：

(31) 壬戌，王卜，在□，贞今日其……弗有。壴亡灾。（《合集》36758）

辞义为亘有灾祸。说明亘在帝乙、帝辛时期，还活跃在商王朝的舞台上。

《三代》2·6 著录的一件商代亘鼎，鼎内有铭文"亘"，字构形与甲骨文字相同。丁山认为亘鼎应是武丁时代亘（鼓）氏的遗物。①

由甲骨文材料知，亘是一个历史悠久部族，与商王朝相始终。他与商原为敌对关系，后臣服于商并贡纳，还服务于商王室；亘族与商王室保持婚姻关系，是一个力量强大的部族。亘地位于今山西省西部地区，具有重要战略地位，卜辞如：

(32) 乙酉卜，□，贞甫允沚[戓]。
（《合集》5857）
(33) 亘往沚亡祸。（《合集》7996甲）
(34) 壬申卜，亘，贞祟囚，不于亘，由
八人，甫五人。（《合集》595 正，
图 6—114）

甫在今山西蒲县。山西灵石旌介二号墓出土的铜器铭文有"由"，甲骨文中有"伯由"（《合集》2341）。从（34）辞看，亘地与甫、由地望当相近。

鼓

鼓是商臣属，卜辞如：

(1) 壬子，子鼓。（《合集》21881，子组卜辞）
(2) 鼓入……（《合集》21228，𠂤组卜辞）
(3) 鼓以，𫝎。（《合集》891 正）
(4) 取鼓。（《合集》15986 乙）

图 6—114　《合集》595 正

鼓称"子鼓"，子是鼓的爵称，还是鼓为子姓贵族，不明。但鼓是商王朝的

---

① 丁山：《甲骨文所见氏族及其制度》，中华书局1988年版，第121、123页。

臣属者。"孜",谓天命降灾伤害于兹邑也。① (3) 辞义为鼓向商王贡纳,有无灾祸发生。(4) 辞义为商王向鼓索取供品。鼓地还是商王经常光顾之地,卜辞如:

(5) □□卜,㱿,贞王勿于鼓次。(《合集》7355)
(6) 贞翌□卯王步于鼓。(《合集》8291)
(7) 贞郭无其□。在鼓。(《合集》8289 正)
(8) □酉卜,王,[贞]鼓弗[其]囚。(《合集》16490)
(9) □□卜,在鼓,贞……王占曰:大吉。(《合集》36527,黄组卜辞)

"次"指军队驻扎。"步"除了有步行之义外,与军队行动有关,(6) 辞义为商王在鼓地进行步兵活动。鼓既为臣属,要勤劳王事(《合集》20075、21229),鼓是商王朝的臣属国,鼓地受到亘方侵袭(《合集》6945),说明鼓地距亘地近。鼓出组卜辞中出现过,卜辞如:

(10) □寅卜,即,[贞]……望鼓……(《合集》23603)

辞残,其义不明。历组卜辞中,鼓也出现过,卜辞如:

(11) 甲辰卜,王其省鼓,弗悔。吉。(《屯南》658)
(12) 丁未……鼓今……召方。(《合集》33184)

(11) 辞义为商王要巡视鼓地。

鼓还有青铜器传世,《贞松堂积古遗文》卷九·二八著录的鼓辛觯,有铭文二行共八字,作:"鼓辛作父辛宝尊彝。"此觯铭中的鼓,当是作器者的国族名,辛为其日名,其义为鼓辛为其父辛铸作宝礼器。鼓辛觯是商代晚期鼓国的遗物。另外,鼓家族的青铜器也有出土,1963 年,在洛阳北窑庞家沟第 6 号西周贵族墓发掘出土的青铜器中,有一件造型精美的鼓母

---

① 饶宗颐:《殷代贞卜人物通考》,香港大学出版社 1959 年版,第 117—118 页。

方罍。① 其时代为商末周初，当是鼓家族为其嫁女作的媵器。

甲骨文中，壴、鼓用于人名、地名、国族名时，所代表的国族、地名有异，壴和鼓有可能是一族所分衍出来的，在商代，这两支族氏立国都很早，他们活动的事项不同，与商王朝的关系也不相同，壴与王室接触密切，鼓稍逊色一筹。

喜

"喜"从壴从口，为臣属国，向商王贡纳，卜辞如：

(1) 喜入五。(《合集》900反)
(2) 贞呼喜……(《合集》4515)
(3) 丙子卜，贞雀……旬又五日兹喜。(《英藏》1789)

(1) 辞义为喜贡纳五个龟甲。(2) 辞义为命令喜做事。喜和商王室有婚姻关系，卜辞如：

(4) □□卜，贞〔妇〕喜嘉。(《合集》21790，子组卜辞)

(4) 辞义为妇喜生男孩。妇喜来自于喜国，成为王室妇，参加甲骨整治事宜，卜辞如：

(5) 戊申妇喜示四屯。亘。(《合集》6040白，图6—115)
(6) 戊戌妇喜示一屯。岳。(《合集》390白，图6—116)

"示"为整治甲骨，以上为记事刻辞。商王为妇喜生育而占卜，妇喜还参与王室占卜机关之事，说明妇喜在商王室拥有较高地位。喜族人还担任出组卜辞的贞人并参与祭祀，卜辞如：

(7) □□卜，出，〔贞〕翌辛卯喜鍊用。(《合集》24146)
(8) 辛亥卜，喜，贞翌壬子示壬岁，〔亡尤〕。十月。(《合集》22708，出组卜辞)

----

① 洛阳市文物管理委员会：《洛阳市北窑庞家沟出土西周铜器》，《文物》1964年第9期。

图6—115　《合集》6040臼　　　图6—116　《合集》390臼

"𬭤"在此为以菜实之祭,从辞义看,为辛卯日喜用菜实奉祭(先祖)。喜还参与商王朝占卜事宜。

喜在何组卜辞中为戍官,在黄组卜辞中,为商王朝的外服职官,称侯喜或攸侯喜,卜辞如:

(11) 叀〔戍〕喜令,有戈。
　　　叀戍马呼暨往。(《合集》27966,何组卜辞)
(12) 甲午,王卜,贞作余酚[朕求酚],余步从侯喜,征人方。
　　　(《合集》36483)
(13) 王来征人方,在攸侯喜鄙永。(《合集》36484)

人方位于殷王都之东,侯喜之地当位于王都东,商王率领侯喜征伐人方。

由以上材料知,喜为商王朝时期的重要部族,喜地具有重要的战略地位,为加强与喜族之友好关系,武丁时期,与喜族联姻,喜族之女为商王室贵妇,称妇喜,妇喜活动在商王室的占卜机关。喜族臣服于商,向商王贡纳,为商王守边,是商王朝外服之诸侯。

(六) 犬、犬延

犬有三种含义:其一,为动物之犬,常用来作牺牲(《合集》1330)。其二，管理商代田猎的官吏，如犬亢（《合集》27910）、犬光（《合集》27903、27904）、犬雍（《合集》36424），亢、光、雍为族名或人名，犬表明其身份，指犬官。另外还有以地名或人名+犬的称呼，如盂犬（《合集》27921）、狽犬（《合集》27900），盖犬（《屯南》4584），这是商王在各狩猎地点设置的犬官。其三，犬为人、地、族名的同一，这是下文论述的主题。

犬作为族、人名，见于午、自、亏组卜辞，称犬方，与商王朝为敌而被镇压，卜辞如：

(1) 戊寅……犬方……人惟……（《合集》22471，午组卜辞）
(2) 己酉卜，贞雀往征犬，弗其擒㞢。十月。（《合集》6979，图6—117）
(3) 犬执。（《合集》5927，图6—118）
(4) 己巳卜，王，呼犬捍我。（《合集》5048）

图6—117　《合集》6979　　　　　图6—118　《合集》5927

(2) 辞义为雀前往讨伐犬。能否抓获。(4) 辞义为商王命令犬攻伐我地，说明犬已经归顺商王。犬称"犬侯"（《合集》6813），参与对亘和周等方国的战争，卜辞如：

(5) 戊辰卜，王，□犬允获印。（《合集》19782）

(6) 贞犬追亘有及。（《合集》6946 正）

(7) 己卯卜，旁，贞令多子族从犬侯𩰪周，叶王事。五月。（《合集》6812 正）

(8) 辛巳，贞犬侯以羌其用自□。（《屯南》2293，历组卜辞）

(6) 辞义为犬追击、攻伐亘。周称"周方"（《合集》6657、《怀特》427），曾与商王朝为敌，称"周侯"（《怀特》375），臣服于商，为侯爵。周与商关系时好时坏，武丁时期，他发动大规模的叛乱，商王派多人讨伐周。𩰪，唐兰释为璞，璞薄声近，以为羮伐之羮。① (7) 辞义为命令多子族和犬侯扑伐叛乱的周人，勤劳王事。(8) 辞义为犬致送羌俘于商王都，用羌人祭祀。犬还服务于占卜机关，卜辞如：

(9) 二十屯。㞢示。犬。（《合集》17599 反）

(10) 犬示。（《合集》17619 臼）

"㞢"为人名，(9) 辞义为㞢整治龟背甲二十屯，由犬验示。犬还参与商王室其他事务，卜辞如：

(11) 贞呼犬、𢼸于京。（《合集》5667）

(12) 犬以仆。（《合集》554 正）

(13) □辰，贞令犬侯叶王事。（《合集》32966，历组卜辞）

(11) 辞义为（商王）命令犬、𢼸到京地从事（某事）。犬也受到商王的关心，卜辞如：

(14) 辛亥卜，贞犬骨凡㞢印。一月。（《合集》21053，𠂤组卜辞）

(15) 贞犬亡囚。（《合集》4640）

(16) 辛［酉］［卜］，□，贞犬受年。十一月。（《合集》9793）

---

① 唐兰：《殷虚文字记》，历史所 1978 年油印本。

"𤴯"特指身体某一部位的疾病,(14)辞义为犬有某疾。(15)辞义为犬有灾祸。(16)辞义为犬地的农业获得丰收。犬地还有田猎区,卜辞如:

(17) 壬戌[卜],□,贞王其田[于]犬,亡灾。(《合集》29389,何组卜辞)

(18) 王叀犬从,亡戋。(《合集》27926,何组卜辞)

(19) 辛卯卜,壬王其田,至于犬偅东,湄日亡戋。(《合集》29388,何组卜辞)

(20) □□卜,犬来告,有犬。(《合集》33359,历组卜辞)

(21) 乙丑卜,王往田,亡戋。
　　　□□卜,犬来告,有麋。(《合集》33361,历组卜辞)

(22) 乙酉卜,犬来告,有鹿,王往逐。(《屯南》997,历组卜辞)

从以上所引卜辞中看出,犬地是重要的田猎区,犬多次向商王报告其境内有猎物,要商王前往打猎。偅是跟后世的行宫相类的一种建筑。① "犬偅东"当指犬族所在地的某建筑物以东之地。犬还有军队,卜辞如:

(23) 其从犬师,亡戋。王永。(《合集》32983,历组卜辞)

(24) 庚戌卜,王其从犬师。叀辛亡戋。(《合集》41529)

(25) 丁酉卜,翌日王叀犬师从弗每,亡戋。不冓雨。(《屯南》2618)

犬师即犬所拥有的族兵,辞义为犬的族兵从事王事。犬要向商王纳贡称臣,卜辞如:

(26) 甲寅,犬见禽示七屯。兂。(《合集》6768臼)

(27) 甲寅,犬见禽示七屯。(《合集》6769臼)

见,在甲骨文中有"献"义,禽为商王同姓贵族,辞义为犬向商王贡献了七

---

① 裘锡圭:《释殷墟甲骨文里的"远""𢎥(迩)"及有关诸字》,《古文字论集》,中华书局1992年版,第1页。

对牛肩胛骨,禽检视并整治了这七对骨,贞人允验收并作了记录。

从甲骨文中所见看,犬是商代的一个重要部族,其境内有农业区、田猎区,犬还有自己的族兵;犬担负者保卫商王朝边境安宁之任务,他征伐过亘、我、周、羌等族。

犬延

有关犬延的占卜有40条左右,见于㱿组、出组和历组卜辞中。犬延为族名,称犬延族,他是商王朝重要的臣属。

犬延参与商王室的农事活动,卜辞如:

(28) 弜犬延土田。(《合集》33215,历组卜辞,图6—119)

(29) 戊子卜,㱿,贞令犬延族裒田于虘。(《合集》9479)

(30) [丙]戌卜,贞[令]犬延[田]于京。(《合集》4630,图6—120)

图6—119　《合集》33215　　　　图6—120　《合集》4630

"土田"即"度田",(28)辞义为命令犬延度量土地。"虘"作"𧆞"形,称"虘方"(《合集》8409),"裒",于省吾谓"圣田"是垦荒。① 张政烺释为

---

① 于省吾:《甲骨文字释林》,中华书局1979年版,第232页。

"袁",谓"袁田"是聚土治田,是开荒地。①(29)辞义为命令犬延及其族人到虎方之地开垦荒地。(30)辞义为命令犬延到京地进行农业或田猎。犬延与周、禽参加商王的田猎活动(《合集》14755正、4636、17452),犬延与禽一起从事王事的卜辞,还如:

(31) 丙戌卜,贞勿令犬延。
贞勿令犬延田于京。
贞于生十一月令禽。
贞勿呼延复右行从㢴。(《英藏》834)

"延"为犬延之省略,"㢴",人名(《合集》11406),"复"为往来、反复,"右行"与商王朝军队建制有关,为商王朝步兵军行之右队,(31)辞义为命令犬延或禽到京地进行田猎。犬延率领㢴反复布阵以能够捕获猎物。商代的田猎有军事演习之作用,禽、犬延、㢴参与的这次田猎或与军事演习有关。犬延向商王朝贡纳战俘,卜辞如:

(32) 辛亥卜,贞犬延来羌用于□甲。(《合集》240)
(33) 辛亥卜,犬延以羌一用于大甲。(《合集》32030,历组卜辞)

辞义为犬延进贡羌俘,用于祭祀大甲。羌为王都西部之族。

犬延所在地当为一战略要地,卜辞如:

(34) 庚辰,贞至河,禽其捍鄉方。
庚辰,贞方来,即使于犬延。(《屯南》1009)
(35) 庚戌,犬延允伐方。(《合集》33033)

"方"为敌国名,屡屡骚扰商王朝边境,"使于犬延"辞义为商王因武事而派遣人出使犬延。(34)辞义为方国前来侵犯我边境,禽在黄河一带攻击方国,要派遣武装力量到犬延之地。据考古发现推测,犬延当在今河南之温县一带。1968年河南温县小南张村发现商代墓葬,出土三套瓠及鼎、斝、铙等青

---

① 张政烺:《卜辞袁田及其相关诸问题》,《考古学报》1973年第1期。

铜器，鼎、斝等青铜器上有铭文"㚔"，① 墓葬年代为殷墟第二期。② 温县在今河南沁阳南，距济源不远。沁阳、济源为进入太行八陉中之太行陉、轵关陉的通道口，其地具有重要的战略地位，这与犬延族所具有的战略地位相吻合。沁阳一带为商王朝重要的田猎区，这又与犬延族所在地为田猎区相一致，"㚔"当为犬延家族之族徽。有商一代，犬延家族世居于此，为商王朝担负着守护西部的职责，同时还担任着商王朝的犬官，为商王田猎服务，故犬延受到商王的重视，武丁时期以及历组卜辞中，都有商王为其安危进行的占卜，卜辞如：

(36) □卯卜，殻，贞犬延其有剢。(《合集》6536)
(37) 贞犬延亡其㦰。□月。(《合集》7711 正)
(38) 贞犬延亡囧。(《合集》32903，历组卜辞)

"剢"、"㦰"、"囧"义指灾祸。以上卜辞是商王贞问犬延有无灾祸。这说明犬延受到商王关心。犬延臣属于商王，要贡纳，卜辞如：

(39) 己巳卜，殻，贞犬延其工。(《合集》4632 正)
(40) 犬延不其以。(《怀特》399 正)

"工"有多种含义，此为贡纳。③ 辞义均为犬延向商王纳贡。

从甲骨文材料中看出，犬延是商时重要部族。其地位于太行山东西重要交通要道上，地在今河南温县一带，有黄河做屏障，战略地位十分重要；延族征伐过羌人、方（历组卜辞）等方国；商王及禽在其境内田猎，说明其地有重要的田猎区；因其本人管理田猎事，故称"犬"、"犬延"，与商王保持友好关系；犬延还为商王开垦荒地；延还是历史悠久之部族，武丁时期，其族中人曾服务在商王朝的占卜机关。延族的文明程度很高，温县发现的成套青铜礼器是其表征。

---

① 杨宝顺：《温县出土的商代铜器》，《文物》1975 年第 2 期。
② 杨宝成、刘森淼：《商周方鼎初论》，《考古》1991 年第 6 期。
③ 于省吾：《甲骨文字释林》，中华书局 1979 年版，第 72 页。

第三节 其他臣正

商代的职官系统为内、外服制,其职官制度形成的主要原因,是政治地理上的两分,即商王直接统治的王畿区和诸侯国统治的地方,《尚书·酒诰》谓:"越在外服,侯、甸、男、卫、邦伯。"这些诸侯国统治区域,是商王朝领土的重要地带;对这些诸侯的有效统治,是商朝国土王经营的重要方略。甲骨文中,可以确认是商王朝官吏的为侯、伯。对其中几个重要侯、伯的研究,有助于了解商王朝统治时期的部族融合。

一 侯等

甲骨文中,称"侯某"和"某侯"者,他们有的为商的与国首领,有的则为敌对方国酋首,商王朝通过战争或婚姻等手段,使他们臣服于商,以此来加强对四土的控制。对其分述如下:

(一) 周

"周"作"田"、"用"形,与商周金文"周"字相同。周的甲骨卜辞有80多条,出现在㠯、子、午、宁组卜辞中。周称"周方"(《合集》6657、《怀特》427),曾与商王朝为敌;也称"周侯"(《怀特》375),为外服诸侯;与商王室有婚姻关系,如:妇周(《合集》22265、2816)。周商关系自武丁时便时好时坏,下面加以讨论。

武丁时的㠯、午组卜辞中,周对商时服时叛,卜辞如:

(1) 令周侯今生月于𦘒,亡囧,比东卫。(《合集》20074,㠯组卜辞,图6—121)

(2) 癸卯卜,其克戋周。四月。(《合集》20508,㠯组卜辞,图6—122)

(3) 贞妇周。(《合集》22264,午组卜辞)

图6—121 《合集》20074

(4) 甲子卜，贞妇周不延。(《合集》22265，午组卜辞)

(5) 妇周……有……(《合集》2816，𠂤组卜辞)

(6) 叀午伐周。(《合集》22294，午组卜辞，图6—123)

图6—122　《合集》20508　　图6—123　《合集》22294

周称"周侯"，是商王朝的外服诸侯的明证。(1) 辞义为商王命令周侯于生月（从事某事）有无灾祸。(2) 辞义为要征伐周。说明商周关系交恶。妇周，当是来自于周之女，为王室之贵妇。从𠂤、午组卜辞中看，周叛服无常。

𠂤组卜辞中，周与商关系也是时好时坏，周臣服于商的卜辞如：

(7) 丙寅卜，内，令周取。(《合集》8854)

(8) [令]周取巫于垂(大)。(《合集》8115)

(9) 勿令周往于舌。(《合集》4883)

(10) 壬戌卜，[贞]令周宓□若。(《合集》4885)

(11) 辛卯卜，贞令周从永止。八月。(《合集》5618)

(12) 甲午卜，𠂤，贞令周乞牛多[子]。(《合集》4884)

"垂"为或称"垂侯"(《合集》3324)、"垂伯"(《合集》3439)。巫，《说文》："巫，祝也。"(8) 辞义为命令周向垂侯征取巫。"宓"，《说文》："宓，安也。"《淮南子·览冥训》高注："宓，宁。"(10) 辞义为命令周安抚某某族人顺利与否。"永"为武丁时贞人，(11) 辞义为商王命令周配合永从事某事。"令周乞牛"即商王命令周征取牛。周要听从商王命令，为王事奔波。周还向商王进贡，卜辞如：

  (13) 周入十。(《合集》3183 反甲)
  (14) 周以。(《合集》9170、9171 反)
  (15) 贞周以巫。(《合集》5654)
  (16) 贞周弗以嫀。(《合集》1086 正)
  (17) 允惟鬼暨周㱿。(《合集》1114 反)

"嫀"字从女从秦，当为秦族之女子。(13)、(14) 辞义记周向王室进贡占卜所用龟甲。"㱿"为施牲以祭，(17) 辞义为商王要用鬼、周贡纳的人牲祭祀。以上是臣属于商王的周向商贡纳的占卜。周参与了商王室田猎活动，卜辞如：

  (18) 癸［未卜］，宁，贞周擒，犬延漉。(《合集》14755)

"漉"作"麤"形，从水从鹿，当与陷阱之陷含义略同，(18) 辞义为周与犬延田猎，周擒获猎物，犬延用陷阱捕获猎物。周还受到商王关心，卜辞如：

  (19) 周……［骨］凡［有］疾。(《合集》13910)
  (20) 丁卯卜，贞周其有囚。(《合集》8457)
  (21) 周方弗其有囚。(《合集》8472 正甲)

(20)、(21) 辞义为周有疾患或周方有灾祸降临。
  周作为外服诸侯，有领地，曾与商为敌，卜辞如：

  (22) 丙辰卜，宁，贞王宙周方征。(《合集》6657 正)

辞义为商王讨伐周方叛乱。商王、多子族、犬侯、𢀛、𢀈、旃（所当为一字）、𢀉侯、舌、申、山、中、上伊（《合集》6812、6814、6821、6822、6825）等参加了对周的讨伐,从时间上看,有四月、五月、十二月。经过武丁对周的用兵,周人暂时臣服于商,到祖庚、祖甲时期,又见对其占卜,如:

(23) 戊子卜,夨,贞王曰:余其曰多尹,其令二侯上丝眔□侯其□周。(《合集》23560)

辞义为商王命多尹率领二侯等扑伐周。

历组卜辞中,周为商的臣属者,听从王令,卜辞如:

(24) 叀倗令。
叀䧹令周。
叀舌令周。(《合集》32885)
(25) 于周其焚。(《合集》30793)

倗、䧹、舌参与商王朝对周的战争,(24) 辞义为商王贞问倗、䧹、舌三人由谁来命令周从事王事。"焚"为焚人祈雨之祭,(25) 辞义为在周地举行求雨的祭祀。

帝乙、帝辛时期,周方之首领又遭到杀戮,卜辞如:

(26) 贞王其㞢侑大甲,曹周方伯□由正,不左,于受有佑。(周原甲骨 H11.84)

此辞之王即帝乙,周方伯即周文王,曹即杀伐之义。[①] 从卜辞中知在帝乙时期,商王对周又进行过一次大规模的征伐。

从甲骨文中看,商周关系时好时坏,当周人势力强大时,便发动侵略商王朝的战争,商王用武力多次对周进行讨伐,使周人处于臣属地位。

(二) 崇侯虎

"崇"为"崇"形,"虎"作"虎"形,崇侯虎或称"崇侯虎"(《合集》6553),或称为"侯虎"(《合集》3297),还称为"崇侯"(《合集》10043)。有关他的卜辞达 30 多条,从中看出,崇侯虎的封地位于王都西,他参加了

---

① 王宇信:《西周甲骨探论》,社会科学文献出版社 1984 年版,第 212 页。

商王朝对壴、周方、髳方和舌方的战争，胡厚宣谓沚𢦏与望乘、崇侯虎为武丁时捍卫王朝鼎足而三大征伐之大将，① 由此说明崇侯虎在保卫边境安宁方面做出了贡献。下文对崇侯虎这一人物进行论述。

崇侯虎有封地，称为"崇"或"崇侯"，卜辞如：

(1) 廩至于崇。(《合集》8125)
(2) ……冓，见崇侯。六月。(《合集》3290)
(3) 乙亥卜，贞令多马亚、伇、冓𧥄省陕廩。
 至于崇侯，从𣂺川，从垂侯。九月。(《合集》5708正)

多马亚、伇、𧥄 (《合集》4587)、陕 (《合集》6047)、𣂺川 (《合集》9083)、垂侯 (《合集》4367)，是官名和人名，(3) 辞义为商王命令多马亚、伇会合𧥄前去巡视陕地的仓廩，途中要到达崇侯之地，一路上先后有𣂺川、垂侯加入前往陕地。由此可知，去陕地途中要经过崇侯领地，说明崇侯虎领地是一交通要地。

崇侯虎曾受王令，参与对敌方国的讨伐。

崇侯虎对壴、髳方的征伐，卜辞如：

(4) 癸亥卜，㱿，贞令崇侯崇征壴。(《合集》6)
(5) 侯虎允来册，有事壴。(《合集》3295，图 6—124)
(6) 贞令者[王]从崇侯虎伐髳方受有佑。
 贞勿从崇侯。(《合集》6554，图 6—125)

(4) 辞义为 (商王) 命令崇侯虎征伐壴。"册"，有两层含义：一是砍伐、杀伐，一是册告；在此当为战事，(5) 辞义为崇侯虎向商王报告对壴发动战争。"髳"作"䍶"形，于省吾释为髳，并且认为："髳"就是《尚书·牧誓》所记载的武王伐纣所率领的"庸、蜀、羌、髳、微、卢、彭、濮"中的髳。② 商王征伐髳方的原因是髳方为害于西土，卜辞如：

---

① 胡厚宣：《卜辞中所见之殷代农业》，《甲骨学商史论丛二集》上，台湾大通书局1972年影印本上册，第52页。

② 于省吾：《甲骨文字释林》，中华书局1979年版，第16—17页。

图 6—124　《合集》3295　　　　　　图 6—125　《合集》6554

（7）贞王叀髳孽。（《合集》17357）

孽，训为罪愆之义。①（7）辞义为髳方在边境作孽。髳方地望，杨筠如的《尚书覈诂》认为："髳与髦通……字又作茅。""按《括地志》：'茅津与茅城，在陕州河北县西二十里"，则正当山西南部滨河之地。"（6）辞义为商王率领崇侯征伐髳方。

崇侯虎对舌方的战争

崇侯虎还参加了商王朝对舌方的战争，因其封地距舌方远，故不是征伐舌方的主要将领，卜辞中不见崇侯虎与伐舌方有直接系联的卜辞，过去的研究未见提及崇侯虎在这场战争中的活动，但根据同版卜辞之间相关事类的系联，崇侯虎是参与了这场战争的，卜辞如：

（8）侯虎往，余不雨，其合以乃史归。
舌方其至于麂土，亡𡆥。
曰侯虎🅇女史𠷒受［佑］。（《合集》3298）

（9）己亥卜，㱿，贞王曰：侯虎，余其得女［史𠷒］受［佑］。（《合

---

① 柯昌济：《〈殷墟卜辞综类〉例证考释》，《古文字研究》第16辑，中华书局1989年版。

集》3301)

"朿"引申为棘急。①"乃"卜辞第二人称。"史"为出使的或驻在外地的一种武官。"合"表示会合、聚合。②"卻",为会合。"㠯",于省吾释为败,③(8)、(9)辞义为商王命令崇侯虎前往,表示我不急于你会合你的史官归,你与你的史官同心协力,可受到保佑。舌方将到达巚土,会否失败。由此可知,因西土舌方的入侵,商王派崇侯虎带领自己的史官从王都出发,前去征讨舌方。商王对崇侯虎带兵征伐舌方之事反复贞问,卜辞如:

(10) 贞舌方出,惟黄尹壱。
　　　贞曰崇侯虎出,步。(《合集》6083)
(11) 叀沚馘从。
　　　叀崇侯从。(《合集》7503 正)
(12) [崇] 侯虎……方……受有佑。(《合集》3287)

(10) 辞义为舌方出侵我土,是旧臣黄尹降灾祸。商王命令崇侯虎迎战,用步兵与舌方作战。沚馘是西部诸侯,是征伐舌方军事将领,(11) 辞义为沚馘还是崇侯率领征伐舌方。由此判定,崇侯虎参加了对舌方的战争,由于其所处的地理位置或他服务于王室的缘故,他不是征伐舌方的主将。

崇侯虎曾服役于商王室,卜辞如:

(13) 丁酉……崇叀侯令。(《合集》3292)
(14) 贞叀象令从崇侯。
　　　贞 [叀] 陕 [令] 从崇侯归不。(《合集》3291)

"象"和"陕"是人名,服务于王室,辞义为命令象还是陕率领崇侯虎归来。
由甲骨文材料看,崇侯虎封地位于王都西。他参加了对周方、壴、髳

---

① 于省吾:《双剑誃殷契骈枝·释束》,1941 年石印本,第 36—38 页。

② 赵诚:《甲骨文字的二重性及其构形关系》,《古文字研究》第 6 辑,中华书局 1981 年版,第 221 页。

③ 于省吾:《甲骨文字释林》,中华书局 1979 年版,第 53 页。

方、舌方的战争；他侍奉在商王身边，听从王令而勤劳王事，他是武丁时期重要人物。

（三）侯告

侯告的占卜有 50 多条。侯告出现在自组、子组、㞢组、历组卜辞中，他为侯爵，称"侯告"，为商王朝守边卫土。

自组卜辞中，侯告与雀、宁等一起勤劳王事，卜辞如：

(1) 令雀从侯告。(《合集》20059)
(2) 令宁从侯告。(《合集》20060)

雀为武丁同姓贵族，为武丁重臣，宁为臣属，多次贡纳物品（《合集》6827、9249 反）。辞义为命令雀、宁配合侯告从事王事。

午组卜辞中，侯告占辞仅一见，他与师般一起勤劳王事（《合集》22299）。

㞢组卜辞中，侯告参与了对羌方的战争，卜辞如：

(3) 侯告羌得。(《合集》517 正)
(4) 贞翌丁巳用侯告岁羌三卯牢。(《合集》401)

(3) 辞义为侯告获得羌俘。(4) 辞义为翌日丁巳日举行砍伐侯告贡献的三个羌俘，剖杀大牢的祭祀。从以上卜辞中，可以看出侯告参加过对羌人的战争。侯告又参加了对尸方的战争，卜辞如：

(5) 己巳卜，争，贞侯告称册，王勿衣[钐]。(《合集》7411)
(6) 〔贞〕侯告征尸。
(7) [贞王] 勿从侯告 [征尸]。
(《合集》6457 正)
王占曰：□□从侯告 [征尸]。
(《合集》6457 反)
(8) 贞王令妇好从侯告伐尸。
贞王勿令妇好从侯 [告伐尸]。
(《合集》6480，图 6—126)

图 6—126　《合集》6480

从称册报告对象多为边境守卫者看，称册应是奉举简册，传递边报，《说文》："称：并举也。"（5）辞义为侯告向商王报告边境军事紧急情况。（7）、（8）辞义为商王亲自率领侯告还是让妇好率领侯告征伐尸方。以上是宾组卜辞中所见侯告参与对敌方征伐的情况。

历组卜辞中，侯告也参与了对尸方的战争，卜辞如：

（9）侯告伐尸方。（《合集》33039，图6—127）

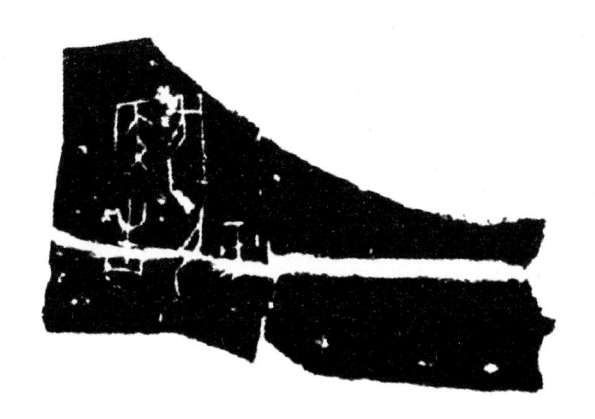

图6—127　《合集》33039

辞义为侯告要征伐尸方。以上所见，侯告始终与商王朝保持着友好的关系，为重要的臣属。

（四）暴侯

"暴"作"䖑"形，从戈从虎，裘锡圭释作暴。[①] 有两种含义：其一，作动词，表示以戈搏虎的意思，如"其暴，弗其获。"（《合集》5516）"往暴虎，允亡灾。"（《合集》11450）其二，暴作人名、地名，作地名之暴或加水旁，为瀑，卜辞如：

（1）壬寅卜，在曹，贞王步于瀑亡灾。

[①] 裘锡圭：《说"玄衣朱襮襟"——兼释甲骨文"虣"字》，《古文字论集》，中华书局1992年版，第350页。

　　　　　甲辰卜，在□，贞王步于曹，亡灾。(《合集》36828)
　　(2) 在瀑，贞［王步于□］，亡灾。(《合集》36955)

瀑当近暴侯封地。暴侯为侯爵，臣服于商而称"暴侯"，他听命于商王，卜辞如：

　　　　　(3) 贞呼从暴侯。(《合集》697 正)

辞义为商王命令某人配合暴侯。暴侯有封地，其地称暴。古有暴国，其地在春秋时属郑国，即《春秋》文公八年"公子遂会雒戎盟于暴"的暴，故地在今河南原阳一带，甲骨文中的瀑与古书的暴应该是一个地方。上引卜辞殷王在曹地占卜，卜问从曹到瀑有无灾祸。郭沫若谓曹当是卫之曹邑，今河南滑县南白马城即是。[①] 裘锡圭指出，滑地在今原阳东北，暴、曹相距不过一、二日程，甲骨文中殷王自曹步于暴，是非常合理的。[②]

(五) 垂侯

"垂"作"⼤"形，为人、地、族名的同一。垂为诸侯，称"垂侯"(《合集》3317)，为伯爵，称"垂伯"(《合集》3439)。其地是一交通要地，卜辞如：

　　(1) 癸丑卜，贞勿𠂤令逆从尽于垂。(《合集》4914)
　　(2) 丙寅卜，贞令逆从尽于垂。六月。(《合集》4915)
　　(3) 乙亥卜，贞令多马亚、伲，菁𣁋省陕廪。
　　　　至于崇(虎)侯，从屮川，从垂侯。九月。(《合集》5708)
　　(4) 乙丑卜，贞王……于垂。(《合集》8116)

"逆"、"尽"为人名，(1) 辞义为要命令逆率领尽到垂地。"陕廪"即商王朝在陕地设置的仓廪。"多马亚"为一官名，"伲"、"𣁋"为人名，(2) 辞义为命令多马亚、伲会同𣁋省视陕廪，到崇侯虎之地，要经过屮川、垂侯地。从

---

① 郭沫若：《卜辞通纂》，科学出版社1983年版，第351页。
② 裘锡圭：《说"玄衣朱襮襟"——兼释甲骨文"靠"字》，《古文字论集》，中华书局1992年版，第351页。

以上卜辞看，商王官员到垂地活动，说明垂是臣属。商王还可以向垂侯征取贡品（《合集》8115、《英藏》187），垂还为王事奔波，卜辞如：

(5) 贞其彳，垂侯以雩……卯一牛。（《合集》3318）
(6) 己酉卜，㱿，贞呼囧、垂侯。（《合集》6943）

"彳"为祭名，(5) 辞义为商王要举行彳祭，垂侯致送雩和对剖一牛。"囧"称囧伯（《英藏》130），(6) 辞义为命令囧和垂侯。垂在子组和历组卜辞中，如：

(7) 壬戌卜，垂侯□余🙰见聿□，垂侯印。（《合集》22065，子组卜辞）
(8) 甲午，贞垂侯□用大乙𢀖三，祖乙𢀖三，卯三［牛］，乙未酻。（《屯南》586，历组卜辞）

垂侯共出现 20 多次，是侯服国，垂与周、匚侯有系联关系，其地位于王都西。

（六）侯匿

"匿"作"𢔗"形，有关卜辞约 40 多条。匿是武丁时人，他称臣贡纳，卜辞如：

(1) 令匿暨戉。（《合集》4495）
(2) 匿入十。（《合集》9250）
(3) 匿入百二十。（《合集》12396 反）
(4) 王，匿……以人……允致……𤼈三百。（《合集》1034）

"戉"为人名，(1) 辞义为命令匿和戉从事某事。(2)、(3) 辞义是匿向王室贡纳龟甲。作为臣下，商王朝还向其征取贡物，卜辞如：

(5) 㱿乞自匿。（《合集》9382）
(6) 自匿五十屯。（《合集》9396、9397、9398）
(7) 邑乞自匿五屯。十二月。（《合集》9400）
(8) 乞自匿。（《合集》9401、9402）

以上辞义为殷、邑向匿求取占卜物。

匿勤劳王事，贡纳称臣，称"侯匿"（《合集》19852），爵位为侯爵。匿受到商王关心，卜辞如：

(9) □□［卜］，㱿，贞匿不死。（《合集》17083甲）

辞义为商王贞问匿会不会死去。

匿仅见活动于武丁时期的㱿组卜辞中，他因对商王室的贡纳多而显名。

（七）侯光

光出现在𠂤组、㱿组卜辞中，是商王朝武丁早期臣服者，称"侯光"，卜辞如：

(1) 丙寅卜，王，贞侯光若。（《合集》20057）

侯为爵称。(1) 辞义为侯光安顺与否。

㱿组卜辞中，光仍与商王保持友好关系，向商王纳贡称臣，卜辞如：

(2) 㐆𦀚匕侯光使。（《合集》3358）
(3) 呼𦥑光㣇。（《合集》1380）
(4) ［贞］光其工。（《合集》4484）

"𦀚"为人名，"匕"当为比的或体字，(2) 辞义为𦀚会同侯光出使（某地）。"𦥑"字从舟从止，有行动向前义，① 义为进献。(3) 辞义为命令光进献㣇牧者。(4) 辞义为光向商王贡纳（物品）。光对商王贡纳最多的还是羌人，卜辞如：

(5) 光不其获羌。
    呼逆执。（《合集》185，图6—128）
(6) 光来羌。（《合集》245正）
(7) 甲辰卜，亘，贞今三月光呼来。王固曰：其呼来，乞至惟乙。
    旬有二日乙卯，允有来自光以羌㣇五十。（《合集》94正）

---

① 于省吾：《甲骨文字释林》，中华书局1979年版，第399页。

"逆"义为迎,(5)辞义为光捕获到羌人来献于商,命令迎接光所送来的羌俘。(7)辞义为商王命令光今三月前来进献,果然在十二天后的乙卯日从光地进献来羌刍五十人。从光向商王进献材料看,说明了光有封地,其地与戉、望地相近,卜辞如:

(8) 王其从望称册,光及伐望,王弗每,有㞢。(《合集》28089,何组卜辞)

戉、光抓获羌刍的占卜(《合集》22043)以及光征伐望地之占,说明戉、光、望位于一个区域内,戉地位于王都西,光地也应在王都西部。光是商王的臣属,其地归商王所有,商王可以在光地建立粮仓,卜辞如:

(9) 王固曰:有祟,叙、光其有来艰。乞至六日戊戌允有[来艰]。有仆在爰,宰在□,其……莽,亦焚廪三。十一月。(《合集》583反)

"有祟,其有来艰"是甲骨文中的套语,即从外地传来有灾祸的消息。"叙"又是武丁时期的贞人,"仆"、"宰"为劳动者。(9)辞义为有灾祸,从叙、光之地将传来有灾祸消息,果然,六天后的戊戌日,在爰之地的仆、宰(发动暴动),焚烧了三个仓廪。说明商王在光地设有仓廪。光与商王室之间还有婚姻关系,卜辞如:

(10) 品,妇光。(《合集》2811,图6—129)

妇光是来自光族的女子。"品"为祭名,陈直谓:"《礼记·郊特牲》:'鼎俎奇而笾豆偶,阴阳之义也。笾豆之实,水土之品也。不敢用亵味而贵多品,所以交于神明之义也。'卜辞品为笾豆之祭。"① 辞义为妇光参与商王室的笾豆之祭。

以上是光与商王朝友好关系的史实。

从甲骨文中看,光地位于王都西,光贡纳称臣,商王为笼络光族,与光保持婚姻关系。由此可以看到商王朝对各地部族的羁縻策略。

---

① 于省吾:《甲骨文字诂林》,中华书局1996年版,第745页。

图6—128 《合集》185

图6—129 《合集》2811

（八）侯屯

屯有多种含义，这里仅谈谈作为人、地、族名同一的屯。

屯地之首领被用来祭祀商王的祖先，卜辞如：

(1) 壬戌卜，用侯屯自上甲十□。
  壬戌卜，乙丑用侯屯。
  于来乙亥用侯屯。（《合集》32187，历组卜辞，图6—130）

"侯"指爵称，即臣服于商王朝的地方诸侯，"侯屯"是屯地之首领，(1) 辞义为杀伐侯屯用于祭祀自上甲以降的十位先祖。

侯屯作为商王朝的侯服之国，当拥有封地，其地待考。

图6—130 《合集》32187

(九) 湔

"湔"字作"㡿"、"㡿"、"㡿"、"㡿"、"㡿"、"㡿"等形,从止从舟,或从沚从舟,当为湔字,有两种含义:其一,用作动词("贞勿湔"《合集》5769,湔字作"㡿"形,李孝定谓犹足在盘中,乃洗足之会意字也①),即洗义。其二,湔为人、族、地名同一。湔为方国诸侯,称"侯湔",他曾与商王朝为敌,卜辞如:

(1) 贞勿福舌父乙。
   贞不惟我湔。(《合集》2201)

"不惟我湔"句中无动词谓语,甲骨文中有这种语法现象,如:

(2) 己亥卜,殻,贞不惟我。(《合集》17557)
(3) 壬子〔卜〕,□,贞惟我奠不征。(《合集》644)

"惟我"、"不惟我"往往省略谓语及宾语,"不惟我湔"与"惟我奠不征"的句法一样,只是谓语省略,辞义为商王我不征伐湔方或为湔方不给我商王朝作祸为害,其意指商与湔方为敌对关系。湔方侵略商王朝边境,卜辞如:

(4) 勿呼比引湔鼎。
   使人于眉。
   贞戊㞢。(《合集》7693,图 6—131)
(5) 贞戊弗其㞢湔方。
   贞光其㞢。(《合集》6568 正,图 6—132)

"鼎"为地名,"引"为人名(《合集》3099、4812),"眉"为地名,"使人于某"因武事而派遣某人使于某地之义。②(4)、(5)辞义为商王命令会同引从鼎地攻伐湔方;起用戊还是光讨伐湔方。由甲骨文知,戊、光、吴(《合集》6566、6567、8616)是讨伐湔方的军事将领。湔方后臣服于商,为侯爵,称

---

① 于省吾:《甲骨文字诂林》,中华书局 1996 年版,第 850 页。
② 胡厚宣:《殷代的史为武官说》,《全国商史学术讨论会论文集》1985 年版。

"侯湔",卜辞如:

图6—131 《合集》7693　　　图6—132 《合集》6568正

(6) 庚子卜,贞曰侯湔出自方。
　　庚子卜,贞呼侯走出自方。(《合集》8656正)

"方"为地名或族名。(10)辞义为商王命令侯湔、侯走从方地出动。湔臣服于商后,为王事奔波,卜辞如:

(7) 令吴、湔。(《合集》667反)
(8) 呼湔、韦。(《合集》1777)
(9) 勿呼弜、湔。(《合集》4771)

"吴、韦、弜"为人名,他们服务于商王室,辞义为商王命令湔、吴、弜、韦从事(王事)。湔拥有封地,称"湔",向商王纳贡,卜辞如:

(10) 勿……入淽。(《英藏》750)

(11) 贞淽、雍𠀎。(《合集》123)

(12) 呼淽有𠀎。

　　淽牛臣𠀎。(《合集》1115 正)

(13) 丙申卜，㱿，贞呼见淽、𣥺𠀎弗其擒。(《合集》9504 正)

"入淽"即进入淽地，"雍"为人名，称"子雍"(《合集》3122)，"牛臣"为管理牧牛一类的官员，(11)、(12) 辞义为淽向商王贡纳放牧者。"𣥺"为人名、地名的同一，作"𣥺"、"𣥺"形，称"𣥺任"(《合集》1248)，(13) 辞义为商王命令淽、𣥺进献擒获𠀎牧。淽受到商王关心，卜辞如：

(14) 贞淽其有𡆥。(《合集》8620)

(15) 丁巳〔卜〕，亘，贞淽〔若〕。(《合集》4820)

(14) 辞义为卜问淽是否有灾祸。(15) 卜问淽是否顺利。

以上是甲骨文中所见淽的活动。淽地位于王都西部，与戍地、光地距离较近，曾为方国，被商王打败后臣服于商；商王对淽，采取了羁縻政策，保留其族，并封其为侯爵，淽向商王朝纳贡。从淽由方国变为商王朝的服属诸侯及双方之间的敌对关系转变为友好关系的状况，可以看出武丁经营国土的方略。

（十）雀侯

"雀"的占卜达 30 条，雀为侯爵，称"雀侯"(《合集》3323)，他臣服于商王，受商王之命勤劳王事，卜辞如：

(1) □□卜……呼……依、雀。(《合集》4730 正)

　　王固曰：其呼依、雀。

　　勿呼依、雀。(《合集》4730 反)

"依"为人名 (《合集》6169)。辞义为从正反两面占问要命令依、雀(从事王事)。雀地是商王朝重要的农业区，设有仓廪，受到方的敌国入侵，卜辞如：

(2) 戊寅卜，方不至。之日有曰：方在雀廪。(《合集》20485)

(3) □申卜，方［其］敦雀。（《合集》6785）

(4) 癸亥卜，雀其凡，惟捍其……（《合集》4727）

(2)辞义为卜问方国会来侵。报告说方已占领了雀地的仓廪。(3)辞义为方敦伐雀地。"凡"为会合。"捍"为抗击，征伐。(4)辞义为雀要会合抗击入侵者。商王很重视雀地，卜辞如：

(5) 呼田于雀。（《合集》10983，图6—133）

(6) 循雀。（《合集》7272）

(7) 贞共雀人呼宅雀。（《合集》8720正，图6—134）

(8) 贞呼往奠于雀。（《合集》10976反）

图6—133　《合集》10983　　　　图6—134　《合集》8720正

"田"为田猎，有军事演习之作用。"循"为巡视、视察。"宅"在此为动词，《释名·释宫室》："宅，择也，择吉处而营之也。"居宅为宅，营建居宅亦谓之宅。(7)辞义为商王命令登集雀人营建居宅。"奠"，《说文》："奠，置祭也。"(8)辞义为商王命令置祭于雀地。商王在雀地设置仓廪，并巡视、田猎、祭祀、建筑于雀地，说明雀地的重要。

（十一）杞侯

"杞"作"㭆"、"㭏"、"杍"形，从木从己，或从木从巳，王献唐谓己、巳古同字。① 杞为商的臣服诸侯，称"杞侯"。

杞既为臣属，商王室要向其征收贡物，卜辞如：

(1) 癸巳卜，令共责杞。(《合集》22214)

"共"为向臣属者征取贡物的用语。责、积古通，为责田税之义。② (1) 辞义是商王室令杞贡纳。商王对杞侯表示关心，卜辞如：

(2) 丁酉卜，㱿，贞杞侯炽。
　　弗其骨凡有疾。(《合集》13890，图6—135)

"炽"不识。(2) 辞义为杞侯有疾。杞与王室有婚姻关系，卜辞如：

(3) 妇杞示㞢七屯。㝅。(《合集》8995臼，图6—136)

图6—135　《合集》13890　　　　图6—136　《合集》8995臼

① 于省吾：《甲骨文字诂林》，中华书局1996年版，第1376页。
② 饶宗颐：《殷代贞卜人物通考》，香港大学出版社1959年版，第765页。

(4) 妇杞示七屯又一(。亐。(《合集》13443 白)

上辞屯指一对牛肩胛骨。妇杞当为来自杞族之女,为商王室之妇,称妇杞,她参与甲骨整治工作。

杞称杞侯,为臣服诸侯,杞族与商王室保持婚姻关系,杞是商代重要人物和部族。

(十二) 㐺侯

"㐺"见于自、亐、出、历、黄组卜辞中,共有50多条卜辞。㐺有多种形体,作"㐺"、"㐺"、"㐺"、"㐺"、"㐺"、"㐺"、"㐺"、"㐺"等形,为人、地、族名同一。㐺为臣服诸侯,称"㐺侯",武丁早期的自组卜辞中,他与商王保持"君臣"关系,如:

(1) 乙丑卜,扶,㐺乎来。(《合集》20017,自组卜辞)

辞义为呼命㐺来觐见商王。这说明㐺臣属于商王。亐组卜辞和历组卜辞中,双方关系时好时坏。㐺侯受到商王的讨伐,卜辞如:

(2) 乙丑卜,爲其捍暨㐺。(《合集》6848)
(3) 捍㐺侯。二月。(《合集》3329)
(4) 执㐺。(《合集》5903)

"爲"为人名,称"伯爲",(2) 辞义为爲要攻击㐺。"执"作"㐺"形,即縶之义,《左传》成公九年:晋侯问曰:"南冠而縶者,谁也。"縶为捆绑、束缚、戴枷锁之义,"执㐺"即捉拿、擒获㐺之首领。以上是商与㐺关系交恶的占卜。历组卜辞中,商王对㐺进行了讨伐,卜辞如:

(5) 其㐺㐺……汌方。(《合集》32103)
(6) 丙寅,贞王其莫㐺侯,告祖乙。(《合集》32811)
(7) 己巳,贞商于㐺莫。
　　己巳,贞商于汝莫。
　　辛未,贞其告商于祖乙楒。(《屯南》4049,图 6—137)
(8) 癸未,贞王其莫㐺。(《屯南》862)

(9) 癸丑，贞王令刚宓夼侯。(《屯南》920)

(5) 辞义为商王要讨伐夼及汨方。奠为奠置，裘锡圭认为奠夼侯一定由于某种原因失去了原来的封地。①"商"为赏。(6)、(7) 辞义为商王要奠置夼侯，在祖乙庙告祭；在夼侯、汝侯所奠之地进行赏赐。以上几条辞例是商王在战胜夼侯之后，为举行献俘、告祭、行赏之礼的一组占卜。"宓"作"囧"形，当为"囧"字的繁写，"刚"为人名，(9) 辞义为商王从正反两面贞问要命令刚戒敕夼侯，令其安宁顺从。以上是𠂤组和历组卜辞中所见对夼侯战争的记录。

图 6—137　《屯南》4049

夼地为战略要地

"夼"是一个历史悠久的部族，其地位于王都西，曾受到舌方侵略，卜辞如：

(10) 甲戌卜，㱿，[贞]舌方其[敦]夼𢍰。(《合集》8529)
(11) □巳卜，□，贞舌乞夼。(《合集》8585)

"𢍰"字不识，似与防御有关。(10) 辞义为舌方挞伐夼地，夼族抵抗舌方入侵。"舌方乞夼"为舌方向夼索求物品。夼地为舌方进入商王朝边境的通道，故商王加强对夼地经营，卜辞如：

(12) 令阜夼。(《合集》20600，自组卜辞)
(13) 使[人于]夼。(《合集》8152)
(14) 见夼，王循……(《合集》33389，历组卜辞)

"阜"，《说文》："阜，大陆也。山无石者，象形。"在此为动词，当与堆筑土

---

① 裘锡圭：《说殷墟卜辞的"奠"——试论商人处置服属者的一种方法》，《中研院史语所集刊》第 64 本 3 分，1993 年 12 月，第 669 页。

墙以加强防御有关。(12) 辞义为商王命令加强癿地之防御。"见",《说文》:
"见,视也。""循"有视察、巡视之义。(14) 辞义为商王召见癿侯而又视察
(某地)。癿地为战略要地,受到舌方入侵,其地望应在王都西。

癿与商王的臣属关系

癿臣服于商王,称"癿侯",卜辞如:

(15) 率示求,其从癿侯。七月。(《合集》3327)

(16) 从癿侯。(《合集》3328)

(17) 癿侯。(《合集》32810,历组卜辞)

(18) 庚寅卜,㝃令癿。(《合集》4480)

"从癿侯"即(商王命令某人)率领癿侯从事某王事。㝃为人名,辞义为㝃命令
癿从事某事。癿不仅要从事王事,而且还要纳贡,卜辞如:

(19) 壬寅无其来自癿。五月。(《合集》8143)

(20) 乙亥卜,癿(卤)以。(《合集》9086)

(19) 辞义为从癿地贡来物品。"卤"字从卤从丝,当为卤字之繁体或卤之家
族的分支。(20) 辞义为癿(卤)要致送(贡品)。商王还直接向癿索取贡品,
卜辞如:

(21) 取癿。(《合集》20601)

(22) 甲午卜,宁,贞取刚于癿。(《合集》6)

"取"是上对下求取物品的用语。辞义为要索取癿侯的贡品。"刚"有三种含
义:其一,指特牛,罗振玉释作犅,①《说文》云:"犅,特牛也,从牛冈声",
如:"来刚"(《合集》34682)。其二,指用犅牲以祭,如:"刚牢"(《合集》
32518)、"刚羊"(《合集》32161)、"刚犬"(《合集》31138)等。其三,指人
名,如:"呼刚"(《合集》14390)。在此应指祭祀所用特牛,(22) 辞义为商王
向癿侯索要特牛。癿地是重要的田猎区,商王及其臣下经常在此田猎或驻扎,

---

① 罗振玉:《殷虚书契考释》中,王国维手书 1915 年石印本,第 27 页。

卜辞如：

  （23）勿往夃。（《合集》8141 正）
  （24）勿令田于夃，受年。（《合集》9911）
  （25）雀田〔于〕夃。十一月。（《合集》10979）

（23）辞义为商王前往夃地。（24）辞义到夃地田猎以保护农田，农业会获得丰收。夃地为重要的战略区，商王在此行猎，三种性质兼有。（25）辞义为雀到夃地田猎。商王还在夃地驻扎，卜辞如：

  （26）乙未卜，□，贞王其归𡆥于夃女。（《合集》1532 正）
  （27）于夃女。
    勿于夃女。（《合集》14161 正）
    王占曰：雨。惟其不延。（《合集》14161 反）

"夃女"在此为地名，"𡆥"字于省吾释作㐆，亦即𠂤，读作次，为止舍义。①（26）、（27）辞义为商王在回归商王都的路上于夃女之地住宿。还占卜是否下雨。商王还在此地进行祭祀活动，卜辞如：

  （28）己巳卜，行，贞今夕亡𡆥。在夃。（《合集》24361，出组卜辞）
  （29）庚午卜，行，贞王宓夕福亡𡆥。在夃卜。
    贞亡尤。在夃卜。
    贞亡尤。在正月，在夃卜。（《合集》24362，出组卜辞）

"宓、福"为祭名，辞义为商王行至夃地，进行祭祀并卜问当晚有无灾祸。

  从甲骨文材料中看出，夃地位于王都之西，具有重要战略地位，从武丁到帝乙、帝辛时期，历届商王多次巡视、视察其地，并在此住宿、占卜、田猎。夃族是一个很古老的部族，臣服于商，称夃侯，为王事效劳，并纳贡。𠂤组和历组卜辞中，商王征讨夃侯，并给予奠置的惩罚。夃侯在较长的历史时期中，与商王保持交好的"君臣"关系。

---

① 于省吾：《释㐆、𠂤》，《甲骨文字释林》，中华书局1979年版，第417—418页。

(十三) 黍侯

"黍"是商代重要的农业作物之一，黍在甲骨文中还作地名讲，卜辞如：

(1) 辛未卜，㱿，贞我共人乞在黍，不遘。受有年。(《合集》795 正)

"在黍"即在黍地，辞义为商王征集人员在黍地种黍，求获得好年成。黍地当以种黍而命名，黍地有臣属诸侯，称"黍侯"，卜辞如：

(2) 癸卯卜，㞢，贞王于黍侯。受黍年。十三月。
癸卯卜，㞢，贞王勿于黍侯，[弗其受黍年]。(侯字倒刻)
王固曰：吉。我受黍年。丁其雨，吉。其惟乙雨，吉。(《合集》9934 正)

(2) 辞义为商王在黍侯之地种黍，获得好年成。黍侯在此当为地名，甲骨文中有同类辞，如：

(3) (今)日……衷田[于]茅侯。十二月。(《合集》3307)

"茅侯"为侯属国，商王贞问在茅侯之地开荒衷田。茅侯在此指茅侯之地，同样，黍侯当指黍侯之地。至于其地望，因占卜辞例少，待考。

(十四) 冊侯、𰯀侯

"冊"作"中"、"中"等形，出现在𠂤、子、𠂤、历组卜辞中，是侯属国，称"侯中"(《合集》3355)、"侯中"(《合集》3356)，下面就甲骨文所见材料，对冊这一人物论述。

冊是守边诸侯，卜辞如：

(1) 贞冊称冊，御。(《合集》7427 正)

(1) 辞义为(某敌对方国入侵)，冊举册报告，要进行抵御。说明冊地位于商王朝边境，曾与商王朝为敌，侵略雀地、㞢地(《合集》6971、6974)。冊被商王打败，其首领被商王杀伐致祭于祖先，卜辞如：

(2) 叀……用🌀侯冊。王不湄。(《合集》3356)

"🌀"称"🌀甲"(《合集》21805),为商王祭祀对象(《合集》32439)。(2)辞义是商王要杀伐侯冊用以祭祀🌀甲,亲自湄祭。

以上是侯冊与商王朝为敌的史实。

冊曾为王事奔波,卜辞如:

(3) 己未……贞冊、尹归。(《合集》21659,子组卜辞)
(4) 贞王[从]侯冊。(《合集》3355 正)
(5) [贞]冊弗戋周。十二月。(《合集》6825、《天理》161)
(6) 辛亥卜,贞冊其取方。八月。(《合集》6754)
(7) 戊戌卜,贞冊其以方,[敦]。(《合集》9082)
(8) 庚戌卜,冊获网雉。获十五。
　　庚戌卜,爯获网雉。获八。
　　甲寅卜,呼鸣网雉。获。丙辰风,获五。(《合集》10514)
(9) 丙子卜,贞冊亡不若。六月。(《合集》16347)

"冊"、"尹"为人名,(3)辞义让冊、尹回归。(4)辞义为商王会同侯冊。"周"是方国名,(5)辞义为冊要征伐周方。"方"为方国名,(6)、(7)辞义为商王要冊向方征取物品,否则敦伐方。"冊、爯、鸣"为人名,"雉"为鸟名,"网",即用网捕鸟,(8)辞义为冊、爯、鸣用网捕鸟,冊捕获了十五只。(9)辞义为冊没有不顺吧。冊还要贡纳,卜辞如:

(10) 侯冊来。(《合集》3354)

"来"即来享、来朝之义,《尚书大传·虞传》谓:"九共以诸侯来朝,各述其地所生美恶,人民好恶,为之贡赋。"(10)辞义为侯冊来商王朝贡纳。

以上是冊侯与商王朝保持友好关系的史实。

从甲骨文中所见侯冊的活动看,冊地位于王都西部,是侯属国,称"侯冊",为商王守边卫土;既为臣属,要向商王贡纳;也曾与商王朝为敌,但遭到镇压。

㞢侯

㞢、屮同字异写，作地、族、人名，为商王朝的侯服国，称"㞢侯"、"㞢伯"，卜辞如：

(1) 戊□［卜］，㞢侯……田中。（《合集》20061）
(2) 王令㞢伯。（《合集》20078）
(3) 壬寅卜，扶，令妇㞢伯。（《合集》20080）
(4) 㞢伯告。八月。（《合集》20079）

㞢称㞢侯、㞢伯，是臣服于商的明证，妇㞢伯指来自于㞢伯之族的女子，成为商王室的贵妇。㞢在武丁时期，曾受到讨伐，卜辞如：

(5) □□卜，王，令周宨㞢。七月。（《合集》4886）

(5) 辞义为命令周镇抚㞢。

㞢地当位于殷王都西，受到周的征伐，周在西部，㞢地当与周处于同一区域内；商王朝在征讨基方时，曾派子商在屮地进行军事防御（《合集》6571），基方、缶位于殷王都西，屮地与基方、缶应相邻或相近。

㞢的首领为商的臣属侯伯，称"㞢伯"、"㞢侯"。

（十五）𫢩侯

其字作"𫢩"、"𫢩"、"𫢩"等形，出现在𠂤组、宁、历组卜辞中，有关他的占卜共有 50 条左右。𫢩曾是商王朝的敌对者，臣服后受封，称"𫢩侯"（《合集》9486），与商王朝保持友好关系。

𫢩在𠂤组卜辞中，被商王讨伐，卜辞如：

(1) 𫢩征。（《合集》20558）
(2) 甲寅，乃重今日延……𫢩……允延。（《合集》20381）
(3) 庚戌卜，令从□伐𫢩。（《合集》19773）

辞义为𫢩入侵。𫢩族被讨伐。历组卜辞中，𫢩也受到讨伐，卜辞如：

(4) 乙亥卜，弗执𫢩。（《合集》33010）

"执㳄"即捉拿到㳄。㳄族被打败,其首领㳄伯及俘虏用于祭祀商王祖先,卜辞如:

(5) 贞王侑匚于庚,百㳄勿用。(《合集》1115 正)
(6) 辛亥卜,㱿,贞侑㳄伯于父乙。(《合集》1780 正)

(5) 辞义为丙子日武丁侑祭、匚祭名庚之先王,用百个㳄族之俘虏为牺牲。(6) 辞义为辛亥日贞问用㳄族之首领㳄伯祭祀父乙。㳄族之首领称"㳄伯",说明㳄先臣服于商王,因发动叛乱,被俘而用来祭祀商王之祖先。

从甲骨文材料中可知,㳄与商王朝关系时好时坏;㳄是一个实力强大的部族,㳄族失败后,商王并没有杀灭其族,而是对其采取羁縻政策,封其为侯属国,称"㳄侯"(《怀特》360),与商王友好相处。

臣服后的㳄侯,为王事奔波,卜辞如:

(7) 丁卯卜,宁,贞翌己未令多射暨㳄于□。(《合集》5735)
(8) 乙酉卜,争,贞今夕令㳄以多射先陟自□。(《合集》5738,图 6—138)

"射"为射手,(7) 辞义为命令多射和㳄到某地。(8) 辞义为今夕命令㳄致送多射先行陟祭。此外商王还命令子画致送新射手到㳄地(《合集》5785)。㳄侯又参与了商的军事活动,卜辞如:

图 6—138 《合集》5738

(9) 丙寅卜,争,贞呼㠯、㳄、侯专崇权。(《合集》6834)
(10) 贞㳄不其获羌。(《合集》188 正)
(11) 㳄……羌用……上甲。(《合集》421)

"权"称"子权"(《合集》20045),他曾发动叛乱而被镇压(《合集》5869)。

"✷"为人名。(9)辞义为命令✷、✷侯、侯专征伐叔。(10)辞义为✷侯能否捕获到羌人。(11)辞义为用✷所进贡的羌人祭祀上甲。✷既为臣属，向商王贡纳，卜辞如：

(12) ✷以五十。(《合集》1779 反)
(13) 庚午卜，出，贞王、吴曰：以。✷、宁、齐以。(《英藏》1994，出组卜辞)
(14) 乙巳卜，叀✷令。
乙巳卜，叀口令。(《合集》32906，历组卜辞)
(15) 乙酉令✷。(《合集》32907，历组卜辞)

"口"又为康丁时贞人，有称"小臣口"(《合集》27889)，(14)辞义为（商王）令✷还是令口从事某事。✷地是重要的农业区，卜辞如：

(16) 癸□［卜］，□，贞□令叏衰［田］于✷侯。十二月。(《合集》9486)
(17) 壬戌卜，争，贞乞令叏田于✷侯。十月。(《合集》10923)

"叏"为人、地、族名的同一，(16)、(17)辞义为商王令叏到✷侯之地开垦荒地。

✷地有农业区，✷侯还参与商王朝的战争，说明✷侯在维护商王朝边境的安宁方面起有重要作用，山西临汾曾破获一盗墓案，缴获商晚期"✷"族之成套青铜器。① 由此推断，商代的"✷族"就在今山西临汾一带。

✷

"✷"作"✷"、"✷"、"✷"等形，为何组卜辞中的贞人，又出现在子组、𠂤组、出组、黄组卜辞中。从有关卜辞看，✷与商王朝的关系时好时坏，如：

(18) ✷✷。(《英藏》696)
(19) 乙卯卜，王……✷及✷。(《合集》3430)

---

① 《山西临汾破获文物案，缴获商晚期"先"族青铜器》，《中国文物报》2001 年 6 月 3 日。

(20) 辛未，余卜，呼㱃从□，若。(《合集》21595，子组卜辞)
(21) 㱃获。三月。(《合集》10864)
(22) 贞呼刚暨㱃□以□贼洹。(《合集》14390)

(18) 辞义为征伐㱃。"㝈"字从㱃从手，象以手捕人之形，与捕获有关，(19) 辞义为㝈能捕获到㱃。(20) 㱃受"子"之命而从事某事。(21) 辞义为㱃能捕获（猎物）。"刚"，人名，(22) 辞义为命令刚和㱃致送祭祀物品。出组卜辞中也有㱃的活动，卜辞如：

(23) 甲寅卜，㱃……(《合集》23595)
(24) □□卜，㱃……(《合集》23596)

辞残，但根据㱃在卜辞中的位置，当为贞人。何组卜辞中，他仍为贞人，见《合集》26472、26697等。他参与主持商王室之祭祀活动，卜辞如：

(25) 叀㱃呼人侑祖，若。吉。(《屯南》2311)
(26) 叀㱃侑祖。(《合集》27747)

"人"，在甲骨文中，除特殊称呼如"余一人"之外，一般多指身份和地位较低者，辞义为㱃命令用人牲祭祖安顺否，占卜结果为吉利。㱃还担任过商王朝的犬官（即主管侦伺某地野兽出没情况之官），卜辞如：

(27) 叀宕，犬㱃从，亡戈。(《合集》27903)
(28) 叀㞢，犬㱃从，田殷，亡戈。擒。(《合集》27905)
(29) □□卜，狄，[贞]□其从㱃，[亡]灾。(《合集》28147)

"宕"为人名。(27) 辞义为宕会同犬㱃打猎，没有灾祸。(28) 辞义为㞢会同犬㱃在殷地打猎没有灾祸，有所擒获。㱃还在商王朝的军队中服务，担任过戍守之官，卜辞如：

(30) 叀戍中往，有戈。
叀戍㱃往，有戈。

> 戍往……㱿方，不〔雉〕人，有戋。（《合集》27975）

"戍"为商王朝军事组织的一种，称"右戍、中戍、左戍"（《屯南》2320），"戍某"为某戍官，(30) 辞义为派戍中还是戍㽙前往戍守，要否召集族人，抵御㱿方进攻。黄组卜辞中，㽙仅一见，卜辞如：

> (31) □□卜，在□，贞王……摘乘……往来……㽙……（《合集》36982）

以上是甲骨文中所见㽙的活动史实。

㽙和㽙字都从人，一从⺈，一从㽙，因不能确认是否同指一人、族，故分别列传。

(十六) 亚侯

"亚"作"㽙"、"㽙"、"㽙"、"㽙"等形，出现在㱿组和历组卜辞中，他是商王朝的侯属国，称"㽙侯"，有关他的占卜有30条左右，下面作一论述。

㽙侯勤劳王事，卜辞如：

> (1) 贞宙令从㽙侯。（《合集》3310，图6—139）
> (2) 贞呼犬㽙省从南。（《合集》10976 正）
> (3) 呼㽙豕获。
>   㽙不其获豕。（《合集》6949 正）
> (4) 己未，贞王其告，其从㽙侯。（《合集》32807，历组卜辞，图6—140）

(1) 辞义为商王命令会同㽙侯从事某事。(2) 辞义为商王命令犬、㽙巡视南部地区。(3) 辞义为㽙侯田猎捕获野猪。以上卜辞说明㽙侯为臣属。㽙侯要贡纳物品，卜辞如：

> (5) 贞㽙往来亡囚。（《合集》152 正）
>   王占曰：亡囚。（《合集》152 反）
> (6) 戊寅允来㽙〔侯〕。
>   不来㽙侯。（《合集》32804，历组卜辞）

图 6—139　《合集》3310　　　　图 6—140　《合集》32807

(7) 己卯卜，❏侯，于木月至。(《合集》32806，历组卜辞)

"往来亡❏"为一套语，即出入无灾。(6) 辞义为❏侯会来朝。(7) 辞义为❏侯将在木月到达商王都。❏不仅要主动贡纳，商王还可以向其索取贡品，卜辞如：

(8) □□〔卜〕，□，贞呼取令于❏。
　　翌丁亥宙上甲祝用。(《合集》8093)

"祝"为祭名，(8) 辞义为命令向❏征取贡品，翌日丁亥祭祀上甲。❏侯还要接受商王朝官员的巡视，卜辞如：

(9) 甲寅卜，王，宙辰示❏。五月。(《合集》10474)

"示"，用为动词，巡视、视察之义，"辰"为人名，(9) 辞义为辰巡视❏侯之地。商王还命令壴和竝到❏地视察(《合集》8092、8098)。

由此可知，❏侯与商王朝一直保持友好关系，为王事奔波，并贡纳称臣。其地望，与❏侯有联系的壴、竝，地在殷王都西；他们受商王之命，在

✺地进行王事活动，推测✺侯之地也当在王都西。

（十七）攸侯

"攸"字作"✦"、"✦"等形，出现在自、宾、出、历、黄组卜辞中，攸为侯服国，称"攸侯"（《合集》3330），他参与商王室事务，卜辞如：

(1) 癸卯卜，亘，贞呼㝬、攸令。（《合集》17569 正）
(2) 辛未卜，㞢，贞令攸令……侨……卤。（《合集》4340 正）
(3) 甲戌卜，宾，贞攸侯令其㞢舌曰：✦若。（《合集》5760 正）
(4) 言攸侯耤。（《合集》9511）

"㝬"一称"子㝬"（《合集》3151），(1) 辞义为商王命令子㝬和攸侯（从事某事）。(2) 辞义为商王命令攸侯奉王命从事与卤有关的事。"㞢"，贞人名，在此为动词，其义不明。"✦"为人、地、族名同一，称"✦侯"（《合集》8656 正）。(3) 辞义为攸侯下命令问✦是否顺利。"言与音初本同名……音与歆通……《国语·周语》之'王歆太牢'，韦注：'歆，飨也。'"[①]"耤"字，象人持耒耕作之形，指耤田礼，(4) 辞义为宴飨攸侯，以事耤田礼。攸服务于商王朝畜牧业中，卜辞如：

(5) 旬有二日至，攸侯来告马。（《合集》20072，自组卜辞）
(6) 戊戌，贞右牧于㘖，攸侯叶鄙。
    中牧于义，攸侯叶鄙。（《合集》32982，历组卜辞）

(5) 辞义为攸侯来报告牧场养马情况。商代设置固定牧场并有专人管理，㘖、义为地名，甲骨文中有㘖牧（《合集》36969），右牧、中牧是牧官，(6) 辞义为右牧到㘖地、中牧到义地放牧，攸侯要协助右牧还是中牧从事王事。商王还向攸征取贡品，卜辞如：

(7) □□［卜］，贞……取□于攸。（《合集》7899 正）

(7) 辞义为向攸地征取贡物。以上是甲骨文中所见攸在商王朝的活动。

---

① 于省吾：《甲骨文字释林》，中华书局1979年版，第87—88页。

甲骨文中称侯者，列表如下：

侯某表：

侯告（出）《合集》401	侯佰《合集》1026	侯殳《合集》3306
侯专《合集》3346	侯奠《合集》3351	侯叙《合集》3353
侯湔《合集》8656	侯毋（中）《合集》3355	侯敔《合集》3357
侯光《合集》3358	侯任《合集》6963	侯圭《合集》8656
侯匡《合集》19852	侯叩《合集》20024	侯侯《合集》20650
侯屯《合集》32187	侯田（田，缺横笔画）《合集》36528反	侯唐《合集》39703

某侯表：

暴侯《合集》697	侯虎《合集》3286	先侯《合集》3307
亚侯《合集》3310	垂侯《合集》3320	崔侯《合集》3321
斯侯《合集》3325	侯《合集》3326	侯《合集》3327
攸侯《合集》3330	包侯《合集》13925正	禾侯《合集》3336
窒侯《合集》3333	戈侯《合集》3335	黍侯《合集》9934
上丝侯《合集》3336	龙侯《合集》3356	侯《合集》33071
侯《合集》20061	亚侯《合集》20067	侯《合集》36348
侯《合集》23560	犬侯《合集》32966	昌侯《英藏》1772
献侯《合集》36345	景侯《合集》36416	休侯《怀特》1592
竹侯《合集》3324	侯《怀特》24	
侯《东京》559	杞侯《合集》13890	

二　伯等

甲骨文中有称"伯某"、"某伯"者，这些称伯者，除了少部分是商王分封的同姓诸侯外，多数是异姓诸侯；他们既从事王室内部事务，又为商王戍守卫土，是商代的重要统治力量。

（一）微

"微"作"彳"、"亍"等形，有关微的甲骨卜辞有60多条，微作为人和族，主要活动在武丁时期，微抗击了舌方的入侵，为西土安宁作出了贡献。微原本是一独立部族，曾与商王为敌，后为属国，述如下：

微与商王朝的敌对关系

微是武丁时期势力强大者，商王以武力对其征服，卜辞如：

(1) 甲申［卜］，亘，贞有微王㭪。(《合集》7571 正)

"㭪"，隶定为衙，王襄谓："古卫字。"① 郭沫若谓："即彷若徬字，此假为防，……防犹卫也。"② 饶宗颐认为："衙即彷，有巡视义"。③ "衙"当为卫，为保卫之义，(1) 辞义为要采取防卫微的措施。微在武丁时曾为害于边境，后与商王关系友好。

微与商王之间的友好关系

微受商王分封，为伯爵，称"微伯"，卜辞如：

(2) 贞呼取微伯。
　　贞勿取微伯。(《合集》6987)

辞义为向微征取贡品。微主动向王室纳贡，卜辞如：

(3) 贞王侑，微、子陕其以。(《合集》926 正)

"陕"为人名(《合集》17586)，辞义为商王要侑祭，微、子陕向王室致送贡品。微作为臣属，不仅要贡纳，还要听从商王的召唤，卜辞如：

(4) 戊辰卜，争，贞微亡㘡，叶王事。(《合集》5448，图 6—141)
(5) 乙未卜，王令微。(《合集》4562)
(6) 贞奠及寰、微。(《合集》5455、5456)
(7) 贞呼从微告取史。(《合集》4555，图 6—142)

---

① 王襄：《簠室殷契类纂》，天津博物馆 1920 年石印本，第 9 页。
② 郭沫若：《殷契粹编》，科学出版社 1965 年版，第 353 页。
③ 饶宗颐：《殷代贞卜人物通考》，香港大学出版社 1959 年版，第 569 页。

图 6—141　《合集》5448　　　图 6—142　《合集》4555

(4) 辞义为微奔波王事没有灾祸。(5) 辞义为命令微从事某事。"奠"为人名（《合集》5771甲），"寰"为人名（《合集》8180），(6) 辞义为微与奠、寰等共同效力王室。"告"，屈万里认为："告读为诰，戒命之也。"[①] (7) 辞义为命令会同微诰取史官。微作为商王臣属，有其封地，卜辞如：

(8) 贞畬不其受年。
　　贞微不其受年。（《合集》9791 正）
(9) 正受禾。
　　微受禾。（《合集》22246）
(10) 微亡囚。
　　贞微不丧。（《合集》4565）
(11) 壬辰卜，焚微，雨。
　　壬辰卜，焚小母，雨。（《合集》32290）

"微"和"畬"位于王都西，(8) 辞义为微和畬的农业获得丰收。"丧"当为"丧众"的省略，(10) 辞义为微没有灾祸，其众不会丧失。(11) 辞义为焚

[①] 屈万里：《殷虚文字甲编考释》，中研院史语所1961年影印本，第389页。

微地的人牲和小母祈雨。商王还贞问微有无水灾，卜辞如：

  (12) 贞微亡囚。
    贞不延雨。
    贞延雨。(《合集》4566)
  (13) 贞微其有囚。
    贞今丙午延雨。(《合集》4570)
  (14) 微弗其𢦏。
    贞雨。(《合集》7709 正)

"延"为延长，引申为连绵、继续义。(12)辞义为连绵不断的下雨，微会否有灾祸。(13)谓丙午这天如果连绵不断的下雨，微会有灾祸。商王对微本人十分关心，卜辞如：

  (15) 贞叀𣪊呼往于微。(《合集》5478 正)
  (16) 贞叀𣪊令旋畀微。(《合集》6855 正、6856)
  (17) 贞多犬及畀微。(《合集》5663)

"𣪊"担任过小臣(《怀特》961)，"旋"是商王同姓贵族(《合集》301)，"多犬"为官吏(《合集》5665)，(15)、(16)辞义为命令𣪊前往微地。商王命令旋赏赐微物品。姚孝遂认为卜辞中"及"有三种用法：1. 用为追及之义。2. 用为至，《广雅·释诂》：及，至也。《仪礼·聘礼》：及期。注：犹至也。3. 用为及时之及，义为宜。[①] (17)辞义为多犬到达微地而赏赐微。

  从甲骨文材料看，微地具有重要的战略地位，在商王朝西部的军事防御体系中，微家族发挥着重要的作用。

微地的战略地位

  微地位于王都西，具有重要的战略地位，卜辞如：

  (18) 舌方其𢦏微。
    𢦏微。(《合集》6366)

---

① 于省吾：《甲骨文字诂林》，中华书局1996年版，第110页。

微地近舌方，遭到舌方之侵，给商王都——今安阳殷墟造成威胁，故商王派人前往微地，卜辞如：

(19) 戊申卜，㱿，贞叀黄呼往于微。
戊申卜，㱿，贞叀师呼往于微。（《合集》7982）
(20) 丁巳卜，㱿，贞呼师般往于微。（《怀特》956）

"黄"、"师"是为人名，他们接受王命，前往微地。微族为商王朝守边卫土，当舌方入侵时，微族中的微友唐、微友角、微友化分别从其领地向商王报告边境急情，卜辞如：

(21) 微友角告曰：舌方出，侵我示、蓺田七十人五。（《合集》6057正）
(22) 自微友唐，舌方征……𢦔𢆶示易。（《合集》6063反）
(23) 微友化呼告曰：舌方征于我莫丰。七月。（《合集》6068正）
(24) 微戈□告曰：舌方征于我莫……（《合集》584正甲）

舌方入侵西土边境，微家族向商王报告边境的军事情报，可知微家族是西土守卫者。微地应位于山西太原至北部一带，卜辞如：

(25) 乙未卜，令微以望人龜于䕎。
（《屯南》751，图6—143）

龜，唐兰释为秋，[①] 甲骨文中多用其引申义为收获之时。[②] (25)辞义为商王命令微致送望人到䕎地收获农作物。䕎是微友角家族的一个小族

图6—143 《屯南》751

---

① 唐兰：《殷虚文字记》，中国社会科学院历史所1978年油印本，第6—7页。
② 《尚书·盘庚》："若农服田力穑，乃亦有秋。"是秋为收获之本义。

邑，曾遭受舌方侵袭，被抢去七十五人（《合集》6057 正）。卜辞又如：

(26) 己亥卜，在微，贞王［令］亚从蚁伯伐……（《合集》36346）
(27) 叀微用洲㲋于之若，㞢叙方。不雈众。（《合集》27996）
(28) 丙午卜，争，贞微其係羌。（《合集》495）

(26) 辞中的蚁伯，当是武丁时期蚁家族之首领，到帝乙、帝辛时期仍为伯爵，蚁之地望，根据其从北部向商王报告土方入侵之史实（《合集》6057 反），蚁位于当时王都北部；商王在微地贞问让亚配合蚁伯攻伐某国，说明微、蚁距离较近。郭沫若谓土方之地望盖在今山西北部，而舌方或更在河套附近。① 岛邦男认为舌方大约在陕西北部或河套这地方。② 舌方如果突破微地——今山西太原一带，通过太行之陉，可长驱直入王都——今安阳殷墟，向南，进入晋南豫西一带，对商王朝的整个领土构成威胁。正因为微地重要的战略地位，所以微及微家族深受商王武丁的重视。

微家族结构

微发展到武丁时期，其家族已经分出至少四个支系，微戈□（《合集》584 正）、微友化（《合集》6068 反）、微友唐（《合集》6067）、微友角（《合集》6057 正）。从前述微友唐向商王报告舌方入侵到微友角的"羉"来看，微家族当聚居在一起，他们同时为商王守边；其在商王朝的爵位为伯爵，首领称"微伯"（《合集》6987），与商王朝之间为臣属关系，商王有权利要他向商王室纳贡，微有义务向王室进贡物品或人牲。微地有重要的农业区，商王贞问微地农业是否获得好收成，说明商王对其地农业的重视。微地位于今山西太原一带至以北地区。

（二）䶂

䶂或称"伯䶂"（《合集》4143），出现在𠂤、宾、出组卜辞中，他叛服无常，与商王关系时好时坏，就甲骨文中所见材料加以论述。

䶂有属地，位于王都西，卜辞如：

(1) 庚戌卜，王，贞伯䶂允其及角。（《合集》20532，𠂤组卜辞）

---

① 郭沫若：《卜辞通纂》，科学出版社 1983 年版，第 440 页。
② 岛邦男：《殷墟卜辞研究》，鼎文书局 1975 年版，第 384 页。

(2) 乙丑卜，罙其屮暨㕣。（《合集》6848）

"角"为族名，"角妇叶朕事"（《合集》5495）、"吴致角女"（《合集》671正），知角族与商王室有婚姻关系；甲骨文中，有微友角（《合集》6057正），向商王报告西方舌方入侵之事。由此知，角族当位于殷西。罙称"伯罙"，为伯爵之属。㕣为侯爵，称"㕣侯"（《合集》3328），其地在王都西，"屮"为动词，为军事行动，也作人名、地名（《东京》416）。(2) 辞义为伯罙侵犯屮族与㕣族地。由此推知，罙地也在王都西。罙还贡纳称臣，卜辞如：

(3) 辛卯卜，贞罙其来。（《英藏》1785）
(4) [伯]罙入。八月。（《合集》3422）
(5) 令罙……以羌……而廿……（《合集》286）
(6) 庚戌卜，□，贞罙来[羌]。
　　辛亥卜，旅，贞有来羌其用。在四月。（《合集》22539）

辞义为罙向商王朝贡纳羌人等。罙要勤劳王事，卜辞如：

(7) 甲午卜，争，贞往刍罙得。（《合集》130 正）
(8) 丁卯，贞王令鬼、罙、刚于京。（《怀特》1650）

"往"，胡厚宣释作"亡"，是逃亡的意思，① "亡刍"即逃亡的刍奴，(7) 辞义是罙捉拿到逃亡的刍奴。"鬼"为人名，称"小臣鬼"（《合集》5577），"刚"在此为人名，(8) 辞义为商王命令鬼、罙、刚三人到京地。罙担任过商王朝的师官，卜辞如：

(9) □□卜，争，贞师罙亡囚。（《合集》3438 乙）
(10) □寅卜，罙[弗]其[有]囚。（《合集》16438）
(11) 壬子卜，伯罙其启。七月。（《合集》3418）

"师"为商王朝军队中的一种职官，(9) 辞义为担任师官职务的伯罙有灾祸。

---

① 胡厚宣：《甲骨文所见殷代奴隶的反压迫斗争》，《考古学报》1976 年第 1 期。

(11) 辞义为伯䂂在前开路。䂂勤劳王事,受到商王关心,卜辞如:

(12) 辛……䂂其降昌。(《合集》17312)

"昌"字作败,训为失败或灾害,[①] 辞言䂂将有灾害降临。

䂂曾与商王朝为敌,卜辞如:

(13) 贞䂂父壬弗壱王。
    贞䂂、父壬壱王。(《合集》1823正)
(14) 丁亥卜,䂂其敦宕。五月。(《合集》6846)
(15) 伯䂂弗戋宕。(《合集》6845)
(16) □卯卜,䂂[其]叀⻊。(《合集》6851)
(17) □亥卜,䂂敦。(《合集》6852)
(18) 䂂伐。(《合集》1011)

辞义为䂂、䂂父壬降灾祸于商王。䂂侵略商王朝的宕地、⻊地。商王对䂂进行了镇压,卜辞如:

(19) 辛酉卜,我伐䂂。(《合集》6853)
(20) 壬戌卜,伐䂂……戋。二月。(《合集》6854)
(21) 屯,䂂……征。(《合集》7626)

辞义为商王讨伐䂂。䂂被镇压后又臣服于商,出组卜辞中䂂向商王贡纳羌人(《合集》22539),说明䂂又称臣纳贡,康丁以后不见其活动踪迹。

(三)伯次

"次"作"㐅"、"㣇"等形,有两种含义:其一,作祭名(《合集》19121、19945、19946);其二,"㐅"当为次("㐅"、"㣇")的异体字,是人、地、族名的同一,出现在𠂤组、子组、𠂤组、历组卜辞中,他是方伯之一,一称"伯次",其封地位于王都西。卜辞如:

---

① 于省吾:《释昌》,《甲骨文字释林》,中华书局1979年版,第53—54页。

(1) 贞㳄（丂）从微共右示。(《合集》4593)
(2) ［贞］㳄（丂）方其涉河东沘其□。(《合集》8409)

"㳄（丂）"为人、族名，(1)辞义为㳄（丂）率领微征集祭祀右示的贡品。"河"作地名时专指黄河，指今山西境内黄河以东地。卜辞如：

(3) 丁未卜，争，［贞］……告曰马方……河东来。(《合集》8609)

马方与河东有联系，马方曾入侵沚地（《合集》6)，沚地位于王都西（《合集》6057），据此，㳄（丂）、微、沚、马方等当均在今山西省境内黄河以东一带。㳄受到舌方侵略，卜辞如：

(4) 贞㳄（丂）……受……舌……其征。(《合集》6353)

辞残，大意是㳄受到舌方侵略。与㳄有系联关系的羛，亦为商西部一重要部族，羛曾攻伐到㳄地，卜辞如：

(5) □未卜，羛其捍㳄。(《合集》7004)
(6) □辰卜，羛□捍㳄。(《合集》7005)

辞义是羛攻伐㳄。从羛、㳄地名之间的系联关系看，㳄（丂）、㳄（丂）、微、马方、河东在同一区域中。㳄（丂）、㳄（丂）当指同一人、地、族名。㳄（丂）一称"㳄方"（《合集》8409)。㳄与商王朝为敌，卜辞如：

(7) □□卜，㳄其戈蚰……昬。(《合集》7009)
(8) □□［卜］，王，贞㳄［弗］捍于光。(《合集》7008)

"蚰"为人、地、族名，与商王朝的关系时好时坏，后来臣服于商，别辞有"其逐在蚰鹿获"（《合集》10951)，记商王一度在蚰地田猎捕获到鹿。(7)辞义是㳄侵犯到蚰地。"光"为人、地、族名同一，(8)辞义是㳄侵犯到光地。㳄入侵而受到讨伐，卜辞如：

(9) 辛巳卜，[王]，妇不捍于冘。（《合集》7007）

妇当为商王室贵妇，(9) 辞义为妇（某）征伐冘。

以上是甲骨文中所见冘与商王朝之间的敌对关系。

"冘"还是商王的臣服者，称"伯冘"，为商王效力，卜辞如：

(10) □［亥］卜，王，伯冘曰……棘循。其受有佑。（《合集》3415）
(11) 戊子卜，宁，贞令犬延族袁田于冘（罗）。（《合集》9479）
(12) 涉，狩于冘（罗）。（《合集》10949）
(13) 己丑卜，㱿，在裴冘（罗）获。（《合集》10977）
(14) 丁亥，贞今䖵王令众敁乍冘。（《屯南》4330，历组卜辞）

"棘"作"㭪"形，象双耒之形，字象人持耒耜而耕作之形，即耕作，(10) 辞义大致是伯冘参与商王室的农业生产管理受到保佑。"袁"为开垦荒地，(11) 辞义是要命令犬延族到冘地开垦荒地。(12) 辞义为渡水到冘地进行田猎。敁字不识，"乍"与建筑有关，(14) 辞义为今年的某一时期，在冘地进行某种建筑活动。伯冘臣服于商王后，曾受到商王的关心，卜辞如：

(15) 贞伯冘囚。（《合集》3413）

辞义为贞问伯冘有无灾祸。

以上是冘与商王朝关系友好的史实。

综上所述，冘曾是一方国，与商王朝为敌，后成为臣服诸侯，为伯爵，为商王守边，并受到商王关心；其封地位于王都之西，与微、羑等同处于一个区域内，当在今山西境内黄河以东，其境内有农业区和田猎区。

（四）伯紖

"紖"作"紤"、"紲"等形，出现在自组、亍组卜辞中，称"伯紖"、"上紖"，为商臣属侯伯。伯紖服务于商王室，卜辞如：

(1) 癸未卜，[王]，伯紖呼……七月。（《合集》20090）
(2) 庚申卜，王，叀余令伯紖使旅。（《合集》20088）

(3) 王勿御，伯䋼使。(《合集》20091)

(4) 己□卜，使人妇伯䋼。(《合集》20463 反)

(5) [贞] 叀束令从上䋼。二月。(《合集》8084)

(6) 贞王勿令䋼。(《合集》4548)

(7) 令……上䋼侯……寇周……(《合集》6819)

(1) 辞义为伯䋼命令从事某事。(2) 辞义为商王贞问命令伯䋼出使旅地。(3) 辞义为伯䋼出使，商王要否为他举行御除灾害之祭。"妇伯"多次出现（《合集》20081、20082、20083），(4) 辞义为妇伯、䋼受商王之命出使。"束"为人名（《合集》21306 甲），(5) 辞义为命令束配合上䋼。

以上是甲骨文中所见伯䋼与商王朝友好关系之史实。

䋼曾发动过叛乱，卜辞如：

(8) □卯卜，王……䋼来征。十月。(《合集》20093)

(9) 捍䋼。《合集》20359

(10) □戌卜，王……我祀……执伯䋼……(《合集》5949)

"征"为战争用语，(8) 辞义为䋼来侵犯。(9) 辞义是抗击䋼之入侵。(10) 辞义为商王祭祀，用捉拿到䋼之首领作牺牲。

以上是䋼与商王朝交恶之史实。

多䋼

甲骨文中有"多䋼"(《合集》880、6524 正)、"伯䋼"(《合集》20090)、"上䋼侯"(《合集》6819)、"上䋼"(《合集》8084)、"三䋼"(《合集》4551)，他们之间关系怎样，有必要探讨。

有关多䋼的卜辞如：

(11) 辛丑卜，㱿，贞令多䋼从望乘伐下危，受有佑。(《合集》6524 正)

(12) 乙卯卜，争，贞旨𢦏瞿。

辛酉卜，内，贞往西，多䋼其以王伐。(《合集》880)

(13) 我史弗其𢦏方。

往西，多䋼……王伐。(《合集》6771 正)

"望乘"为人名,(11) 辞义为多纴会同望乘征伐下危受到保佑。"旨"一称"西史旨"(《合集》5637正),"瞿"为一方国名,(12) 辞义为旨讨伐瞿,多纴往西传达王命。多纴是商王朝军队中的重要将领,参与对外战争,他来自商王朝臣属国,其军队配合王师征战。三纴、上纴为人、族名,应是纴家族分支,他们共同服务于商王朝。

(五) 伯弘

"弘"作"弓"形,有三种含义:其一,作"大"解。如:"弘吉"(《东京》1246);"洹弘,弗辜邑"(《合集》23717,辞义为洹水大是否伤害都邑),《尔雅·释诂》:"弘,大也。"其二,作祭名和用牲之法,如:"弘自祖乙,岁三牛"(《合集》32531),"贞其先帝甲,告,其弘二牛"(《英藏》2347),弘用为祭名。其三,作人、地、族名,这是下文要讨论的内容。

"弘"为人、地、族名,见于𠂤组、宾组、午组卜辞中,为外服诸侯,卜辞如:

(1) 乙亥卜,㸚泉伯弘。十一月。(《合集》20086)

"弘"一称"伯弘",弘臣服于商王朝,为伯爵。弘在武丁时期,参与王事活动,卜辞如:

(2) 贞勿呼从弘。(《合集》4811)
(3) □寅卜,□,贞……弘……周。(《合集》8455)

弘接受王命,勤劳王事。弘参与了商王朝的对外战争,卜辞如:

(4) 丁巳卜,𡧊,贞呼弘宓它夸弗丧。〔若〕。(《合集》4813)
(5) 呼戍、弘𢦏。(《合集》7687)
(6) 勿呼从弘湔帛。(《合集》7693)

"它"为人、地、族名(《合集》10060、10061),"夸"在卜辞中,仅一见,应为人、地、族名。(4)辞义是商王命令弘敕戒镇抚它和夸族,不会有丧亡,很顺利。"帛"为地名,"湔"称"侯湔"(见前述),(6)辞义为商王命令会合弘从帛地攻伐湔方。由上辞知，弘参与了商王朝对湔方的战争。

弘还参与商王朝的田猎事务，卜辞如：

(7) 丙□卜，□，贞□宙弘呼田。(《合集》5658 正)
(8) 贞弘不其获。□[月](《合集》4812)

(7) 辞义是命令弘前去田猎。(8) 辞义为弘田猎能有所获。

弘作为人名、族名，只见于武丁时期。

(六) 去伯

"去"作"𠫓"形，有"去伯"，为商王朝臣属侯伯，受王命服务于商，卜辞如：

(1) 甲午卜，扶，令去、襄祟方。(《合集》20464)
(2) 贞呼去伯于婏。(《合集》635 正)

"去"、"襄"为人名或国族名，(1) 辞义是（商王）命令去、襄杀伐敌国方。"婏"，在此为地名，(2) 辞义是商王命令去伯到婏地。去伯活动只见于武丁时期。到帝乙、帝辛时期，仅作为地名而出现，卜辞如：

(3) 丁卯卜，在去，贞甾告曰：兇来羞。王叀今日望，亡灾，擒。(《合集》37392)
(4) □卯卜，在去，[贞]……王田𩵦，往来[亡]灾。(《怀特》1858)

"甾"为商王朝西土的臣服者，商王在去地贞问有甾前来报告野生动物出没情况。去在帝乙、帝辛时期作地名出现，是知已经融合到商王朝的版图中。

(七) 丹伯

丹作"ㅂ"形，有妣丹，卜辞如：

(1) 祖乙壱王。
    贞妣丹壱王。(《合集》1623 正)

妣丹当是先王之妣，(1) 辞义为贞问妣丹降灾祸于商王。妣丹应为来自于丹

族之女性。甲骨文中有丹族,称"丹伯",为伯爵,接受王命,从事王事,卜辞如:

(2) 呼从丹伯。
　　勿呼从丹伯。(《合集》716 正)

(2) 辞义是商王命令会合丹伯。丹伯活动只见于武丁时期,到祖庚、祖甲时期,丹仅作为地名而存在,卜辞如:

(3) 辛巳卜,［行］,贞王步自丹［亡］灾。在□［月］。(《合集》24238)
(4) 贞亡［尤］。在十月。在丹。(《合集》24385)
(5) 己卯卜,王在丹。(《合集》24386)

"自丹"、"在丹"表明了丹是作为地名而出现的,却不见丹族或丹人活动的踪迹,丹地当已融合到商王朝版图之中。

甲骨文中,有关丹活动的史迹少,但丹为一个古老之族,与商王室早有婚姻关系,丹族之首领为商王朝的臣属侯伯。丹在祖庚、祖甲时期只作为地名出现。

(八) 𦎧伯

"𦎧"字作"𦎧"、"𦎧"(《合集》20373)形,从羊从糸,与从羌从糸之"𦎧"为两字,分指两族。𦎧在𠂤组和历组卜辞中,与商王关系时好时坏,称"𦎧伯"(《合集》1118),勤劳王事,卜辞如:

(1) 壬戌［卜］,王,𦎧叶朕事。三月。(《合集》5497,图6—144)
(2) 癸巳卜,𠂤,贞令众人聑［趋］入𦎧方衷田。(《合集》6)
(3) □寅卜,［贞］𦎧……有囚。六月。(《合集》240)
(4) 𦎧入五。(《合集》13648,甲桥刻辞,图6—145)

图6—144　《合集》5497

(5) □卯卜，吴入絴，有擒。(《合集》32836，图6—146)

图6—145　《合集》13648　　图6—146　《合集》32836

"朕"是商王自称，(1) 辞义为絴勤劳王事。(2) 辞义是命令众人到絴方开辟荒地。(3) 辞义是絴有灾祸。(4) 辞义絴方贡纳五副龟背甲。(5) 辞义为吴到絴地田猎，有捕获。

从上引辞知，絴臣服于商，商王可以到其境内开辟荒地，絴向商王纳贡称臣，说明絴与商王朝保持友好关系。商王为笼络絴方，分封他为"伯"，称"絴伯"。絴方位于商王朝边境地区，曾多次发动叛乱活动，卜辞如：

(6) □□［卜］，扶，王执（㚔）絴。(《合集》20373，图6—147)
(7) 丁卯卜，□，贞奚……絴伯䇂，用于丁。(《合集》1118，图6—148)
(8) 奚……絴……䇂……(《合集》1119)
(9) 吾……其致絴方。(《合集》8598)
(10) 絴方其用，王受［佑］。吉。(《合集》27976)
(11) 叀可伯、呼▢絴方、㦰方、昔方。(《合集》27990)
(12) 癸巳，□于一月伐絴暨召方，受佑。(《合集》33019，历组卜辞)

图 6—147　《合集》20373　　　　图 6—148　《合集》1118

（6）辞义是商王捉拿到絴方首领。奚字为动词，与杀伐有关，"盎"为絴方首领私名，"用"，用牲以祭。①（7）、（8）辞义是用絴方首领盎祭祀丁。舌方是王都西部的敌方国，舌和絴方在（9）同条辞例出现，说明它们在一个区域中。（10）康丁卜辞，记商王用絴方首领祭祀先王，说明絴方作乱，又遭到商王的讨伐。"㕣"为人名（《合集》5758），（11）辞义为絴方、叝方、瞥方三方国同时作乱商王朝西部边境，商王卜选将领可伯、㕣等前往征讨。历组卜辞中，絴方与召方同时入侵商王朝的边境而遭到商王朝的镇压。

从甲骨文中看，絴方位于王都西部，是一个力量强大的部族，多次侵扰商王朝边境之地，都遭到商王对他的镇压。絴方被征服后，臣服于商，商王为笼络絴方，对他采取羁縻政策，封他为伯爵，称"絴伯"，让其纳贡称臣。这是商王对边境经略的一种措施。

（九）易伯

"易"作"旱"形，为人、地、族名的同一，其地位于王都之西，卜辞如：

（1）自微友唐，舌方征……［戋］畓示易。（《合集》6063 反）

"舌方"位于王都西部，"微、畓"是王都西部的诸侯，（1）辞义是微友唐向商王报告舌方侵略到畓、示、易地。"示"为地名，"微友角告曰：舌方出，侵我示、䆫田七十人五"（《合集》6057 正），微友唐、微友角是微氏家族的

---

①　屈万里：《殷虚文字甲编考释》，中研院史语所 1961 年影印本，第 67 页。

成员，他们向商王报告舌方入侵时，都提到示地，说明亩、示、易当是三个不同的地名。"易"是商王朝的臣服国，受商王分封，称"易伯"，武丁时期有易人名矣，服务于商王朝的占卜机关，卜辞如：

  （2）壬寅卜，矣，贞呼侯敖圻。十一月。（《合集》3357）

"矣"为贞人。易之首领称"易伯矣"（《合集》3380），是西土守卫者，卜辞如：

  （3）辛亥卜，㱿，贞王勿宙易伯矣从。
    贞王宙侯告从正尸。六月。（《合集》6460正）

辞义是商王率领易伯矣还是侯告征伐尸方。侯告和易伯矣为商王朝征伐尸方的主要将领，与侯告和易伯相关征伐尸方的卜辞还见《合集》7410、《合集》3383等。

  以上是易在商王朝边境守卫领土之情况。
  易地是重要的畜牧业区，卜辞如：

  （4）甲戌卜，宁，贞在易牧，获羌。（《珠》758）
  （5）弗其取彡马以。在易。（《合集》20631）
  （6）丙寅卜，□，贞余勿□白牛于易。（《合集》39710）
  （7）兹以二百犬□易。（《合集》8979）

（4）辞义是商王在易地放牧捕获得羌人。可见易地设有牧场。（5）辞义是商王在易地向彡征取马匹。（6）为商王向易征取白牛。"兹"为人名，（7）辞义为在易地兹致送二百只犬。商王对易非常关注，卜辞如：

  （8）己酉卜，宁，贞鬼方、易亡囚。五月（《合集》8591）
  （9）己酉卜，内，鬼方、易[亡]囚。五月。（《合集》8592）

（8）、（9）辞义为贞问鬼方、易两个部族有无灾祸。这是商王对鬼方和易关注的占卜。易作为商王的臣服者，要纳贡，卜辞如：

(10) 贞禽弗其以易陷。(《合集》3389)
(11) □酉卜，[㱿]，贞禽以易陷。(《合集》3390)
(12) 易入二十。(《丙》6)

陷字从"人"、从"凵"，当与祭祀埋陷人牲有关。"禽"是商王室的同姓贵族，(10) 辞义是禽致送易族进贡来的祭祀人牲。(12) 为易贡入龟甲二十个。

易仅见活动于武丁时期的𠂤组卜辞中，他是伯服国，其首领名"痰"，曾供职王室的占卜机关。其地位于王都西部，易是西土的守卫者。

(十) 兒伯

"兒"作"𠂤"形，出现在𠂤组、𠂤组卜辞中，有关他的卜辞达 10 多条，兒是商王朝的外服诸侯，称"兒伯"，位于王都东部，卜辞如：

(1) [自] 东，画告曰：兒伯……(《合集》3397)
(2) 甲午卜，亘，贞翌乙未易日。王占曰：有祟。丙其有来艰，三日丙申允有来艰，自东，画告曰：兒 [伯] ……(《合集》1075 正)

"画"一称子画，(1)、(2) 辞义为商王占卜有灾祸，三日后丙申日从东部传来消息，位于王都东部的子画报告兒伯有事。从上引卜辞看，兒伯封地与画地临近。兒地是兒族的聚居地，兒有族人，称"兒人"，卜辞如：

(3) 庚申卜，𡆥，贞兒人……(《合集》7893)

(3) 辞义是命令兒族人。兒是一军事基地，卜辞如：

(4) 丙午卜，王，令壱𠂤于兒。六月。(《合集》20592)

"𠂤"字象臣，但又与臣有差别，当是人、地、族名，辞义是商王命令兒害及𠂤族。可见兒军事势力强大，能阻击异族的入侵。兒为商王的臣属，故要纳贡，卜辞如：

(5) 丙寅卜，㞢，王告取兒。㞢固曰：若，往。(《合集》20534，𠂤组卜辞)

(6) 戊辰卜，[贞]……取……兒…… (《合集》19183)

(7) 贞兒以有……人…… (《合集》9061)

(8) 贞令兒来。(《合集》3399)

(9) 兒、𠁽来……[王]固曰：…… (《合集》14681)

(10) 勿呼兒。(《合集》3400)

(5) 辞义是商王命令向兒索取贡品，贞人㞢占卜的结果是顺利。(10) 命令兒服务王事。

以上是甲骨文中所见兒在商王朝武丁时期的活动情况。兒地位于殷王都东部，兒臣服于商王，称"兒伯"，为商王守土卫国并勤劳王事。

（十一）䍙伯

"䍙"作"䍙"形，出现在方组、出组、何组、历组卜辞中，有关卜辞有近30条。䍙曾是商王朝的敌对方国，受到商王的讨伐，卜辞如：

(1) 壬寅卜，雀侯弗戋䍙。(《合集》6839)

(2) 癸亥卜，侯其戋䍙。(《合集》6840)

(3) 贞侯弗敦䍙。(《合集》6841)

(4) 戋䍙。(《合集》39922)

(5) 丙子卜，侯其敦䍙。(《合集》39923)

雀一称"雀侯"。(1) 辞义为雀侯挞伐䍙。下辞中"侯"，当是雀侯省略。䍙被征伐后，商王派雀到䍙地镇抚（《合集》22317），䍙一称"䍙伯"（《合集》3401），表明他臣服于商王，是伯服官。䍙被征服以后，不见䍙族活动，䍙仅作为一地名出现，卜辞如：

(6) 壬辰卜，在𠂤䍙。(《合集》24249)

(7) 癸巳卜，行，贞王宾敫亡尤。在𠂤䍙。(《合集》24252)

以上为出组卜辞，仅见商王在䍙地或祭祀或占卜。说明商王经常到䍙地活动。

到历组卜辞时期，罙地仍是商王经常来往之地，卜辞如：

> （9）丙申，贞王步，丁酉自罙。
> 庚子，贞王步自壴。
> 戊戌，贞王于己亥步［自］罙。
> 壬寅，贞王步自敦于夏。
> 于教。（《屯南》2100）

这是一组商王在西部巡行的占卜记录，壴地位于王都西部；教，《水经·河水注》："教水出垣县北教山南。"商代的教地当位于此。商王之所以对罙地如此重视，是因为罙地是重要的农业区，遭受到敌国"方"的入侵，卜辞如：

> （10）癸亥，贞于罙袤［田］……
> 癸亥，贞王令多尹袤田于西，受禾。（《合集》33209）
> （11）弜囲襄人，方不出于之。
> 弜囲涂人，方不出于之。
> 王其呼卫于罙，方出于之，有𢦏。（《合集》28012）

"多尹"，为商王朝尹官的群称。（10）辞义是命令多尹到王都西部罙地袤田开荒，农业获得好收成。可见罙地是农业区。（11）辞义是敌国"方"出动之际，商王命令襄人和涂人在罙地防卫。

从甲骨文中材料看，罙当是先臣服于商王朝，称"罙伯"。后发动叛乱，遭到"崔"的镇压，失败后的罙族，受到商王同姓贵族——雀的敕戒镇抚。罙地后来成为商王朝版图中的一个地名，是商王朝重要的农业区，商王经常光顾此地以加强对此地的控制。从罙原为商王朝的一个敌对国、到受商王管辖的伯服国、再到成为商王直接经营领土的一部分，由此可见商王朝领土扩展的大略。

（十二）而伯

"而"作"𠗣"形，出现在自组、亍组、何组卜辞中，是人、地、族名的同一，其地位于王都西部，其族人常遭到捕获，并送于王都，用作商王祭祀祖先的牺牲，卜辞如：

(1) 令戍……以羌……而廿。(《合集》286)

(2) 龟执羌，获二十又五，而二。(《合集》499)

(3) 而于祖丁……羌甲一羌……[于] 祖甲。(《合集》412 正)

"戍"一称"伯戍"(《合集》3418)，(1) 辞义为商王命令戍向商王致送羌人(若干)、而人二十个。"龟"为人名，(2) 辞义是龟捕获了二十五个羌人，两个而人。(3) 辞义是用（若干）而人、一个羌人祭祀祖丁、羌甲、祖甲等。从以上材料可知，而族曾在武丁时期，势力衰弱，其族人任人捕捉，并被用作商王祭祀祖先的牺牲。

而曾臣服于商，称"而伯"、"而任"(《合集》10989)，为商王效力，卜辞如：

(4) 贞王宙而伯龟从□伐□方。(《合集》6480)

(5) 曰庚寅令御，冒左从而。(《英藏》1783)

(6) 戊午卜，而弗其以我、中女。(《合集》673)

"龟"作"龟"形，在此为而伯私名，（4) 辞义是商王要率领而伯龟讨伐（某）方。"冒左"是商王朝军队编制"左、中、右"之某一左部。(5) 辞义是商王命令庚寅日进行防御战，冒（人）左部配合而伯的军队进行战斗。"我、中"在此为人名或族名。(6) 辞义是而向商王进贡我地、中地之女子。

从以上材料看，而是一重要的"伯服"之国，武丁时期，参与商王朝对外战争，而地还是军事要地和田猎区，卜辞如：

(7) 戊午 [卜]，□，[贞]……王惟……[逐]……
　　己未卜，雀获虎。弗获。一月，在而。(《合集》10201)

(8) 乙未……呼豪……狩而。九月。(《合集》20751)

(9) 贞在及田，武其来告。
　　贞祟，品其来告。
　　贞而任雨，获。昃舟。
　　贞王固 [曰]：御。(《合集》10989 正)

(10) 贞翌庚子步于而。(《合集》19257)

(11)〔翌〕辛巳燎于而。莫。(《合集》15588)

(7) 辞义是商王和雀在而地田猎,能否捕获老虎。(9) 辞义是(商王)在及地田猎,武、品前来报告与田猎有关的情况,而地下雨能捕获到猎物。步与军事训练和用兵作战有关,(10) 辞义是庚子日在而地军事训练。

商王在而地田猎、进行军事训练、举行祭祀,说明而地是商代重要的田猎区和军事要地。

(十三) 埶伯

"埶"作"埶"形,甲骨文中有用为人名、族名者,是臣服诸侯,一称"埶伯",卜辞如:

(1) 埶伯。(《合集》3408)
(2) 贞□于埶伯。(《合集》3407 正)
(3) 甲戌卜,王弜令埶,戠,于若。(《合集》21188)

埶曾扰乱商王朝边境的安宁,卜辞如:

(4) 癸卯卜,贞埶其于捍沚。(《东京》1055)
(5) 癸卯卜,贞埶其捍沚。(《合集》6992)
(6) 癸卯卜,贞沚其受埶佑。五月。(《合集》12579)

(4)、(5) 辞义是埶侵犯沚。"沚其受埶佑"与"我受吾方佑"文例同,(6) 辞义为沚讨伐埶受到神祇保佑。埶侵略沚地,两国当相邻。埶被讨伐后,不见其活动踪影,可能遭到商王的镇压而灭族。

(十四) 薛伯

"薛"作"薛"、"薛"(《合集》6827)形,从薛从乙。薛为人、族名的同一,是外服诸侯,一称"薛伯"。曾发动叛乱,遭到讨伐,卜辞如:

(1) 辛酉卜,㕢,贞旨伐薛〔伯〕。
    贞旨弗其伐薛伯。(《合集》6827 正,图 6—149)
(2) 贞供人呼伐薛。(《合集》248 正,图 6—150)

图 6—149　《合集》6827 正　　　　图 6—150　《合集》248 正

(1) 辞义是旨征讨薛伯。(2) 辞义是征集人马讨伐薛。与薛同时作乱的还有 🦅，卜辞如：

（3）辛未卜，宕，贞旨戋薛（🦅）。
　　　贞旨弗其戋🦅。（《合集》940 正）

🦅与🦅、🦅与🦅，当为同字异体，(3) 辞义为贞问旨征伐薛还是🦅。甲骨文中仅见对薛伯的征服，不见薛的其他活动，薛先臣服于商，后发动叛乱被征服。

薛（🦅）不同于🦅，字形不同，薛（🦅）是商王朝征伐的对象，🦅为方国，与商王保持友好关系，卜辞如：

（4）允🦅方。（《合集》8693）
（5）自🦅乞。（《合集》1711 反）
（6）贞呼🦅于西。（《合集》8755）
（7）贞叀子□令🦅。（《合集》19200，自组卜辞）
（8）司🦅伐🦅。（《合集》32149，历组卜辞）
（9）甲申卜，贞翌日丁巳王其呼🦅小臣⋯于🦅使。（《合集》36422，黄组卜辞）

"弓"一称"弓方",臣服于商王朝,向商王贡纳,为王事效力,成为商王朝西部一个重要的附属国。薛(弓)、弓作为族名,都位于商王朝西部边境,薛(弓)、弓字所从偏旁相同,地理位置相近,当为共同的族氏,是从弓族中分离出来的支系,后各自发展,薛(弓)在武丁时期,是伯服官,因叛乱而遭讨伐,从此消失。弓经历武丁时期,到历组卜辞即康丁时期,还为商王朝征战羌方,帝乙、帝辛时期的黄组卜辞中,还见其踪迹,他与商朝历史相始终,是商王朝一重要族属。

(十五)寻伯

"寻"作"𢆶"形,寻为人名时称"寻伯",卜辞如:

> (1)〔辛〕亥卜,㱿,贞〔王〕其呼供寻伯出牛,有正。
> 贞勿呼供寻伯出牛,不其正。(《合集》8947 正)

辞义为商王要征集寻伯之牛。甲骨文中,不见寻伯其他活动。

(十六)雇伯

"雇"作"𩁹"形,是人、地、族名同一,称"雇伯",商王有权向他征取物品,卜辞如:

> (1)贞呼取雇伯。(《合集》13925 正)

辞义是(商王)命令有取于雇伯。"雇"作为人名,在甲骨文中仅此一见,后作地名出现,亦见于征伐人方途中,卜辞如:

> (2)癸亥王卜,〔贞旬亡〕𡆥。在九月。王征人方,在雇。(《合集》36485,黄组卜辞)

"人方"在东部,商王征伐人方的途中,曾在雇地停留。雇距(黄)河不远,卜辞如:

> (3)□戌卜,〔行〕,贞今夕亡𡆥。在河。
> □□卜,行,〔贞今夕〕亡〔𡆥〕。〔在〕雇。(《合集》24420,出组卜辞)

第六章　甲骨文所见商王朝臣正纪略　531

与雇地有系联关系的地名还有，卜辞如：

(4) 辛丑卜，行，贞王步自🞴于雇，亡灾。
癸卯卜，行，贞王步自雇于勐，亡灾。在八月。在自雇。
己酉卜，行，贞王其步自勐于麦，亡灾。（《合集》24347，出组卜辞）

"雇"与古代文献中的"扈"、"顾"字相通。雇地，王国维以为即《左传》庄公二十三年"公会齐侯盟于扈"之扈[1]，杜注："荥阳卷县北有扈亭"，位于今原武县境。《水经·河水注》："河水又东北迳卷之扈亭北。《春秋左传》文公七年，晋赵盾与诸侯盟于扈。《竹书纪年》晋出公十二年，河水绝于扈，即于是也。"甲骨文中"在河（卜）"、"在雇（卜）"相次，故知雇、河皆滨（黄）河[2]。雇地，是商王征伐人方途径之地，其地位于位于今安阳东部。祖庚、祖甲以后，雇成为商王朝版图中的一个地点。

（十七）宋伯

"宋"作"🞴"、"🞴"形，出现在自组、宁组、历组卜辞中，是人、地、族名的同一。作为人名时，称"子宋"，一称"宋伯歪"。

自组和宁组卜辞中，子宋受到祭祀，卜辞如：

(1) 乙巳卜，扶，侑（🞴）子宋。（《合集》19921）
(2) 丙子…侑（🞴）子宋六□。（《合集》20032）
(3) □□卜，🞴……子宋……犬。（《合集》20033）
(4) 乙巳卜，王，侑（🞴）子宋。（《合集》20034）
(5) 祓子宋。祓〔中〕子。（《合集》20035）
(6) 侑（🞴）〔子〕宋……豕。（《合集》9368）

"侑"作"🞴"、"🞴"、"🞴"形；"🞴"在甲骨文中为左右之右，还用作祭祀之

---

[1] 王国维：《观堂别集·殷虚卜辞中所见地名考》，《观堂集林》，中华书局1959年版，第1154—1155页。

[2] 陈梦家：《殷虚卜辞综述》，中华书局1988年版，第305页。

侑。子宋称子，受到商王侑祭，用牲或犬或豕，说明他是商王同姓贵族。子宋受商王分封，封地称宋，又为伯爵，称"宋伯歪"，卜辞如：

(7) 己卯卜，王，贞鼓其取宋伯歪，鼓囧。叶朕事。
宋伯歪从鼓。二月。（《合集》20075）

(8) 癸酉卜，🀆，叀麂即鼓令取宋[伯]歪，二旬癸卯……（《合集》21229）

(9) 辛巳卜，弜宋[伯]歪于循果，若。（《英藏》1777）

(10) 己卯卜，[贞]令……受……于夫于宋。（《合集》7898）

(11) [令]叟复止宋。（《合集》20233）

(12) 令冒往宋。（《合集》20240）

(13) 戊戌[卜]……[宋]伯歪……其来……鼓。（《合集》20076）

歪是宋伯的私名。(7) 辞义是鼓向宋伯歪征取贡赋，勤劳王事。宋伯歪服从鼓。"麂"为人名，(8) 辞义是商王命令麂与鼓共同向宋伯歪征取贡赋。弜含义不明。"果"为地名。(9) 辞义是宋伯歪巡视果地顺利与否。"于夫于宋"连称，两地应相距不远。"叟"为人、族名。"复"有反复、再次之义。"冒"为人名，(11) 辞义为命令冒再次前往宋地。

由此看出，子宋被商王授土命氏，"宋"作为国号，称"宋伯"，其君有私名称"歪"者，为商的臣属伯国，要勤劳王事，商王有权向他征取贡赋。

（十八）归伯

"归"作"🀆"形，"归"作为人、地、族名出现在自组、亐组、历组卜辞中。归与商王朝关系时好时坏，在自组、亐组卜辞中，商王对归进行了战争，卜辞如：

(1) 庚子卜，呼征归人于衞，戋。（《合集》20502）

(2) 丁卯卜，曰菖任有征归，允征。
归人征菖任。（《合集》7049）

"衞"为地名，(1) 辞义是命令在衞地征伐归人是否会有结果。"归人"即归首领所统辖的人。"菖任"是商王的臣服者，其爵位为"任"。(2) 辞义是菖任是否征伐归人。可见归与商王朝之间的敌对关系。

归又臣属于商,为王事奔波,卜辞如:

(3) □□卜,□,贞王从归。(《合集》5198 乙)
(4) 往从归逐。在宫。(《合集》10987)
(5) 翌□戌禽勿往归。(《合集》4076 正)
(6) □丑卜,曾令归。(《合集》22294,午组卜辞)

(3) 辞义是商王率领归。"往"与"来"是对应词,"往"即从所在地前往某地,(4) 辞义为在宫地前往归狩猎。(5) 辞义为命令禽前往归地。"曾"为人名,(6) 辞义为曾传令归从事王事。

历组卜辞中,归称"归伯",又受到商王的征伐,卜辞如:

(7) [伐]归伯……[受]佑。(《合集》33070)
(8) 壬寅卜,㝬其伐归,叀北㡯用,二十示一牛,二示羊,以四戈
　　 麂。(《合集》34121)
(9) 己亥……侯……微,王伐归,若。
　　 庚子卜,伐归,受佑。八月。
　　 㚔伐归。(《屯南》4516)

(7) 辞义为讨伐归伯。"㝬"为祭名,(8) 辞是商王伐归,用牲祭祀先祖。微是启的异体字,启与军事有关,(8) 辞义是商王征讨归,侯某为前军,在战场上是否顺利。关于归地望,郭沫若认为归国即后之夔国,故地在今湖北秭归县。①

(十九)伯由

"由"字作"㕣"形,其字有多种用法,由作人名时,是武丁时期的一位人物,其爵位为"伯",称"伯由",卜辞如:

(1) 贞叡以省伯由。(《合集》3416 正)

---

① 郭沫若:《殷契萃编》,科学出版社 1965 年版,第 645 页。

辞义为俶巡视"伯由"之地。"由"为人、地、族名，卜辞有：

  （2）辛巳卜，叶入令并、箙、并、由。
    辛巳卜……㞢、箙。十月。（《合集》20149 正）

㞢、箙是武丁时贞人，"并"是武丁时期很活跃的人物，辞义为命令"并、箙"和"并、由"还是命令"㞢、箙"（从事某事）。从上辞例看，"由"应是人名、族名。

  "由"是商王臣属，其地在王都西，即今山西省境内，如：

  （3）贞呼见羊于西土由。（《合集》8777）

"西土"，当指商王畿区之外西部领土，辞义为在西土由的领地命令献羊。这说明"由"的封地位于王畿之外西土地域内。考古材料则准确地说明了"由"家族所在地的准确方位，1985年在山西灵石旌介发现商代晚期的墓葬，其中二号墓出土的青铜器铭文有"由"族徽。[①] 可知，"由"地在山西灵石附近。商王在西土战争时，"由"曾参与，卜辞如：

  （4）丁未……贞余获谭。六月。
    贞戜弗其取。
    其由取。（《合集》6943）

商王在征伐谭时，沚戜和"由"要向商王提供军需物资。由与㐭也有同版卜辞，如：

  （5）丁未卜，辭由……㐭暨㞢……
    辛亥卜，㐭由在果。（《屯南》2691）

与"由"有系联关系的甲骨文中的人物，如并、㞢、㐭、沚戜，他们的封地都在王都西，而且商王在西土伐谭时，要"由"提供军事给养，由此也可

[①] 山西省考古研究所等：《山西灵石旌介村商墓》，《文物》1986 年第 11 期。

加深理解前引商王"见羊于西土由"的含义。

"由"作为商王朝的臣服之国，曾发动过叛乱战争，但遭到镇压，"由"地首领被捉拿，"执由"(《合集》5898、1138)就是由的首领被抓获的证明。被抓获的"由"被送往商王都，卜辞如：

(6) 贞叡弗其以由。(《合集》2341)

叡是商王朝武丁时期的人物。叡对西土安宁负有责任，他将"由"地首领押送至王都。"由"后来臣服于商王并勤劳王事，卜辞如：

(7) 辛□卜，□，贞乞今……㪇……由……叶[王]事。(《合集》5488)

"㪇"为人名，辞义为㪇、由勤劳王事。由与吴、禽同时为王室效劳，卜辞如：

(8) 戊□卜，㱿，贞令吴、凸、䢼、由取舟不若。(《合集》655正甲＋655正乙)
(9) 癸卯卜，宁，贞禽、由来归丁若。(《合集》4078)
(10) 壬寅卜，□，贞由……郭往……有……(《合集》3417)

吴、凸、䢼、由、舟、禽、郭都是武丁晚期比较活跃的人物，(8)辞义是商王命令吴、凸、䢼、由向舟征取贡品不顺。"来归"有向王室进贡之义，(9)辞义为禽和由向王室进贡。(10)辞义为命令由和郭从事王事。禽还曾到由地为商王室征集贡品或人员，卜辞如：

(11) 乙酉卜，宁，贞禽共于□由。(《合集》8956正)

辞义贞问禽在□地和由地征集贡品。"由"有可能参加过对舌方的战争，受到商王的赏赐，卜辞如：

(12) 癸丑卜，宁，贞今载商毁、舟、由。

己未卜，殸，貞舌方其亦征。十一月。(《合集》6073)

(13) 貞勿商殺、由，㦰。(《合集》18596)

"商"义为赏赐。(12)辞义为今载要赏赐殺、舟、由三人。(13)辞义为不要急于赏赐殺、由，需要等待一下。以上是甲骨文材料中所看到"由"在武丁时的活动。

"由"是武丁时期一位重要的"伯"爵诸侯，因何原因发动叛乱战争，材料太少，无法论及。但商王用武力把他镇压，并将其押送到商王都；商王没有灭其宗族，而是让其继续在其领地上实行统治。1985年发现的灵石旌介商晚期墓葬，宋镇豪认为旌介墓是以"囧"族为主体的方国贵族墓地所在。[①] 2号墓出土的带"由"字铭文的铜器，说明其族在商晚期还存在。由也和沚㦰一样，率领其族成为西土的守土诸侯。"由"作为其地之首领曾供职于商王室并勤劳王事，由可能参加过商王朝对亘方、舌方的战争。

有关甲骨文中称"伯某"和"某伯"者，列表于下：

伯某表：

伯由《合集》2341	伯次《合集》3414	伯㘡《合集》3418
伯垂《合集》3439	伯弜《合集》3440	伯㦰《合集》5945
伯綝《合集》5949	伯弘《合集》20086	伯商《合集》20087
伯求《合集》20095	伯率《合集》21936	伯刺《合集》34409
伯木《合集》33380		

某伯表：

𠂤伯《合集》6	去伯《合集》635	丹伯《合集》716
絆伯《合集》1118	先伯《合集》1780	易伯《合集》3380
㥯伯《合集》3395	里伯《合集》3396	兒伯《合集》3397
䍣伯《合集》3401	卅伯《合集》3405	翌伯《合集》3406反
艺伯《合集》3407	子伯《合集》3409	不伯《合集》3410
士伯《合集》3444	臭伯《合集》3449	奴伯《合集》3450

[①] 宋镇豪：《夏商社会生活史》，中国社会科学出版社1994年版，第145页。

续表

而(𦥑)伯《合集》6480	孼(𢀖)伯《合集》6827	微(𦥯)伯《合集》6987
寻(𢀖)伯《合集》8947	雇(𦥯)伯《合集》13925	敉(𦥯)伯《合集》20017
宋(𢀖)伯《合集》20075	妇(𦥯)伯《合集》20082	归(𦥯)伯《合集》33070
卢(𢀖)伯《合集》28095	徽(𦥯)伯《合集》29407	邮(𦥯)伯《合集》36346
暮(𦥯)伯《合集》41011	智(𦥯)伯《屯南》86	沚(𦥯)伯《东京》945
枭伯䋣《合集》20463 反	枚(𦥯)伯《合集》28094	

甲骨文中,还有称男、亚、任者,他们也应当属于商王朝的统治阶层之人物,列表于下:

男表:

雀(𦥯)男《合集》3452	受(𦥯)男《合集》3455	男克(𦥯)《合集》3457
男芍(𦥯)《合集》21954		

亚表:

亚雀(𦥯)《合集》21623	亚克(𦥯)《合集》5680	亚征(𦥯)《合集》5681
亚射(𦥯)《合集》5682	亚先(𦥯)《合集》5687	马(𦥯)亚《合集》5707
亚禽《合集》31983	亚龠《合集》19991	亚束(𦥯)《合集》22140
亚旁(𦥯)《合集》26953	亚新(𦥯)《合集》27727	亚臣(𦥯)《合集》27937
亚般(𦥯)《合集》27938	亚夭(𦥯)《合集》27939	亚马《合集》27940
射亚《合集》27941	亚尸(𦥯)《合集》40910	亚弜《合集》41525

任表:

雀任《合集》19033	𦥯任《合集》1248	土任《合集》3521
大任《合集》4889	蘆任《合集》5944	𦥯任《合集》7049
骨任《合集》7854	而任《合集》10989	𦥯任《合集》17920
𦥯《合集》18409	析任《合集》27746	名任《屯南》668
叙壬《东京》280	疋任《合集》17988	戈任 3929
又任《合集》32193	从任《合集》34409	侯任《合补》2240
多任《合集》19034	任𦥯虎《合集》10917	

第七章

贞人与卜官

贞人与卜官的主要职责，是服务于占卜机关，为商王卜疑解疑。在商代，拥有一支庞大的贞人队伍。不仅商王拥有占卜机关，而且商王室的每个子家族也拥有占卜者。贞人由于人员多，成为商代统治的重要力量。饶宗颐的《殷代贞卜人物通考》，已经作了详尽的论述，本章不讨论贞人的占卜活动，仅探讨贞人在商王朝其他事务中的情况，由此分析贞人的来源及商王朝历世贞人的变化。

（一）亘

亘作"𠄔"形，有关亘卜辞条例达 500 条左右，从这些材料看，亘在武丁前期长期与商王朝为敌，武丁后期，亘成为王室重要的贞人，亘这一人、族，具有代表性，从亘的事例，可以看出商王加强边疆经营的策略。

亘作为方国，称为"亘方"，卜辞如：

(1) 弜……亘方……（《合集》33179）
(2) ……月至亘方。（《合集》33180）

"亘"称"亘方"，反映出亘确为方国。亘在武丁早、中期曾长期与商王朝为敌，多次侵略商王朝之边境及商王朝的诸侯属地。

宾组卜辞中，亘大规模地侵略商王朝的边地，受到商王及其臣属国族的讨伐（见《雀》），亘以失败告终，但商王并未诛灭其族，而是保留其族氏，让其为商王朝效力，卜辞如：

(3) □寅，贞，亘㞢往。（《合集》845）
(4) 贞亘弗其执㞢。（《合集》575）

"㞢"字不识，可能为人名，(3) 辞义为亘、㞢前往某地。(4) 辞义为亘捉拿住仆。

亘成为武丁时期的贞人，参与王室占卜、整治、检视甲骨之事，卜辞如：

(5) 丰示二屯。亘。(《合集》9938 臼)
(6) 利示六屯。亘。(《合集》40685)
(7) 龟示屯。亘。(《合集》15700 臼)
(8) 㞢示四屯又一骨。亘。(《合集》15734 臼)

以上为记事刻辞，亘为检视者，有关亘检视的刻辞有20多条，胡厚宣认为这是史官之签名。① 亘不仅服务于王室，还要纳贡，卜辞如：

(9) 亘入十。(《合集》9289)
(10) 亘入二。(《合集》13645)

(9)、(10) 辞义为亘贡纳龟甲。亘既为臣属，则允许商王在其境内活动，卜辞如：

(11) 乙亥［卜］，□，贞其禷衣于亘，［不］遘雨。十一月，在甫鱼。(《合集》7897)
(12) 庚寅卜，贞于亘。十月。(《合集》7887)
(13) 庚戌卜，宁，贞于亘哭妇鼠。(《合集》2808)

商王在亘地举行祭祀等一系列活动，说明商王对亘拥有统治权。

亘臣服于商王；也得到了商王的关心，卜辞如：

(14) 贞亘其有囚。三月。(《合集》10184)

---

① 胡厚宣：《卜辞记事文字史官签名例》，《中研院史语所集刊》第12本。

辞义为贞问亘有无灾祸。这表明商王对亘的关心。

由甲骨文材料看，亘曾为实力强大的方国，与商王朝为敌，侵略、骚扰商王朝西土边境。商王经过讨伐将亘征服。失败后的亘，商王并未灭其族，而是让亘臣服于商，让其首领供职于王室，担任贞人，参与王事活动。关于亘的占卜很多，但从不见他祭祀商王之先祖，由此判定，亘为商王异姓贵族。从武丁后期到商灭国，亘与商王朝之间关系友好，其家族在西周初年还存在，其家族所拥有的铜器多有出土（《殷周金文集成》321、447、5431），这说明亘是一个历史悠久的部族。

（二）㞢

㞢是武丁时贞人，为人、地、族名的同一。

"㞢"，唐兰在《古文字学导论》第四十页下释为古字，谓："'古'字的原始形式，《盂鼎》古字作㞢（中为填实形），字形还相近。"宋代曾发现《古父丁簋》（见《博古图》8.11）。还有《殷文存》所著录《亚古盉》与《邺中片羽》三集所著录《亚古簋》等。有"㞢"字商代青铜器，当为㞢家族铜器的遗留。㞢族有封地，卜辞如：

(1) 贞㞢[受]年。（《合集》9906）
(2) 丁卯彡示二屯。自㞢乞。小㱿。（《合集》8991 白）
(3) 己丑妇井示三屯。自㞢乞。□（《合集》6233 白）
(4) 贞㞢来犬。
　　㞢来马。（《合集》945 正）
(5) 㞢允来。（《合集》940 反）

(1) 辞义为㞢地的农业获得丰收。乞字，于省吾谓：卜辞所见乞字，其用法有三：一为乞求之乞，一读为迄至之迄，一读为终止之讫[①]。自㞢乞犹言自㞢至。(2)、(3) 辞义为自㞢地贡于商王室之牛肩胛骨。(4) 辞为㞢向商王贡纳犬、马牲畜。以上材料说明，㞢族有农业和畜牧业经济，因臣服于商王，故要纳贡。㞢与商王室有婚姻关系，卜辞如：

(6) 妇㞢……（《合集》6325 反）

---

① 于省吾：《双剑誃殷契骈枝》，1940 年石印本，第 56 页。

"妇甾"来自于甾族，嫁于商王室，有政治联姻的性质。《礼记·郊特牲》："娶于异姓，所以附远厚别也。"商王室从臣属部族娶妻，一方面加强了商王朝统治基础；另一方面，诸侯国可以依附商王朝而有利于自己生存。甾受到分封，为子爵，称"甾子"，卜辞如：

(7) 贞叀甾子妥呼……（《合集》3283）
(8) 癸丑卜，贞执甾子。（《合集》5906）

"妥"为"甾子"私名，(7) 辞义为商王命令甾子妥（从事某事）。"执"作"🈳"形，象犯人戴着刑具，说明甾子曾背叛被商王捕执。武丁时期，甾与商王保持友好关系为主流，甾参与了王室验视、整治甲骨事宜，卜辞如：

(9) 甾示十屯又一乚。㱿。（《合集》17579 白）
(10) 甾示十屯又一丨。㝨。（《合集》17581 臼）

这是记事刻辞，贞人甾验视、整治供占卜用的牛肩胛骨。作为贞人，他征取牛胛骨，卜辞如：

(11) 乙酉㱿示二屯。甾自匿乞。（《合集》17629 白）

辞义为整治的两对牛肩胛骨为甾自匿地征取。整治好的甲骨，经过验视，才能用以占卜，甾曾担任过验视者，卜辞如：

(12) 癸未妇喜示□屯。甾。（《合集》17518 白）
(13) 妇良示。甾。（《合集》17527 白）
(14) 㱿示二屯。甾。（《合集》17630 白）

以上所引卜辞为骨臼记事刻辞，甾为检视签名的史官。

从甲骨文中所反映的甾的材料来看，甾为商王朝的一个部族，受封为子爵，向商王纳贡，与商王室有婚姻关系，甾曾发动过叛乱活动，而其首领被商王抓获。甶还为贞人,效力于商王室,是武丁时期重要的人和族。

(三) 韦

韦作"👤"(《合集》515)、"👤"(《合集》9743正)、"👤"(《合集》10026正)、"👤"(《英藏》305)、"👤"(《英藏》428)等形,他是武丁时贞人,曾验视甲骨,卜辞如:

(1) 妇井示。韦。(《合集》17494)
(2) 戊戌妇㛄示二屯。韦。(《合集》17532白)

这是记事刻辞,韦为史官签名。

韦受王命而勤劳王事,卜辞如:

(3) □子卜,宁,贞呼👤、韦。(《合集》10044)

"👤"为人名,为侯爵,称"侯👤"(《合集》8656正),(3)辞义为商王命令👤、韦。

韦受商王之命,为商王征取贡物,卜辞如:

(4) 丁亥卜,敵,贞呼叩从韦取亦臣。(《合集》634正)

"亦臣"可能为某种身份的人。"叩"为何组卜辞贞人,武丁时期已活跃在政治舞台上。辞义为商王命令叩会同韦到夹地征取亦臣。商王对韦在外地从事王事很关心,卜辞如:

(5) 癸巳卜,争,贞旬亡囚。甲午👤乙未,箙、韦、👤在泷。十月。(《合集》3755)

"箙"、"👤",人名,辞义为甲午与乙未之交,箙、韦、👤在泷地。"韦"是商王的臣属,他拥有自己的领地,卜辞如:

(6) □申,子[卜],贞韦归。(《合集》21640)
(7) 田韦。(《合集》6329反)

(6) 贞问韦是否回归。(7) 辞义为到韦地田猎。

韦也受到过商王的敕戒镇抚, 卜辞如：

(8) 辛巳卜, 贞令昃占旟、甫、韦、疢族。(《合集》4415 正)

辞义为命令昃敕戒镇抚旟、甫、韦、疢族。

甲骨文揭示, 韦是一部族, 臣服于商, 供职于占卜机关, 也从事其他王事; 韦既受到过商王的关心, 也遭到过商王的敕戒镇抚; 商王与韦的关系, 为"君与臣"的关系。

有关韦的金文, 安阳小屯村北发现两座殷代墓葬, 编号为 M18、M17, 都有青铜器出土。① M18 的铜甗, 口沿内有一"甾"字, 同墓所出的铜簋上有"侯韦"两字。M17 的铜觚上有铭文, 原报告称为"卫", 实际上也是"韦"字。安阳西北冈 M1004 号大墓出土铜头盔多件, 其中有一件带"韦"字铭文。② 周永珍还收录了 49 件有"韦"字铭文的铜器, 分为四组, 时代为武丁后期至帝乙、帝辛时期。铜器铭文有"子韦"、"典韦"等, 韦字写法多种, 分别作"𢁉"、"𢂎"、"𢃋"、"𢃌"等形。③ 根据以上材料, 可见韦是商代经济实力雄厚、政治地位较高、势力经久不衰的家族, 有的铜器是韦家族向商王室贡纳之物, 韦字变化多样, 既是字形美观追求, 又是家族标识的演化。至于王室大墓所出带"韦"字的铜器, 正是韦与商王之间"君臣"关系的明证。

(四) 㱿

㱿是武丁时贞人, 有关他的辞达 1500 多条。㱿又是人、地、族名的同一。

㱿作为贞人, 参与甲骨整治事务, 卜辞如：

(1) □巳王示㱿二屯。㱿。(《合集》8797 臼)

---

① 中国社会科学院考古研究所安阳工作队：《安阳小屯村北的两座殷代墓》,《考古学报》1981 年第 4 期。

② 梁思永、高去寻：《侯家庄第五本·1004 号大墓》, 中研院史语所 1970 年版, 图版 129。

③ 周永珍：《殷代"韦"字铭文铜器》,《出土文献研究》, 中华书局 1985 年版。

辞义记商王检视、殷贡纳或整治的两屯牛肩胛骨，叙为史官签名。殷还是武丁时的史官，卜辞如：

(2) 妇𡆥示十。殷。(《合集》656反)

在背甲、甲桥、骨臼、骨面、甲尾的记事刻辞中，殷担承了检视者，有时又作为史官签名。殷就职于王室占卜机关，还向臣服国族征集占卜所用甲骨，卜辞如：

(3) 殷乞自［匿］。(《合集》9382、9383，骨面刻辞)

记殷从匿地征收牛肩胛骨。

殷参与了王室其他事务，卜辞如：

(4) 辛丑卜，㱿，贞㫃暨殷以羌。(《合集》267正)
(5) □申卜，殷，贞㫃［暨殷其有囧］。叶王事。(《合集》5447丁)
(6) 贞㫃暨殷弗［其有囧］。叶王事。(《合集》5447乙)
(7) 贞㫃暨殷弗其有囧。(《合集》5447甲)
(8) 戊戌卜，殷，贞㫃暨殷亡［囧］，〔骨告〕。
    㫃暨殷亡囧，骨告。(《合集》13505正)

(4) 辞义为㫃和殷致送羌人。叶王事即勤劳王事，(5)—(8)诸辞义为㫃和殷不会有灾祸。能勤劳王事。殷作为商王朝的臣属，也要贡纳，卜辞如：

(9) 殷入十。(《东京》170反)
(10) 自殷乞十。(《合集》9385，骨面刻辞)

辞义为殷贡纳十对牛肩胛骨。殷有封地，他纳贡臣服于商王。

殷为武丁时期的重要人物和族属，他既服务于商王室的占卜机关，也从事其他王事。殷族在商代为显赫之族，其家族之青铜器在今安阳有出土，

《邺中片羽》二、三集著录一簋、一觚（又见《集成》6780），上有铭文"殷"，当与殷家族有关之遗物。

（五）永

"永"作"𠂤"（《合集》563、35751），用作人、地、族名，永又是武丁时贞人，参与商王室活动。

永有称"永方"，是晚商方国之一，卜辞如：

(1) 于□田𤰈，伐夷，永方擒，戋，不雉众。大吉。（《屯南》873）

"雉众"，陈梦家认为可能是部别、编理人众。① （1）辞义为在某地狩猎时攻伐夷和永方，若能有所擒获，要否部编军队。失败后的永方受到商王的奠置处分，卜辞如：

(2) 辛巳卜，王其奠元暨永𩫨在盂奠，王弗［悔］。羊。大吉。（《屯南》1092）

"元"与"永"为族名。"奠"为奠置义，永战败后受到奠置惩处，永失去了原来的领地，与元一起被奠置到盂地。

亐组卜辞中，永则不仅为贞人，又参与商王朝的活动，卜辞如：

(3) 丙申卜，贞令永。（《合集》4911正）

(4) 贞令永……妥……（《合集》4912）

(5) 辛卯卜，贞令周从永之。八月。（《合集》5618）

记永接受商王命令，或命令周配合永行动。

永参与商王室各种事务，卜辞如：

(6) 贞菁暨永获鹿。允获。（《合集》1076正甲）

(7) 贞菁暨永不其获鹿。（《合集》1076正乙）

---

① 陈梦家：《殷虚卜辞综述》，中华书局1988年版，第608—609页。

(8) 乙未［卜］，宁，贞令永途子央于南。(《合集》6051)

(9) 戊辰卜，宁，贞令永裒田于盖。(《合集》9476)

(10) 贞永裒［田］……衡。(《合集》9478)

"靠"、"永"为人名，(6)、(7)辞义为商王贞问靠、永能够捕获到鹿。(8)辞义为命令永往南征伐子央。(9)辞义为命令永到盖地垦殖土地。永还担任过商王祭祀时的助祭者，卜辞如：

(11) □□卜，殼，［贞］御妇［好］于㚸甲，呼侑妾。

壬寅，出，贞永执𦥑。

贞永弗其执。(《合集》656正)

"𦥑"字从双手从酉，饶宗颐隶定为酋，为祭名（《合集》2100），"疑即釁之初形，《说文》：'釁，血祭也。'……《大戴礼》有釁庙之礼，《汉书·高祖纪》：'釁鼓。'应劭注：'釁，祭也。'杀牲以血涂鼓，釁呼为釁"。[①] 裘锡圭谓"酋"读为韜，即鼓之一种。[②] 辞义为商王御祭妇好于先祖，呼命以妾为侑祭者，永是否执鼓助祭。

永作为贞人，要验视整治好的甲骨，卜辞如：

(12) 戊戌妇□示二屯。永。(《合集》17555臼)

(13) 莫示十屯又一。永。(《合集》6527臼)

(14) 丁卯妇龚示一屯一。永。(《合集》6855臼)

以上所引为骨臼刻辞，永为检视者，是史官之签名。永受到商王关心，卜辞如：

(15) 贞永若。(《合集》7186)

[①] 饶宗颐：《殷代贞卜人物通考》，香港大学出版社1959年版，第749页。

[②] 裘锡圭：《甲骨文中的几种乐器名称——释庸、豐、韜》，《古文字论集》，中华书局1992年版。

贞问永是否顺利。永为商王朝重要族氏之一，有其领地，其族兵组织称"永行"，卜辞如：

(16) 永受年。(《合集》9809)
(17) 辛未卜，行，贞其呼永行有遘。
    贞亡遘。(《合集》23671，出组卜辞)
(18) 叀戍永令，王弗每。(《屯南》1008，历组卜辞)

(16) 辞义为永地的农业获得丰收。永行为永的族兵组织。(17) 辞义为商王命令永行出动，会否与敌相遇。可见永的族兵军行要接受商王调遣。戍为一种武官，如戍何、戍骨、戍逆（《合集》26879），"戍永"是永担任商王朝的戍官。永既为臣属，有向商王纳贡的义务，商王还可以到其领地巡视，卜辞如：

(19) 永入十。(《合集》18911 反)
(20) 贞在永……其有…… (《合集》8288)
(21) 甲辰卜，贞王出永。十二月。(《合集》23782，出组卜辞)

(19) 记永贡纳卜龟 10 个。(20) "在永"当为商王在永地。(21) "王出永"为王从永地出行。商王可以在永地巡视，永要向商王贡纳，说明商王对永拥有统治权。

永族地望当位于王都东，卜辞如：

(22) 癸卯卜，黄，贞王旬亡畎。在正月。王来正人方，在攸侯喜鄙永。(《合集》36484)
(23) 壬寅王［卜］，在呈𠂤，贞今日步永亡灾。
    癸卯王卜，在永𠂤，贞今日步于（溫）。
    乙巳王卜，在溫，贞今日步于攸亡灾。
    己未王卜，在［攸］，贞田元往来亡灾。(《合集》41768)

"人方"位于王都东部，"攸侯喜鄙永"为攸侯喜边鄙的一个地名。呈、溫、元均为地名，大致与永之间有一二天的路程，皆位于东部地区，与攸同处于一个大区域内，此永地可能是永族奠置之地。

从甲骨文中看出，永为一古老的部族；永为商王室之贞人，向商王纳贡称臣；永发动过叛乱，被镇压后受到奠置惩处；泳当是从永家族中分离出的一支，帝乙、帝辛时期，仍担任贞人和卜官。永族拥有一定的实力，今犹见其传世之铜器，如："永作旅父丁"尊及卣（《续殷文存》）。

（六）举

武丁时期的贞人"举"，作"举"（《合集》3914）、"举"（《合集》21308）、"举"（《合集》6929）、"举"（《合集》20806）等形，甲骨文中，有关他的卜辞达 30 多条，从中所见是他很少单独占卜，贞问的事项也很简洁，多为"旬亡田"之类。他常与贞人殷、争、宁、内、王共同占卜，这又是其他贞人所少有的。他参与王室的祭祀，所祭对象为商王直系先王，卜辞如：

(1) 辛亥卜，贞先［侯］来七羌。翌甲寅举用于夫甲。十三月。（《合集》227）

(2) 甲申卜，亘，贞举褰于大甲。（《合集》1439）

(3) 甲戌卜，出，贞王、举侑于大戊。二月。（《合集》22823）

(4) □戌卜，贞翌乙亥举侑于祖宰又一……（《合集》102）

(5) 甲寅［卜，贞］举侑［于］祖乙。（《合集》1567）

(6) 丙申卜，㱿，贞举侑于羌甲。（《合集》1785）

(7) 癸□［卜］，争，贞举侑匚于……（《合集》14935）

卜辞"夫"与"大"有别，但亦可通假。夫甲，即"大甲"。① "用"为杀牲以祭。(1) 辞义为先侯进贡了羌人七个，举用来祭祀大甲。(2) 辞义为举向大甲拜求。"侑"，祭名，"《诗经·楚茨》：'以妥以侑。'犹言祭也。"② (3) 辞义为商王与举向大戊进行侑祭。(4) —(6) 辞是举向祖□、祖乙、羌甲进行侑祭、匚祭。

从以上举所参与的商王室祭祀看，举祭祀的最近先王为羌甲。武丁后期、

---

① 于省吾：《甲骨文字诂林》，中华书局 1996 年版，第 216 页。

② 王国维：《戬寿堂所藏殷墟文字考释》，《王观堂全集》第 3 册，台北文华出版公司 1968 年版。

祖庚、祖甲时期，他既参与王室祭祀，又供职于占卜机关，占卜时，他常与其他贞人一起贞问。

（七）争、叙、甴、𠙸、吕、Ⅱ

争是武丁时期的重要贞人之一，他参与占卜的辞条达1300多条，争的主要任务是为商王占卜，并检视、验收占卜所用龟甲，商王对他表示关心的卜辞，仅有一条，如：

贞争弗其骨凡有疾。（《东京》1068）

辞义为争有疾。争除了在占卜机关的活动外，不见于其他场合。

武丁时期的占卜机关，有贞人"叙"，与"小叙"（《合集》17508 臼）可能为一人。此外，有甴，与"𠙸"、"吕"不是同一贞人，他们在同版出现（《合集》8473）。有关"吕"的辞条共有15条，他为商王占卜及检视、验收整治的甲骨。Ⅱ当为吕的省形，省略其口，甲骨文中仅出现过一次（《合集》16609）。"𠙸"、"吕"是同字异写，是武丁时期的重要贞人。

（八）彘

"彘"作"𧰼"、"𢎑"、"𢎆"等形，字从豕从矢，罗振玉谓："彘象豕著矢形。""彘为野豕，彘必射而后可获。"① 彘在甲骨文中，有两种含义：其一，为野豕。其二，彘为人、地、族名。下文就后者论述。

彘（𧰼）为贞人，卜辞如：

（1）癸未卜，彘（𧰼），贞旬亡囚。（《合集》3944 正）

武丁时，彘占卜仅一见，也是他供职于占卜机关之一证。彘（𧰼）活动在王室事务中，卜辞如：

（2）癸卯卜，㱿，贞呼彘、㞢入商。（《合集》21626，子组卜辞）
（3）乙卯卜，甴，贞呼彘䧹在东系。（《合集》1106 正）

㞢为人名，（2）辞义为命令彘、㞢进入商王都。"系"象用绳索以缚系人，

---

① 罗振玉：《殷商贞卜文字考·正名》第二，玉简斋1910年版，第18—19页。

作为名词，指被缚系的俘虏；作动词时，为抓获俘虏之义；舀为一战争用语，(3) 辞义为（商王）命令龜讨伐东部，抓获俘虏。龜还服务于商王身边，曾受到商王的赏赐，卜辞如：

  (4) 贞叀畁龜。(《合集》15942)
  (5) 戊寅卜，贞孋畁龜。(《合集》15943)

"畁龜"之龜，当为人名，卜辞中有："畁妇妌"(《合集》2766)，畁后多为人名，(4) 辞义为商王赏赐龜。"孋"为人名，(5) 辞义为孋赏赐龜。龜为臣属，向商王纳贡，卜辞如：

  (6) 龜（豕）入十。(《合集》9275 反)

(6) 辞义为龜贡纳十个龟甲。以上是武丁时期龜活动的历史记录。祖庚、祖甲时期，不见其活动之踪迹，康丁时期，他参与王室之占卜，卜辞如：

  (7) 丙寅卜，龜，贞王往于夕禶。不冓雨。⻊惟。吉。(《合集》27861)
  (8) 丁卯卜，龜，贞王往于彳。不冓雨。
    丁卯卜，何，贞王⻊惟吉。不冓雨。(《合集》27866)
  (9) 乙丑卜，龜，贞今夕无囚。三月。(《合集》29719)

"龜"字作"㣇"形，从豕从矢，矢在豕身上，当为武丁时期"㣇"的变体。此时，不见其活动于王室的其他事务，由此推论，其专职为贞人。

  从甲骨文中看，龜乃一悠久部族，他臣服于商，服务在商王朝，武丁时除任贞人之职外，还见于田猎和征伐场合。

  （九）箙

  "箙"作"䇷"、"䈿"、"䈻"，象矢箙之形，箙为人名，出现在𠂤组、𠂤组、历组卜辞中，他是武丁时贞人，验视、整治甲骨，如：

  (1) [壬]辰妇妸示屯一）。箙。(《合集》9669 臼)
  (2) 戊申邑示一）。箙。(《合集》40688)

妇妌、邑为甲骨的整治者，箙为检视者。箙还活动于商王室的其他事务中，卜辞如：

（3）贞昔乙酉，箙、旋御□［大丁、大甲、祖］乙百皀、百羌。卯三百羍。（《合集》302）

"旋"为人名，"御"为御祭，（3）辞义为由箙、旋向（成汤、大）丁、大甲、祖乙进行御祭祀。用百皀、百羌及三百对羊。箙能够对直系先王进行御祭，说明箙为商王同姓贵族。当箙有疾病时，商王为他进行禳除灾祸之御祭，卜辞如：

（4）贞箙￢囚凡有疾。十二月。（《合集》13884）
（5）箙不死。（《合集》17092）
（6）乙酉卜，御箙、旋于妇好十犬。（《屯南》917，历组卜辞）

（5）辞义贞问箙会否死去。历组卜辞中，"妇好"为已故者，（7）辞义为禳除箙、旋的灾祸，向妇好举行御祭，用十只犬。箙能参与王室祭祀，还享受商王为其举行的禳除灾祸的御祭，说明箙为商王同姓贵族。

箙服务于王室，有封地，卜辞如：

（7）箙受年。不其受。（《合集》9741 正）
（8）于箙乍壆，亡戈。（《屯南》2152，历组卜辞）

（7）辞义问箙地的农业是否获得丰收。（8）辞义为（商王）在箙地建筑行宫，是否有灾。

从甲骨文材料看，箙为武丁时贞人，与商王的同姓贵族，已分宗立族，拥有封地，封地中有农业区；商王与箙为"君臣"关系，箙要贡纳并服务于商王；商王在其境内建有行宫一类的建筑物，说明商王对箙族有绝对的统治权。

（十）逆

"逆"作"󰀀"、"󰀁"、"󰀂"、"󰀃"、"󰀄"等形，甲骨文中其用法，有作人、地、族名的，下文讨论。

逆为康丁时贞人，卜辞如：

(1) 癸亥卜，逆（㞷），贞旬亡囚。(《合集》31485，何组卜辞)

逆在武丁时期就已活动在商王朝的其他事务中，卜辞如：

(2) 丙寅卜，贞令逆（㞷）从尽于垂。六月。(《合集》4915)
(3) 贞呼逆（㞷）。(《合集》4919)
(4) 贞勿呼逆执㚔。(《合集》5951正)
(5) 壬寅[卜]，贞令逆（㞷）[㚔]征，执。(《合集》7054)
(6) 呼逆（㞷）取。(《合集》8851)

"尽"为人名，(2)辞义为（商王）要命令逆率领尽前往垂地。(3)辞义为命令逆从事某事。"㚔"为人名，(4)辞义为命令逆捉拿㚔。(6)辞义为命令逆征取贡物。

逆有封地，向商王纳贡称臣，卜辞如：

(7) 逆入十。(《合集》270反)
(8) 甲戌卜，□，丘角取逆（㞷）刍。(《合集》112)
(9) 贞勿呼商取逆（㞷）。(《合集》7058)

(8) 辞义为商王向逆征取刍牧。

逆受到商王的关心，卜辞如：

(10) 逆亡[囚]。(《合集》2320)
(11) 贞逆（㞷）其死。(《合集》17099)

商王贞问逆有灾祸或逆将死。

从甲骨文中的材料看，逆从武丁时期就活动在王事中，祖庚、祖甲时期未见其活动踪迹，康丁时期，他参与王室占卜；逆有封地，并纳贡称臣。

（十一）卣

"卣"作"㊂"形，有两种含义：其一，盛酒器具。其二，卣为人名，卜辞如：

(1) 癸亥卜，卣，贞今夕亡囚。八月。（《合集》3927）

这是武丁时卜辞，卣为贞人。卣还活动在商王室的其他事务中（《合集》21306 甲、乙、14128 正），卣受到商王关心，卜辞如：

(2) 己□［卜］，㱿，［贞］□卣□死。（《合集》17140）

辞义为卜问卣会否死去。

祖庚、祖甲时期，卣家族仍有人服务于商王室的占卜机关，卜辞如：

(3) 癸酉卜，䢉。（《合集》22787）

"卣"作"㊃"形，当为卣的异体字，䢉应为卣族之一支中的成员。

甲骨文中还有㑰，当也为卣家族之成员。㑰服务在武丁时占卜机关，卜辞如：

(4) 辛酉㑰示六屯。㱿。（《合集》17615 臼）
(5) 壬戌㑰示三屯。岳。（《合集》17616 臼）

㑰示即㑰整治占卜所用之牛肩胛骨。

㑰还参与商王朝的其他事务，卜辞如：

(6) □子，易暨㑰以，叶［王事］。（《合集》19026）
(7) 戊申卜，侯㑰以人。（《合集》1026）
(8) 之日……于㑰……呼㑰……（《合集》19683）
(9) 贞叀㑰令目卯。（《英藏》321）

(6) 辞义为㑰向商王室进贡，勤劳王事。(7) "㑰"称"侯㑰"，表明他是侯服诸侯。(8) 辞义为商王进行侑祭,命令偁(进行某事)。(9) 辞义为偁命令目剖(牲)以祭。

偁与卣同时服务在商王朝占卜机关,又参与商王室之祭祀,偁与卣当为一人。

(十二) 耳

"耳"作"𦕖"形,有两种含义:其一,为人体五官之一,即耳朵。其二,耳为武丁时人名,他占卜、检视和整治甲骨,卜辞如:

(1) 癸卯卜,耳,贞其莱……(《合集》3941)
(2) 庚子卜,耳,贞疫不死。(《合集》3942)
(3) 癸酉禽示十屯。耳。(《合集》4070 臼)
(4) 丁丑邑示四屯。耳。(《合集》17563 臼)

(1)(2) 耳为贞人。(3)(4) 耳参与检视。禽、邑为商王室成员,耳为卜骨整治的验视者。

耳有封地和人民,耳不仅向商王贡纳,而且要为王室服役,卜辞如:

(5) □□卜,贞耳人归。
丁亥,子卜,贞人归。(《合集》21648,子组卜辞)

辞义为让耳人回归。子组卜辞为商王室贵族之卜辞,"耳人"为"子家族"主人"子"服役。妇娟还从耳地为商王征集十五只鼋(《合集》9395)。

康丁时期,耳被商王讨伐,卜辞如:

(6) 甲子卜,亚𢦔耳、龙。每启,其启。弗每,有雨。(《合集》28021)

"𢦔"为一战争用语,"亚"为商代武官的一种,耳,龙为部族之名,(6) 辞义为(商王命令)亚讨伐耳族、龙族,天是否放晴。

以上是甲骨文所见耳在商王朝时期活动的史迹。

(十三) 延、徙、㢟

"延"作"𢓊"、"𢓏"(《合集》5096 正)形。延有作人名者,他是武丁时期的贞人，卜辞如：

(1) 甲午卜，延，贞东土受年。(《合集》9735)
(2) 乙巳卜，延，贞雨。(《合集》11761)

延曾受到商王的关心，卜辞如：

(3) 延其有剢。(《东京》282)

"剢"从豕从刀，其本义当为杀猪，引申之则或有杀伐、凶杀义。① 辞义为卜问延是否有凶灾。

後（後）

武丁的占卜机关中，有名为後（後）者，或称"羌後"，参与龟甲整治工作，卜辞如：

(4) 己丑後示一屯。岳。(《东京》549 白)
(5) 戊戌羌後示七屯。鼓。(《合集》7383 白)
(6) 己丑乞自岳五屯。後示三屯。岳。(《合集》9408 白)
(7) 戊戌羌後示七屯。小鼓。(《合集》10643 白)

羌後参与商王室的甲骨整治事务，他或为贞人、史官，或为商王室之成员。

彶（彶）

彶为𠂤组卜辞的贞人，他占的卜辞共有20条左右，卜辞如：

(8) [丁]丑卜，彶，令□出至庚辰不。八月。(《合集》20163)

甲骨文中，只见彶活动于占卜机关，无法了解他在商王朝活动的详细情况。

延（延）、後（後）、彶（彶）之辨析

这四字都从彳，或加口，或加止，字形相近，都活动在商王室的占卜机

---

① 陈炜湛：《甲骨文异字同形例》，《古文字研究》第 6 辑，中华书局 1981 年版，第 243—245 页。

关，他们是否代表不同的族属，有必要进一步考订，卜辞如：

  （9）戊戌卜，㞢，延令夫、[彡]爰。（《合集》20165）
  （10）甲午卜，㞢山鼎印。十月。
    甲午卜，延亡鼎印。（《屯南》4310）
  （11）□卯，弜……延……㞢……延……（《合集》20162）

（10）延、㞢同在一版上出现，辞又为正反对贞，说明延、㞢为同一人。彶称"羌彶"，表明彶与延、㞢不同，他们之间没有必然之联系。当分别来自不同的族属而共同服务于商王室占卜机关。

  自组卜辞有㞢（㛸），卜辞如：

  （12）壬子[卜]，㞢（㛸）……（《合集》20158）
  （13）庚寅卜，㞢（㛸），王品司癸巳不。二月（《合集》20276）

㞢是贞人名。

（十四）伨

"伨"作"伨"形，为贞人（《合集》11760），武丁时期，他还参与王室其他事务，卜辞如：

  （1）[贞旬]亡囚。丙戌甗、伨、瑟。二月。（《合集》6063 正）
  （2）□未卜，贞……[王固]曰：有祟。四日……甗、伨、瑟。（《合集》7150 正）
  （3）□□[卜]，永，贞旬亡囚。
    [王]固曰：其有来艰。……丙戌允有来艰……伨……己。（《合集》7149 正）

"甗"一称"子甗"（《合集》3089），"瑟"为人名（《合集》2256 反）。辞义大致为伨与他人一起从事王事。伨要听从商王命令，卜辞如：

  （4）己酉卜，宕，贞[呼]从丘、伨。
    己酉卜，宕，贞勿爯呼从丘、伨。（《合集》8591）

(5) 甲辰卜，㱿，贞呼凡、丘。
贞宙俜呼凡、丘。（《合集》10171）

辞有省略，根据卜辞对贞关系，(4) 辞义为是否决定命令会同丘、俜从事某事。凡或作人、地、族名用，如："贞于凡令㱿"（《合集》3975）。此"呼凡"当为人名，(5) 辞义为俜命令凡、丘。俜从事王事，故受到赏赐，卜辞如：

(6) 贞牛畀俜㚔。（《合集》15929）

辞义为（商王）把牛赏赐给俜、㚔。

俜为臣属者，向商王纳贡，或者被用为罪奴，卜辞如：

(7) 俜以……（《合集》5713 反）
(8) 贞叟俜。（《合集》17955）

(7) 辞义为俜进贡于商王。"叟"，象两手捉持人的头部而曳之。① (8) 辞义为捉持俜或俜地之人作为人牲。

俜在非王卜辞出现过，卜辞如：

(9)〔己〕酉卜，亚，窒俜其惟臣。
己酉卜，亚，窒〔俜不〕其惟臣。（《合集》22301）

辞义为亚贞问，要以俜作为商王室之臣属。

何组卜辞中，俜又成为商王之戍官，卜辞如：

(10) 戍俜其……（《合集》28042，何组卜辞）

"戍"为戍守，也指管理戍人的一种武官职，如：戍骨、戍何、戍逆（《合集》26879）。戍俜即俜担任戍守之官。

---

① 于省吾：《甲骨文字释林》，中华书局1979年版，第301页。

与偁字接近的有一组人名，也活动在商王朝中，虽不见他们占卜问事，但与贞人有联系，是否为偁家族的分支或其人就是偁，不详，兹申述于下：

旃

"旃"作"斿"形，是武丁时期的重要人物，他与贞人㱿一起活动，卜辞如：

(11) 贞旃暨㱿弗［其］有叶王事。（《合集》5447乙）

叶王事即勤劳王事。辞义为旃、㱿勤劳王事。旃为王事服务的具体表现，卜辞如：

(12) 贞令旃从崇侯虎周……（《合集》6816）
(13) 贞令旃田于皿。（《合集》10964正）

(12) 辞义为商王命令旃会合崇侯虎去攻伐周。"皿"为地名，"田"为田猎。
(13) 辞义为商王命令旃到皿地进行田猎。商王对旃很关心，卜辞如：

(14) 丁亥卜，㱿，贞旃亡囚，叶王事。（《合集》5446正）
(15) □子卜，争，贞旃……灾。（《合集》4381）
(16) 己酉卜，旃出。（《合集》4379）

三辞大意是卜问旃有灾祸或外出。以上是旃与商王处于友好关系的占卜。旃还受到商王的讨伐（《合集》4415正）。

就方组卜辞中所见，偁和旃是同一人还是同一家族的两人，尚难以辨别。历组卜辞中，有斿、斿，其旗之标志放在大之上，卜辞如：

(17) 叀斿令［周］。
叀凿令［周］。
叀舌令周。（《合集》32885）

偁、凿、舌在武丁时期的方组卜辞中虎过周，裘锡圭认为历组卜辞中的斿、凿就是俹、凿的可能性很大。① 从字构形上分析，**犹**与䑛应是同一字的不同写法，用作名词时，当是人、地、族同名。**犹**字也当是俹的异体字，卜辞如：

(18) 甲戌，贞令陕。
　　 甲戌，贞令䑛（**犹**）。（《合集》32926）

亍组卜辞中，陕、**犹**、雷参与商王室对同姓贵族禽的征伐，卜辞如：

(19) □戌卜，亍，贞令䑛［途禽］。（《合集》6049）
(20) 贞叀陕令途禽。
　　 癸酉卜，亍，贞令䑛途禽。八月。（《合集》6050）

䑛、陕、雷在武丁时同时服务于商王室，共同参与对禽之战。历组卜辞中，出现商王同时命令陕、**犹**之占，说明**犹**有可能就是䑛字之异体，**犹**与**狱**、**狱**字相比，仅差人字偏旁而已，应是俹的一组异体字。

俹

"俹"作"**䍃**"形，为人名，受到商王的关心，卜辞如：

(21) 贞俹其有疾。（《合集》13757）

辞义是商王贞问俹有疾。说明商王对他的关心。

鼻

"鼻"作"**䏿**"形，为人名，他服务于商王室，且有封地，卜辞如：

(22) 贞令鼻。（《合集》8648 正）
(23) □丑卜，弜田**䏿**鼻受年。一月。（《合集》20653）

(22) 辞义为命令鼻从事某事。

儒

"儒"作"**㑔**"（《合集》9041 正）、"**㑔**"形，是商的臣属，向商王贡

---

① 裘锡圭：《论"历组卜辞"的时代》，《古文字研究》第六辑，中华书局1981年版。

纳，进贡的品种有牛、龟等，卜辞如：

  （24）贞儶不其以龟。（《合集》8998 正）
  （25）己未卜，㱿，贞儶以。（《合集》9043）
  （26）贞儶以。（《合集》9044 正）
    〔王固〕曰：惟〔儶以〕。（《合集》9044 反）
  （27）贞儶弗其以。（《合集》9046）

"儶以"即儶贡纳。所进贡物品有用于祭祀于河者，卜辞如：

  （28）贞今四月儶至。（《合集》4357）
  （29）贞儶以。
    贞求年于河。（《合集》40107）
  （30）甲戌卜，㱿，贞呼往见于河，儶至。（《合集》4356）

（29）辞义为商王要向河举行求年之祭祀，儶致送祭祀供品。（30）辞义为商王命令在黄河某处朝见（臣属），儶能到达。儶还接受商王朝命令，卜辞如：

  （31）贞勿惟儶令。（《合集》5571 正）
  （32）乙丑卜，㱿，贞儶……擒。（《合集》10769）

（31）辞义为商王命令儶从事某事。（32）辞义为儶参与田猎活动，能有所擒获。

㽵

"㽵"作"㽵"形，有两层含义：其一，为宗庙建筑或跟后世的行宫相类的一种建筑，如"父甲㽵"、"祖辛㽵"（《合集》27254）。其二，㽵为人名，一称"子㽵"，卜辞如：

  （33）己未卜，御子㽵于母萑。（《合集》3227）

辞义为给子㽵禳除灾祸，向母萑举行御祭。㽵拥有封地，他向商王朝贡纳物品，卜辞如：

(34) 㽅以百。(《合集》9049 反，甲桥刻辞)

㽅要向商王纳贡，说明他有封地。

从以上的材料可看出，俌为武丁时期的贞人，他从事王室事务，包括担任商王朝的戍守之官；向商王纳贡称臣。䐓服务于王室，他经常与贞人殷为王事奔波，又与贞人韦同时受到商王之敕戒镇抚，䐓即俌。俌、𠂤、𭒀、䐓、傅、儁、鼻、儒、㽅当为一组异体字或同源字。而作为人名来讲，他们或同出一族，为人、地、族名的同一，或同属一家族中的几个分支家族，同时为商王服务，每一家族为王室的服务的内容并不相同。

(十五) 专

专有三种含义：其一，专为动词，即劗义，如"戉其专伐方"(《合集》7603 正)。《一切经音义》十四引通俗文："劗，截断也。"专伐义为断伐、截伐。[①] 其二，专为祭祀用语，如"不其专、酌"(《合集》16217)。其三，专为人、地、族名的同一，下作探讨。

专是武丁时的侯服官，一称"侯专"(《合集》3350)，他曾服务在商王身边，卜辞如：

(1) 其从侯专。(《合集》20065)
(2) 癸亥卜，王，贞余从侯专。八月。(《合集》3346)
(3) [侯] 专启……余受 [佑]。(《英藏》373)

(1)、(2) 辞义为商王率领侯专从事（某事）。(3) 辞义为侯专为商王开道启行。专为臣属者，他拥有封地，卜辞如：

(4) □子卜，贞……侯专归。(《合集》3349)
(5) 丁巳卜，争，贞呼归专 [于] 盂，死。五月。(《英藏》366)
(6) 己亥卜，母专来，今载……七月。(《怀特》1630)
(7) □□卜，𡆥，[贞] ……专人……𡆥、盂。(《合集》16239)

---

① 刘钊：《卜辞所见殷代的军事活动》，《古文字研究》第十六辑，中华书局1989年版。

(8) 贞呼作圂于专。
勿作圂于专。(《合集》11274 正)

(4) 辞义为让侯专归。(5) 辞义贞问命令某人送专归于盂地，会否死去。母通毋，"母专来"当为"专毋来"的倒语，(6) 辞义为专不会从其封地到商王都来供职或贡纳。"圂"字从豕从口，口表示养牲畜的圈舍，一释监狱。(8) 辞义为商王命令建圂于专地。

从以上的甲骨文材料看，专有封地，他贡纳称臣。商王还可以在其地设置圂，说明商王对他有绝对的统治权。专长期服务于商王室，到康丁时期，他成为商王室的专职贞人，卜辞如：

(9) 癸未［卜］，叩，［贞］旬［亡］囚。
□卯卜，专，贞旬亡囚。二月。(《合集》27714)
(10) 戊寅卜，专，贞王不遘雨。(《合集》30106)

叩、专为何组卜辞的贞人，这是他们同时进行的贞问之例，此专当为武丁时期侯专后人。

(十六) 购

购作"囧"形，为人名，是武丁时贞人，又参与商王室其他事务，为商王朝重要人物之一。

购服务于占卜机关，卜辞如：

(1) 丁亥乞自雩十屯。购示。叙。(《合集》9409 臼)
(2) 癸亥购乞自雩十屯。罟。(《合集》9410 臼)
(3) 丁亥乞自雩十屯。购示。兂。(《合集》9416 臼)
(4) 乙未购乞自雩十屯。小叙。(《合集》13523 臼)

以上所引为记事刻辞。"雩"为地名，辞义为购验视或整治了从雩地征集的十对牛肩胛骨，罟、兂、小叙等进行了记录签名。购还向地方征取贡品，卜辞如：

(5) 购以自……(《合集》9095)

辞义为朐把所征集到的贡品自某地送到王都。

朐是商王异姓贵族，或称"朐方"，他参与王室的杀伐致祭活动，卜辞如：

(6) 朐方……（《屯南》869，历组卜辞）
(7) 丙午卜，□，贞翌丁未……用，朐岁其……牛。（《合集》12643）

朐称"朐方"，虽仅一见，也是朐为商代方国之证。岁作"旿"形，本象斧戉之形，为祭名，(7) 辞义为翌日丁未这天朐杀牛牲以祭。朐受王令而奔波，卜辞如：

(8) 贞叀朐令。（《合集》4677）
(9) 癸丑卜，宕，贞叀朐令目禽孽。（《合集》4090）
(10) 贞呼朐暨宎入御事。（《合集》5560）
(11) □巳卜，贞王叀朐……以王族。在祖乙［宗卜］。（《合集》34132，历组卜辞）
(12) 朐射麇。（《合集》10360）

"孽"在此为动词，为作孽、作害之义。"目"在此为动词，即视察、省察，(9) 辞义为商王命令朐到禽地视察，有无灾孽。"宎"为人名，"御事"，即参与战斗练习，(10) 辞义为命令朐与宎回到商王都进行战斗练习。(11) 辞义为商王在祖乙之宗庙占卜，要命令朐致送王族人到（某地）。(12) 辞义为朐能射获麇。朐作为商王的臣属，要尽贡纳义务，卜辞如：

(13) 辛酉卜，亘，贞生十月朐不其［至］。（《合集》4678 正）
(14) □亥卜，□，贞今十二月朐至。（《合集》4679）
(15) 朐来。（《合集》9207 反）
(16) 朐入二十。在□。（《合集》9288，甲桥刻辞）
(17) □辰［卜］，□，〔贞〕朐［其以］龟。（《合集》9000）

至有臣属者向商王贡纳之义，来、入、以为诸侯贡纳物品用语。以上是购向商王室贡纳物品的占卜。商王还有权利向购征取贡品，卜辞如：

(18) 己巳，☐乞购骨三。(《合集》35166)

辞义为派☐向购征取牛肩胛骨。历组卜辞有商王向购征取占卜之骨的记事刻辞，达10多条。

购受到商王关爱，卜辞如：

(19) 购其有[凶]。(《合集》4689)
(20) 贞购疾。(《合集》13746)

辞义是商王卜问购有无灾祸或疾病。

由甲骨文材料看，购有封地，向商王纳贡称臣，参与王室占卜、祭祀、狩猎以及军事活动等等；购还为商王征集贡物。从购的活动中可以看出，他是商王朝重要人物。

（十七）祝

"祝"作"☐"形，他是祖庚、祖甲时期的重要贞人之一（《合集》23599），他的主要任务是占卜贞问，卜辞中很少见他有其他活动的踪迹。

（十八）出

出为武丁晚期、祖庚、祖甲早期的贞人。出有与㱿组卜辞贞人永同时贞问者（《合集》25632）。早在武丁时期，他已经服务在商王室，卜辞如：

(1) 戊寅出示……(《合集》17582反)
(2) 辛亥卜，㱿，贞出从望☐……(《东京》313)
(3) 丙申卜，争，贞令出以商臣于盖。(《合集》636)

"望☐"辞残，在甲骨文中有望乘、望洋、望戍等人，(2)辞义为出同望某（从事王事）。"盖"为地名，(3)辞义为商王命令出送子商臣到盖地。

（十九）逐

逐为祖庚、祖甲时贞人，他参与占卜之辞如：

(1) 壬申卜，逐，贞示壬岁其延于［示］癸。(《合集》22714)

逐还参与过商王朝军队事务，担任戍官，称"戍逐"，卜辞如：

(2) 戍逐弗雉王众。(《合集》26879)
(3) 癸丑卜，狄，贞戍逐其雉王众。(《合集》26881)

雉为部别、编理人众。辞义为担任戍守之官的逐，要否部编族众。这是逐作贞人以外，还参与王事的记录。

(二十) 中

甲骨文"中"作"𐘺"、"𐘻"、"𐘼"等形，有用为人名，他自武丁时期就活动在商王朝的占卜机关。

中主要为祖庚、祖甲时贞人，他参与商王室占卜活动，辞如：

(4) 癸酉卜，中，贞四牛。(《合集》24394，出组卜辞)
(5) 庚戌卜，中，贞卜有祟。(《合集》26098，出组卜辞)

以上所引中为贞人。早在武丁时"中"已担任小臣之职，卜辞如：

(6) 乞自啚廿屯，小臣中示。兹。(《合集》5574)
(7) □子，小臣中［示］。(《合集》5575)
(8) 小臣中。(《合集》16559 反)
(9) 中示。啚。(《合集》4931)
(10) 中示。(《合集》7569 反)
(11) 妇㚔。中、𠂤。(《合集》15528 白)
(12) 乙丑妇笅示一屯。小叡、中。(《合集》17508 白)
(13) 甲子妇𤔲示四屯。小叡、中。(《合集》17510 白)

这是几版骨面、骨臼刻辞，是记载卜骨来源等事项的记事刻辞。啚，为甲骨的征集地点，(6)辞义为从啚地征集卜用骨二十屯，由小臣中进行检视，兹作记录签名。中服务于占卜机关，担任小臣之职，说明他应是占卜机关的主要官吏。"中"有其族人，卜辞如：

(14) 贞令中人。七月。(《合集》3336 正)

(15) 贞〔令〕中［人］。(《合集》3337)

(16) 往中。(《合集》2727 反)

"中人"，即"中"所拥有的族众，"中"为其封地。"中族"是臣服于商王朝较长的一个部族，无名组卜辞云：

(17) 戊辰卜，在凌，犬中告麋。王其射。亡戈。擒。(《合集》27902)

(18) 叀戍中往。有戈。(《合集》27975)

犬为狩猎官名，"犬中"即中担任商王朝的狩猎之官。戍为商王朝武官之职，"戍中"即中担任商王朝的戍守之官，此"中"在康丁时期曾为犬官、戍官。殷墟西区曾经出土过"中"家族的铜器，M699 出土的三件铜铙上有"中"字铭文，经鉴定这些铜器的墓主为男性，[①] 说明"中"家族是商王朝时期重要家族。

（二十一）行

行作"彳"形，行有用为人、地、族名，行为祖庚、祖甲贞人。武丁时，行就已活跃在王室事务中，卜辞如：

(1) 贞行叶王事。
贞行弗其叶王事。(《合集》5454)

辞义为行勤劳王事。行有为王宴请，卜辞如：

(2) □子卜，宁，贞王曰行燕，🗆祟。(《合集》586)

"燕"为宴飨，"🗆"为某种身份之人，释为仆，(2) 辞义为商王令行宴飨时，

[①] 中国社会科学院考古研究所安阳工作队：《1969—1977 年殷墟西区墓葬发掘报告》，《考古学报》1979 年第 1 期。

仆是否会作祟。行还到外地征取贡品或贡物，卜辞如：

　　（3）行以叙。（《合集》4907 正）
　　（4）行弗其以⚡女。（《合集》674）
　　（5）癸巳卜，韦，贞行以㞢师暨［邑］。（《合集》8985 正）
　　（6）贞行以㞢师暨㞢邑。
　　　　壬辰卜，亘，贞弗其以⚏⚏。（《合集》8987）

"叙"为武丁时期的贞人和卜官，（3）辞义为行致送叙前来。"⚡"为人名，（4）辞义为行致送⚡族的女子。"㞢"和"ㄨ"都可以用作"又"、"有"、"侑"，但是，"㞢"有时用作地名和族名，"ㄨ"却不能。而"ㄨ"可用作左右之"右"，"㞢"却不能。① "㞢"称"㞢族"（《合集》5622）、"㞢伯"（《合集》3444、20078）、"㞢侯"（《合集》20061），"㞢师"、"㞢邑"，（5）、（6）辞义为行致送（某物或人）到㞢师和㞢邑。

行还为商王征取贡物，卜辞如：

　　（7）行取二十五。（《合集》13658 反）
　　（8）贞行取不惟艰。（《合集》8856）
　　（9）贞呼行取龚友于叻，庶以。（《合集》6595）

（7）辞义为行征取二十五个龟甲。（8）辞义卜问行在外为王室征取贡物有没有灾祸。"龚"曾是商王朝的敌对方国之一，后臣服，（9）辞义为行于叻地向龙方国征取贡品，庶送来。行受到商王关心，卜辞如：

　　（10）贞行有耂。
　　　　贞勿……行以。（《合集》4902）

辞义为贞问行有灾害。行要致送贡品到王室。行不仅勤劳王事，而且要尽贡纳义务，并允许商王在其地活动，卜辞如：

---

① 姚孝遂等：《殷墟甲骨刻辞类纂》，中华书局 1989 年版，第 11 页。

(11) 遘在行。(《屯南》2718)

(12) 贞王不役在行。(《合集》8139)

(13) 癸未卜，王曰贞有兇在行，其左射及。(《合集》24391)

(14) 叀行南麓擒有狐。吉。(《合集》28320)

行的领地称行。"役"为役使，(12) 辞义为商王在行地进行役使活动。(13) 辞义为商王在行地打猎，左翼射手射及兇。(14) 辞义为在行领地南麓打猎，能擒获狐。占卜结果吉利。

行地当位于殷王都的西部，卜辞如：

(15) 贞燎于西弗保。

贞令行若。(《英藏》339)

辞义为商王在西部举行燎祭，能否受到保佑。商王命令行顺利否。商王还占卜位于王都西部的戌和行叶王事（《合集》5456），可知行与戌地相临或相近，位于王都西部。

行为祖庚、祖甲时期的贞人，但在武丁时期，行即臣属于商，并贡纳，他不仅活动在商王朝的占卜机关，而且还从事其他王事。到祖庚、祖甲时期，专从事于占卜。从行这一人物，可以看出，祖庚、祖甲时期商王室占卜机关人事的变动。

(二十二) 叩

叩作"𣢦"、"𣢟"形，是何组卜辞的贞人。武丁时期，叩已经活跃在王室的事务中。

商王祭祀其祖先时，叩曾担任执行者，卜辞如：

(1) 贞叩其有畀。(《合集》4500)

(2) 贞叩……伐……(《合集》1010)

(3) 壬寅卜，妣癸岁，叩彭，翌日癸。(《屯南》236)

(1) 辞义为叩主持杀伐之祭。妣癸为中丁配或武丁配，彭，祭名，当与用牲之祭有关，(3) 辞义为（商王）祭祀妣癸时，叩杀牲致祭。叩也曾被用为人牲而致祭于商先王，卜辞如：

(4) 贞王戕多屯不佐若于下上。
　　贞将卬。
　　贞勿将卬。(《合集》809 正)

"戕"，即杀伐，"多屯"为人牲。"将"，叶玉森释为古"戕"字，《说文》："戕，伤也。"即屠杀之义。① (4)辞义为商王杀伐多屯以求上下神祇佐助。又问是否杀伐卬以祭。但卜辞中更多的是卬服务于商王朝，勤劳王事，如：

(5) 贞今夕其虐。
　　贞卬[叶]王事。(《合集》17192 正)
(6) 乙酉卜，宕，贞呼歽、卬若。(《合集》1823 正)

虐作"䖍"形，裘锡圭认为字象虎抓人欲噬形，应是"虐"之初文，与灾祸有关。② (5)辞义为今晚有灾祸发生。卬勤劳王事。(6)辞义为(商王)命令歽、卬(从事某事)顺利与否。卬不仅勤劳王事，还要尽纳贡义务，卜辞如：

(7) 贞勿呼取卬。(《合集》1381)
(8) 贞卬弗其以有正。(《合集》4499 正甲)
(9) 丁亥卜，殷，贞卬以有正。(《合集》4499 正乙)

(7)辞义为向卬征取贡物。(8)辞义为卬向商王贡纳物品。卬受到商王的关心，卜辞如：

(10) 贞卬亡国。
　　贞卬其有国。(《合集》10346 正)

---

① 叶玉森：《殷虚书契前编集释》，上海大东书局 1933 年版，卷四，第 5 叶上。
② 裘锡圭：《古文字论集·释虐》，中华书局 1992 年版，第 46 页。

辞义为贞问叴有无灾祸。在祖庚、祖甲时期，未见其活动之踪迹，到廪辛、康丁时期，他则成为重要的贞人之一。

(二十三) 何

"何"作"󰀀"、"󰀁"形，象人荷戈形，为人、地、族名的同一，何是康丁时贞人，武丁早期，他就服务在商王朝，卜辞如：

(1) □□〔卜〕，扶，令何……（《合集》20239，自组卜辞）
(2) 丁未卜，贞䖒囚，告王。
丁未卜，贞何囚，告□。（《合集》20577，自组卜辞）

自组卜辞是武丁早中期卜辞，辞义为命令何从事某事。亐组卜辞中，何已从事于卜用甲骨的整治，卜辞如：

(3) 何（《合集》1449 臼）

骨臼刻辞多为记事刻辞，记"何"签署整治的甲骨。康丁时期何成为商王朝的主要贞人。何曾是武丁时期的一个方国，卜辞如：

(4) 见何方。（《合集》7001）
(5) 乙亥……有壴。（《合集》17027 正）
夷何……。（《合集》17027 反）

"见"有多种含义，作为动词，为觐、献、现之义，还有监视之义，甲骨文中，称某方的方国，与商王朝的关系时好时坏，对敌方国，卜辞有"见方"（《合集》6742）、"见舌方"（《合集》6167）之占，"见"当为监视，(4)辞义当为（商王贞问）监视何方的动向。何称何方仅此一见，也证明何曾是方国。夷为何义，不详，字从矢，或与用武有关，(5)辞义为夷伤何方。

以上是何与商王朝为敌的史实。何在武丁时期，已臣服于商，商王有权向他征取贡品，当敌国侵犯时，又受到商王的保护，卜辞如：

(6) 丁丑卜，亐，贞勼□何有〔畀〕。（《合集》19037）
(7) 丁巳卜，争，贞呼取何刍。（《合集》113 甲正）

(8) □辰卜，曰方其敦见、何。允其［敦］。（《合集》6788）
(9) 壬辰卜，方其敦见、何。（《合集》6789）
(10) 何弗其受方［佑］。（《合集》8645）

(6) 辞义为贞问向何征求物品，何会否进贡。(7) 辞义为向何征取刍牧。"见"为一方国（《屯南》2328），武丁时期臣服于商王朝。"方"为武丁早、中期的一个较大的敌对方国，(8)、(9) 辞义为方国挞伐见、何族之地。何与方进行战争，能否受到保佑。商王多次为见、何受到方国的入侵占卜，说明见、何之地当与方相近。臣服于商的何，有义务为王事效劳，卜辞如：

(11) 贞疚不其以羌。
    贞何以羌。（《合集》274 正）
    王占曰：其以。（《合集》274 反）
(12) 癸亥卜，宁，贞令何、受呼辣小臣弋卒。（《怀特》961 正）
(15) 贞令宁以射何弋卒。
    贞令何、受呼辣小臣弋卒。（《怀特》962）

"疚"为人名，"羌"是西边部族，(11) 辞义为疚、何能否送羌俘到商王都。何还参加商王室之祭祀，卜辞如：

(14) 贞令酉……允子何。
    御妇好……（《合集》12311 正）

酉字义为用酒祭祀。(14) 辞义谓为妇好举行禳除灾祸之御祭，子何进酉酒。何在此称"子何"，当是爵称。何在祖庚、祖甲及康丁时期，还参与商王朝的军事活动，如：

(15) □□卜，旅，［贞］…令何……［衛］。（《合集》23676）
(16) 戌何弗雉王众。（《合集》26879）

"衛"为防卫之义，(15) 辞义为命令何进行防卫。戌为武官，"戌何"即何担任成官。何在康丁时期，主要为贞人，如：

(17) 乙巳卜，何，贞亚旁以羌其御用。(《合集》26953)
(18) 癸卯卜，壴，贞旬亡囚。
癸亥卜，何，贞其登㚔于祖乙，重翌乙丑。(《合集》27220)

从以上的甲骨文材料看，何曾是一方国，在武丁早中期，与商王朝的关系时好时坏，武丁通过战争，使何臣服，何勤劳王事并贡纳，到康丁时期，有担任贞人者。

(二十四) 口

口有为贞人，他出现于武丁时期，祖庚祖甲时期，不见其活动之踪迹，到康丁时期，口不但活动在商王朝的占卜机关，而且还见于商王朝的其他事务中。口为贞人，卜辞如：

(1) □□［卜］，口，贞我受年。(《东京》304，㱿组卜辞)
(2) 辛酉卜，口，贞今夕亡囚。(《东京》669，何组卜辞)

㱿组卜辞中口为贞人的占卜仅一见，这也是口活动于武丁时期占卜机关的史征。到康丁时期，他不仅占卜，还担任小臣之职，卜辞如：

(3) 丁巳卜，重小臣刺以汇于中室。
丁巳卜，重小臣口以汇于中室。(《合集》27884)

"汇"，在卜辞中用作祭名。① 室，陈梦家谓："《尔雅·释宫》'室有东西厢曰庙'，是室为庙中之一部分，处于两夹之中间。"② (3) 辞义为让小臣刺还是小臣口致汇祭于中室。小臣口还参与商王朝的其他事务，卜辞如：

(4) 重小臣口。
重小臣馘。(《合集》27889)

---

① 于省吾：《甲骨文字诂林》，中华书局1996版年，第1301页。
② 陈梦家：《殷虚卜辞综述》，中华书局1988年版，第471页。

"叝"一称"叝方"(《合集》27990),辞义为选取小臣口还是小臣叝。口还担任过商王朝的犬官,卜辞如:

(5) 其从犬口,擒有狐。兹用。允擒。(《合集》28316,何组卜辞)
(6) 叀昏,犬口从,屯日……兹用。(《合集》27751,何组卜辞)

(5)辞义为(商王)率领犬官口田猎,能否擒获狐,结果有擒获。口还直接听取王令,卜辞如:

(7) 乙巳卜,叀𠂤令。
乙巳卜,叀口令。(《合集》32906)

"𠂤"、"口"为人名,(8)辞义为商王命令𠂤、口。

"口"作为人名、族名,自武丁时期就活动在商王朝的占卜机关,到康丁时期,他从事的活动,不仅有占卜、祭祀,还有田猎及其他事项,可知,口在康丁时,受到商王的重用。

(二十五)屮

屮是𠂤组卜辞的贞人,𠀝组卜辞中,仍活动于占卜机关。他与商王一起占卜,卜辞如:

(1) 壬午卜,王,贞屮曰方于甲午其征。七[月]。(《合集》20423)
(2) 丙寅卜,屮,王告取兒□。屮固曰:若,往。(《合集》20534)
(3) 癸卯卜,王曰:㞢其𢀛。
贞余勿呼延醫。屮曰:吉。其呼醫。(《合集》20070)

"屮"为伯爵,卜辞如:

(4) 贞令屮伯于羣。(《英藏》1977)

辞义为商王命令屮伯前往羣地。屮伯有封地,向商王贡纳,卜辞如:

(5) 取屮、友于鸟。(《合集》8240 反)

(5) 辞义为商王向屮、友征取贡物。屮还与易、佀共同服务于商王室，卜辞如：

(6) 易暨佀以屮。(《合集》19026)

辞义为易与佀致送屮。

(二十六) 我

"我"字本义是一种锯形器，郭沫若谓："盖即我之母型也。"① 张政烺、② 林沄③对"我"字有考释。甲骨文中，"我"用借义，有三种用法：自称；适宜；人、地、族名。这里论述"我"作为人和族在商王朝时期的活动。

我在商王朝的活动

"我"为子组卜辞的贞人，卜辞如：

(1) 辛巳卜，我，贞我有事。今十月。(《合集》21663)
(2) 丁巳卜，我，贞今夕……(《合集》21598)
(3) 甲子卜，我，贞有事。(《合集》21586)

这是贞人"我"进行的占卜，"我有事"指子组卜辞的主人"子"有事，再如：

(4) 甲午卜，㠯，贞今六月我有事。(《合集》21668)

辞义是贞问今年六月我（子组卜辞的主人）有事。"事"指祭祀或战争。"我"占的卜辞还有：

---

① 郭沫若：《殷契粹编》，科学出版社 1965 年版。
② 张政烺：《释甲骨文俄、隶、蕴三字》，《中国语文》1965 年第 4 期。
③ 林沄：《说戚、我》，《古文字研究》第 17 辑，中华书局 1989 年版。

(5) 己卯卜，我，贞令龏，翌庚于雀。
甲申，余卜，子□商言多亚。(《合集》21631)

余、我同为子组卜辞的贞人，这是一版余、我两人同时占卜的辞例。
"我"在𠂤组卜辞中，是一个活跃的人物，他有自己的封地，封地称"我"，卜辞如：

(6) 贞在我。(《合集》8308)
(7) □酉……于我。(《合集》17794 正)
(8) 庚子卜，在我。(《花东》7)

在、于后之字为名词，往往为地名，"在我"、"于我"即在我族之地。我地不仅是商王经常光顾的地方，花园庄东地卜辞的主人——"子"也曾在我地进行祭祀，卜辞如：

(9) 甲辰，宜丁牝一，丁各仄于我，翌于大甲。用。(《花东》34)

"宜"，即俎，为祭祀名亦为用牲之法。各，孙海波谓："经典作格，《书·尧典》：'格于上下。'传：'格，至也。'"[①] 仄即昃，表示时辰，日偏西之时。(9)辞义是用牝牛一宜祭丁，丁在翌祭大甲的昃时降临我地。商王及花园庄东地卜辞的主人在我地活动，说明我族与商王朝关系密切。
"我"曾是一方国，商王对臣属国也有关心而进行占卜，卜辞如：

(10) 我方亡其祸。(《合集》4077)
(11) 贞𠂤亡祸。(《合集》816 正)

"𠂤"为武丁时期的重要人物，武丁出于关心他贞问是否有灾祸。"我方"在辞中是一行，当连读，通过与(11)进行比较可知是方国名。(10)辞义问我方是否有灾祸发生。这是商王对"我方"的关心，说明"我方"臣属于商王朝。我拥有一定的经济实力，要向商王纳贡，卜辞如：

---

① 孙海波：《甲骨文编》，中华书局 1986 年版，第 45 页。

(12) 我以千。(《合集》116 反，甲桥刻辞)
(13) 我来三十。(《合集》248 反，甲桥刻辞)
(14) 我入□。(《合集》3971 反，甲桥刻辞)
(15) 自我。(《合集》2731 反，甲桥刻辞)
(16) 我五。(《花东》470，甲桥刻辞)

上引辞为记事刻辞，以、来、入是表示臣僚向商王朝贡纳甲骨的用语。"我五"动词省略，即我地贡纳了五个龟甲。我还进贡给商王其他物品，卜辞如：

(17) 丁酉卜，宕，贞我来系。(《合集》1099 正)
(18) 酌河三十牛以我女。(《合集》672 正)
(19) 以我牛。(《合集》8974)

"系"象人的脖子上有绳索之形，当为俘虏或罪人等，(17) 辞义为我贡纳罪仆。"酌"为祭名，"河"在甲骨文中指黄河和祖先神河，在此指祖先神——高祖河(《合集》32028)，因为同版同时祭祀的有王亥。(18) 辞义是用三十头牛，再用我族致送的女子作牺牲酒祭高祖河。(19) 记我进献牛。

我臣服于商王，故要来朝见商王，卜辞如：

(20) 丙辰卜，殻，贞今春我不其自来。(《合集》4769 正)
(21) 壬戌卜，殻，贞我亡来。(《合集》14721 正)

辞义贞问今春我族之首领要否来朝见商王。商王还有权利向我族征取贡物，卜辞如：

(22) 呼取我。(《合集》6920)

商王还派使者前往我地，卜辞如：

(23) 丁丑卜，韦，贞使人于我。(《合集》5525)

我主动向商王室贡纳物品,商王有权向我征取贡品,并派使者到我地,这说明,拥有领地的我是商王朝的臣属者,我与商王的关系,当为"君与臣"的关系。我还要受商王之令,勤劳王事,如:

(24) 甲寅卜,宕,贞我叶王事。(《合集》5480 正)

我还参与商王朝对外战争,卜辞如:

(25) 呼我戋缶。(《合集》6870)
(26) 贞勿令䚔从我称〔册〕。十月。(《合集》7418)
(27) 乙未卜,□,〔贞〕宰立事〔于南〔,右从我,〔中〕从奥,左从〔曾〕。十二月(《合集》5512 正)

"缶"是殷王都之西的部族,(70)辞义为商王命令我攻打缶。"䚔",人名,称册,每与征伐方国的战事有关,是作战前所举行的一种仪式,即商王将书写战争誓辞或出兵命令的典册当众宣读,并授予领兵之将。[①](26)辞义为商王命令䚔率领我称册出征。"南"即商王朝的南土,"立事"即"莅事"、"位事",事指戎事。我当为我族之首领而不是商王。商代是三军建制,称左、中、右。商王如果参与战争,是军队的最高指挥者,必率中军,(27)辞中之我率领的是右翼军队,说明"我"是我族之首领。"我"参与商王朝对南土的战争,花园庄东地的卜辞中也有反映,卜辞如:

(28) 己未卜,在斲,子其呼射告暨我南征。惟仄若。(《花东》264)

"告"在宁组卜辞中一称"侯告"(《合集》6480),是商王朝的侯服国,多次参与商王朝的对外战争,射为职官名,侯告当担任射官,故称"射告";"我"在此指我及我族之人,不是"子"之自称,辞义是"子"命令射告和我族之首领对南土征讨,昃时出发顺利。

---

① 王宇信:《周原庙祭甲骨"䚡周方伯"辨析》,《文物》1988年第6期。

我族之人称为我人，花园庄东地的甲骨卜辞如：

(29) 戊午卜，我人擒。子占曰：其擒，用，在殷。(《花东》312)
(30) 翌甲，其呼多臣舟。
    癸卜，其舟殷我人。
    癸卜，我人其舟耆。(《花东》183)
(31) 乙丑卜，我人叶友子炅。(《花东》455)

(29) 辞义是我族之人能擒获猎物。"殷"、"耆"为地名，"多臣"是官吏，(30) 辞义是癸日占卜，翌日命令多臣用船送我人到殷、耆地。"子炅"是人名，(44) 辞义是我人为子炅之事奔波。

"我"是商王朝武丁时期一个重要的族属，拥有一定的经济、军事实力，臣属于商王，不仅服务于商王朝占卜领域，而且还活动在商王朝的其他事务中，他向商王室贡纳的记录较多。

以上是有关贞人在商代王事活动中的情况。

据不完全统计，宾组卜辞中有贞人42位，自组卜辞中有8位，H3卜辞中有20位，原子组卜辞中有6位，午组卜辞中有2位；出组卜辞中有27位；何组卜辞中有27位；历组卜辞中有2位；黄组卜辞中有2位。总计136位贞人。贞人有异代同名现象，如吊（《合集》16530、31620），这一家族世代为贞人。

贞人表：

1. 宾组卜辞表

宾 《合集》6	殷 《合集》32	争 《合集》23
亘 《合集》511	葡 《合集》511	由 《合集》136
《合集》154	《合集》3878	《合集》16609
韦 《合集》419	永 《合集》555	永 《合集》12342
《合集》3610	《合集》3914	允 《合集》6671
先 《合集》6812	叙 《合集》33	共 《合集》17586
賄 《合集》12343	逆 《合集》12340	《合集》12344
内 《合集》478	禽 《合集》12347	史 《合集》12372
齵 《合集》3944	猱 《合集》3357	《合集》6578

续表

中《合集》9745	祉《合集》9745	卣（卣）《合集》3927
耳（耳）《合集》3941	俤（俤）《合集》3935	卯（卯）《合集》3943
𩰬《合集》3911	界（界）《合集》3930	芇《合集》3933
棥《合集》3936	窒（窒）《合集》3937	口《东京》304
出（出）《合集》365	扶（扶）《合集》112	吊（吊）《合集》16530

2. 自组卜辞

自（自）《合集》19890	卜《合集》19890	扶（扶）《合集》19907
㐱（㐱）《合集》20048	衍《合集》21013	𡕗（𡕗）《合集》20167
屮《合集》19754	𩵋《合集》19967	

3. H3 卜辞中贞人

子灵《花东》6	利《花东》22	子𡖊《花东》33
夫《花东》57	亚奠《花东》61	允《花东》464
友《花东》152	𡙕《花东》174	弹《花东》174
受《花东》191	三小子《花东》205	陟《花东》205
大《花东》307	母《花东》349	爵凡《花东》349
𡖊《花东》550	配《花东》441	週《花东》441
𠔼《花东》441	丁《花东》446	

4. 子组卜辞

子（子）《合集》21529	余（余）《合集》21562	我（我）《合集》21586
𠂤（𠂤）《合集》21567	䍼（䍼）《合集》21564	‖《合集》22531

5. 午组卜辞

𢀜《合集》22308	𠀀《合集》22074

6. 出组卜辞

大（大）《合集》22548	祝（示）《合集》22588	出（出）《合集》22580
逐（逐）《合集》22714	中（中）《合集》22587	喜（喜）《合集》22708
夭（夭）《合集》22538	骨（骨）《合集》22728	臼《合集》23633
凶《英藏》2034	尹（尹）《合集》22549	行（行）《合集》22550
旅（旅）《合集》22539	即（即）《合集》22542	泽（泽）《合集》22650
豕（豕）《合集》22815	涿（涿）《合集》22621	先（先）《合集》23595
陟（陟）《合集》24839	兄（兄）《合集》26628	《合集》24462
《合集》24410	黄（黄）《合集》26662	尌（尌）《合集》26805
冬《合集》26810	伊（伊）《合集》23818	禄《合集》41407

7. 何组卜辞

狄（狄）《合集》27681	壴（壴）《合集》27694	《合集》27703
叩（叩）《合集》27715	狱（狱）《合集》27712	专（专）《合集》27714
員（員）《合集》27716	彭（彭）《合集》27697	口（口）《合集》27705
何（何）《合集》27863	歔（歔）《合集》27866	宁（宁）《合集》27042
罟（罟）《合集》31547	徣（徣）《合集》31488	《合集》31486
田《合集》31480	教（教）《合集》31482	豕（豕）《合集》30546
十《合集》31603		吊（吊）《合集》31620

8. 历组卜辞

历（历）《合集》32815	屮（屮）《屯南》2113	

9. 黄组卜辞

黄（黄）《合集》36484	泳（泳）《合集》36484	《合集》35402
齐《屯南》4177	齐（齐）《英藏》2508	

第八章

商王朝史事徵

商王朝史事，包括商前期的成汤网收三面的修德行善、伊尹放太甲于桐的历史事件，中期的九世乱和后期的盘庚迁殷、高宗肜雉、祖甲改制、武乙"射天"与猎于河渭等对商王朝历史有重大影响的事件，下面作一分述。

第一节 商朝前期史事

商前期发生过成汤网收三面与伊尹放太甲于桐两大历史事件。成汤网收三面，与成汤行仁义、得天下有密切关系；伊尹放太甲于桐，是"臣权对君权"的干涉，还涉及到伊尹在中国历史上的地位及后人对其正确评价等问题。

一 网收三面与汤黜夏命

成汤以夏之诸侯，灭夏建商，有两方面原因：夏统治者的荒淫腐化及成汤的修德行善而民心所归。

（一）夏桀荒淫腐化

《国语·周语下》："昔孔甲乱夏，四世而陨。"夏王朝自孔甲时开始走向衰落，其主要原因是夏统治集团荒淫无道的结果，故《史记·夏本纪》谓："帝孔甲立，好方鬼神，事淫乱。夏后氏德衰，诸侯畔之。"

孔甲的第四世为履癸即夏桀，更加荒淫无道，导致诸侯叛离，百姓弗堪。《史记·夏本纪》："帝桀之时，自孔甲以来而诸侯多畔夏，桀不务德而武伤百姓，百姓弗堪。"夏桀骄奢淫逸，奢侈腐化，倒行逆施，主要表现在五方面：其一，大搞土木工程，劳民伤财。《古本竹书纪年》："夏桀作倾宫，瑶台，殚百姓之财。"《晏子春秋·内篇谏下》："及夏之衰也，其王桀背弃德行，为琼室、玉门。"其二，宠爱女色，奢侈无度。《国语·晋语一》："史苏曰：'昔夏桀伐有施，有施人以妹嬉女焉，妹喜有宠，于是乎与伊尹比而亡夏。'"《楚辞·天问》："桀伐蒙山，何所得焉？妹嬉何肆，汤何殛焉？"① 其三，伤风败俗，荒淫腐朽。晋《博物志·异闻》："夏桀之时，为长夜宫于深谷之中，男女杂处，三旬不出不听政。"《帝王世纪》："以人驾车，肉山脯林。以酒为池，一鼓而牛饮者三千余人，醉而溺水。以虎入市，而观其惊。"其四，草菅人命，引以为乐。《墨子·明鬼下》："故昔夏王桀贵为天子，富有天下，有勇力之人，……生裂兕虎，指画杀人。"其五，佞臣当权，为虎作伥，贤良遭殃。《庄子·人间世》："昔者，桀杀关龙逢。"《史记·龟策列传》（褚少孙补）："桀有谀臣，名曰赵梁，教为无道，劝以贪狼。"《路史·后纪十三下》注引《帝王世纪》："左师曹触龙，谄谀不正，贤良郁怨。"正是夏桀沉溺于醉生梦死的生活里，致使历法遭废，礼乐不兴，加上自然灾害严重，《墨子·非攻下》："至乎夏王桀，天有酷命（孙诒让按疑当为酷，谓严命也），日月不时，寒暑杂至，五谷焦死，鬼呼国，鹤鸣十夕余。"《国语·周语》："伊洛竭而夏亡，河竭而商亡。"《古本竹书纪年》："夏桀末年，社坼裂。"《帝王世纪》："桀淫乱，灾异并见，雨日斗射，摄提移处，五星错行，伊洛竭，慧星出，鬼哭于国。"《路史·后纪十三下》："灭皇图，乱历纪，玉瑞不行，朔不告。于是天不畀纯祎，孛出，枉矢射。地震天血，迅雷黄雾，夏霜而冬露，大雨水，里社坼，因之以饥馑，桀益重塞，好富忘贫，不肯感言于民。"夏王朝到夏桀时，社会动荡不安。此时，天气出现反常，后人认为这是灾异出现以警告夏桀，② 但夏桀仍执迷不悟，罢民力，殚民财。《韩诗外传》卷十："昔者，桀残贼海内，赋敛无度，万民甚苦。"激起了民众不满和愤恨，《尚书大传·汤誓》："夏人饮酒，醉者，持不醉者，不醉者持醉者，相和而歌曰：'盍归于亳，盍归于亳。亳亦大矣。'故伊尹退而闲居深听歌声。更曰：'觉兮较兮，吾大命格兮。去不善而就善，何不乐兮？'伊尹入告桀曰：'大命之亡有日矣。'桀侻然叹，哑然笑曰：'天之有日，犹吾之有民也。日有亡哉。日亡，吾乃亡矣。是以伊尹遂去夏适汤。"《尚书·汤誓》："夏王率遏众力，率割夏邑；有众率怠弗协，曰：'时日曷丧，予及汝

---

① 王逸注："言桀得妹喜，肆其情意，故汤放之南巢也。"
② 关于灾异并见，见《白虎通》。又见《春秋繁露·必仁且知篇》。

皆亡。'"众人因不堪活命，诅咒夏桀，宁愿与桀同归于尽，也说明夏末阶级矛盾尖锐激烈。

夏桀倒行逆施，导致夏王朝统治集团的分裂，《今本竹书纪年》：(帝癸)二十八年，太史令终古出奔商。二十九年，费伯昌出奔商。夏桀穷兵黩武，战争不断，《后汉书·西羌传》："后桀之乱，畎夷入居邠、岐之间。"《今本竹书纪年》：(帝癸)三年，畎夷入于岐以叛。十一年，会诸侯于仍，有缗氏逃归，遂灭有缗。(《左传》昭公四年，"夏桀为仍之会，有缗叛之。")十四年：扁帅师伐岷山。夏桀连年对外用兵，不仅加剧了与诸侯国之间的矛盾，而且劳民伤财，加剧了夏王朝与民众之间的矛盾，各种矛盾的聚合，加速了夏王朝的灭亡。

与夏桀相比，成汤仅是夏王朝的诸侯国，有地七十里(《孟子·梁惠王下》)或百里(《墨子·非命上》)。"法三圣，用三俊，克宽克仁，明德恤祀，贤于诸侯。"① 表现在：敬鬼神，行仁义，顺民心，《孟子·滕文公下》："汤居亳，与葛为邻，葛伯放而不祀。汤使人问之曰：'何为不祀？'曰：'无以供牺牲也。'汤使遗之牛羊。葛伯食之，又不以祀。汤又使人问之曰：'何为不祀？'曰：'无以供粢盛也。'汤使亳众往为之耕，老弱馈食，葛伯率其民，要其有酒食黍稻者夺之，不授者杀之，有童子以黍肉饷，杀子夺之。《书》曰：'葛伯仇饷。'此之谓也。"《史记·殷本纪》："葛伯不祀，汤始伐之。"《书序》云："汤征诸侯，葛伯不祀，汤始征之，作《汤征》。"② 葛是夏王朝的属国，放而不祀，成汤以夏方伯的身份前往征讨。葛伯不祭祀，不体恤民众之疾苦，与夏桀政治统治有关。夏桀荒淫无道，醉生梦死，十旬不出政令，乱历法，废农事，不序诸侯等级；③ 祭祀、礼乐不行，《大戴礼记·用兵》："夏桀、商纣赢暴于天下……妖替天道，逆乱四时，礼乐不行，而幼风是御(卢注云：幼风是御，任童幼之人使专政)；历失制，摄提失方，邹大无纪(指历法)；不告朔于诸侯，玉瑞不行；诸侯力政，不朝于天子；六蛮、

---

① 《路史·后纪十三下》。

② 《伪古文尚书·仲虺之诰》曰："乃葛伯仇饷，初征自葛。"孔传曰："葛伯游行，见农民之饷于田者，杀其人，夺其饷，故谓之仇饷。仇，怨也。汤为是以不祀之罪伐之。"又《胤征》孔传曰："(汤)为夏方伯，得专征伐，葛，国。伯，爵也。废其土地山川及宗庙神祇，皆不祀，汤始伐之，伐始自葛。"按：仇饷即欺贫苦农民，有道若汤者，当吊而伐之。

③ 《路史·后纪十三下》。

四夷交伐于中国。"作为夏的属国——葛，当然上行下效，不祀神灵，不关心民众疾苦，与夏桀一样，深信受命于天之观念而荒淫度日。国之大事，在祀与戎。① 祭祀是笼络人心，加强团结的重要统治手段，葛伯不祭祀而遭到讨伐，成汤由此获得了民心，为以后的南征北战、讨伐夏王朝的诸侯国奠定了群众基础。

成汤被夏桀授予征伐大权，大力对外征讨；另一方面，成汤又加强笼络民心。笼络民心与成汤施行仁义、宽厚待民关系密切。成汤网收三面就是其修德行善的表现。

（二）网张四面与网收三面

网张四面的记载最早见于《吕氏春秋·异用》："汤见祝网者，置四面，其祝曰：'从天坠者，从地出者，从四方来者，皆离（陈奇猷《吕氏春秋新校释》案：离、罹古通）吾网。'汤曰：'嘻！尽之矣，非桀其孰为此也。'汤收其三面，置其一面，更教祝曰：'昔蛛蝥作网罟，今之人学纾，欲左者左，欲右者右，欲高者高，欲下者下，吾取其犯命者。'汉南之国闻之曰：'汤之德及禽兽矣！'四十国归之。人置四面，未必得鸟，汤去其三面，置其一面，以网其四十国，非徒网鸟也。"《史记·殷本纪》："汤出，见野张网四面，祝曰：'自天下四方皆入吾网。'汤曰：'嘻！尽之矣。'乃去其三面，祝曰：'欲左，左。欲右，右。不用命，乃入吾网。'诸侯闻之，曰：'汤德至矣，及禽兽。'"《帝王世纪》："（成汤）出，见罗者方祝，汤问之曰：'尔之祝何也？'罗者曰：'从天下者，从地出者，从四方来者，皆入吾罗'。汤曰：'嘻！尽之矣，非桀其孰能为！'乃令解其三面而留其一面。更教之祝曰：'昔蛛蝥作网，今人学结，欲左者左，欲右者右，欲高者高，欲下者下，吾取其犯命者。'汉南诸侯闻之，咸曰：'汤之德至矣，泽及禽兽。况于人乎！'一时归者三十六国。"②

夏桀的网张四面与成汤的网收三面，表明了夏桀的贪婪残暴和成汤的宽厚仁慈，故有"汤德至矣，及禽兽"之语及汉南之四十国（一作三十六国）弃桀归汤之史实。汤之德及禽兽，当然予德于民。征葛伯（《孟子·滕文公》），伐有洛（《逸周书·史记》），降荆伯（《越绝书·吴内传》）的战争行为被称为"吊民伐罪"的义举，并得到天下诸侯的拥护，故东征西怨、南征

---

① 《左传》成公十三年。
② 《初学记》卷二十二引《帝王世纪》。

北怨（《孟子·梁惠王》）。这些文献有美化天下圣君成汤的成分，但成汤南征北战及诸侯归汤是历史事实，《尚书大传》："桀无道，囚汤，后释之，诸侯八译来朝者六国。"《帝王世纪》谓："诸侯由是咸叛桀归汤，同日贡职者五百国。"《今本竹书纪年》："二十三年，释商侯履，诸侯遂宾于商。"① 成汤的德治与夏桀的专制，导致夏王朝统治集团内部的分裂，② 削弱了夏王朝的统治，却增强了成汤的力量。

历史事实说明，成汤虽一介诸侯，修德行仁，在天下诸侯中威望逐渐提高；而夏桀拥有天下，荒淫无道，奢侈腐化，逐渐失去民众的支持。这一转变的根本原因在于"有德与无德"。天下非一家所有，有德者王，故成汤能黜夏命。

成汤与夏禹、周武王，是夏、商、周三代的开国之君，是天下之盛君，是后人讴歌的明君，其事迹受到后人称颂，其缺点和不合礼仪之事则被人遗忘。成汤能黜夏命是有预谋的，修德、行仁是为争取民心，而网罗天下之贤才（取其犯命者，愿意成为成汤之臣属），则是为灭夏作准备。③ 成汤所招纳的这些贤士，能为其出谋划策，他们为成汤讨伐夏桀作了人才上的准备。④ 夏朝末年，夏桀的统治不得民心，但他是当时天下的君主，拥有至高无上的权力。夏桀的贪婪残暴虽然失去了多数民众的支持，但成汤能否举兵能推翻夏桀的统治，要依靠围绕在他周围的智囊团发挥作用。正是成汤善于网罗、使用天下贤士，才有成汤灭夏建国的结果。

夏桀的网张四面与成汤网收三面形成鲜明对比，反映了夏桀的荒淫腐化及贪婪残暴和成汤的修德行善及宽厚仁慈，汤黜夏命，乃历史之必然。

---

① 《帝王世纪》所载："汉南之国归汤"及成汤遭夏桀之囚，被释放后，诸侯归汤。天下诸侯不仅叛桀归汤，夏桀的亳都之人也愿归汤受汤统治。

② 太史令终古奔商（《淮南子·氾论训》），费伯昌出奔商（《论衡》）。

③ 《鹖子》所记七大夫。又《路史·后纪十三下》："子履，汤也。汤有善行，天下之效之者，且百国矣。又得庆诵、湟里沮、东门虚、南门蠕、西门疵、北门侧七大夫佐，司御门尹、登恒为佑，始试之，弱密须氏，以为武教，试得密须氏，而知听服桀矣。乃率六州攸徂之民以伐桀。"

④ 伊尹参与成汤的外事活动，《今本竹书纪年》："帝癸十七年，商使伊尹来朝。"伊尹在夏，担负着获取夏桀军事情报目的，《孙子·用间》："昔殷之兴也，伊挚在夏；周之兴也，吕牙在殷。"《吕氏春秋·慎大》："汤谓伊尹曰：若告我旷夏尽如诗。"（诗即民间歌谣，歌谣所言之内容如《尚书大传》所言：（民众）离夏归商。）

二 关于"伊尹放太甲于桐宫"

太甲为太丁之子,成汤之嫡长孙。① 成汤崩后,商王朝由太甲继位为王。太甲初立,伊尹就"每进言以戒之",② 而太甲仍然暴虐、乱德,有可能导致商王朝的覆亡,故伊尹对太甲进行了放逐。伊尹放太甲于桐,关乎商代历史研究的两个问题:第一,商代王位继承制度的问题;第二,伊尹是否篡夺商王位的问题。这是中国历史上的大事,它涉及对商王朝王位继承制度的本质的认识和对伊尹的正确评价,有必要梳理并加深对其认识。

太甲被放于桐后,有两个问题需要澄清:其一,太甲被放于桐宫后,商王位是由谁来执掌?这成为一桩公案,历来诸说纷纭。其二,太甲不贤,被伊尹放桐宫后,按照传统的兄终弟及制的理解,伊尹可以另立新的商王执掌政权,为什么还要教育太甲,让太甲认识到自己的过错,悔过自新后又重掌商政权?

对于《古本竹书纪年》所载太甲自桐潜出而杀伊尹之事,《通鉴外纪》三,刘恕已辨为流俗妄说。③

对于《史记·殷本纪》所载"伊尹摄行政当国,以朝诸侯",说明伊尹是以"摄政王"的身份而控制着商王朝的政权。伊尹不称王,太甲又被放逐,商王位出现了空缺,"九五之尊"的权位,是人人都觊觎的。伊尹如何能保证天下的太平局势?伊尹要篡夺商王朝的天下,在成汤去世后即可,不必立外丙、中壬、太甲后而自己再称王,伊尹为什么要在迟暮之年篡夺商王朝之权以损清白?又:甲骨文周祭祀谱中,外丙受祭的顺序在太甲之后(外丙为成汤之次子,太甲的叔父),从以上两处疑问及周祭祀谱推测此段史实:即太甲被放逐期间,伊尹暂让太丁之弟、太甲之叔外丙代立为王,这就是外丙不但即位为王,而且世次在太甲之后的真正原因。如果没有太甲被放逐的

---

① 《史记·殷本纪》。

② 《尚书·太甲上》正义。

③ 徐文靖的《竹书统笺》以为并无其事,曰:"考《竹书纪年》事事与经史符同,独太甲潜出自桐杀尹一事,敢立异议,不顾事之有无者,彼见夫三晋处晋君于端氏,田和迁康公于海上,往往托伊尹放太甲之美名,明示其可以潜为之谋而杀之,故设为太甲杀伊尹之说,所以寒奸臣之胆,而壮衰君之气也。"太甲杀伊尹说,是有其历史背景和原因的。伊尹如果被太甲所杀,是因伊尹罪有余辜,当灭官杀族,太甲怎会杀伊尹的同时而又分封伊尹的两个儿子?徐氏之论见地颇深。

特殊历史事件，外丙是不可能即位为王的。①

太甲在桐宫处悔过自新，伊尹一方面对太甲进行教诲，一方面为了商王朝的稳定，在外丙当政时期，摄政当国，以朝诸侯。伊尹之所以摄政当国，是因为外丙不是商王朝王位的合法继承人，太甲虽是王位的合法继承人却荒淫暴虐。在这种特殊的历史条件下，容易引起权力斗争，伊尹摄政当国，有助于商王朝局势的稳定。

太甲在桐宫三年，学汤之法度，听伊尹之训，悔过、自责、返善、归贤，伊尹又把太甲从桐宫处迎回朝中，并还政于他，《史记·殷本纪》："帝太甲居桐宫三年，悔过，自责，反善，于是伊尹乃迎帝太甲而授之政。"太甲重新执掌商王朝政权后，伊尹仍不放心，又作《太甲》三篇以教育他。太甲重新执政，②终成一代明君。

伊尹放太甲，是臣权干涉君权，伊尹为商王朝的开国功臣，尽忠于商王朝，故敢对太甲采取放逐措施。但伊尹并没有篡夺商王朝的政权，故《孟子·尽心上》谓："有伊尹之志则可，无伊尹之志则篡也。"

太甲重新即王位后，仍以伊尹为辅佐重臣，《诗·商颂·长发》："实维阿衡，实左右商王。"③《尚书·君奭》："君奭，我闻在昔成汤既受命，时则有若伊尹，格于皇天，在太甲时则有若保衡。"④《史记·殷本纪》："伊尹名阿衡。"⑤《伪古文尚书·太甲上》："惟嗣王不惠于阿衡，伊尹作书。"⑥《帝王世纪》："太甲反位又不怨，故更尊伊尹曰保衡。"⑦

伊尹辅佐在太甲身边，终于使太甲认识到过错，《孟子·公孙丑》："太甲曰：'天作孽，犹可违。自作孽，不可活。'"⑧ 当太甲修德，勤于政事，诸

---

① 常玉芝：《太甲、外丙的即位纠纷与商代王位继承制》，《殷墟博物苑苑刊》，中国社会科学出版社1989年版，第37页。

② 《左传》襄公二十一年（范）宣子所谓："伊尹放太甲而相之，卒无怨色。"

③ 毛传："阿衡，伊尹也。"

④ 郑康成曰："伊尹名挚，汤以为阿衡，阿，倚，衡，平也。伊尹，汤所以倚而取平，以尹天下，故曰伊尹。至太甲改曰保衡，保，安也。言天下所取安，所取平，阿衡、保衡，此皆三公之官，当时为之号也。"

⑤ 《史记索隐》："尹，正也，谓汤使之正天下。"《说文》："伊，殷圣人阿衡，尹治天下者。"

⑥ 孔颖达疏：《诗》毛传云："阿衡，伊尹也。"郑玄（康成）："倚而取平，故以为官名。"

⑦ 《太平御览》卷八三引。

⑧ 《尚书·太甲中》孔传："言天灾可避，自作灾不可逃。"

侯归殷、天下安宁后，伊尹致仕而退，担心太甲德不纯一，又作《咸有一德》以诫之，以使太甲保有君位。然后归隐，颐养天年。

从文献记载及甲骨文所反映的外丙及太甲受祭祀顺序看，此段史实为：成汤崩后，因成汤之长子太丁早逝，太丁之子太甲直接继承商王位；外丙即位为王，与伊尹放太甲的特殊历史事件有关，这说明了商王朝自建国时，就确立了（嫡）长子的王位继承制度；太甲放逐、外丙为王，伊尹摄政当国，对刚刚建立的商王朝的稳定，起了重大作用，故伊尹受到商后世子孙的隆重祭祀（见本卷第五章《伊尹》）。

第二节　商朝中期的"比九世乱"

商王朝从成汤建国到帝辛灭国，其历史可分为前、中、后或早、中、晚三个时期，商王朝经历了由建立巩固，中衰，到强盛至灭亡的过程。这一过程与商王朝的根本制度——王位继承制有密切关系，而中期的"九世乱"，根本原因是（嫡）长子继承制的破坏，它对商王朝的历史影响深远。

一　九世之乱以前的历史发展状况

九世乱前，商王朝的历史可分为两个阶段：其一，成汤建国及巩固发展阶段；其二，商王朝的第一次中衰阶段。

（一）成汤建国及巩固发展阶段

成汤经过多年的战争，先翦伐夏诸侯，后在鸣条之地打败夏桀，夏王朝灭亡。成汤回到商的亳都（今山东曹县），三千诸侯大会于亳，拥立成汤为"天子"。[1] 成汤登上王位，迁九鼎于亳，[2] 商王朝替代了夏王朝，开始实施对中原地区的统治。成汤建国后，着手其政权建设，任命伊尹为相，仲虺为左相，咎单任司空，国家生活步入正轨。因成汤治理国家有方，远方诸侯前来臣服。[3]

建国之初，为加强对整个国家的统治，成汤迁都天下之中——伊洛地

---

[1] 《太平御览》卷八三《皇王部》引《尚书大传》。

[2] 徐宗元：《帝王世纪辑存》，中华书局1964年版，第69页。

[3] 《诗·商颂·殷武》：昔有成汤，自彼氐羌，莫敢不来享，莫敢不来王。曰商是常。

区，史称"西亳"，1983年在偃师县尸乡沟发现一座城址，根据考古遗物分析，其始建于商朝初年，且与《汉书·地理志》班固注："尸乡，殷汤所都"正相吻合。商王朝在前期国力强盛，其领土也大规模地向外扩张，根据考古材料，西部的老牛坡遗址，南部的湖北省盘龙城遗址、石门皂市遗址和成都十二桥遗址，北部的燕山南北及辽宁西部的辽河地区，其文化特征与中原二里岗时期文化特征基本一致，[①] 说明商王朝直接对这些地方控制，也可证商前期的疆域辽阔。

商王朝前期的巩固和发展与商王朝政权稳定有关，而政权的稳定又与商王位的平稳过渡关系密切，这阶段的王位传承，根据商代的周祭祀谱，[②] 其排列是：

大乙¹—（大丁）²—大甲³—外丙⁴—大庚⁵

成汤长寿，[③] 成汤之太子——太丁[④]未即位而亡，汤崩后，伊尹立太丁之子太甲为王，成汤之次子外丙即王位是与太甲不贤、伊尹放逐太甲的历史事件有关。太甲在桐宫三年，悔过、反善、自责。[⑤] 成汤在王位时，太丁已过世，按照兄终弟及的王位继承制，外丙当继成汤后即位为王。又：太甲原本不贤而立为王，这就涉及商王朝王位继承制，实行的是（嫡）长子继承制还是父死子继与兄终弟及相结合的王位传承之制。王位继承制度，关系到整个国家的政治稳定。[⑥] 而太子的确立，关系到国家的根本。成汤是商王朝的奠基者，伊尹是辅佐成汤建立商朝的权臣，对王位的传承，应该有清醒的认识。王位传子还是传孙，成汤在世时应该确定。成汤崩后，由外丙还是由太

---

① 王宇信、杨升南：《中国政治制度通史·先秦》，人民出版社1994年版。
② 常玉芝：《商代周祭制度》，中国社会科学出版社1989年版。
③ 《史记集解》引皇甫谧曰："（汤）即位十七年，而践天子位，为天子十三年，年百岁而崩。"
④ 甲骨文中作"大"，文献所载为"太"；"大"、"太"含义相同。
⑤ 《史记·殷本纪》。
⑥ 刘向的《说苑·建本》，在谈到楚恭王时期太子不立的情况时谓："楚恭王多宠子，而世子之位不定。屈建曰：楚必多乱。夫一兔走于街，万人追之，一人得之，万人不复走。分未定，则一兔走使万人扰，分已定，则虽贪夫知止。今楚多宠子，而嫡位无主，乱自是生矣。夫世子者，国之基也，而百姓之望也。国既无基，又使百姓失望，绝其本矣。本绝则扰乱，犹兔走也。"

甲继位为王，历来有两种说法（见《太甲传》）。甲骨文发现后，对周祭制度的研究，有助于对此问题的认识。周祭制度的原则是：先即王位先受祭。外丙是成汤之次子，太甲是成汤之孙，商王朝如果实行的是兄终弟及继承制，外丙应该在太甲前受周祭；事实上，外丙在太甲后受周祭。由此可知，成汤崩后，王位由（嫡）长孙太甲继承。又：太丁未即商王位，成汤时仅立为太子，周祭中，他与即位为王的商王一样，其本人不仅受到周祭，而且其配偶妣戊也受到周祭。从太丁、太甲、外丙在周祭祀谱中的排列顺序，及太甲原本不贤而为王的历史真实角度看，成汤建国以后，确立了（嫡）长子王位继承制，外丙即王位与伊尹放太甲有关，跟兄终弟及的王位继承制度无关。

关于沃丁、太庚之情况，《史记·殷本纪》等文献所载，太甲有子沃丁、太庚[①]相继为王，甲骨文中，不见沃丁受周祭，沃丁没有即位为商王为历史事实。

从周祭祀谱并结合文献看，商王朝自建国之初，实行的是（嫡）长子继承制度，因国家根本制度稳定，故商王朝在前期得到了巩固与发展。

（二）商王朝的第一次中衰阶段

这一阶段的中衰和商代的王位继承制度有密切关系，自大乙到太庚时期，王位的传递是父死子继的（嫡）长子继承制，到太庚传位于子时，情况发生变化，太庚有三子相继为王：

小甲	小甲
大庚—大戊	太庚—雍己
雍己	太戊
（商代周祭祀谱的顺序）	（《史记·殷本纪》的世次）

太庚有三子相继为王，为《史记·殷本纪》与甲骨文中所反映出的周祭制度所证实，唯一的差别是即位的次序有别，即太戊与雍己谁先谁后的次序问题。太庚有三子即位为王，其原因，受材料的限制，不明。兄终弟及的出现，可证商王朝初期确定的（嫡）长子继承制的破坏，导致了商王朝国势第一次大衰退。[②]

根据周祭顺序，太戊继其兄小甲后即位为王，其王位是争夺过来的还是

[①] 《史记·殷本纪》："沃丁崩，弟太庚立，是为帝太庚。"

[②] 《史记·三代世表》："帝小甲，太庚弟。殷道衰，诸侯或不至。"

平稳过渡来的，不明。但太戊即位后，有祥桑生于朝的灾异出现，① 太戊从天显灾异的现象中受到警示，侧身修行，殷国大治。② 太戊是中兴之主，又任用伊尹之后伊陟为相、臣扈为辅佐，巫咸管理王家事务，故商道中兴，诸侯归至。③ 太戊凭治国之才与贤相之辅助，执政七十五年，国势强盛，正是太戊时期的文治武功，为其子中丁争夺商王位奠定了基础。

太戊崩后，根据商代周祭祀谱的顺序，其弟雍己即位，与《史记·殷本纪》有别，④ 雍己的王位是太戊死后争夺过来的还是合法继承的，受材料所限，不能明了，但雍己即位以后，商王朝出现了自小甲以来的第二次中衰。⑤ 司马迁当年写《史记》时，应当看到材料，故记载了"（雍己时），殷道衰"真实情况。

太庚有三子相继为王，商王朝的王位传承在此阶段为兄终弟及，与商王朝建国之初的（嫡）长子继承制相比，发生了根本变化，至于这种兄终弟及的王位继承是怎样出现的，时代久远，不明，但文献所载的小甲、雍己时的商王朝的两度中衰则有据可查。太戊的中兴，为其子中丁夺取王位培植了政治势力，增强了经济实力。按照《史记·殷本纪》所载，太戊直接传位于中丁，是父死子继的王位传承，如下表所示：

小甲	小甲
雍己	大戊
太戊—中丁	雍己—中丁
（《史记·殷本纪》的世次）	（商代周祭祀谱的顺序）

太戊传位于其子中丁，如果中丁不是争夺其父太戊的王位，那就是实现了王位继承制的平稳过渡，不存在废嫡立庶之争，《史记》所载应该为：自外壬以来而不是"自中丁以来，废适而更立诸弟子"。从商代的周祭祀谱看，历史的真实是中丁继其叔父雍己为王，根据商代周祭排出的祭祀顺序，中丁是

---

① 对于灾异现象的出现，汉人的理解，见《春秋繁露·必仁且知篇》。
② 见《尚书·无逸》及《今本竹书纪年》。
③ 《史记·殷本纪》。
④ 《史记·殷本纪》："帝雍己崩，弟太戊立，是为帝太戊。"
⑤ 《史记·殷本纪》："帝小甲崩，弟雍己立，是为帝雍己，殷道衰，诸侯或不至。"

太戊之子，继其叔父雍己后为王，其王位当是争夺过来的，故《史记·殷本纪》载："自中丁以来，废适而更立诸弟子，弟子或争相代立，比九世乱。"司马迁记载的自中丁以来的王位争立，正好与周祭祀谱中的中丁继其叔父雍己为王的情况相吻合，并显示出了王位夺来的迹象。

二 九世之乱的经过

九世之乱的原因是由王位继承引起的，发生在商朝第十一个商王中丁到第十九个商王阳甲之间。周祭中的商先王世次，如下所示：

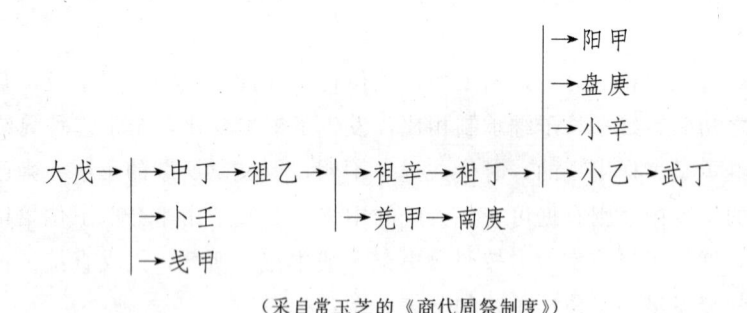

```
                                              →阳甲
                                              →盘庚
                                              →小辛
大戊→ →中丁→祖乙→ 祖辛→祖丁→ →小乙→武丁
      →卜壬        →羌甲→南庚
      →戋甲
```

（采自常玉芝的《商代周祭制度》）

（一）中丁至祖乙之间商王位的传承经过

中丁从其叔雍己手中夺得王位，无法在原都城——西亳待下去，即位元年迁都于嚣。① 商王朝政权回到太戊这一支系中。因（嫡）长子继承制的破坏，兄弟纷争王权，故太戊有三子中丁、外壬、河亶甲相继为商王，② 自中丁元年至河亶甲元年的二十年间，则经历了中丁与河亶甲的两次迁都，国势大衰，③ 这是商王朝自建国以来的第三次大中衰，中衰的原因，还是由王位争夺而造成商王朝内部统治的分裂，表现为以上所说的王都屡次迁徙和边境战事频繁，④ 成汤建国之初的"自彼氐羌，莫敢不来享，莫

---

① 《史记·殷本纪》，《今本竹书纪年》。
② 据《今本竹书纪年》载：中丁在位九年，外壬在位十年，河亶甲在位九年。
③ 《史记·殷本纪》："河亶甲时，殷复衰。"
④ 《今本竹书纪年》："（仲丁）六年，征蓝夷。"又："（外壬）元年，邳人、侁人叛。"又："（河亶甲）三年，彭伯克邳。四年，征蓝夷。五年，侁人入于班方。彭伯、韦伯伐班方。侁人来宾。"

敢不来王"(《诗·商颂·殷武》)强盛局面消失,代之而起的是边境诸侯的侵伐。

商王朝势力衰弱的同时,王位争夺仍在继续,中丁之子祖乙又从中丁之弟河亶甲手中夺取了王位,即祖乙是继其叔父河亶甲即位为商王的,《史记·殷本纪》认为祖乙为河亶甲之子,而非中丁子。谓:"河亶甲崩,子帝祖乙立。"但《合集》第32385片云:

> □未卜,桒上甲、大乙、大丁、大甲、大庚、[大戊]、中丁、祖乙、祖辛、祖丁十示,率牡。

王国维当初即据卜辞确定祖乙为中丁子,[1] 此后为周祭制度的研究成果所证实。根据周祭制度的原则,有子为王的先王、先妣受到周祭,无子为王的先王为旁系,旁系先王受周祭,先妣则否。中丁有两个配偶,曰妣己、妣庚,入周祭祀谱;河亶甲入周祭祀谱,其配偶则否。周祭祀谱证实,中丁有子为王,其子为祖乙。祖乙是中丁之子而非河亶甲之子。

祖乙一世,只有祖乙为王,没有出现弟及现象,其原因,据分析有两种:其一,有资格争夺商王位的人少,小甲在位十七年,太戊在位七十五年,雍己在位十二年,太戊的三子在位时间共二十八年,[2] 两世经历了一百多年,到祖乙末年(在位十九年),有资格争夺商王位的太戊之孙,为数不多。其二,祖乙为商代有名的盛君,祖乙即位后,带来了商王朝三度中衰以后的小小复兴,[3] 祖乙保住了王位实行父子相继的平稳过渡,但又为祖乙的两个儿子争夺商王位埋下了隐患。

(二)太戊之盛与祖乙之盛的区别

史学界一般将商王朝的历史分为早、中、晚或前、中、后期三个阶段,大乙到太戊时期,为商王朝的早(或前)期。这个时期是商王朝的建立和巩固时期,太戊在位七十五年,时间长,政绩显著,太戊时期,商王朝的国势达到了自成汤建国以来的鼎盛时期。太戊有兄小甲、弟雍己相继为王(与商初的父死子继的王位继承制不同,产生的原因不明),自太庚之子,即小甲、

---

[1] 王国维:《观堂集林》第2册,中华书局1984年版,第448页。
[2] 《今本竹书纪年》。
[3] 《史记·殷本纪》:"帝祖乙立,殷复兴,巫贤任职。"

太戊、雍己以来的商王朝王位继承制的改变，为太庚之孙即小甲、太戊、雍己之任何一个儿子创造了觊觎商王位的机会，太戊时期的文治武功，使太戊一支在商王朝的王位争夺中实力最强，故太戊之子中丁有条件夺取到商王位。中丁夺取商王位的结果，彻底破坏了商王朝初期实行的（嫡）长子王位继承制，"废嫡立庶"的结果，带来了商王朝的一次次中衰。中丁争夺到商王位，并不能得到商王朝其他政治势力的支持，不得已，中丁自即位之元年，离开旧都西亳，迁都于嚣。应该说太戊时期的强盛，有积极的一面，就是商王朝的国力达到了商初的鼎盛，边境安宁，诸侯归望。消极的一面，太戊时期的强盛，创造了条件而破坏了商王朝的最根本制度——（嫡）长子继承制。

祖乙也是商王朝的中兴之主，[①] 祖乙时的殷道复兴，固然与祖乙个人的治国之才有关系，也与祖乙团结了商王朝的其他政治势力如任用巫贤有密切关系。祖乙作为商王朝的盛君，由于其政治、经济实力雄厚，又得到有强大政治势力的贵族的支持，故保住了商王位，实现了王位的平稳过渡，祖乙传位于其子祖辛。但为以后商王位的传承留下了更深的隐患。商王位不仅在亲兄弟之间传承，而且还在从兄弟之间过渡。

（三）祖辛到阳甲时期的帝位传承经过

祖乙有两子，祖辛和羌甲[②]相继为王，羌甲以后是祖辛之子祖丁即位为王，即祖丁是继承其叔父羌甲之位而为商王的。其王位是争夺的结果还是平稳实现的过程，史料所限，不明。南庚为羌甲之子，无论如何，祖丁以后，他没有资格继承商王位，但南庚继祖丁后为商王，南庚的王位是争夺得来的，其理由如下：南庚是祖乙—羌甲—南庚之支系，相对于祖乙—祖辛—祖丁之支系来说，南庚是旁系，但南庚之父羌甲曾即位为商王，故南庚也有继承王位的权利，所以南庚一支要争夺商王位。争夺的结果是：南庚继其从兄祖丁即位为王，南庚的王位，由于是争夺得来的，故祖乙—祖辛—祖丁之支系的子孙，当然不甘心失败，仍要为夺取王权而斗争，斗争的结果是，南庚即位三年后，不得不离开庇地，迁往奄地。祖丁之子阳甲，最后争夺到商王

[①] 见《尚书·君奭》及《史记·殷本纪》。巫贤，《史记正义》认为是大（太）戊时贤相——巫咸之子。

[②] 《史记·殷本纪》称沃甲。

位。但造成商王朝国势的进一步衰退,① 阳甲时,是商王朝国势第四次中衰。盘庚作为商王朝的有作为的商王,力图改变商王朝的残破局面,即位之初,自奄迁殷。

司马迁所记商王朝的九世乱,终于阳甲之世,但九世之乱所造成的中衰后果,还有影响,《史记·殷本纪》:"帝盘庚崩,弟小辛立。……帝小辛立,殷复衰。"这是商王朝的第五次中衰。商王朝的中衰局面直到商王武丁时期才发生改变。故《大戴礼记·少间》谓:"成汤卒崩,殷德小破,二十有二世乃有武丁即位。"

三　九世之乱的后果

司马迁《史记·殷本纪》所载的"九世乱",是商王朝历史上王位争夺最激烈的阶段,商王位的争夺,自太庚之子——小甲、太戊、雍己时,就已经开始。"九世乱"到阳甲时结束,商王位传承仍是兄终弟及,阳甲、盘庚、小辛、小乙兄弟四人先后即位为王,并达到商王朝兄终弟及的最高峰,这一时期商王位是争夺的,还是兄弟之间有契约约定,受材料所限,不明。但小辛继盘庚为王后,商王朝经历了第五次中衰,商王朝国势达到了极其衰败的境地。九世乱时中衰的表现为:

(一) 屡次迁都

中丁自亳(西亳,今河南偃师)迁嚣(今河南郑州),河亶甲自嚣迁相(河南内黄),祖乙自相迁邢或庇(今河北邢台或山东费县),南庚自庇迁奄(今山东曲阜),盘庚自奄迁于殷(今河南安阳小屯)。这个迁都路线若画在地图上,与汤西进的路线正相反。② 迁都的原因,由新夺得商王位的商王于即位之元年便开始迁都(南庚例外,即位三年后迁都)现象分析,他们是无法在其旧都生存。迁都这一历史现象,反映了商王朝实力的一次次衰退,不得不向商王朝统治的后方撤退的史实。

(二) 商王朝的多次对外战争及诸侯莫朝

蓝夷自九世乱初,或服或叛,③ 蓝夷之地或族,未详。蓝夷之乱,历中丁、外壬、河亶甲三世,是否臣服于商王朝,受材料限制,无法明了。外壬

---

① 《史记·殷本纪》:"帝阳甲之时,殷衰。"

② 王宇信、杨升南:《中国政治制度通史·先秦卷》,人民出版社1994年版,第173页。

③ 见《后汉书·东夷传》。

时期，邳人、姺人叛商，河亶甲时期的班方入侵，阳甲时期征伐丹戎，^①等等，这些现象，说明了商王朝统治集团内部的分裂，造成国势衰退，边境上实力强大的诸侯，乘机入侵商王朝的史实。正因为王权衰弱，丧失了对诸侯的号召力和威慑作用，于是，诸侯莫朝。^②边境诸侯、方国的叛乱或不朝，反过来说明了是商王朝国家实力衰弱的历史真实。

四　九世之乱影响

商先公、先王的世系，从周祭祀谱上看，自上甲到大乙之父——示癸，王位传承是父死子继，不存在兄终弟及的现象，是否实行的（嫡）长子继承制，受材料所限，无法究明。成汤建国后，王位传承是（嫡）长子继承制，大乙长寿，年百岁而崩。^③其太子太丁未即位而卒，如果商王朝实行的是兄终弟及制，外丙当继成汤后为王。^④甲骨文发现后，董作宾从卜辞中发现了商人的周祭制度，总结出：在周祭中，先公、先王的祭祀次序是按照他们的即位次序安排的，即由祭祀次序，可以得到即位次序。并推断出外丙是在太甲后即位为王的。^⑤陈梦家后又加以证明，^⑥太丁为太子，未即位为王，但他本人受到周祭，又由于其子太甲即位为王，太丁为直系，其配偶妣戊也受到周祭。这说明成汤时期，确立了王位传递的根本制度——（嫡）长子继承制，太丁为太子，未即位为卒，其子太甲为成汤之嫡长孙，故继成汤而为商王。从成汤、太丁、太甲、外丙的人物关系及继位顺序上，可以证明，商初实行的是嫡长子继承制。

据《史记·殷本纪》载，太甲有沃丁、太（大）庚两子相继为王，甲骨文中，不见对沃丁的祭祀，沃丁即位，当史传有误。

---

① 《今本竹书纪年》。

② 《史记·殷本纪》："（帝雍己时），殷道衰，诸侯或不至。……自中丁以来，废适而更立诸弟子，弟子或争相代立，比九世乱，于是诸侯莫朝。"

③ 皇甫谧：《帝王世纪》，还见《史记·殷本纪·集解》。

④ 正如司马迁《史记·殷本纪》载："汤崩，太子太丁未立而卒，于是乃立太丁之弟外丙，是为帝外丙。帝外丙即位三年，崩，立外丙之弟中壬，是为帝中壬。帝中壬即位四年，崩，伊尹乃立太丁之子太甲。太甲，成汤适长孙也，是为帝太甲。"

⑤ 董作宾：《殷历谱》上编卷三，1945年版，第3—4页。

⑥ 陈梦家：《殷虚卜辞综述》，中华书局1988年版，第375页。

从大乙到大庚这一阶段商王朝的世系中，可以看出，王位传承是嫡长子继承制，外丙即位为王，与太（大）甲不贤，伊尹放太（大）甲的特殊历史事件有关。

到大（太）庚之子时，王位继承出现了问题，太庚有小甲、太戊、雍己三子相继为王，商王朝在此阶段，经历了两次中衰，据分析，应与王位继承有关。太戊的强盛，为其子中丁争夺商王位奠定了基础，中丁继承商王位，彻底破坏了自成汤建国后确立的嫡长子继承制，导致了"九世乱"的后果。

综观商王朝的九世乱，商王位最终仍回归到商王"兄"这一支系中，其顺序是：

中丁—祖乙—祖辛—祖丁—阳甲

出现这种历史现象，据分析，商初实行的是（嫡）长子继承制，由于长子继承王位的观念已深入人心，故在九世之乱中，长子这一支系，更能得到商王朝其他政治势力的拥护和帮助，不管在兄弟中相争（如中丁、外壬、河亶甲），还是在从兄弟之间相争（如祖丁、南庚、阳甲），都是长（兄）之子最终夺回政权。这种传长（兄）之子的观念，使商王朝争夺商王位的斗争愈演愈烈，造成了商王朝的一次次中衰的残破局面。政权在一家内相争，骨肉相残，内忧外患，针对这种历史现实，后世即位的商王及辅佐者，当总结历史经验和教训。从商王朝后期的王位继承情况看，商王朝后期统治者对王位继承进行了改革。

五　商朝王位继承制度的沿演与变革

九世之乱最后一位商王阳甲，从其从叔父（南庚）手中夺回了王权，使王权得以在祖丁一系中传承。从甲骨文及文献所载看商王朝的世系，阳甲有兄弟四人先后即王位，是兄终弟及制的最高峰。而司马迁在写《史记·殷本纪》时，"九世乱"不包括阳甲四兄弟，究其原因，当与这一时期商王位继承制度的改革有关系。阳甲、盘庚、小辛、小乙兄弟四人分别即商王位，后传位于小乙之子——武丁，武丁有三子祖己（曾立为太子）、祖庚、祖甲相继为王，王位最后传于祖甲之子——康丁，[①] 康丁以后为传子制（根据帝乙

[①] 《史记·殷本纪》称庚丁。

立微子与纣谁为太子的争论，这种传子制当为传嫡长子）。商王朝后期，如果有兄终弟及这种情况时，王位的再传承是传于弟之子而不是兄之子，这种传位方法，有利于商王位的顺利传递，从而减少或避免商王位的争夺，有助于商王家族的稳定和团结。阳甲一世与祖庚一世所出现的这种传弟之子的王位继承法，当不会是历史的巧合，而是商人在痛定思痛后，做出了继承制度上的调整。

六　小结

九世之乱在夏、商、周三代的发展史上，是绝无仅有的，它给社会造成的灾难及给后人的经验教训，也是史无前例的。九世之乱发生的根本原因是王位争夺，争夺王位的根本起因是（嫡）长子继承制度的破坏，故周王朝建立后，宗法制度更加严密，这与周人总结商王朝的教训有密切关系。

从《史记·殷本纪》所载的商王世系看，九世之乱时期的王位争夺不是十分激烈的，太戊传位于其子中丁，河亶甲传位于其子祖乙，祖乙传位于其子祖辛，九世之中，三世是王位在父子之间相传，六世是王位争夺的结果。从周祭中的先王世次看，从叔父手中继承王位者有：雍己—中丁，河亶甲—祖乙，羌甲—祖丁，南庚—阳甲，另外还有祖丁与南庚之间的从兄弟之间的王位争夺，父子相传仅有一例，即祖乙—祖辛。但这是因为祖乙为商王朝的盛君，王权得以在父子之间传承。王位在叔侄、兄弟之间传递，其争夺的激烈程度是可想而知的。

通过九世之乱及前后世的史实，我们更看清了有商一代，实行的是嫡长子继承制。成汤建国后，制定了商王朝的嫡长子王位继承的制度。太庚有三子相继为王，破坏了商王朝的王位继承的根本制度，出现兄终弟及的王位继承现象，导致了九世之乱这一恶果。商王朝后期，尽管有祖庚、祖甲兄弟相及情况的出现，但有其特殊的历史背景，除此以外，仍实行的是嫡长子继承制。

综观商代历史，有兄终弟及的历史现象，但王位继承的根本制度——（嫡）长子继承制是商王朝王位继承制的本质。

第三节　商朝后期史事

商代后期指盘庚迁殷至纣灭亡这一历史时段，自盘庚迁殷，到武丁时，商王朝发展到鼎盛时期，甲骨文的发现及殷墟考古，为了解这段历史添加了丰富的史料，盘庚迁殷、武丁之政、祖甲改制及修"汤刑"、武乙"射天"与猎于河渭等重大历史事件也更显清楚。

一　盘庚治亳殷

《书序》："盘庚五迁，将治亳殷，民咨胥怨，作《盘庚》三篇"，这其中包含着怎样的史实，有必要进行讨论。

（一）"盘庚治亳殷"文字解释

盘庚是祖丁之子，成汤第十世孙，继其兄阳甲后即位为王。阳甲是九世乱最后一位商王，他从其从叔父南庚手中夺得商王位。夺权斗争的结果，使商王朝经历了国力的又一次大衰退。盘庚继阳甲为王，司马迁在写《史记·殷本纪》时，不把阳甲、盘庚兄弟四人相继为王的史实看做是争权代立的结果，其原因无法究明。阳甲兄弟四人相继为王，商王朝经历了两次大衰亡。[①]阳甲时的衰亡，是与南庚一系争夺王位造成的；小辛的衰亡，原因不明。盘庚是有远见和作为的商王，他对商王朝最大贡献是迁都于殷，为商王朝的后期发展奠定了基础。

"将治亳殷"是《书序》的记载，孔壁《尚书》作"将始宅殷"。"治"与"始"、"亳"与"宅"在字形上易混淆，读音上也接近（亳、宅均乇声），但其确指的含义相同。殷前的"亳"字，王玉哲的理解最为贴切，即凡是商的先公先王停踪之邑都，都有可能留下"亳"名。[②]今郑州为商王朝的都城之一，文献中不见郑州称亳，1956年，在郑州商城北部的金水河、白家庄一带发现几批东周时期的陶文，这些陶文中，有"亳"字，[③]说明郑州在东周时期也称为亳，殷地曾是商王朝的都城，称殷为"亳殷"，即指商王朝在殷地的都城。[④]

[①]　《史记·殷本纪》："帝阳甲之时，殷衰。……帝小辛立，殷复衰。"

[②]　王玉哲：《中华远古史》，人民出版社2000年版，第232页。

[③]　《郑州金水河南岸工地发现许多带字的战国陶片》，《文物参考资料》1959年第3期；又见邹衡的《夏商周考古学论文集》，文物出版社1980年版，第197页。

[④]　司马迁《史记·殷本纪》中所记的"盘庚渡河南，复居成汤之故居"的亳地，《史记正义》："汤自南亳迁西亳，仲丁迁敖，河亶甲居相，祖乙居耿，盘庚渡河，南居西亳，是五迁也。"认为盘庚迁都于西亳，即今天的洛阳偃师。

（二）盘庚治亳殷的目的

盘庚治亳殷的目的，要"绍复先王之大业，厎绥四方"，即恢复先王成汤时的辉煌业绩，对天下进行统治。殷地具备做都城的条件，它是战略要地。

《战国策·魏策一》："殷纣之国，左孟门，而右漳、釜，前带河，后被山。"

明嘉靖《彰德府志·地理志》："彰德（即今安阳），天文室壁之分野也。大抵土地平广阔野，挟上党抚襄国，蹠澶掖卫。"

今安阳，在古代为南北一咽喉重地。安阳一带还非常适合农业生产，从土壤分布看，小屯附近属褐土，它是在暖温带的旱生森林、灌丛的作用下发育而成的，自然肥力较高。气候、自然环境和现在的华北平原相差不多，借助卫星拍摄的照片观察，这里的土壤有更加明显的优点，腐殖质丰富，水分充足，宜种农作物较多，复种指数也较大。[①] 盘庚迁殷，是看中了殷地的地理位置和它具有的良好的生态环境。

盘庚迁殷的社会原因，古往今来，有多种说法：（1）汉、晋人认为商人为了纠正奢侈的风气，即去奢行俭说。[②]（2）宋人蔡沈的河患说，[③] 后人如顾颉刚、刘起釪赞成此说，认为商人屡迁，是水涝给旧地造成祸害，引起了经济、社会问题，不得不迁，这是促使其离开旧都的客观原因。[④]（3）游牧说。[⑤]（4）游农说。[⑥]（5）政治斗争说。[⑦]（6）加强西北地区统治说。[⑧]后两种说法较优，主要原因是盘庚继九世乱后即位为王，兄弟、叔侄之间的王位争夺，必然要依靠一批贵族的支持，争夺到王位的商王，在胜利后，必然得满足这些贵族的欲望，其后果是：政治上，王权的削弱和贵族势力的膨胀；经济上，聚敛财宝，导致整个社会财富的不均，给社会带来

[①] 聂玉海：《试释"盘庚之政"》，《全国商史学术讨论会论文集》1985年版，第131页。

[②] 见郑玄、王肃、皇甫谧等人的注疏。

[③] 《书集传·盘庚上》。

[④] 顾颉刚、刘起釪：《〈盘庚〉三篇校释论》，《历史学》1979年第2期。

[⑤] 侯外庐：《中国古代社会史论》，人民出版社1955年版，第87页。

[⑥] 傅筑夫：《关于殷人不常厥邑的一个经济解释》，《文史杂志》1944年第5、6期合刊。又：《殷代的游农与殷人的迁居》，《中国经济史论丛》上册，生活·读书·新知三联书店1980年版，第46页。

[⑦] 聂玉海：《试释"盘庚之政"》，《全国商史学术讨论会论文集》，1985年版，第127页。

[⑧] 王宇信、杨升南：《中国政治制度通史·先秦卷》，人民出版社1994年版，第173页。

动荡。如果继续在旧都实行统治，会加剧各种社会矛盾。盘庚即位后，面临当时的社会局面，做出迁都于殷的决定，首先是殷地具备作为国都的条件，商王朝还可以加强对西部、西北部的统治；其次，旧贵族离开旧都后，失去了其赖以生存的基础，便于盘庚实现自己的政治主张。

（三）盘庚迁殷

盘庚排除旧贵族的阻挠势力，终于迁都于殷。① 迁都于殷后，开始对殷地进行营建。② 盘庚迁于殷地，为考古学所证实，1899年王懿荣辨识出甲骨文是商朝文字，经罗振玉探明甲骨出土地在今安阳并考证出此地就是商代晚期的都城后，自1928年起，考古学家对小屯一带进行了长达七十多年的发掘，探明了王都的范围和布局，证实了《古本竹书纪年》所载"自盘庚迁殷至纣之灭，二百七十三年更不徙都"为实录。在今洹河南岸的小屯村东北地，是商王朝的宫殿宗庙区，是殷墟的重要遗址。这群遗址分甲、乙、丙三组基址，关于这三组基址的性质，石璋如认为：（甲组基址）全组基址看不出含有宗教意味的痕迹，可能是住人的。③ 乙组基址，石璋如推测可能为宗庙。④ 丙组基址可能与燎祭有关。⑤ 其时代为武丁至帝乙帝辛时期。根据考古遗迹，有人提出是武丁而非盘庚迁殷，其主要理由有两点：在殷墟至今未发现确切早于武丁时代的甲骨卜辞；二是未发现早于武丁时代的王陵。目前虽然尚无确切早于武丁时代的甲骨卜辞，但相当于武丁早、晚两个发展阶段的陶器、铜器都有较多的资料，基于对武丁早期文化遗物的认识，可以肯定与武丁早期文化相衔接的居住遗存和墓葬是存在的。至于王陵的兴建年代问题，王陵区的HBM1就值得注意，从墓的规模和所出器物来看，推测墓主人可能是早于武丁的一位殷王，因此很难说王陵区内无早于武丁时代的王陵。⑥

---

① 《史记·项羽本纪》记："项羽乃与（章邯）期洹水南殷虚上。"索隐谓："《汲冢古文》云：'盘庚自奄迁于北蒙，曰殷虚，南去邺州三十里。'是殷虚南旧地名号北蒙也。"

② 《今本竹书纪年》："十四年，自奄迁于北蒙，曰殷。十五年营殷邑。"《尚书·盘庚》："盘庚既迁，奠厥攸居，乃正厥位。绥爰有众。"

③ 石璋如：《殷墟建筑遗存》，中研院史语所1959年版，第326页。

④ 石璋如：《河南安阳小屯的三组基址》，《大陆杂志》，第二十一卷一、二期合刊，1960年版。

⑤ 石璋如：《小屯丙组基址及有关现象》，《历史语言研究所集刊外编第四种》下册，1961年，第792页。

⑥ 中国社会科学院考古研究所：《殷墟的发现与研究》，科学出版社1994年版，第49页。

从考古遗迹看，殷墟未发现盘庚时期的大规模的都城建筑遗存的原因，据分析，(1) 盘庚十五年开始营建殷邑，正如郑康成注《尚书·盘庚》："盘庚既迁，奠厥攸居，乃正厥位"所言："徙主于民，故先定其里宅所处，次乃正宗庙朝廷之位。"即先进行民居的建设，安顿下所迁之民，然后再进行宫殿宗庙的建设。(2) 盘庚十五年营建殷邑，期间经历了盘庚的13年、小辛的3年、小乙的10年[①]，共25年，在25年中，小辛时期的衰落，势必影响到殷邑的建设，故这一时期不会有更多的文化遗存。

(四) 盘庚之政

盘庚迁都于殷，实行盘庚之政，其内容是：

政治上，盘庚要求贵族，(1) 遵守先王之法度，"盘庚敩于民，由乃在位，以常旧服，正法度。"(2) 对商王要"黜乃心，无傲从康"，即摒除你们内心深处傲慢从安而听从商王我的旨意，即"凡尔众，其惟致告，自今至于后日，各恭尔事，齐乃位，度乃口，罚及尔身，弗可悔"，希望贵族们"无起秽以自臭，恐人倚乃身，迂乃心。"(3) 道德上，要"汝克黜乃心，施实德于民，至于婚友"，要"汝无侮老成人，无弱孤有幼"，如果你们"乃有不吉不迪，颠越不恭，暂遇奸宄，我乃劓殄灭之，无遗育，无俾易种于兹新邑。"(4) 经济上，限制旧贵族无限制的聚敛财富，"兹予有乱政同位，具乃贝玉，乃祖乃父，丕告我高后，曰：'作丕刑于朕孙。'"我作为商王，以身作则，你们也应该跟商王我同心同德，"朕不肩好货，敢共生生？……无总于货宝，生生自庸。"[②] 以上是对贵族的限制和约束。

对于民众，盘庚则比较重视，首先，迁殷的目的是为民，既重视民众，才做出迁都的决定。以我先王为榜样，视民利用迁，《尚书·盘庚中》曰："古我先后，罔不惟民之承保，后胥慼鲜，以不浮于天时。殷降大虐，先王不怀厥攸作，视民利用迁。汝曷不念我古后之闻，承汝俾汝，惟喜康共，非汝有咎，比于罚，予若吁怀兹新邑，亦惟汝故，以丕从厥志。今予将试以汝迁，安定厥邦。"从盘庚对民的讲话中，可以了解到盘庚的意思，即我也像我的先王那样，顺从民意，希望你们能得到安乐的生活，故呼吁你们到新邑中去生活。

---

① 《今本竹书纪年》。

② 孙星衍《尚书今古文注疏》疏云："我不作好货之事，敢具生生之财……戒诸臣无聚于货宝，生殖以自用者，上自言不作好货，下敕其臣以生生为万民之事，不可与之争利。"

迁都到新邑后，民众认为盘庚如此兴师动众进行迁都，是对民众的伤害，盘庚针对此种怨言，告诉他们，这是上天要我恢复高祖成汤之大业，《尚书·盘庚下》："古我先王，将多于前功，适于山，用降我凶德嘉绩于朕邦。今我民用荡析离居，罔有定极。尔谓朕曷震动万民以迁，肆上帝将复我高祖之德，乱越我家，朕及笃敬，恭承民命，用永地于新邑。"意思是你们责问我为什么要兴师动众地让无数臣民到远处去，那是上帝将要恢复我高祖成汤之大业，把我们的国家治理好。并且指出，如此行事，是我重视你们，《尚书·盘庚上》："盘庚迁于殷，民不适有居，率吁众戚出矢言，曰：'我王来，既爰宅于兹，重我民，无尽刘。'"意思是民众在新都居住了一段时间后，不高兴在新居中居住，把这些人召集到一起陈述自己的意见，说我让你们到此居住，是重视你们，不使你们被杀害，相互帮助才能求得生存。

从《尚书·盘庚》的历史文献中，我们可以观察到，盘庚迁殷的目的，是为了进行重大的社会改革。当时，贵族阶层政治上敢与王权对抗，经济上聚敛财富，社会道德日趋沦丧，不讲道德，不爱孤寡老幼，面对这种社会现实，迁都于殷，盘庚可以摆脱旧贵族的束缚，以"正法度"来控制贵族势力的膨胀。对于民众，由于他们是社会财富的创造者，是国家统治的基础，贵族势力的强大，带来社会的动荡，造成民众的"荡析离居"，所以，盘庚采取了严明的法令制度，贯彻了自己的治国之法，使贵族受到约束，使民众生活得到改善。盘庚之政的具体内容，虽然不能清楚，但《尚书·盘庚》篇中，盘庚对贵族和民众的两种截然相反的态度，却是十分明确的，民众受到盘庚之政所带来的好处是深远的，[1] 以至于武王灭商以后，问殷民之所说、所欲，殷民说要"复盘庚之政"。[2]

盘庚迁都于殷，实行盘庚之政，是为了恢复先王高祖的大业，对天下实

---

[1] 司马迁《史记·殷本纪》载："帝盘庚崩，弟小辛立，是为帝小辛。帝小辛立，殷复衰。百姓思盘庚，乃作《盘庚》三篇。"而《书序》载："盘庚五迁，将治亳殷，民咨胥怨，作《盘庚》三篇。"《书序》认为《盘庚》三篇作于盘庚之时，是因为民众反对盘庚迁殷，而盘庚作《盘庚》之诰来训诫民众的。《盘庚》三篇作于盘庚或小辛之时，其年代不可考。

[2] 《吕氏春秋·慎大》："武王乃恐惧，太息流涕，命周公旦进殷之遗老，又问殷之亡故，又问众之所说、民之所欲，殷之遗老对曰：欲复盘庚之政。"《史记·殷本纪》谓："（武王）封纣子武庚禄父，以续殷祀。令修盘庚之政，殷民大说。"

行有效的统治。盘庚之政收到了实际效果。① 盘庚也被称为"贤君",盘庚时期政治清明,人民生活安康,诸侯臣服,为武丁时期国势强盛、疆域扩大奠定了基础。盘庚之政对商代后期二百五十三年的历史产生了深远的影响。

二 "高宗雊雉"与甲骨文武丁时期史迹

高宗,为武丁庙号。② 高宗肜日,为武丁肜祭成汤时,有飞雉登鼎而鸣,武丁以此为戒,修政行德,天下咸欢,殷道复兴。③ 高宗肜日及飞雉登鼎而鸣反映了武丁时期怎样的社会现实,武丁为什么会以此为戒,修政行德,致使殷道复兴,有必要讨论。

(一) 高宗雊雉的社会原因

高宗肜祭成汤时,发生了雉鸟登鼎而鸣的灾异现象,引起了武丁的恐惧。为何此事能引起武丁恐惧,并以此为鉴,修政行德,甲骨文发现后,才真正地了解到其真谛。

商人对鸟星很崇拜,卜辞如:

> 㞢庚子埶鸟星。七月。(《合集》11500 正)
>
> 丙申卜,㱿,贞来乙巳酯下乙。王固曰:酯,惟有祟。其有设。乙巳酯,明雨,伐既,雨,咸伐,亦雨,改卯鸟星。(《合集》11497 正、11498 正)
>
> 明雨,伐[既],雨,咸伐,亦[雨],改卯鸟,大启,昜。(《合集》11499 正)

---

① 《史记·殷本纪》谓:"(盘庚迁殷后)百姓由宁,殷道复兴,诸侯来朝。"
② 《史记·殷本纪》:"帝武丁崩,子帝祖庚立,祖己嘉武丁之以祥雉为德,立其庙为高宗。"
③ 有关高宗肜日,飞雉登鼎,见《尚书·高宗肜日》:"高宗肜日,越有雊雉。"《书序》:"高宗祭成汤,有飞雉升鼎而雊,祖己训于王,作《高宗肜日》、《高宗之训》。"《尚书大传·高宗肜日》:"武丁祭成汤,有飞雉升鼎而雊,武丁问诸祖己,祖己曰:'雉者,野鸟也。不当升鼎,今升鼎者,欲有用也,远方将有来朝者乎?'故武丁内反诸己,以思先王之道,三年,编发重译来朝者六国。孔子曰:'吾于高宗肜日,见德之有报之疾也。'"《史记·殷本纪》:"帝武丁祭成汤,明日,有飞雉登鼎耳而呴,武丁惧,祖己曰:王勿忧,先修政事。"另见《说苑·辨物》、《汉书·郊祀志》、《后汉书·刘陶传》、又《曹节传》、《三国志·高堂隆传》。这些文献虽文辞有别,但内容相同。

"爇"，在甲骨文中作"🔥"形，象人手持木或火炬形，罗振玉释为"苣"，"《说文》：'苣，束苇烧也。'此从爪执火，或从火象爇木形，与燎同意。"孙海波谓："执祭之法"，"殆举火以祭之与。"① 辞义是七月的庚子日要用"爇"这种祭祀方式祭祀鸟星。"设"，甲骨文中的设字有两种含义：一种指自然界之设施兆象言之；另一种指祭祀的陈设祭物言之。② 亦通夜。辞义是丙申日，由殷占卜贞问，下旬乙巳日酌祭下乙。王占卜的结果是有灾祸，有兆象显示不好，乙巳酌祭下乙，天明时雨，杀伐（牺牲）既时，还下雨，整个杀伐祭祀中都下雨。夜里，用杖击杀和用对剖的方式杀牲祭祀鸟星。对鸟星进行祭祀，完整的辞例见于以上三条，祭祀方式，有举火把而祭祀，有"改、卯"牺牲而祭祀。改、卯鸟星时，天放晴出太阳。这是甲骨文中所见武丁时对鸟星的祭祀情况。

商人对鸟星的崇拜，还可从商人的后代——春秋时期的宋国中寻找其踪迹：

《左传》襄公九年："九年春，宋（火）灾。……晋侯问于士弱曰：'吾闻之，宋灾于是乎知有天道，何故？'对曰：'古之火正，或食于心，或食于咮，以出内火。是故咮为鹑火，心为大火。陶唐氏火正阏伯居商丘，祀大火，而火纪时焉。相土因之，故商主大火。商人阅其祸败之衅，必始于火，是以日知其有天道也。'"

火正为官名，职掌祭火星，行火政。食，配食。鹑火，即柳、星、张三宿，正在南天中。柳宿为鹑火，心宿即大火，为夏夜亮星之一。商主大火，殷商以大火为祭祀主星。阅，《说文》："阅，察也。"衅，预兆。意谓商人考察而总结祸败之预兆。③ 咮指鸟嘴，此为鹑火。商人对鹑火、大火星宿的祭祀，是因为鹑火、大火是他们的主星。

商人以鹑火（甲骨文中的鸟星）为主星，以鸟为商族的图腾，④ 即以玄鸟做自己的始祖。于省吾在《略论图腾与宗教起源和夏商图腾》，举出商代

---

① 于省吾：《甲骨文字诂林》，中华书局1996年版，第427、428页。
② 于省吾：《甲骨文字释林》，中华书局1979年版，第103—107页。
③ 杨伯峻：《春秋左传注》，中华书局1981年版，第963—964页。
④ 《诗·商颂·玄鸟》："天命玄鸟，降而生商。"《诗·商颂·长发》："有娀方将，帝立子生商。"《楚辞·天问》："简狄在台喾何宜，玄鸟致饴女何嘉。"《史记·殷本纪》："殷契，母曰简狄，有娀氏之女，为帝喾次妃，三人行浴，见玄鸟堕其卵，简狄取吞之，因孕生契。"

青铜器"玄鸟妇壶",用地下史料和文献相印证,证实了早期商族母系阶段与图腾崇拜的历史现实。胡厚宣对此作了更详尽的阐释,他在《甲骨文商族鸟图腾的遗迹》中,考释了玄鸟就是凤。卜辞中王亥名字旁加一鸟形,因王亥是商代第一位先公上甲之所出,在他的名字旁加上本族祖先鸟图腾的符号,看出商族对鸟图腾的珍视。胡厚宣还举出了三条禘祭雉鸟的卜辞,如下:

> 贞帝鸟三羊、三豕、三犬。
> 丁巳卜,贞帝鸟。(《合集》14360)
> 贞方帝。七月。
> 贞帝鸟一羊,□[豕],一犬。(《英藏》1225)

"帝",《说文》:"帝,谛也。"又曰:"谛,谛祭也。"《礼记·大传》云:"不王不禘,王者,禘其祖之所自出,以其祖配之。"商人对鸟的祭祀和崇拜,说明了他们认为鸟就是他们的始祖,故对凤鸟、雉鸟表示尊重。

鸟星是商人的主星,鸟是商人的图腾,鸣鸟则对商王有很大的震动,卜辞如:

> 之日夕有鸣鸟。(《合集》17366 反)
> 卯有……囗,庚申亦有设,有鸣鸟,疫囯羌捍。(《合集》522 反)

疫为人名。囯,《说文》:"囯囯所以拘辠人。"在此为动词,辞义是庚申日,有兆象显示,不吉利,有鸟在鸣叫,疫去拘捕羌人,并与羌人展开激战。疫最终战胜了羌人,商王贞问,疫是否致送羌人到商王都(《合集》275),鸟鸣对商王朝有灾祸,对商王也产生不利,卜辞如:

> 丁巳[卜],贞鸟鸣……囚。(《合集》17367)
> □□卜,贞……鸣,不[于]□一人囚。
> ……一人……六月。(《合集》4981)

这是一版正反对贞问的卜辞,"不于一人祸"和"其于一人祸",胡厚宣谓:

"商族在原始社会,是以鸟为图腾的,所以殷人迷信,以鸟鸣为不祥。"①

武丁时期的甲骨卜辞中,鸟鸣与灾祸是联系在一起的,殷商的后人——宋国,鸟鸣则有大灾发生,《左传》襄公三十年:"或叫于宋大庙,曰:谯谯,出出。鸟鸣于亳社,如曰:谯谯。甲午,宋大灾。"大庙,当是微子之庙,春秋列国皆为始封君立大庙也。宋有亳社,盖宋乃殷商之后。②春秋时期,殷商之后——宋国把鸟鸣与灾祸连在一起,与武丁为鸟鸣进行占卜有无灾祸含义相同。甲骨文中鸟鸣与文献中的鸟鸣对殷人来说,都是不祥之兆,由此,可以理解"高宗肜日"时有飞雉登鼎而鸣叫给武丁带来的恐惧。

(二) 雏雉登鼎而鸣与(高宗)武丁失政

甲骨文中,鸟鸣是灾异之兆,武丁对此反复贞问是否有祸发生。这种灾祸或为战争,或对武丁个人有害,故鸟星是其祭祀的对象。文献中,商人与鸟有密切关系,以鸟为主星,以鸟为图腾,这与甲骨文中反映的鸟在其生活中的作用是一样的。鸟作为商人崇拜的图腾,他们对图腾是又敬又怕,高宗祭成汤这种肃穆庄严的场合中,有野鸟升鼎耳而鸣,从灾异的角度看,这是对武丁失政的警告。

武丁肜祭成汤时,雉鸟登鼎而鸣,武丁恐惧其政有缺。实际上,武丁执政有失缺处,当鸟鸣发生后,武丁询问祖己应该怎么办,"祖己曰:'惟先格王,正厥事。'乃训于王曰:'惟天监下民,典厥义。降年有永有不永,非天夭民,民中绝命。民有不若德,不听罪,天既孚命,正厥德。'乃曰:'其如台?呜呼!'王司敬民,罔非天胤,典祀无丰于昵。"③格,孔疏:"'格',训至也。'至道之王'谓用心至极,行合于道,遭遇变异,改修德教正其事,而异自消。"事,《后汉书》李贤注:"有事,谓祭也。""惟先格王,正厥事"之义,至道之王,先端正王心,然后端正祭典。昵,马融曰:"昵,考也。谓祢庙也。""典祀无丰于昵",即祭祀的时候,在父庙中的祭品不要过于丰盛。从《尚书·高宗肜日》看,武丁失政之一,在于亲父而远祖。

武丁失政,还表现在废立继承人上,武丁的长子孝己,因母早死,武丁惑后妻之言,放之而死。④孝己是世子,即嫡长子,为商王朝王位的接

---

① 胡厚宣:《重论"余一人"问题》,《古文字研究》第6辑。
② 杨伯俊:《春秋左传注》,中华书局1981年版,第1174页。
③ 《尚书·高宗肜日》。
④ 《太平御览》卷八三引《帝王世纪》。

班人，被武丁放逐而死。祖庚为孝己之弟，祖己故后，当以祖庚为太子，但武丁欲立祖甲为太子，[1]废长立少，势必造成王位继承的混乱，商王朝中期的"九世乱"，王位的争夺几乎使商王朝处于崩溃的边缘，武丁不维护商王朝的核心制度，以自己的好恶来行事，这是他在执政中的败笔，由此可能导致商王朝的统治再度陷于混乱。肜祭成汤时，雊雉登鼎[2]引起了武丁重视，故武丁能够"内反诸己"，以思先王之道，修政行德，商王朝复兴。

武丁祭成汤，遇飞雉登鼎耳而鸣这一灾异现象，他以此警戒而修政行德，有商王朝复兴强盛的结果。（武丁）子祖庚立，祖己嘉武丁之以"祥雉"为德，故立其庙为高宗。[3]

三 关于祖甲改制

祖甲是武丁子，继其兄祖庚位为王。祖甲是商王朝由盛转衰的转折点，单就祖甲讲，他是商王朝有作为的商王，但后世对他褒贬不一，这当与祖甲不应即位为王和祖甲改制有关。本篇着重讨论祖甲改制的问题。

祖甲继承商王位后，对当时商王朝制度上的诸多弊病进行改革，董作宾称祖甲是殷代的革命政治家，[4]其改革主要表现在以下几个方面：

（一）商王朝嫡长子继承制的真正确立

成汤自建国之初，就确立了嫡长子继承制，在王位传承的过程中，出现了兄终弟及、兄之子继其叔父之王位的特殊现象，并导致了商王朝中期出现了"九世乱"。"九世乱"的后果，导致商王朝国势衰退，王都迁徙。南庚时，退到奄地即商王朝统治的大后方。引起商王朝国势衰退的最根本的原因

---

[1] 《尚书·无逸》："其在祖甲，不义惟王，旧为小人。"马融曰："祖甲有兄祖庚，而祖甲贤，武丁欲立之，祖甲以王废长立少不义，逃亡民间。故曰'不义惟王，久为小人'也"。郑康成曰："祖甲有兄祖庚，贤，武丁欲废兄立弟，祖甲以此为不义，逃于民间，故云：'久为小人'"。

[2] 刘歆《洪范五行传》认为是羽虫之孽，野鸟自外来升在象征宗庙之器的鼎上，是继嗣将易也。《汉书·五行志》："野鸟居鼎耳，小人将居公位，败宗庙之祀。"又："野鸟入庙，败亡之异。"郑玄《尚书》注："鼎，三公象也，又用耳行。雉升鼎耳而鸣，象视不明。天意若云：当任三公之谋以为政。"

[3] 祥，《史记集解》：孔安国（注太戊时祥桑）曰："祥，妖怪也。"

[4] 董作宾：《祖甲为殷代的革命政治家》，《董作宾先生全集乙编》，第3册，台北艺文印书馆1977年版。

是废嫡立庶，从而引起王位争夺。王位争夺的结果，造成统治集团内部的分裂，由此引起国势衰退。从周祭祀谱看商王世系，阳甲是九世之乱最后一位商王，从成汤到阳甲，尽管有商王位的争夺，商王朝的王位传承是传子或传兄之子，九世之乱结束，阳甲兄弟四人相继为商王，最后传王位于弟之子——小乙之子武丁，虽然不清楚这种变化的原因，但说明商王朝王位继承制度有所变化，到武丁时，有三子祖己（立为太子但未即位为王仍受到周祭，说明只要被立为太子，其身份和地位等同于商王）、祖庚、祖甲相继为王，王位传于弟（祖甲）之子——康丁。"九世乱"后，两世都传位于弟之子，说明商人自九世乱后，总结这种"兄终弟及"的王位传承、几乎使商王朝走向覆亡的教训，即如果再传兄之子，会导致诸庶子争夺王位的情况，传弟之子则能保持商王朝政权的稳定，因为在位之王传位于自己之子，政权容易平稳过渡。

祖甲继承商王位，破坏了商王朝的（嫡）长子继承制度，祖甲即位，与武丁当政有关。武丁是天下之盛君，也有自己个人的爱好，太子孝己因母早逝被放逐而死，祖庚继祖己后立为太子，武丁喜爱祖甲，欲立祖甲为太子，导致祖甲逃亡民间。但祖甲最终还是继位为王，没遵守商王朝王位传承制度，故《国语·周语下》则谓："玄王勤商，十有四世而兴。帝甲乱之，七世而陨。"韦昭注云："乱汤之法。"乱汤之法确指什么，从商王朝王位世次看，他所乱的是商王朝的根本制度——嫡长子继承制，故《史记·殷本纪》谓："帝甲淫乱，殷复衰。"祖甲虽然破坏了商王朝的王位继承制度，但祖甲时，商王朝真正确立了嫡长子继承制，这与祖甲执政密切有关。

（二）内政改革

内政改革分为以下两部分，即祀典的改革和占卜内容的改革。

1. 改革祀典

甲骨文发现后，经过学者多年的研究后发现，黄组卜辞中，商王朝建立了严密的周祭制度。周祭制度的实施，始自祖庚、祖甲时期，即用翌、祭、彡、壹、劦遍祭自上甲起曾即位为王的所有商王和自大乙起直系先王的配偶。尽管祖庚、祖甲时期周祭制度还不严密，如卜辞文例不如黄组的严谨，称大乙为唐而不是庙号，羌甲为旁系先王但其配偶也受到周祭（《合集》23325）等等，[①] 说明祖庚、祖甲时期，取消了武丁时期的多种祀

---

① 常玉芝：《商代周祭制度》，中国社会科学出版社1987年版，第17页。

典，确立了祭祀先王的主线。周祭制度的原则即周祭中的祭祀次序就是其即位的次序，[①] 其本质是在强调宗法制度的（嫡）长子的宗法地位。从祭祀先妣的周祭制度可以看出，凡是有子继承商王位的先王，一定受到周祭。凡是其子没有继承商王位的先王，自己本人受到周祭，但其配偶不受周祭。周祭制度把直系与旁系划分清楚，在于强调（嫡）长子地位，宗法制度明显地从商王朝的周祭制度中反映了出来。祖甲以后，商王朝严格按照长子继承制而传递王位。

祖甲时期的祀典改革，有意识地区分出直系和旁系先王和祖甲以后、王位严格按（嫡）长子宗法制传承史实，说明祖甲的祀典改革，是为了加强嫡长子的身份和地位。

商王朝在祖甲时期的周祭制度的确立，说明了商王朝吸取九世之乱的沉痛教训，在王位继承制度上进行了重大改革，从这种制度改革的本质上讲，是进步的，有利于商王朝统治力量的加强。但祖甲祀典改革仍没有挽回商王朝覆亡的命运。

2. 占卜方面的改革

祖庚、祖甲时期，在占卜方面也进行了重大的改革，表现在以下两个方面：

（1）妇女政治地位的下降。祖甲时期的甲骨卜辞中，不见妇女在祭祀等社会生活方面活动。武丁时期的妇好、妇妌，外专征伐，内管祭祀，在国家社会生活中发挥重要作用，妇女还参与甲骨的整治事宜。从祖甲起，不见妇女参与王室事务活动的占卜，说明妇女在政治生活中地位的下降。

（2）占卜内容的改革。祖甲时期，有关占卜的内容发生了变化，武丁时期，武丁对商王族家庭中的成员，多次向祖先举行禳除灾祸的祭祀，如雀（《合集》413）、妇好（《合集》702）、子渔（《合集》729）、妇妌（《合集》792）等，祖甲时期，从不见为某人举行禳除灾祸的祭祀，人文关怀减少。

武丁时期，还反复为臣下"往来无灾"进行占卜，如师般（《合集》4259），到祖甲、祖甲时期，未见有这种占卜。

总之，祖甲时期，人情化、人性化的占卜几乎没有，对祭祀却更加重视，这反映了祖甲时期祭祀祖先在社会政治生活中发挥的作用越来越重要。

[①] 董作宾：《殷历谱》上编卷三，1945年版，第3—4页。

（三）王权的加强

武丁时期，占卜机关庞大，重要贞人有殷、亘、永、方、争、韦等人，这些贞人是世家大族，他们不仅活动在占卜机关，而且活动在王室其他事务中。到祖甲时期，贞人集团中重要贞人有大、旅、即、行、兄、出、尹等，武丁时，他们虽然也在占卜机关，但参与占卜贞问的事项少；祖甲时期，他们成为重要贞人，说明祖甲对武丁时期的占卜机关进行了调整，这种调整的目的在于加强王权。祖甲时期，即使有庞大的占卜机关，但祖甲遇事亲问，"王贞"卜辞越来越多，由此说明祖甲在政治生活中加强了王权。

（四）重修"汤刑"

商王朝发展到祖甲时期，社会形式与成汤初年有异，为适应当时的统治，祖甲重作"汤刑"。① 祖甲修改的"汤刑"，其内容，今不明。

从历史文献及甲骨文材料分析，祖甲改制，主要在内政改革上。甲骨文中，不见祖庚、祖甲对外战争。② 祖甲的内政改革是成功的，创自于祖庚、祖甲时期的周祭制度，到帝乙、辛时期，更加严密，后世子孙能继承祖甲所创制的制度，说明了祖甲改革的成功性。祖甲也受到后人的高度评价。③

四 武乙"射天"与猎于河渭

《史记·封禅书》："帝武乙慢神而震死。"《史记·殷本纪》："帝武乙无道，为偶人，谓之天神，与之搏，令人为行，天神不胜，乃僇辱之。为革囊、盛血，卬而射之，命曰射天。武乙猎于河渭之间，暴雷，武乙震死。"《汉书·郊祀志》谓："帝乙嫚神而震死。"帝乙指商王武乙。《今本竹书纪年》载："王（武乙）畋于河渭，暴雷震死。"河、渭之地，是周人活动的中心区域。④ 武乙即位后，商王都西部的周族经过几世的经营，势力逐渐强大。

---

① 《今本竹书纪年》："（祖甲）二十四年，重作汤刑。"《左传》昭公六年："商有乱政而作汤刑。"《吕氏春秋·孝行》："《商书》曰：刑三百，罪莫重于不孝。"高诱注："商汤所制法也。"

② 《今本竹书纪年》："（祖甲）十二年，征西戎。冬，王返自西戎。十三年，西戎来宾。命邠侯组绀。"组绀为周族先王，命，即册命。对边疆的经营，只见对西戎的战争和对周先王的册命。

③ 《尚书·无逸》："自殷王中宗、及高宗、及祖甲、及我周文王，兹四人迪哲。"

④ 雷学淇《竹书纪年义证》曰："河渭者，渭水入河之处，即河汭也。《汉书·地理志》曰：'渭水东至船司空入河。'船司空县在今西安府华阴县东北。渭入河处，谓之渭口。在今华阴县东北三十五里。"

武乙因田猎，死于河、渭，《史记·殷本纪》、《汉书·郊祀志》等认为武乙慢鬼神而遭到上天的报应被雷劈死，把武乙之死与武乙怠慢鬼神扯在一起，增加了此事件的神秘性，不利于对武乙时期的历史认识，故有必要对武乙猎于河渭之史实进行论述。

受历史材料的限制，我们无法直接了解到武乙射天的历史背景，但与武乙射天的行为相同的做法，还发生在殷商之后宋王偃身上。

《吕氏春秋·过理》："宋王（偃）筑为蘖帝，鸱夷血，高悬之，射著甲胄，从下，血坠流地，左右皆贺曰：'王之贤过汤、武矣，汤、武胜人，今王胜天，贤不可以加矣。'"①

宋王偃射天的历史背景②

宋王偃以武力夺取其兄剔之王位，在他统治宋国时期，有雀诒鸟舫于城角，宋王偃让史官占卜贞问，结果是"小而生巨，必霸天下"的吉利之卦，故宋王偃大喜，用武功打败齐、楚、魏大国，与齐魏为敌，因急成其称霸天下之大业，于是有射天笞地之举。宋王偃还与当时的强秦作对，为从思想上战胜秦国，作木人象人（秦王）之形，并射击他。王晖认为"射天"是厌胜式的巫术行为，殷墟卜辞中反映殷人并不敬祀天神，作为殷商的后代宋王偃，与齐、魏、楚相信的天神不同。③ 宋王偃用"射天"之举侮辱齐、魏、楚等国的信仰神，企图称霸于天下，结果宋国遭到了灭国的噩运。

武乙射天

从殷商的后代宋王偃的举动看，殷人的信仰与齐、魏、秦不同，由此推

---

① 高诱注："宋王，康王也。……言康王筑为台，革囊之大者为鸱夷，盛血于台上，高悬之以象天，著甲胄，自下射之，血流坠地，与之名，言中天神下其血也。"李宝注注："宋王以木蘖作为天帝之形，以鸱夷悬血而射之，故云'射著甲胄，从下血流坠地。'如训为高台，岂能被甲胄耶。"

② 《战国策·宋卫策》："宋康王时，有雀生鸇于城之陬，使史占之曰：'小而生巨，必霸天下。'康王大喜，于是灭滕伐薛，取淮北之地。乃愈自信。欲霸之亟成，故射天笞地，斩社稷而焚灭之，曰：'威服天下鬼神。'"《史记·宋世家》："（宋王）剔成四十一年，剔成弟偃攻袭剔成，剔成败奔齐，偃自立为宋君。君偃十一年，自立为王，东败齐，取五城；南败楚，取地三百里；西败魏军，乃与齐、魏为敌国。盛血以韦囊，悬而射之，命曰射天。"《史记·苏秦列传》："秦欲攻安邑，恐齐救之，则以宋委于齐，曰：宋王无道，为木人以写（象）寡人，射其面。寡人地绝兵远，不能攻也。王苟能破宋有之，寡人如自得之。"

③ 王晖：《商周文化比较研究》，人民出版社2000年版，第83页。

知，武乙与周人的信仰也不同。《史记·殷本纪》认为，武乙无道，为"偶人"，① 谓之天神，此天神"革囊、盛血"，与宋王偃所做的天神"盛血以韦囊，悬而射之，命曰射天"一样，此天神当是周人的信仰神。② 武乙时期，周族强大，尤其是周公亶父迁于岐山之后，周族在亶父、季历的经营下，人多势众，诸侯归顺。③ 周族在商王都西部，享有盛誉，作为商王朝的臣属国，其势力的强大，势必要威胁到商王朝国家的安全，武乙"射天"，跟其后世子孙宋王偃一样，当是想用巫术厌胜的方式压制周族信仰神来阻止周人的发展。

武乙猎于河渭而暴死

中国古代，田猎带有军事演习性质，《礼记·月令》："天子乃教于田猎，以习五戎。"在商代，田猎不仅仅是统治阶级的一种游乐活动，而且更重要的是以田猎进行军事演习，借此活动以训练军队。周人的强大，不能不引起武乙的重视，武乙到河渭即周人统治的中心区域进行田猎，应当有观察周人动静之嫌，但武乙突遭暴雷这一自然天气异常而震死。④

武乙猎于河渭而暴死，与武乙侮辱（周人的）天神为两回事。武乙用"射天"行为来侮辱周人之信仰神，试图压制周人的发展；为观察周人的动静或炫耀商人的军事实力，故有猎于河渭之举。对此，要透过神学的表象而窥见历史的真实。

---

① 偶人，《史记正义》："以土木为人，对象于人形也。"

② 武乙与宋王偃的无道，是后人或他人的评价。此天神，如果是商人的信仰或保护神，宋王偃的"射天"行为就会受到秦、齐、魏的幸灾乐祸，而不是对宋王偃的仇恨，也不至于兴兵讨伐他。武乙所做的天神，与宋王偃的天神一样，应是周人的信仰神。

③ 《今本竹书纪年》："（武乙）二十四年，周师伐程，战于毕，克之。（武乙）三十年，周师伐义渠，乃获其君以归。（武乙）三十四年，周公季历来朝，王赐地三十里，玉十瑴，马十匹。"《后汉书·西羌传》注引《纪年》："武乙三十五年，周王季伐西落鬼戎，俘二十翟王。"

④ 武乙之死，据史书所载，是遭暴雷而震死，并且把武乙之死与武乙射天之行为联系起来，增加了因果报应的神秘色彩。根据商后人宋王偃之射天行为，武乙所射的天或天神，就是周人的信仰神，武乙死于周人统治区域，据此推测，武乙或遭暴雷天气而死，或被周人的臣属国所害。

第九章

商朝的积年与诸王系年

第一节　古文献中所见商朝积年与王年

一　文献中所见商朝总积年

有关商代的积年，清以前的文献有 458 年、496 年、497 年、576 年、645 年以及 500 余年、600 年、600 余年等多种说法。其中先秦两汉的文献所见有如下三说：

六百余年说。《左传》宣公三年："桀有昏德，鼎迁于商，载祀六百。"《世经》："自伐桀至武王伐纣，六百二十九年。"（《汉书·律历志》引）五百余年说。《鬻子·汤政》："汤之治天下也……积岁五百七十六岁至纣。"《孟子·尽心下》："由汤至于文王，五百有余岁。"近五百年说。《汲冢纪年》曰："汤灭夏以至于受，二十九王，用岁四百九十六年。"（《史记·殷本纪》集解引）《易纬稽览图》："殷四百九十六年"。

就上述文献的可信程度看，《世经》之 629 年，不见于先秦文献，是刘歆据三统历推算出来的，可信度较弱。其余诸说，均见于先秦文献，可信度较强。如六百年说所本之《左传》，496 年说所本之古本《竹书纪年》，都是战国时代成书的文献。576 年说所本之《鬻子》，虽成书的确切年代不明，但《汉书·艺文志》有小说家《鬻子说》十九篇，《四库全书总目》认为此即现在所见之《鬻子》。如是，则《鬻子》很可能也是战国文献。

就上述文献所记的年代情况看，古本《竹书纪年》所说的 496 年，明记是"二十九王"，非《史记·殷本纪》商代 30 王之数（如计入未立而卒的太丁，则有 31 王），如以 30 王或 31 王计，则商积年要超出 500 年。《孟子》所说的商积年"五百有余岁"，是指"汤至于文王"。这里的"文王"可能是指"文王受命"而言。《尚书·无逸》："文王受命惟中身，厥享国五十年"，再据史书，武王克商前已在位 4 年。则据《孟子》计算商积年，必须在"汤至于文王"的 500 余年，再加上文王受命后即位 50 年和武王克商前的在位 4 年，这样，商积年至少也应该在 554 年以上。

二 文献所见商诸王在位年

成汤(大乙)：13 年说，见《史记·殷本纪》集解、《汉书·律历志》、《帝王世纪》、《艺文类聚》、《太平御览》、《册府元龟》、《通鉴外纪》、《通志》；

12 年说，见今本《竹书纪年》。

外丙：2 年说，见《孟子·万章上》、今本《竹书纪年》、《通志》；

3 年说，见《史记·殷本纪》、《太平御览》、《册府元龟》。

仲壬：4 年说，见《孟子·万章上》、《史记·殷本纪》、《太平御览》、《册府元龟》、《通鉴外纪》、《通志》。

太甲：6 年说，见《史记·殷本纪》、《太平御览》；

12 年说，见今本《竹书纪年》；

14 年说，见《册府元龟》；

33 年说，见《史记·鲁周公世家》、《通鉴外纪》、《通志》。

沃丁：19 年说，见今本《竹书纪年》；

29 年说，见《通鉴外纪》、《通志》；

30 年说，见《册府元龟》。

太庚：5 年说，见今本《竹书纪年》；

25 年说，见《册府元龟》、《太平御览》、《通鉴外纪》、《通志》。

小甲：17 年说，见今本《竹书纪年》、《册府元龟》；

36 年说，见《通鉴外纪》、《通志》。

雍己：12 年说，见今本《竹书纪年》、《太平御览》、《册府元龟》；

13 年说，见《通鉴外纪》、《通志》。

太戊：75 年说，见《尚书·无逸》、《史记·鲁周公世家》、今本《竹书纪年》、《太平御览》、《册府元龟》、《通鉴外纪》、《通志》。

仲丁：9 年说，见今本《竹书纪年》；

11 年说，见《太平御览》、《册府元龟》、《通鉴外纪》、《通志》。

外壬：5 年说，见《太平御览》；

10 年说，见今本《竹书纪年》；

15 年说，见《册府元龟》、《通鉴外纪》、《通志》。

河亶甲：9年说，见今本《竹书纪年》、《太平御览》、《册府元龟》、《通鉴外纪》、《通志》。

祖乙：19年说，见今本《竹书纪年》、《太平御览》、《册府元龟》、《通鉴外纪》、《通志》。

祖辛：14年说，见今本《竹书纪年》；

16年说，见《太平御览》、《册府元龟》、《通鉴外纪》、《通志》。

沃甲：5年说，见今本《竹书纪年》；

25年说，见《太平御览》、《册府元龟》、《通鉴外纪》、《通志》。

祖丁：9年说，见今本《竹书纪年》；

32年说，见《太平御览》、《册府元龟》、《通鉴外纪》、《通志》。

南庚：6年说，见今本《竹书纪年》；

29年说，见《太平御览》、《册府元龟》、《通鉴外纪》、《通志》。

阳甲：4年说，见今本《竹书纪年》；

7年说，见《册府元龟》、《通鉴外纪》、《通志》；

17年说，见《太平御览》、《帝王世纪》。

盘庚：28年说，见今本《竹书纪年》、《册府元龟》、《通鉴外纪》、《通志》；

18年说，《太平御览》。

小辛：3年说，今本《竹书纪年》；

21年说，《太平御览》、《册府元龟》、《通鉴外纪》、《通志》。

小乙：10年说，今本《竹书纪年》；

20年说，《太平御览》、《册府元龟》、《通志》；

21年说，《通鉴外纪》。

武丁：55年说，《史记·鲁世家》引《无逸》；

59年说，《尚书·无逸》、今本《竹书纪年》、《册府元龟》、《太平御览》、《通鉴外纪》；

百年说，《论衡·气寿篇》。

祖庚：7年说，《太平御览》、《册府元龟》、《通鉴外纪》、《通志》；

11年说，今本《竹书纪年》。

祖甲：16年说，《太平御览》、《通志》；

33年说，《尚书·无逸》、《史记·鲁周公世家》、今本《竹书纪年》、《帝王世纪》。

廪辛：4年说，今本《竹书纪年》；

6年说，《太平御览》、《册府元龟》、《通鉴外纪》、《通志》。
康丁：6年说，《通鉴外纪》、《通志》；
　　　8年说，今本《竹书纪年》；
　　　21年说，《册府元龟》；
　　　23年说，《帝王世纪》；
　　　31年说，《太平御览》。
武乙：4年说，《册府元龟·帝王部》、《通鉴外纪》、《帝王世纪》；
　　　35年说，古本、今本《竹书纪年》、《册府元龟·外臣部》。
文丁：3年说，《太平御览》、《册府元龟》、《通鉴外纪》；
　　　11年说，古本《竹书纪年》；
　　　13年说，今本《竹书纪年》。
帝乙：2年说，古本《竹书纪年》；
　　　9年说，今本《竹书纪年》；
　　　37年说，《通鉴外纪》、《册府元龟》、《帝王世纪》。
帝辛：32年说，《册府元龟》；
　　　33年说，《通鉴外纪》、《太平御览》、《帝王世纪》；
　　　52年说，今本《竹书纪年》。

第二节　甲骨文、金文中的商代王年

甲骨文、金文中有关商王年的资料可分为两部分：一部分是与武丁前后王年有关的甲骨文日月食资料；一部分是与商末文丁、帝乙、帝辛王年有关的甲骨文周祭资料与具有年祀记录的青铜铭文资料。

一　甲骨文中可资推算王年的日月食资料

殷墟甲骨文中有一些带干支的日月食记录。对这些日月食记录通过现代天文学计算，可以回推其发生的时代，因而对研究商代王年具有重要价值。过去，学术界认为甲骨文中可供计算王年的日月食资料有三组：

第一组：宾组卜辞中的五次月食资料

迄今为止，学术界基本公认的月食资料见于宾组卜辞，共有七版，总共记录了五次月食。它们是：

1. 癸未夕月食

[癸] 未卜，争，贞翌甲申易日。

之夕月有食。甲阴。不雨。

之夕月有食。（反）

[贞] 翌甲申不其易日。

[贞翌己亥] 易日。

[贞] 翌己亥不其易日。（《合集》11483 正反，图 9—1，9—2）

图 9—1　《合集》11483 正　　　　图 9—2　《合集》11483 反

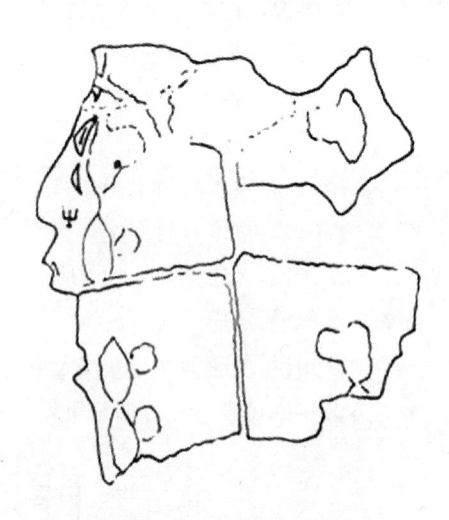

这是殷墟第十三次发掘时（1936 年），以著名的 YH127 坑中出土的龟腹甲，由张秉权、严一萍先后由六块碎甲拼合而成。

2. 甲午夕月食

[己] 丑卜，㱿，贞翌乙 [未酚] 黍登于祖乙。[王] 占曰：有祟。不其雨。六日 [甲] 午夕月有食。乙未酚。多工率条遘。（《合集》11484 正，图 9—3）

这也是从 H127 坑中出土的一块大龟腹甲。

3. 己未夕皿庚申月食

癸［卯卜］，贞［旬］亡〔囚〕。（正）

癸丑卜，贞旬亡囚。

七日己未夕庚申月有食。二（反）

癸亥卜，贞旬亡囚。二（正）

癸酉卜，贞旬亡囚。二（正）

癸未卜，争，贞旬亡囚。

王占曰：有祟。

三日乙酉夕丙戌允有来入齿。

十三月。二（正）

王占曰：有祟。（反）

（《英藏》886 正反，图 9—4、图 9—5、《库》1595 正反、《合集》40610 正反）

图 9—3　《合集》11484 正

图 9—4　《英藏》886 正　　　图 9—5　《英藏》886 反

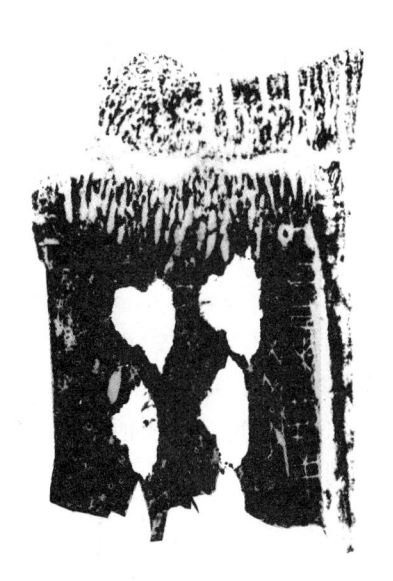

［癸丑卜，贞旬亡囚］。（正）

［七日］己未夕庚申月有食。（反）

癸亥。(正)

癸未。十三月。(正)

癸巳卜,贞旬亡囚。(正)

癸卯卜,贞旬亡囚。(正)

(《英藏》885 正反,图 9—6、9—7;《合集》40204 正反、《金璋》594 正反)

图 9—6　《英藏》885 正　　　　　图 9—7　《英藏》885 反

以上两辞均记"己未夕㽞庚申月有食"。其中的"㽞"字应如何释读,学界有不同认识,最后大家倾向于裘锡圭的意见。认为:"'㽞'字是插在前后相接的两个日名之间而构成的词组,当读为'向',与《诗经》'夜向晨'的'向'同义。"

4. 壬申夕月食

癸□,[贞]旬[亡囚]。(正)

辛卯。(正)

癸丑,贞旬亡囚。(正)

癸亥,贞旬亡囚。(正)

旬壬申夕月有食。（反）
癸酉，贞旬亡囧。（正）
癸卯，贞旬亡囧。（正）（《合集》11482 正反，图 9—8、9—9）

图 9—8　《合集》11482 正　　　　　　**图 9—9　《合集》11482 反**

这块牛胛骨刻辞原为王襄所藏，其拓本于 1925 年首次发表于王襄编纂的《簠室殷契征文》中。月食卜辞"旬壬申夕月有食"刻在反面。根据卜辞正反面互相衔接的原则和"旬壬申"的时间指称，知道反面的月食刻辞是正面"癸亥贞，旬亡囧"卜旬辞的验辞。

5. 乙酉夕月食

癸亥卜，争，贞旬亡囧。一月。三
癸未卜，争，贞旬亡囧。二月。三
癸卯卜，[争，贞]旬亡祸。二月。
[癸]卯[卜，争]，贞[旬]亡[囧]。五月。
癸未卜，[争，贞]旬[亡]囧。三
癸未卜，争，贞旬亡囧。
三日乙酉夕月有食。闻，八月。三（《合集》11485，图 9—10）

［癸未卜］，㱿，［贞旬亡］囚。三日［乙］酉夕［月有］食。闻。（《合集》11486，图9—11）

图9—10　《合集》11485　　　　图9—11　《合集》11486

这里，《合集》11485中的月食刻辞与《合集》11486中的月食刻辞应是同文异版卜辞，即同一次月食的两次记录。

以上有关五次月食的七版卜辞都属于宾组卜辞，不仅从字体上判断属于武丁时期，而且有三版提到贞人"争"，一版提到贞人"宾"。而"争"与"宾"都是武丁时期著名的贞人，因此，宾组卜辞被称作是武丁卜辞。据《尚书·无逸》记载，武丁在位59年，因此，这七版所记的五次月食就成了研究武丁在位年份到底相当于公元前哪几年的好材料。

第二组：宾组卜辞中一条被释读为"三焰食日"的资料

在殷墟小屯YH127坑出土的一片宾组龟腹甲卜辞，被董作宾于1945年出版的《殷历谱》中作为商代武丁时期日食的重要例证。董先生将其释读为"乙卯允明，雀，三焰食日，大星"。以为这是一次日全食时出现巨大日珥的记录。董说曾一度得到许多学者的赞同。甚至有人推算出这是公元前1302年6月5日发生的一次日全食，以为"三焰"就是当时看到了日珥，说这是全世界最早的关于日全食时出现的巨大日珥记录。

但也有学者对此提出不同意见。1981年出版的《中国天文学史》即据胡厚宣说表示怀疑,① 同年,李学勤发表《论殷墟卜辞的"星"》,② 也认为该卜甲与日食无关。1997年,夏商周断代工程启动后,李学勤又发表《"三焰食日"卜辞辨误》一文,③ 进一步论证该卜辞与日食无关。李学勤将该版正反卜辞释读为:

正面:甲寅卜,㱿,贞翌乙卯易日。一
贞翌乙卯不其易日。一
反面:王占曰:"止勿雨,雨。"乙卯允明㲋,乞齿,食日大星。
正面:贞有疾自(鼻),惟有壱。[一]二[三]四
反面:王占曰:
正面:贞,有疾自(鼻),不惟有壱。一二三四
反面:王臣占曰:"止㚔首,若。"(《合集》11506正反,图9—12、9—13)

图9—12 《合集》11506正　　　图9—13 《合集》11506反

在这个释文里,李学勤将董作宾所释的"乙卯允明,㲋,三焰食日,大星"

---
① 中国天文学史整理研究小组编著:《中国天文学史》,科学出版社1981年版,第19页。
② 《郑州大学学报》1981年第4期。
③ 《传统文化与现代文化》1997年第2期。

读为"乙卯允明雀，乞𠂤，食日大星"。李先生认为，"雀"即阴；董氏所释的"三焰"之"三"中横略短，当读为"乞"，也就是"讫"，停止的意思。"焰"字实为"𠂤"字，读为"列"，陈列的意思。卜辞中的"讫列"即指停止摆放祭品。"食日"为一天中的时段名，约在天明之后，中日之前。"大星"即"大晴"。因此，整条卜辞应读为：

到了乙卯这一天，天亮后果然阴天，于是就停止陈放祭品，直到临近中午天气才大晴。由此可见，所谓"三焰食日"为日食见日珥的说法实不可信，应从天文推算范围中排除出去。

第三组：历组卜辞中的日月食资料

在历组卜辞中有五条带有干支，并且可能是日月食的记录。其中一条记有"日月有食"，三条记有"日又戠"，一条记有"月又戠"。

"日月有食"材料最早见于1925年天津王襄印行《簠室殷契徵文》一书的卷首"天文"第一片，王氏释为"日夕又食"，以为是日食记录，引起学术界的注意。1922年，商承祚印行《殷契佚存》一书中，第374片所载卜辞与王襄《簠室》"天文"第一片同文，不过商承祚释为"日月又食"。这些同文卜辞都属历组，而且又都刻在右胛骨的左边，如：

癸酉，贞于上甲。
于南兮。
于正京北。
癸酉，贞日月（夕）又（有）食，佳若。
癸酉，贞日月（夕）又（有）食，匪若。
乙亥，贞又伊尹。
乙亥，贞其又伊尹二牛。
［己］卯，［贞］王□出。（《合集》33694，图9—14）

其中"日月（夕）食"两辞对贞，上下都刻有栏线，与其他卜辞隔开。1986年，胡厚宣发表《卜辞"日月又食"说》，[①] 提到了另一片内容相同的卜辞，见于1954年出版的《战后京津新获甲骨集》3965版。该版卜辞被收录为《甲骨文合集》33695号，亦属历组，系胛骨扇部偏上部分，其

---

① 《出土文献研究》，文物出版社1985年版。

卜辞云：

癸酉，贞日月［夕］又食……上甲。
乙酉……

图 9—14　《合集》33694　　　　图 9—15　《合集》33695

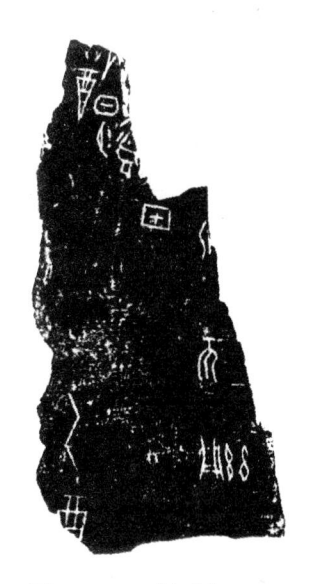

以上卜辞究竟应释为"日月有食"还是"日夕有食"，学界有争论。郭沫若《卜辞通纂》认为读为"日月有食"于情理不通，因为"日月不并食也"。读"日夕有食"亦有违常理，李学勤指出，"卜辞之'夕'指夜晚……而日食发生于夜晚，全不可见，古人即使有能力推算出来，也不会见于卜问。"[①]

总之，以上"日月又食"与"日夕又食"两说均扞格难通，不能揭示卜辞的正确意义。1998年，李学勤发表《癸酉日食说》提出新见，根据卜辞中"日""月"两字常常挤占一个空格的实例，指出"日月有食"当读为"明有食"。"'明'在早期卜辞中习见，义同于'旦'，即日出之时。""因此，辞中说'明有食'，应该是指日食，不是月食。具体讲来，这里记述的是一次癸酉日出时的日食，可据以推算。"

"日又戠"和"月又戠"材料可以放在一起讨论。卜辞中"日又（有）

---

① 李学勤：《夏商周年代学札记》，辽宁大学出版社1999年版，第69页。

戠"问题，是 1937 年郭沫若在《殷契萃编》中首先提出来的，当时郭老明确认为是日食。现存"日有戠"卜辞共有三组带干支：

（1）庚辰日有戠

最早见于郭沫若《殷契萃编》55，现收录在《甲骨文合集》33698。这是一块左胛骨的臼部和右边的上头，现存卜辞为：

庚辰，贞日又（有）戠，匪囚惟若。
庚辰，贞日戠，其告于河。
庚辰，贞日又［戠］，其告于父丁，用牛九。在斆。（图 9—16）

图 9—16 《合集》33698

李学勤还指出在《合集》33699 有一甲骨残片乃同文：

庚辰，贞日又（有）戠，告于河。（图 9—17）

李学勤还举出《殷虚书契后编》（上）29.6 上（《合集》33710）一残片卜辞：

辛巳，贞日又（戠），其告于父丁。二（图 9—18）

李学勤谓："辛巳乃庚辰次日，所云'日有戠'可能是同一件事。"[1]

（2）乙巳日有戠

见于《合集》33696 左胛骨臼部：

乙巳，贞酌彡，其吾小乙。兹用。日又（有）戠，夕告于上甲九牛。一。（图 9—19）

又见于《合集》33704，云：

---

[1] 李学勤：《日月又戠》，《文博》1998 年第 5 期。

图 9—17 《合集》33699　　　　　图 9—18 《合集》33710

弜□，戠。

□已，[贞]日戠在西，□囚。（图 9—20）

（3）乙丑日有戠。

图 9—19 《合集》33696　　　　　图 9—20 《合集》33704

见于《合集》33700 为胛骨右边的一段:

甲子,贞我吾右左。三
乙丑,贞日又(有)戠。允惟戠。(图9—21)

又《合集》33697,云:

乙丑,贞日又(有)戠,其〔告〕于上甲一牛。不用。
其五牛。不用。
其六牛。不用。
乙丑,贞日又(有)戠,其告于上甲……
……牢,宜大牢。(图9—22)

图9—21　《合集》33700　　　　　图9—22　《合集》33697

李学勤又举出下列两版相关卜辞:

……贞日又(有)戠,其……一牛。(《宁沪》1.246)
贞日又(有)戠,其告于……
……又(有)戠,其告于祖……(《屯南》3120)

对于以上庚辰、乙巳,乙丑三组"日有戠"卜辞是否为日食,郭沫若等学者持肯定态度,不少学者还据以推算。但是后来也有学者开始怀疑其是日食。直到1980年《小屯南地甲骨》出版,出现了一片"月又(有)戠"的卜辞,恰好可以与"日有戠"合并考虑。因此,"日月戠"问题又引起了大家的注意。《屯南》的这片"月有戠"卜辞如下:

> 壬寅,贞月又(有)戠。王不于一人咎。一
> 又(有)咎。一
> 壬寅,贞月又(有)戠。其又(侑)土。燎大牢。兹用。(《屯南》726,图9—23)

图9—23　《屯南》726

郭沫若在《殷契萃编》考释中认为"戠与食音同,盖言日蚀之事",李学勤

补充论证说:"'哉'为章母职部字,'食'为船母职部字,音极相近,可以通假是没有问题的。在甲骨文中,有些常见的字在某一时候也用通假,例如年祀的'祀'作'司',所以假'哉'为'食'并不奇怪。"

李学勤还从卜辞内容上做出了具体分析,认为"'日月哉'、'月有哉'的灾害性质,在殷商人们的心目中,比疾风骤雨、噩梦、病患等要严重得多,因为后者罕有告于祖先神灵的。日月有哉,要以很隆重的祭典告神,如用九牛告于先公上甲。……这样看来,日、月有哉还是应该读为日、月有食。"

以上三组日食卜辞和一组月食卜辞都属于历组二类卜辞,李学勤以为,"这类卜辞时当祖庚,上不及武丁,下最多到祖甲初年。据《尚书·无逸》,武丁在位59年,祖甲在位33年,祖庚的年数必须少于祖甲。即使把武丁末、祖甲初划进去,充其量不逾35年。三次日食,一次月食均须排在这段时期之间,还要排在武丁各次月食之后不远。"①

二 甲骨文中有关王年的"年祀"资料

在商代末期的甲骨文黄组卜辞和某些铜器铭文中,都有"佳王几祀"或"王几祀"的记录。如在卜问祭"自上甲至多后"的合祭卜辞中,几乎每条辞的后面都要附记上"佳王几祀",在商末某些铜器铭文中也有"佳王几祀"的记录,如小臣邑斝铭文"佳王六祀"等。

《尔雅·释天》:"夏曰岁,商曰祀,周曰年,唐虞曰载",大多数学者据此认为,甲骨文和铜器铭文中"佳王几祀"的"祀"就是"年",所谓"佳王几祀"即时王几年。这样,商末甲骨文与铜器铭文中的"年祀"资料就可直接用来研究商末王年。有关这方面的研究,前辈学者董作宾、陈梦家、岛邦男、李学勤、许进雄、常玉芝等已做了许多努力。兹综合各家,将相关资料列于下:

1. 周祭类卜辞年祀资料

早年,董作宾、岛邦男、许进雄经过研究后认为,第五期黄组卜辞中的周祭卜辞分属帝乙、帝辛二王,但是还有一部分卜辞无法进入二王祀谱。1981年,李学勤发表《小屯南地甲骨与甲骨分期》一文,指出黄组卜辞中的周祭卜辞实可分为三个系统,应分属三个王世,并且指出,其中有一组当属

---

① 李学勤:《日月又哉》,《文博》1998年第5期。

文丁时期。① 1986 年，常玉芝发表《祊祭卜辞时代的再辨析》一文，指出黄组卜辞中的"祊祭卜辞"有相当数量属于文丁卜辞。② 1987 年常玉芝又出版《商代周祭制度》专著，1988 年发表《黄组周祭分属三王的新证据与相关问题》，③ 1993 年再发表《黄组周祭分属三王的又一证据》，④ 比较系统地论证了黄组周祭资料包含有文丁、帝乙、帝辛三王的祀谱，从而解决了那些人不了两个商王祀谱的卜辞材料的归属问题。现将三个系统的黄组卜辞周祭年祀资料列下：

第一系统的年祀资料

二祀，见《合集》37836；三祀，见《合集》37838、37840；四祀，见《续》1.51.2；五祀，见《合集》37834；六祀，见《合集》37845；七祀，见《合集》37846；八祀，见《合集》37847；九祀，见《怀特》1908；十祀，见《合集》37398（图9—24）。

第二系统的年祀资料

二祀：

〔癸〕□，王，卜，贞□巫九□，其酻彡日〔自上甲〕至于多后，衣，亡𡆥在畎。在十月又二。王占曰：大吉。隹王二祀。（《合集》37835，图9—25）

三祀，见《怀特》1915（图9—26）。

八祀：

癸丑卜，贞今岁受禾。弘吉。在八月，隹王八祀。（《合集》37849，图9—27）

九祀：

---

① 《文物》1981年第5期。
② 《甲骨文与殷商史》第2辑，上海古籍出版社1986年版。
③ 《古文字研究》第21辑，中华书局2001年版。
④ 《文博》1993年第2期。

图9—24　《合集》37398

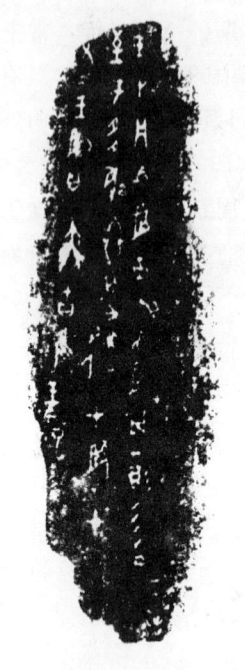

图9—25　《合集》37835

图9—26　《怀特》1915

图9—27　《合集》37849

癸丑［卜］，贞……妇……又……不妨，在正月。遘小甲彡夕，隹九祀。（《合集》37855，图9—28）

［乙］亥，王……自今春至……翌人方不大出。王占曰：吉。在二月。遘祖乙彡，隹九祀。（《合集》37852，图9—29）

图9—28　《合集》37855　　　　图9—29　《合集》37852

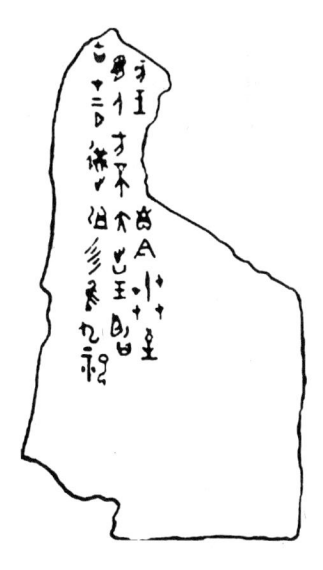

十祀：

甲午，王卜，贞其于西宗奏示。王占曰：弘吉。

甲午，王卜，贞乍余彭朕禾，酉余步从侯喜征人方。上下敭示受余又又，不蔑戋。囚告于大邑商，亡𡿧在欧。王占曰：吉。在九月，遘上甲𡔈。隹十祀。（《合集》36482，图9—30）

甲午卜，在□□，贞今日步于□。十月二。隹十祀彡。（《库》1672）

第三系统的年祀资料

六祀：

壬午，王田于麦录，获商戠兕，王易宰丰寑小𥏬兄，在五月。

佳王六祀彡日。(《佚》518反，图9—31)

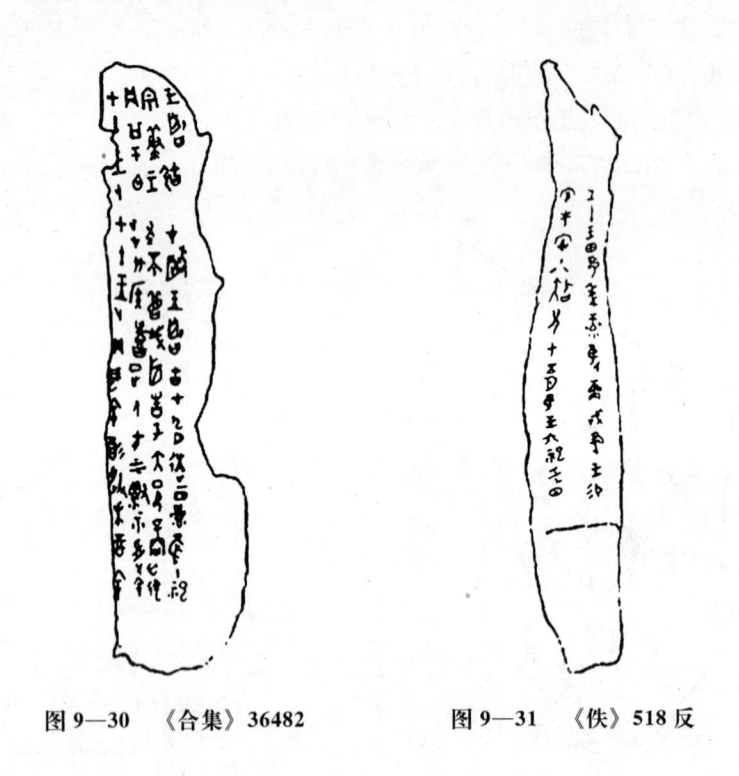

图9—30　《合集》36482　　图9—31　《佚》518反

二十祀：

癸巳卜，泳，贞王旬亡㲋。在六月，甲午工典其礿。

癸丑卜，泳，贞王旬亡㲋。在六月，甲寅酚翌上甲，王廿祀。(《合集》37867)

[癸]□，王卜，贞[旬无㲋。王]占曰：吉。在二月。甲□翌日祖甲，佳王廿祀。(《合集》37868)

[癸]亥，王卜，贞酚彡日自[上甲至于]多后，衣，亡㞢自㲋。王占曰：吉。在三月。佳王廿祀。(《合集》37864)

[癸亥]，王卜，贞酚彡日，自上甲[至于]多后，衣，亡㞢自㲋，王占曰：吉。在三月。佳王廿[祀]。(《合集》37865)

2. 商末铜器铭文中的年祀资料

商末有一些青铜器铭文载有年祀，可以与上述甲骨文黄组周祭卜辞的三个系统结合研究，分别是：《二祀邲其卣》铭文；《四祀邲其卣》铭文；《六祀邲其卣》器身器盖对铭；《小臣邑斝》铭文；《父丁彝》铭文；《亚鱼鼎》铭文；《𢀛□卣》铭文；《戍铃彝》铭文；《小臣艅犀尊》铭文；《肄簋》铭文；《宰椃角》铭文；《寝孳方鼎》铭文等。

甲骨文、金文中有关商王年的资料，为科学确定商王年及商朝积年，提供了科学依据。

第三节　商朝积年及王年的新考订

1996年启动国家"九五"重大科研项目"夏商周断代工程"，旨在通过政府的支持，依靠专家的联合攻关，使千百年来一直未能解决的夏商周年代学问题，能进一步科学化和量化，最终为探索中华古文明的起源打下坚实的基础。断代工程的总目标，是制定一份有科学依据的夏商周三代年表。

断代工程所得三代年表已将我国的历史年代由公元前841年向前推进了1200多年。其中西周已排出了10个周王的具体在位年，商代后期，也排出了从盘庚到帝辛（纣）共12王的大致在位年。商代前期和夏代，在考古系列测年数据和有关天文推算、文献记录的配合下，也建立起了基本年代框架。断代工程对商代年代学的研究分为商代前期年代学研究与商代后期年代学研究两部分，为了确定商周之交的年代，也就是商代的终年，还专门设置了"武王伐纣年代的研究"课题，下设四个专题，分述如下。

一　武王克商年代研究

武王克商之年既是商、周的分界，又是周的始年，确立这一年代定点，下可安排西周王年，上可推定商年和夏年，因而是三代年代学的关键。自西汉刘歆以来，古今中外许多学者都倾力于此。有关武王克商之年，有影响的说法即有44家之多，最早的为林春溥的前1130年，最晚的为周法高的前1018年，其时间跨度达112年之久。[①] 而历史上武王克商年只能是其中的某

---

① 北京师范大学国学研究所编：《武王克商之年研究》附录，北京师范大学出版社1997年版。

一年。这么多说法，使历史学家和读者们莫衷一是。如范文澜《中国通史》取前1066年，郭沫若《中国史稿》取前1027年，《中国大百科全书·中国历史》取前1025年，台湾地区学者柏杨《中国人史纲》取前1122年。夏商周断代工程则在充分尊重前人研究的基础上，分别从考古、天文、文献及金文历谱等多角度进行综合考虑。

1. 考古学方面

断代工程的"武王伐纣年代的研究"课题设置了"先周文化的研究与年代测定"与"丰、镐遗址的分期与年代测定"两个专题。其中前一专题对碾子坡、王家嘴、郑家坡等先周文化遗址在原有研究的基础上，作了补充发掘和全面讨论，为断代工程对先周文化与西周文化过渡分界之间的考古文化认识，提供了重要的背景资料。

在此基础上，断代工程对"丰、镐遗址分期与年代测定"专题组于1997年发掘的沣西H18遗存进行了全面讨论，并取得了基本一致的认识。沣西97SCMT1是由一组系列地层单位构成（图9—32），其中最底层的是H18，由4个小层构成，时代相当于文王迁丰到武王克商之间，属先周文化晚期单位。该单位包含物相当丰富，所出有木炭、兽骨和炭化小米，可供碳十四测年。叠压在H18之上的是T1第四层，时代相当于西周初期。此外，还有属于西周早期的H16、H11与属于西周中期的H8，分别打破了H18和T1第四层。以上单位均出土有典型特征的陶器群。这样，整个探方就形成了由先周文化晚期到西周初期、早期、中期前后相连的地层关系。因此，断代工程专家认为：T1第四层与H18的交界处，可作为商周之际的界标。断代工程还对该遗存的系列样品进行了测年，经拟合，提出公元前1050年至前1020年之间可作为武王克商年的参考范围。

2. 天文学方面

与武王克商年有关的天文学资料见于青铜铭文利簋和先秦两汉文献，《汉书·律历志》引《尚书·武成》（即《逸周书·世俘》）、《国语·周语下》伶州鸠语、《尸子》佚文、《荀子·儒效》与《淮南子·兵略》等。

1976年陕西临潼零口出土的利簋（图9—33），铭文记载武王于甲子日克商，证明传世文献关于克商日记载的正确。铭文古奥，各家考释不能取得一致，特别是涉及克商之日天象的"岁鼎克闻夙有商"一句，如何标点、训释，分歧很大。由于省吾提出，张政烺申论的一种意见认为，"岁"即岁星，"鼎（贞）"作"当"讲。按照这种解释，则克商之日的"岁鼎"，就是岁星上中天。

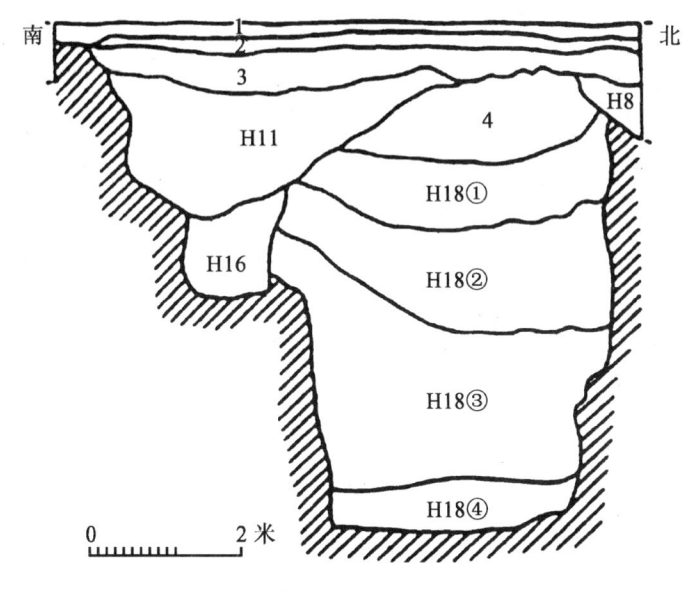

图 9—32　沣西 97SCMT1 西壁剖面图

图 9—33　利簋及铭文

《武成》和《世俘》记克商过程，两者除个别干支歧异，文字几乎全同，学术界多认为《世俘》即《武成》。文中所涉及武王伐商前后的3个月份，19个日干支、3个月相，与《召诰》、《洛诰》、《顾命》、《毕命》所载周公营洛、返政、成王临终等史事时的月份、日干支及月相前后呼应，形成严密的周初年代系统，可作为检验克商年的主要条件。

《国语·周语下》伶州鸠说："昔武王伐殷，岁在鹑火，月在天驷，日在析木之津，辰在斗柄，星在天鼋。"伶州鸠这段话可能是周朝乐官世代相传下来的，也可作为考论克商年的依据。

"夏商周断代工程"对上述天文学材料进行了反复讨论，并利用最新科技手段进行推算，在综合相关因素的前提下，提出了武王克商年的三个方案，即公元前1046年、公元前1044年、公元前1027年。这三个方案均在考古测年的范围之内。

3. 文献学方面

讨论武王克商年的第三条线索是从文献记载中的西周积年来进行推算。由于西周共和以后的年代是明确的，西周末年为公元前770年。以此为基点，往前加上西周积年，即为武王克商年。

文献中所见西周积年有257年、270余年、277年、284年、293年、352年等不同说法，其中257年说见《古本竹书纪年》。若据此数，则武王克商在公元前1027年。《古本竹书纪年》是战国文献，但西晋出土时经整理，后又散佚。据此书所定的克商之年，与《武成》、《召诰》、《洛诰》等篇的历日不合。《左传》宣公三年："成王定鼎于郏鄏，卜世三十，卜年七百，天所命也。"《今本竹书纪年》："（成王）十八年春正月，王如洛邑定鼎。"陈梦家《西周年代考》、竹添光鸿《左传会笺》均认为"卜世三十，卜年七百"乃预言周王朝衰亡年代；具体当指周显王之末，六国次第称王，周天子气数已尽时。周显王在位于公元前368年至前321年。如自公元前321年上溯700年为1020年。再加上定鼎以前的成王在位年与武王在位年，则西周积年当在270余年。因此，武王克商应在公元前1040年以前。

《孟子·公孙丑下》："五百年必有王者兴，其间必有名世者。由周而来，七百有余岁矣。"《孟子·尽心下》："由文王至于孔子，五百有余岁。……由孔子而来至于今，百有余岁。"古代所谓"百有余岁"，一般认为在50年以上，则文王至孔子五百有余岁，至少在550年以上。孔子生于公元前551年。孟子称孔子为"王者兴"之列，必当指孔子盛年时。取孔子"三十而立"说，则孔子具王者气象当在公元前520年左右。由春秋元年公元前770年，至孔子盛年公元前520年共250年。则550减去250年，剩下300年为由文王至西周末之积年。据《今本竹书纪年》，文王受命于33年，至其卒年41年，共在位14年，武王于42年继父位，52年克商，共11年。西周自克商后之次年始，因此，300－（文王14＋武王11）＝275年，是为西周积年。

据《史记·鲁周公世家》，自伯禽之子考公至懿公弟27年共228年，加上伯禽46年（《鲁周公世家》集解引徐广曰："皇甫谧云伯禽以成王元年封，四十六年，康王十六年卒"），共274年，再加武王克商后在位4年，西周积年共278年。

以上两数，也在考古测年范围内，可作参考。

此外，通过金文历谱往前推，通过甲骨文日月食往后推，也可提供武王伐纣年代的方案。

根据金文历谱及《武成》历日、《国语》"岁在鹑火"等天象，断代工程得武王克商年为公元前1046年。根据武丁时期五次月食推算以及《古本竹书纪年》所记西周积年257年，断代工程得武王克商年为公元前1027年。根据《武成》文献及利簋"岁鼎"为岁星当头解，断代工程得武王克商年为公元前1044年。以上三数也均在考古测年范围内，都有一定的合理性。在综合考虑的前提下，断代工程对公元前1046年方案做出了倾向性选择。

二　商代后期年代学研究

从文献学角度论，商积年应称商殷积年，其中成汤伐桀到盘庚迁殷为商，盘庚迁殷到帝辛（纣）之亡为殷。考古学界称前者为商前期，后者为商后期。照理说，商前期积年与商后期积年之和应等于商代总积年，但商前期积年文献未载，商后期积年，则见于古本《竹书纪年》。张守节《史记·殷本纪》正义引："《竹书纪年》：自盘庚徙殷，至纣之灭，七百七十三年，更不徙都。"这段纪年的数字，因《史记》注本有版本之异，颇有出入：

1. 作773年：南宋黄善夫本《史记》，群碧楼藏明嘉靖震泽王廷刊本《史记》，清乾隆武英殿刻本《史记》。

2. 作275年：武昌书局翻明震泽王廷喆刻本《史记》，同治金陵书局校刊本《史记》，日本泷川资言《史记会注考证》，范祥雍《古本竹书纪年辑校订补》。

3. 作273年：车逢衡《竹书纪年集证》，黄奭《逸书考·竹书纪年》，朱右曾《汲冢纪年存真》、赵绍祖《校补竹书纪年》。

4. 作253年：清同治年间金陵书局刻本《史记》，1959年版中华书局直排铅印本《史记》。

前引先秦两汉文献，商代总积年最大数为629年，因此，商后期有773年，显然是不合理，此说必误。陈逢衡、朱右曾等改"773年"为"273年"虽为理校，而无明确的版本依据，但因其改字少（仅改"7"为"2"），能为当今多数学者信从。此外，275年、253年两说，在没有证据证明其伪的情况下，仍有其参考价值。约而言之，文献中所见晚商积年范围可定在253年至275年之间。

关于商代后期的年代问题，相传为周公所作《尚书·周书·无逸》，记载了周公告诫成王要以殷代的兴衰经历为教训，要勤勉于政，不可贪图安逸之言。其中一段话涉及殷代后期的历史，具有重要的年代学价值：

> 周公曰：呜呼！我闻曰：昔在殷王中宗，严恭寅畏，天命自度，治民祗惧，不敢荒宁。肆中宗之享国七十有五年。其在高宗，时旧劳于外，爰暨小人。作其即位，乃或亮阴，三年不言。其惟不言，言乃雍，不敢荒宁，嘉靖殷邦，至于小大，无时或怨。肆高宗之享国五十有九年。其在祖甲，不义惟王，旧为小人。作其即位，爰知小人之依，能保惠于庶民，不敢侮鳏寡。肆祖甲之享国三十有三年。自时厥后，立王生则逸，生则逸，不知稼穑之艰难，不闻小人之劳，惟耽乐之从。自时厥后，亦罔或克寿，或十年，或七八年，或五六年，或四三年。

李学勤曾撰有《〈无逸〉商王年数》一文，认为这段话具有较强的可信性，"此篇当在成王前期，上距商朝覆亡，为时不远，殷商遗民尚在。因此周公讲的商王年数，应该合乎实际，不能出于臆撰。"[①] 这段话中所保留的年代学资料有如下四条：

(1) 中宗之享国七十有五年。

(2) 高宗之享国五十有九年。

(3) 祖甲之享国三十有三年。

(4) 自时厥后，说亦罔或克寿，或十年，或七八年，或五六年，或

---

① 李学勤：《夏商周年代学札记》，辽宁大学出版社1999年版，第270页。

四三年。

需要讨论的是，这里的中宗、高宗、祖甲指的是哪位商王，"自时厥后"具体所指为哪个时段。

关于中宗

《殷本纪》认为中宗指太戊。王国维《殷卜辞中所见先公先王续考》据《戬寿堂所藏殷虚文字》3.4（《合集》27242）卜辞称："中宗祖乙，牛（"告"字之误），吉"而断定中宗所指是祖乙。后来在甲骨文何组卜辞、无名组卜辞中经常出现"中宗祖乙"之称，说明王国维的推论具有说服力。

关于高宗

《殷本纪》称高宗为武丁，学界没有异议。

关于祖甲

《无逸》在上述引文后还有一段文字称："周公曰：呜呼！自殷王中宗及高宗及祖甲及我周文王，兹四人迪哲。"祖甲列于高宗武丁之后，而武丁之后称甲者只有祖庚弟祖甲。此不当有异议。杨筠如《尚书覈诂》曾以为祖甲为太甲，显然不妥。

关于"自时厥后"一段

这里的"自时"指从祖乙到武丁再到祖甲的一段时间。其中祖乙到武丁之间有祖辛、沃甲、祖丁、南庚、阳甲、盘庚、小辛、小乙八位商王，武丁到祖甲之间又有孝己（太子）、祖庚商王两位。"厥后"则是指祖乙、武丁、祖甲之后，有廪辛、康丁、武乙、文丁、帝乙、帝辛六位商王，期间必有"罔或克寿"者。

以前曾有学者误以为"自时厥后"仅指祖乙、武丁、祖甲以后一段，如孔颖达《尚书正义》："从是三王其后所立之王，生则逸豫……诸王无有能寿考者。"现在看来，这样的认识显然是不合情理的。对此，李学勤在《夏商周年代学札记》中谓："按殷商世系，祖甲之下尚有五世六王，除廪辛、康丁为兄弟（汉人云系孪生）外，均是父子相传。如果六王中有四王，分别在位三至十年，总和不超过二十八年，在情理上是绝对说不过去的。据古本《竹书纪年》，武乙至少三十五年，文丁至少十一年，也都多于《无逸》所说。现在由卜辞又证明文丁至帝辛三王皆多于二十年，尤与《无逸》不合。"

断代工程有关商代后期年代研究是在相关文献记载的基础上，考古学、甲骨学、天文学、科技测年的多角度并进与相互配合，论述于下：

1. 殷墟文化分期与测年

《古本竹书纪年》载："自盘庚迁殷，至纣之灭，二百七十三年更不徙都。"自1928年开始，考古工作者对安阳殷墟（图9—34）进行了一系列科学发掘，殷墟文化分期序列已基本建立。夏商周断代工程启动以来，又对殷墟作了进一步补充发掘。此外，1998年断代工程还在洹北花园庄发掘了早于殷墟第一期的商文化遗存。花园庄遗存分早晚两段，经研究其晚段可初步推定为盘庚、小辛、小乙时代；断代工程对其中的1个样品做了碳十四年代测定，结果在公元前1270至前1200年之间。断代工程还对殷墟四期做了测年，结果如下：

　　殷墟第1期：前1260年—前1235年，约当盘庚、小辛、小乙和武丁早期。

　　殷墟第2期：前1230年—前1195年，早段约当武丁晚期，晚段尚未发现可据定年的材料，估计与祖庚、祖甲时代相当。

　　殷墟第3期：前1205年—前1070年，约当（廪辛）、康丁、武乙、文丁时代。

　　殷墟第4期：前1088年—前1036年，约当帝乙、帝辛时代。

《夏商周断代工程1996—2000年阶段成果报告》[①] 公布了一组具体测年数据，兹移录于下，以供参考。

2. 殷墟甲骨分期与测年

1933年，董作宾发表著名论文《甲骨文断代研究例》。该文通过甲骨文的世系、称谓、贞人、坑位、方国、人物、事类、文法、字形、书体等十项标准，对整个殷墟甲骨文作了分期断代，其结论如下：

　　第一期：武丁及其以前（盘庚、小辛、小乙）
　　第二期：祖庚、祖甲
　　第三期：廪辛、康丁
　　第四期：武乙、文丁
　　第五期：帝乙、帝辛

---

① 世界图书出版公司2000年版。

殷墟文化分期及常规 ^{14}C 测年数据

分期	单位	样品	实验室编号	^{14}C 年代（BP）	拟合后日历年代（BC）
一期	三家庄 80ASJM1	人骨	ZK5586	3030±35	1370—1340（0.24） 1320—1260（0.76）
	洹北花园庄 T3③	兽骨	ZK5595	3039±42	1370—1260
	白家坟东南 M199	人骨	ZK5501	2920±35	1261—1239
二期	白家坟东南 M272	人骨	ZK5511	2964±33	1255—1200
	白家坟东南 M451	人骨	ZK5523	2994±37	1252—1209
	白家坟东南 M82	人骨	ZK5521	2908±32	1255—1235（0.52） 1215—1195（0.48）
三期	王裕口南 M389	人骨	ZK5578	2937±33	1190—1090
	王裕口南 M396	人骨	ZK5579	2962±35	1205—1125
	王裕口南 M395	人骨	ZK5581	2960±37	1205—1125
	王裕口南 M398	人骨	ZK5582	2888±35	1190—1180（0.10） 1150—1080（0.90）
	大司空村南 M1278	人骨	ZK5587	2856±35	1190—1180（0.01） 1130—1080（0.99）
	大司空村南 M1281	人骨	ZK5588	2956±35	1205—1125
	刘家庄北 M875	人骨	ZK5590	2935±35	1190—1090
	刘家庄北 M878	人骨	ZK5592a	2946±35	1200—1110
	白家坟西 M3	人骨	ZK5525	2882±37	1190—1180（0.10） 1150—1080（0.90）
	白家坟东南 M156	人骨	ZK5543	2983±34	1205—1125
	白家坟东南 M441	人骨	ZK5538	2954±37	1205—1120
	白家坟东南 M60	人骨	ZK5529	2951±35	1205—1110
	白家坟东南 M296	人骨	ZK5534	2870±35	1190—1180（0.07） 1130—1070（0.93）
四期	白家坟东南 M693	人骨	ZK5572	2942±35	1087—1045
	白家坟东南 M23	人骨	ZK5551	2912±31	1083—1041
	白家坟东南 M477	人骨	ZK5559	2900±35	1083—1038
	白家坟东南 M432	人骨	ZK5558	2892±33	1080—1036
	小屯西北地 75F11①	木炭	ZK358	2932±34	1085—1046

以上数据，为商后期年代学研究提供了一个大致范围。

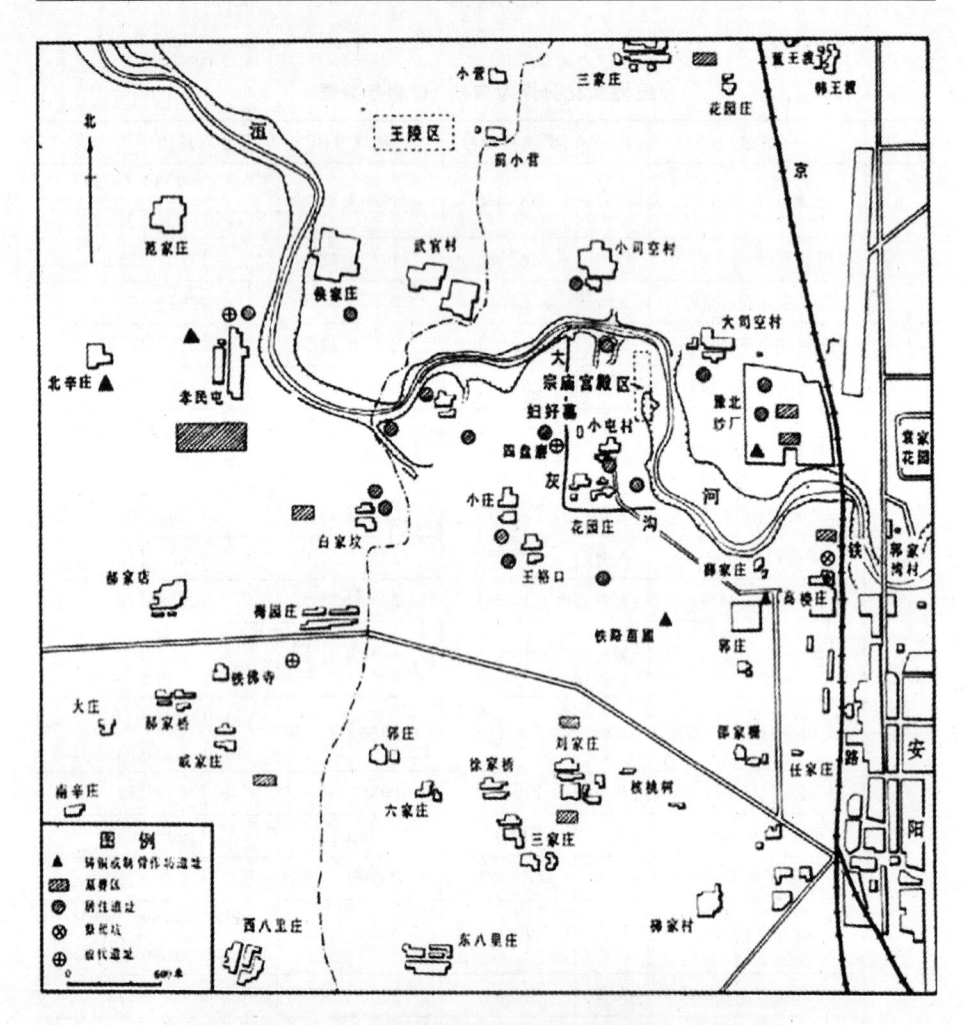

图 9—34　河南安阳殷墟遗址宫殿、宗庙、墓葬分布示意图

　　董作宾的甲骨文五期说一直为学术界所沿用。同时，学术界又在董作宾的基础上，对甲骨文分期作进一步探索。如陈梦家、李学勤等人将甲骨文进一步划分为𠂤组、历组、黄组等等，并建立了区分其年代先后的两系说。"所谓两系，是说殷墟甲骨的发展可划分为两个系统。一个系统是由𠂤组发展到出组、何组、黄组，另一个系统是由自组发展到历组、无名组。林沄、彭裕商两同志对这个看法给予补正。根据他们的看法，自组可能是两系的共同起源，黄组可能是两系的共同归宿，这无疑是极有启发的"（李学勤：《殷墟甲骨两系说与历组卜辞》，见《李学勤集》，黑龙江教育出

版社 1989 年版）。根据这些学者的研究，又得卜辞两系说的发展情况大致如下：

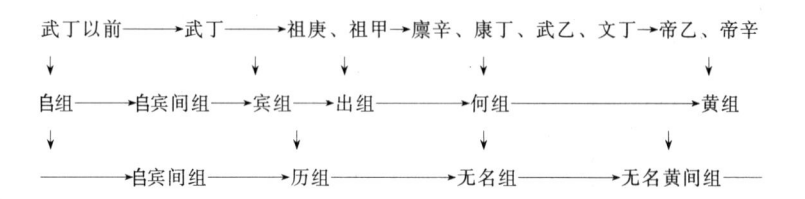

```
武丁以前 ──→ 武丁 ──→ 祖庚、祖甲 →廪辛、康丁、武乙、文丁→帝乙、帝辛
    ↓           ↓         ↓              ↓                    ↓
  自组 ──→自宾间组──→宾组──→出组──────→何组──────────→黄组
    ↓
    ──→自宾间组──→历组────────→无名组────→无名黄间组──
```

就上表可知，甲骨文的年代并不完全按照王世划分，有时可以跨越甚至越过两王。如：自组卜辞，可以由武丁以前延续到武丁之时，而武丁时期的宾组可以下延到祖庚，历组则还可再下延到祖甲，等等。

甲骨文分期的新学说，为商代后期年代学研究提供了新思路。因为甲骨文里有许多有关年代学方面的资料，如上面论述的武丁至祖庚年间宾组卜辞中的五次月食资料，历组卜辞中的"日有戠"、"月有戠"资料，商末周祭年祀资料，等等。如果在进行天文学推算的同时，又能对这些记载天文资料的兽骨进行科技测年，取得相应的数据，而这些天文推算、卜骨测年数据又与甲骨分期相一致，那么商代后期年代学研究所取得结论的科学程度就大为提高了。

可喜的是，科技测年技术的发展，真的已经达到可以用 AMS 法对兽骨进行系列 ^{14}C 年代测定的新阶段。断代工程在国内首次使用了这种科技测年技术，在前述甲骨科学分期的基础上，从中选取了如下测年卜骨样品：

A：有日月食等天象记录的卜骨；
B：有明确年祀的卜骨；
C：卜辞中有称谓、时代明确的卜骨；
D：卜辞中有重要贞人或重要历史事件的卜骨；
E：地层关系明确的卜骨。

断代工程经过甲骨专家、天文专家与考古专家的共同讨论选择，确定了 150 片取样对象，最后采取了其中 107 片卜骨样品；此外，还选取了 9 片殷墟文化一至四期的无字卜骨样品。

在《夏商周断代工程 1996—2000 年阶段成果报告·简本》中，公布了对其中 31 个有字卜骨样品和 8 个无字卜骨样品进行 AMS 法 ^{14}C 测定的结果。在 31 个有字卜骨样品的测年数据中，有 22 个在合理的年代范围内，另外 9

个明显偏老。8个无字卜骨样品的测年数据中，有6个在合理年代范围内，另有2个也明显偏老。专门的实验研究表明，偏老的主要原因当是样品受到老碳的污染。

断代工程又在经 AMS 法测年后的 22 个合理年代范围内的有字卜骨中选取了 15 片，将 6 个在合理年代范围内的无字卜骨全部选取，另外又选择了 2 个层位清楚的同期骨样，然后将它们全部纳入拟合系列，用贝叶斯方法对测得的 ^{14}C 年龄数据进行系列样品树轮校正，得到了如下表拟合后的日历年代数据：

甲骨系列样品分期及 AMS 测年数据

分期			单位或著录	样品	实验室编号	^{14}C 年代（BP）	拟合后日历年代（BC）
甲骨一期	武丁前		小屯东北地 T1H1：164	无字卜骨	SA99101	3105±34	1338—1313
	武丁	武丁早	合集 20138	卜骨（自组）	SA98169—2	3063±34	1323—1287（0.93） 1278—1273（0.07）
			M99③：1	卜骨（午组）	SA98187	3039±35	1319—1280
			屯南 H115	无字卜骨	SA98160	2977±42	1314—1278
			屯南 G1	无字卜骨	SA98161	2994±41	1315—1278
			花东 H3：707	无字卜骨	SP08162	2983±55	1316—1278
		武丁中	合集 2140	卜骨（自宾间类）	SA98173	3069±53	1285—1255（0.75） 1240—1220（0.25）
			合集 302	卜骨（𠂤组）	SA98175	3051±32	1235—1220（0.21） 1285—1255（0.79）
			合集 4122	卜骨（𠂤组）	SA98178	2991±38	1280—1231
			合集 3013	卜骨（𠂤组）	SA98177	2985±35	1285—1225
		武丁晚	合集 3089	卜骨（𠂤组）	SA98181	2989±42	1255—1195
			妇好墓	骨器	SA99040—2	2945±48	1260—1195

续表

分期		单位或著录	样品	实验室编号	^{14}C 年代（BP）	拟合后日历年代（BC）
甲骨二期	祖庚	合集 1251	卜骨（宾三）	SA99094	3023±32	1235—1210（0.51） 1205—1190（0.26） 1180—1165（0.23）
	祖甲	合集 27616	卜骨（无名组）	SA98218	2985±32	1235—1185（0.76） 1180—1165（0.24）
甲骨三期	廪辛康丁	合集 27364	卜骨（无名组）	SA98210	2996±44	1200—1185（0.18） 1180—1125（0.82）
		合集 28278	卜骨（无名组）	SA98219	3005±32	1220—1210（0.04） 1200—1185（0.18） 1180—1150（0.53） 1145—1130（0.25）
甲骨四期	武乙文丁	H57：39 屯南 2281	卜骨（无名组）	SA98227—2	2961±34	1170—1105（0.95） 1100—1090（0.05）
		屯南 H2	无字卜骨	SA98166	2913±45	1160—1085
		M16：34 屯南 3564	卜骨（黄组）	SA98251	2921±35	1160—1140（0.22） 1135—1085（0.78）
甲骨五期	帝乙帝辛	花南 H1：6	无字卜骨	SA98159	2956±38	1100—1040（0.94） 1030—1020（0.06）
		合集 36512	卜骨（黄组）	SA99097P	2926±33	1100—1020
		合集 35641	卜骨（黄组）	SA98253	2887±39	1090—1000
		钢厂 M1713	羊肩胛骨	SA98167	2868±48	1080—970（0.88） 960—920（0.12）

以上所得从武丁至帝乙、帝辛时期的甲骨测年数据与断代工程最终所取得的商代后期年代框架基本一致。

3. 殷墟甲骨文日月食研究

这主要是为了解决商王武丁至祖庚时期的年代。属于这一时期的宾组卜辞里，有五次月食记载；历组卜辞里，有五条日月食记载。这些日月食记载都附有干支，因此，可以通过现代天文学计算，确认其发生的具体时间。断代工程经过甲骨文学家与天文学家的合作研究，得宾组卜辞五次月食发生的时间依次为：

癸未夕月食：公元前 1201 年（《合集》11483 正反）

甲午夕月食：公元前 1198 年（《合集》11484 正）

己未夕皿庚申月食：公元前 1192 年（《英藏》885 正反）

壬申夕月食：公元前 1189 年（《合集》11482 正反）

乙酉夕月食：公元前 1181 年（《合集》11485）

此外，历组卜辞中有 5 条可能的日月食记录，因为学术界对这些记录是否为日月食还存在不同认识，并且关于历组卜辞的时代存在分歧，所以断代工程没有用这些材料计算年代。

宾组卜辞属武丁到祖庚时代。根据《尚书·无逸》，武丁在位 59 年，由五次月食可大致推定武丁在位的年代：（1）如果乙酉夕月食当武丁末年，那么，武丁在位的年代约为公元前 1239—前 1181 年。（2）如果壬申夕、乙酉夕月食下延至祖庚，那么，武丁在位的年代约为公元前 1250—前 1192 年。从甲骨分期看，壬申、乙酉月食放在祖庚世比较好。

4. 甲骨文周祭祀谱与商末年代

这主要是为了解决商末文丁、帝乙、帝辛三王的年代。商末甲骨文黄组卜辞及晚商青铜器铭文表明，商王及王室贵族用翌、祭、壹、劦、彡等五种祀典轮流祭祀先王先妣。受祭祀的先王先妣的顺序是固定的，按先王即位的世次，周而复始地祭祀，形成周祭。

在甲骨文里，最完整系统的周祭祀谱见于黄组卜辞。在黄组卜辞里，被列入周祭系统的先王始于上甲，终于康丁，共 31 位；先妣始于示壬之配妣庚，终于康丁之配妣辛，共 20 位。一个祭祀周期的长度是 36 旬或 37 旬。平均来说，36 旬与 37 旬的周期大致相等，即一个祀周的平均长度与一个太阳年数长度相近。这样，周祭实际上具有纪时功能。

商末黄组卜辞和青铜器周祭材料中，二祀和六祀的各有 3 组，据研究，必分属三王。这说明，黄组周祭应有三个系统对应商末文丁、帝乙、帝辛三王。如前所述，黄组卜辞与商末青铜器铭文中还有在过去被释读为

"廿祀"的资料，也曾被分为三个系统，对应于商末三王。如果这样，那么商末三王均超过二十年，而文献记载文丁的在位年最长在 11 年或 13 年。夏商周断代工程有的专家认为，"廿祀"的"廿"字有的应读为"曰"字。[①] 故断代工程没有取三王均超过二十年的说法。

在三个周祭系统中，帝辛（纣）的材料最可靠。其中元祀至十一祀祀谱有 6 件青铜器，联系清楚，是商末三王祀谱最有根据的一段。由此排出帝辛元祀到十一祀祀谱，在历法上符合阴阳合历的原则，在周祭上祭祀与季节基本对应，延长至二十五祀仍合理，所以祀谱应属可信。这段祀谱二祀正月初一日的干支应是丙辰或丁乙。按照这一特征，再考虑当时岁首和月首的可能情况，得出帝辛元年可能的年代为公元前 1085 年、1080 年、1075 年、1060 年等，如果武王克商之年确定为公元前 1046 年，而周祭材料中记有廿五祀的青铜器应入帝辛祀谱，所以帝辛元年宜选在公元前 1075 年为妥，帝辛在位 30 年。

文丁和帝乙周祭情况不十分明确。存在两个问题：一是文丁到帝乙之间，帝乙到帝辛之间周祭是否连续；二是无法准确区别文丁和帝乙的周祭材料。按照过去划定的二祀到十祀的帝乙材料，如周祭没有中断，则帝乙应为 21 年或 26 年。如采用帝乙在位 21 年说，则帝乙时的月份、周祭、季节三者之间不能对应。如采用 26 年说，虽月份与季节不对应，但周祭与季节基本对应。通过比较可知，应以 26 年为佳。今用帝乙 26 年说。估定帝乙元年在公元前 1101 年。文丁的周祭材料少，难以据此推定其在位年。

前述殷墟文化分期与测年、殷墟甲骨文分期与测年，为商后期年代研究提供了一个大致范围；甲骨文日月食研究和周祭祀谱研究，又为商后期王年提供了两个可靠的定点板块。再结合文献所记商后期总积年和有关商王年代，便可对商代后期年代做出大致推算。

盘庚迁殷到商亡的总年数：《史记·殷本纪》正义引《括地志》云："《竹书纪年》自盘庚徙殷，至纣之灭，七百七十三年，更不徙都。"七百七十三年，显然有误，因此大多数学者据理校而改成"二百七十三年"。另外，

[①] 有关"廿"字的讨论，可参见裘锡圭《关于殷墟卜辞中的所谓"廿祀"和"廿司"》，《文物》，1999 年第 12 期；常玉芝的《说"隹王（廿）祀（司）"》，2000 年 2 月 23 日《中国文物报》。"隹王几祀"之祀，应指时王几年。

武昌书局翻印王廷喆《史记》刻本以及日本泷川本《史记》皆作"二百七十五年",金陵书局本《史记》作"二百五十三"年。在文献上,难以判定 275年、273 年、253 年三说之正误。

如前所述,夏商周断代工程已确定武王克商年为公元前 1046 年,因此,盘庚迁殷年可据三个不同的商代后期积年说而有三个结论:

取 275 年说,则盘庚迁殷在公元前 1320 年。

取 273 年说,则盘庚迁殷在公元前 1318 年。

取 253 年说,则盘庚迁殷在公元前 1298 年。

前文讨论宾组甲骨文月食时,已得武丁在位年为公元前 1250—前 1192 年,在此基础上,考虑到武丁以前盘庚、小辛、小乙一代三王总年数的合理性,断代工程选取了商代积年 253 年说,定盘庚迁殷年在公元前 1298 年,取整数为公元前 1300 年。

盘庚迁殷为公元前 1300 年,而武丁即位在前 1250 年,则盘庚迁殷至小辛、小乙在位共 50 年。据《尚书·无逸》可知,武丁在位 59 年。又据《古本竹书纪年》,武乙在位 35 年,文丁在位 11 年。再据商末周祭祀谱,帝乙在位 26 年,帝辛 30 年。因此,商后期的王年情况大致可得如下:

盘庚迁殷:公元前 1300 年

盘庚(迁殷后)、小辛、小乙:前 1300—前 1251 年,共在位 50 年

武丁:前 1250—前 1192 年,在位 59 年

祖庚、祖甲、廪辛、康丁:前 1191—前 1148 年,共在位 44 年

武乙:前 1147—前 1113 年,在位 35 年

文丁:前 1112—前 1102 年,在位 11 年

帝乙:前 1101—前 1076 年,在位 26 年

帝辛:前 1075—前 1046 年,在位 30 年

这份商代后期王年表基本落在前述殷墟文化分期与殷墟甲骨分期测年所得数据的范围内。

三 商代前期年代学研究

自商汤灭夏建立商王朝到商王阳甲共 10 代 19 王为商前期。商前期诸王的在位年数,见于汉代以前文献者,只有五王:商汤(13 年),外丙(2 年或 3 年),仲壬(4 年),太甲(33 年或 12 年),大戊(75 年)。其余 14 王的在位年则付阙如。汉代以后的文献,如《史记·殷本纪》、《今本竹书纪年》、

《帝王世纪》、《册府元龟》、《通鉴外纪》、《通志》、《皇极经世》等，虽详记商代各王在位年数，但问题颇多。因此，无法根据文献中商王在位年数构建商前期的年代框架。但尚可根据有关文献，梳理出商王都城所在，从而为考古发掘与碳十四测年提供线索。

亳都

《墨子·非命上》："古者，汤封于亳，绝长继短，方地百里。"《荀子·王霸》："汤以亳，武王以鄗，皆百里之地也。"汤以后，太丁、外丙、仲壬、太甲、沃丁、大庚、小甲、雍已、太戊诸商王当均居于亳。

隞都

《古本竹书纪年》："仲丁即位，元年，自亳迁于嚣。"《史记·殷本纪》："帝中丁迁于隞。"嚣、隞音近而通。商王仲丁及其弟外壬居之。

相都

《古本竹书纪年》："河亶甲整即位，自嚣迁于相。"《尚书序》、《史记·殷本纪》均谓："河亶甲居相。"仅河亶甲一王所居。

邢墟

《古本竹书纪年》："祖乙滕即位，是为中宗，居庇。"《史记·殷本纪》："祖乙迁于邢。"《尚书序》："祖乙圮于耿。"有学者认为，邢、庇、耿即为一地。祖乙之后，祖辛、沃甲、祖丁均居于邢。

奄墟

《古本竹书纪年》："南庚更自庇迁于奄"。《今本竹书纪年》："（南庚）三年，迁于奄。"

新中国成立以来，考古工作者一直在寻找这些都城所在，并有了显著成果。"夏商周断代工程"启动以来，又有了新的突破。经发掘与研究，有四处都城遗址可大致确认：

偃师商城、郑州商城与亳都；

郑州商城、小双桥遗址与隞都；

安阳花园庄遗址早段与相都；

邢台东先贤遗址与邢墟。

根据地层关系、伴出器物等因素做综合考虑，断代工程的专家普遍认为，偃师商城与郑州商城都是商人灭夏后所建的最早商城，两城的始建与使用期基本同时或略有先后。断代工程以上述遗址为基础，将商前期考古学文化分为五期：

第一期：以郑州商城 C1H9、偃师商城宫城北部灰沟最底层（如 96YSJ1T28⑧、⑨、⑩）为代表。

第二期：以郑州商城 C1H17、偃师商城 86J1D5H25 为代表。

第三期：以郑州商城 C1H1、C1H2 乙、偃师商城 85YS5T1H3 为代表。

第四期：以郑州白家庄第二层、小双桥遗址的主体遗存为代表。

第五期：以安阳洹北花园庄早段 97G4、98HDH11、98HDM10 和邢台东先贤遗址一期 98H15、H34 为代表。

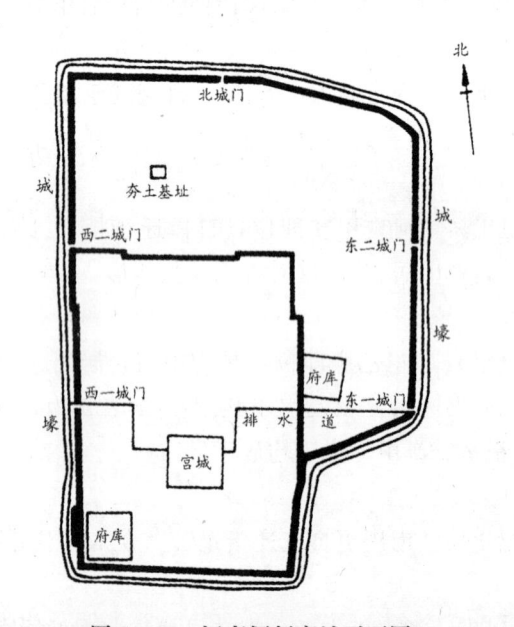

图 9—35　河南偃师商城平面图

断代工程在郑州商城、偃师商城、小双桥遗址、花园庄遗址和东先贤遗址都采集了系列含碳样品，并进行测定和研究，获得了相应的数据。再将考古分期成果和碳十四测年数据进行整合，可初步推断夏商分界即商代始年当在公元前 1610 年至前 1580 年之间。这一数据可得到文献所载商积年的支持。

商前期年代框架的构建依靠两个定点：盘庚迁殷之年和夏商分界。如前所述，断代工程取盘庚迁殷到纣之灭亡为 253 年说，以武王伐纣年为公元前 1046 年，得盘庚迁殷为公元前 1300 年。

关于夏商文化的分界，有二里头文化一、二期之间，二里头文化二、三期之间,二里头文化三、四期之间,二里头文化四期与二里岗下层之间等说法。断代工程以郑州商城和偃师商城的始建年代作为夏商分界的标志。根据碳十四测年数据与考古分期成果的整合,初步推断夏商分界当在公元前1610—前1580年之间。

推定夏商分界的另一线索是由已知的武王克商年加上商代总积年。商代的总积年有600余年、500余年和496年三说。496年说见《古本竹书纪年》和《易纬稽览图》。《古本竹书纪年》:"汤灭夏以至于受,二十九王,用岁四百九十六年。"(《史记·殷本纪》集解引)因《古本竹书纪年》明记496年是29王之积年,则不足《殷本纪》商代30王之数,如计入未立而卒的太丁,则商代有31王。据此,陈梦家认为"汤灭夏以至于受"一句可能是引述《纪年》者所加的说明,《纪年》原文可能如《通鉴外纪》注所引是"二十九王四百九十六年"。自汤至文丁是29王,不包括帝乙、帝辛两王。断代工程据商末祀谱的排比,得帝乙在位26年,帝辛在位30年,二王共在位56年。故商代总积年当为496+56=552年。假设武王克商为公元前1046年,上推552年,可得商代始年为公元前1598年。此数正好在上述考古测年范围内。断代工程最后取整数,得商代始年为公元前1600年。

"夏商周断代工程"综合以上所述,得商代年表如下:

朝 代	王	年代(公元前)	年 数
商前期	汤		
	太丁		
	外丙		
	仲壬		
	太甲		
	沃丁		
	太庚		
	小甲		
	雍己		

续表

朝 代	王	年代（公元前）	年 数
商前期	太戊	前1600—前1300	
	中丁		
	外壬		
	河亶甲		
	祖乙		
	祖辛		
	沃甲		
	祖丁		
	南庚		
	阳甲		
	盘庚（迁殷前）		
商后期	盘庚（迁殷后）	1300—1251	50
	小辛		
	小乙		
	武丁	1250—1192	59
	祖庚	1191—1148	44
	祖甲		
	廪辛		
	康丁		
	武乙	1147—1113	35
	文丁	1112—1102	11
	帝乙	1101—1076	26
	帝辛（纣）	1075—1046	30

四　商朝诸王系年拟合

商朝诸王指成汤灭夏建国至帝辛灭国这一时段的商王和曾立为太子而没有即位为王者，有的商王见于文献记载，实际上并不曾即位为王者，有仲壬、沃丁、廪辛三位。太丁和祖己曾立为太子,但不曾即位为王。因此,商朝诸王实际系年,应为大乙至帝辛 27 位商王的在位年数的总和。对商朝诸王系年的文献记载,文献中有关商诸王纪年,周鸿翔在《商殷帝王本纪·商殷诸王系年》中,做了总结性论述:"史之贯穿,系年为先,然而上古记载,多辗转相袭,乖异滋多。即商殷总年,已疑不能决,其于诸王纪年,尤众说纷纭,莫衷一是。商殷诸王在位年数,古籍如孟子、左传、易纬稽览图等,虽间有述及,然而一鳞半爪,不足窥其梗概。魏世汲冢出竹书,原可藉的稽考,惜乎又中道散佚。下逮明季,始有古今之分。有宋一代,类书辈出,如皇览、通志、通鉴等,杂引他书,特详系年,然而援引各异,所得年数亦互殊,纷莫能决。……近世甲骨学者之治商年殷历者,亦仅以甲骨为辅而已。于商殷总年及诸王系年,仍求助于今古两纪年及宋季诸类书。于今所知,古籍之详载商殷诸王在位年数者,不外竹书纪年、太平御览(八三)、皇极经世、资治通鉴(外纪)及通志(三王纪)等书。……其可疑处亦与今纪年同,而详尽处则纪年远在此等书之上。"对有关商王纪年的出处、现有研究成果,列表于下:

商王纪年及文献出处引用表

商王纪年		出处	周鸿翔所列商王纪年表 (周鸿翔以今本《竹书纪年》所记王年为准)		夏商周断代工程 商王纪年表	
汤	12	今本《竹书纪年》	汤	12	前 1618—前 1606	
	13	《史记·殷本纪》集解《汉书·律历志》《帝王世纪》《艺文类聚》《太平御览》《册府元龟》《资治通鉴外纪》《通志》			商前期	前 1600—前 1300
太丁	未立而卒					
外丙	2	《孟子·万章上》今本《竹书纪年》《通志》	外丙	2	前 1606—前 1604	
	3	《史记·殷本纪》《太平御览》《册府元龟》				

续表

商王纪年		出处	周鸿翔所列商王纪年表（周鸿翔以今本《竹书纪年》所记王年为准）			夏商周断代工程商王纪年表
仲壬	4	《孟子·万章上》《史记·殷本纪》《太平御览》《册府元龟》《通览外纪》《通志》	仲壬	4	前1604—前1600	
太甲	6	《史记·殷本纪》《太平御览》	太甲	12	前1600—前1588	
	12	今本《竹书纪年》				
	14	《册府元龟》				
	33	《史记·鲁周公世家》《资治通鉴外纪》《通志》				
沃丁	19	今本《竹书纪年》	沃丁	19	前1588—前1569	
	29	《通鉴外纪》《通志》				
	30	《册府元龟》				
太庚	5	今本《竹书纪年》	太庚	5	前1569—前1564	
	25	《册府元龟》《太平御览》《通鉴外纪》《通志》				
小甲	17	今本《竹书纪年》《册府元龟》	小甲	17	前1564—前1547	
	36	《通鉴外纪》《通志》				
雍己	12	今本《竹书纪年》《太平御览》《册府元龟》	雍己	12	前1547—前1535	
	13	《通鉴外纪》《通志》				
太戊	75	《尚书·无逸》《史记·鲁周公世家》今本《竹书纪年》《太平御览》《册府元龟》《通鉴外纪》《通志》	太戊	75	前1535—前1460	
中丁	9	今本《竹书纪年》	中丁	9	前1460—前1451	
	11	《太平御览》《册府元龟》《通鉴外纪》《通志》				
外壬	5	《太平御览》	外壬	10	前1451—前1441	
	10	今本《竹书纪年》				
	15	《册府元龟》《通鉴外纪》《通志》				

第九章　商朝的积年与诸王系年　657

续表

商王纪年		出处	周鸿翔所列商王纪年表（周鸿翔以今本《竹书纪年》所记王年为准）		夏商周断代工程商王纪年表		
河亶甲	9	今本《竹书纪年》《太平御览》《册府元龟》《通鉴外纪》《通志》	河亶甲	9	前1441—前1432		
祖乙	19	今本《竹书纪年》《太平御览》《册府元龟》《通鉴外纪》《通志》	祖乙	19	前1432—前1413		
祖辛	14	今本《竹书纪年》	祖辛	14	前1413—前1399		
	16	《太平御览》《册府元龟》《通鉴外纪》《通志》					
沃甲	5	今本《竹书纪年》	沃甲	5	前1399—前1394		
	25	《太平御览》《册府元龟》《通鉴外纪》《通志》					
祖丁	9	今本《竹书纪年》	祖丁	9	前1394—前1385		
	32	《太平御览》《册府元龟》《通鉴外纪》《通志》					
南庚	6	今本《竹书纪年》	南庚	6	前1385—前1379		
	29	《太平御览》《册府元龟》《通鉴外纪》《通志》					
阳甲	4	今本《竹书纪年》	阳甲	4	前1379—前1375		
	7	《册府元龟》《通鉴外纪》《通志》					
	17	《太平御览》《帝王世纪》					
盘庚	28	今本《竹书纪年》《册府元龟》《通鉴外纪》《通志》	盘庚（迁殷前）	14	前1375—前1347	商后期	前1300—前1251	50
	18	《太平御览》	盘庚（迁殷后）	14			
小辛	3	今本《竹书纪年》	小辛	3	前1347—前1344		
	21	《太平御览》《册府元龟》《通鉴外纪》《通志》					

续表

商王纪年		出处	周鸿翔所列商王纪年表（周鸿翔以今本《竹书纪年》所记王年为准）			夏商周断代工程商王纪年表	
小乙	10	今本《竹书纪年》	小乙	10	前1344—前1334	前1250—前1192	59
	20	《太平御览》《册府元龟》《通志》					
	21	《通鉴外纪》					
武丁	59	《尚书·无逸》今本《竹书纪年》《册府元龟》《太平御览》《通鉴外纪》	武丁	59	前1334—前1275		
祖己	未立而卒					前1191—前1148	44
祖庚	7	《太平御览》《册府元龟》《通鉴外纪》《通志》	祖庚	11	前1275—前1264		
	11	今本《竹书纪年》					
祖甲	33	《尚书·无逸》《史记·鲁周公世家》今本《竹书纪年》《帝王世纪》	祖甲	33	前1264—前1231		
	16	《太平御览》《通志》					
廪辛	4	今本《竹书纪年》	廪辛	4	前1231—前1227		
	6	《太平御览》《册府元龟》《通鉴外纪》《通志》					
康丁	6	《通鉴外纪》《通志》	康丁	8	前1227—前1219		
	8	今本《竹书纪年》					
	21	《册府元龟》					
	23	《帝王世纪》					
	31	《太平御览》					
武乙	35	古本、今本《竹书纪年》《册府元龟·外臣部》	武乙	35	前1219—前1184	前1147—前1113	35
	4	《册府元龟·帝王部》《通鉴外纪》《帝王世纪》					

续表

商王纪年		出处	周鸿翔所列商王纪年表（周鸿翔以今本《竹书纪年》所记王年为准）			夏商周断代工程商王纪年表	
文丁	3	《太平御览》《册府元龟》《通鉴外纪》	文丁	13	前1184—前1171	前1112—前1102	11
	11	古本《竹书纪年》					
	13	今本《竹书纪年》					
帝乙	2年以上	古本《竹书纪年》	帝乙	9	前1171—前1162	前1101—前1076	26
	9	今本《竹书纪年》					
	37	《通鉴外纪》《册府元龟》《帝王世纪》					
帝辛（纣）	32	《册府元龟》	帝辛（纣）	52	前1162—前1110	前1075—前1046	30
	33	《通鉴外纪》《太平御览》《帝王世纪》					
	52	今本《竹书纪年》					

对商代王年的说明：

据《今本竹书纪年》记载：商王朝的总积年为508年。根据商代周祭祀谱，仲壬、沃丁、廪辛不曾即位为王，因此，他们没有纪年。若去掉仲壬4年、沃丁19年、廪辛4年，共27年，商王朝的总积年为481年。夏含夷在《〈竹书纪年〉与周武王克商的年代》中，辨别了武王克商前11年的年纪，从四个方面论证了《今本竹书纪年》之自四十二年至五十二年为伪作，[①] 若再从商王朝总积年中去掉十年，那么，商王朝的总积年为471年。周鸿翔采纳董作宾武王伐纣之年为西元年前1111年12月（或1月）。[②] 按照《今本竹

---

① 夏含夷：《〈竹书纪年〉与周武王克商的年代》，见《武王克商之年研究》第445—453页，北京师范大学出版社1997年版。

② 董作宾：《武王伐纣年月日考》，见《武王克商之年研究》第445—453页，北京师范大学出版社1997年版。西元，亦称"公元"，西方国家记载年代的方法，以耶稣降生评为纪元开始，故称为"西元"。

书纪年》所载年代，商王朝开始之年（成汤建国之年）应为公元前 1619 年。若去掉 37 年，则商王朝之始年应为公元前 1582 年。

今夏商周断代工程，使用文献、甲骨文、考古等材料，利用高科技手段，对夏商周的年代进行断代，其中，对武王克商之年，通过推算，确定武王克商之年为公元前 1046 年，盘庚迁殷为公元前 1300 年；以此为基点前推，以郑州商城和偃师商城的始建年代（夏商更替之年）在公元前 1610 年—前 1580 年之间为上限，取成汤建国始年为公元前 1600 年。那么商王朝的总积年为 554 年。

后　记

《商代史》卷二《〈殷本纪〉订补与商史人物徵》，由江林昌和韩江苏两人共同合作完成。以成汤建国为界，商族远祖先公的商史部分，由江林昌撰写。成汤建国以后的商史部分，由韩江苏撰写，后由韩江苏统稿并最后吸收专家反馈意见修改，完成本卷任务。

具体章节分工如下：江林昌撰写了《〈殷本纪〉订补与商史人物徵》卷的第一章、第九章；韩江苏撰写了第二章、第三章、第四章、第五章、第六章、第七章和第八章。绪论部分由江林昌与韩江苏合作完成（江林昌撰绪论中的第一、二节和第三节中的第二个专题；韩江苏撰第三节的第一个专题和第四节）。本课题结项时，专家反馈意见由宋镇豪综合分析整理后拟订提纲，责成韩江苏据提纲作了修订增删。

1998年，我进入中国社会科学院研究生院历史系，学习甲骨学与殷商史时，宋镇豪主持的《商代史》项目正酝酿上马，历史所先秦史研究室的导师们，发扬前辈学者倡导的出成果、出人才的精神，欲在完成商代史这一课题中，培养出甲骨学和商史研究的新一代学者。在这种精神指导下，杨升南、王宇信、宋镇豪、常玉芝、罗琨等，一方面，辅导我们学习甲骨学、商史的基础知识；另一方面，根据课题设计，有意识地培养我们每一位学生的研究方向。我的硕士论文《甲骨文中的沚䖒》，就是宋镇豪的命题之作。沚䖒是武丁时期一位重要人物，宋镇豪旨在使我完成沚䖒这一人物研究时，掌握甲骨文中人物研究的方法，进而从事商史人物研究。

课题立项前后，宋镇豪主持召开了多次讨论会。《商代史》课题的整体设计、每一章节的设置、研究方法的突破等，课题组成员都展开热烈的讨论与争辩。在这种学术研究的氛围中，我逐渐掌握甲骨文研究的基础知识，了解商史研究的动态与面临的新课题，掌握甲骨学与商史研究的具体方法，逐步走上正规的甲骨学与商史研究之路。

　　初学甲骨文，就参加如此重大的学术研究课题，这对我来说，既是机遇，又是挑战。由于基础薄弱，一方面，我需要学习甲骨文、文献等基础知识；另一方面，为完成商史人物课题，及早进入课题的研究阶段，我还需要掌握有关商史人物研究的全部成果。当课题研究遇到问题时，及时向先生们请教。先生们的传、帮、带，解决了我研究中遇到的一个个难题。在此，我深深地感谢我的导师们。

　　我撰写的部分，初稿写出后，杨升南师为我三易其稿，提出中肯的修改意见，文章中有些研究方面的突破，是杨升南师多年探索的心得。王宇信导师承担了《商代社会与国家》一卷，由于难度大，他本人所面临的压力很大，但当我遇到研究中的困难时，他总是放下自己的工作给我以指导，使我写作进度加快了不少。他这种先人后己的精神，使我非常感动。宋镇豪导师，作为《商代史》课题的主持人，对我所写部分的优劣、短长从全局方面进行把握，他确定全卷章节层次安排，严核史料来源，厘订撰述疏失，条理本卷的文思、文理和语言，要求严格，一丝不苟。常玉芝导师，当我向她请教疑难问题时，她总是引经据典，不仅拓展了我研究的思路，而且还经常指出我研究中的盲点，使我的写作少走了很多弯路。张兴照博士在自己繁忙的研究工作之际，还抽出大量时间，帮助校订文献资料及本卷清样。我再次表示衷心的感谢！

　　和江林昌师兄的合作非常愉快，统稿时，我与江林昌在关于商代的王位继承制度观点上，观点相悖，他认为商代的王位继承制为"兄终弟及"与"父死子继"两种形式，我认为商代的王位继承制为（嫡）长子继承制。在此情况下，江林昌主动放下自己的观点，以我的观点为准，使我深为感动。在没有任何顾虑的情况下，我顺利完成了全卷的统稿任务。从文献功底、文笔等方面，他都胜我一筹，若由他来进行《商代史》卷二的统稿，我想本卷应该增色不少。但他因政务缠身，抽不出时间专心做此事，应该说这是本卷完成后的一个遗憾。受宋镇豪的委托，我负责对本卷的统稿。在此，我还要感谢江林昌的豁达与大度。

　　《商代史》课题组，共有十三位成员，可分为老、中、青三代，它既是一个学术团体，又是一个和睦"家庭"。在学术研究上，大家可以畅所欲言，自由发表各自的学术观点。在生活与学习上，有老学者对中、青年学者的关心、呵护、谆谆教诲和提携；有中、青年学者对老一辈学者的尊重和照顾。

在这个团体中，作为晚辈，我们不仅仅学到了知识和研究方法，而且也学到了"做人"的素养，这也是一笔丰厚的财富，我会好好地珍惜和使用它。作为安阳师范学院甲骨学与殷商文化研究中心成员，我今后仍将以甲骨学与商史研究作为自己的奋斗志向！

韩江苏

2006 年 8 月 28 日